Hans-J. Engelke

AF280079

AutoDesk
Inventor 2025

Bauteile
Erstellen und Anpassen

1. Auflage 2024

© 2024 Hans-J. Engelke

Verlag: BoD · Books on Demand GmbH, In de Tarpen 42,
22848 Norderstedt
Druck: Libri Plureos GmbH, Friedensallee 273, 22763 Hamburg

ISBN: 978-3-7693-1060-3

Dieses Werk ist urheberrechtlich geschützt.

Alle Rechte, auch die der Übersetzung, des Nachdrucks und der Vervielfältigung des Buches, oder Teilen daraus, vorbehalten. Kein Teil des Werkes darf ohne schriftliche Genehmigung des Autors und dem Verlag in irgendeiner Form wie Fotokopie, Mikrofilm, PDF-Erstellung oder eine anderes Kopierverfahren, auch nicht für Zwecke der Unterrichtsgestaltung, reproduziert oder unter Verwendung elektronischer Systeme verarbeitet, vervielfältigt oder verbreitet werden.

Alle in diesem Buch enthaltenen Informationen wurden nach bestem Wissen zusammengestellt und mit Sorgfalt getestet. Dennoch sind Fehler nicht ganz auszuschließen. Aus diesem Grund sind die im vorliegenden Buch enthaltenden Informationen mit keiner Verpflichtung oder Garantie irgendeiner Art verbunden. Autor und Verlag übernehmen infolgedessen keine Verantwortung und werden keine daraus folgenden, oder sonstige Haftung übernehmen, die auf irgendeine Art aus der Benutzung dieser Informationen, oder Teilen davon, entsteht, auch nicht für die Verletzung von Patentrechten, die daraus resultieren können.

Ebenso wenig übernehmen Autor und Verlag die Gewähr dafür, dass die beschriebenen Verfahren usw. frei von Schutzrechten Dritter sind. Die Wiedergabe von Gebrauchsnamen, Handelsnamen, Warenbezeichnungen usw. in diesem Werk berechtigt also auch ohne besondere Kennzeichnung nicht zu der Annahme, dass solche Namen im Sinne der Warenzeichen- und Markenschutz-Gesetzgebung als frei zu betrachten wären und daher von jedermann benutzt werden dürften.

Bibliografische Information der Deutschen Nationalbibliothek

Die Deutsche Nationalbibliothek verzeichnet diese Publikation in der Deutschen Nationalbibliografie; detaillierte bibliografische Daten sind im Internet über dnb.d-nb.de abrufbar.

Der Autor:

Hans- J. Engelke war als Lehrkraft für die Ausbildung Technischer Produktdesigner und Technischer Zeichner zuständig, außerdem als CAD-Dozent in der Erwachsenenbildung- und Weiterbildung tätig.

AutoDesk

Inventor 2025

Bauteile
Erstellen und Anpassen

Inhalt

Inhaltverzeichnis
Kapitel 1 bis 11

Die DVD zum Buch
Inhalt der Supportkapitel

„Indem wir auf die Betrachtung der
Fläche gleich die in Bewegung befindli-
chen Körper folgen ließen, ehe wir noch
die Körper bloß für sich betrachten,
während es sich doch eigentlich gehörte
nach der zweiten Ausdehnung erst die
dritte folgen zu lassen."

- Platon „Der Staat" -
- Sokrates beklagt den Zustand der Raumgeometrie –
(etwa 375 v. Chr.)

"Die Geometrie ist vor der Erschaffung
der Dinge, gleich ewig wie der
Geist Gottes selbst
und hat in ihm die Urbilder für die
Erschaffung der Welt geliefert."

- Johannes Kepler, Harmonices Mundi, 1619 -

Vorwort

3D-CAD oder dreidimensionale computergestützte Konstruktion ist eine Technologie für Konstruktion und Entwicklung, bei der das manuelle Zeichnen durch einen automatisierten Prozess ersetzt wird. Dabei werden Objekte dreidimensional aufgebaut. Bei der 3D-Modellierung werden geometrische Objekte in dreidimensionaler Form aufgebaut und gespeichert.

Dadurch erlauben diese einerseits eine realitätsnahe Darstellung und bessere räumliche Vorstellung des Körpers, andererseits lässt sich durch die dreidimensionalen Darstellungen wie Schnitt- und Ansichtsdarstellungen automatisieren.

Dieses Buch wendet sich an Einsteiger, die ihre ersten Schritte mit der neuen AUTODESK INVENTOR Version 2025 gehen wollen oder müssen. Programmschritte, Anpassungen und Befehlsfunktionen werden ausführlich Schritt für Schritt dargestellt und mit erläuternden Bildfolgen unterstützt, die Inhalte beziehen sich auf AUTODESK INVENTOR 2025 als Basis, sind aber im engen Maße versionsneutral.

Im ersten Kapitel wird wieder die geschichtliche Entwicklung der Geometrie von mir beleuchtet, denn es war schon immer mein Ansatz, dass ohne das Wissen um die Geschichte keine Entwicklung in die Zukunft geben kann, außerdem nimmt dieser Einstieg die starre Struktur eines reinen Lernbuches.

Das Kapitel 2 und 3 bildet den Anfang für die Anwendung verschiedener Darstellungstechniken auf Basis einer fertigen Vorlage.

Die Grundinstallation, die aufwendige Programmanpassung und die benötigten weiteren Anwendungs-Installationen finden einen breiten Raum im Kapitel 11 auf der Buch-DVD.

Ein Wort noch in persönlicher Sache, dies Buch erscheint wieder über BOD, da es für Fachbuchverlage nicht gewinnbringend ist, CAD Bücher in hoher Druckqualität und mit großer Seitenzahl, für einen kleineren Anwenderbereich zu verlegen.

Um dieses Buch auch kostenüberschaubar einem kleineren Anwenderkreis zur Verfügung zu stellen, habe ich auf ein Druckformat in Farbe verzichtet.

Für die Käufer dieses Buches biete ich die Möglichkeit an, eine DVD gegen Vorlage der Kaufbestätigung, gratis zu bestellen, hierzu sehen Sie bitte das Kapitel 9 an. Mit dem Kapitel 8 und dem Index-Verzeichnis endet die Papierausgabe des Buches.

Mit den Support-Kapiteln 12 bis 16, die zur Erarbeitung der verschiedenen Möglichkeiten der Bauteilerstellung von AUTODESK INVENTOR 2025 unbedingt nötig sind, wird diese BOD-Seitengrenze bei Weitem überschritten, eine Reduktion, an dieser wichtigen Stelle, wollte ich nicht vornehmen, deshalb sind die zusätzlichen Seiten auf der Buch-DVD zu finden. Durch eine Umstrukturierung der Buchausgabe zu AUTODESK INVENTOR 2025, einige Kapitel gehen auf die Buch-DVD, konnte ich den Angebotspreis bei BOD deutlich senken.

Wer dem Autor einen Gefallen tun möchte, bestellt direkt bei dem BOD-Verlag:

https://www.bod.de/buchshop/

Die Buch-DVD beinhaltet die, in den Kapiteln 2 bis 10 beschriebenen Arbeitsdateien, außerdem sind auch die Arbeitsdateien für die Supportkapitel 12 bis 17 in den Kapitel-Verzeichnissen zu finden.

Weiterhin sind das komplette Buch und die Support-Kapitel, in einer Farbausgabe im PDF-Format beigegeben, um die Nachteile der **BOD**-Graustufen-Ausgabe zu mildern.

Ein besonderer Dank gilt meiner Frau Birgit, die sich wieder als Lektorin ausgezeichnet hat.

Hans- J. Engelke, im Oktober 2024

1

AutoDesk
Inventor 2025

Bauteile
Erstellen und Anpassen

Technische Zeichnungen
eine Kulturgeschichte

1 Technische Zeichnungen, eine Kulturgeschichte

1.1 Älter als Papier

Unser Wort Karte stammt vom griechischen Wort **C**hártes, was so viel wie »Papierblatt« bedeutet. Die ersten erhaltenen grafischen Umgebungsdarstellungen, die an unsere heutigen Karten erinnern, stammen aus der Zeit 2300 v. Chr. Die Babylonier kratzten zu dieser Zeit Weglinien in Lehmtafeln und brannten diese.

Das so gesammelte Wissen lief in der Stadt Milet zusammen, das bis 600 v. Chr. zu einem Zentrum der Geografie wurde, aus dieser Zeit stammt auch der Begriff Geometrie (Erdaufzeichnung).

In dieser Zeit kam man zu durchaus zu unterschiedlichen Hypothesen. Hekataios von Milet (etwa 550–480 v. Chr.), Autor des ersten Geografiebuches um 500 v. Chr., vertrat die Meinung, die Erde sei tatsächlich eine Scheibe.

Ein paar Jahrzehnte später sah das Herodot schon deutlich anders, da er mehr Daten aus einer phönizischen Afrika-Umsegelung hatte.

Es bildete sich jedoch aus immer genaueren Beobachtungen der Konsens heraus, dass die Erde eine sphärische Form haben müsse, eine ausführliche Begründung lieferte etwa Aristoteles um 350 v. Chr. Die Griechen, als letzter und wichtigster ist Ptolemaios/Ptolemäus (90–168 v. Chr.) zu nennen, waren allerdings in ihrem Fach so gut, dass sich auch ihre Fehler sehr lange hielten. So haben wir es etwa teilweise der Tatsache, dass Ptolemäus den Radius der Erde kräftig unterschätzte, zu verdanken, dass Kolumbus mit allgemein bekannten Ergebnissen den Weg nach Westen einschlug, um Indien zu finden.

China hatte ein hoch entwickeltes Vermessungswesen, und im Osmanischen Reich war die griechische Tradition weiter gepflegt worden. Parallel zu dieser neuen Genauigkeit trat bis weit in die Neuzeit zum Ausgleich eine neue Lust an der Ausschmückung und Ausmalung der Karte. Viele Gegenden waren ganz buchstäblich weiße Flecken, die mit Fantasie gefüllt werden wollte, bald tummelten sich dort Seeungeheuer, Drachen und dergleichen, oft auf Kupferstichen oder Holzschnitten wiedergegeben.

1.2 Die Geschichte der Geometrie

Geometrie, Vermessung der Erde, ist sicher eine der ältesten Wissenschaften. Überall dort, wo Ausgrabungen Geschichten prähistorischer Kulturen in unsere Zeit sprechen lassen, erzählen sie auch eine Geschichte der Geometrie: regelmäßig oder symmetrisch geformte, bemalte oder angeordnete Alltags-, Gebrauchs-, oder Ritualgegenstände zeugen von dem Erkennen und Übertragen geometrischer Strukturen, die sich vielfältig in der Natur finden lassen. Kugelähnliche Tongefäße lassen sich bei gleichem Fassungsvermögen materialsparender und stabiler herstellen wie quaderförmige, die sich dafür besser schlichten lassen.

Anhand von Gestirnen kann man sich orientieren und bei Malereien in Höhlen und auf Ton erkennt man Menschen, Tiere und Landschaften wieder, wenn man sie so verkleinert darstellt, dass die Proportionen erhalten bleiben. Auch die mit den ersten Hochkulturen entstehenden Schriftsprachen überliefern geometrisches Wissen aus Baukunst, Handwerk, Landwirtschaft und Astronomie.

Die Weltkarte des Hekataios

Herodot

Aristoteles

Ptolemaios

So konnte man in Ägypten nicht nur geradlinig begrenzte Flächen in rechtwinklige Dreiecke und diese wiederum in Rechtecke flächengleich umwandeln, auch die Formel für das Volumen allgemeiner Pyramidenstümpfe war bekannt. Die Umsetzung dieser Kenntnisse in Bauwerken wie den Pyramiden von Gizeh (ca. 2900 v. Chr.) beeindrucken noch heute.

Den Ursprung der Geometrie findet man auch bei den Chaldäern. Der Phönizier Tales ging nach Ägypten, um sich dort auszubilden und ließ sich darauf zu Milet nieder, wo er die ionische Schule stiftete, aus welcher die griechischen Philosophen hervorgingen, denen man die ersten Fortschritte der Geometrie zu verdanken hat.

Pythagoras von Samos, ein Schüler des Thales ging wie dieser zuerst nach Ägypten und Indien, zog sich dann nach Italien zurück und gründete hier seine Schule, die weit berühmter geworden ist, als die, aus welcher diese hervorging. Diesem Philosophen und seinen Schülern gebührt der Ruhm der ersten Entdeckungen in der Geometrie, zu deren ausgezeichnetsten die l'heorie der Incommensurabilität, nicht gemeinsam messbar gewisser Linien, wie der Diagonale eines Quadrats im Vergleich mit der Seite desselben und die Theorie der regulären Körpern gehören.

Diese ersten Schritte in der Wissenschaft von den ausgedehnten Größen bieten nur einige elementare Sätze dar, die sich auf die gerade Linie und den Kreis beziehen, worunter die merkwürdigsten von Pythagoras sind.

Die Unmöglichkeit des Messens der Diagonalen eines Quadrats oder eines regelmäßigen Fünfecks mit Hilfe von Zahlenverhältnissen sowie die Paradoxien des Zenon von Elea mit bewegten Objekten (um 450 v. Chr.) haben dazu beigetragen, dass sich die griechische Mathematik stärker auf die Geometrie konzentrierte.

Im Mittelalter gab es den von Wentzel Jamnitzer entworfenen Ausdruck Perspectiva corporum regularium, damit wurden geometrische Argumentationsketten bezeichnet, die streng logisch abgeleitet und von dem Radierer Jost Amman in geschnittene Bilder umgesetzt wurden. Diese Regeln sind das Ergebnis seiner intensiven Beschäftigung mit den Problemen der perspektivischen Darstellung. Jedoch drücken seine Bilder nicht nur den gekonnten Umgang mit Zirkel und Lineal nach den Regeln Euklids aus, sondern die fünf regulären Körper und deren Metamorphosen werden in einem metaphysischen Zusammenhang gesehen.

Eine Reihe weiterer Mathematiker, Philosophen und Künstler setzten sich in der Vergangenheit mit Geometrie, Volumen und Perspektiven auseinander. Dazu gehören:

Michelangelo, Kant, Hilbert, William Hogarth, Oscar Reutersvärd, B. Kruse, T. Olsson, János Bolyai, Nikolai Iwanowitsch Lobatschewski, Carl Friedrich Gauß, Bernhard Riemann, Roger Penrose, George Polya, F. Haag und andere.

Das Wissen um den Raum, die Geometrie und die Perspektive gilt heute als abgeschlossen, dennoch gibt es auch heute noch immer wieder darstellende Künstler, die dem Thema der perspektivischen Darstellung in ihren Werken neue, oft überraschende und faszinierende Aspekte abgewinnen.

Tales

Pythagoras

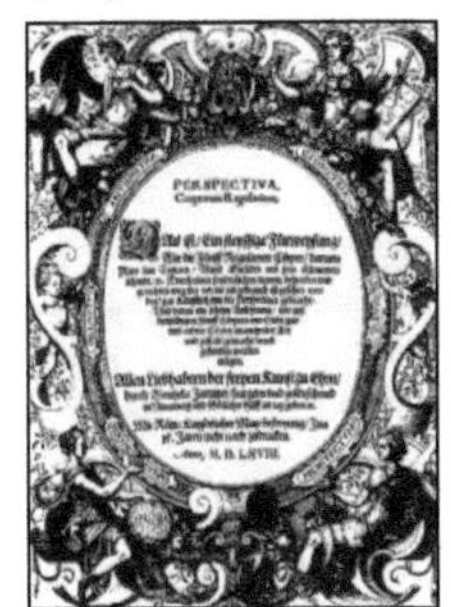

Titelblatt von 5 Serien von je 5 Kupferstichen zu den *REGULÄREN KÖRPERN* der „Perspectiva corporum regularium

1.3 Die „Technische Zeichnung"

Bevor wir innovative Produkte und technische Entwicklungen nutzen können, müssen diese konstruiert werden. Das ist die Aufgabe eines technischen Zeichners. Ein neues Gebäude, der Motor für ein Fahrzeug oder eine Produktionsanlage für eine Firma, für all das tragen Architekten, Ingenieure oder Graphiker Messdaten zusammen und achten auf die korrekte Anordnung der Maße. Auch wenn ihre Zeichnungen mittlerweile zu einem großen Teil über CAD-Programme am Computer abgebildet werden, ist die Arbeit mit Papier und einer klassischen Ausrüstung unabdingbar.

Die ersten technischen Zeichnungen entstanden mit einem dünnen Stock in feinem Sand. Schon etwas später nutzte man das Reißbrett, in das man Zeichnungen mit einem sogenannten Reißbley einritzte. Anschließend kam der Bleistift zum Einsatz, der nach einiger Zeit von der Tusche aus China übermalt wurde, um die Zeichnungen unverwischbar zu machen. Der Bleistift war das perfekte Gerät für präzise Arbeiten mit Reißschiene, Winkeln sowie Zirkeln. Im Grunde hat sich diese Ausrüstung für technische Zeichnungen auf Papier bis heute bewährt, ergänzt durch einige zusätzliche Werkzeuge für die Ausführungen in Tusche.

1.3.1   Die Geschichte der Zeichnung als Konstruktionsvorlage

Die geometrische Beschreibung der Perspektive (Zentralprojektion) beginnt am Ende des 13. Jahrhunderts. Vor allem italienische Maler begannen sich in dieser Zeit mit der perspektiven Abbildung zu beschäftigen.

Das eigentliche perspektive Zeitalter beginnt aber mit dem Künstler und Baumeister Filippo Brunellesch (1377-1446), sein berühmtestes Bauwerk ist der Dom von Florenz, Santa Maria del Fiore.

Brunelleschi verwendete in seinen Zeichnungen und Skizzen bereits das Prinzip von 2 Fluchtpunkten; in der italienischen Hochrenaissance beschäftigten sich viele namhafte Künstler mit der Perspektive wie Michelangelo Buonarotti 1475-1564 und Leonardo Da Vinci 1452-1519. So entwarf Michelangelo die Kuppel der Peterskirche in Rom.

Durch die Planung von solchen gigantischen Projekten wurden viele naturwissenschaftliche Bereiche neu belebt. Mathematik, Physik, Statik und eben und vor allem die Geometrie, hier wurde die perspektive Abbildung zum Zentrum der Geometrie der Renaissancezeit. Eines der berühmtesten Beispiele stellt das Bild Das letzte Abendmahl von Leonardo Da Vinci dar.

In ganz besonderer Weise hat sich aber der deutsche Maler Albrecht Dürer (1471-1528) mit der Perspektive auseinandergesetzt. Die folgenden Bilder zeigen, wie Dürer seine Perspektive praktisch erzeugt. Albrecht Dürer hat sich aber mit vielen anderen Bereichen der Naturwissenschaft auseinandergesetzt. So beschäftigte sich Dürer mit der Erzeugung magischer Quadrate und ebenso mit der Theorie von Platonischen- und Archimedischen Körpern.

In einigen seiner Holzstiche treten solche Objekte auf. Albrecht Dürer beschrieb die Perspektive in einem Buch derart exakt, dass dieser Text bis in das frühe 20. Jahrhundert als Standardwerk für die Geometrie der Perspektive galt. Die von Albrecht Dürer verwendete Methode wird heute in der Darstellenden Geometrie als Durchstoßverfahren bezeichnet.

Filippo Brunelleschi

Michelangelo Buonarotti

Leonardo Da Vinci

1.4 Die perspektivische Darstellung

1.4.1 Die Geschichte der Perspektive

Die Suche nach den korrekten Regeln für die zeichnerische Ausführung der Zentralprojektion hat seit dem ausgehenden Mittelalter zahlreiche Künstler und Mathematiker beschäftigt, von denen in der folgenden Beschreibung einige wichtige Arbeiten genannt sind:

Leon Battista Alberti, 1435 De pictura, Piero della Francesca ca. 1450 De prospetiva pingendi, Luca Pacioli 1494 Summa de arithmetica, 1509 De divina proportione mit Zeichnungen von Leonardo da Vinci, Albrecht Dürer ab 1495 vier Bücher über die Geometrie, Leonardo da Vinci 1514 De ludo geometrico, Sebastiano Serlio 1545 Libro di geometria e di prospettiva, Wentzel Jamnitzer 1568 Perspectiva corporum regularium, Daniele Barbaro 1568 / 69, La practica della perspettiva, Guidobaldo del Monte 1600 Perspectivae libri sex, Johannes Kepler 1604 Ad Vitellionem paralipomena quibus astronomiae pars optica traditur, René Descartes 1637 Geometrie.

M. C. Escher

1.4.2 Der Meister der unmöglichen Perspektive

M. C. Escher ist für die Kunstgeschichte immer ein Problem geblieben. Seine Auseinandersetzung mit perspektivischen Unmöglichkeiten und optischen Täuschungen unterscheidet sich stark von den klassischen Themen bildender Kunst und lässt sich in keine der klassischen Schubladen einordnen. So wurde Escher von der Kunstwelt lange Zeit nicht als Künstler im klassischen Sinne akzeptiert.

M. C. Escher „Relativity"

Im Gegensatz dazu wurde Escher schon früh von Wissenschaftlern und Mathematikern sehr geschätzt, da seine sauberen, exakten Arbeiten sich auf eine intuitive und sinnliche Weise mathematischen Themen annähern und Problemstellungen der Wissenschaft illustrieren. Escher wurde nicht selten zu Mathematik-Vorlesungen eingeladen, obwohl er von sich selbst sagte, er verstünde nichts von Mathematik. Er hielt auch selbst stark frequentierte Vorlesungen über seine Arbeit in ganz Europa.

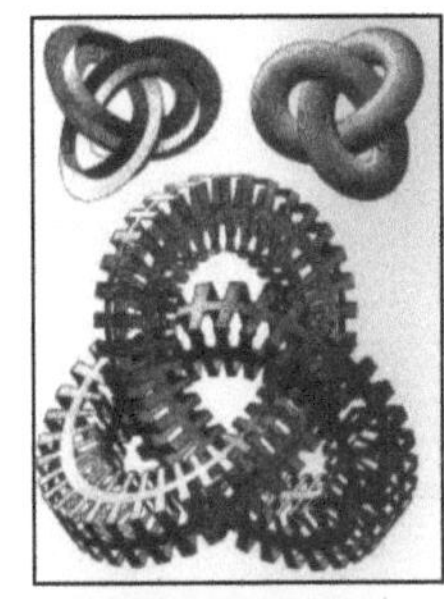

Das Paradoxe und nicht selten Mystische seiner geheimnisvollen Bilder fand auch Anklang bei Esoterikern und der Popkultur des 20. Jahrhunderts. Seine Bilder wurden als Poster gedruckt und als Plattencover verwendet. 2002 wurde im ehemaligen Palais der Königin Emma ein eigenes Escher-Museum eingerichtet, das neben seinem grafischen Werk auch Privatfotos und Arbeitsskizzen zeigt.

Nach eigenen Aussagen, also ohne große mathematische Begabung, gelang es, Escher dennoch in seinem künstlerischen Werk, einige abstrakte geometrische Ideen grafisch sehr ansprechend umzusetzen, so dass seine Bilder vor allen Dingen bei Mathematikern, jedoch keinesfalls nur bei diesen, überaus bekannt und beliebt sind.

In einer ganzen Reihe von Werken hat M. C. Escher auch einzelne mathematische Objekte dargestellt, wie Spiralen, Knoten, Möbiusbänder und regelmäßige Körper.

1.4.3 Die Zeichnung als Konstruktionsvorlage in der Technik

Technik, aus dem Griechischen für Kunst, bezeichnet allgemein die von Menschen erstellten, künstlichen Objekte, die eine nutzbare Funktion erfüllen. Der Mensch der in der Technik bewandert war hieß im Griechischen techmites. Der Begriff Technik umfasst heute auch das Wissen und die Erfahrung zur Nutzung der Objekte erforderlich sind. Für die Betrachtung des konstruktiven Zeichnens in der Technik reicht es, den Zeitraum ab der Frührenaissance, also ab etwa 1400, zu betrachten. In den Epochen davor machte man keinen Unterschied zwischen der künstlerischen Zeichnung und denen der Technik. Die Darstellungen waren darüber hinaus stark von individuellen Unterschieden geprägt. Mit Beginn der Frührenaissance wurden die konstruktiven Zeichnungen immer klarer und eindeutiger.

Der Betrachtungsrahmen endet etwa 1930. Aus dem konstruktiven Zeichnen war mit der Entwicklung allgemeiner Zeichenregeln und dem weitgehenden Abschluss der Zeichnungsnormung die Technische Zeichnung geworden. Die danach folgenden Weiterentwicklungen betrafen nur noch Details. In den Linearzeichnungen der Renaissance insbesondere in den technischen Skizzen, sind die Beziehungen zu klassischen Zeichenkunst noch deutlich sichtbar. Durch den Einsatz ähnlicher Zeichentechniken und vergleichbarer Gestaltungsmittel, wie Schraffuren, Punktraster, Teilschnitte, wechselnde Blickrichtungen und verschiedene Ansichten, waren die Unterschiede gering. Im Laufe der Zeit trat aber die Darstellung der Funktion und der genauen Geometrie der Objekte in den Vordergrund. Das Problem, das bei anschaulichen Darstellungen zwar ein verständlicher Bildeindruck aber keine Maßhaltigkeit zu erreichen war, musste gelöst werden. Einige Lösungsansätze waren aus dem Altertum schon bekannt. In den Zeichnungen wurden die perspektivische Darstellung und die Projektion mit unterschiedlichen Richtungen durch eine schiefe Parallelprojektion mit einer Blickrichtung abgewandt.

Viele der frühneuzeitlieben technischen Bilderhandschriften und Darstellungssammlungen wurden nur sehr begrenzt im Sinne des konstruktiven Zeichnens eingesetzt. Als Grundlage einer baulieben Realisierung eines Objekts waren diese durch die ungenaue und unvollständige Darstellung meistens ungeeignet. Daran änderten auch die eingearbeiteten schriftlichen Erläuterungen nichts. Die Zeichnungen enthielten diverse allegorische Elemente, Kuriositäten und technische Spielereien, oft ohne Bezug zur Funktion des Objekts. Benutzt wurden die Blätter von gebildeten Personen zum Vergnügen und zum Kennenlernen mechanischer Besonderheiten. Der Verbreitungsgrad war, durch die handwerkliche Herstellung und den erheblichen Preis der Blätter, gering.

1.4.4 Die Zeichnung als Konstruktionsvorlage, geschichtliche Darstellungsregeln

Die Regeln zur Anfertigung von Zeichnungen der Technik waren in der Praxis noch sehr uneinheitlich, sogar individuell unterschiedlich. Die freie Zeichnung in individueller Manier war zwar auf dem Rückzug, aber die gebundene Zeichnung besaß noch längere Zeit Elemente mit allegorischem Charakter und persönlichen Stilelementen. Wenn die Umsetzung von der Idee zum Objekt in einer Hand lag, war diese Darstellungsvielfalt kein Problem. Mit zunehmendem Handel und der Aufteilung der Anfertigung auf verschiedene Gewerke an unterschiedlichen Orten, wurde die Notwendigkeit zur eindeutigen und einheitlichen Darstellung immer dringender.

In Frankreich nahm sich der Mathematiker und Ingenieur Girard Desargues (1591 bis 1661) des Problems an. Er versuchte die verschiedenen Zeichenkonstruktionen und anschaulichen Darstellungen in einem geschlossenen Ansatz zusammenzufassen. A.-F. Frezier (1682-1773) verfasste ein detailreiches dreibändiges Werk über das Grund-und Aufrissverfahren. Diese Ansätze und die Arbeiten weiterer Mechaniker, Instrumentenbauer und Ingenieure führten im 17. Jahrhundert zu den Anfängen eines eigenständigen Maschinenzeichnens. Gaspard Monge (1746 bis 1818) analysierte die einzelnen Ansätze in seinem Werk Geometrie descriptive und stellte diese auf eine exakte wissenschaftliche Basis, einschließlich der Übertragung der zeichnerischen Ausführungen in mathematischen Funktionsgleichungen der analytischen Geometrie.

Jetzt trat die Funktion, die genaue geometrische Darstellung, die Maßhaltigkeit in den Vordergrund. Die technische Zeichnung war endgültig zum verbindenden Element zwischen der Idee und der Realisierung durch die Herstellungstechniken geworden. Erste Fachbücher, die sich ausschließlich mit den Problemen des Technischen Zeichnens auseinander gesetzt haben, sind Anfang des 19. Jahrhunderts erschienen. In den Titeln werden die Begriffe Konstruktives Zeichnen, Maschinenzeichnen, und Technisches Zeichnen verwendet. Eines der ersten war das 1830 in Paris erschienene Werk Choix de Modeles, Dessin des Machines von Le Blanc. Es beinhaltete: Projektionslehre, Durchdringungen, Darstellung unterschiedlicher Maschinenteils, anschauliches Zeichnen, verschiedene Arten der Perspektive und Hinweise zum Vorgehen beim Erstellen einer technischen Zeichnung.

1.4.5 Zeichnerische Verfahren im Maschinenbau

Im 19. Jahrhundert waren zeichnerische Verfahren zur Lösung der unterschiedlichsten Auslegungsprobleme weit verbreitet. Bekannt sind aus dieser Zeit insbesondere die Verfahren der Graphostatik und Graphodynamik zur Lösung von Belastungs- und Bewegungsproblemen. Geschlossene mathematische Lösungen gab es oft nur für einfache Probleme, die in der Praxis selten auftraten. Häufig konnten die technischen Probleme zwar mathematisch formuliert werden, aber die Lösung der komplizierten Integral-und Differentialgleichungen war nicht möglich. Eine Barriere für viele Ingenieure stellten auch die außerordentlich hohen Anforderungen an die mathematische Vorbildung da. Zur Lösung der meisten technischen Probleme reichten die zeichnerischen Näherungslösungen aus. Die zeichnerischen Verfahren besaßen darüber hinaus die Vorteile, dass diese schnell zu Ergebnissen führten, der Lösungsweg unmittelbar verständlich und eine Prüfung auf Richtigkeit bei vielen Anwendungen schon im Verfahren angelegt waren. Die zeichnerischen Darstellungen der Verfahren stellten keine hohen Anforderungen an die eigentliche Zeichentechnik Das Verstehen der Verfahren war weitaus schwieriger. Gelehrt wurden diese in allen Ausbildungsgängen für Ingenieure. Eine intensive Übung war obligatorisch. Zu der Behandlung des konstruktiven Zeichnens gehören die zeichnerischen Verfahren des Maschinenbaus, genauer die zeichnerischen Ergebnisse der Verfahren, mit zum Inhalt, da die entsprechenden Darstellungen von Ingenieuren angefertigt werden mussten.

Fast alle dieser Verfahren sind heute in Vergessenheit geraten. Sie wurden durch numerische ersetzt. Die neuen Verfahren sind genauer, denn diese führen durch den Einsatz der elektronischen Datenverarbeitung und entsprechender Programme ebenfalls schnell zu Ergebnissen und lassen bei Auslegungsproblemen eine Vielzahl an Variationen und Optimierung zu.

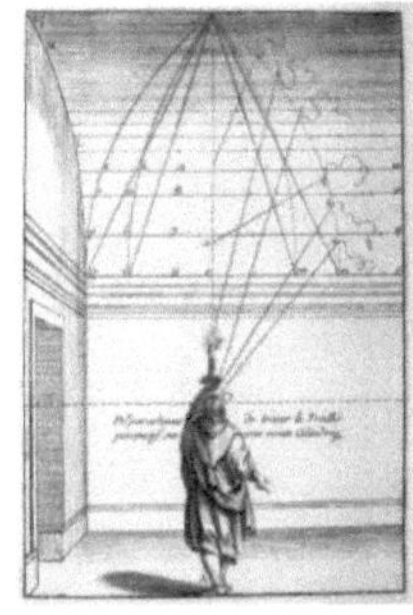

Girard Desargues

Gaspard Monge

Choix de Modeles, Dessin des Machines

Schraube als
Bild-Zeichnung

1.4.6 Die Geschichte der Normung

Technische Zeichnungen sind wie der Name schon sagt im Zusammenhang mit technischen Maschinen, Vorrichtungen oder Apparaten zu sehen bzw. mit deren Technische Zeichnungen sind wie der Name schon sagt im Zusammenhang mit Fertigung.

Zum einen waren noch keine Regelwerke vorhanden und zum anderen kein ausgeprägter arbeitsteiliger Prozess. Der Entwerfende war mehr oder weniger auch der Produzent und die Schrauben wurden für diese eine Maschine gefertigt und passten auch nur dort.

In diesem Zusammenhang ist auch die Schaffung von Normen zu verstehen. Damit konnte eine normgerecht gefertigte Schraube überall eingesetzt werden. Parallel dazu musste eine gemeinsame Sprache für die Visualisierung geschaffen werden, die genormte Technische Zeichnung, fast ohne künstlerische Ergänzungen, dass dies frühzeitig geschah ist auch heute noch an der niedrigen DIN-Nummer der Normen abzulesen.

Das Deutsche Institut für Normung (DIN) wurde 1917 gegründet. Die erste Deutsche Industrie-Norm bezog sich auf Kegelstifte.

Mit dieser Normierung kam es zu einer fortschreitenden Abstraktion und Reduzierung der Darstellung. Details vielen weg und die Schraube als Bild wird heute fast symbolhaft dargestellt.

Technische Zeichnungen basieren auf einem genormten Regelwerk. Dieses beschreibt die grundlegenden Bausteine und die Systematik eines Zeichnungssatzes, wobei die DIN-Normen nicht unbedingt zu gleichen Ergebnissen in der Umsetzung führen müssen. Obwohl eine Anzahl von Normen die Zeichnungserstellung regeln, sind diese nicht unbedingt als negativ und einengend zu sehen.

Vielmehr bilden Sie ein sinnvolles Grundgerüst und ermöglichen dem Zeichnungsersteller trotzdem konstruktive Freiheiten. An vielen Stellen sind relativierende Beschreibungen wie bevorzugt oder überwiegend" zu finden, so dass im Bedarfsfall davon abgewichen werden kann.

1.5 3D-Volumenkörper, eine Einführung

In der Geometrie versteht man unter einem Körper eine dreidimensionale beschränkte geometrische Figur, die durch Grenzflächen beschrieben werden kann. Eine geometrische Figur heißt dabei dreidimensional, wenn sie in keiner Ebene vollständig enthalten ist, und beschränkt, wenn es eine Kugel gibt, welche diese Form vollständig enthält.

Die dreidimensionalen Körper besitzen flache oder kreis- bzw. kugelförmige Grenzflächen. Als Beispiele für Körper im Allgemeinen dienen: Würfel, Tetraeder, Pyramide, Prisma, Deltaeder, Zylinder, Kegel, Kugel, Paraboloid, Hyperboloid, Torus.

Zu den bekanntesten geometrischen Körpern gehören die regelmäßigen Polyeder. Das sind die dreidimensionalen, von regelmäßigen Vielecken begrenzten Vielflächner, deren Kanten nur nach außen zeigen und nicht unendlich groß sind, die also auch konvex und beschränkt sind, wie beispielsweise der Würfel, der Tetraeder oder auch der sogenannte Fußballkörper. Von diesen Körpern gibt es nur 5 Arten:

> Platonische Körper, die mit sich selbst oder untereinander dual sind,
>
> Archimedische Körper
>
> Kepler-Poinsot-Körper
>
> Duale Catalanische Körper
>
> Johnson-Körper
>
> Prismen und Antiprismen.

Diese Arten umfassen meist je auch nur eine begrenzte Menge von Körpern. So gibt es 5 Platonische Körper, 13 Archimedische Körper dazu die 13 Catalanischen Körper sowie die 92 Johnson-Körper also insgesamt 123.

Die mögliche Höchstzahl der Ecken der begrenzenden Vielecke beträgt dabei 10. Die Anzahl der Prismen bzw. Antiprismen ist hingegen unbegrenzt, da die Grundfläche grundsätzlich beliebig viele Ecken haben kann.

Wenn jedoch die Zahl der Ecken der Grundfläche auch auf 10 begrenzt wird, ergeben sich je 8 Körper, von denen aber der Würfel und der Oktaeder schon in anderen Arten enthalten sind, also je 7 weitere Körper, so dass es dann insgesamt 137 Körper wären. Es gibt aber nur insgesamt 5 regelmäßige Polyeder mit denen allein eine lückenlose Raumfüllung möglich ist.

1.5.1 Platonische Körper

In der Geometrie bezeichnet man mit den platonischen Körpern, benannt nach dem griechischen Philosophen Platon, vollkommen regelmäßige Polyeder, dreidimensionale Körper, die von Polygonen als Seitenflächen begrenzt sind.

Jeder Platonische Körper besitzt eine Innenkugel, auf der die Mittelpunkte sämtlicher Flächen des Körpers liegen, und eine Außenkugel, auf der sämtliche Körperecken liegen.

Der griechische Philosoph Plato (ca. 428-348 v. Chr.), dessen Namen sie heute tragen, beschreibt diese Körper in seinem Werk **Timaios** und nennt diese auch **Kosmische Körper**, indem er ihnen die Elemente zuweist, aus denen sich die Welt aufbaut.

Feuer-Tetraeder, Wasser-Ikosaeder, Luft-Oktaeder, Erde-Würfel (Hexaeder), Äther-Dodekaeder.

Platonische Körper

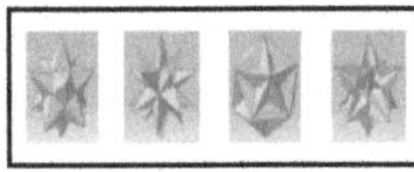

Kepler-Poinsot-Körper

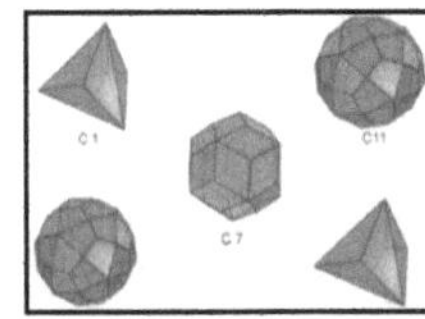

Catalanische Körper

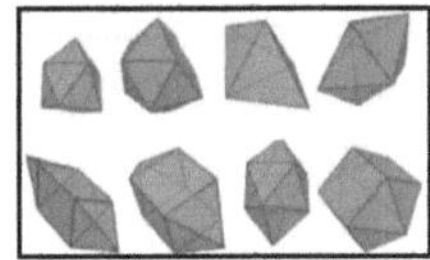

Johnson-Körper

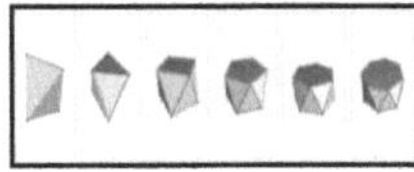

Antiprismen

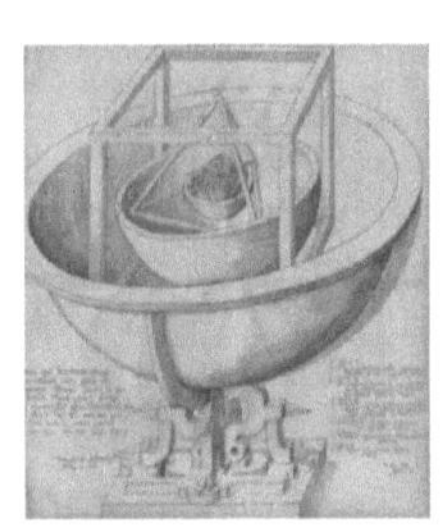

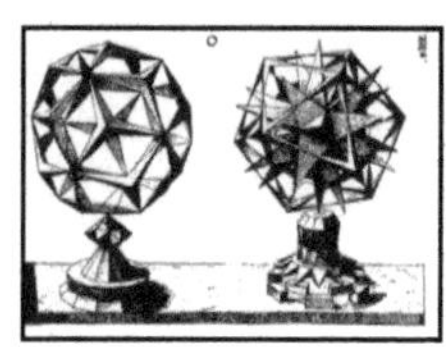

1.5.2 Kepler-Poinsot-Körper

Kepler-Poinsot-Körper sind reguläre, nicht-konvexe Polyeder und zählen zu den Sternkörpern. Dazu gehören der Dodekaeder- und der Ikosaederstern sowie das Große Dodekaeder und das Große Ikosaeder.

Benannt sind sie zu Ehren von Johannes Kepler (1571–1630) und Louis Poinsot (1777–1859).

1.5.3 Archimedische Körper

Die archimedischen Körper sind eine Klasse von regelmäßigen geometrischen Körpern. Sie zeichnen sich dadurch aus, dass ihre Ecken nicht voneinander unterschieden werden können. Es gibt 13 solcher Körper. Sie sind nach dem griechischen Mathematiker Archimedes benannt, der sie alle vermutlich bereits im dritten Jahrhundert vor Christus entdeckte. Die Schrift des Archimedes ist nicht erhalten, es ist nur eine Zusammenfassung des alexandrinischen Mathematikers Pappos (4. Jahrhundert nach Christus) überliefert.

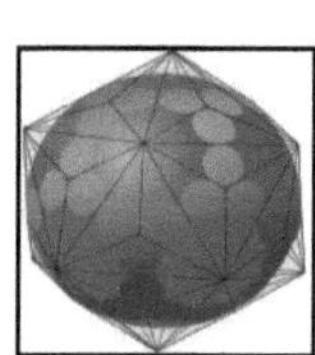

1.5.4 Catalanische Körper

Ein catalanischer Körper oder auch dual-archimedischer Körper ist ein Körper, der sich zu einem archimedischen Körper dual verhält. So ist zum Beispiel das Rhombendodekaeder dual zum Kuboktaeder. Benannt sind die catalanischen Körper, von denen es dreizehn gibt, nach dem belgischen Mathematiker Eugène Charles Catalan.

Allen catalanischen Körpern ist gemein, dass sie eine Inkugel, die sämtliche Flächen von innen berührt, aufweisen. Außerdem existiert eine Kantenkugel, die sämtliche Kanten von innen berührt. Alle Torsionswinkel eines catalanischen Körpers sind gleich.

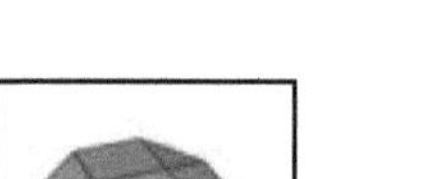

1.5.5 Johnson Körper

Johnson-Körper sind streng konvexe Polyeder, die ausschließlich aus regelmäßigen Vielecken aufgebaut sind, aber weder platonische Körper, archimedische Körper, Prismen noch Antiprismen sind. Gemeinsam mit den catalanischen Körpern ist, dass die Ecken eines Johnson-Körpers nicht identisch sind. 1966 veröffentlichte Norman Johnson eine Liste von 92 derartigen Polyedern, von der er annahm, dass sie vollständig ist.

1.6 3D-Volumenkörper und AutoDesk Inventor 2025

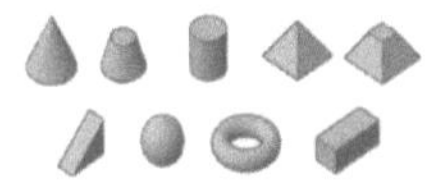

1.6.1   Erstellen von 3D-Volumengrundkörpern

3D-Volumenkörperobjekte können von einfachen Grundkörpern oder von extrudierten, gesweepten, gedrehten oder erhabenen Profilen ausgehen. Sie können diese mithilfe von booleschen Operationen kombinieren, außerdem können Sie verschiedene einfache 3D-Formen mit Volumen-Grundbefehlen erstellen.

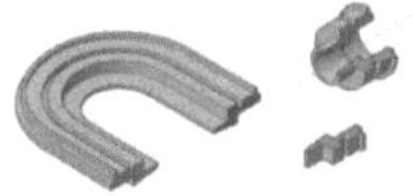

Sie können 3D-Volumenkörper auch durch Vorgänge wie Extrudieren, Drehen oder Sweeping geschlossener 2D-Objekte erstellen. In der Abbildung wird die gleiche geschlossene 2D-Polylinie an einem Pfad entlanggeführt, um eine Achse gedreht und in eine angegebene Richtung extrudiert.

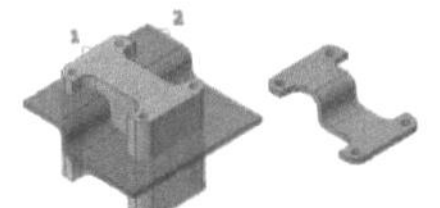

Durch die Kombination von 3D-Volumenkörpern mit Booleschen Operationen wie Vereinigung, Differenz und Schnittmenge können Sie einen zusammengesetzten Volumenkörper erstellen.

Eine schnelle Methode zum Erstellen von 3D-Volumenkörpern in der Form von Wänden funktioniert mithilfe des Befehls **Polykörper**. Die Vorgehensweise ähnelt der beim Erstellen einer Polylinie mit geraden und gebogenen Segmenten, mit der Ausnahme, dass Sie einen Standardwert für Höhe, Breite und Ausrichtung des resultierenden 3D-Volumenkörpers angeben können.

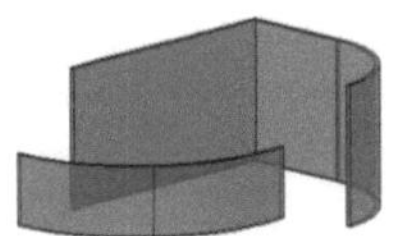

1.6.2   Erstellen von Volumenkörpern aus 2D-Geometrie

Sie können Flächen und 3D-Volumenkörper durch Extrusion, Sweeping, Anheben und Rotation konstruieren

Wenn Sie eine Extrusion, eine Drehung, ein Sweeping oder eine Erhebung aus Kurven erstellen, können Sie sowohl Volumenkörper als auch Flächen erstellen.

Offene Kurven erstellen immer Flächen, aber geschlossene Kurven können je nach bestimmten Einstellungen entweder Volumenkörper oder Flächen generieren.

1.6.3   Volumenkörper auf der Grundlage anderer Objekte

Sie können auch 3D-Volumenkörper aus 2D-Geometrie oder anderen 3D-Objekten erstellen. Zum Beispiel können 3D-Volumenkörper auch auf der Extrusion einer 2D-Form entlang eines angegebenen Pfades im 3D-Raum beruhen.

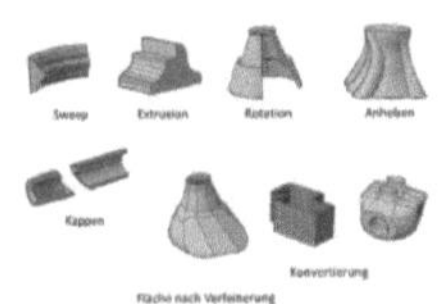

Die folgenden Methoden sind verfügbar:

> **Sweeping:** Dehnt ein 2D-Objekt entlang eines Pfads aus.
> **Extrusion:** Dehnt die Form eines 2D-Objekts in lotrechter Richtung in den 3D-Bereich aus.
> **Drehung:** Sweept ein 2D-Objekt um eine Achse.
> **Erhebung:** Dehnt die Konturen einer Form zwischen einem oder mehreren offenen oder geschlossenen Objekten.
> **Trennen:** Teilt ein Volumenkörperobjekt in zwei separate 3D-Objekte.
> **Oberfläche:** Konvertiert und stutzt eine Gruppe von Flächen, die eine dichte Fläche einschließen, in einen Volumenkörper.
> **Konvertierung:** Konvertiert Objekte Blechelemente.

1.7 Geometrische Grundkörper und AutoDesk Inventor 2025

1.7.1 Grundkörper „Quader", geometrische Beschreibung

Ein dreidimensionaler Körper mit sechs, paarweise parallelen, Flächen heißt Parallelepiped, unabhängig von der Rechtwinkligkeit. Somit ist jeder Quader ein rechtwinkliges Parallelepiped.

Unter einem Parallelepiped versteht man einen geometrischen Körper, der von sechs paarweise kongruenten (deckungsgleichen) in parallelen Ebenen liegenden Parallelogrammen begrenzt wird

Jeder Quader ist ein Prisma mit rechteckiger Grundfläche.

Ein Quader ist ein Körper mit sechs rechteckigen Flächen, deren Winkel alle rechte Winkel sind, acht rechtwinkeligen Ecken hat und zwölf Kanten, von denen jeweils vier gleiche Längen besitzen und zueinander parallel sind.

Extrusion bezeichnet in der Geometrie eine Dimensionserhöhung eines Elementes durch Parallelverschieben im Raum. Durch Extrusion einer Fläche erhält man einen Körper mit dem Querschnitt der Fläche, durch Extrusion eines Polygons entsteht ein Prisma.

Die Geometriedaten, Maße für Länge und Breite der Rechteckbasis, werden während der Skizzenkonstruktion definiert, der Konstruktionsbefehl ist Rechteck-Mittelpunkt.

1.7.2 Grundkörper „Würfel", geometrische Beschreibung

Der Würfel (von lat. cubus „Würfel") ist einer der fünf platonischen Körper, genauer ein dreidimensionales) Polyeder (Vielflächner) mit sechs kongruenten Quadraten als Begrenzungsflächen, zwölf gleich langen Kanten und acht Ecken, in denen jeweils drei Begrenzungsflächen zusammentreffen.

Der Würfel ist ein spezielles, dreidimensionales, Parallelepiped, ein spezieller, gleichseitiger, Quader sowie ein spezielles gerades quadratisches Prisma. Die Größe eines Würfels wird bereits durch die Angabe der Kantenlänge festgelegt.

Wegen seiner hohen Symmetrie, alle Ecken, Kanten und Seiten sind untereinander gleichartig, ist der Würfel ein reguläres Polytop und ist punktsymmetrisch zum Mittelpunkt.

1.7.3 Grundkörper „Zylinder", geometrische Beschreibung

Ein endlicher Zylinder (von Rollen, Wälzen') ist laut der allgemeinen Definition von zwei parallelen, ebenen Flächen, Grund- und Deckfläche, und einer Mantel- bzw. Zylinderfläche, die von parallelen Geraden gebildet wird, begrenzt.

Sind die Geraden senkrecht zu Grund- und Deckfläche, spricht man von einem geraden Zylinder. Die Höhe des Zylinders ist gegeben durch den Abstand der beiden Ebenen, in denen Grund- und Deckfläche liegen.

Wenn in der Geometrie von einem Zylinder die Rede ist, handelt es sich häufig um einen geraden Kreiszylinder.

1.7.4 Grundkörper „Kugel", geometrische Beschreibung

Die Kugelfläche ist die, bei der Drehung einer Kreislinie um einen Kreisdurchmesser, entstehende Fläche auch Rotationsfläche zu nennen. Die Kugel hat die kleinste Oberfläche von allen Körpern mit einem vorgegebenen Volumen. Von allen Körpern mit vorgegebener Oberfläche umschließt sie das größte Volumen.

Die Kugel besitzt unendlich viele Symmetrieebenen, nämlich die Ebenen durch den Kugelmittelpunkt. Ferner ist die Kugel drehsymmetrisch bezüglich jeder Achse durch den Mittelpunkt und jedes Drehwinkels und punktsymmetrisch bezüglich ihres Mittelpunktes.

Sowohl Kugelfläche als auch Kugelkörper werden oft kurz als Kugel bezeichnet, die Vereinigungsmenge einer Kugelfläche und ihres Inneren heißt Kugelkörper oder Vollkugel.

1.7.5 Grundkörper „Kegel", geometrische Beschreibung

Ein Kegel ist ein geometrischer Körper, der entsteht, wenn man alle Punkte eines in einer Ebene liegenden, begrenzten runden Flächenstücks geradlinig mit einer Spitze außerhalb der Ebene verbindet. Das Flächenstück nennt man Grundfläche, deren Begrenzungslinie die Leitkurve und den Punkt die Spitze oder den Scheitel des Kegels.

Der Abstand zwischen Spitze und Grundfläche ist die Höhe des Kegels, die Verbindungsstrecken der Spitze mit der Leitkurve heißen Mantellinien, ihre Vereinigung bildet den Kegelmantel oder die Mantelfläche.

Wenn in der Geometrie von einem Kegel gesprochen wird, ist häufig der Spezialfall des geraden Kreiskegels gemeint. Vor allem in der Technik wird für den Drehkegel auch das Wort Konus (von lat. conus) verwendet.

1.7.6 Grundkörper „Kegelstumpf", geometrische Beschreibung

Der Kegelstumpf ist in der Geometrie die Bezeichnung für einen speziellen Rotationskörper. Ein Kegelstumpf entsteht dadurch, dass man von einem geraden Kreiskegel parallel zur Grundfläche einen kleineren Kegel abschneidet. Dieser kleinere Kegel wird als Ergänzungskegel des Kegelstumpfs bezeichnet
Unter der Höhe des Kegelstumpfs versteht man den Abstand von Grund- und Deckfläche.

1.7.7 Grundkörper „Rotationsellipsoid", geometrische Beschreibung

Ein Rotationsellipsoid ist ein Ellipsoid, das durch die Drehung einer Ellipse um eine ihrer Achsen entsteht. Im Gegensatz zu einem allgemeinen Ellipsoid sind zwei Achsen gleich lang.
Man unterscheidet dabei je nach Länge der Drehachse das verlängerte Ellipsoid bei Rotation um die große Halbachse das abgeplattete Ellipsoid bei Rotation um die kleine Halbachse.

1.7.8 Grundkörper „Torus", geometrische Beschreibung

Der Torus ist eine spezielle Dreh- und Rohrfläche, oder auch schlauchringförmiger mathematischer Körper, der durch Drehung eines Kreises um eine in seiner Ebene liegende, ihn nicht schneidende Achse entsteht. Je nach der Lage zur Drehachse tritt der Torus in den Formen Ringtorus, Dorntorus oder Spindeltorus auf. Der Torus heißt in der Mathematik auch Ringkörper oder Kreiswulst.

1.7.9 Grundkörper „Pyramide", geometrische Beschreibung

Die **Pyramide** ist ein geometrischer Körper, genauer ein Polyeder, dessen Grundfläche ein Polygon ist und dessen Seitenflächen Dreiecke sind, die einerseits dem Polygon benachbart sind und die sich andererseits in einem Punkt, der sogenannten Spitze der Pyramide, treffen. Das Polygon heißt auch Grundfläche der Pyramide. Die Dreiecke bilden zusammen die Mantelfläche der Pyramide.

Von einem ausgezeichneten Punkt, der Pyramidenspitze, geht ein Strahlenbüschel aus, dessen Strahlen eine Ebene in den Eckpunkten der Grundfläche der Pyramide schneiden. Mit vier Strahlen einer bestimmten Neigung im Raum erhält man beispielsweise eine quadratische Grundfläche und bildet so die Quadratpyramide. Man kann die Konstruktion auch mit einer beliebigen Grundfläche eines Vielecks der Ebene beginnen und einen Punkt außerhalb dieser Ebene wählen, der dann die Pyramidenspitze wird. Indem man jeden Eckpunkt der Grundfläche mit der Spitze verbindet, entsteht das erwähnte Strahlenbüschel. Die Punkte jeder einzelnen Grundflächenkante sind über die Dreiecksfläche mit der Pyramidenspitze verbunden.

1.7.10 Grundkörper „Pyramidenstumpf", geometrische Beschreibung

Ein Pyramidenstumpf ist ein Begriff aus der Geometrie, der einen speziellen Typ von Polyedern beschreibt. Ein Pyramidenstumpf entsteht dadurch, dass man von einer Pyramide parallel zur Grundfläche eine kleinere, ähnliche Pyramide (Ergänzungspyramide) abschneidet.

Die beiden parallelen Flächen eines Pyramidenstumpfes sind zueinander ähnlich. Die größere dieser beiden Flächen bezeichnet man als Grundfläche, die kleinere als Deckfläche. Den Abstand zwischen Grund- und Deckfläche nennt man die Höhe des Pyramidenstumpfes.

1.8 CAD im Unterricht, ein Erfahrungsbericht

Die traditionellen Werkzeuge des Technischen Zeichnens wurden in den vergangenen Jahren, in Industrie und Handwerk, durch ein neues Werkzeug in zunehmendem Maß ergänzt oder nahezu vollständig ersetzt. Dieses neue Werkzeug ist der Computer, der auch das Technische Zeichnen gelernt hat. In Mechanik, Maschinenbau, Architektur, Design, Kartographie und vielen anderen Bereichen begegnet verstärkt das, was mit dem Begriff CAD belegt wird.

Die in den nächsten Jahren sicherlich noch zunehmende Bedeutung rechnerunterstützten Planens und Fertigens in unterschiedlichen Technologiebereichen wie CNC und 3D-Druck verlangt nach einer Vielzahl von Fachkräften, die Erfahrungen mit CAD vorweisen können.

Im Unterricht des Faches **Technisches Zeichnen/CAD** lernen die Schüler, technische Zeichnungen zu lesen, zu verstehen und selbst zu konstruieren. Sie werden befähigt, die in technischen Zeichnungen dargestellten Sachverhalte und Funktionen gedanklich zu analysieren, zu ordnen, zu beurteilen und zu beschreiben.

Ziel ist es, den Blickwinkel für eine technisierte Umwelt zu erweitern und in die Funktionsweisen der Technik einzuführen. Die Schülerinnen erkennen, welche Rolle die technische Zeichnung auf dem Weg von der Idee bis zur Fertigung eines Gegenstandes spielt und dass diese bei der Herstellung ein unverzichtbares Bindeglied zwischen Planung und Ausführung, Konstruktion und Fertigung, Gestaltungsidee und Gestaltungsergebnis ist. Wesentliche Ziele sind außerdem die Fähigkeit zu sauberem, exaktem und rationellem Arbeiten, die Förderung des räumlichen Vorstellungsvermögens und die Vermittlung von Grundlagen der Skizze, normgerechte Konstruktion geometrischer Körper und Werkstücke, räumliche Anordnung, Dreitafelbild als Zeichnungsableitung, Raumbild, Abwicklung und Durchdringung, mit Hilfe eingesetzter CAD-Programme.

Daneben lernen die Schüler, vermehrt als Wahl/Pflicht-Bereich den Aufbau eines CAD-Arbeitsplatzes kennen und beschäftigen sich mit 2D- und 3D-Konstruktionen mit Hilfe eines CAD-Programms, hier inzwischen, durch die Angebote von Auto-Desk® mit Inventor 2025®.

Allgemeinbildende und berufsvorbereitende Schulen mussten mit der Entwicklung von CAD im Technischen Zeichnen Rechnung tragen. Mit den Bildungsangeboten der Bildungsserver der Bundesländer sind die Inhalte auf Lebensnähe bedacht und versuchen den Schülern Fähigkeiten und Kenntnisse zu vermitteln, die sie auch im späteren beruflichen Leben anwenden und weiterentwickeln können. Im Lehrplan ist daher seit Jahren die Verwendung von CAD-Programmen im Unterricht des Faches Technisches Zeichnen fest verankert.

Die Entwicklung des computerunterstützten Technischen Zeichnens in den letzten Jahren führte auch zu weitreichenden Veränderungen im schulischen Unterricht. Der Computer hat die traditionellen Werkzeuge des Technischen Zeichnens in den künstlerischen Bereich verdrängt. Das Konstruieren an der Zeichenplatte wird, für das Erlernen von Grundlagen, nie mehr einen hohen Stellenwert, außer in der mathematischen Geometrie, haben. CAD ist somit ein vollständiger Ersatz für das herkömmliche Technische Zeichnen.

Der CAD-Einsatz im Unterricht ist sinnvoll, da er beispielsweise die Produktivität der Schülerarbeiten erhöht. Zeitraubende und lange Konstruktionswege können abgekürzt werden: ein einmal konstruierte Elemente können beliebig verändert, beschnitten, erweitert, gedreht oder gewendet werden.

Diese schnellere und einfachere Veränderung komplexer Objekte ermöglicht in starkem Maß auch das Experimentieren mit dem gezeichneten Körper. Formen können variiert oder vergrößert werden, durch den Körper kann ein Schnitt gelegt werden, die Perspektive kann gewechselt werden.

Der problemlose Übergang vom zweidimensionalen zum dreidimensionalen Konstruieren ist dabei gerade für die Förderung des räumlichen Vorstellungsvermögens der Schülerinnen von großer Bedeutung. Beim Zeichnen von dreidimensionalen Körpern ist der Schüler gefordert, verstärkt räumlich zu denken. Vor allem für Schüler, deren räumliche Vorstellungskraft nicht sonderlich stark ausgeprägt ist, ist dies einerseits eine große Herausforderung, zugleich aber auch Hilfe, da die dritte Dimension anschaulicher und erfahrbarer wird als auf dem ebenen Zeichenbrett.

1.8.1.1 CAD im Einsatz am „Werkstatttag", Jahrgangsstufe 8 bis 10

Der Werkstatttag richtet sich an Schülerinnen und Schüler der Jahrgangsstufen 8 bis 10, diese Werkstatttage reihen sich in das Konzept der Berufs- und Studienorientierung in den Jahrgangstufen 8, 9 und 10 ein.

Dieser Werkstatttag unterstützt Schülerinnen und Schüler gezielt bei ihrer begründeten Berufs- und Studienwahlentscheidung. In diesem Rahmen eröffnen die Werkstatttage die Möglichkeit, berufsorientierten Schülerinnen und Schülern, die noch ohne Ausbildungsvertrag sind, den angestrebten Ausbildungsberuf durch vertieftes praktisches Handeln in professionell ausgestatteten Werkstätten zu erleben, um erfahrungsbasiert zu entscheiden, ob ihre begründete Berufswahlentscheidung weiterhin trägt oder ob Alternativen erarbeitet werden sollen.

2

AutoDesk Inventor 2025

Bauteile
Erstellen und Anpassen

Programmtechnische Grundlagen

2 Autodesk Inventor© 2025, Grundlagen

Inventor 2025 PRO

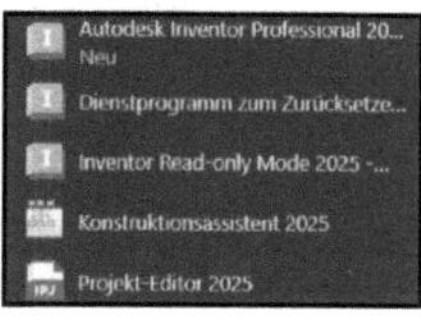

2.1 Der Programmstart

Starten Sie den **Autodesk Inventor 2025** über den Doppelklick auf das Desktop-symbol, oder über das Windows-Start-Symbol in unteren, linken Bildschirmbereich.

> **Start / Alle Programme / Autodesk / Autodesk Inventor 2025 /**
> **Autodesk Inventor 2025**

2.1.1 Der Startbildschirm

Die folgenden Darstellungen zeigen die Startbildschirme (1, 2) von **Inventor 2025**.

 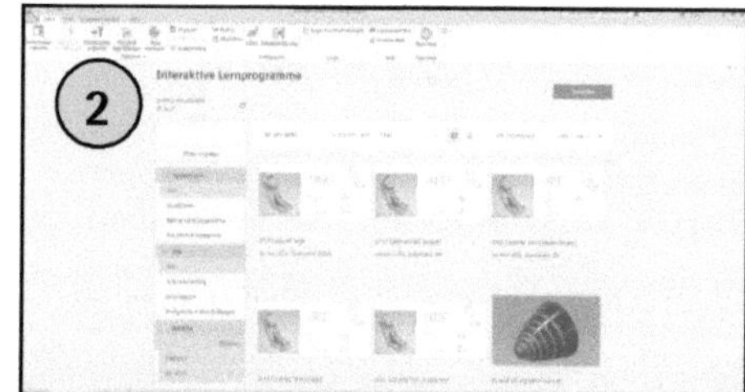

2.1.2 Laden des ersten Arbeitsblattes für Bauteile

2.1.2.1 Laden des ersten Arbeitsblattes für Bauteile aus dem Startbildschirm

- Erweitern Sie das Seitenregister am Eintrag **Neu** (3).
- Aktivieren Sie den Eintrag **Norm.ipt** (4).

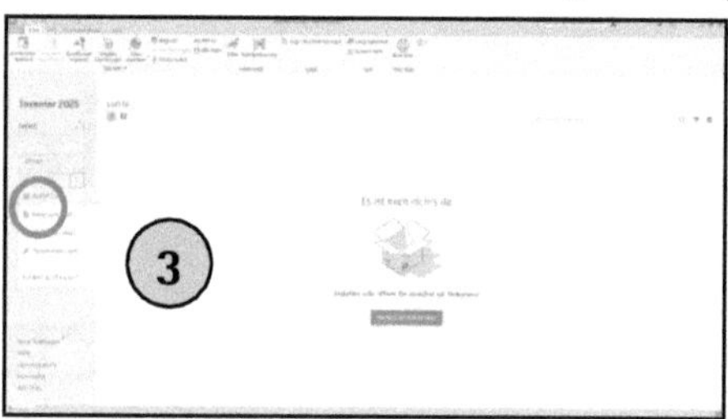 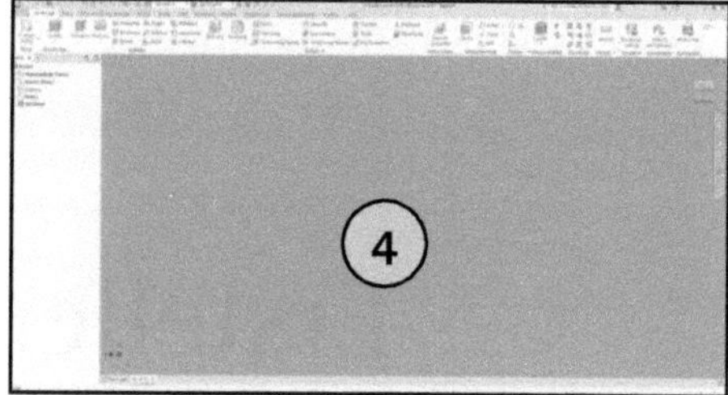

2.1.2.2 Laden des ersten Arbeitsblattes für Bauteile über Register „Datei"

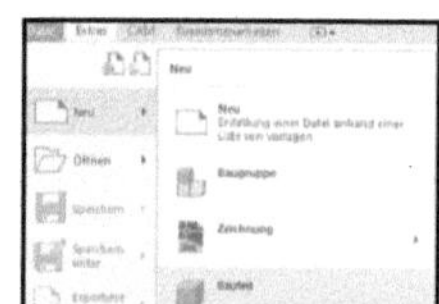

- Erweitern Sie den Registereintrag **Datei** (5).
- Aktivieren Sie den Eintrag **Bauteil** (6).

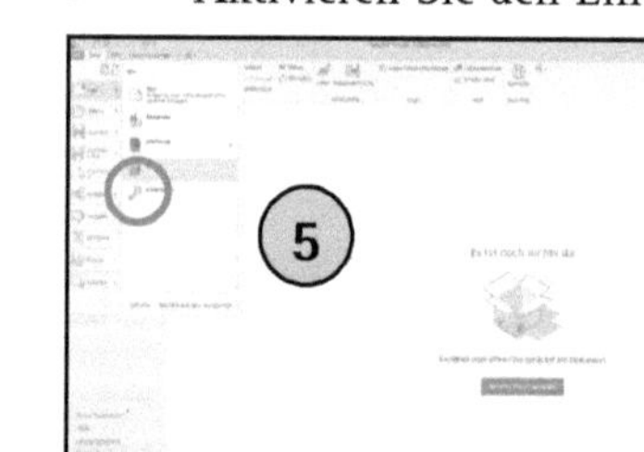 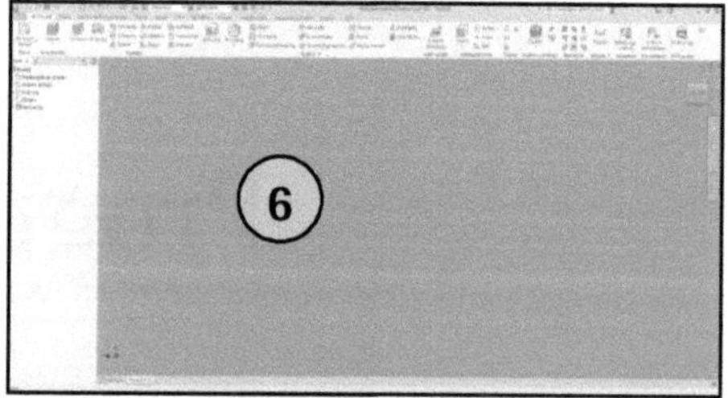

2.1.2.3 Laden des ersten Arbeitsblattes für Bauteile über den „Schnellzugriff-Werkzeugkasten"

Der **Schnellzugriff-Werkzeugkasten** oben im Bildschirm enthält häufig verwendete Befehle in allen Umgebungen, einschließlich der Schaltflächen für das **Rückgängigmachen** und **Wiederherstellen** von Änderungen.

Neu (Schnellzugriff-Werkzeugkasten) (7)

Standard.ipt anklicken (8) / **Erstellen** (9)

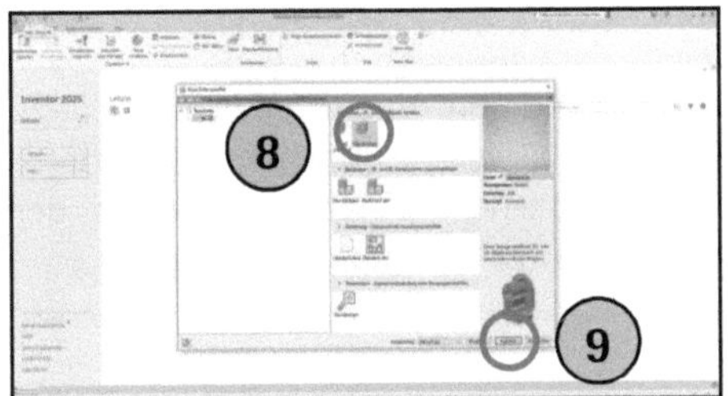

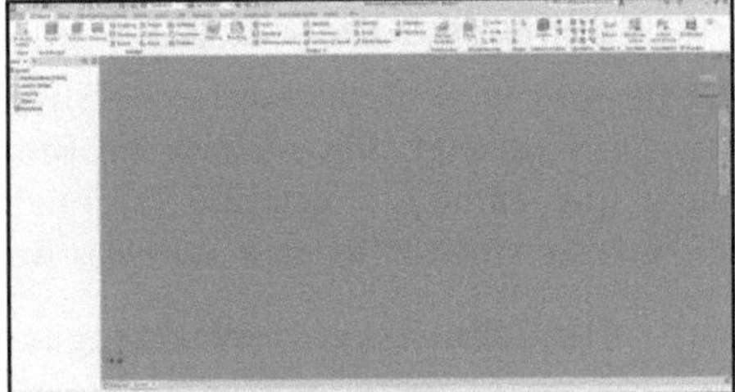

Neu

Standard.ipt

2.2 Die Funktionen auf dem Inventor 2025-Desktop

2.2.1 Das Autodesk Inventor-Hauptfenster für Bauteilerstellung, Vorbemerkungen

Das Haupt-Fenster von Autodesk Inventor wird immer angezeigt, wenn Autodesk Inventor aktiv ist. Das **Grafikfenster** (10), die **Multifunktionsleiste** (11), der **Bauteilbrowser** (12) der **Schnellzugriff-Werkzeugkasten** (13) der **ViewCube** (14) die **Navigationsleiste** (15) und der Menü-Browser (16) sind Teile des Hauptfensters. Bei der ersten Verwendung von Autodesk Inventor befinden sich die Multifunktionsleiste am oberen Rand des Bildschirms.

2.2.2 Das Autodesk Inventor-Hauptfenster für Bauteilerstellung

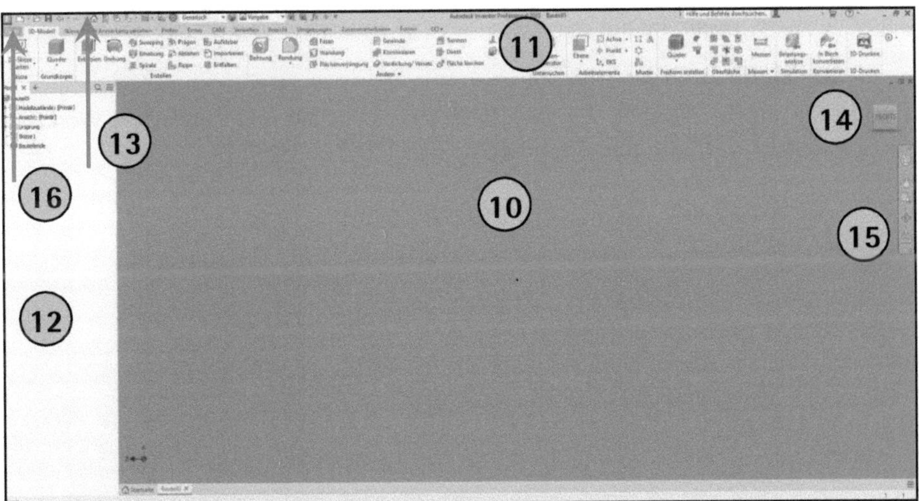

2.2.3 Die Autodesk Inventor-Fenster-Funktionen in Einzelnen

- **Das Grafikfenster** (10)

Das Grafikfenster wird standardmäßig immer angezeigt, wenn eine Datei geöffnet ist. Sind mehrere Dateien geöffnet, wird jede Datei in einem separaten Grafikfenster angezeigt. Das Fenster mit der Datei, die Sie gerade bearbeiten, wird aktives Fenster genannt.

- **Die Multifunktionsleiste** (11)

Die Multifunktionsleiste besteht aus einer Reihe von Gruppen, die wiederum in mehrere, nach Aufgabe bezeichnete Registerkarten unterteilt sind. Wenn Bauteil-, Baugruppen- und Zeichnungsdateien gleichzeitig geöffnet sind, ändert sich der Inhalt der Multifunktionsleiste entsprechend dem aktiven Fenster.

- **Der Bauteil-Browser** (12)

Im Browser wird die hierarchische Struktur von Bauteilen, Baugruppen und Zeichnungen angezeigt. Die Anzeige im Browser ist spezifisch für die jeweilige Umgebung und enthält immer die Informationen zur aktiven Datei. Sie können den Browser an einer beliebigen Seite des Autodesk Inventor-Fensters verankern.

- **Der Schnellzugriff-Werkzeugkasten** (13)

Der Schnellzugriff-Werkzeugkasten oben im Bildschirm enthält häufig verwendete Befehle in allen Umgebungen, einschließlich der Schaltflächen für das Rückgängigmachen und Wiederherstellen von Änderungen.

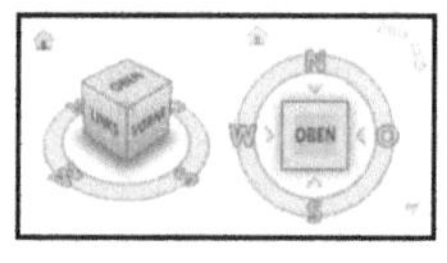

- **Der ViewCube** (14)

Wenn Sie auf den ViewCube oder den Kompass klicken, um ein Modell neu auszurichten, dreht sich das Modell um einen Punkt, der in der Mitte des Objekts angezeigt wird, das vor der Verwendung des **ViewCube** zuletzt ausgewählt war.

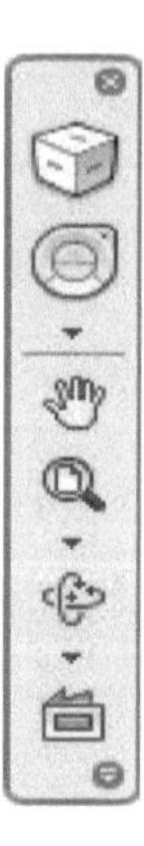

- **Die Navigationsleiste** (15)

Die Navigationsleiste kann frei verschiebbar an einem der Ränder des aktuellen Modellfensters platziert werden. Sie enthält allgemeine und produktspezifische Navigationswerkzeuge, die in separate Bereiche der Navigationsleiste aufgeteilt sind.

Zum Aktivieren von Navigationswerkzeugen klicken Sie auf eine der Schaltflächen auf der Navigationsleiste oder wählen eines der Werkzeuge aus einer Liste aus, die angezeigt wird, wenn Sie auf den kleineren Teil einer geteilten Schaltfläche klicken.

- **Der Menü-Browser** (16)

Klicken Sie auf das Symbol, um nach Befehlen zu suchen und Zugriff auf Werkzeuge zum Erstellen, Öffnen und Exportieren einer Datei zu erhalten.

2.2.4 Die Multifunktionsleisten für die Bauteilerstellung

Die Multifunktionsleiste ändert sich in Anpassung an die jeweils aktive Umgebung. Standard-Werkzeuge, die zu bestimmten Umgebungen gehören, sind in den folgenden Tabellen aufgeführt.

2.2.4.1 Multifunktionsleiste „3D–Modellierung"

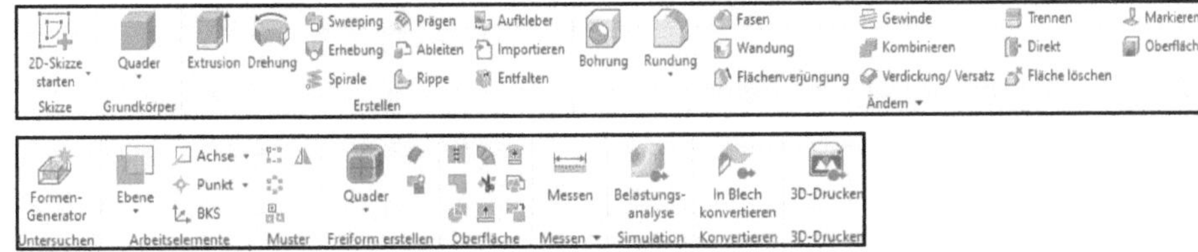

2.2.4.2 Multifunktionsleiste „Skizze"

Das Register **Skizze** wird erst aktiv, wenn eine Skizze über die Funktion **Neue Skizze** begonnen wird.

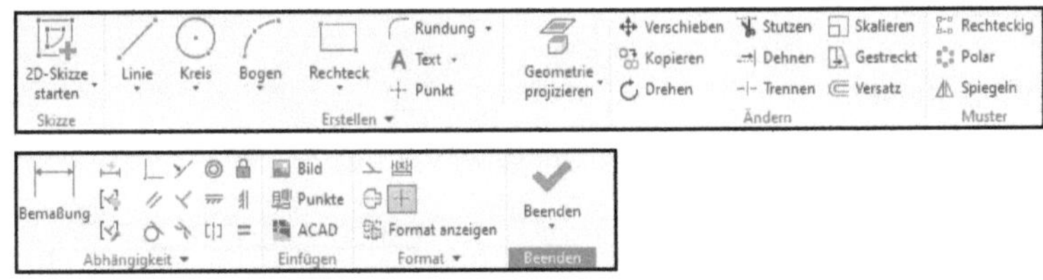

2.2.4.3 Multifunktionsleiste „Mit Anmerkungen versehen"

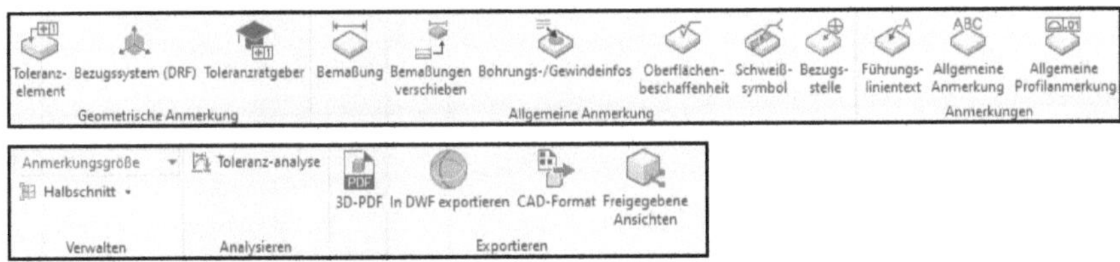

2.2.4.4 Multifunktionsleiste „Prüfen"

2.2.4.5 Multifunktionsleiste „Extras"

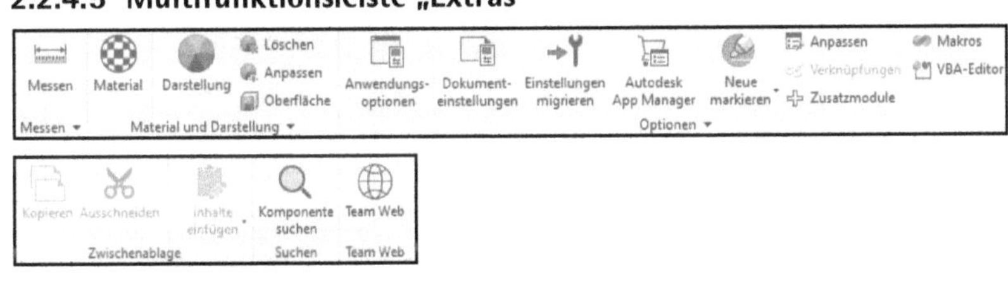

2.2.4.6 Multifunktionsleiste „Ansicht"

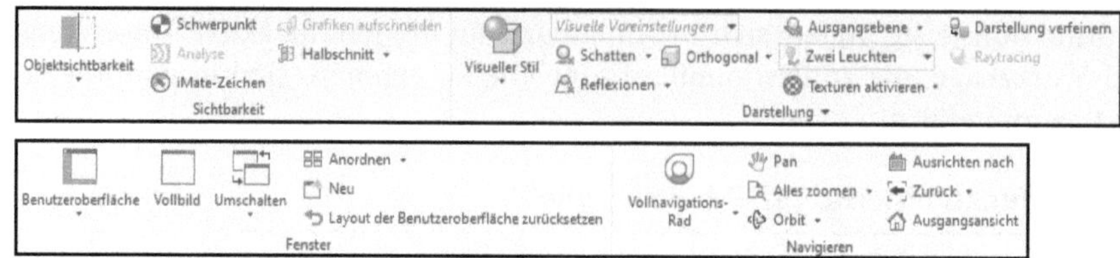

2.2.4.7 Multifunktionsleiste „Umgebungen"

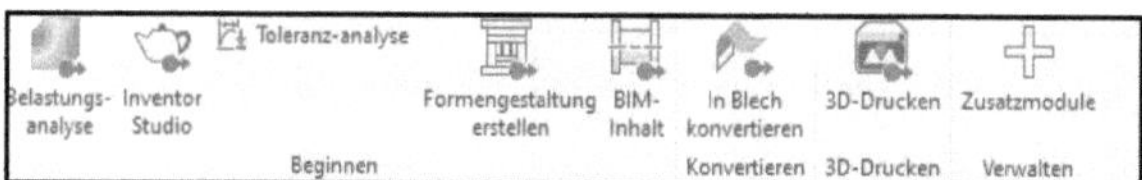

2.2.4.8 Multifunktionsleiste „Zusammenarbeiten"

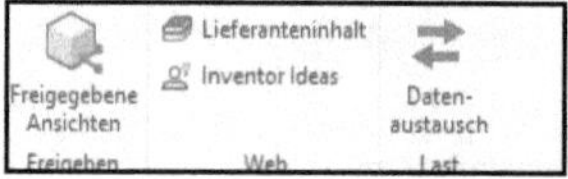

2.2.5 Der Menü-Browser

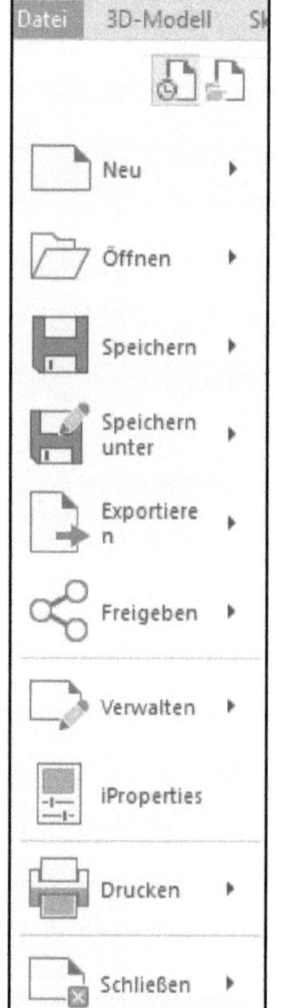

Klicken Sie auf den Button **Datei** in der linken Desktopecke für den Aufruf verschiedener Inventor-Verwaltungs-Grundbefehle.

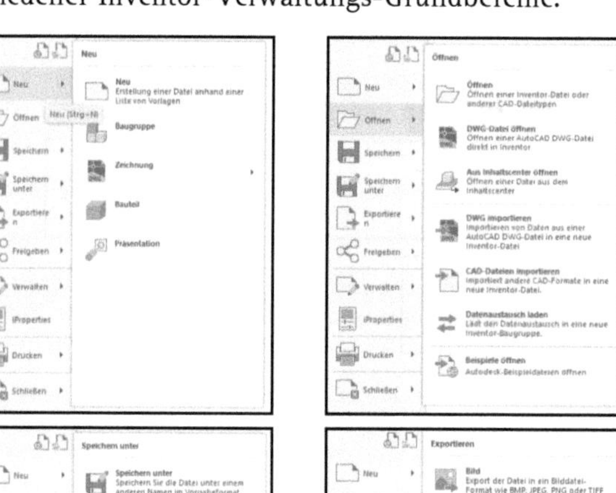

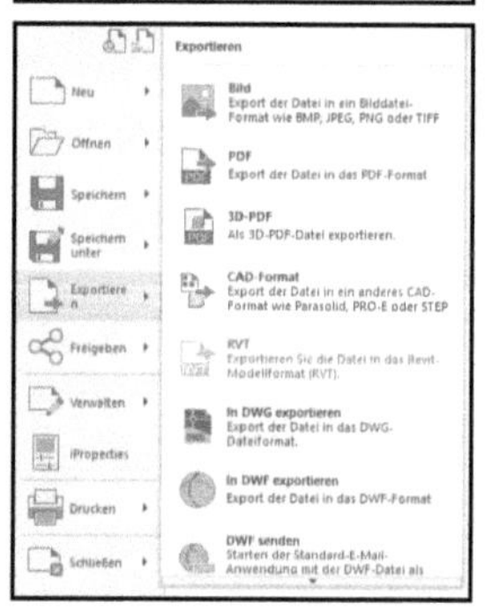

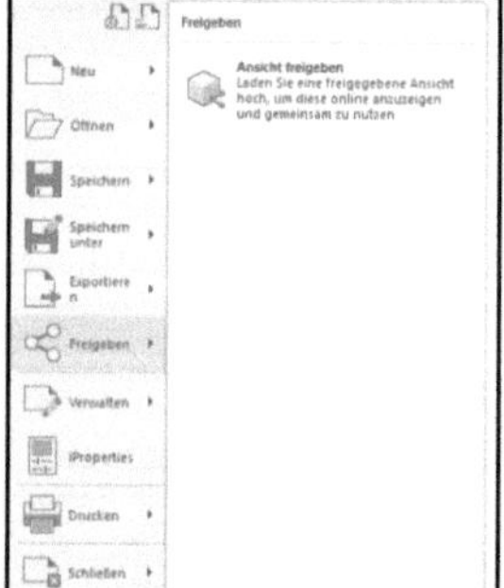

2.3 Typische Inventor-Arbeitsfenster, Bauteilumgebung

2.3.1 Befehlsdialog-Fenster, Eigenschaftsgruppe „Extrusion"

- **Befehlsdialogfenster für Eigenschaftsgruppen** (1)

Eigenschaftsgruppen bieten kontextabhängigen Zugriff auf Parameter zum Erstellen und Bearbeiten von Elementen.

Befehlsdialogfenster für Eigenschaftsgruppen befinden sich oberhalb des Grafikbereichs und werden zunächst in der oberen linken Ecke des Grafikbereichs angezeigt. Eigenschaftsgruppen verwenden Parametergruppen mit einem Akkordeon-Steuerelement anstelle von Registerkarten.

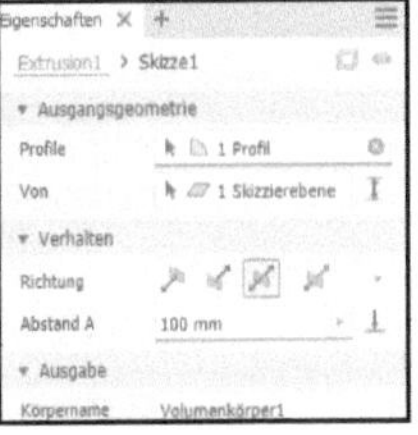

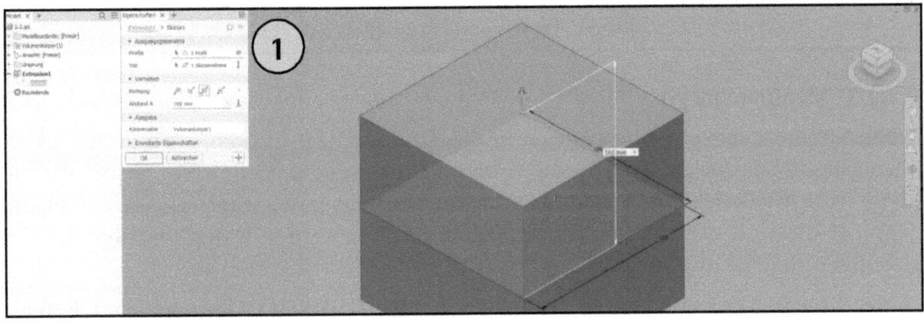

Anwenden und neu erstellen (2)

Klicken Sie auf diese Option, um ein Element mithilfe der aktuellen Einstellungen und dann ein weiteres Element mit denselben Einstellungen zu erstellen. Sie können alle Einstellungen nach Bedarf ändern und dann ein weiteres Element erstellen.

Anwenden und neu erstellen

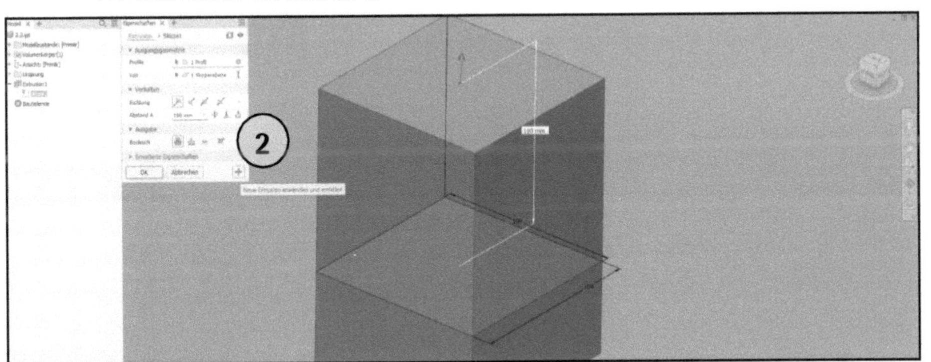

2.3.2 Befehlsdialog-Fenster, Menümodus

2.3.2.1 Das Überlaufmenü (3)

Das Überlaufmenü wird unter dem Markierungsmenü angezeigt. Zur Optimierung der Benutzeroberfläche sind kürzere Versionen des Überlaufmenüs für Inventor definiert. Die ursprünglichen, längeren Überlaufmenüs sind vorgabemäßig aktiviert. Verwenden Sie die Registerkarte **Markierungsmenü** im Dialogfeld **Anpassen**, um auf die kurzen Überlaufmenüs zuzugreifen.

2.3.2.2 Kontextabhängige Markierungsmenü (4)

Kontextabhängige Markierungsmenüs sind für Skizzenobjekte in Inventor verfügbar. Wählen Sie ein Objekt aus, und klicken Sie mit der rechten Maustaste, um das Markierungsmenü zu öffnen. Die Markierungsmenüs stellen abhängig vom Typ des ausgewählten Objekts häufig verwendete Befehle bereit.

Kontextabhängige Markierungsmenüs sind verfügbar, wenn Sie mit der rechten Maustaste klicken.

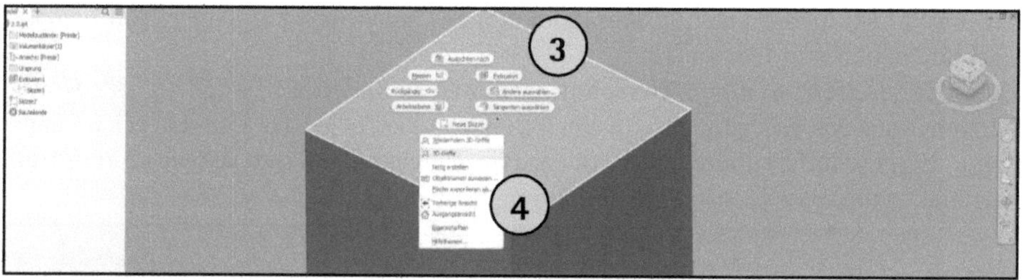

2.3.2.3 Menümodus (5)

Wenn Sie mit der rechten Maustaste in das Grafikfenster klicken, wird an der aktuellen Cursorposition ein kreisförmiges Menü eingeblendet. Der Cursor ist bei diesem Menü von Menüelementen umgeben. Jedes Element bzw. jeder *Knoten* ist mit einem Segment dieses Kreises verknüpft. In jedem Knoten werden Name und Symbol des jeweiligen Befehls angezeigt.

In der Konstruktionsumgebung für Bauteile enthält das Markierungsmenü Befehle wie Bohrung, Extrusion, Rundung und Arbeitsebene

2.3.2.4 Objektänderungsmenü als Minimenü (6)

Objektänderungsmenüs dienen der Änderung der Basiskonstruktion für das ausgewählte Objekt.

Das **Minimenü** ist über das Grafikfenster gelegt, um die Direktbearbeitung zu ermöglichen. Normalerweise enthält sie einen Mini-Werkzeugkasten mit Befehlen, Manipulatoren und einem Werteingabefeld. Dieser kleine Werkzeugkasten ermöglicht eine direkte und zuverlässige Interaktion mit dem 3D-Modell. Die Schaltflächen **OK** und **Abbrechen** befinden sich am unteren Rand der Leinwandanzeige und dienen zum Bestätigen und Abbrechen eines Vorgangs.

2.3.3 Befehlsdialog-Fenster, Markierungsmodus, Gestennutzung

2.3.3.1 Gestennutzung

Zeichnen Sie eine Markierung (7). Um diesen Modus zu aktivieren, klicken und halten Sie die rechte Maustaste gedrückt, und ziehen Sie den Cursor unmittelbar in die Richtung des gewünschten Menüelements. Ein Pfad folgt dem Cursor. Lassen Sie die Maustaste los, um den Befehl auszuführen, der der Richtung der Cursor-Bewegung entspricht.

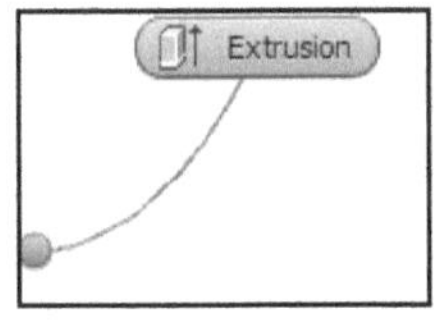

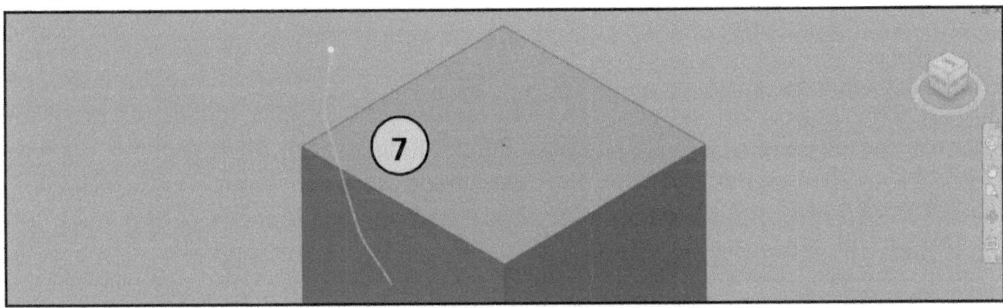

Das Markierungsmenü (8) ist eine Hilfe beim Aufzeigen nächster Schritte in einem Vorgang und weiterer Optionen, um den Arbeitsablauf zu vereinfachen. Darüber hinaus reduziert es die Arbeit mit der Maus erheblich und kann einfach an die Anforderungen des Benutzers angepasst werden.

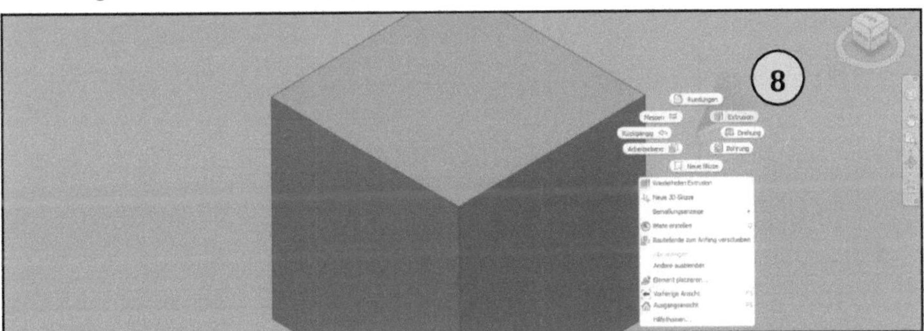

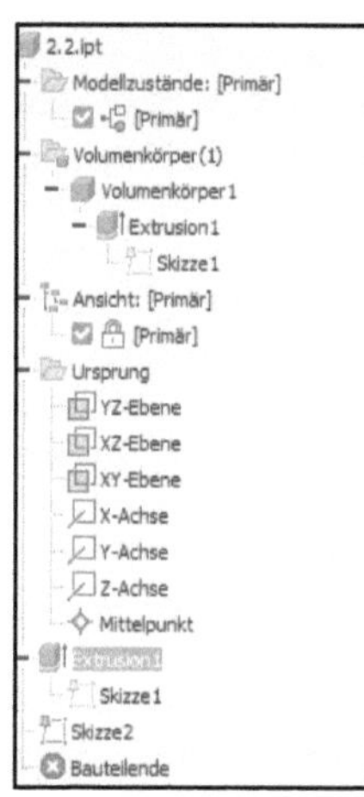

2.3.4 Die Bauteil-Browser-Leiste

Der Bauteil-Browser zeigt die Informationen zur Geometrie, aus der sich ein Bauteilmodell zusammensetzt, in einer hierarchischen Struktur an. Das Filtersymbol oben im Browser zeigt ein Menü zum **Deaktivieren/Aktivieren** der Sichtbarkeit bestimmter Elemente an. Die ersten Elemente im Browser sind die Ordner für Volumen- und Flächenkörper sowie der Ursprungsordner. Wenn keine Oberflächen vorliegen, ist nur der Ordner Volumenkörper vorhanden (1).

Die Nummer in Klammern neben dem Ordner gibt die Anzahl der im Ordner enthaltenen Körper an. Der Ursprungsordner enthält Symbole für die Referenzebenen (Standardarbeitsebenen), Arbeitsachsen (Standardarbeitsachsen) und den Mittelpunkt. Wenn Sie mit dem Cursor auf ein Symbol zeigen, wird das Element im Grafikfenster hervorgehoben. Wenn Sie auf ein Symbol klicken, wird dieses Referenzelement im Fenster aktiviert. Klicken Sie im offenen Bereich auf das Grafikfenster, oder klicken Sie auf ein anderes Symbol, um die Auswahl aufzuheben (2, 3).

Elemente werden im Browser in der Reihenfolge angezeigt, in der sie erstellt wurden. Eingegebene Flächen- und Arbeitselemente werden einbezogen und vorgabegemäß unter dem entsprechenden Element und beteiligten Körper verschachtelt, die eingegebene Flächenelemente einbeziehen, und Arbeitsebenen, die eingegebene Arbeitspunkte einbeziehen.

Sie können die Einbeziehung auch für einzelne Elemente steuern. Handelt es sich beim Element um ein skizziertes Element oder wurde dem Element eine Notiz zugeordnet, werden im Elementordner weitere Ebenen angezeigt, um diese Objekte einzublenden. Wird die Skizze gemeinsam verwendet, wird sie auf der obersten Ebene in der Baumstruktur angezeigt, und eine Verknüpfung mit der Skizze wird unter jedem Element angezeigt, von dem die Skizze verwendet wird.

Die Berechnung einiger Elemente wie beispielsweise großer Anordnungen oder Spiralen dauert länger. Sie können Berechnungen beschleunigen, indem Sie die Markierung **Bauteilende** in der Baumstruktur des Modells nach oben ziehen. Alle Elemente unter dem Symbol werden vorübergehend aus dem Modell entfernt. Wenn Sie die Markierung **Bauteilende** in der Baumstruktur des Modells wieder nach unten ziehen, werden diese Elemente dem Modell wieder hinzugefügt (4).

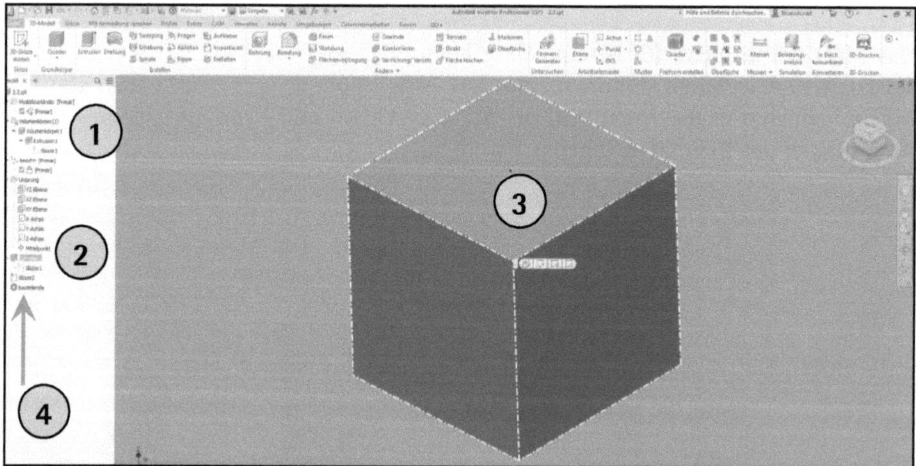

2.3.5 Die Kontextmenüs, Auszüge

Autodesk Inventor verwendet weitgehend Kontextmenüs. Diese Menüs enthalten eine Liste häufig verwendeter Funktionen, die für die aktuelle Auswahl zutreffen und
durch Klicken mit der rechten Maustaste aufgerufen werden können. Zusätzlich zur
speziellen Auswahl für die jeweilige Umgebung steht auch ein Kontextmenü zur
Verfügung, wenn keine Auswahl getroffen wurde. Kontextmenüoptionen sind in der
Regel die am häufigsten verwendeten Funktionen für das ausgewählte Objekt oder
die Umgebung. Nicht alle Optionen sind stets über diese Menüauswahl verfügbar.

2.3.5.1 Die Kontextmenüs Bauteilumgebung, Auszüge

Die Darstellung zeigt einige Beispiele:

- **Objektbezogene Kontextmenüs** (1, 2).

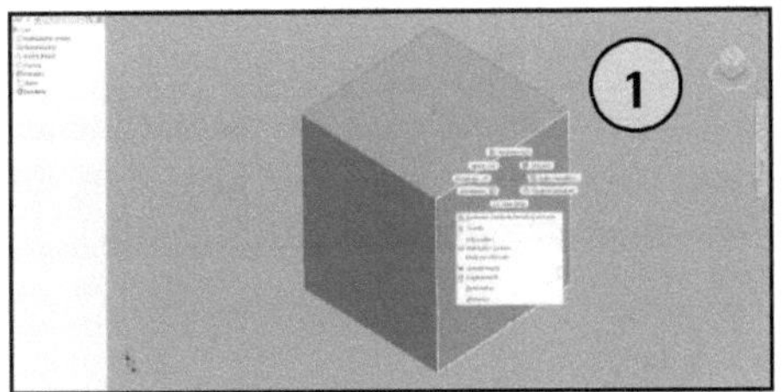
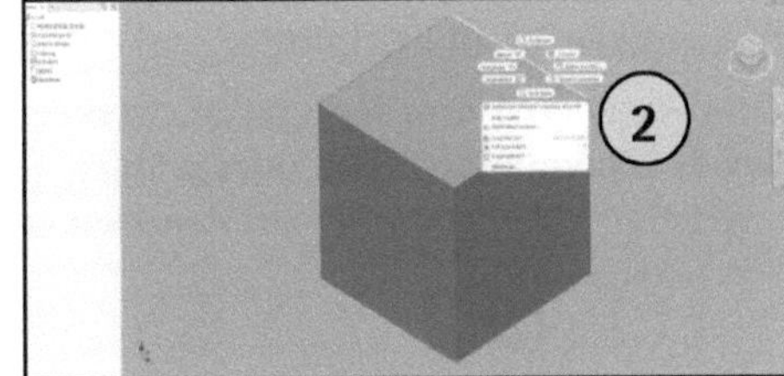

- **Kontextmenü für Bauteil-Browser** (3, 4, 5, 6).

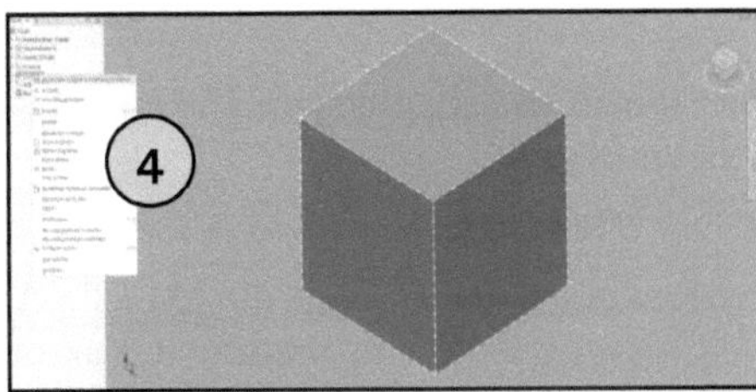

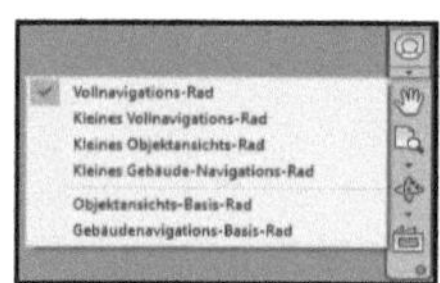

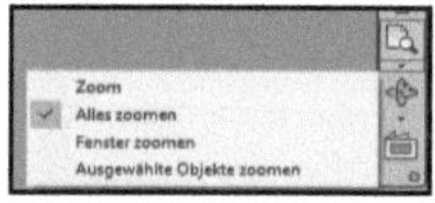

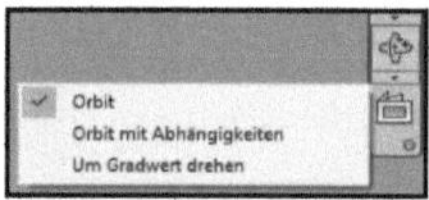

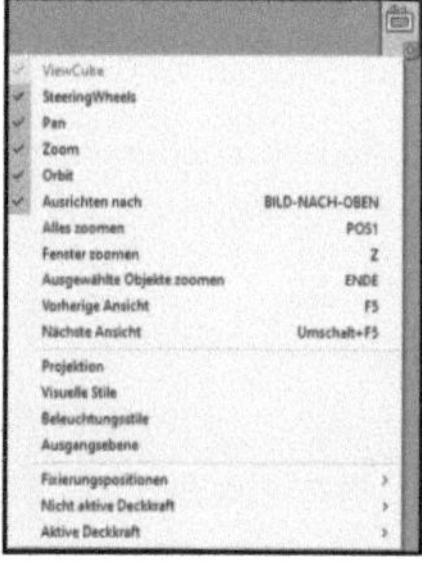

2.3.6 Die Navigationsleiste

2.3.6.1 Die Navigationsleiste, Grundlagen

Die Navigationsleiste ist ein Element der Benutzeroberfläche, über das sowohl allgemeine als auch produktspezifische Navigationswerkzeuge aufgerufen werden können. Allgemeine Navigationswerkzeuge, **ViewCube©** und **SteeringWheels** sind Werkzeuge, die in vielen Autodesk-Produkten zur Verfügung stehen. Produktspezifische Navigationswerkzeuge sind nur für ein bestimmtes Produkt verfügbar. Die Navigationsleiste kann frei verschiebbar an einem der Ränder des aktuellen Modellfensters platziert werden.

Die allgemeinen und produktspezifischen Navigationswerkzeuge sind in separate Bereiche der Navigationsleiste aufgeteilt. Die allgemeinen Navigationswerkzeuge befinden sich an den Enden der Navigationsleiste, die produktspezifischen Navigationswerkzeuge in der Mitte.

Zum Aktivieren von Navigationswerkzeugen klicken Sie auf eine der Schaltflächen auf der Navigationsleiste oder wählen eines der Werkzeuge aus einer Liste aus, die angezeigt wird, wenn Sie auf den kleineren Teil einer geteilten Schaltfläche klicken.

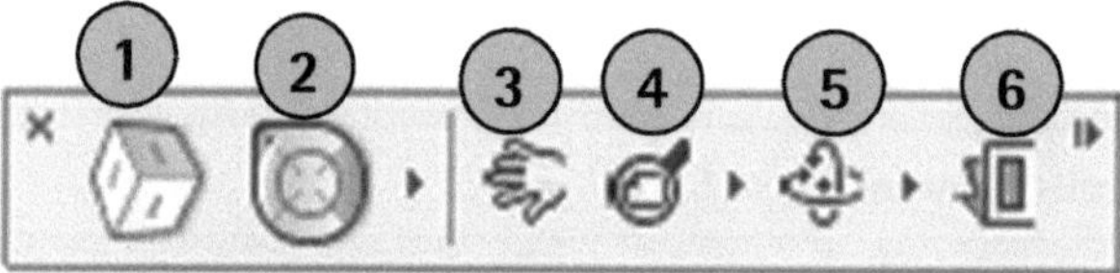

Die folgenden allgemeinen Navigationswerkzeuge stehen auf der Navigationsleiste zur Verfügung:

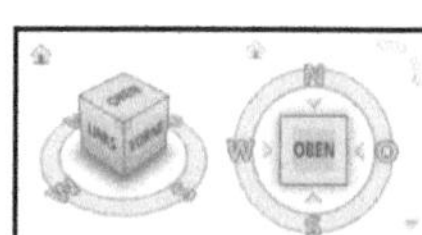

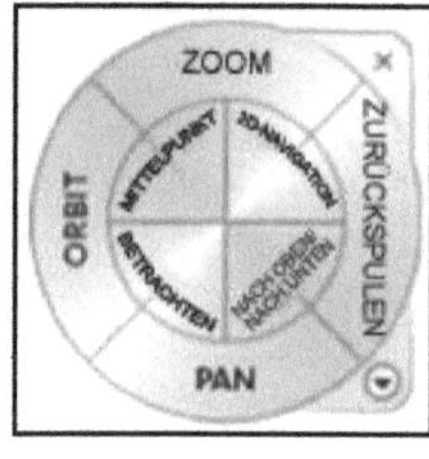

- **ViewCube**:

  Dieser Befehl zeigt die aktuelle Ausrichtung eines Modells an und dient zum Ändern der Ausrichtung der aktuellen Modellansicht (1).

- **SteeringWheels**:

  Eine Sammlung von Rädern, die das schnelle Wechseln zwischen speziellen Navigationswerkzeugen ermöglichen (2).

Die folgenden produktspezifischen Navigationswerkzeuge stehen auf der Navigationsleiste zur Verfügung:

- **Pan:**

  Dieser Befehl bewegt die Ansicht parallel zum Bildschirm (3).

- **Zoomwerkzeuge:**

  Ein Satz von Navigationswerkzeugen zum Vergrößern bzw. Verkleinern der aktuellen Ansicht eines Modells (4).

- **Orbit-Werkzeuge**

  Ein Satz von Navigationswerkzeugen zum Drehen der aktuellen Ansicht eines Modells (5).

- **Ansichtsfläche**:

  Dieser Befehl zeigt Flächen eines Modells aus einer ausgewählten Ebene an (6).

2.3.7 Tastaturkurzbefehle-Referenz, Auszüge

In Autodesk Inventor stehen viele vordefinierte Tastaturkurzbefehle und Befehlsaliasse zur Verfügung. Sie können benutzerdefinierte Tastaturkurzbefehle und Befehls-Aliasnamen definieren. Bei einem Befehlsalias handelt es sich um ein alphanumerisches Zeichen oder um eine alphanumerische Zeichenfolge, die bzw. das zum Ausführen eines Befehls verwendet werden kann. Eine Tastenkombination kann mithilfe der folgenden Tasten definiert werden:

Mit Sonderzeichentasten (einschließlich ` - = [ ] \ ; ' , . /) oder mit einer der folgenden Tasten **Pos1, Ende, Bild auf, Bild ab**, Pfeil nach oben, Pfeil nach unten. Mit einer Kombination aus Umschalttaste und einer Zifferntaste (0-9), einer Sonderzeichentaste oder einer der folgenden Tasten **Pos1, Ende, Bild auf, Bild ab**, Pfeil nach oben, Pfeil nach unten. Eine beliebige Kombination der **Umschalttaste, STRG**- und **ALT**-Taste mit einem alphanumerischen Zeichen.

Anderen Tasten, einschließlich der Funktionstasten, sind unter Umständen reservierte Kurzbefehle zugewiesen. Diese Tasten können jedoch nicht vom Benutzer definiert werden. Mit der definierten Taste, der Tastenkombination oder der Zeichenfolge können Sie einen Befehl starten, z. B. einen Inventor-Befehlsalias. In der folgenden Tabelle finden Sie einen Teil der Tastaturkurzbefehle und Befehls-Aliasnamen, die in Autodesk Inventor 2025 vordefiniert sind.

2.3.7.1 Windows-Tastaturkürzel

Wählen Sie beide Tasten aus, um die Aufgabe auszuführen.

Tasten:	Ergebnis:
STRG+C	Kopiert ausgewählte Objekte
STRG+N	Erstellt ein Dokument
STRG+O	Öffnet ein neues Dokument
STRG+P	Druckt das aktive Dokument
STRG+S	Speichert das aktive Dokument
STRG+V	Fügt Objekte aus der Zwischenablage in das aktive Dokument ein
STRG+Y	Stellt den letzten Befehl wieder her
STRG+Z	Macht den letzten Befehl rückgängig

2.3.7.2 Autodesk Inventor-Tastaturkurzbefehle und –Befehlsaliasnamen

Tasten:	Ergebnis:
F1	Hilfe für den aktiven Befehl oder das aktive Dialogfeld.
F2	Schwenkt das Grafikfenster.
F3	Vergrößert oder verkleinert im Grafikfenster.
F4	Dreht Objekte im Grafikfenster.
F5	Kehrt zur vorherigen Ansicht zurück.
RÜCKTASTE	Entfernt bei aktivem Befehl Linie das zuletzt skizzierte Segment.
Löschen	Löscht ausgewählte Objekte.

Tasten:	Ergebnis:
ESC	Beendet einen Befehl.
Leertaste	Wechselt bei aktiver 3D-Drehfunktion zwischen dynamischer Drehung und isometrischer Standardansicht und Standardansicht mit einer einzelnen Ebene.
ALT + Ziehen mit der Maus	Wendet in Baugruppen die Abhängigkeit Passend an. Verschiebt in einer Skizze Spline-Formpunkte.
STRG+Y	Aktiviert den Befehl Wiederherstellen (hebt den letzten Befehl Rückgängig auf.
STRG+Z	Aktiviert den Befehl Rückgängig (hebt den letzten Vorgang auf).
UMSCHALT + rechter Mausklick	Aktiviert das Befehlsmenü Auswählen.
UMSCHALT + Werkzeug Drehung	Dreht automatisch das Modell im Grafikfenster. Klicken Sie auf das Fenster, um den Vorgang zu beenden.
B	Fügt einer Zeichnung eine Positionsnummer hinzu.
C	Fügt eine Baugruppenabhängigkeit hinzu.
D	Fügt einer Skizze oder Zeichnung eine Bemaßung hinzu.
E	Extrudiert ein Profil.
FC	Fügt einer Zeichnung Form- und Lagetoleranzen hinzu.
H	Fügt ein Bohrungselement hinzu.
L	Erstellt eine Linie oder einen Bogen.
ODS	Fügt eine Koordinatenbemaßung hinzu.
P	Fügt eine Komponente in die aktuelle Baugruppe ein.
R	Erstellt ein Drehelement.
S	Erstellt eine 2D-Skizze auf einer Ebene oder Fläche.
T	Ändert die Position eines Bauteils in der aktuellen Präsentationsdatei.

2.3.7.3 Tipps für benutzerdefinierte Tastaturkurzbefehle

Tastaturkurzbefehle, die der numerischen Tastatur zugeordnet sind, sind auf Laptop-Computern unter Umständen nicht verfügbar. Eine Tastenkombination oder Zeichenfolge könnte bereits als Standardkurzbefehl oder -alias belegt sein. Im Dialogfeld **Anpassen** können Sie eine vorhandene Zuweisung überschreiben und die Tastenkombination oder Zeichenfolge dem gewünschten Befehl zuweisen.

Eine Tastenkombination wird möglicherweise bereits als reservierter Kurzbefehl verwendet. In diesem Fall können Sie dem Befehl einen Alias, aber keinen benutzerdefinierten Kurzbefehl zuweisen. Verwenden Sie im Dialogfeld **Anpassen** auf der Registerkarte **Tastatur** den Befehl In Zwischenablage kopieren, um eine Liste mit Befehlsnamen und ihre zugewiesenen Aliasnamen und Tastaturkurzbefehle in die Zwischenablage zu kopieren.

Sie können diese Daten in ein Microsoft Excel©-Arbeitsblatt oder ein beliebiges Textverarbeitungsprogramm einfügen. Wenn Sie auf diesen Befehl klicken, während ein Kurzbefehl bearbeitet wird, werden alle Änderungen des Kurzbefehls gelöscht und auf den letzten Wert zurückgesetzt.

Verwenden Sie die **UMSCHALT**-Taste nicht in Kombination mit einem Buchstaben. Mit dieser Kombination wird ein Befehlsalias erstellt.

Verwenden Sie die **UMSCHALT**-Taste in Verbindung mit einem anderen Modifikator **STRG** oder **ALT**. Vorhandene Kurzbefehle sind verfügbar. Kurzbefehle, die bisher in Kombination mit der **UMSCHALT**-Taste aktiviert wurden, werden jedoch nun über die Tastenkombination **UMSCHALT**-Taste + **STRG** aktiviert.

2.3.7.4 Tastaturkurzbefehle, Anzeigehilfe

Tastaturkurzbefehle sind Verknüpfungen für das Ausführen von Aufgaben ohne die Maus. Tastaturkurzbefehle ermöglichen Ihnen, nur mit der Tastatur im Menü-Browser und in der Multifunktionsleiste zu navigieren. Verwenden Sie die Pfeiltaste auf der Tastatur, um zwischen den Befehlen auf der Multifunktionsleiste und im Menü-Browser zu navigieren.

Drücken Sie die **ALT**-Taste oder **F10**, um Tastaturkurzbefehle für allgemeine Werkzeuge im Anwendungsfenster anzuzeigen. Tastaturkurzbefehle werden als unterstrichene Zeichen dargestellt, um die Taste bzw. Tastenkombination anzugeben, die Sie zum Aktivieren des Befehls drücken müssen.

Wenn Sie einen Tastaturkurzbefehl auswählen, werden weitere Tastaturkurzbefehle für das betreffende Werkzeug angezeigt.

2.3.7.5 Tastatur-Anzeigehilfe Bauteilumgebung

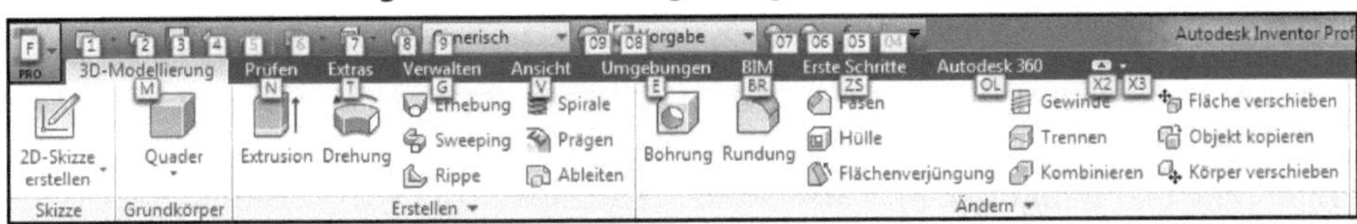

2.4 Maus-Funktionen

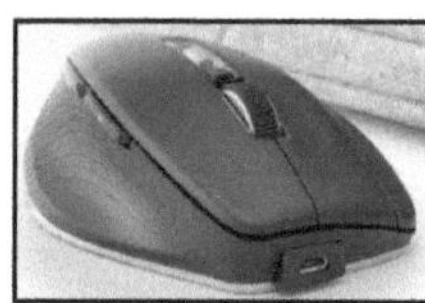

2.4.1 Maus mit drei Tasten

Verwenden Sie die mittlere Maustaste für die folgenden Ansichtsbefehle:

Ansicht drehen: | **Modellansicht drehen:**
(nur Teile und Baugruppen) | Ziehen Sie mit der mittleren Maustaste. Um einen Eckpunkt, eine Kante oder Fläche drehen:

Klicken Sie mit der mittleren Maustaste auf einen Eckpunkt, eine Kante oder Fläche; ziehen Sie dann mit der mittleren Maustaste den Cursor.

Verschieben: Halten Sie die **STRG**-Taste gedrückt, und ziehen Sie mit der mittleren Maustaste.
In einer aktiven Zeichnung brauchen Sie die **STRG**-Taste nicht gedrückt zu halten.

Vergrößern / Verkleinern: Halten Sie die **Umschalt**-Taste gedrückt, und ziehen Sie mit der mittleren Maustaste.

2.4.2 Maus mit Rad

Verwenden Sie das Rad für die folgenden Ansichtsbefehle:

Verschieben: Halten Sie die **STRG**-Taste gedrückt, und ziehen Sie mit der mittleren Maustaste.

Ansicht drehen: | **Modellansicht drehen:**
(nur Teile und Baugruppen) | **Umschalt**-Taste und das Rad gedrückt, und bewegen Sie es, um zu drehen.
Um einen Eckpunkt, eine Kante oder Fläche drehen:
Umschalt-Taste und das Rad gedrückt auf einen Eckpunkt, eine Kante oder Fläche; halten Sie dann das Rad gedrückt und ziehen Sie.

Vergrößern / Verkleinern: **Auf Cursor-Position zoomen:**
Drehen Sie das Rad vorwärts und rückwärts. Beim Drehen des Mausrades muss sich der Cursor stets in dem Bereich befinden, auf den Sie zoomen möchten.
Wenn der Cursor sich außerhalb des Grafikbereichs befindet, erfolgt das Zoomen stattdessen auf die Mitte des Modells.
Auf die Bildschirmmitte zoomen:
Klicken Sie auf:
Ansicht / Modifizieren /
Um Bildschirmmitte zoomen
Drehen Sie das Rad vorwärts und zurück.

2.4.3 3D-Maus

Ein wegweisendes Navigationskonzept und durchdachte Funktionalität: Die 3D-Mäuse von 3Dconnexion© definieren die Standards der 3D-Navigation neu. Mittels einer patentierten Sensortechnologie lassen sich Modelle oder Kameraansichten in sagenhaften sechs Freiheitsgraden gleichzeitig in einer flüssigen Bewegung drehen, schwenken oder zoomen. Intuitiv, effizient und mit höchster Präzision.

3Dconnexion-
CADMouse

Zusammen mit einer herkömmlichen Maus ermöglicht die 3D-Maus eine beidhändige und synchrone Arbeitsweise. Dabei bedient eine Hand die 3D-Maus, um ein Modell zu positionieren oder sich in virtuellen Umgebungen zu bewegen, während die andere Hand an der Maus das Auswählen und Editieren übernimmt. Eine beidhändige Arbeitsweise, die Klicks und Zeit sparen.

Die 3DxCap: Ihr virtuell verlängerter Arm.

3Dconnexion
SpaceNavigato
r

Herzstück einer jeden 3Dconnexion©-Maus ist die 3DxCap. Durch leichtes Drücken, Ziehen, Schieben, Drehen oder Kippen dieses zentralen Bedienelementes lassen sich Modelle oder Kameraansichten drehen, schwenken und zoomen. Wird der Druck auf die Kappe erhöht, lässt sich eine Bewegung beschleunigen. Verringert man den Druck, lassen sich Objekte präzise ausrichten.

2.4.3.1 Navigation

Der Controller ermöglicht das gleichzeitige Schwenken, Zoomen und Drehen in einer flüssigen Bewegung. Wenn Sie mit der Maus navigieren, ist immer nur eine Bewegungsart möglich und Sie müssen oft absetzen, um das Modell zu positionieren und zu bearbeiten. Führen Sie den Befehl **Zoom to Cursor** aus, indem Sie die mittlere Maustaste gedrückt halten und die Controller- Kappe des SpacePilot© nach unten drücken. Wählen Sie den Drehpunkt, indem Sie eine beliebige Fläche oder einen Scheitelpunkt auswählen oder wählen Sie die Drehachse, indem Sie eine beliebige Linie oder Kante auswählen.

3Dconnexion
SpacePilot

Mit unseren 3D-Mäusen profitieren Sie von einem völlig neuen Workflow in Autodesk Inventor: Mit einer einzigen, fließenden Bewegung können Sie Ihre Modelle bewegen, zoomen und drehen, während Sie diese mit der normalen Maus in der anderen Hand bearbeiten. Betrachten Sie ein Objekt aus allen Blickwinkeln, und bearbeiten Sie es gleichzeitig in der 2D- oder 3D-Skizze. Die 3D-Mäuse machen das Arbeiten schneller und komfortabler. Ob Sie eine Skizze extrudieren oder Baugruppenbedingungen bearbeiten, Sie werden nicht mehr auf die 3D-Mäuse verzichten wollen.

Mit Ihrer 3D-Maus von 3Dconnexion können Sie Modelle in Autodesk DWF Viewer und Autodesk Design Review betrachten.

2.4.3.2 Warum Inventor-Benutzer auf 3Dconnexion 3D-Mäuse bauen

Bis zu 20 % höhere Produktivität, bis zu 50% weniger Einsatz Ihrer normalen Maus, Bewegen, Zoomen und Drehen von Objekten mit einer einzigen, fließenden Bewegung, Schnellzugriffstasten für Inventor-Funktionen, automatische Aktualisierung der Funktionen mit Anzeige auf dem SpacePilot bei Umgebungswechsel, optimierte Design-Prozesse in allen Phasen, von der Skizze bis zur Baugruppe, speichern beliebig vieler Befehle auf den Schnellzugriffstasten des SpacePilot für mehr als 30 Umgebungen.

2.4.3.3 Voller Funktionszugriff

Die Funktionstasten von SpacePilot ermöglichen den schnellen Zugriff auf Funktionen, Makros und Zusatztasten (z. B. Strg, Umschalten, Alt und Esc) in Autodesk Inventor. Weisen Sie neue Funktionen zu, oder erstellen Sie über den Makro-Editor individuelle Konfigurationen in den mehr als 20 Umgebungen, darunter Part, Assembly, 2D Sketch, Sheet Metal, Drawing, Tube & Pipe. SpacePilot aktualisiert das LCD automatisch mit neuen Befehlen, sobald Sie von einer Umgebung in eine andere umschalten.

2.4.3.4 Entwurfsmodus

Skizzieren oder bearbeiten Sie Modelle mit der Standard-Maus, und positionieren Sie die Arbeitsebene oder prüfen die Skizze aus mehreren Richtungen zusätzlich mit dem SpacePilot. Funktionen wie **Line**, **Spline**, **AutoDimension**, **Offset** sowie **Esc** können Sie direkt über die entsprechenden Funktionstasten ausführen. Aktivieren bzw. deaktivieren Sie die Drehung mit der 3D-Sperrtaste.

2.4.3.5 Teile-Modellierungsmodus

Mit dem SpacePilot können Sie das Modell aus verschiedenen Blickwinkeln anzeigen, einzelne Komponenten können Sie gleichzeitig mit der normalen Maus anpassen. Über die Funktionstasten des SpacePilot rufen Sie Funktionen wie **Umschalt**, **Strg**, **Esc**, **Zoom All**, Top/Front/Left/Right-**View**, **Extrude**, **Chamfer**, **Fillet** direkt auf.

2.4.3.6 Baugruppenmodus

Erstellen Sie Baugruppen mit Leichtigkeit: platzieren Sie Bauteile, während Sie die Baugruppe in die ideale Position bringen. Ebenso können Sie vorhandene Bauteile verschieben oder den optimalen Blickwinkel für die Auswahl der gewünschten Bauteilflächen finden. **PlaceComponent**, **PlaceConstraints**, **MoveComponent**, **WorkPlane**, **Strg**, **Esc** und andere Funktionen können Sie direkt über den SpacePilot aufrufen.

2.4.3.7 Entwurfsmodus-Funktionen

Bei der Erstellung und Platzierung von Zeichenansichten, Bemessungen und Beschriftung können Sie das gesamte Zeichenblatt positionieren. **Zoom All**, **BaseView**, **ProjectedView**, **Measure Distance** und alle anderen Funktionen des Entwurfsmodus sind schnell aufrufbar.

3

AutoDesk
Inventor 2025

Bauteile
Erstellen und Anpassen

Projekt-Umgebung
Vorlagendatei erstellen
iProperties

3 Projekte und Vorlagen

3.1 Projektmanagement, ein Überblick

Ein Projekt in Autodesk Inventor ist ein System zur Organisation von und zum Zugriff auf alle Dateien, die mit einem bestimmten Konstruktionsauftrag verbunden sind. Sie können beliebig viele Projekte verwenden, um Ihre Arbeit zu organisieren. Projekte verwenden eine Projektdatei **(.ipj)**, um die Pfade in den Verzeichnissen zu speichern, in denen sich Ihre Konstruktionsdaten befinden. Beim Öffnen einer Datei in einem Projekt verwendet das Programm diese Pfade in der Reihenfolge, in der sie in jedem Schnitt angezeigt werden, um nach der Datei und etwaigen referenzierten Dateien zu suchen. Konstruktionsdaten in einem Projekt enthalten in der Regel Bauteile, Baugruppen, Standardkomponenten, die nur in Unternehmen verwendet, und Bibliotheken mit Standardkomponenten, wie Verbindungselemente, Fittings oder elektrische Komponenten. Der Projekt-Assistent führt Sie durch den Prozess zur Erstellung des Projekts. Nach der Erstellung eines Projekts verwenden Sie den Projekt-Editor, um weitere Optionen festzulegen. Sie können jederzeit Verzeichnisse hinzufügen oder löschen oder den Namen des aktuellen Projekts ändern. Richten Sie ein neues Projekt ein, bevor Sie mit der Konstruktion beginnen. Es ist schwierig, Ihre Dateien in ein Projekt zu migrieren, wenn der Entwurf komplex wird.

3.1.1 Projektdateien

Das aktive Projekt ist das Projekt, auf das Sie aktuell Zugriff haben. Beim Wechseln von Projekten ändert sich auch der Ort, in dem das Programm nach referenzierten Dateien sucht. Hierdurch ändern sich auch die Dialogfelder für den Dateizugriff. Dies soll dabei helfen, die empfohlene Vorgehensweise durchzusetzen, dass nur Dateien aus den Speicherorten des aktiven Projekts geöffnet und auch nur dort gespeichert werden. Ein Projekt definiert:

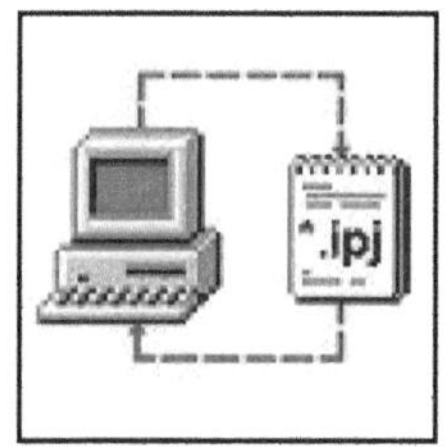

- **Verzeichnis, in dem Sie Dateien bearbeiten**
  Arbeitsgruppe oder Arbeitsbereich, der sich lokal auf den Computern der Konstrukteure befindet.
- **Anzahl der beibehaltenen Versionen, wenn Sie eine Datei speichern**
- **Inhaltscenter-Konfigurationseinstellungen**
  Es wird empfohlen, die gleichen Inhaltscenter-Bibliotheken gemeinsam für alle Projekte zu nutzen.
- **Projekttyp**
  (Einzelbenutzer oder Autodesk Vault)

Projekte verwenden relative Pfade anstatt absoluter Pfade, wenn die Projektspeicherorte, wie der Arbeitsbereich, die Arbeitsgruppe oder Bibliotheken, sich in einem Unterordner des Ordners befinden, in dem die Projektdatei enthalten ist. Dateiübergreifende Referenzen eines Projekts werden in Abhängigkeit der Projektordnerspeicherorte gespeichert, so können Sie die Referenzen beim Verschieben, Archivieren und Umstrukturieren von Projektordnern beibehalten, indem Sie die Projektdateidaten aktualisieren. Eine Projektdatei (.**ipj**) ist eine Textdatei im XML-Format. Der Projekt-Assistent erstellt sie automatisch, wenn Sie ein Projekt erstellen. In der Datei werden die Pfade zu den Ordnern mit den Dateien des Projekts angegeben. Diese gespeicherten Pfade gewährleisten, dass die Verknüpfungen zwischen den Dateien korrekt funktionieren. Bevor Sie an Modelldateien arbeiten, fügen Sie dem Projekt die Speicherorte für die Ordner hinzu.

3.1.2 Planen von Projekten

Planen Sie Ihr Projekt und erstellen Sie das Projekt, bevor Sie den Konstruktionsprozess beginnen, sodass die Dateireferenzen entsprechend gespeichert werden. Durch Einhaltung dieser Reihenfolge verringert sich das Risiko von Problemen bei der Dateiauflösung.

Um die aktuelle und zukünftige Kompatibilität von Autodesk Vault Basic zu gewährleisten, empfehlen wir die Verwendung einer einzigen Projektdatei zur Steuerung aller Konstruktionen. Diese Methode verhindert, dass ein Bibliothekspfad hinzugefügt oder eine Datei aus einem anderen Projekt kopiert wird. Die Vorteile:

- **Einfachheit**
  Sie können die gleiche Projektdatei für alle Konstruktionen in Ihrer Umgebung verwenden. Sie müssen sich nicht mehr daran erinnern, welche Projektdatei für ein bestimmtes Datenblatt verwendet wird. Alle Ihre Daten befinden sich an einem einheitlichen Speicherort.
- **Weniger Auflösungsfehler**
  Inventor kann automatisch im gesamten Datenumfang nach fehlenden Dateien suchen. Diese Vorgehensweise führt zu einer erheblichen Verringerung der manuellen Suche nach fehlenden Dateien.
- **Erhöhte Wiederverwendung von Konstruktionen**
  Die Wiederverwendung anderer Daten aus Ihren aktuellen Konstruktionen oder aus dem Tresor wird vereinfacht.
- Bevor Sie ein Projekt erstellen, richten Sie eine Ordnerstruktur basierend auf den vorhandenen und zukünftigen Dateien ein, die dem Projekt zugeordnet sind. Überlegen Sie, wer auf die Dateidaten zugreifen darf.
- Bestimmen Sie, ob die Projektdateien und Bibliotheken lokal oder in einem Netzwerk gespeichert werden.
- Beachten Sie die Normen Ihres Unternehmens und die Benennungskonventionen für Projektordner.
- Wenn Sie beabsichtigen, vorhandene Dateien einzubeziehen, richten Sie für diese Dateien einen Hauptordner ein.
- Richten Sie unterhalb des Projektordners (Arbeitsgruppe oder Arbeitsbereich) Unterordner ein.
- Wenn Sie mehr als ein Projekt verwenden, speichern Sie alle Projekte im Projektordner. Sie können die Projekte dann organisieren und in Unterordnern gruppieren. Gruppieren Sie entsprechend alle Bibliotheken in einem gemeinsamen Ordner, damit sie leicht zu finden sind.
- Legen Sie innerhalb eines Projekts jeweils nur einen Unterordner für jedes Projekt an. Speichern Sie die Projektdatei in diesem Unterordner, und legen Sie diesen Unterordner als Projektarbeitsbereich fest. (Der Projekt-Editor erstellt neue Projekte standardmäßig nach dieser Konvention.) Speichern Sie alle Dateien, die sich auf einen Entwurf beziehen, in diesem Arbeitsbereichsordner.
- Legen Sie nie einen Arbeitsbereich oder eine Arbeitsgruppe fest, die sich auf einen Ordner in einem anderen Projekt beziehen.
- Halten Sie die Verzeichnisstruktur unter Projektspeicherorten (z. B. Arbeitsbereich, Bibliothek usw.) möglichst flach. Je mehr Unterordner vorhanden sind, desto schwieriger ist es, für alle Dateien an anderen Speicherorten als den Bibliotheksspeicherorten im Projekt eindeutige Namen beizubehalten.

- Wenn sich in einem Ordner mehrere Hundert Dateien befinden, kann es zu einer Beeinträchtigung der Leistung kommen. Um in Projekten mit mehr als 50 bis 100 Dateien eine bessere Leistung zu erzielen, sollten Sie unter dem Arbeitsbereich einen Ordner für Bauteile, einen weiteren für Unterbaugruppen, einen weiteren für Zeichnungen usw. erstellen.
- Legen Sie die Baugruppen der obersten Ebene direkt im Arbeitsbereichsordner ab.
- Setzen Sie die Option **Eindeutige Dateinamen** auf wahr, und stellen Sie sicher, dass jede Datei unter dem Arbeitsbereich über einen eindeutigen Namen verfügt. Wenn Sie eine Datei von einem Unterordner in einen anderen kopieren, geben Sie der Datei einen neuen Namen.
- Wenn Sie Dateien zwischen Unterordnern verschieben, aktivieren Sie im Dialogfeld **Anwendungsoptionen** auf der Registerkarte **Speichern** die Option zum Speichern von Bezugsänderungen. Öffnen und speichern Sie anschließend alle Baugruppen und Zeichnungen der obersten Ebene.
- Stellen Sie sicher, dass die Pfaddefinitionen in der **ipj**-Datei richtig sind.

3.2 Die Projektumgebung

3.2.1 Projektumgebung, Möglichkeiten der Einrichtung

Projekte lassen sich über verschieden Wege für den AutoDesk Inventor einrichten:

3.2.1.1 Projektumgebung, Schnellzugriff-Werkzeugkasten

- Beim Programmstart über die Multifunktionsleiste:

Projekte

Projekte (Schnellzugriff-Werkzeugkasten) (1)

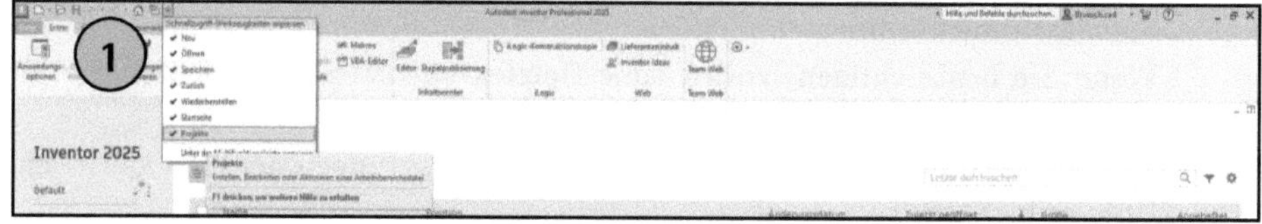

3.2.1.2 Projektumgebung, Menü-Browser „Datei"

- Aufruf über den **Menü-Browser**, Register **Datei**:

Verwalten

Projekte (2, 3)

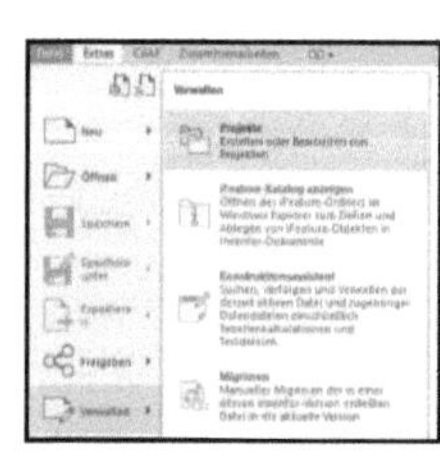

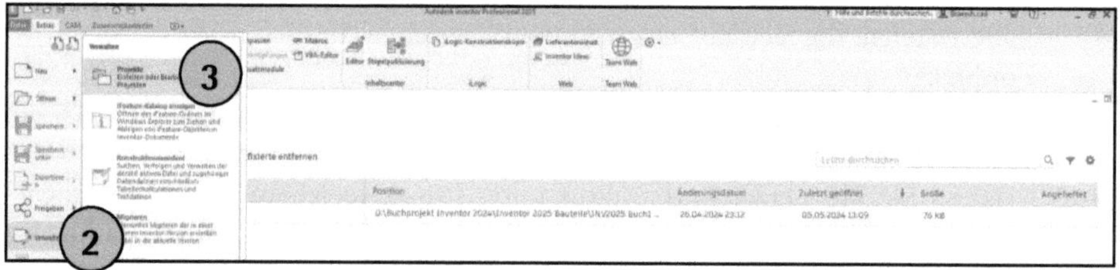

3.2.1.3 Projekt-Editor über Windows-Desktop

* Aufruf über die Windows-Startebene:

 **Start** (Windows **Start**-Button) / **Alle Programme**

 **Autodesk / Autodesk Inventor 2025 / Projekt-Editor** (4, 5)

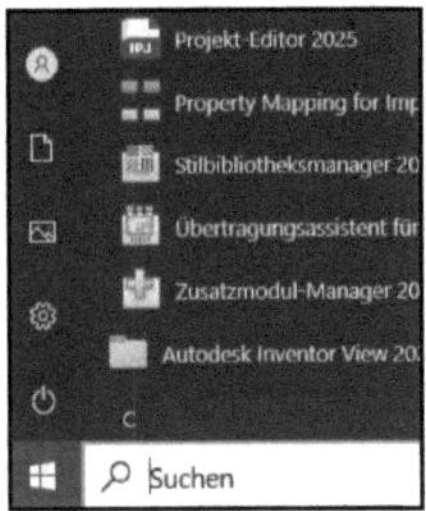

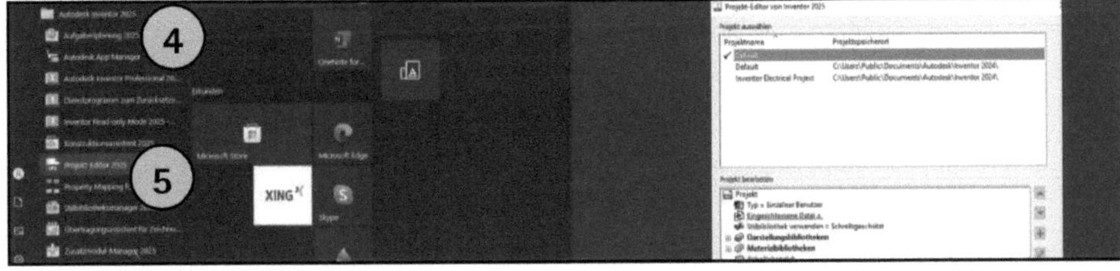

3.2.2 Einrichten einer Projektumgebung, aus der Inventor-Ebene

3.2.2.1 Projektumgebung über Menü-Browser „Datei" einrichten

* Aufruf über den **Menü-Browser**, Register **Datei**.

 **Verwalten** (6)

 **Projekte** (7)

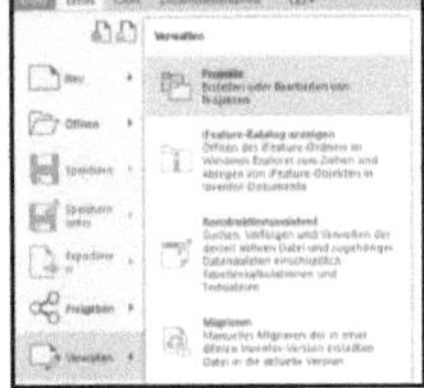

Neu / Einzelbenutzer-Projekt anwählen / Weiter (8, 9)

Geben Sie den Projektnamen ein:

Start / Weiter (10)

Geben Sie den gewünschten Speicherort an (11).

Sie können auch für die Lerneinheiten eine eigene Ordnergruppe planen, der Ordner kann vorher über den Explorer schon angelegt werden, Sie würden dann diesen Ordner hier eintragen (12).

OK / Weiter / Fertig stellen (13)

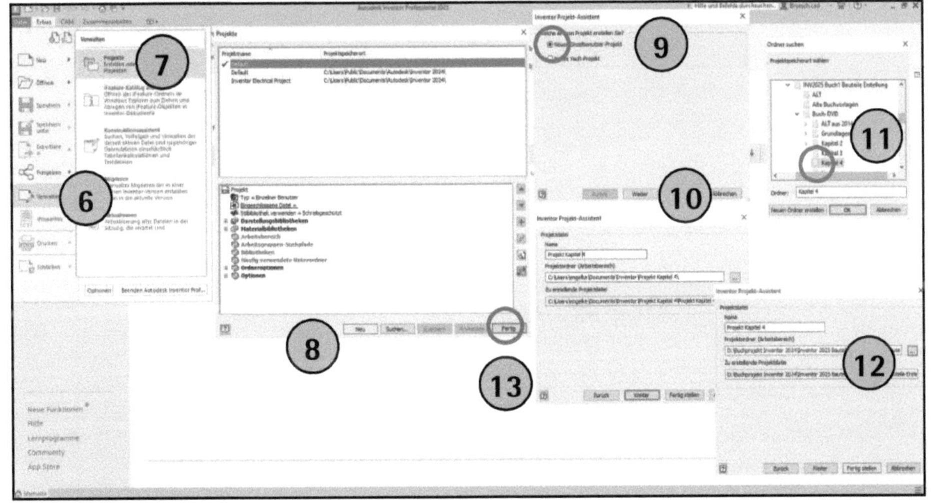

3.2.2.2 Projektumgebung über Menü-Browser „Datei" aktivieren

- Doppelklicken Sie das neue Projekt.

- **Start Anwenden / Fertig**

- Das aktuelle eingerichtete Projekt ist mit einem Häkchen versehen (14).

3.3   Anwendungs- und Dokumenteinstellungen

Die Einstellungen im Dialogfeld **Anwendungsoptionen** bestimmen das Erscheinungsbild Ihrer Inventor-Anwendung. Verschiedene Registerkarten steuern die Darstellung Ihrer Anzeige, das Verhalten und die Einstellungen der Dateien, die Standarddateipositionen und eine Reihe von Funktionen für mehrere Benutzer.

Sie können die Einstellungen Ihrer Anwendungsoptionen verwalten, indem Sie Einstellungen als benannte Datei speichern und anwenden. Anwendungsoptionseinstellungen können in eine XML-Datei exportiert werden.

Dadurch sind diese portabel und können mühelos in die nächste Version von Autodesk Inventor migriert werden. Darüber hinaus können CAD-Manager mit ihrer Hilfe einheitliche Benutzervoreinstellungen für alle Benutzer oder bestimmte Gruppen einrichten.

3.3.1   Darstellungsoptionen für Anwendungs-oder Dokumenteinstellungen

Darstellungseinstellungen umfassen die Elemente, aus denen die Szene im Grafikbereich besteht, wie visueller Stil, Ausgangsebene, Reflexionen auf Ausgangsebene, Beleuchtungsstil und Schatten.

Über die Dokumenteinstellungen oder Anwendungsoptionen werden die Parameter für die Modelldarstellung festgelegt. Einige Parameter definieren die Darstellung des Modells im geöffneten Grafikfenster. Andere legen die Darstellung eines Modells in der Umgebung fest. In einem Dokument sind in der Regel die gleichen Parameter enthalten wie in den Anwendungsoptionen.

Wenn jedoch die Option Dokumenteinstellungen verwenden aktiv ist, kann jedes Dokument mit einem bestimmten visuellen Stil, Ausgangsebene, Beleuchtungsstil usw. geöffnet werden. Für Dokumente ist es nicht erforderlich, ausschließlich die Darstellungsparameter in den Anwendungsoptionen zu verwenden. Beim **Öffnen** nicht migrierter älterer Dokumente werden die Standardeinstellungen den Darstellungseinstellungen der Anwendungsoptionen entnommen.

Bei neuen und migrierten älteren Dokumenten sind die Darstellungseinstellungen auch im Dokument enthalten. Diese Einstellungen bieten die Möglichkeit, Dokumente unterschiedlich anzuzeigen, ohne die Darstellungseinstellungen der Anwendungsoptionen zu ändern.

Änderungen an den Anwendungs- und Dokumenteinstellungen ändern **nicht** die aktuelle Szenendarstellung. Dokumenteinstellungen werden beim nächsten Öffnen auf dieses bestimmte Dokument angewendet.

Es ist daher möglich, die Einstellungen zu ändern und dies zu vergessen, bevor das Dokument das nächste Mal geöffnet wird. Anwendungsoptionen gelten für alle geöffneten Dokumente, nachdem die die Einstellungen angewendet wurden. Die Voreinstellung für die Verwendung der Dokument- oder Anwendungseinstellungen ist Gegenstand der Verfahren und Referenzen.

3.3.2 Exportieren von Anwendungsoptionseinstellungen

Neue Benutzervoreinstellungen werden generiert, indem die aktuellen Anwendungsoptionseinstellungen in eine benannte Datei, **.xml** exportiert werden. Der Exportvorgang verwendet immer die aktuellen Einstellungen für die Anwendungsoptionen, auch wenn diese nicht angewendet wurden.

3.3.2.1 Exportieren von Anwendungsoptionseinstellungen, Ablauf

Anwendungsoptionen (Multifunktionsleiste **Extras**) (1)
Exportieren (Dialogfeld **Anwendungsoptionen**) (2)
Wählen Sie den, von Inventor vorgegebenen Ordner.
Programme\Autodesk\Inventor 2025\Preferences (3).
Geben Sie einen Namen Ihrer Wahl ein.
Speichern (4)

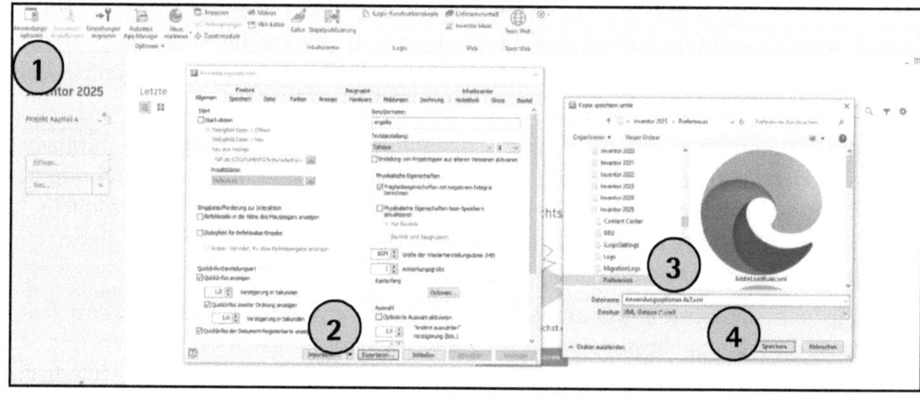

3.4 Die neue Vorlagendatei für Bauteile, Anwendungsoptionen

3.4.1 Öffnen der Vorlagendatei für Bauteile, mehrere Wege

3.4.1.1 Öffnen der Vorlagendatei über die Start-Ebene

- **Neu** über **Pfeil** erweitern (Dialogbox Start-Ebene) (1)
- **Bauteil.ipt** anklicken (2).

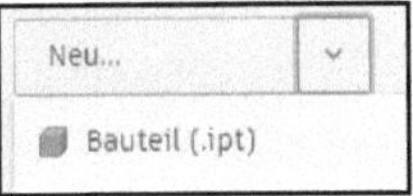

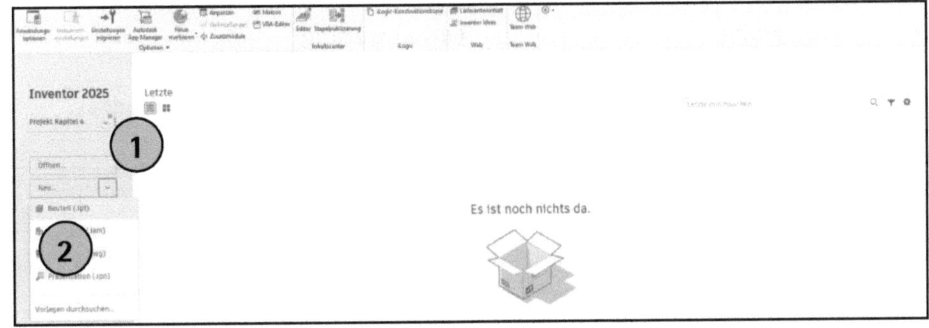

3.4.1.2 Öffnen der Vorlagendatei über Menü-Browser „Datei"

- Aufruf über den **Menü-Browser**, Register **Datei**.

 **Neu** (3)

Bauteil.ipt anklicken (4).

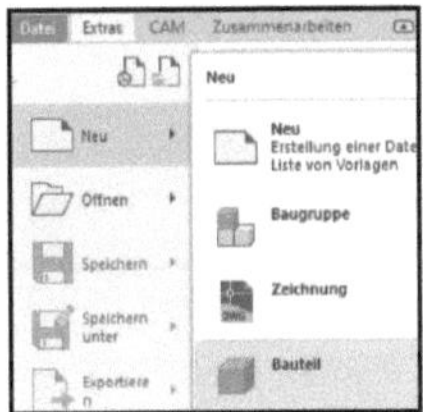

3.4.1.3 Öffnen der Vorlagendatei über Schnellzugriff-Werkzeugkasten

- Öffnen der Vorlagendatei über Schnellzugriff-Werkzeugkasten.

 **Neu** (5)

Bauteil.ipt anklicken (6).

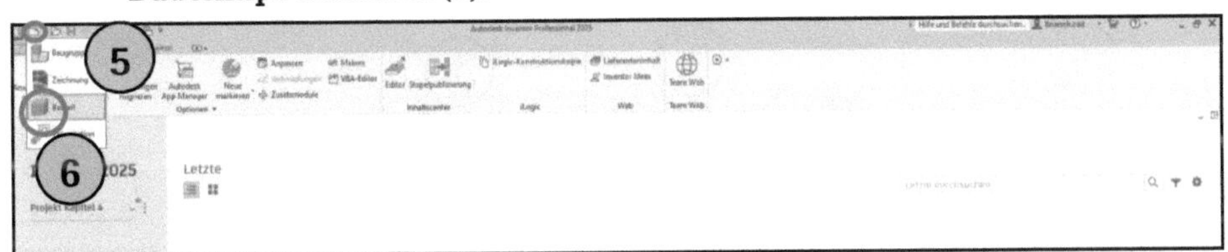

3.4.2 Anpassen der Vorlagendatei für Bauteile

3.4.2.1 Einstellung der Desktop-Farbe und Benutzer-Oberflächenstil

Alle dargestellten Auswahlen der **Anwendungsoptionen** sind Vorschläge, die bei Bedarf angepasst werden können.

Extras / Anwendungsoptionen / Register **Farben** (1)

Anwendungsoptionen

In dem ausgewählten Farbschema werden die folgenden Optionen aktiviert:

- Farbe (1) : **Hell**
- Hintergrund (2) : **Farbabstufung**
- Ansichtsbereich(3) : **Hellgrau**
- Reflexionsumgebung (4) : **Millennium.bmp** (oder **Chrom.dds**)
- Schließen Sie diese Dialogbox mit **OK**.

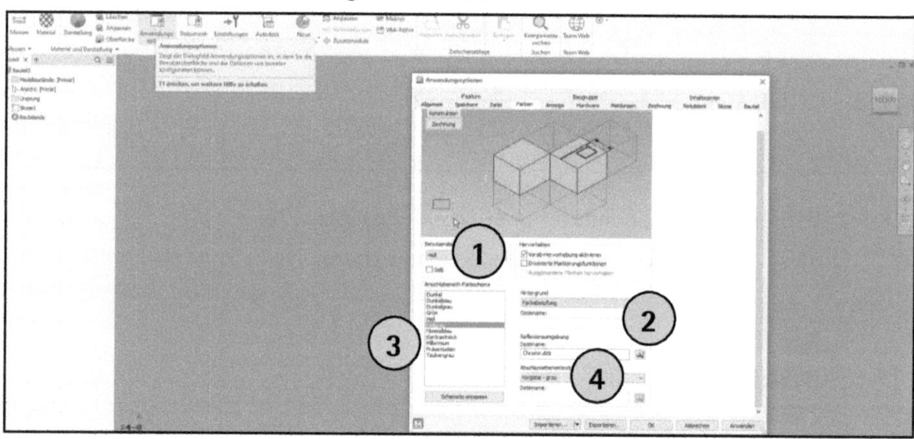

3.4.2.2 Einstellung der Kanten-Farbe

- Aufruf über die Multifunktionsleiste für Kantendarstellung in Schwarz:

Extras / Anwendungsoptionen / Register **Anzeige**
Anwendungseinstellungen verwenden (5) / **Einstellungen** (6)
Eine Farbe verwenden / **Schwarz** (7), **Schattiert mit Kanten** (8),
Raytracing Hoch (9), **Projektion Orthogonal** (10)
Schließen Sie diese Dialogbox mit **OK** / **Anwenden** / **Schließen** (11)

Anwendungsoptionen

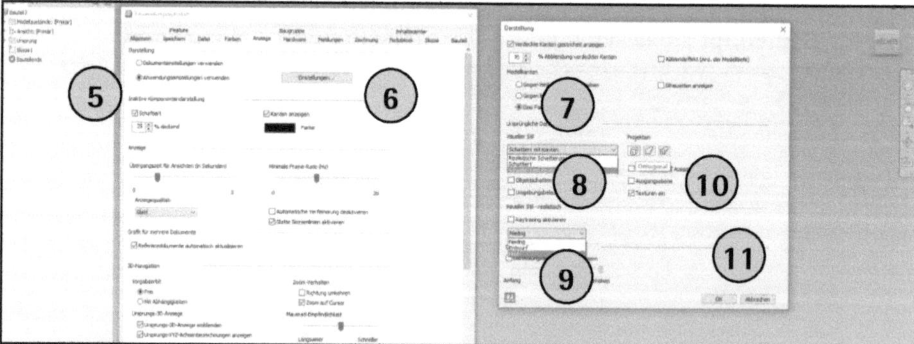

3.4.2.3 ViewCube-Einstellungen

- Aufruf über die Multifunktionsleiste.

 **Extras / Anwendungsoptionen** / Register **Anzeige**
Auswahl **ViewCube** (12)
Option **ViewCube Ein** (13) / **Kompass Ein** (14)
Vordere Ansichtsebene **XY (+Z)**, Draufsichtsebene **XZ (+Y)** (15)
Schließen Sie diese Dialogbox mit **OK / OK**

 Anwendungs-
optionen

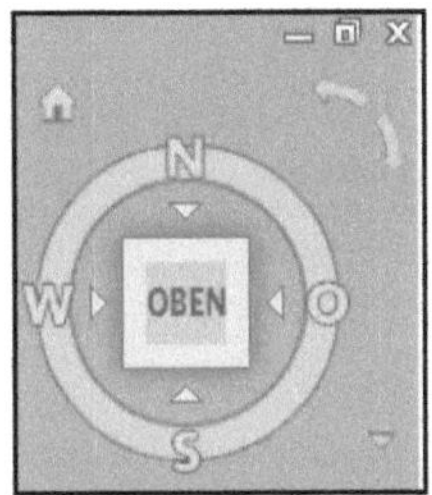

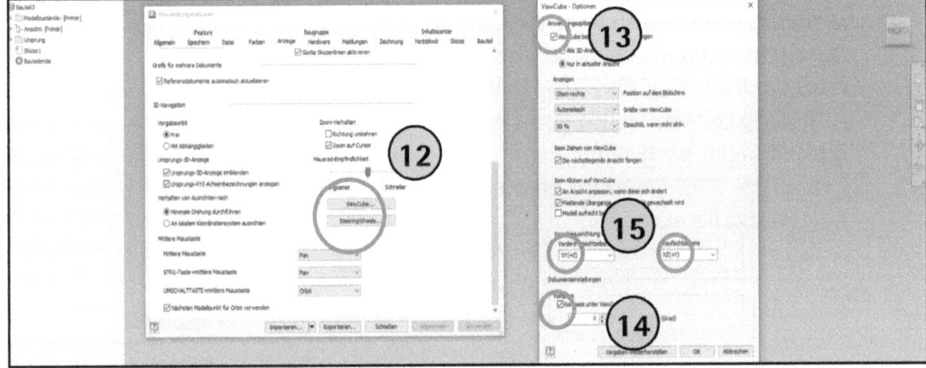

3.4.2.4 SteeringWheel-Einstellungen

- Aufruf über die Multifunktionsleiste.

 **Extras / Anwendungsoptionen** / Register **Anzeige**
Auswahl **SteeringWheel** (16).
Größe nach Wahl, sonstige Einstellungen nach Wahl (17).
Schließen Sie diese Dialogbox mit **OK / OK**

 Anwendungs-
optionen

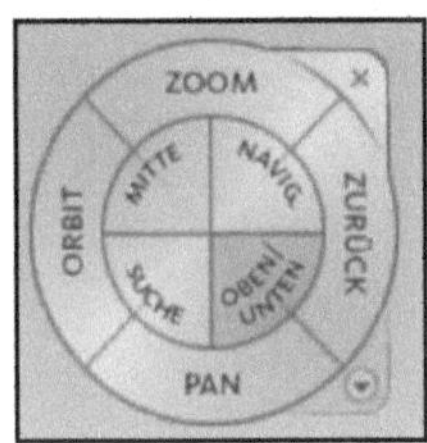

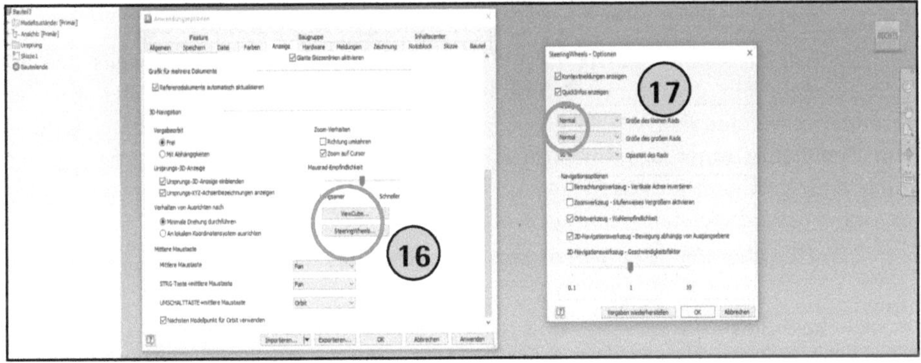

3.4.2.5 Skizzier-Einstellung

- Aufruf über die Multifunktionsleiste für die Voreinstellungen der Skizzierebene.

Anwendungs-
optionen

 **Extras** / **Anwendungsoptionen** / Register **Skizze**

Im Hauptfenster der Dialogbox sollen die folgenden Einträge wahlweise aktiviert werden (18):

Horizontal und vertikal

Rasterlinien, Untergeordnete Rasterlinien, Achsen, Raster Fangen, Koordinatensystemindikator, Bei Überbestimmung Warnen

Modellkanten Automatisch Projizieren

Ausrichten nach Skizzierebene...., Ursprung des Bauteils...

Punktausrichtung ein, 3D-LINIEN ... BIEGEN

- **Abhängigkeitseinstellungen** (19)

Einstellungen nach Wahl

- Exponierte Anzeige **aktivieren** / **Einstellungen** (20

Zeigerangabe aktivieren

Zeigerangabe: **Kartesische Koordinaten**

Bemaßungsangabe: **Polare Koordinaten**

- Schließen Sie diese Dialogbox mit **OK** / **Anwenden** und **Schließen**.

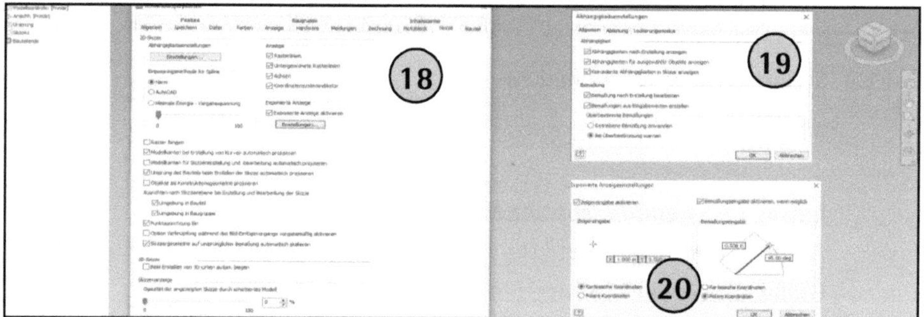

3.4.3 Vorlagendatei speichern

Vorlagendateien können entsprechend bestimmter Aufgabebereiche jeweils neu erstellt werden. Ein geordneter Befehlsvorgang erstellt eine Vorlagendatei mit den Veränderungen aus den vorherigen Unterkapiteln. Die neue Vorlagendatei wird in dem Template-Ordner des Inventor-Haupt-Verzeichnisses gespeichert. Sie sollten einen neuen Namen vergeben und nicht von der Möglichkeit der Überschreibung der Standardvorlagendatei Gebrauch machen.

- Aufruf über den **Menü-Browser**, Register **Datei**.

 **Speichern unter**

 **Kopie als Vorlage speichern** (21)

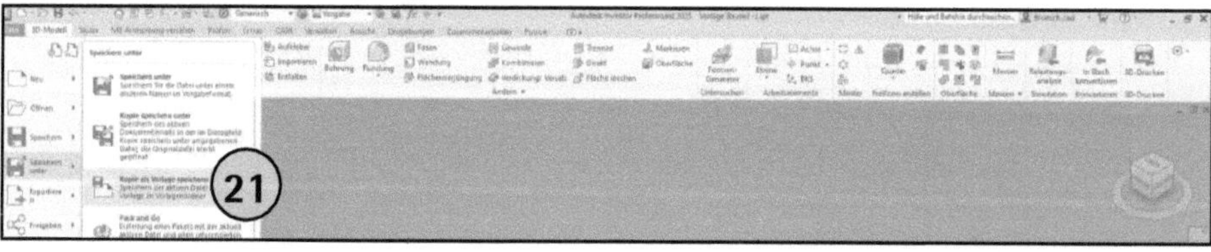

3.5 Die neue Vorlagendatei für Bauteile, Dokumenteinstellungen

3.5.1 Anpassen der Dokumenteinstellungen

Alle dargestellten Auswahlen der **Dokumenteinstellungen** sind Vorschläge, die bei Bedarf angepasst werden können.

3.5.1.1 Anpassen der Dokumenteinstellungen, Register „Norm"

* Aufruf über die Multifunktionsleiste für die **Dokumenteinstellungen**.

Extras / Dokumenteinstellungen / Register **Norm**

Beleuchtungsstil:	**IBL-Vorgabe** (1)
Aktive Norm:	**ISO** (2)
Material:	**Generisch** (3)
Darstellung:	Aus **Anwendungsoptionen** übernehmen

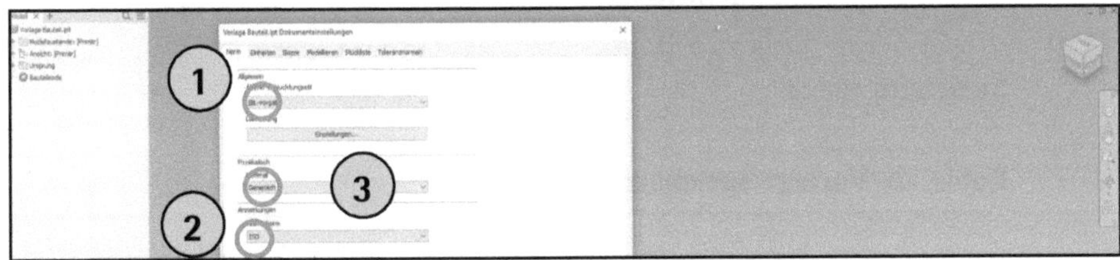

Dokument-einstellungen

3.5.1.2 Anpassen der Dokumenteinstellungen, Register „Einheiten"

Extras / Dokumenteinstellungen / Register **Einheiten**
Länge Einstellung **Millimeter, Masse** Einstellung **Kilogramm** (4)
Modellierungsbemaßung, lineare Bemaßung: **0** Dezimalstellen (5).
Modellierungsbemaßung, Winkelbemaßung: **0** Dezimalstellen (5).

Dokument-einstellungen

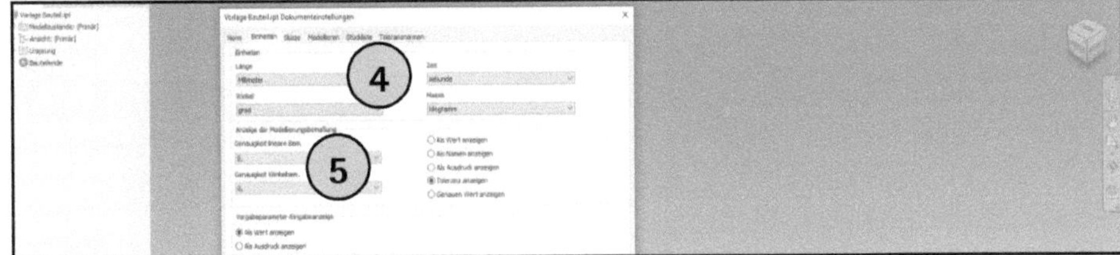

3.5.1.3 Anpassen der Dokumenteinstellungen, Register „2D-Skizze"

Extras / Dokumenteinstellungen / Register **Einheiten**
Fangabstand X und Y: **1** mm (6)
Reale Linienbreiten anzeigen (7)

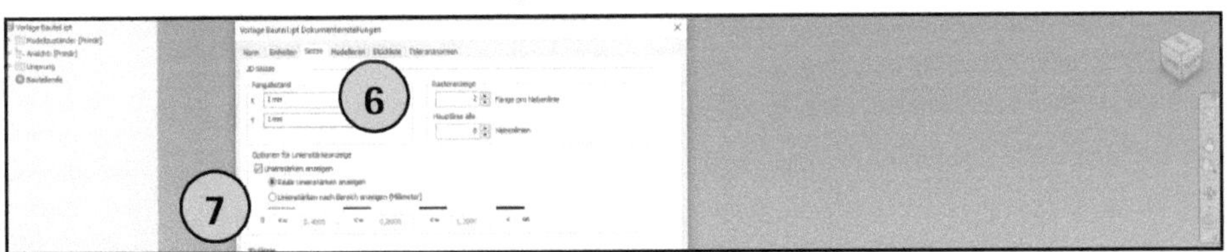

3.5.1.4 Anpassen der Dokumenteinstellungen, Register „2D-Skizze"

Dokument-
einstellungen

Extras / Dokumenteinstellungen / Register **Einheiten**
3D-Fangabstand: **1** mm (8)
Koordinatensystem: **BKS-Dreiergruppe** (9)

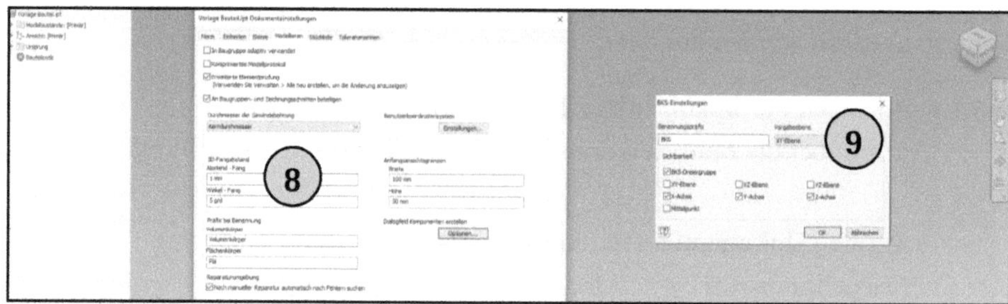

3.5.2 Vorlagendatei speichern

* Aufruf über den **Menü-Browser**, Register **Datei**.

Speichern unter

Kopie als Vorlage speichern (10)

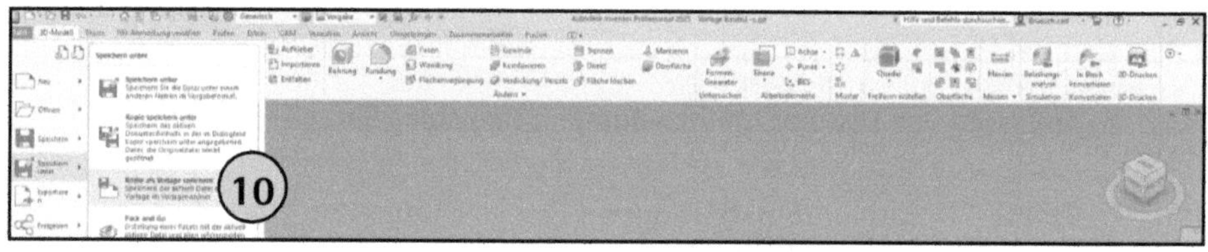

3.6 Die neue Vorlagendatei für Bauteile, „iProperties" anpassen

3.6.1 „iProperties", Grundlagen

Autodesk Inventor-Dateien verfügen über Eigenschaften, die als **iProperties** bezeichnet werden.

Sie können weitere iProperties festlegen und anzeigen, wenn die Datei in Autodesk Inventor geöffnet ist. Sie können jedoch zur Anzeige der **iProperties** auch im Microsoft Windows-Explorer mit der rechten Maustaste auf die Datei klicken oder den Konstruktionsassistenten verwenden, um außerhalb von Autodesk Inventor mit Dateien zu arbeiten.

Im Dialogfeld **Eigenschaften** können Sie Ausdrücke für **iProperties** erstellen und bearbeiten. Da Ausdrücke nicht mathematisch ausgewertet werden, werden nur Ausdrücke für Texttyp-iProperties erstellt. Ein Ausdruck kann eine Kombination aus benutzerdefiniertem Text und Namen von Parametern und iProperties enthalten, die in Klammern gesetzt sind. Die Parameter- und iProperty-Namen werden beim Auswerten des Ausdrucks durch die entsprechenden Werte ersetzt.

Erstellen Sie eine Vorlagendatei mit vordefinierten Ausdrücken für iProperties, um Ihre Teilelisten und andere Dokumente zu vereinheitlichen.

3.6.2 Anpassen der „iProperties"-Einstellungen

- Aufruf der **iProperties-Einstellungen** über **Schnellzugriff**-Werkzeugkasten.

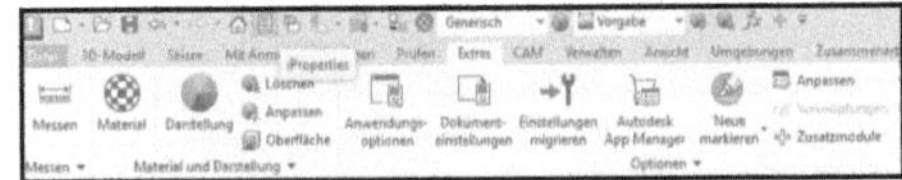

3.6.2.1 Anpassen der „iProperties"-Einstellungen, Auszug

Alle dargestellten Auswahlen der **iProperties-Einstellungen** sind Vorschläge, die bei Bedarf angepasst werden können.

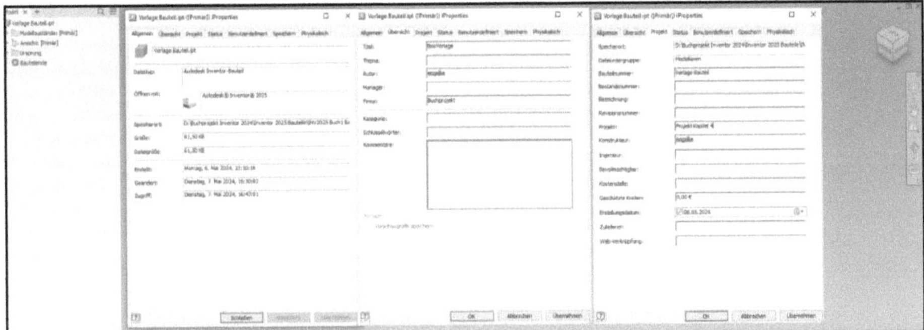

3.6.3 Vorlagendatei abschließend speichern

- Aufruf über den **Menü-Browser**, Register **Datei**.

Speichern unter

Kopie als Vorlage speichern

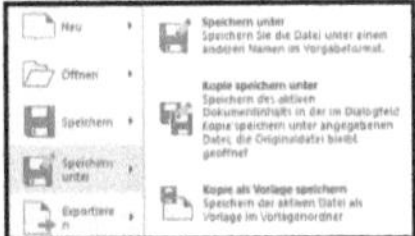

4

AutoDesk
Inventor 2025

Bauteile
Erstellen und Anpassen

Ansichten
und
Materialien

4 Ansichten und Materialien

4.1 Bedienelemente und Funktionen

4.1.1 Öffnen der Bauteildatei von der Buch-DVD

4.1.1.1 Autodesk Inventor 2025, Programmstart

Starten Sie den **Autodesk Inventor 2025** über den Doppelklick auf das Desktop-symbol, oder über das Windows-Start-Symbol in unteren, linken Bildschirmbereich.

> **Start / Alle Programme / Autodesk / Autodesk Inventor 2025 /
> Autodesk Inventor 2025**

4.1.1.2 Projekt einrichten über den Schnellzugriff-Werkzeugkasten

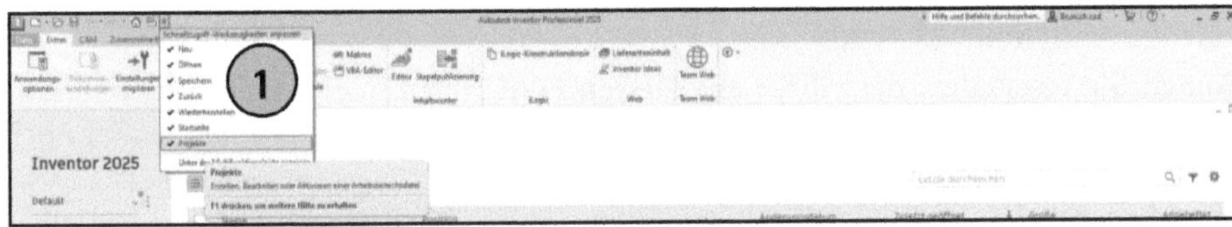

Projekte (**Schnellzugriff**-Werkzeugkasten) (1)

Neu / Einzelbenutzer-Projekt anwählen / Weiter (2, 3)
Geben Sie den Projektnamen ein.
Start / Weiter
Geben Sie den gewünschten Speicherort an (4).
OK / Weiter / Fertig stellen

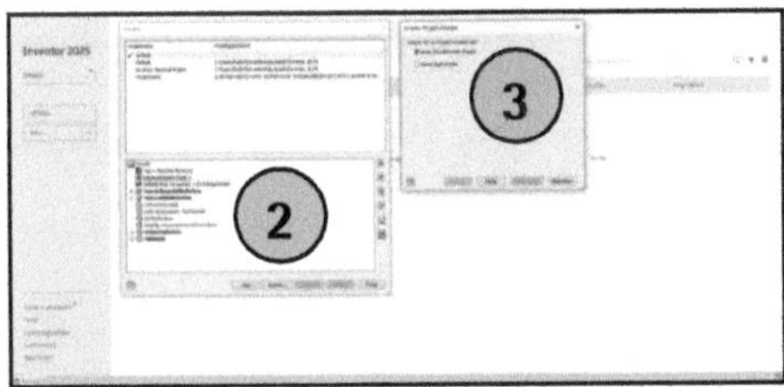

4.1.1.3 Öffnen der Bauteildatei von der Buch-DVD
über den Schnellzugriff-Werkzeugkasten

Öffnen (Schnellzugriff-Werkzeugkasten) (5)
Datei von der Buch-DVD wählen (6, 7) / **OK**

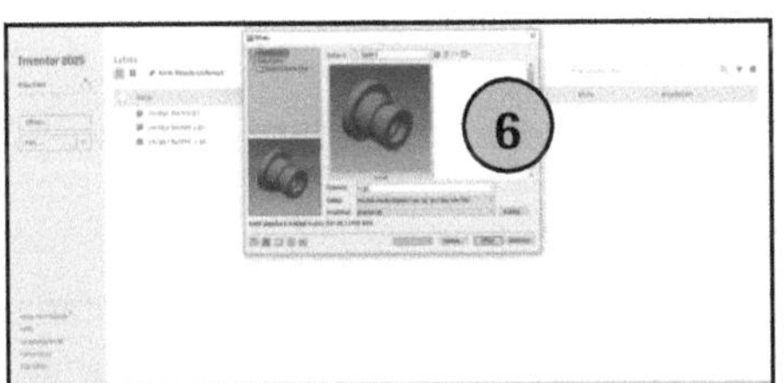

4.1.2   Die Navigationsleiste

4.1.2.1 Die Navigationsleiste, Navigationswerkzeuge

Die allgemeinen und produktspezifischen Navigationswerkzeuge sind in separate Bereiche der Navigationsleiste aufgeteilt. Die allgemeinen Navigationswerkzeuge befinden sich an den Enden der Navigationsleiste, die produktspezifischen Navigationswerkzeuge in der Mitte.

Zum Aktivieren von Navigationswerkzeugen klicken Sie auf eine der Schaltflächen auf der Navigationsleiste oder wählen eines der Werkzeuge aus einer Liste aus, die angezeigt wird, wenn Sie auf den kleineren Teil einer geteilten Schaltfläche klicken.

4.1.2.2 Einstellungen an der Navigationsleiste

Die gezeigten Voreinstellungen lassen sich um einige häufig gebrauchten Ansichtsfunktionen über ein Kontextmenü, anwählbar an der unteren rechten Kante der Navigationsleiste (8), erweitern.

Sollten Sie feststellen, dass diese erweiterten Funktionen auch für Ihre Anwendungen von hohem Gebrauchswert sind, müssen diese in der leeren Vorlagendatei noch einmal gespeichert werden.

Die folgenden produktspezifischen Navigationswerkzeuge stehen nun auf der Navigationsleiste zusätzlich zur Verfügung:

- **Alles zoomen** (9), **Fenster zoomen** (10), **Ausgewählte Objekte zoomen** (11).

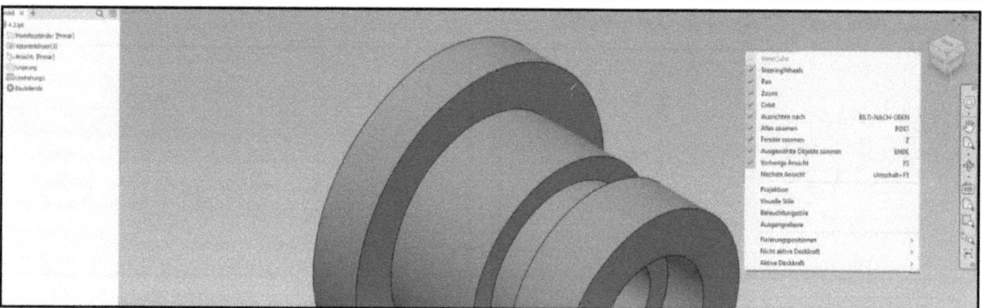

4.1.3   Pan, Orbit und Zoom

Wenn das **Pan**-Werkzeug aktiv ist, verändert sich der Cursor in einen Pfeil mit vier Seiten. Das Modell wird in die Richtung bewegt, in die Sie den Cursor ziehen.

Das Werkzeug **Orbit** dreht die aktuelle Ansicht basierend auf einem festen Drehpunkt um ein Modell.

Mit den **Zoom**-Werkzeugen können Sie die Ansichtsvergrößerung eines Modells ändern.

4.1.3.1 Die Pan-Funktion

Verwenden Sie in aus der Navigationsleiste die Schaltfläche **Pan**, um die Anzeige im Grafikfenster in beliebige Richtungen in der Bildschirmebene zu verschieben. Sie können die Ansicht schwenken, während andere Werkzeuge aktiv sind.

Halten Sie das Mausrad gedrückt, um die Ansicht auf dem Grafikbereich zu verschieben.

Pan (Navigationsleiste)
Verwenden Sie den Hand-Cursor (1), um die Ansicht im Grafikfenster zu ziehen (2.

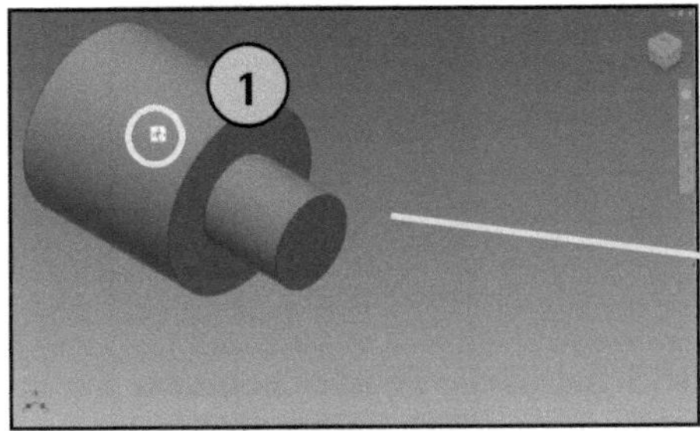
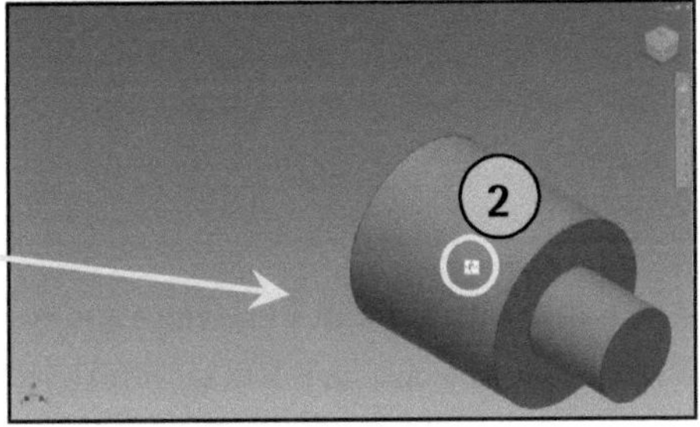

4.1.3.2 Ansichten drehen

Der Befehl **Orbit** zeigt bei einem Modell ein Drehsymbol und einen entsprechenden Cursor in der Ansicht an. Sie können die Ansicht in der Bildschirmebene um die Mittelpunktmarkierung, um eine horizontale oder vertikale Achse oder um die X- oder Y-Achse drehen.

Ist bei Zeichnungen nicht verfügbar. Verwenden Sie aus der Navigationsleiste die Schaltfläche **Freier Orbit** oder **Orbit mit Abhängigkeiten** für das Drehen von Ansichten. Halten Sie die **Umschalt**-Taste und das Mausrad gedrückt, um die Ansicht auf dem Grafikbereich zu drehen.

Freier Orbit (Navigationsleiste)

Durch Bewegen der Maus von links nach rechts wird die Ansicht um die vertikale Bildschirmachse gedreht (3).

Durch Ziehen der Maus, auf Sie zu oder von Ihnen weg, wird die Ansicht um die horizontale Bildschirmachse gedreht (4).

Die Drehung erfolgt um die Mitte des Bildschirms.

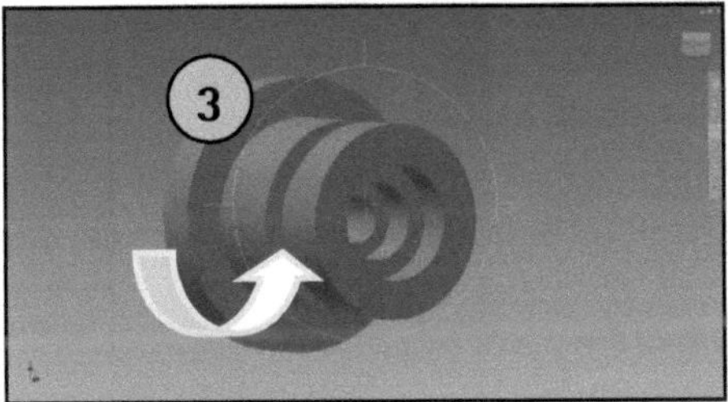

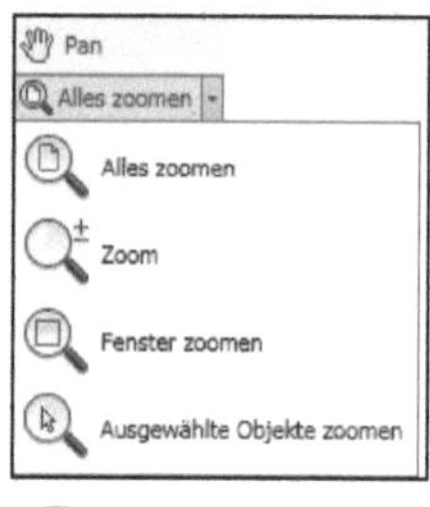

Alles zoomen

4.1.3.3 Eine gesamte Ansicht anzeigen

Verwenden Sie aus der Navigationsleiste die Schaltfläche **Alles zoomen**, damit alle Objekte eines Bauteils oder einer Baugruppe im Grafikfenster angezeigt werden. Sie können eine Zeichnung so vergrößern, dass das aktive Blatt in das Grafikfenster passt.

Alles zoomen (Navigationsleiste)

Klicken Sie auf die Schaltfläche um den Zoom-Vorgang auszuführen (5, 6).

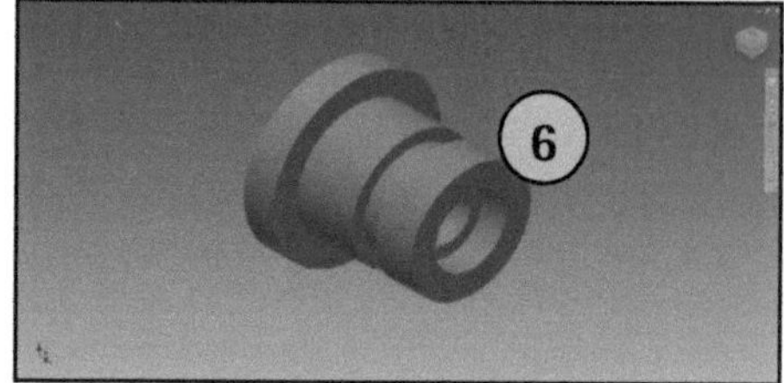

4.1.3.4 Ansichten von Bereichen zoomen

Verwenden Sie aus der Navigationsleiste die Schaltfläche **Fenster zoomen**, um einen Bereich eines Bauteils, einer Baugruppe oder einer Zeichnung zu definieren, der auf die Größe des Grafikfensters vergrößert werden soll.

Fenster
zoomen

Fenster zoomen (Navigationsleiste)

Erstellen Sie durch Klicken und Ziehen einen Rahmen um den gewünschten Bereich (7, 8). Der gewählte Bereich wird auf die Größe des Grafikfensters ausgedehnt (9).

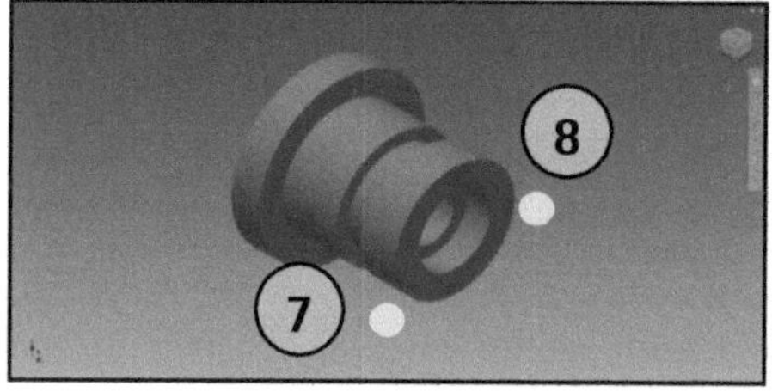
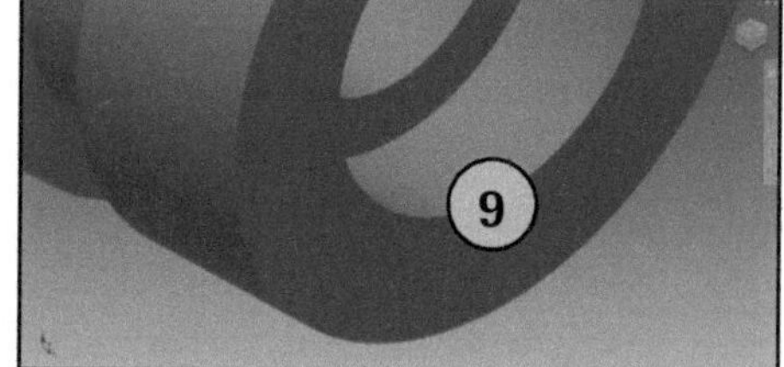

4.1.3.5 Ansichten ausgewählter Elemente vergrößern

Verwenden Sie aus der Navigationsleiste die Schaltfläche **Ausgewählte Objekte zoomen**, um eine ausgewählte Kante, ein ausgewähltes Element oder ein anderes Objekt auf die Größe des Grafikfensters zu vergrößern.

Ausgewählte
Objekte
zoomen

Ausgewählte Objekte zoomen (Navigationsleiste)

Klicken Sie auf die Kante, das Element oder auf ein anderes Objekt (10), das vergrößert werden soll. Der gewählte Bereich wird auf die Größe des Grafikfensters ausgedehnt (11).

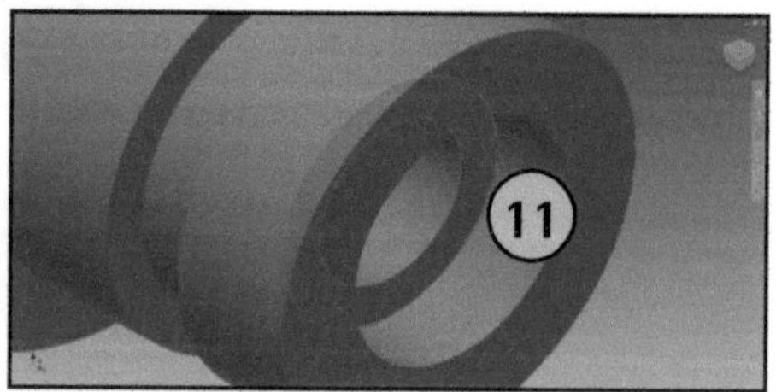

4.1.3.6 Ansichten vergrößern oder verkleinern

Verwenden Sie aus der Multifunktionsleiste **Ansicht** die Schaltfläche **Zoom±**, um die Anzeige im Grafikfenster auf den gewünschten Maßstab zu vergrößern bzw. zu verkleinern. Sie können die Ansicht vergrößern oder verkleinern, während andere Werkzeuge aktiv sind. Der Cursor wird zum Pfeil, mit dem die Ansicht vergrößert oder verkleinert werden kann. Drehen Sie das Mausrad vor oder zurück, um die Ansicht zu vergrößern bzw. zu verkleinern

Zoom± (Navigationsleiste)

Verwenden Sie den Pfeil-Cursor, klicken Sie auf die Ansicht, und ziehen Sie diese auf den gewünschten Maßstab.
Durch **Ziehen nach oben** wird diese verkleinert (12),
durch **Ziehen nach unten** wird die Ansicht vergrößert (13).

Zoom±

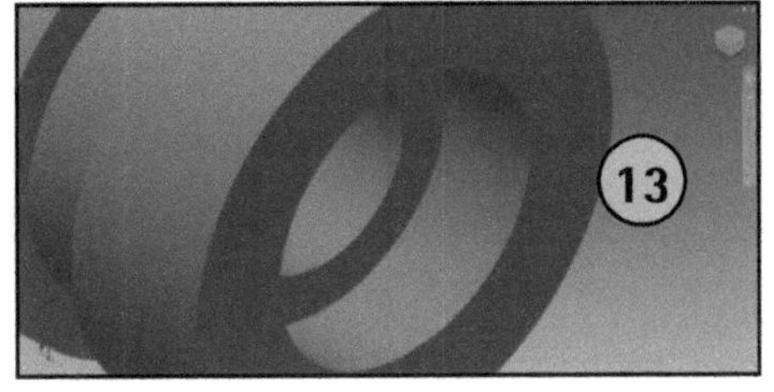

4.1.3.7 Ansichten an ausgewählten Fenstern ausrichten

Verwenden Sie aus der Navigationsleiste die Schaltfläche **Ausrichten nach**, um die Anzeige im Grafikfenster zu drehen und zu zoomen. Sie können ein ausgewähltes planares Objekt parallel zum Bildschirm ausrichten oder eine ausgewählte Kante horizontal auf dem Bildschirm positionieren.

Fläche anzeigen (Navigationsleiste)

Klicken Sie im Grafikfenster auf eine Kante, Linie oder auf ein planares Objekt (14). Die gewählte Fläche wird parallel zum Bildschirm dargestellt (15).

Fläche
anzeigen

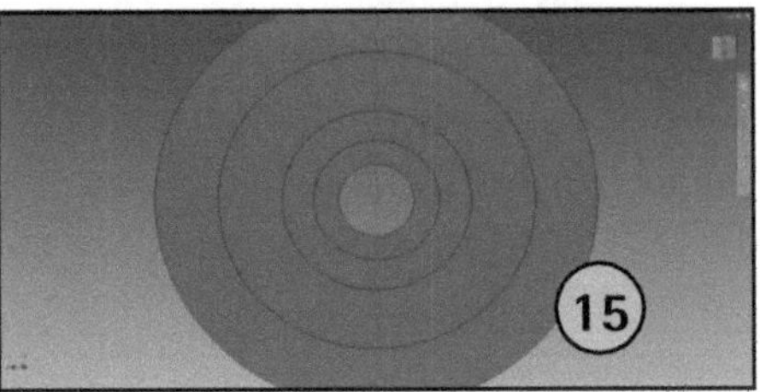

4.1.3.8 Ansichten speichern

*   Aufruf über den **Menü-Browser**, Register **Datei** (16).

Speichern unter
Das Dialogfeld **Speichern unter** wird eingeblendet.
Geben Sie einen Dateinamen Ihrer Wahl ein.

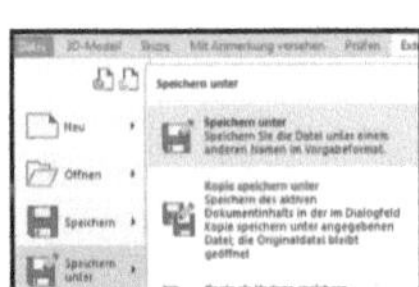

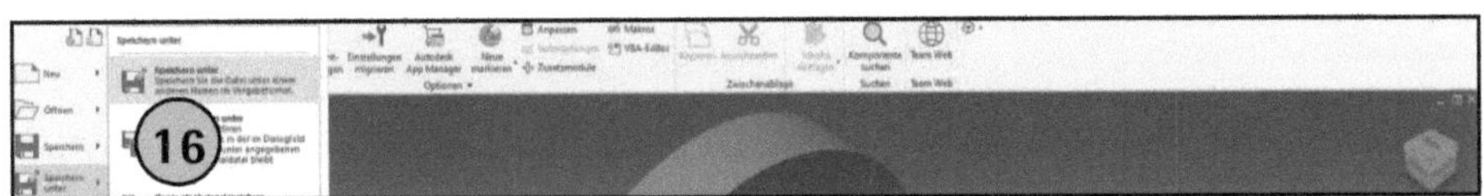

4.1.4   Ansichten über die ViewCube-Funktion

4.1.4.1 ViewCube-Ansichten, Vorbemerkungen

Der **ViewCube** ist ein 3D-Navigationswerkzeug. Es wird in einem visuellen Stil angezeigt, wenn das 3D-Grafiksystem aktiviert ist. Mit dem **ViewCube** können Sie zwischen einer Standardansicht und einer isometrischen Ansicht umschalten.

Es ist sinnvoll die erstellten Abbildungen mit prägnanten Namen zu speichern, damit die Anwendung der Funktion **ViewCube** nachvollzogen werden kann.

Der **ViewCube** wird in einer Ecke vom Zeichnungsfenster über dem Modell im inaktiven Zustand angezeigt. Im inaktiven Status zeigt der **ViewCube** den aktuellen Ansichtspunkt des Modells basierend auf dem aktuellen BKS und der Nordrichtung, die durch das WKS des Modells definiert werden.

Wenn Sie mit dem Cursor auf den **ViewCube** zeigen, wird er aktiviert. Sie können zu einer der voreingestellten Ansichten wechseln, die aktuelle Ansicht rollen oder in die Ausgangsansicht des Modells wechseln. Die Abbildung des kleinen Häuschens ermöglicht die Umschaltung auf die ISO-Ebene

4.1.4.2 Das 3D-Navigationswerkzeug „ViewCube" in der Anwendung, Ziel „Vorn, Rechts"

ISO-Haus

- Klicken Sie die gezeigte Kante an. Die Ansicht wird automatisch eingeblendet (1, 2).
- Setzen Sie die dargestellte Ansicht wieder auf **ISO-Ansicht** zurück.

4.1.4.3 Das 3D-Navigationswerkzeug „ViewCube" in der Anwendung, Ziel „Kanten unten"

- Klicken Sie die gezeigten Kanten an. Die Ansicht wird automatisch eingeblendet (3, 4).
- Setzen Sie die dargestellte Ansicht wieder auf **ISO-Ansicht** zurück.

ISO-Haus

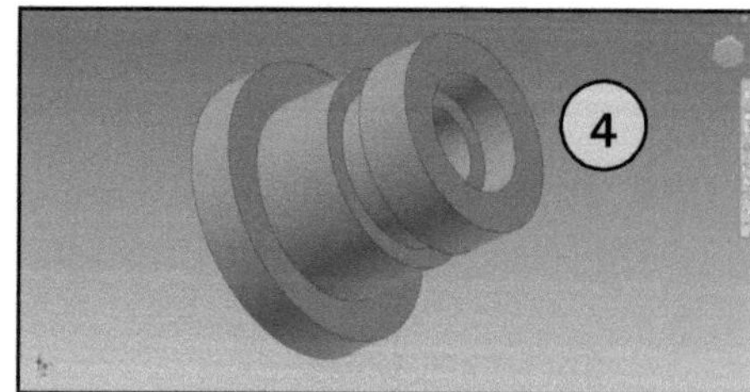

4.1.4.4 Das 3D-Navigationswerkzeug „ViewCube" in der Anwendung, Ziel „Fläche Vorn"

* Klicken Sie die gezeigte Fläche an. Die Ansicht wird automatisch eingeblendet (5, 6).
* Setzen Sie die dargestellte Ansicht wieder auf **ISO-Ansicht** zurück.

ISO-Haus

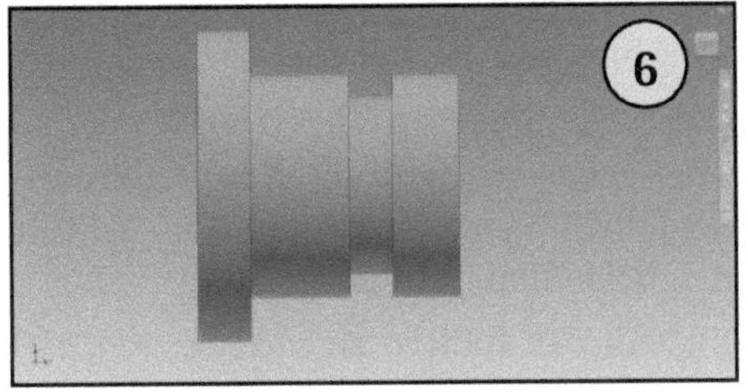

4.1.4.5 Das 3D-Navigationswerkzeug „ViewCube" in der Anwendung, Ziel „Fläche Oben"

* Klicken Sie die gezeigte Fläche an. Die Ansicht wird automatisch eingeblendet (7, 8).
* Setzen Sie die dargestellte Ansicht wieder auf **ISO-Ansicht** zurück.

ISO-Haus

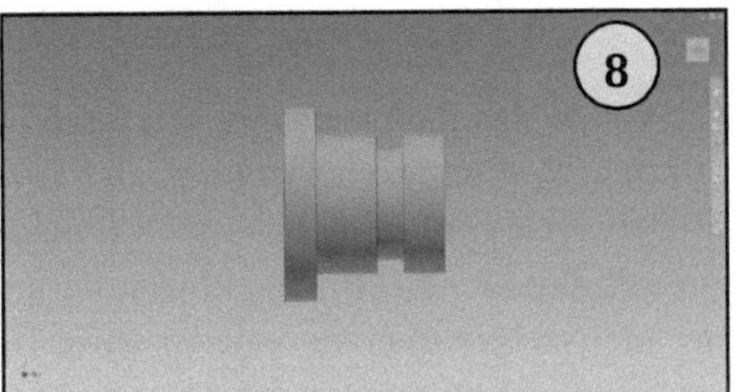

4.1.4.6 Ansichten speichern

* Aufruf über den **Menü-Browser**, Register **Datei**.

Speichern unter
Das Dialogfeld **Speichern unter** wird eingeblendet.
Geben Sie einen Dateinamen Ihrer Wahl ein.

4.1.5 Die „SteeringWheel"-Funktionen

4.1.5.1 „SteeringWheel"-Funktionen, Vorbemerkungen

SteeringWheels sparen Zeit, da sie viele der gängigen Navigationswerkzeuge in einer einzigen Benutzeroberfläche zusammenfassen. **SteeringWheels** sind aufgabenspezifisch und ermöglichen Ihnen das Navigieren und Ausrichten eines Modells in verschiedenen Ansichten.

Wenn Sie **SteeringWheels** zum ersten Mal anzeigen und die aktuelle Ansicht eine 3D-Ansicht ist, wird die **Kennenlernen-Sprechblase** für Räder angezeigt. Die Kennenlernen-Sprechblase gibt eine Einführung in den Zweck und die Verwendungsmöglichkeiten der Räder.

Um mit den Rädern zu interagieren, ziehen Sie in der Regel eines der Radsegmente bei gedrückter Maustaste. Wenn ein Rad angezeigt wird, klicken Sie auf eines der Segmente, und halten Sie die Taste des Zeigegeräts gedrückt, um das Navigationswerkzeug zu aktivieren. Durch Ziehen richten Sie die aktuelle Ansicht neu aus. Wenn Sie die Taste wieder freigeben, kehren Sie zum Rad zurück.

Sie können bestimmen, wie die Räder angezeigt werden, indem Sie zwischen den verfügbaren Stilen umschalten, oder indem Sie die Größe und Opazität ändern. Räder, mit Ausnahme des 2D-Navigationsrads, sind in zwei verschiedenen Stilen, große und kleine Räder verfügbar.

Die Größe der Räder steuert, wie groß oder klein die Segmente und Beschriftungen auf dem Rad angezeigt werden. Das Opazitätsniveau steuert die Sichtbarkeit der im Modell hinter dem Rad liegenden Objekte.

QuickInfos werden für die einzelnen Schaltflächen auf einem Rad angezeigt, wenn der Mauszeiger über sie bewegt wird. Die **QuickInfos** werden unter dem Rad angezeigt und geben an, welche Aktion ausgeführt wird, wenn Sie auf das Segment oder die Schaltfläche klicken.

Kontextmeldungen und Zeigertext sind vergleichbar mit QuickInfos und werden angezeigt, wenn Sie eines der Navigationswerkzeuge über ein Rad aufrufen. Kontextmeldungen werden angezeigt, wenn ein Navigationswerkzeug aktiv ist. Sie enthalten grundlegende Anweisungen zur Verwendung des Werkzeugs.

Werkzeug-Zeigertext zeigt den Namen des aktiven Navigationswerkzeugs neben dem Mauszeiger an. Wenn Sie Kontextmeldungen und Zeigertext deaktivieren, wirkt sich dies nur auf die Meldungen aus, die angezeigt werden, wenn Sie mit den kleinen Rädern oder dem großen Voll-Navigationsrad arbeiten.

SteeringWheels folgt dem Cursor ebenfalls vorgabegemäß.

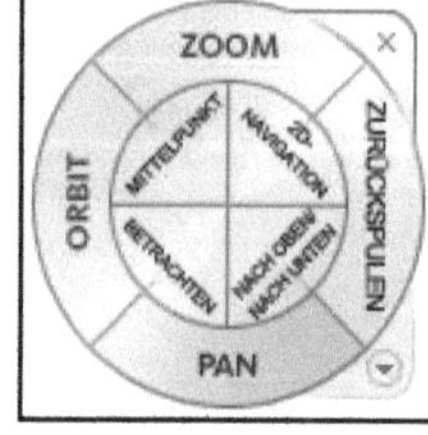

Auf diese Weise ist das Werkzeug leicht nutzbar. Vielleicht empfinden Sie diese Funktion zunächst als etwas ungewohnt, doch nach einer kurzen Eingewöhnungszeit werden Sie ihre Vorzüge zu schätzen wissen. Wenn Sie **SteeringWheels** gerne nutzen möchten, sich aber von der Mauszeigerverfolgung gestört fühlen, können Sie eines der kleinen Räder verwenden.

4.1.5.2 Die Aktivierung für die „SteeringWheels"

SteeringWheels ist eine komfortable Bildschirmsammlung vertrauter und neuer Navigationselemente.

Im Gegensatz zu **ViewCube** ist **SteeringWheels** nicht vorgabegemäß aktiviert, die Aktivierung erfolgt über:

 **Ansicht** (Multifunktionsleiste) / **Navigieren Vollnavigations-Rad** (1)

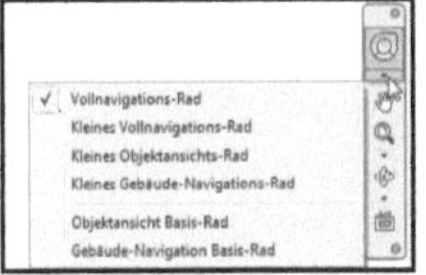

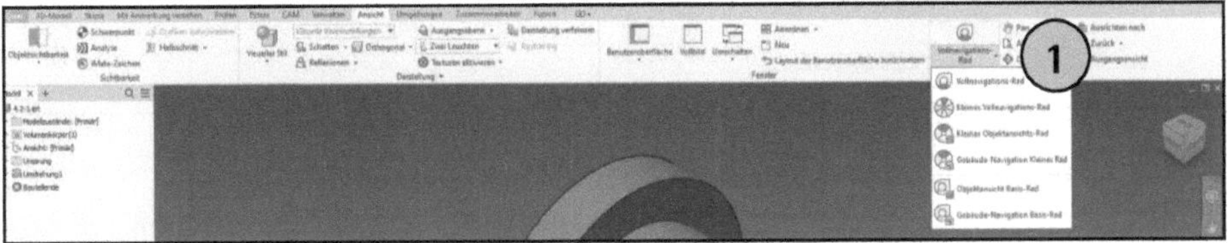

4.1.5.3 „SteeringWheels" in der Anwendung, Funktion „Zoom"

Die Funktion **Zoom** (2) bewirkt eine Änderung des Kameraabstands vom Modell. Die Zoom-Richtung kann relativ zur Mausbewegung umgekehrt werden (3).

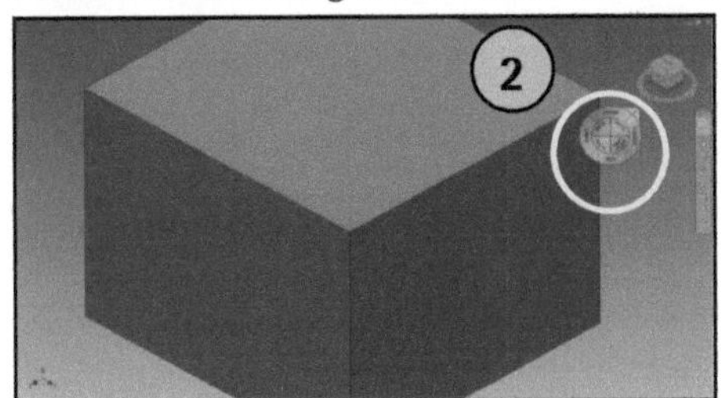
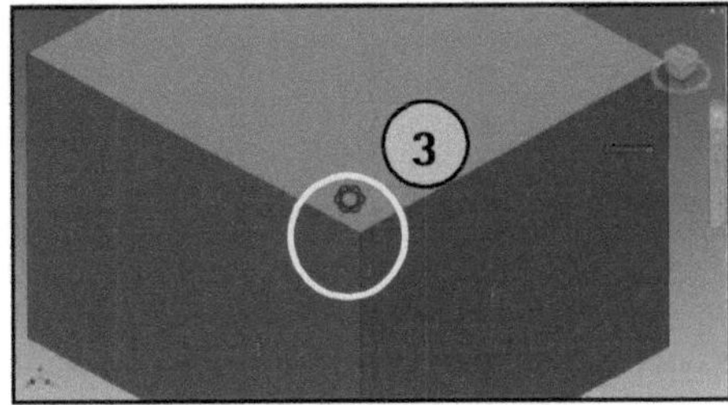

4.1.5.4 „SteeringWheels" in der Anwendung, Funktion „Pan"

Mit der Funktion **Pan** (4, 5) verschieben Sie die Kamera über den Bildschirm.

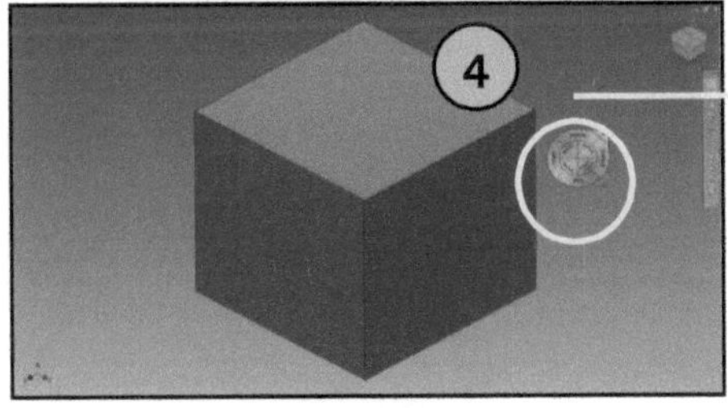
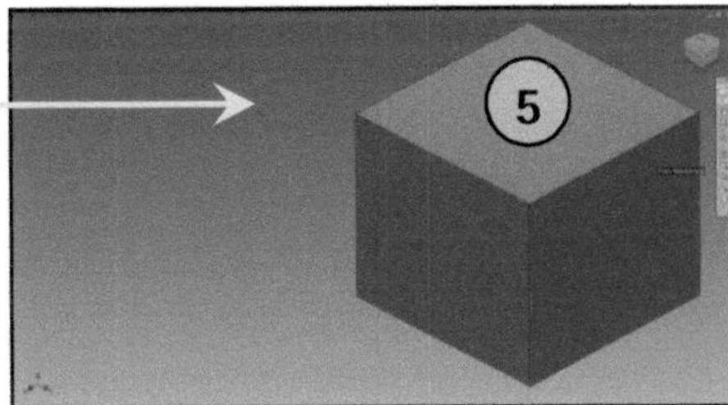

4.1.5.5 „SteeringWheels" in der Anwendung, Funktion „Orbit"

Mit der Funktion **Orbit** (6, 7) verschieben Sie die Kameraposition um einen Drehpunkt.

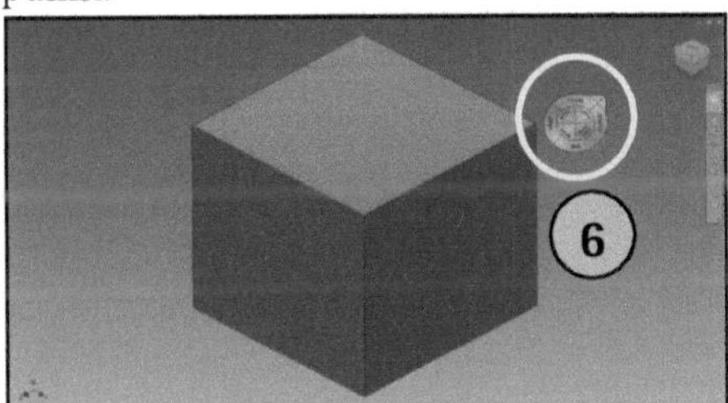
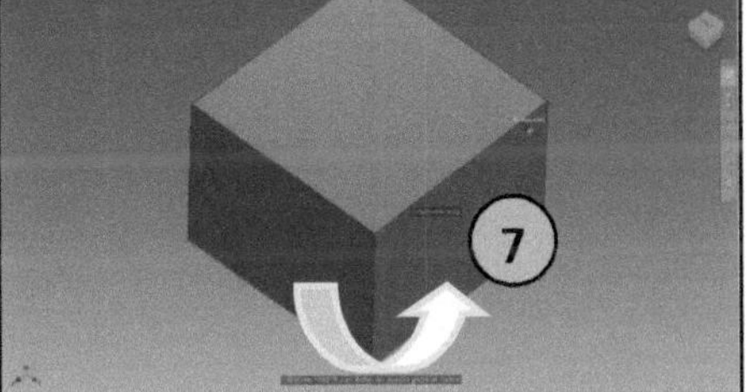

4.1.5.6 „SteeringWheels" in der Anwendung, Funktion „Mittelpunkt"

Neudefinieren des **Orbit**-Mittelpunkts (8, 9).

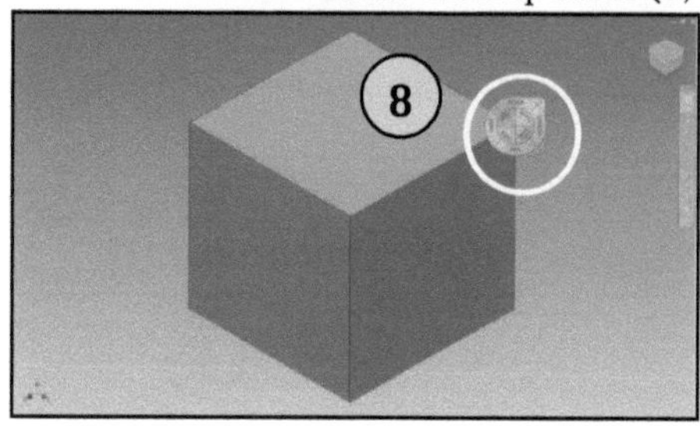 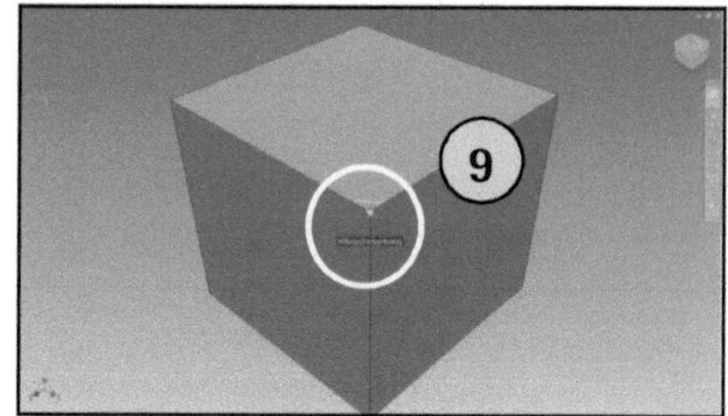

4.1.5.7 „SteeringWheels" in der Anwendung, Funktion „2D-Navigation"

Im perspektivischen Modus ist dies die Möglichkeit zur Navigation durch ein Modell, so als ob Sie die Gänge eines Gebäudes entlanggingen (10, 11).

 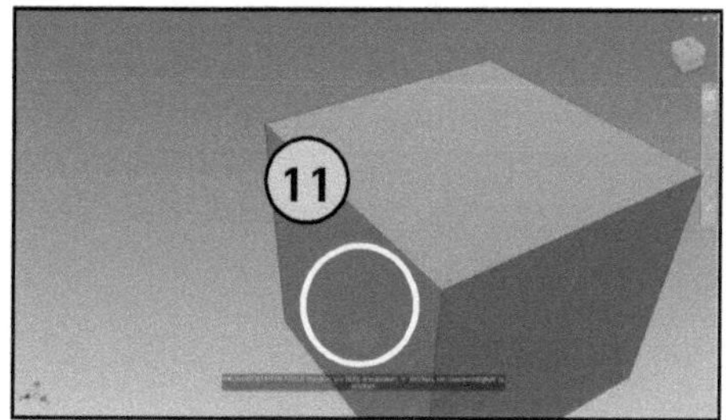

4.1.5.8 „SteeringWheels" in der Anwendung, Funktion „Betrachten"

Im perspektivischen Modus ist dies die Möglichkeit, den Blickwinkel ohne Verlagern der Kameraposition zu ändern, so als ob Sie die Kamera in eine Richtung um einen festen Punkt (12, 13).

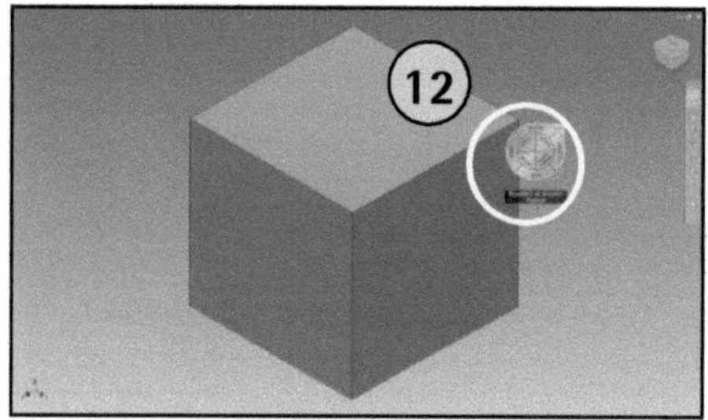 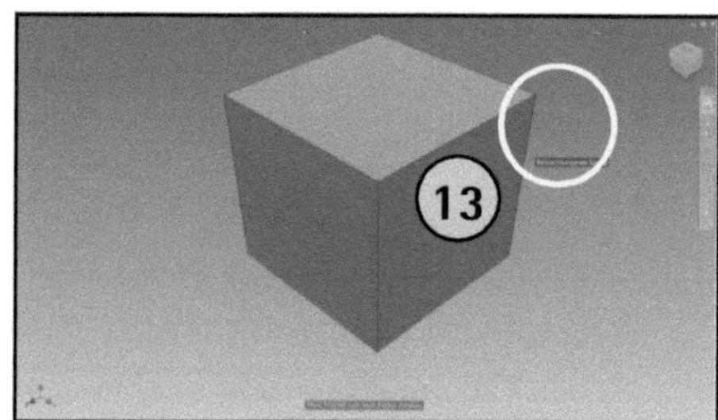

4.1.5.9 „SteeringWheels" in der Anwendung, Funktion „nach Oben / Unten"

Die Möglichkeit zum Verschieben der Kamera nach oben oder unten, in der Richtung, die als lotrecht zur oberen **ViewCube**-Fläche definiert ist (14, 15).

4.1.5.10 „SteeringWheels" in der Anwendung, Funktion „Zurückspulen"

Wenn Sie mit den Navigationswerkzeugen die Ansicht eines Modells neu ausrichten, wird die vorherige Ansicht zusammen mit der Miniaturansicht im Navigationsverlauf gespeichert.

Wenn Sie auf das Rückspulwerkzeug des Rads klicken (16) und die Taste des Zeigegeräts gedrückt halten, wird der Verlauf des Rückspulwerkzeugs angezeigt. Sie können durch den Navigationsverlauf blättern (17).

Um eine der vorherigen Ansichten aus dem Navigationsverlauf wiederherzustellen, ziehen Sie die Klammer im Verlauf des Rückspulwerkzeugs nach links.

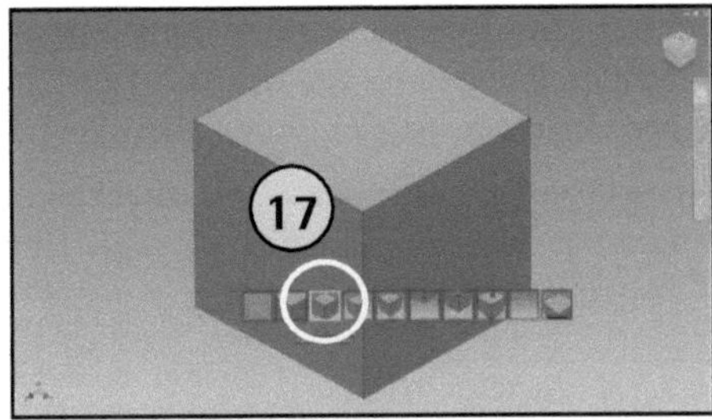

4.1.5.11 Ansichten speichern

*   Aufruf über den **Menü-Browser**, Register **Datei**.

Speichern unter
Das Dialogfeld **Speichern unter** wird eingeblendet.
Geben Sie einen Dateinamen Ihrer Wahl ein.

4.2 Die grafische Anzeige, Einstellungen

4.2.1 Der Ansichtsmodus

Die grafische Anzeige Ihres Modells wird als Ansicht des Modells bezeichnet. Manchmal wird sie auch Szene genannt. Wie die Ansicht dargestellt wird, hängt von den angewandten Einstellungen ab. Eine Rolle dabei spielen visuelle Stile, Ausgangsebene, Reflexionen und Schatten auf der Ausgangsebene, Beleuchtung und Kameraprojektion.

Der visuelle Stil steuert die Darstellung der Modellflächen und -kanten im Grafikfenster. Die Befehle ändern den Anzeigemodus der Ansicht des aktiven Bauteils oder der Baugruppe im Grafikfenster. Im Notizblock können Sie den visuellen Stil einer einzelnen Ansicht oder aller Ansichten in der Notiz ändern.

Visuelle Stile bestimmen, wie die Flächen und Kanten des Modells in der Ansicht angezeigt werden. Es gibt verschiedene Standardstile für die unterschiedlichsten Konstruktionsanforderungen.

4.2.1.1 Anzeigearten

 Realistisch

 **Realistisch**:
Realistische Darstellungen aus der Autodesk-Materialbibliothek, mit automatisch aktiviertem Raytracing.

 Schattiert mit Kanten

 **Schattiert mit Kanten**:
Kanten werden als durchgezogene Linien angezeigt. Die Kantendarstellung kommt aus der Komponentendarstellungszuweisung.

 Schattiert mit verdeckten Kanten

 **Schattiert mit verdeckten Kanten**:
Kanten werden als gestrichelte Linien angezeigt. Die Kantendarstellung kommt aus der Komponentendarstellungszuweisung.

 Drahtkörper

 **Drahtkörper**:
Kanten werden als durchgezogene Linien angezeigt. Kanten werden einfarbig angezeigt.

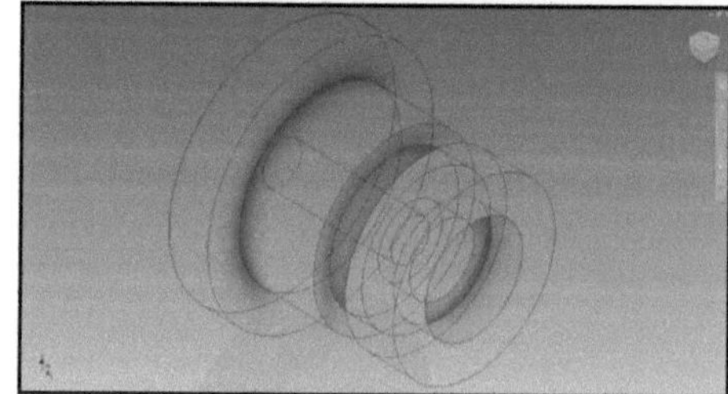

Drahtkörper mit verdeckten Kanten:
Kanten werden als durchgezogene Linien angezeigt.
Kanten werden als gestrichelte Linien angezeigt.
Die Kantendarstellung kommt aus der Komponentendarstellungszuweisung.

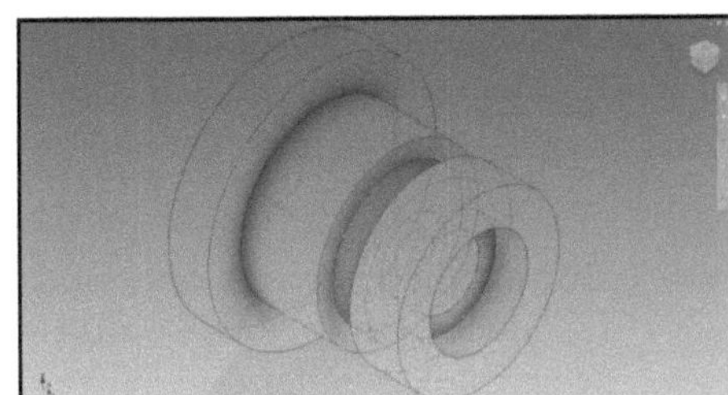

Drahtkörper mit verdeckten Kanten

Drahtkörpermodell mit sichtbaren Kanten:
Kanten werden als durchgezogene Linien angezeigt.
Die Kantendarstellung kommt aus der Komponentendarstellungszuweisung.

Drahtkörpermodell mit sichtbaren Kanten

Monochrom:
Komponentendarstellungen werden in Graustufendarstellungen eingepasst.

Monochrom

Wasserfarbe:
Es werden nicht-fotoechte Darstellungen angewendet.
Leinwand oder Hintergrund weist strukturierten Effekt auf.

Wasserfarbe

Abbildung:
Komponentendarstellungen werden weiß dargestellt.
Relief-Maps zugewiesene Darstellungen weisen Relief-Textur auf.
Kanten werden einfarbig angezeigt.

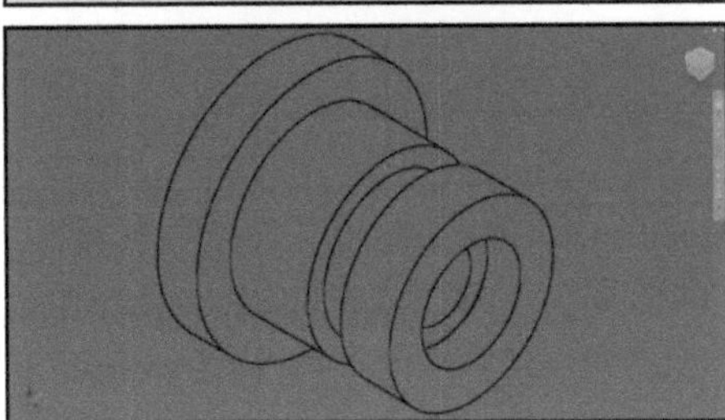

Abbildung

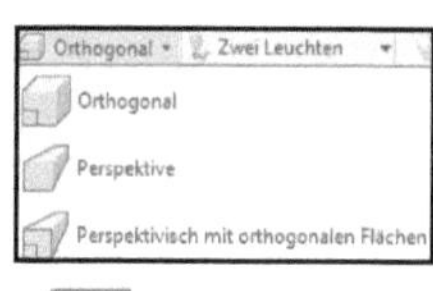

Orthogonale
Kamera

4.2.2 Die Kamera-Perspektiven

4.2.2.1 Modus „Orthogonale Kamera"

Orthogonale Kamera (Multifunktionsleiste **Anzeige**)
Im Modus **Orthogonale Kamera** wird ein Modell so angezeigt, dass alle seine Punkte entlang paralleler Linien zu ihren Positionen auf dem Bildschirm projiziert werden. Alle parallelen Kanten mit gleicher Länge werden als gleiche Länge angezeigt, selbst wenn Sie sie so ausrichten, dass eine Kante einen geringeren Abstand hat. Ein 3D-Modell wird im Modus **Orthogonale Kamera** flach und nicht so wie Objekte in der realen Welt angezeigt (1).

4.2.2.2 Modus „Perspektive"

Perspektive

Perspektive (Multifunktionsleiste **Anzeige**)

Ein Anzeigemodus, bei dem ein Modell in einer Drei-Punkt-Perspektive angezeigt wird, so wie Objekte tatsächlich vom menschlichen Auge wahrgenommen werden (2).

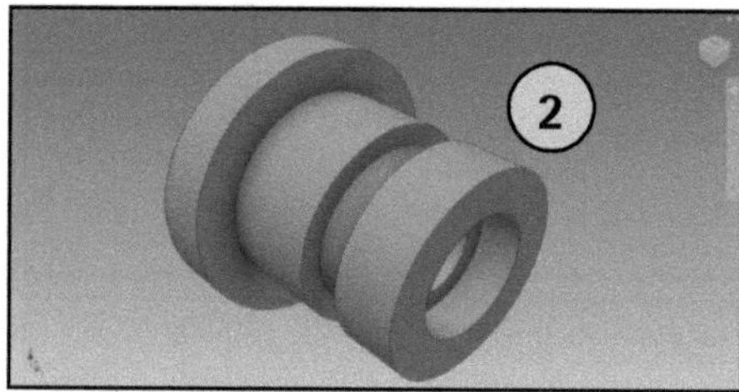

4.2.2.3 Modus „Perspektivisch mit orthogonalen Flächen"

Perspektivisch
mit orthogo-
nalen Flächen

Perspektivisch mit orthogonalen Flächen
(Multifunktionsleiste **Anzeige**)
Es ist jetzt möglich, **Perspektivisch mit orthogonalen Flächen** als Vorgabeeinstellung für die Ansicht in den Dokumenteinstellungen und Anwendungsoptionen festzulegen (3).

4.2.3 Schattendarstellungen

4.2.3.1 Schattendarstellungen, Grundlagen und Einstellungen

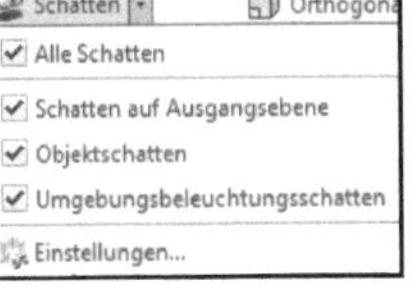

Sie können die Darstellung und Klarheit des Modells durch Anwenden von Schatten auf Ausgangsebene, Objektschatten und Umgebungsbeleuchtungsschatten verbessern, entweder einzeln oder als Ganzes.

Bei der Arbeit von komplexen Formen könnten Sie zum Beispiel mit Umgebungsbeleuchtungs- und Objektsschatten subtile Details hervorheben. Schatten auf der Ausgangsebene können Orientierung bieten.

Bei Aktivierung aller Schattenoptionen erreichen Sie das realistischste Ergebnis. Beachten Sie, dass der Schatten an die untere Fläche angrenzt. Er wird stets mit der unteren Fläche bewegt, um einen konstanten, nahezu unmerklichen Hinweis auf die Aufwärtsrichtung des Modells zu bieten.

 **Schatten Einstellungen** (Multifunktionsleiste **Ansicht**)

 Schatten Einstellungen

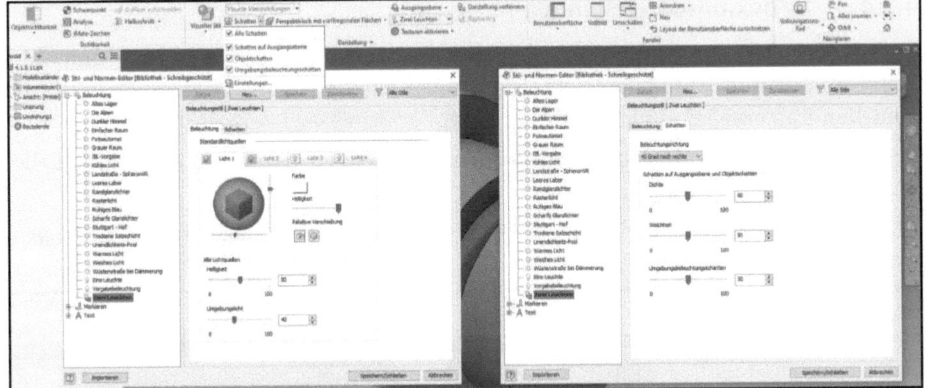

4.2.3.2 Schatten auf Ausgangsebene

Wirft einen Modellschatten auf die Ausgangsebene. Für diesen Effekt ist es nicht erforderlich, dass die Ausgangsebene angezeigt wird (1).

4.2.3.3 Objektschatten

Objektschatten werden manchmal auch als Eigenschatten bezeichnet.

Wirft und empfängt Modellschatten abhängig von der Position des aktiven Beleuchtungsstils (2).

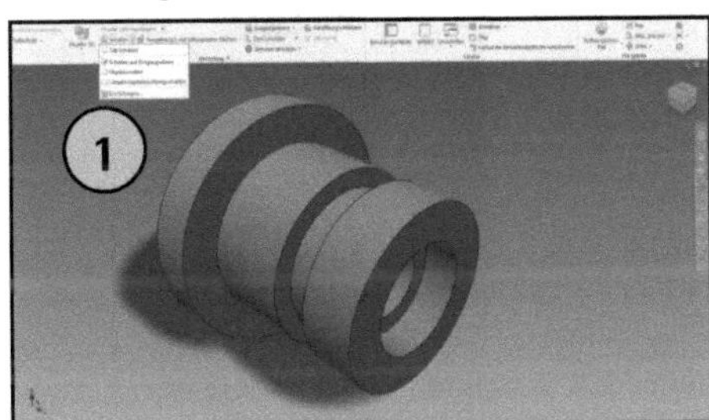

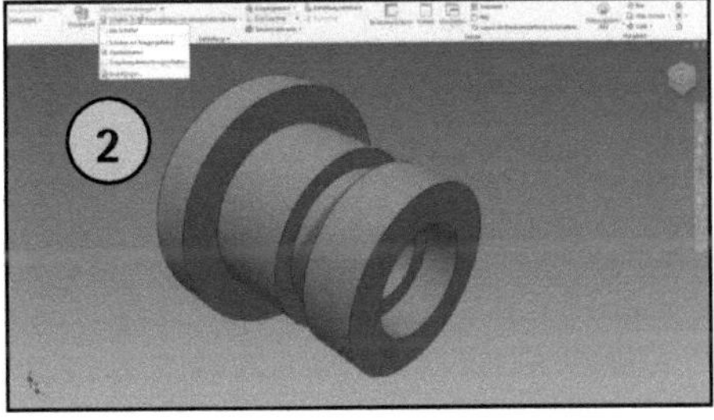

4.2.3.4 Umgebungsbeleuchtungsschatten

Wirft Schatten in Ecken und Hohlräumen, um den Übergang von Formänderungen visuell zu verdeutlichen (3).

4.2.3.5 Anzeige aller Schatten

Alle Schatteneffekte werden aktiviert und angezeigt (4).

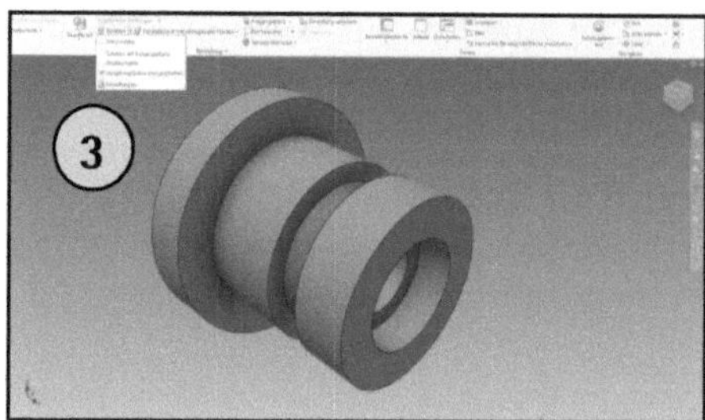 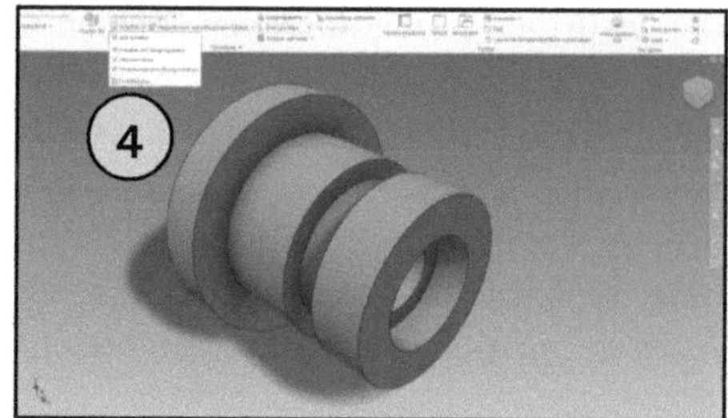

4.2.4 Reflexionsdarstellungen

Reflexionen auf der Ausgangsebene erzeugen einen Eindruck von Tiefe und Größenverhältnis in der Modellansicht. Sie können auch Elemente verdeutlichen, die im aktuellen Kamerawinkel nicht sichtbar sind.

Reflexionen auf der Ausgangsebene können für aktive Dokumente auf individueller Basis für alle Modelle deaktiviert werden, die Sie öffnen.

Um Einstellungen vorzunehmen, die sich auf alle Modelle auswirken sollen, verwenden Sie die Anwendungsoptionen.

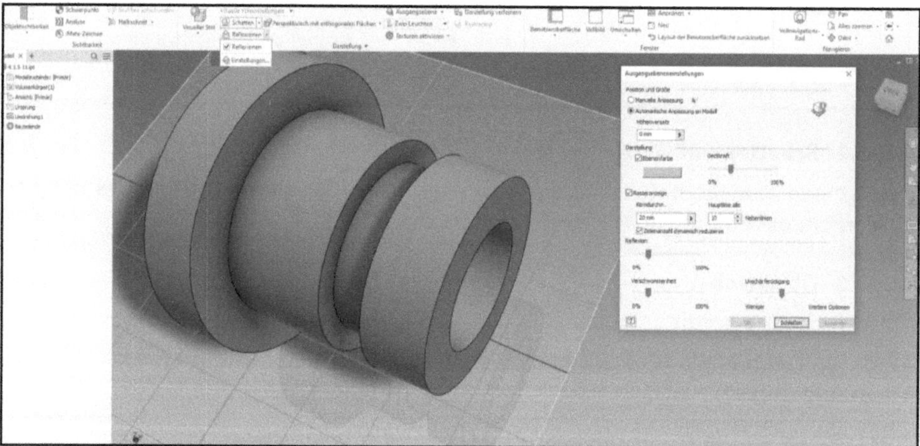

4.2.5 Schnittansichten in Modellen

In einer Schnittansicht in einem Teil- oder Baugruppendokument, wird das Modell angezeigt, als wäre es durch Ebenen und Flächen, die Sie festlegen, geschnitten, damit die Innenkonstruktion des Modells angezeigt wird.

4.2.5.1 Schnittansicht auf Ebene, halbe Ansicht

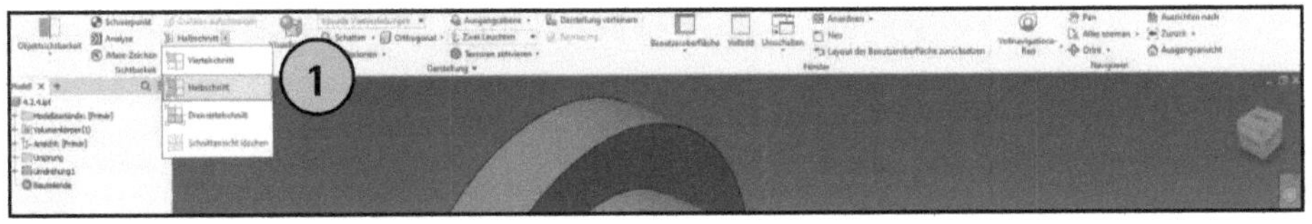

Halbe
Schnittansicht

Halbe Schnittansicht (Multifunktionsleiste **Ansicht**) (1)

Wählen Sie eine planaren Arbeitsebene aus, um die Schnittebene zu definieren (2),

Beenden Sie mit **OK** (3, 4).

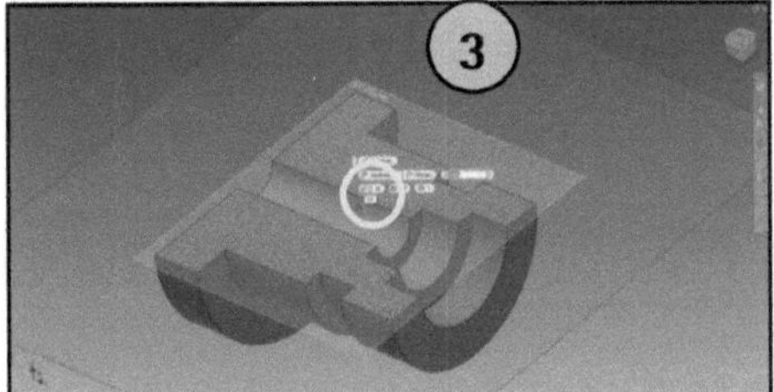

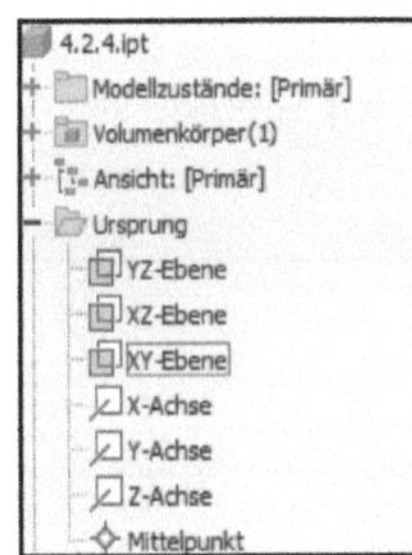

4.2.5.2 Schnittansicht auf Ebene, halbe Ansicht, als Ansicht speichern

* Aktivieren Sie, im Bauteil-Browser, den Eintrag **Ansicht**.
* Wählen Sie, in der Dialogbox den Eintrag **Neu** (5).

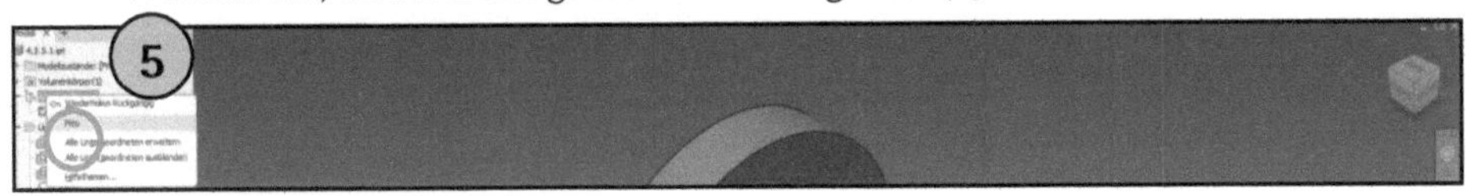

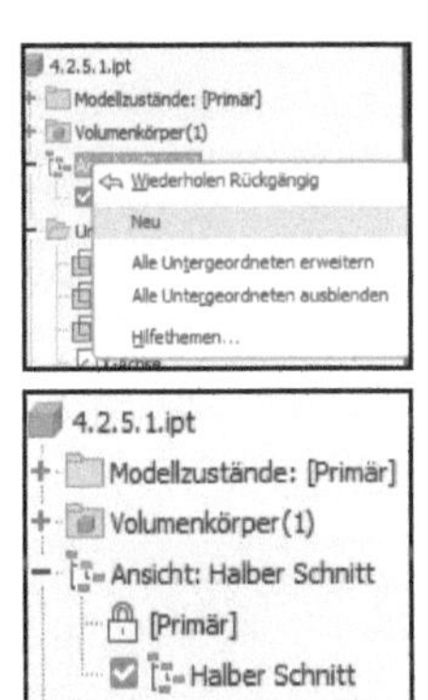

* Geben Sie dem neuen Eintrag einen exemplarischen Namen (6).

* Generieren Sie eine **Schnittansicht**.

4.2.5.3 Zwischen Schnittansicht und Ansicht umschalten

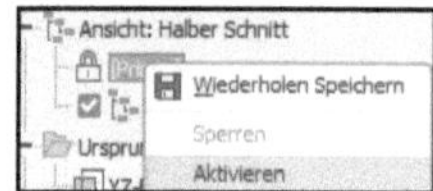

- Aktivieren Sie den Eintrag **Ansicht**, Auswahl **Primär** (7).
- Klicken Sie **Aktivieren** (8).
  Die ungeschnittene Bauteil-Ansicht wird geladen (9).

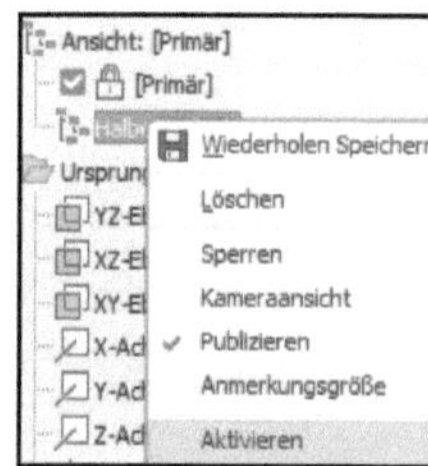

- Aktivieren Sie den Eintrag **Ansicht**, Auswahl **Halbe Ansicht**.
- Klicken Sie **Aktivieren** (10).
  Die geschnittene Bauteil-Ansicht wird geladen (11).

4.2.5.4 Schnittansicht auf Ebene, dreiviertel Schnittansicht

Bei Viertel- und Dreiviertel-Schnittansichten kann nach Klicken mit der rechten Maustaste die entgegengesetzte Ansicht angezeigt werden.

 Dreiviertel-
Schnittansicht

Dreiviertel-Schnittansicht (Multifunktionsleiste **Ansicht**)
Wählen Sie eine planaren Arbeitsebene aus, um die Schnittebene zu definieren (12), beenden Sie mit **Weiter** (13).

Wählen Sie eine **90°**-versetze Ebene für die nächste Schnittebene (14).
Beenden Sie mit **OK** (15, 16).

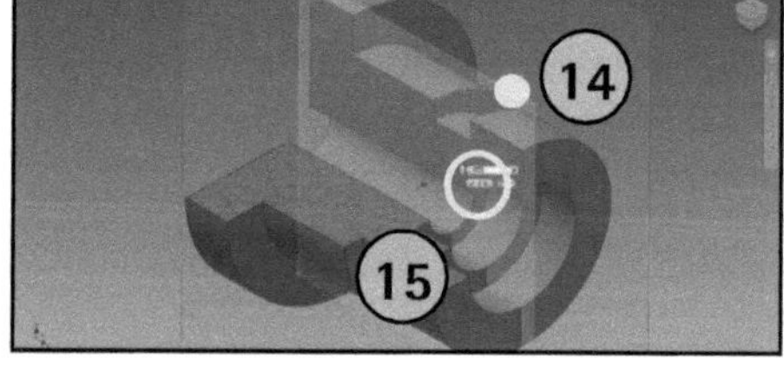

4.2.5.5 Neue Schnittansicht als Ansicht speichern

- Aktivieren Sie, im Bauteil-Browser, den Eintrag **Ansicht**.
- Wählen Sie, in der Dialogbox den Eintrag **Neu** (17).

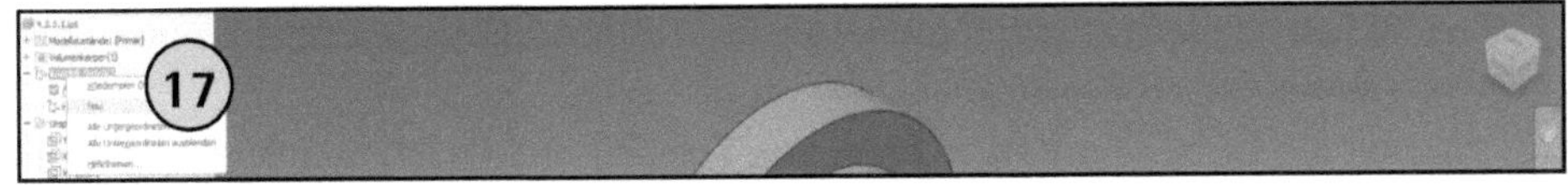

- Geben Sie dem neuen Eintrag einen exemplarischen Namen (18).

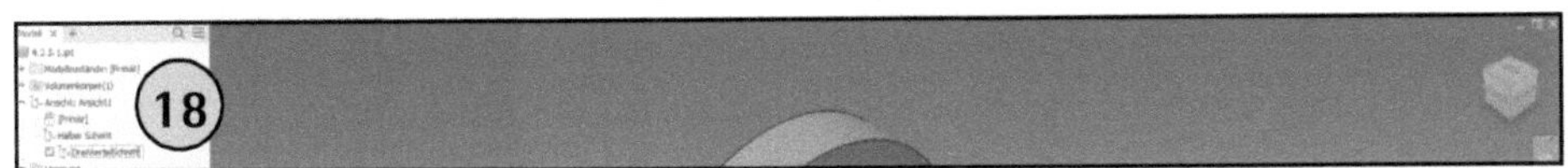

- Generieren Sie die gewünschte **Schnittansicht**. (19 bis 23)

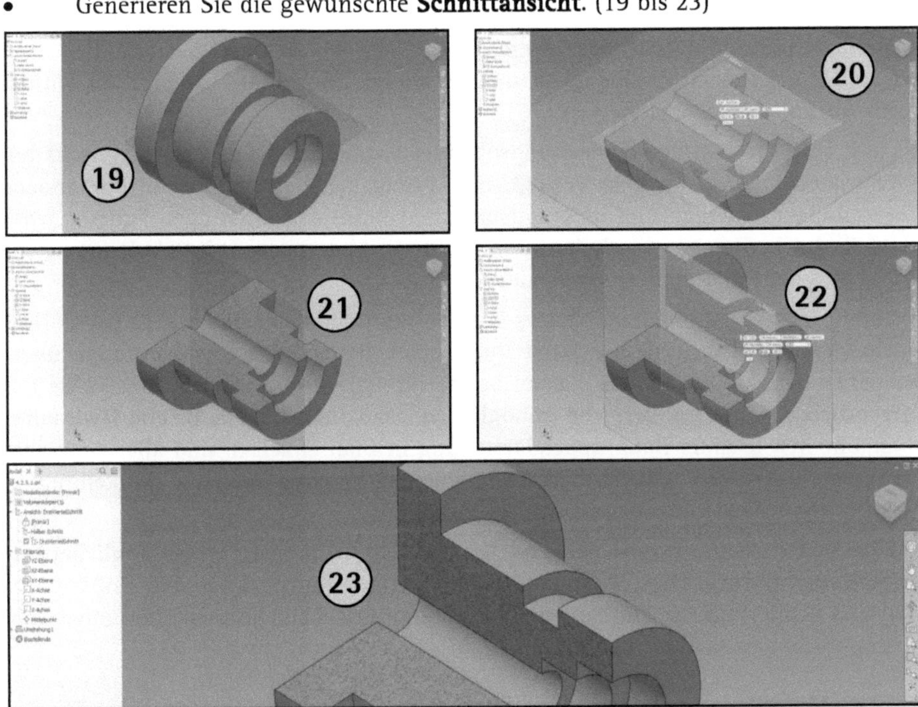

4.2.5.6 Ansichten speichern

- Aufruf über den **Menü-Browser**, Register **Datei**.

Speichern unter
Das Dialogfeld **Speichern unter** wird eingeblendet.
Geben Sie einen Dateinamen Ihrer Wahl ein.

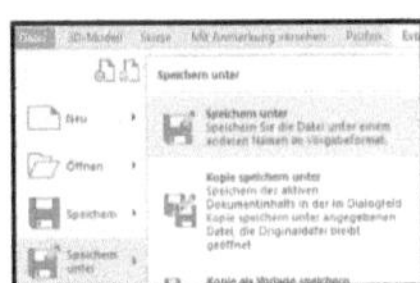

4.3 Zuweisung von Farben und Materialien

Sie können Materialstile erstellen und diese zum Berechnen der physikalischen Eigenschaften eines Bauteils verwenden. Materialstile stehen im Zusammenhang mit Farb- und Beleuchtungsstilen, wenn es um die Festlegung des Aussehens eines Bauteil- oder Baugruppenmodells geht.

Sie können die Farbe von Volumenkörpern, Flächen und Drähten ändern, um deren Darstellung und Sichtbarkeit zu verbessern. Dies kann nützlich sein, um ein Element oder einen Körper zur Kommunikation des Konstruktionsziels besser sichtbar zu machen.

4.3.1   Zuweisung von Farben und Materialien, Vorbemerkungen

Autodesk Inventor wird mit einer Vielzahl vordefinierter Materialien geliefert. Jede Materialdefinition besteht aus einem physischen Objekt mit Eigenschaften, wie Dichte, Streckgrenze, Zugfestigkeit und so weiter. Eine Materialdefinition enthält auch ein Darstellungsobjekt.

Es gibt eine Vielzahl von Darstellungsobjekten, wobei jeder Typ über Eigenschaften im Zusammenhang mit dem verfügt. Sie können neue oder doppelte vorhandene Darstellungen erstellen und diese entsprechend Ihren Anforderungen ändern. Jedes Bauteil, das in Inventor modelliert wird, erbt ein Material von der Vorlage, die Sie zu Beginn der Konstruktion verwenden.

Während des Konstruktionsprozesses können Sie Bauteilelementen spezifische Darstellungen zuweisen und die Darstellung eines Bauteils in der Baugruppe überschreiben. Die Möglichkeiten können bei der Konstruktion hilfreich sein, da sie das Hervorheben wichtiger Bereiche ermöglichen. So können Sie z. B. alle Hydraulikkomponenten in einer Baugruppendarstellung in Blau anzeigen und alle von einem bestimmten Anbieter erworbenen Komponenten in einer anderen Darstellung in Grün.

Die im Konstruktionsprozess verwendeten Darstellungen entsprechen möglicherweise nicht den tatsächlichen Darstellungen der fertigen Konstruktion. Für Präsentationen und Renderings für Kunden oder zu Marketingzwecken können alternative Darstellungsschemas getestet werden.

4.3.1.1 Material- und Darstellungsbibliotheken

Eine Bibliothek ist eine Sammlung von Materialien oder Darstellungen oder eine Sammlung von Materialien und Darstellungen. Einige Bibliotheken werden zusammen mit Autodesk-Produkten installiert, andere werden von Benutzern erstellt. Vom Benutzer erstellte Bibliotheken enthalten Materialien und Darstellungen.

4.3.1.2 Installierte Bibliotheken

Bei der Installation von Autodesk-Produkten oder Suites werden mehrere Objektbibliotheken installiert. Diese Bibliotheken ermöglichen eine konsistente, produktübergreifende Präsentation von Materialien und Darstellungen. Die einzelnen Objektbibliotheken sind eigenständig, alle erforderlichen Informationen zum Definieren der Bibliotheksinhalte befinden sich in der jeweiligen Bibliothek. Darüber hinaus sind diese Bibliotheken in Kategorien mit entsprechenden Objekten unterteilt. Installierte Bibliotheken sind schreibgeschützt und können nicht direkt bearbeitet werden. Im Material- und Darstellungs-Browser wird ein Sperrsymbol neben den Bibliotheken angezeigt.

4.3.1.3 Die Autodesk-Materialbibliothek

Die **Autodesk-Materialbibliothek** bietet eine Vielzahl von Materialdefinitionen und ist für mehrere Produkte freigegeben. Sie wird mit jedem Produkt und jeder Suite installiert.

4.3.1.4 Die Autodesk-Darstellungsbibliothek

Die **Autodesk-Darstellungsbibliothek** enthält nur Darstellungen. Darstellungen bieten eine visuelle Beschreibung einer Komponente. Die Bibliothek ist für mehrere Produkte freigegeben. Diese Bibliothek wird mit einer Reihe von Produkten und Suites installiert.

4.3.1.5 Die Inventor-Materialbibliothek

Die **Inventor-Materialbibliothek** stellt eine Reihe von Materialien und Darstellungen für die Fertigung bereit. Nur Inventor installiert diese Bibliothek.

4.3.2 Farbzuweisungen auf das ganze Bauteil

4.3.2.1 Bauteil öffnen und anpassen

- **Öffnen** / (Datei auf der DVD) / **OK** (1)
- Klicken Sie auf **ViewCube** um auf die **ISO-Ebene** umzuschalten (2).
- Gespeicherte **Schnittdarstellung** aufrufen (3).

Öffnen

ISO-Haus

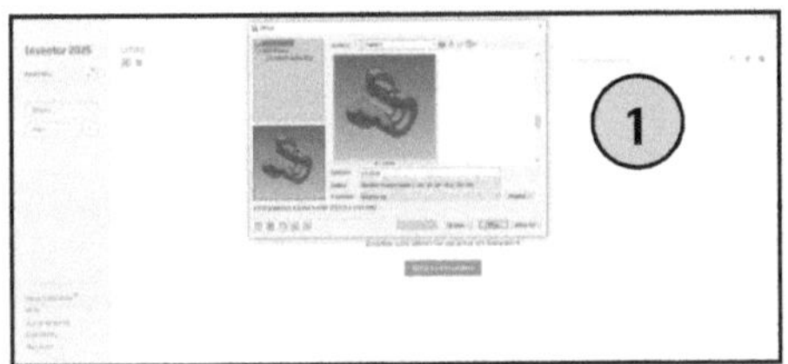
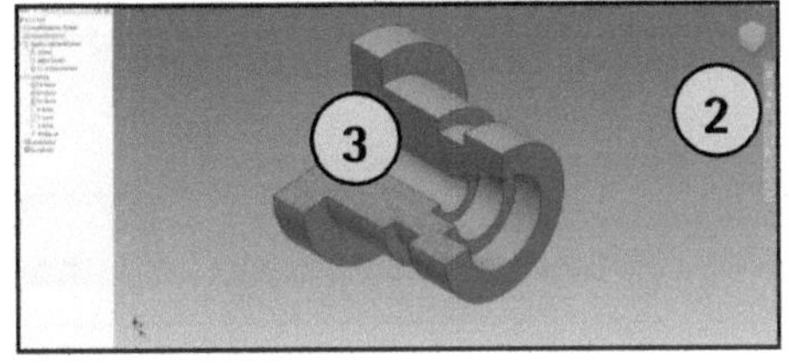

4.3.2.2 Farbzuweisung „Vorgabe" auf das ganze Bauteil

- Wählen Sie aus der Schnellzugriff-Werkzeugleiste **Vorgabe** (4) eine Farbe nach Wahl, hier **Dunkelgrün** (5, 6).

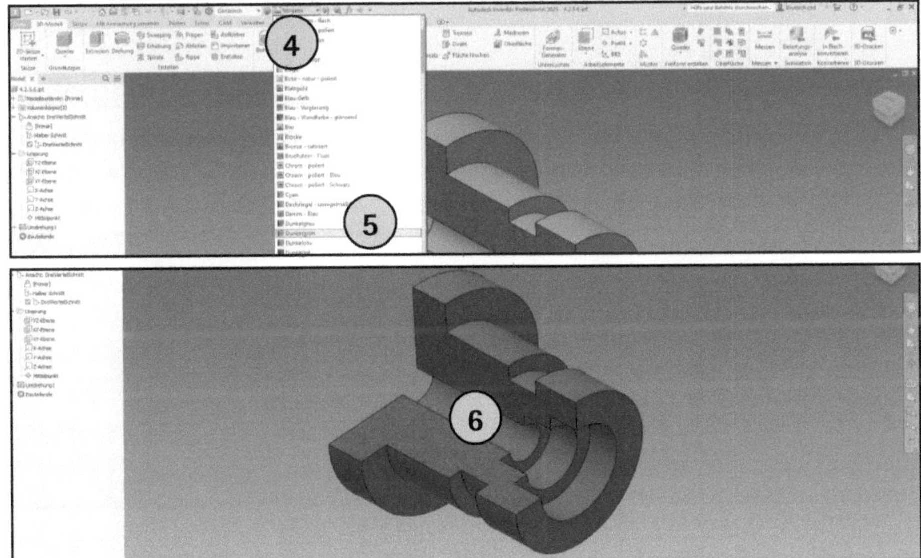

4.3.2.3 Farbzuweisung auf die vordere Stirnfläche über „Eigenschaften"

Flächendarstellungen bestimmen die Darstellung der ausgewählten Bauteilflächen und überschreiben die Bauteildarstellung und gegebenenfalls die Elementdarstellung für ausgewählte Flächen.

- Wählen Sie im Grafikfenster die vordere Zylinderfläche aus (7).
- Klicken Sie mit der rechten Maustaste, und wählen Sie **Eigenschaften** (8).
- Klicken Sie auf den Abwärtspfeil, um verfügbare Darstellungen aufzuführen (2).
- Wählen Sie **Blau-Wandfarbe-glänzend** (Beispiel) (9)
- Um die Zuweisung zu aktivieren klicken Sie auf **OK** (4).

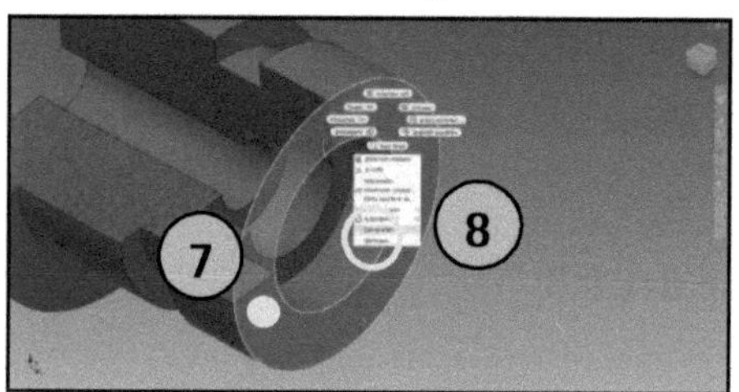
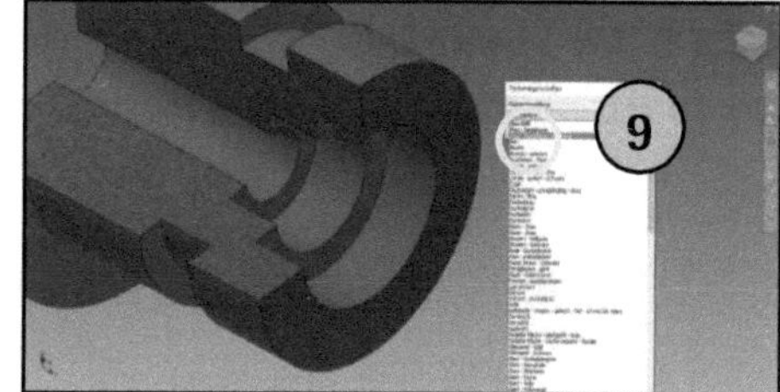

4.3.2.4 Farbzuweisung auf die Zylinderaußenflächen über „Anpassen"

Anpassen (Schnellzugriff-Werkzeugkasten) (10)

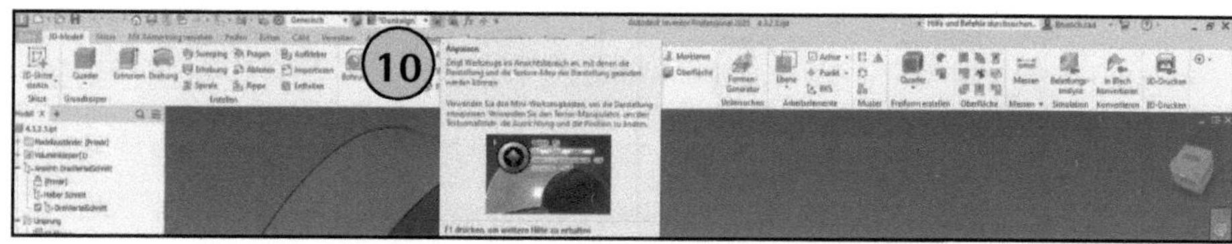

- Erweitern Sie, im Mini-Werkzeugkasten, den Eintrag **Appearances**.
- Wählen Sie die Farbe **Rot** (11).

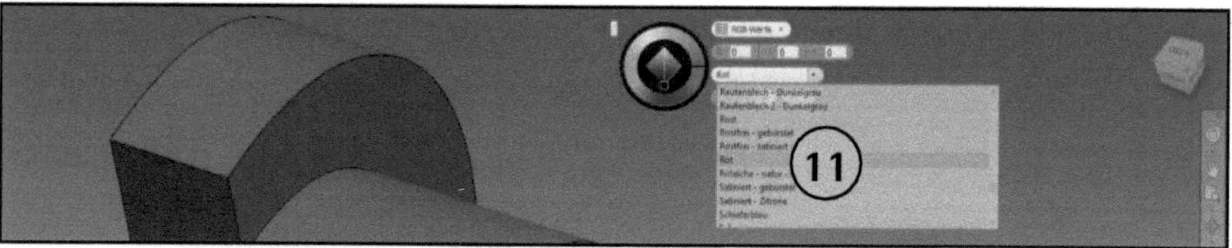

- Wählen Sie mit gedrückter **Strg**-Taste die Zylinderaußenflächen an (12). Die gewählte Farbe wird zugewiesen.
- Um die Zuweisung zu aktivieren klicken Sie auf **OK** (13).

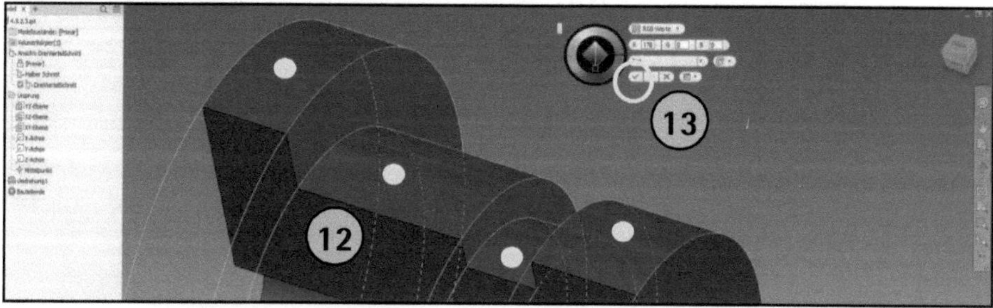

4.3.2.5 Farbzuweisung auf die Bohrungsflächen über „Eigenschaften"

- Wählen Sie mit gedrückter **Strg**-Taste die Bohrungsflächen an (14).
- Klicken Sie mit der rechten Maustaste, und wählen Sie **Eigenschaften** (15).

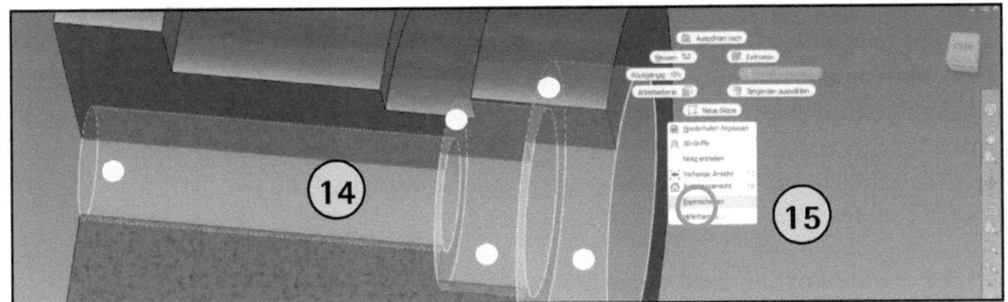

- Klicken Sie auf den Abwärtspfeil, um verfügbare Darstellungen aufzuführen.
- Wählen Sie **Gehont** (Beispiele) (16)

- Um die Zuweisung zu aktivieren klicken Sie auf **OK** (17).

4.3.2.6 Ansichten speichern

- Aufruf über den **Menü-Browser**, Register **Datei**.

 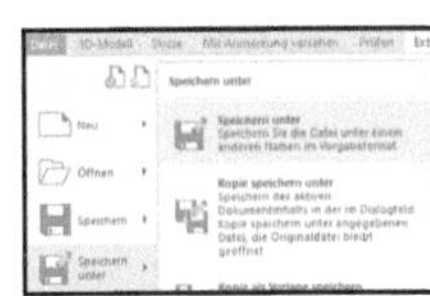

Speichern unter

Das Dialogfeld **Speichern unter** wird eingeblendet.
Geben Sie einen Dateinamen Ihrer Wahl ein.

4.3.3 Materialzuweisungen für das Bauteil

4.3.3.1 Materialzuweisungen, Vorbemerkungen

Materialien in Autodesk-Produkten stellen reale Materialien wie Beton, Holz und Glas dar. Die Vorlage **Standard.ipt** verwendet das Material **Generisch**. Sie können diese Materialien auf die Bauteile einer Konstruktion anwenden, um den Objekten ein realistisches Aussehen und Verhalten zu verleihen. In einigen Konstruktionszusammenhängen ist die Darstellung eines Objekts besonders wichtig. Deshalb verfügen Materialien über detaillierte Darstellungseigenschaften, wie Reflektivität und Oberflächentextur.

4.3.3.2 Bauteil öffnen und anpassen

- **Öffnen** / (Datei auf der DVD) / **OK** (1)
- Klicken Sie auf **ViewCube** um auf die **ISO-Ebene** umzuschalten (2).
- Gespeicherte **Schnittdarstellung** aufrufen (3).

Öffnen

ISO-Haus

4.3.3.3 Materialzuweisung „Vorgabe", Metalle, Inventor-Bibliothek

Wählen Sie aus der Schnellzugriff-Werkzeugleiste **Vorgabe** (4) nacheinander verschiedene Materialien (Beispiele) aus, die Materialbox kann wahlweise die Inventor-Materialbibliothek oder die Autodesk-Darstellungsbibliothek sein.

- **Aluminium poliert** (5) und **rostfreier Stahl** (6)

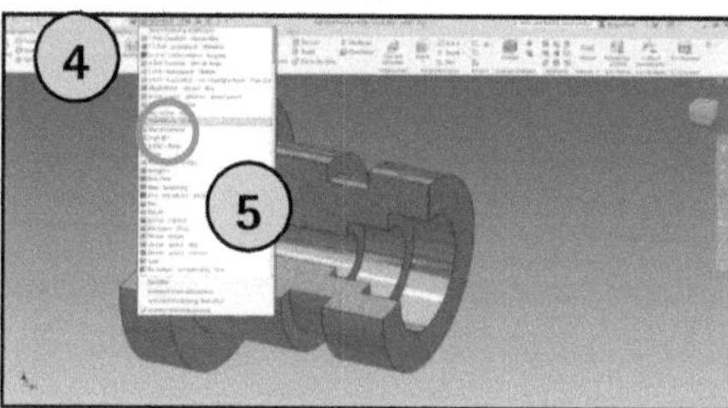
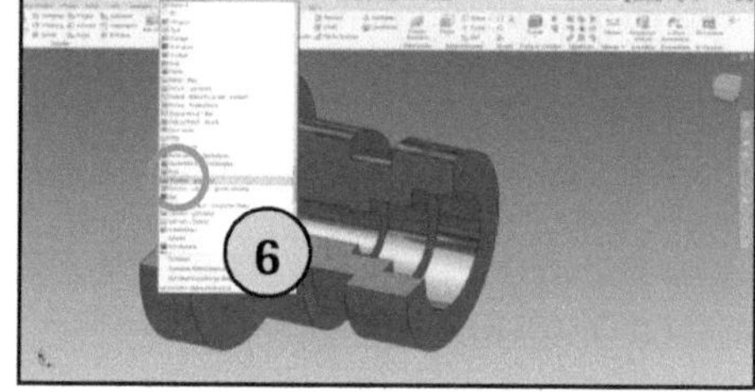

4.3.3.4 Materialzuweisung „Vorgabe", Bronze satiniert gebürstet, AutoDesk-Darstellungs-Bibliothek

- Wählen Sie aus der Schnellzugriff-Werkzeugleiste **Vorgabe**, Materialbox **Autodesk-Darstellungsbibliothek** (7) das Material **Bronze satiniert gebürstet** (8, 9).

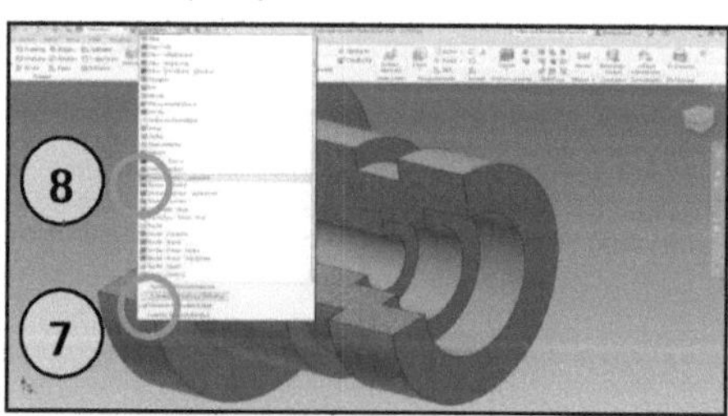
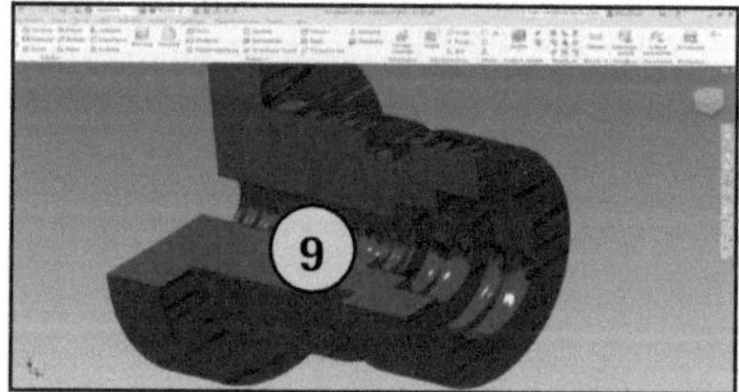

4.3.3.5 Materialzuweisung „Generisch" auf das ganze Bauteil, Kunststoff

• Setzen Sie die Schnellzugriff-Werkzeugleiste **Vorgabe** auf **Vorgabe** (10).

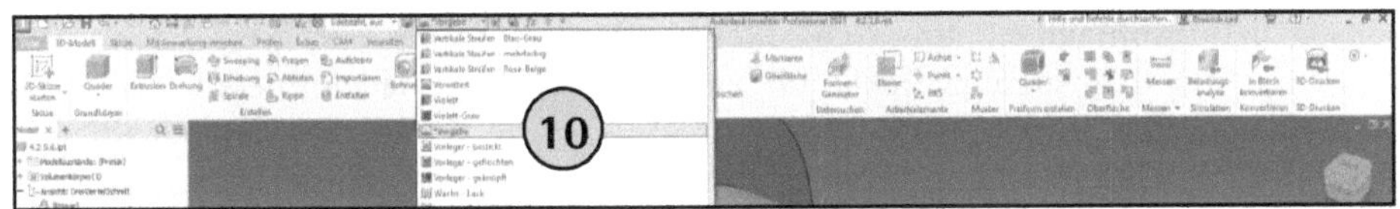

• Aktivieren Sie **Überschreibung deaktivieren** (11).

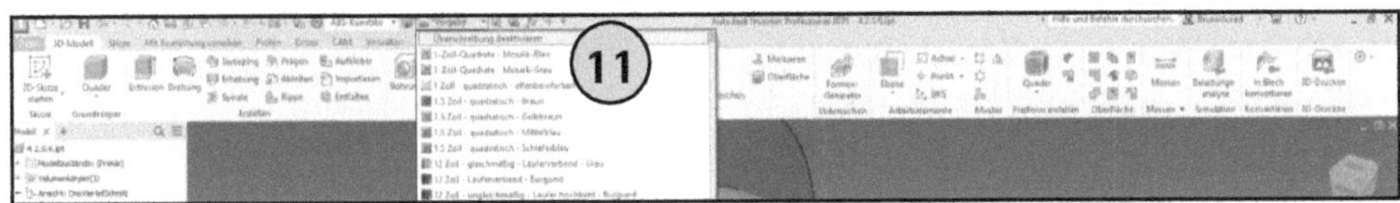

• Wählen Sie aus der Schnellzugriff-Werkzeugleiste **Generisch**,
  Materialbox **Autodesk-Materialbibliothek**
  Material **Edelstahl** (12).

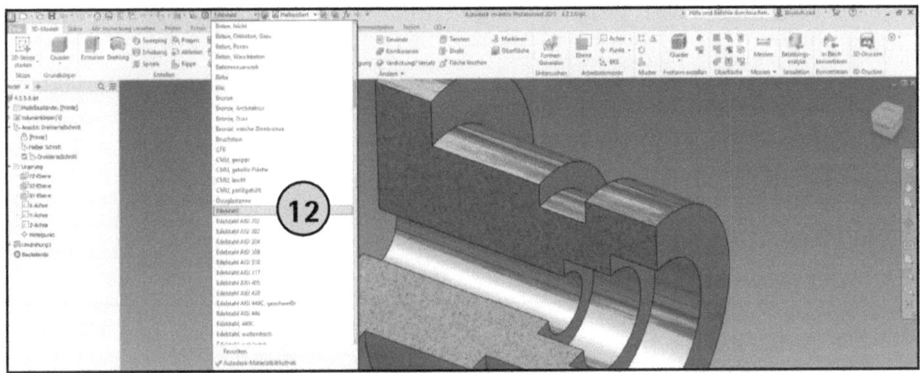

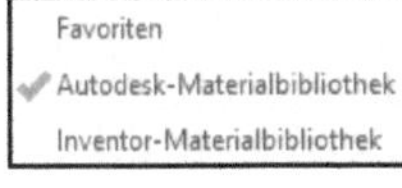

• Wählen Sie aus der Schnellzugriff-Werkzeugleiste **Generisch**,
  Materialbox **Autodesk-Materialbibliothek**
  Material **Messing weicher Gelbton** (13).

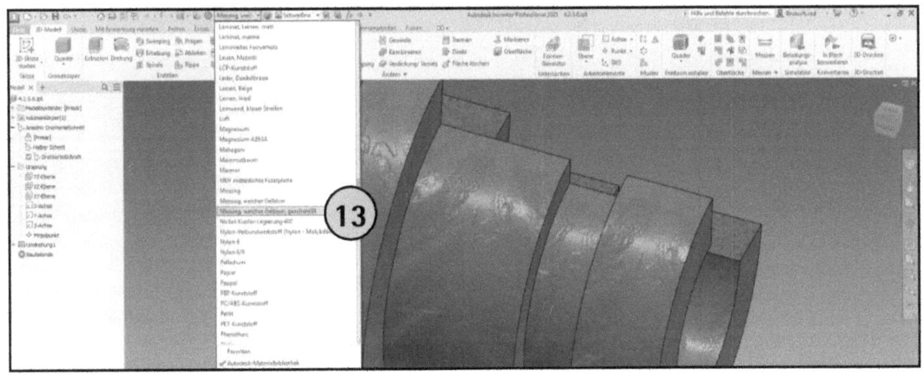

4.3.3.6 Ansichten speichern

• Aufruf über den **Menü-Browser**, Register **Datei**.

Speichern unter
Das Dialogfeld **Speichern unter** wird eingeblendet.
Geben Sie einen Dateinamen Ihrer Wahl ein.

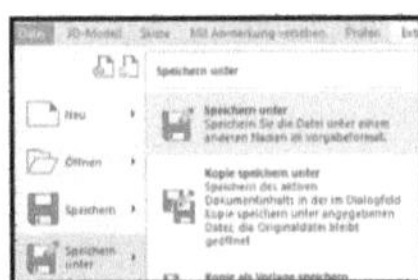

4.3.4 Raytracing

Durch Raytracing wird die Modellvisualisierung verbessert, indem mehrere Lichtmuster beim Kontakt mit unterschiedlichen Objekten in der Szene erfasst werden. Schatten- und Transparenzeffekte, die ein realistisches visuelles Erlebnis erzeugen, werden optimiert. Beim Raytracing wird die höchste Auflösung der installierten Autodesk-Materialbibliothek verwendet. Raytracing ist automatisch aktiviert, wenn Sie den visuellen Stil **Realistisch** auswählen. Sie können es manuell mit dem visuellen Stil **Monochrom** aktivieren. Raytracing ist für alle anderen visuellen Stile deaktiviert. Wenn Sie Raytracing aktivieren, wird die Leiste in der Anzeige unten rechts abgewickelt und bietet Zugang zu drei Modi. Der Vorgang beginnt mit den Standardeinstellungen. Nach Abschluss des Vorgangs wird die Raytracing-Leiste nach einigen Sekunden automatisch ausgeblendet. Wenn beim aktiven Rendern der Anzeige mit Raytracing der Rendervorgang mehr als 3 Sekunden dauert, wird eine Statusleiste in der rechten unteren Ecke der Anzeige eingeblendet. Durch Klicken auf das **X** deaktivieren Sie Raytracing und schließen die Statusleiste. Als abschließender Versuch zu dieser Visualisierung verwenden Sie beispielsweise das Material **Chrom poliert**.

4.3.4.1 Bauteil öffnen und anpassen

- **Öffnen** / (Datei auf der DVD) / **OK**
- Klicken Sie auf **ViewCube** um auf die **ISO-Ebene** umzuschalten.

4.3.4.2 Raytracing einschalten

- Aktivieren Sie **Visueller Stil** Option **Realistisch** (1).

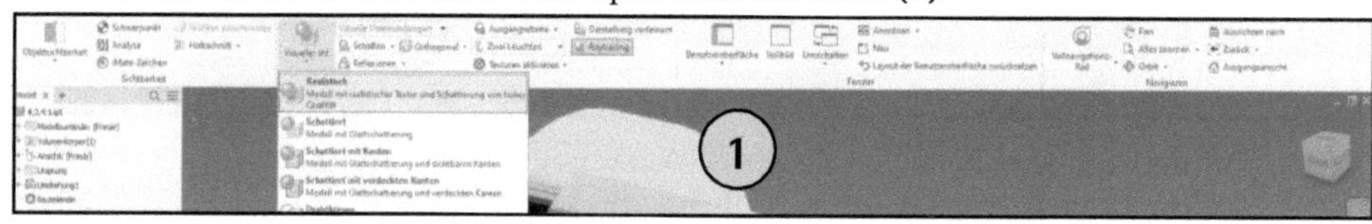

- Aktivieren Sie **Raytracing** (2, 3, 4).

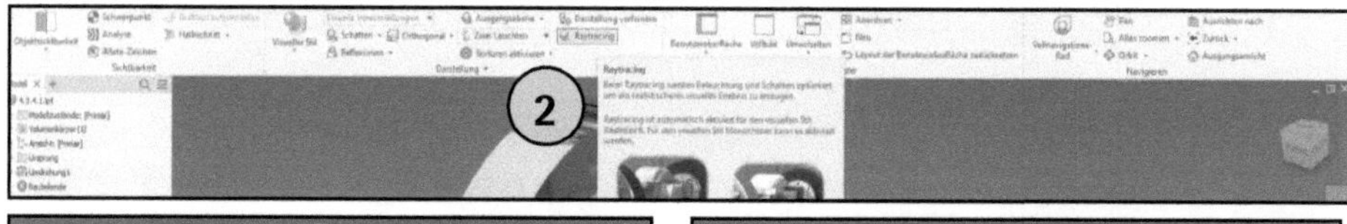

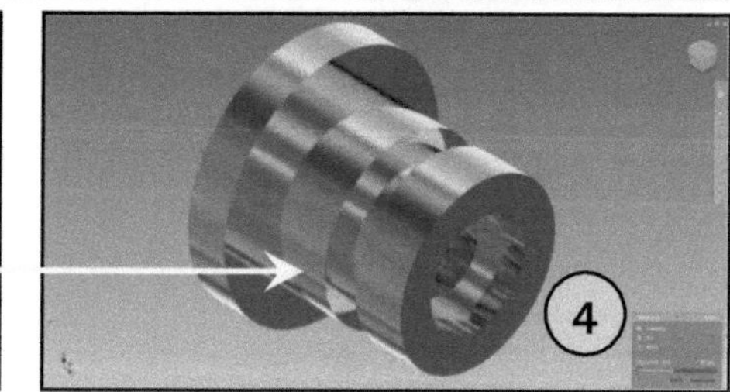

4.3.4.3 Ansichten speichern

- Aufruf über den **Menü-Browser**, Register **Datei**.

Speichern unter
Das Dialogfeld **Speichern unter** wird eingeblendet.
Geben Sie einen Dateinamen Ihrer Wahl ein.

5

AutoDesk
Inventor 2025

Bauteile
Erstellen und Anpassen

Geometrische Grundkörper

5 Geometrische Grundkörper

5.1 Geometrische Grundkörper, eine alte Geschichte

In der Geometrie versteht man unter einem Körper eine dreidimensionale beschränkte geometrische Figur, die durch Grenzflächen beschrieben werden kann. Eine geometrische Figur heißt dabei dreidimensional, wenn sie in keiner Ebene vollständig enthalten ist, und beschränkt, wenn es eine Kugel gibt, welche diese Form vollständig enthält.

Die dreidimensionalen Körper besitzen flache oder kreis- bzw. kugelförmige Grenzflächen. Als Beispiele für Körper im Allgemeinen dienen: Würfel, Tetraeder, Pyramide, Prisma, Deltaeder, Zylinder, Kegel, Kugel, Paraboloid, Hyperboloid, Torus.

Zu den bekanntesten geometrischen Körpern gehören die regelmäßigen Polyeder. Das sind die dreidimensionalen, von regelmäßigen Vielecken begrenzten Vielflächner, deren Kanten nur nach außen zeigen und nicht unendlich groß sind, die also auch konvex und beschränkt sind, wie beispielsweise der Würfel, der Tetraeder oder auch der sogenannte Fußballkörper. Von diesen Körpern gibt es nur 5 Arten:

> Platonische Körper, die mit sich selbst oder untereinander dual sind,
>
> Archimedische Körper,
>
> duale Catalanische Körper,
>
> die Johnson-Körper,
>
> Prismen und Antiprismen.

Diese Arten umfassen meist je auch nur eine begrenzte Menge von Körpern. So gibt es 5 Platonische Körper, 13 Archimedische Körper dazu die 13 Catalanischen Körper sowie die 92 Johnson-Körper also insgesamt 123.

Die mögliche Höchstzahl der Ecken der begrenzenden Vielecke beträgt dabei 10. Die Anzahl der Prismen bzw. Antiprismen ist hingegen unbegrenzt, da die Grundfläche grundsätzlich beliebig viele Ecken haben kann.

Wenn jedoch die Zahl der Ecken der Grundfläche auch auf 10 begrenzt wird, ergeben sich je 8 Körper, von denen aber der Würfel und der Oktaeder schon in anderen Arten enthalten sind, also je 7 weitere Körper, so dass es dann insgesamt 137 Körper wären. Es gibt aber nur insgesamt 5 regelmäßige Polyeder mit denen allein eine lückenlose Raumfüllung möglich ist.

5.1.1 Platonische Körper

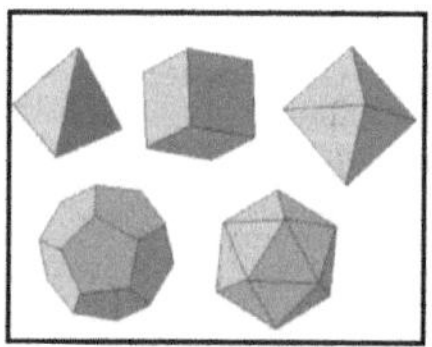

In der Geometrie bezeichnet man mit den platonischen Körpern, benannt nach dem griechischen Philosophen Platon, vollkommen regelmäßige Polyeder, dreidimensionale Körper, die von Polygonen als Seitenflächen begrenzt sind.

Der griechische Philosoph Plato (ca. 428-348 v. Chr.), dessen Namen sie heute tragen, beschreibt diese Körper in seinem Werk **Timaios** und nennt diese auch **Kosmische Körper**, indem er ihnen die Elemente zuweist, aus denen sich die Welt aufbaut.

Feuer - Tetraeder, Wasser – Ikosaeder, Luft - Oktaeder, Erde - Würfel (Hexaeder), Äther - Dodekaeder.

5.1.2 Kepler-Poinsot-Körper

Kepler-Poinsot-Körper sind reguläre, nicht-konvexe Polyeder und zählen zu den Sternkörpern. Dazu gehören der Dodekaeder- und der Ikosaederstern sowie das Große Dodekaeder und das Große Ikosaeder.

Benannt sind sie zu Ehren von Johannes Kepler (1571–1630) und Louis Poinsot (1777–1859).

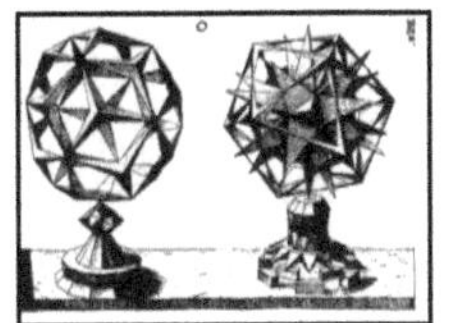

5.1.3 Archimedische Körper

Die archimedischen Körper sind eine Klasse von regelmäßigen geometrischen Körpern. Sie zeichnen sich dadurch aus, dass ihre Ecken nicht voneinander unterschieden werden können. Es gibt 13 solcher Körper. Sie sind nach dem griechischen Mathematiker Archimedes benannt, der sie alle vermutlich bereits im dritten Jahrhundert vor Christus entdeckte. Die Schrift des Archimedes ist nicht erhalten, es ist nur eine Zusammenfassung des alexandrinischen Mathematikers Pappos (4. Jahrhundert nach Christus) überliefert.

5.1.4 Catalanische Körper

Ein catalanischer Körper oder auch dual-archimedischer Körper ist ein Körper, der sich zu einem archimedischen Körper dual verhält. So ist zum Beispiel das Rhombendodekaeder dual zum Kuboktaeder. Benannt sind die catalanischen Körper, von denen es dreizehn gibt, nach dem belgischen Mathematiker Eugène Charles Catalan.

Allen catalanischen Körpern ist gemein, dass sie eine Inkugel, die sämtliche Flächen von innen berührt, aufweisen. Außerdem existiert eine Kantenkugel, die sämtliche Kanten von innen berührt. Alle Torsionswinkel eines catalanischen Körpers sind gleich.

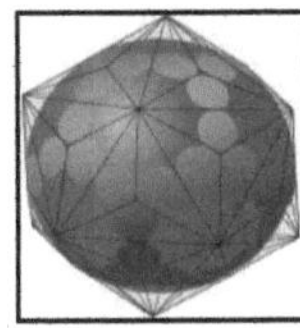

5.1.5 Johnson Körper

Johnson-Körper sind streng konvexe Polyeder, die ausschließlich aus regelmäßigen Vielecken aufgebaut sind, aber weder platonische Körper, archimedische Körper, Prismen noch Antiprismen sind. Gemeinsam mit den catalanischen Körpern ist, dass die Ecken eines Johnson-Körpers nicht identisch sind. 1966 veröffentlichte Norman Johnson eine Liste von 92 derartigen Polyedern, von der er annahm, dass sie vollständig ist.

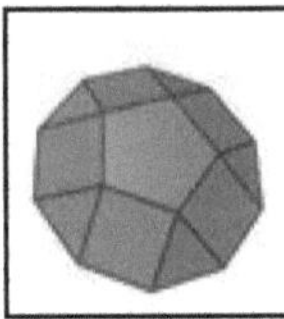

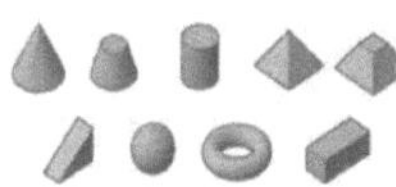

5.2 Erstellen von 3D-Volumengrundkörpern

3D-Volumenkörperobjekte können von einfachen Grundkörpern oder von extrudierten, gesweepten, gedrehten oder erhabenen Profilen ausgehen. Sie können diese mithilfe von booleschen Operationen kombinieren, außerdem können Sie verschiedene einfache 3D-Formen mit Volumen-Grundbefehlen erstellen.

Sie können 3D-Volumenkörper auch durch Vorgänge wie Extrudieren, Drehen oder Sweeping geschlossener 2D-Objekte erstellen. In der Abbildung wird die gleiche geschlossene 2D-Polylinie an einem Pfad entlang geführt, um eine Achse gedreht und in eine angegebene Richtung extrudiert.

Durch die Kombination von 3D-Volumenkörpern mit Booleschen Operationen wie Vereinigung, Differenz und Schnittmenge können Sie einen zusammengesetzten Volumenkörper erstellen.

5.2.1 Erstellen von Volumenkörpern aus 2D-Geometrie

Sie können Flächen und 3D-Volumenkörper durch Extrusion, Sweeping, Anheben und Rotation konstruieren

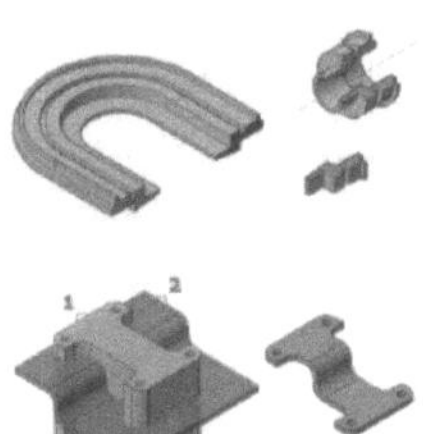

Wenn Sie eine Extrusion, eine Drehung, ein Sweeping oder eine Erhebung aus Kurven erstellen, können Sie sowohl Volumenkörper als auch Flächen erstellen.

Offene Kurven erstellen immer Flächen, aber geschlossene Kurven können je nach bestimmten Einstellungen entweder Volumenkörper oder Flächen generieren.

5.2.2 Volumenkörper auf der Grundlage anderer Objekte

Sie können auch 3D-Volumenkörper aus 2D-Geometrie oder anderen 3D-Objekten erstellen. Zum Beispiel können 3D-Volumenkörper auch auf der Extrusion einer 2D-Form entlang eines angegebenen Pfades im 3D-Raum beruhen.

Die folgenden Methoden sind verfügbar:

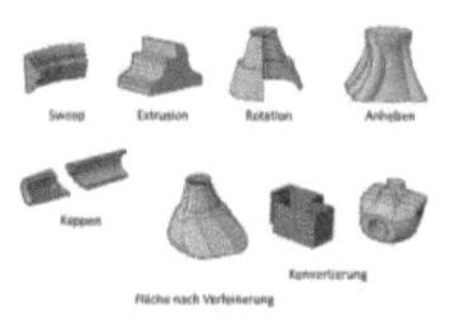

> **Sweeping:** Dehnt ein 2D-Objekt entlang eines Pfads aus.
> **Extrusion:** Dehnt die Form eines 2D-Objekts in lotrechter Richtung in den 3D-Bereich aus.
> **Drehung:** Sweept ein 2D-Objekt um eine Achse.
> **Erhebung:** Dehnt die Konturen einer Form zwischen einem oder mehreren offenen oder geschlossenen Objekten.
> **Trennen:** Teilt ein Volumenkörperobjekt in zwei separate 3D-Objekte.
> **Flächen zu einem Volumenkörper formen:** Konvertiert und stutzt eine Gruppe von Flächen, die eine dichte Fläche einschließen, in einen Volumenkörper.
> **Konvertierung:** Konvertiert Netzobjekte und planare Objekte mit der Objekthöhe zu Volumenkörpern und Oberflächen

5.3 Geometrische Grundkörper
AutoDesk Inventor Einführung

Autodesk Inventor 2025® besteht aus mehreren Komponenten, die als Umgebungen bezeichnet werden. Diese Umgebungen wurden speziell dafür geschaffen, einzelne Teile, Blechteile, Baugruppen und Detailzeichnungen zu erstellen. In der Autodesk Inventor 2025 Bauteil-Umgebung können Sie ein Basisformelement konstruieren und es dann mit weiteren Formelementen wie Ausprägungen, Ausschnitten und Bohrungen modifizieren um ein vollständiges Volumenmodell zu erhalten.

In Autodesk Inventor 2025® verwenden Sie zum Modellieren von Teilen folgenden grundlegenden Arbeitsablauf:

- **Modellanforderungen identifizieren**
- **Modellkonzept auf Grundlage der ermittelten Anforderungen erstellen**
- **Modell auf Grundlage der Konzepte entwickeln**
- **Modell analysieren.**
- **Prototyp erstellen.**
- **Modell konstruieren.**
- **Modell bearbeiten, falls erforderlich.**

5.3.1 Grundlagen für die Konstruktion

5.3.1.1 Skizzen

Die Erstellung eines Modells beginnt normalerweise mit einer Skizze. Auf Grundlage der Skizze können Features erstellt werden. Ein Modell enthält meist mindestens eine Skizze und mindestens ein Feature. Eine Skizze ist ein 2D-Profil oder ein Querschnitt. Zur Erstellung einer 2D-Skizze verwenden Sie eine Ebene oder eine ebene Fläche. Außer 2D-Skizzen können Sie auch 3D-Skizzen erstellen, die neben den X- und Y-Achsen auch noch eine Z-Achse enthalten.

In vielen Fällen beginnen Sie die Skizze im Ursprung, der als Anker für eine Skizze dient. Häufig wird eine Mittellinie durch den Ursprung skizziert und dient zur Erstellung der Rotation. Eine Mittellinie ist in einer Skizze zwar nicht immer erforderlich, sie trägt jedoch zur Herstellung der Symmetrie bei. Eine Mittellinie kann auch verwendet werden, um eine Spiegelbeziehung anzuwenden und um gleiche und symmetrische Beziehungen zwischen Skizzenelementen zu erstellen. Symmetrie ist ein wichtiges Werkzeug zur schnellen Erstellung achsensymmetrischer Modelle. Skizzen können voll definiert, unterdefiniert oder überdefiniert sein. In einer voll definierten Skizze sind alle Linien und Kurven in der Skizze sowie ihre Positionen durch Bemaßungen oder Beziehungen oder beide beschrieben. Skizzen müssen nicht voll definiert sein, damit sie zur Erstellung von Features verwendet werden können. Sie sollten Skizzen jedoch voll definieren, um Ihren Entwurfsplan beizubehalten. Sie können die unterdefinierten Elemente einer Skizze anzeigen, um festzustellen, welche Bemaßungen oder Beziehungen noch hinzugefügt werden müssen, damit die Skizze voll definiert ist. Anhand der farblichen Hinweise können Sie feststellen, ob eine Skizze unterdefiniert ist.

5.3.1.2 Ebenen

Ebenen können in Teil- oder Baugruppendokumenten erstellt werden. Sie können mit Skizzierwerkzeugen wie Linie oder Rechteck auf Ebenen skizzieren und die Ebenen verwenden, um eine Schnittansicht eines Modells zu erstellen. In einigen Modellen wirkt sich die Ebene, auf der Sie skizzieren lediglich auf die Darstellung des Modells in der isometrischen Ansicht aus.

In anderen Fällen lassen sich Modelle effizienter erstellen, wenn Sie gleich anfangs die richtige Skizzierebene auswählen. Wählen Sie eine Ebene, auf der skizziert werden soll. Die Standardebenen sind Ausrichtung nach vorne, oben und rechts. Ebenen können auch neu hinzugefügt und nach Bedarf platziert werden.

5.3.1.3 Bemaßungen

Sie können Bemaßungen zwischen Elementen spezifizieren, wie beispielsweise Längen oder Radien. Durch eine Änderung der Bemaßungen ändern sich auch Größe und Form des Teils. Je nachdem, wie Sie das Teil bemaßen, lässt sich der Entwurfsplan beibehalten. Die Software verwendet zwei Arten der Bemaßung: steuernde Bemaßung und gesteuerte Bemaßung.

- **Steuernde Bemaßungen**

Steuernde Bemaßungen werden mit dem Werkzeug Bemaßung erstellt. Sie bewirken eine Änderung der Modellgröße, wenn die Bemaßungswerte geändert werden.

- **Gesteuerte Bemaßungen**

Einige Bemaßungen, die zum Modell gehören, sind gesteuert. Sie können gesteuerte Bemaßungen oder Referenzbemaßungen mit dem Werkzeug Bemaßung zu Informationszwecken einfügen.

Der Wert der gesteuerten Bemaßungen verändert sich, wenn Sie die steuernden Bemaßungen oder Verhältnisse im Modell ändern. Sie können die Werte der gesteuerten Bemaßungen nicht direkt verändern, diese müssen in steuernde Bemaßungen umgewandelt werden.

5.3.1.4 Beziehungen

Beziehungen stellen geometrische Verhältnisse wie Gleichheit und Tangenten zwischen Skizzenelementen dar. Es ist zwar möglich horizontale Elemente separat zu bemaßen, aber wenn Sie eine gleiche Beziehung zwischen diesen beiden Elementen hinzufügen, müssen Sie nur eine Bemaßung aktualisieren, wenn die Länge verändert wird.

Die grünen Symbole zeigen eine Beziehung zwischen Skizzenobjekten an.

Sie können auch Beziehungen hinzufügen, während Sie einzelne Skizzenelemente erstellen oder wenn Sie zwei bestehende Elemente auswählen. Die Felder **Bestehende Beziehungen** und **Beziehungen hinzufügen** werden in jedem Skizzenelement im Bauteilbrowser angezeigt. Beim Erstellen von Beziehungen muss mindestens eines der Elemente ein Skizzenelement sein.

Die anderen Elemente können Skizzenelemente, Kanten, Flächen, Eckpunkte, Ursprünge, Ebenen, Achsen oder Kurven von einer anderen Skizze sein, die eine Linie oder einen Kreisbogen bilden, wenn sie auf die Skizzenebene projiziert werden.

5.3.2 Extrusion, eine Kurzübersicht

Verwenden Sie den Befehl **Extrusion**, um ein Element oder einen Körper zu erstellen, indem Sie einem offenen oder geschlossenen Profil beziehungsweise einem Bereich Tiefe hinzufügen. Bei einem Bauteil mit mehreren Körpern kann kein offenes Profil verwendet werden, wenn mehrere beteiligte Körper ausgewählt wurden. Offene Profile können nicht für die Extrusion als Baugruppenelemente verwendet werden.

5.3.2.1 Extrusions-Auswahl und Operationen

Mit der Option **Auswahl** geben Sie die Ebene, das Profil oder die beteiligten Volumenkörper an.

Ebene

- **Ebene**

Mit **Ebene** wählen Sie eine 2D-Ebene oder eine planare Fläche aus.

Profil

- **Profil**

Mit **Profil** wählt einen Bereich oder ein Profil für die **Extrusion** aus. Wenn mehrere Profile vorhanden sind und keines ausgewählt ist, klicken Sie auf **Profil** und dann im Grafikfenster auf mindestens ein Profil. Die Profilauswahl hängt davon ab, ob ein Volumenkörper oder eine Fläche angebracht ist.

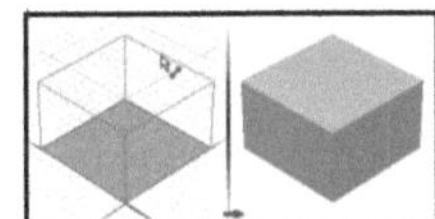

- **Profilkontur**

Eine Profilkontur oder ein Bereich wählt automatisch einen Bereich aus. Verwenden Sie Andere auswählen, um stattdessen Profilkontur auszuwählen. Wählen Sie die zu extrudierende Kante, und ziehen Sie sie um den entsprechenden Abstand in die gewünschte Richtung von der Skizzierebene aus

Die Extrusions-Operationen legen fest, ob die Extrusion in Bezug auf ein anderes Element oder einen anderen Körper durch **Vereinigung**, **Differenz** oder **Schnittmenge** berechnet wird. Für Basiselemente nicht verfügbar, aber für alle anderen extrudierten Elemente erforderlich.

- **Vereinigung**

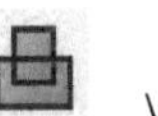

Vereinigung

Vereinigung fügt das durch das extrudierte Element erstellte Volumen einem anderen Element oder Körper hinzu. Für Baugruppenextrusionen nicht verfügbar.

- **Differenz**

Differenz

Differenz entfernt das durch das Sweeping-Element erstellte Volumen von einem anderen Element oder Körper.

- **Schnittmenge**

Schnittmenge

Schnittmenge erstellt ein neues Element aus dem gemeinsamen Volumen des extrudierten Elements und eines anderen Elements. Material, das außerhalb des gemeinsamen Volumens liegt, wird entfernt. Für Baugruppenextrusionen nicht verfügbar.

- **Neuer Volumenkörper:**

Neuer
Volumenkörper

Neuer Volumenkörper erstellt einen neuen Volumenkörper. Dies ist die Standardauswahl, wenn es sich bei der Extrusion um das erste Volumenkörperelement in einer Bauteildatei handelt. Wählen Sie diese Option, um einen neuen Körper in einer Bauteildatei zu erstellen, die bereits Volumenkörper enthält. Jeder Körper ist eine unabhängige, von anderen Körpern getrennte Sammlung von Elementen. Ein Körper kann Elemente gemeinsam mit anderen Körpern verwenden.

5.3.2.2 Extrusions-Größe

Bestimmt die Methode für die Enden der Extrusion und legt deren Tiefe fest. Klicken Sie auf den Pfeil, um die Grenzmethoden aufzulisten, wählen Sie eine Methode, und geben Sie dann einen Wert ein. Extrusionen können eine bestimmte Tiefe aufweisen oder an einer Arbeitsebene bzw. Bauteilfläche, planare, zylindrische, kugel- oder ringförmige Fläche, enden.

Abstand:
Die Vorgabemethode, bei der nur in eine Richtung extrudiert wird. Legt die Extrusionstiefe zwischen Start- und Endebene fest. Zeigt bei einem Basiselement einen negativen oder positiven Abstand des extrudierten Profils oder des eingegebenen Werts an. Die Endfläche der Extrusion liegt parallel zur Skizzierebene.

Abstand-Abstand:
Extrudiert in beiden Richtungen - eine positive und eine negative. Wählen Sie in der Dropdown-Liste Größe die Option **Abstand**, um den Befehl **Asymmetrisch** zu aktivieren. Klicken Sie auf Asymmetrisch, und geben Sie einen Tiefenwert für den entgegengesetzten Abstand ein.

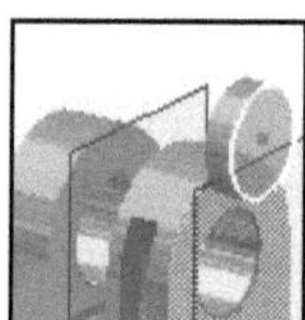

Zur Nächsten:
Wählt die nächste mögliche Fläche bzw. Ebene für die Ausführung der Extrusion in der angegebenen Richtung aus. Durch Ziehen des Profils wird die Extrusion in der Richtung auf die beiden Seiten der Skizzierebene umgekehrt. Für Basiselemente oder Baugruppenextrusionen nicht verfügbar.

Zu:
Wählt bei Bauteilextrusionen einen Endpunkt, einen Scheitelpunkt, eine Fläche bzw. eine Ebene aus, auf der die Extrusion ausgeführt werden soll. Bei Punkten und Scheitelpunkten wird das Bauteilelement auf einer Ebene parallel zur Skizzierebene ausgeführt, die den ausgewählten Punkt oder Scheitelpunkt durchläuft. Bei Flächen oder Ebenen wird das Bauteilelement an der gewählten Fläche oder an einer Fläche, die sich über die Ausführungsebene hinaus erstreckt, ausgeführt.

Zwischen:
Wählt bei Bauteilextrusionen die Start- und Endfläche bzw. -ebene für die Ausführung der Extrusion aus.
Wählt bei Baugruppenextrusionen eine Fläche bzw. Ebene aus, auf der die Extrusion ausgeführt werden soll. Flächen und Ebenen auf anderen Komponenten können ausgewählt werden. Die ausgewählten Flächen oder Ebenen müssen sich in derselben Baugruppenebene wie die erstellte Baugruppenextrusion befinden. Für Basiselemente nicht verfügbar.

Alle:
Extrudiert das Profil durch alle Elemente und Skizzen hindurch in der angegebenen Richtung. Durch Ziehen der Kante des Profils wird die Extrusion in Richtung auf die beiden Seiten der Skizzierebene umgekehrt. Die Operation **Vereinigung** ist nicht verfügbar.

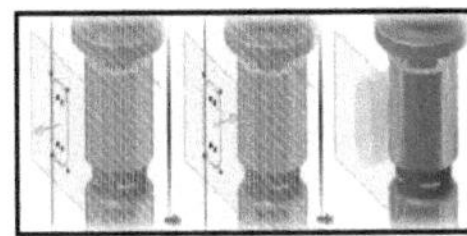

Alternativer Modus:

Bestimmt bei **Bis und Zwischen** eine alternative Ausführungsebene, wenn ein Modus mehrdeutig ist, wie bei der Ausführung auf einem Zylinder oder einer unregelmäßigen Fläche. Nicht verfügbar für:

Abstand, Abstand-Abstand, Zur Nächsten und **Alle.**

Umkehren bestimmt die Richtung und Größe der Extrusion. Vorgabegemäß endet die Extrusion auf der am weitesten entfernten Fläche.

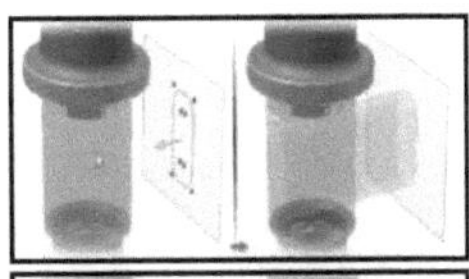

Minimaler Modus:

Der minimale Modus bestimmt, dass die Extrusion auf der nächstliegenden Fläche beendet wird, wenn Optionen für Ausführungsflächen mehrdeutig sind. In der folgenden Abbildung wird mit der Auswahl Minimaler Modus die Extrusion an dieser Seite des Zylinders ausgeführt.

Ist **Minimaler Modus** nicht ausgewählt, wird die Extrusion auf der anderen Seite des Zylinders ausgeführt.

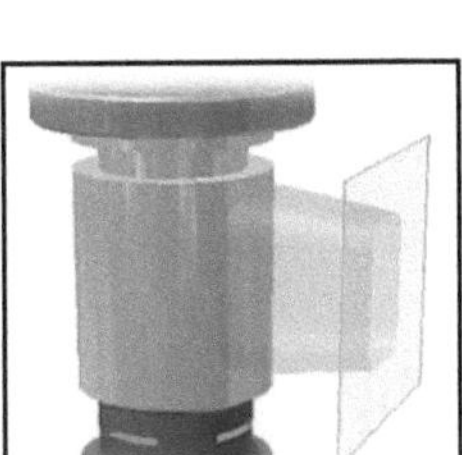

Verjüngungswinkel:

Legt für alle Enden einen Winkel für die Verjüngung von bis zu 180 Grad für die Extrusion fest. Die Verjüngung erstreckt sich gleichförmig in beide Richtungen. Wenn ein Verjüngungswinkel angegeben wurde, kennzeichnet ein Symbol im Grafikfenster die feste Kante und die Richtung der Verjüngung.

Wenn die Option **Abstand-Abstand** ausgewählt ist, können sowohl für positive als auch für negative Extrusionen unterschiedliche Werte für Verjüngungswinkel angewendet werden. Um ein Element nur in eine Richtung zu verjüngen, erstellen Sie ein extrudiertes Element ohne Verjüngung, und verwenden Sie dann den Befehl Flächenverjüngung, um einer bestimmten Fläche eine Verjüngung hinzuzufügen.

Projekt I

Grundkörper „Quader

Seite 89 bis 98

- „Quader" über Extrusion
  Basisskizze Rechteckfläche

- „Quader" über „Extrusion"
  Basisskizze „Rechteck, Mitte mit zwei Punkten"

- „Quader" über „Extrusion"
  Rechteck-Skizze aus „Linien" mit Maßangabe

- „Quader"
  über die Funktion „Grundkörper"

5.4 Geometrischer Grundkörper „Quader"

5.4.1 Geometrischer Grundkörper „Quader", geometrische Beschreibung

Ein dreidimensionaler Körper mit sechs paarweise parallelen Flächen heißt Parallelepiped, unabhängig von der Rechtwinkligkeit. Somit ist jeder Quader ein rechtwinkliges Parallelepiped.

Unter einem Parallelepiped versteht man einen geometrischen Körper, der von sechs paarweise kongruenten (deckungsgleichen) in parallelen Ebenen liegenden Parallelogrammen begrenzt wird

Jeder Quader ist ein Prisma mit rechteckiger Grundfläche.

Ein Quader ist ein Körper mit sechs rechteckigen Flächen, deren Winkel alle rechte Winkel sind, acht rechtwinkeligen Ecken und zwölf Kanten, von denen jeweils vier gleiche Längen besitzen und zueinander parallel sind, die gegenüberliegende Flächen eines Quaders sind deckungsgleich.

Extrusion bezeichnet in der Geometrie eine Dimensionserhöhung eines Elementes durch Parallelverschieben im Raum. Durch Extrusion einer Fläche erhält man einen Körper mit dem Querschnitt der Fläche, durch Extrusion eines Polygons entsteht ein Prisma.

5.4.2 Grundkörper „Quader" über Rechteckfläche und Extrusion

5.4.2.1 Quader über Rechteckfläche und Extrusion, Vorbemerkungen

Das Projekt beschreibt die grundsätzliche Erstellung des ersten Grundkörpers **Quader** über eine **Rechteckfläche**, auf dem eingerichteten 3D-Arbeitsbereich, **XZ-Arbeitsebene**, mit Hilfe der Modellfunktion **Extrusion** ausgetragen wird.

Die Geometriedaten, Maße für Länge und Breite der Rechteckbasis, werden während der Skizzenkonstruktion frei ohne Vorgabe definiert, der Skizzen-Konstruktionsbefehl ist **Rechteck, zwei Punkte**.

5.4.3 Einrichten einer Projektumgebung, aus der Inventor-Ebene

Register **Erste Schritte** (Multifunktionsleiste)

Projekte

Projekte
Neu / Einzelbenutzer-Projekt anwählen / Weiter
Geben Sie einen Projektnamen nach Wahl ein /**Weiter**
Geben Sie den Kapiteleintrag als Speicherort an.
OK / Weiter / Fertig stellen
Doppelklicken Sie das neue Projekt /**Anwenden / Fertig**
Das aktuelle eingerichtete Projekt ist mit einem Häkchen versehen (1).

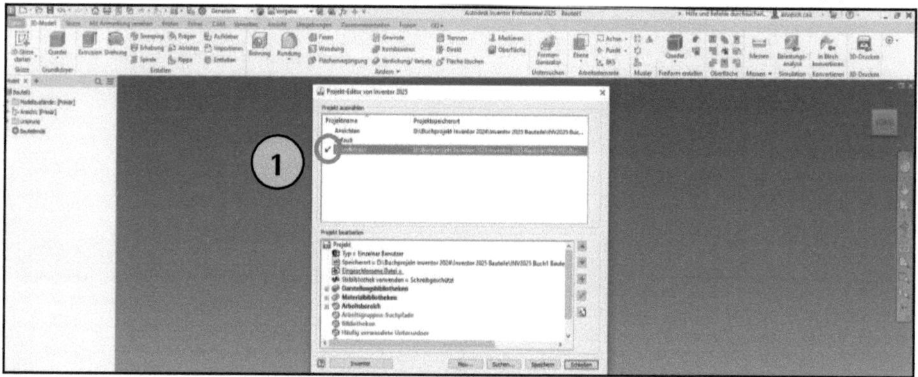

5.4.4 Ein Quader über „Extrusion", mit „Zwei-Punkte-Rechteck", der Eingabeverlauf

5.4.4.1 Vorlagendatei öffnen

Neu

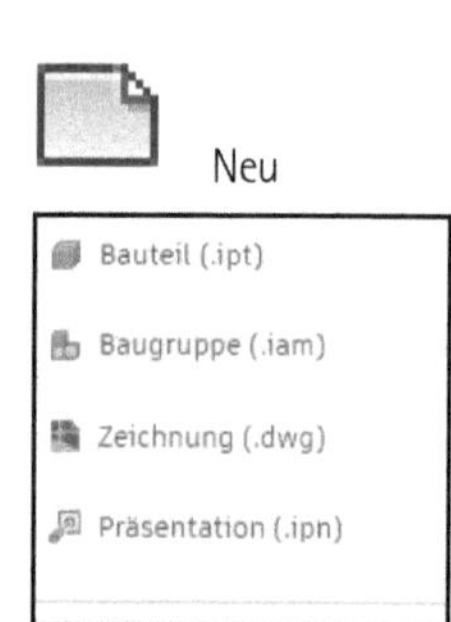

Neu (Multifunktionsleiste) / Ordner: **Vorlagen Engelke**

Engelke-2025.ipt anklicken / **Erstellen** (2, 3)

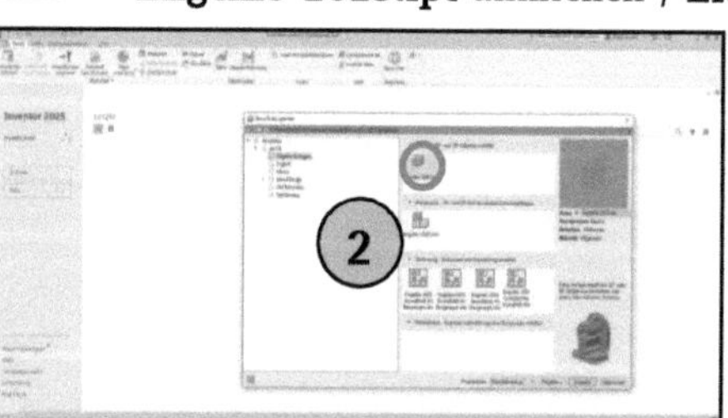

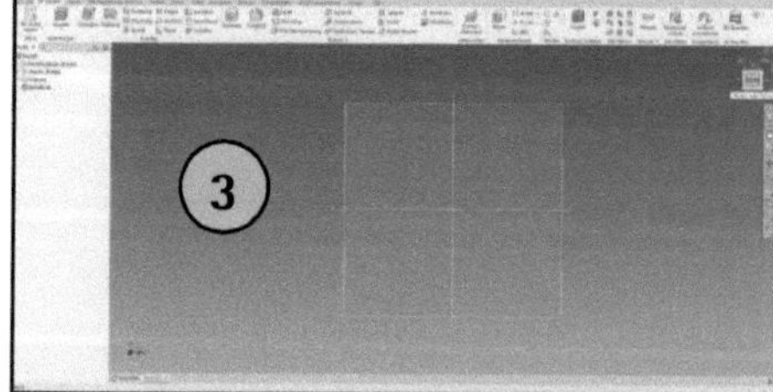

5.4.4.2 Basisskizze auf Ebene „Oben" anlegen

- **2D-Skizze starten** (Multifunktionsleiste) (4)
- Wählen Sie die Ursprungsskizze **XY-Ebene** (5).

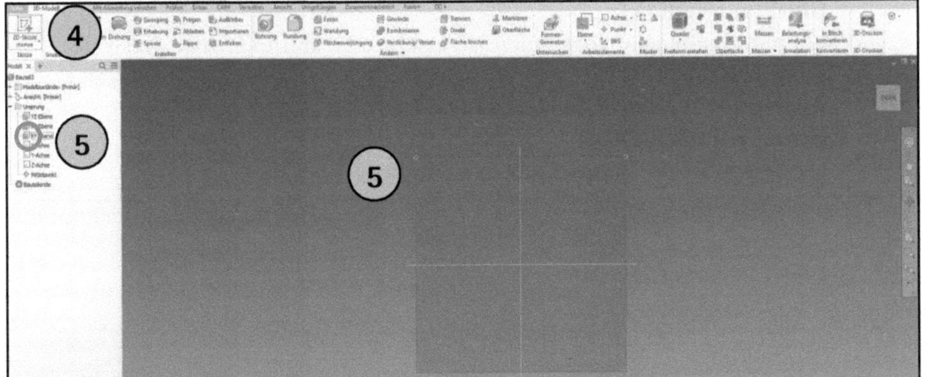

Die Inventor-Oberfläche startet die Skizzenumgebung.

- Klicken Sie auf das **Haus** (6) am **ViewCube** um auf die ISO-Ebene (7) umzuschalten.

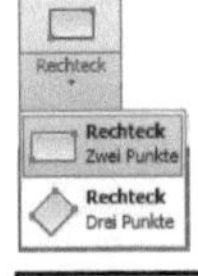

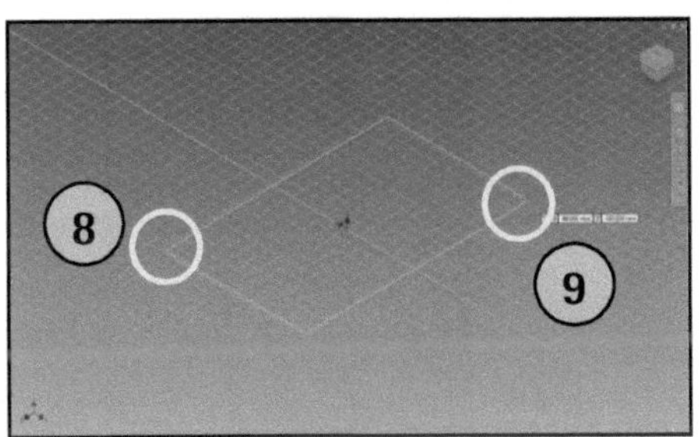 

5.4.4.3 Ein Rechteck als Basis für den Quader

Rechteck durch zwei Punkte (Multifunktionsleiste **Skizze**)

Erster Punkt (8), zweiter Punkt (diagonal klicken) (9)
(Größe der Fläche wahlweise)

Fertig / Skizze beenden (aus dem Überlaufmenü (10),

oder über die Multifunktionsleiste).

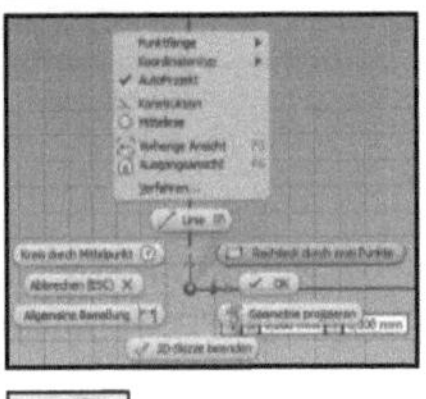

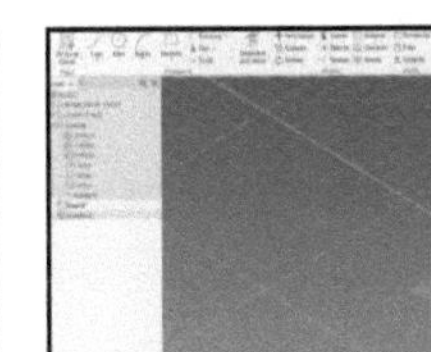

Extrusion

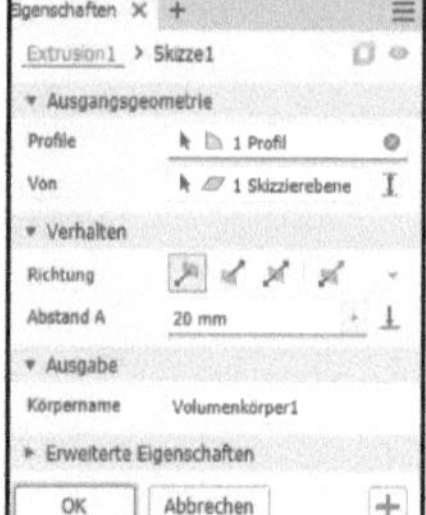

5.4.4.4 Ein Quader über „Extrusion"

Extrusion (Multifunktionsleiste **3D-Modellierung**)
Objektauswahl (11)
(da nur eine Fläche vorhanden ist, erfolgt eine automatische Auswahl)
Einstellungen:
Abstand (12) / **Profil/Skizzierebene** / **20** mm (13)
Neuer Volumenkörper /
Schließen Sie die Bearbeitung mit **OK** ab (14).

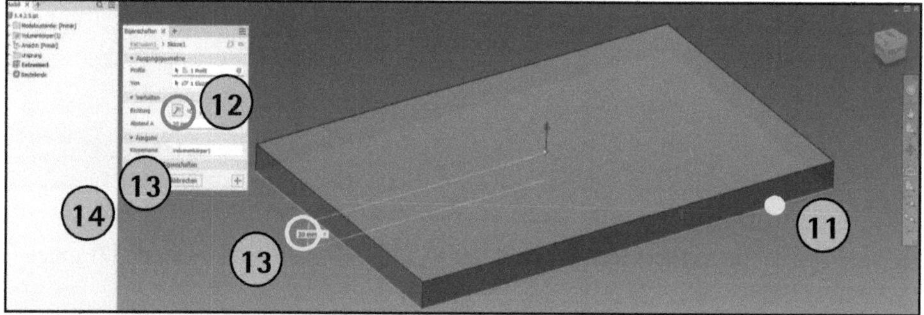

5.4.4.5 Bauteil speichern

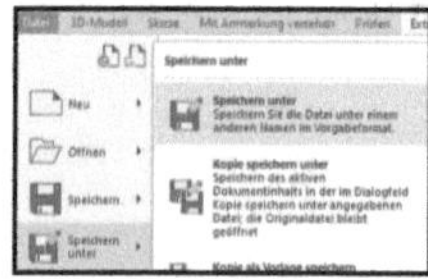

- Aufruf über den **Menü-Browser**, Register **Datei**.

Speichern unter
Das Dialogfeld **Speichern unter** wird eingeblendet.
Geben Sie einen Dateinamen Ihrer Wahl ein.

5.4.4.6 Extrusions-Richtungen, Vorbemerkungen

Über die angewählte Profilfläche lassen sich verschiedene Extrusions- Richtungen auswählen:

Extrusion in **Richtung 1**, **Richtung 2**, **symmetrische Extrusion** von der Arbeitsebene und **asymmetrische Extrusion** mit Abstandsfrage in beide Richtungen.

5.4.4.7 Extrusion bearbeiten, Richtung 2

Klicken Sie auf die **Extrusion** im Bauteil-Browser (15).

Das Bauteil wird automatisch farbig markiert.

Wählen Sie aus dem Markierungsmenü **Extrusion bearbeiten** (16).

Klicken Sie auf das Symbol **Richtung 2**, Pfeilrichtung nach unten (17).

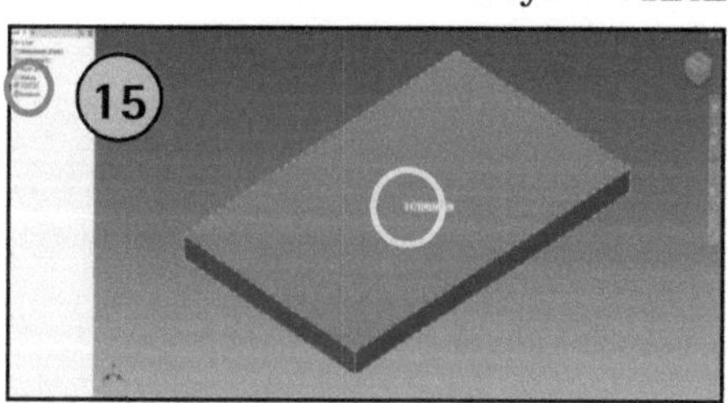

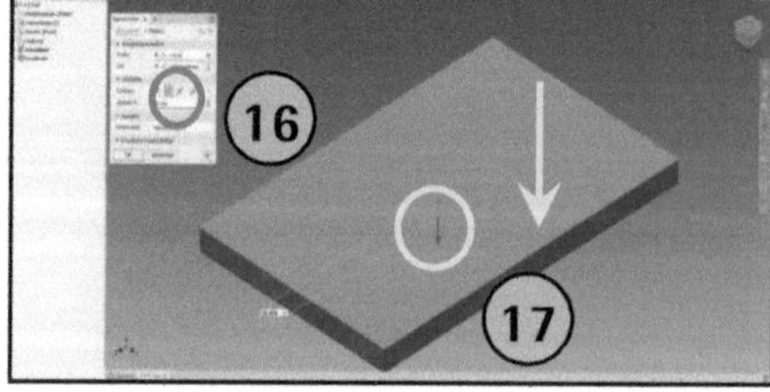

5.4.4.8 Extrusion bearbeiten, Richtung symmetrisch

Klicken Sie auf die **Extrusion** im Bauteil-Browser.

Das Bauteil wird automatisch farbig markiert.

Wahlen Sie aus dem Markierungsmenü **Extrusion bearbeiten**.

Klicken Sie auf das Symbol **Richtung symmetrisch** (18, 19).

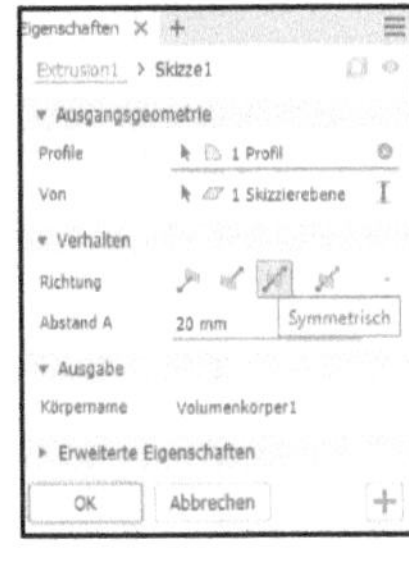

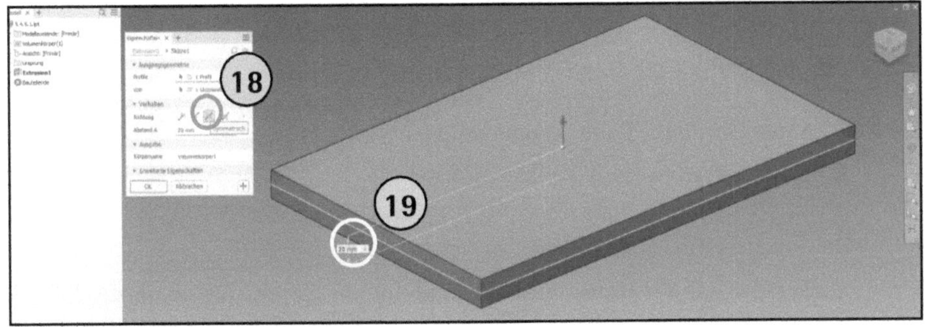

5.4.4.9 Extrusion bearbeiten
asymmetrische Extrusion mit Abstandsfrage in beide Richtungen

Klicken Sie auf die **Extrusion** im Bauteil-Browser.

Das Bauteil wird automatisch farbig markiert.

Wahlen Sie aus dem Markierungsmenü **Extrusion bearbeiten**.

Klicken Sie auf das Symbol **Richtung symmetrisch** (20).

Setzen Sie die Maße **20** mm und **10** mm (21).

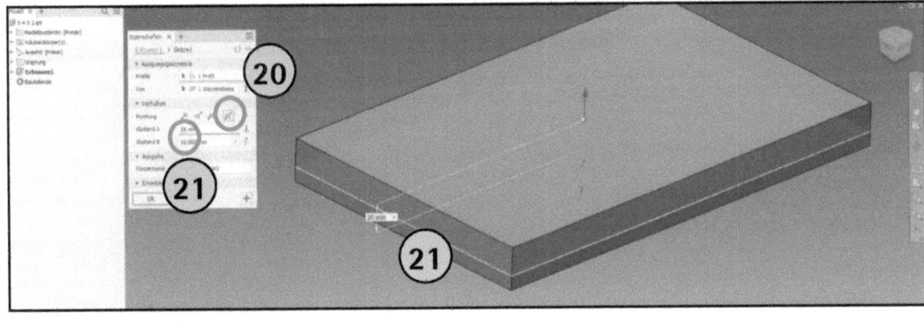

5.4.4.10 Bauteil speichern

- Aufruf über den **Menü-Browser**, Register **Datei**.

Speichern unter
Das Dialogfeld **Speichern unter** wird eingeblendet.
Geben Sie einen Dateinamen Ihrer Wahl ein.

5.4.5 Geometrischer Grundkörper „Quader"
über „Extrusion" und „Rechteck, Mitte mit zwei Punkten"

5.4.5.1 Vorlagendatei öffnen

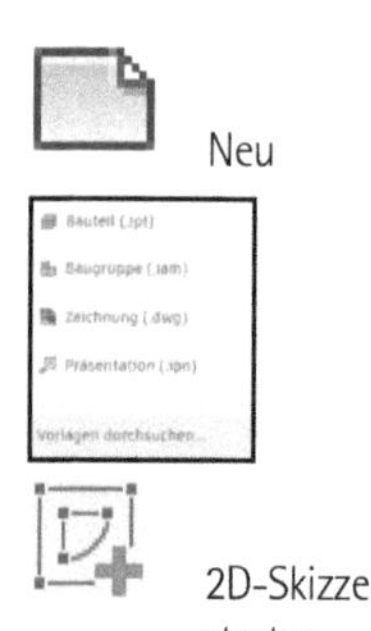

Neu (Multifunktionsleiste) / Ordner: **Vorlagen Engelke**

Engelke-2025.ipt anklicken / **Erstellen**

5.4.5.2 Basisskizze auf Ebene „Oben" anlegen

- **2D-Skizze starten** (Multifunktionsleiste)
- Wählen Sie die Ursprungsskizze **XY-Ebene**.
  Die Inventor-Oberfläche startet die Skizzenumgebung.
- Klicken Sie auf das **Haus** am **ViewCube** um auf die ISO-Ebene umzuschalten.

5.4.5.3 „Rechteck, Mitte mit zwei Punkten", als Basis für den Quader

Rechteck Mitte mit zwei Punkten (Multifunktionsleiste **Skizze**)

Klicken Sie in das Grafikfenster, um den Mittelpunkt des Rechtecks festzulegen (1).

Verschieben Sie den Cursor, und klicken Sie, um die Länge der Seiten des Rechtecks festzulegen, Maße ca. **100** mm Länge und **60** mm Breite. (2, 3)

Fertig / Skizze beenden (Überlaufmenü oder Multifunktionsleiste)

Neu

2D-Skizze
starten

Rechteck Mitte
mit zwei Punkten

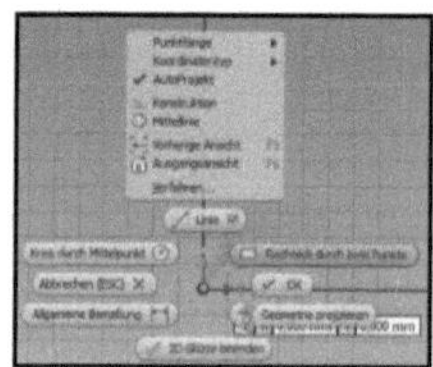

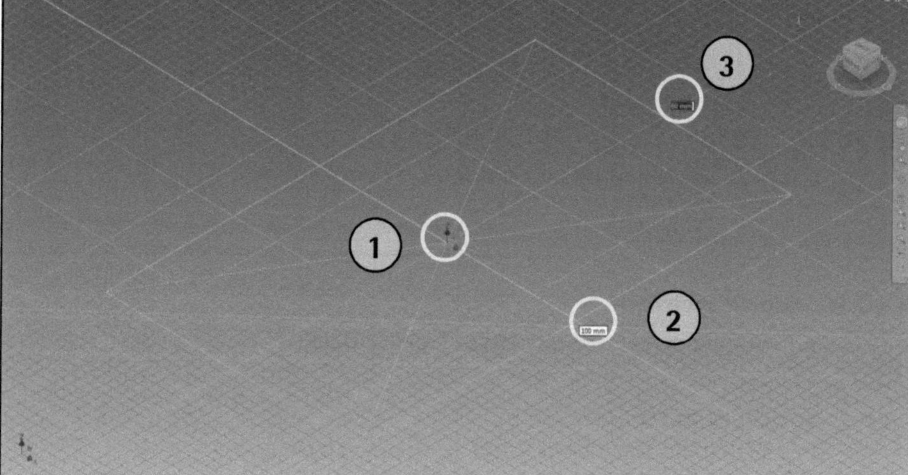

5.4.5.4 Ein Quader über „Extrusion"

Extrusion (Multifunktionsleiste **3D-Modellierung**)
Objektauswahl (automatische Auswahl) (4)

Einstellungen:
Abstand (5) / **Von Grundfläche**
40 mm (6) **Volumenkörper** /

Schließen Sie die Bearbeitung mit **OK** ab (7).

5.4.5.5 Bauteil speichern

* Aufruf über den **Menü-Browser**, Register **Datei**.

Speichern unter
Das Dialogfeld **Speichern unter** wird eingeblendet.
Geben Sie einen Dateinamen Ihrer Wahl ein.

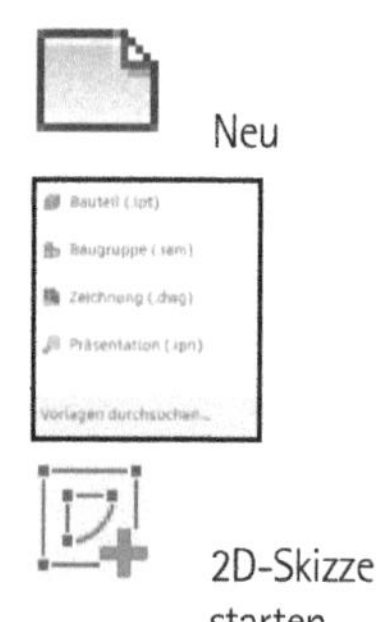
Neu

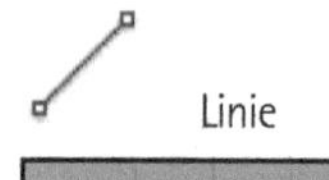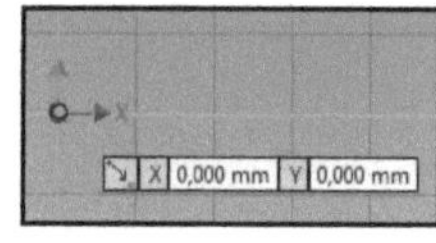
2D-Skizze
starten

5.4.6 Geometrischer Grundkörper „Quader" über „Extrusion", Rechteck-Skizze aus Linien mit Maßangabe

5.4.6.1 Vorlagendatei öffnen

Neu (Multifunktionsleiste) / Ordner: **Vorlagen Engelke**

Engelke-2025.ipt anklicken / **Erstellen**

5.4.6.2 Basisskizze auf Ebene „Oben" anlegen

- **2D-Skizze starten** (Multifunktionsleiste)

- Wählen Sie die Ursprungsskizze **XY-Ebene**.
  Die Inventor-Oberfläche startet die Skizzenumgebung.

- Klicken Sie auf das **Haus** am **ViewCube** um auf die **ISO-Ebene** umzuschalten.

5.4.6.3 Ein „Rechteck" über „Linien"

Bei der Konstruktion der Basisskizze wird die Linienlängen-Darstellung über Koordinaten abgerufen.

Die Koordinatenanzeige zeigt in der Nähe des Klickpunktes, als **X-Y**-Wert, absolut vom Mittelpunkt aus gemessen, die Linienlänge.

Vor der Erstellung testen Sie einmal die Eingabe ohne die Linie zu zeichnen.

Rechtwinkliges Ziehen, nach rechts, mit der Maus bis Koordinatenanzeige den ungefähren Wert anzeigt.

Linie

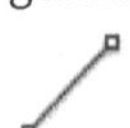
Linie (Multifunktionsleiste **Skizze**)

Startpunkt ist der Achsenschnittpunkt (1)

Startpunkt:

X = 0,000 mm   **Y= 0,000** mm (1)

Nächster Punkt:

Länge **40,000** mm   Vektorrichtung: **0,00 grd** (2, 3)

OK (aus dem Überlaufmenü)

OK

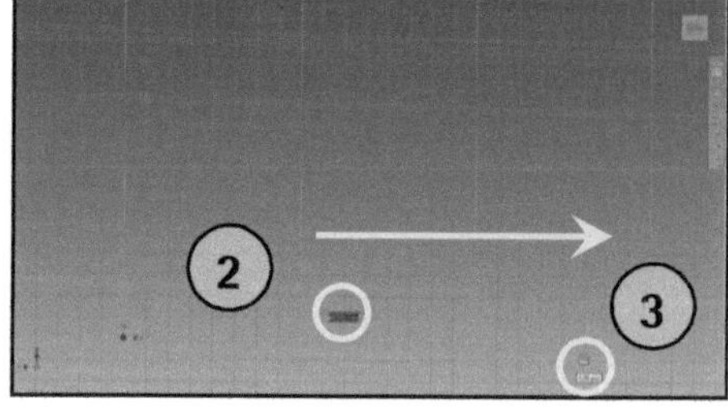

Linie (Multifunktionsleiste **Skizze**)
Startpunkt:
X = 40,000 mm **Y= 0,000** mm (4)
Nächster Punkt:
Länge **50,000** mm   Vektorrichtung: **90,00 grd**. (5, 6).
Der Linienbefehl wird nun hier nicht beendet, sondern bis zum Abschluss des Rechtecks weiter geführt.

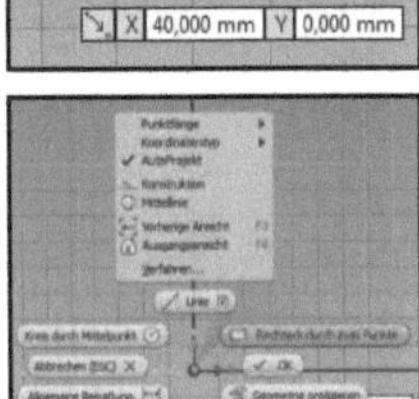

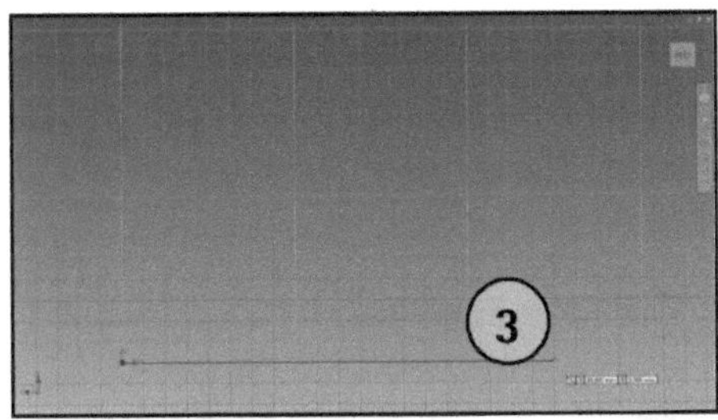
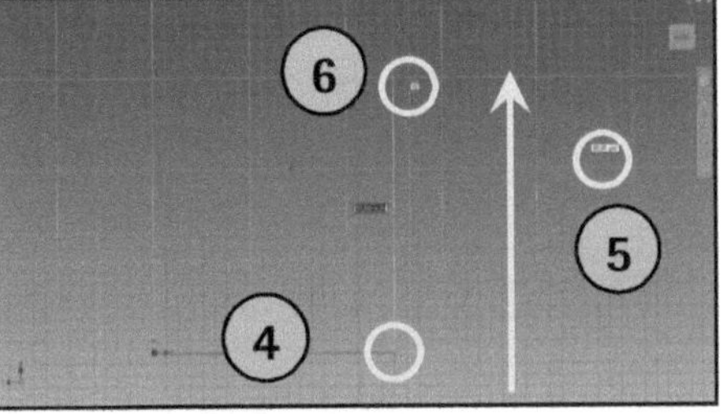

Länge **40,000** mm   Vektorrichtung: **180,00 grd** (7, 8).

Länge **50,000** mm   Vektorrichtung: **90,00 grd** (9, 10).
OK (aus dem Überlaufmenü

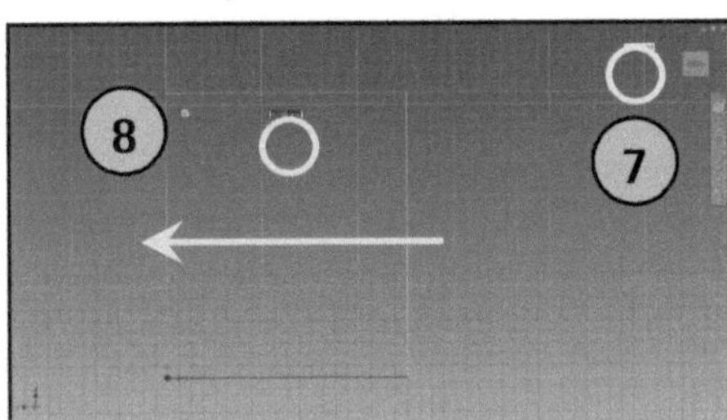
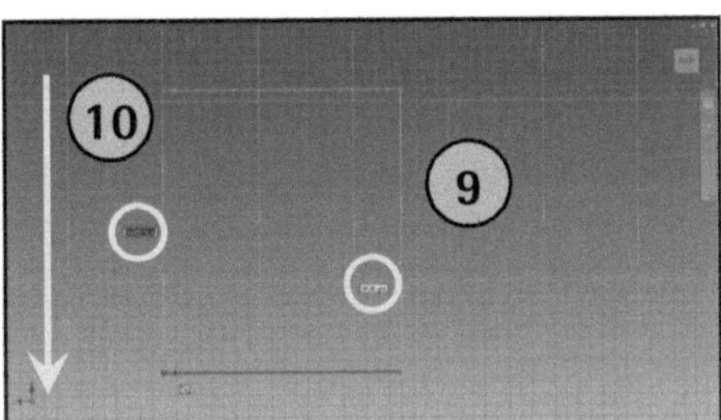

5.4.6.4 Ein „Quader" aus „Extrusion"

Extrusion (Multifunktionsleiste **3D-Modellierung**)
Objektauswahl (da nur eine Fläche erfolgt eine automatische Auswahl)
Abstand / 20 mm / **Volumenkörper** / Schließen Sie mit **OK** ab (10, 11)

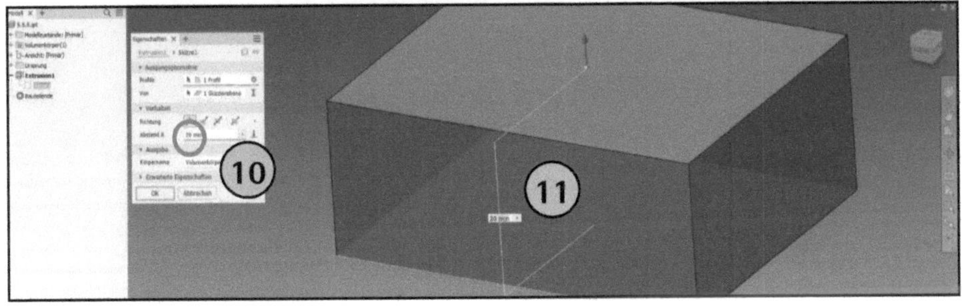

5.4.6.5 Bauteil speichern

- Aufruf über den **Menü-Browser**, Register **Datei**.

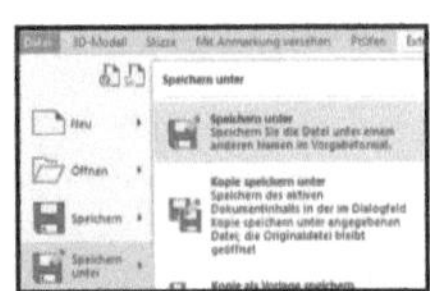

Speichern unter
Das Dialogfeld **Speichern unter** wird eingeblendet.
Geben Sie einen Dateinamen Ihrer Wahl ein.

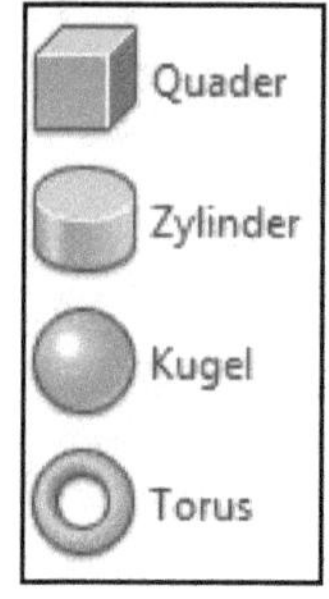

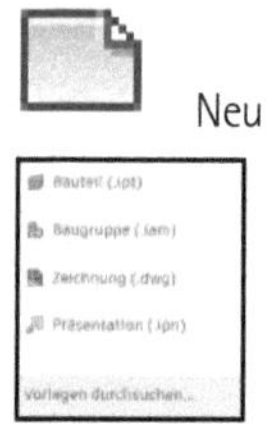

5.4.7 Geometrischer Grundkörper „Quader" über die Funktion „Grundkörper"

5.4.7.1 „Extrusion" von „Grundkörpern", Vorbemerkungen

Wenn Sie einen Quader oder Zylinder in der Gruppe Grundform festlegen, wird die Erstellung und Extrusion der Skizze automatisiert. Sie können eine Startfläche für die Skizze auswählen, das Profil erstellen und anschließend einen Volumenkörper erstellen. Die Befehle zum Erstellung von Grundformen erstellen keine Flächen. Die Funktion zum Erstellen von Grundformen wird einer neuen Gruppe auf der Registerkarte 3D-Modell hinzugefügt.

5.4.7.2 Ein „Quader" über die Funktion „Grundkörper", die Erstellung

Neu (Multifunktionsleiste) / Ordner: **Vorlagen Engelke**

Engelke-2025.ipt anklicken / **Erstellen**

- Klicken Sie auf das **Haus** am **ViewCube** um auf die **ISO-Ebene** umzuschalten.

Quader (Multifunktionsleiste **3D-Modellierung / Grundkörper**)
Wählen Sie die Arbeitsebene (1).
Klicken Sie, um die Mitte des Rechtecks zu definieren (2).
Klicken Sie erneut, um die Ecke zu definieren (3).

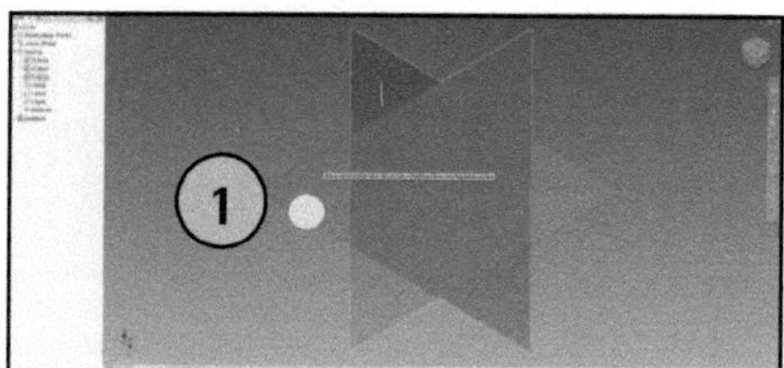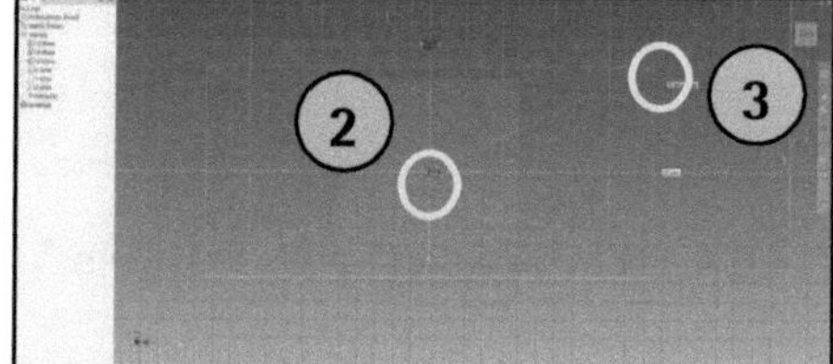

Klicken Sie auf das Symbol **Richtung symmetrisch** (4),
Abstand / **30** mm (5) / **Volumenkörper** / **OK**

5.4.7.3 Bauteil speichern

- Aufruf über den **Menü-Browser**, Register **Datei**.

Speichern unter
Das Dialogfeld **Speichern unter** wird eingeblendet.
Geben Sie einen Dateinamen Ihrer Wahl ein.

Projekt II

Geometrischer Grundkörper
Seite 99 bis 118

- Geometrischer Grundkörper „Würfel"
  „Rechteck" und „Extrusion" mit Maßzuweisung
  Funktion „Grundkörper"

- Geometrischer Grundkörper „Zylinder"
  „Kreis mit Mittelpunkt" und „Extrusion"
  „Rotation" einer Rechteckfläche
  Funktion „Grundkörper"

- Geometrischer Grundkörper „Kugel"

- Geometrischer Grundkörper „Torus"

- Geometrischer Grundkörper „Kegel"
  „Rotation" einer Grundfläche mit drei Ecken

- Geometrischer Grundkörper „Kegelstumpf"
  Rotation" einer Trapez-Grundfläche

5.5 Geometrischer Grundkörper „Würfel"

5.5.1 Geometrischer Grundkörper „Würfel", geometrische Beschreibung

Der Würfel (von lat. cubus „Würfel") ist einer der fünf platonischen Körper, genauer ein dreidimensionales) Polyeder (Vielflächner) mit sechs kongruenten Quadraten als Begrenzungsflächen, zwölf gleich langen Kanten und acht Ecken, in denen jeweils drei Begrenzungsflächen zusammentreffen.

Der Würfel ist ein spezielles, dreidimensionales, Parallelepiped, ein spezieller, gleichseitiger, Quader sowie ein spezielles gerades quadratisches Prisma. Die Größe eines Würfels wird bereits durch die Angabe der Kantenlänge festgelegt. Wegen seiner hohen Symmetrie, alle Ecken, Kanten und Seiten sind untereinander gleichartig, ist der Würfel ein reguläres Polytop und ist punktsymmetrisch zum Mittelpunkt.

5.5.2 Geometrischer Grundkörper „Würfel" über „Rechteck" und „Extrusion" mit Maßzuweisung

5.5.2.1 Vorlagendatei öffnen

Neu (Multifunktionsleiste) / Ordner: **Vorlagen Engelke**

Engelke-2025.ipt anklicken / **Erstellen**

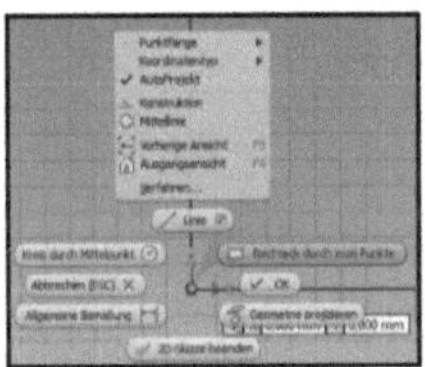

5.5.2.2 Basisskizze auf Ebene „Oben" anlegen

- **2D-Skizze starten** (Multifunktionsleiste)
- Wählen Sie die Ursprungsskizze **XY-Ebene**.
  Die Inventor-Oberfläche startet die Skizzenumgebung.
- Klicken Sie auf das **Haus** am **ViewCube** um auf die **ISO-Ebene** umzuschalten.

5.5.2.3 „Rechteck, Mitte mit zwei Punkten", als Basis für den „Würfel"

Rechteck Mitte mit zwei Punkten (Multifunktionsleiste **Skizze**)
Klicken Sie in das Grafikfenster, um den Mittelpunkt des Rechtecks festzulegen (1).
Verschieben Sie den Cursor, und klicken Sie, um die Länge der Seiten des Rechtecks festzulegen, Maße ca. **100** mm Länge und Breite. (2)
Fertig / Skizze beenden (Überlaufmenü oder Multifunktionsleiste)

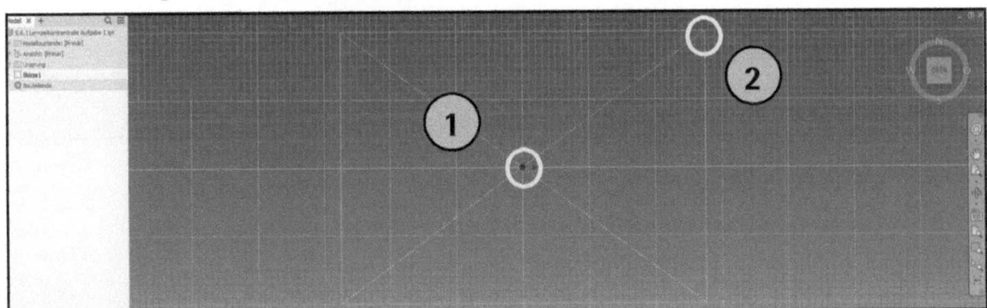

5.5.2.4 Allgemeine Bemaßungen, Kantenlänge

Bemaßung (Multifunktionsleiste **Skizze**)
Eckpunkte der Kante anklicken (3) / Maß auf Position ziehen.
Vorgeschlagenes Maß auf **100** mm ändern (4).

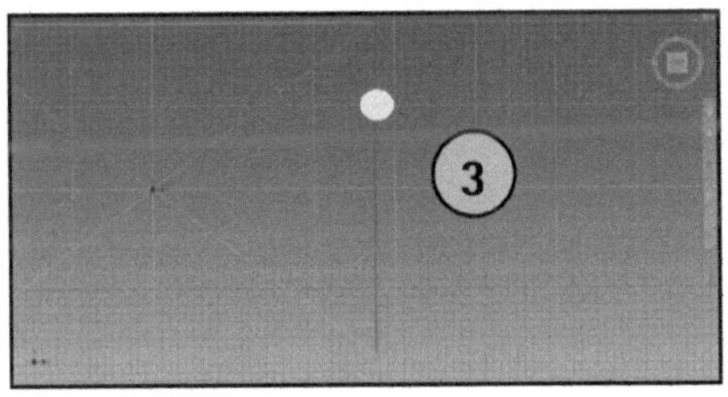

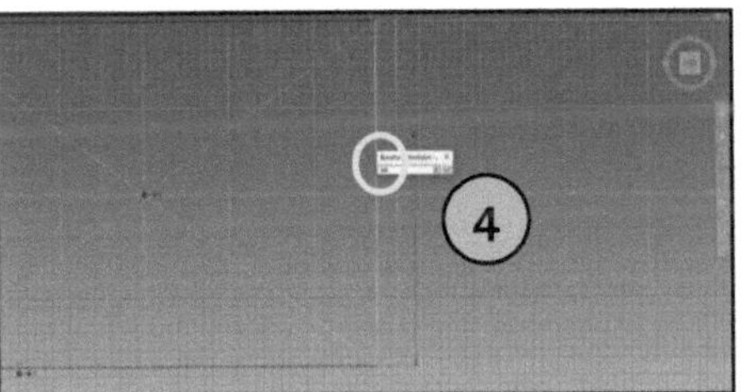

Bemaßung

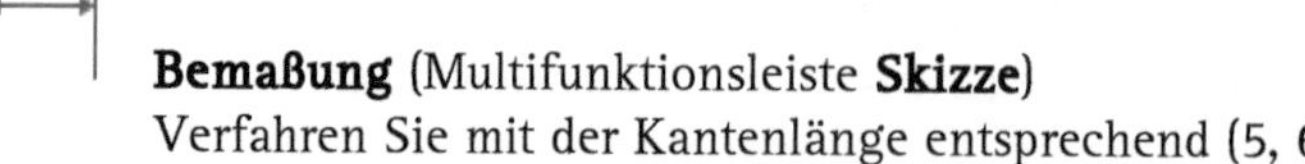

Bemaßung (Multifunktionsleiste **Skizze**)
Verfahren Sie mit der Kantenlänge entsprechend (5, 6).

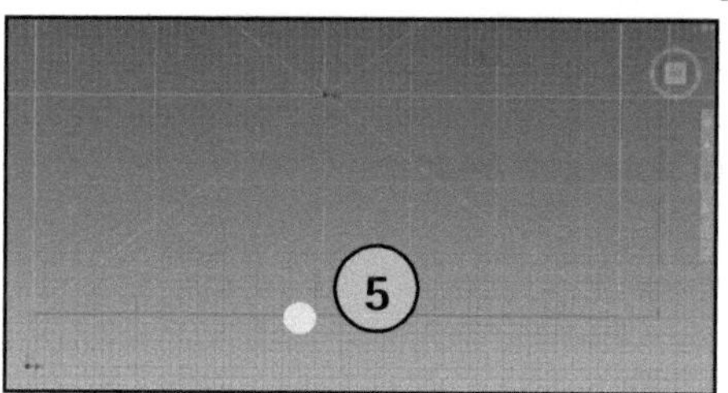
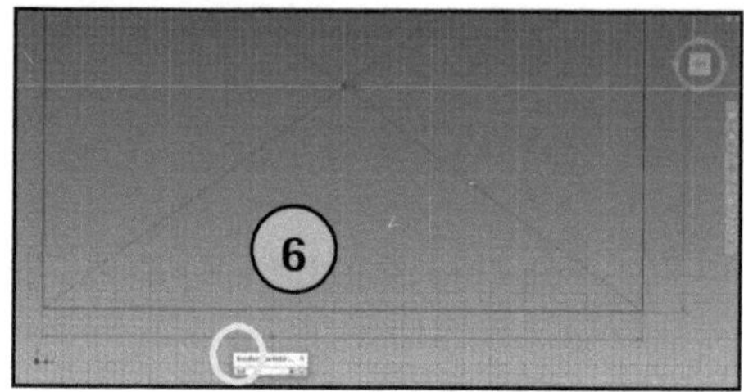

5.5.2.5 Ein „Würfel" aus „Extrusion"

Extrusion

Extrusion (Multifunktionsleiste **3D-Modellierung**)
Objektauswahl (da nur eine Fläche erfolgt eine automatische Auswahl)
Abstand / 100 mm / **Volumenkörper / OK** (7, 8)

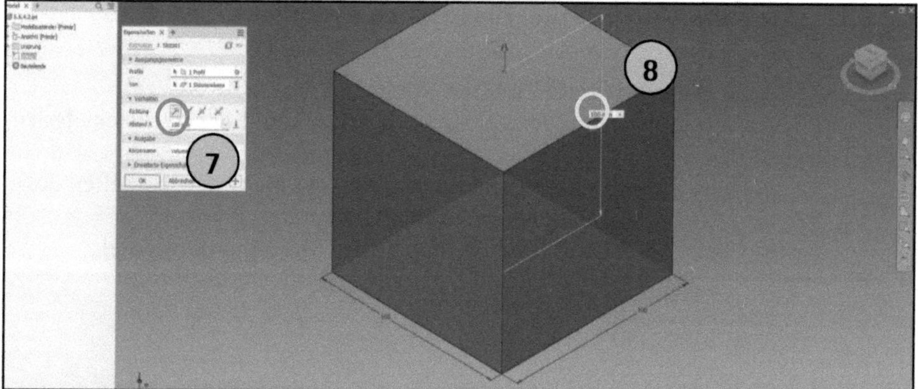

5.5.2.6 Bauteil speichern

- Aufruf über den **Menü-Browser**, Register **Datei**.

Speichern unter
Das Dialogfeld **Speichern unter** wird eingeblendet.
Geben Sie einen Dateinamen Ihrer Wahl ein.

5.5.3 Geometrischer Grundkörper „Würfel" über die Funktion „Grundkörper"

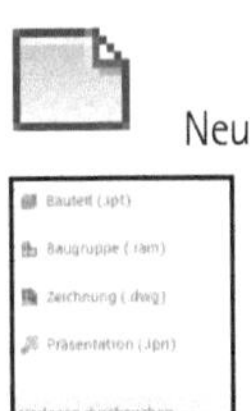

Neu

Neu (Multifunktionsleiste) / Ordner: **Vorlagen Engelke**

Engelke-2025.ipt anklicken / **Erstellen**

5.5.3.1 Ein „Würfel" aus Grundkörper „Quader"

Quader

Quader (Multifunktionsleiste **3D-Modellierung** / **Grundkörper**)
Wählen Sie die Arbeitsebene (1).
Klicken Sie, um die Mitte des Rechtecks zu definieren (2).
Bewegen Sie die Maus zur gegenüberliegenden Ecke.
Geben Sie mit der Tastatur **100** mm in das Längenfeld ein (3).
Geben Sie mit der Tastatur **100** mm in das Breitenfeld ein (4),
Feldauswahl mit der **TAB**-Taste.

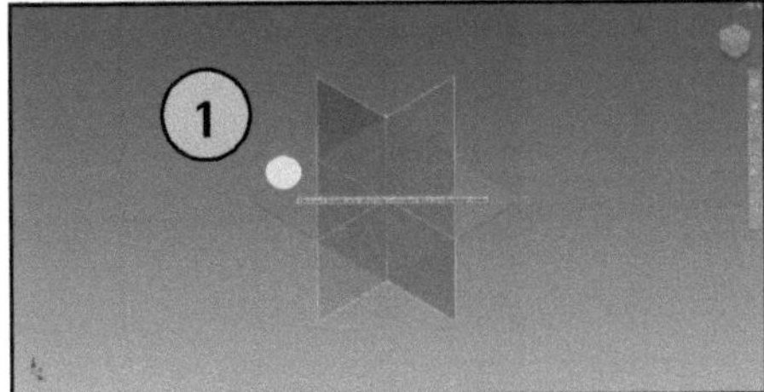
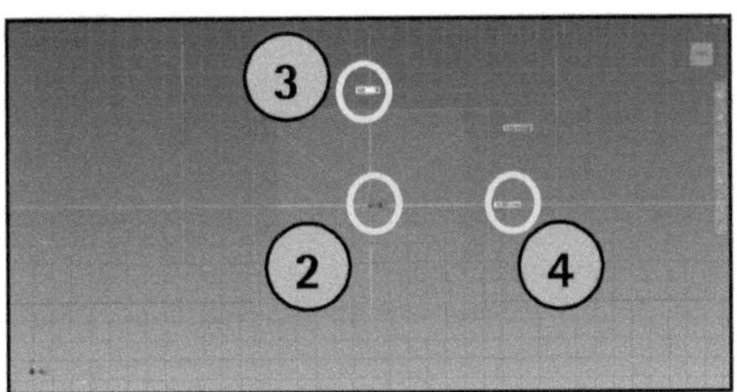

Abstand / **100** mm (5) / **Volumenkörper** / **OK** (6)

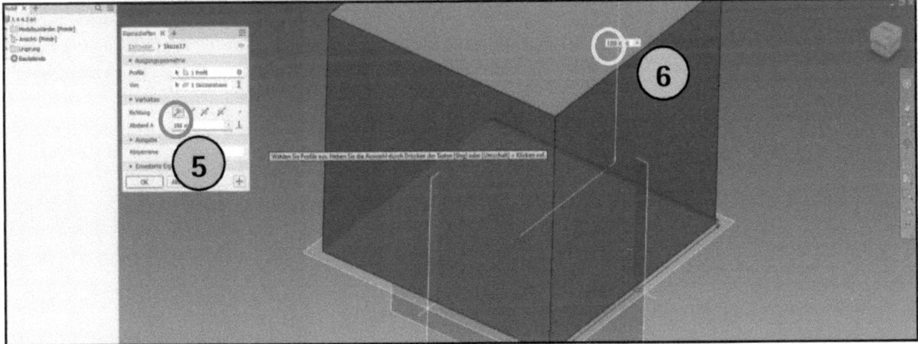

5.5.3.2 Bauteil speichern

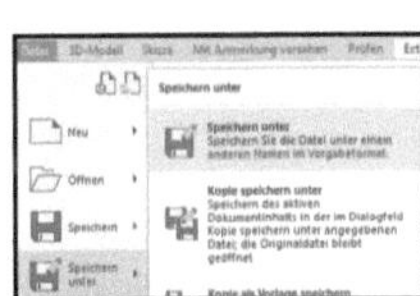

*   Aufruf über den **Menü-Browser**, Register **Datei**.

Speichern unter
Das Dialogfeld **Speichern unter** wird eingeblendet.
Geben Sie einen Dateinamen Ihrer Wahl ein.

5.6 Geometrischer Grundkörper „Zylinder"

5.6.1 Geometrischer Grundkörper „Zylinder", geometrische Beschreibung

Ein endlicher Zylinder (von Rollen, Wälzen‘) ist laut der allgemeinen Definition von zwei parallelen, ebenen Flächen, Grund- und Deckfläche, und einer Mantel- bzw. Zylinderfläche, die von parallelen Geraden gebildet wird, begrenzt. Sind die Geraden senkrecht zu Grund- und Deckfläche, spricht man von einem geraden Zylinder. Die Höhe des Zylinders ist gegeben durch den Abstand der beiden Ebenen, in denen Grund- und Deckfläche liegen. Wenn in der Geometrie von einem Zylinder die Rede ist, handelt es sich häufig um einen geraden Kreiszylinder.

5.6.2 Geometrischer Grundkörper „Zylinder"
über „Kreis mit Mittelpunkt" und „Extrusion"

Das Durchmessermaß für den Kreis wird während der Skizzenkonstruktion frei ohne
Vorgabe definiert, der Skizzen-Konstruktionsbefehl ist **Kreis mit Mittelpunkt**.

5.6.2.1 Vorlagendatei öffnen

Neu (Multifunktionsleiste) / Ordner: **Vorlagen Engelke**

Engelke-2025.ipt anklicken / **Erstellen**

5.6.2.2 Basisskizze auf Ebene „Rechts" anlegen

* **2D-Skizze starten** (Multifunktionsleiste)

* Wählen Sie die Ursprungsskizze **YZ-Ebene**.
  Die Inventor-Oberfläche startet die Skizzenumgebung.

* Klicken Sie auf das **Haus** am **ViewCube** um auf die **ISO-Ebene** umzuschalten.

5.6.2.3 „Kreis" auf YZ-Ebene

Kreis Mittelpunkt (Multifunktionsleiste **Skizze**)

Mittelpunkt wählen (2) (auf Achsenschnittpunkt klicken)

Durchmesser wahlweise ziehen (3).

Fertig / Skizze beenden (aus dem Überlaufmenü) (4)

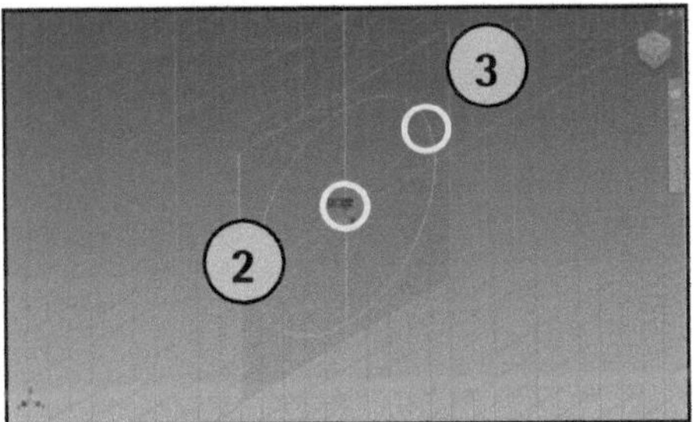

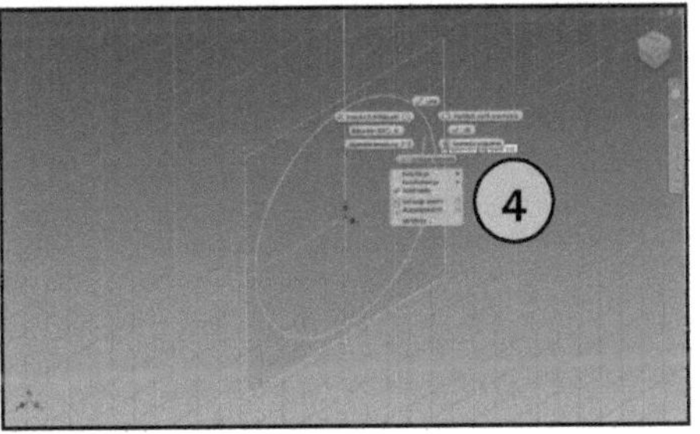

Extrusion

5.6.2.4 Ein „Zylinder" über „Extrusion"

Extrusion (Multifunktionsleiste **3D-Modellierung**)

Objektauswahl

(da nur eine Fläche vorhanden ist, erfolgt eine automatische Auswahl der Kreisfläche)

Einstellungen:

Abstand / beidseitiger Abstand / 60 mm / **Volumenkörper / OK** (5, 6)

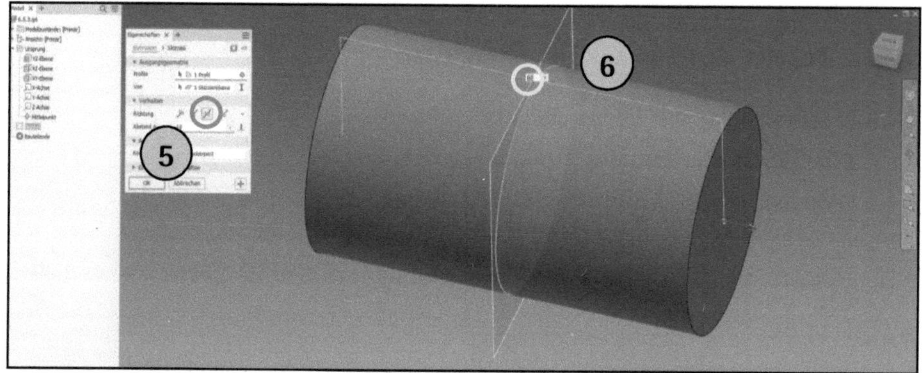

5.6.2.5 Bauteil speichern

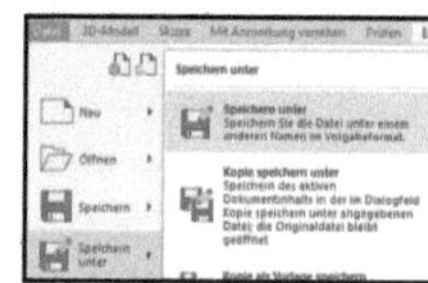

* Aufruf über den **Menü-Browser**, Register **Datei**.

Speichern unter

Das Dialogfeld **Speichern unter** wird eingeblendet.

Geben Sie einen Dateinamen Ihrer Wahl ein.

5.6.3 Geometrischer Grundkörper „Zylinder" über „Drehung" einer Rechteckfläche

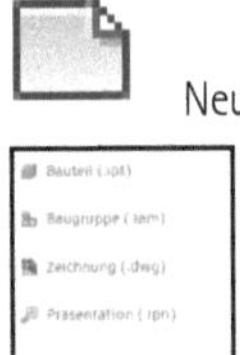

5.6.3.1 Vorlagendatei öffnen

Neu (Multifunktionsleiste) / Ordner: **Vorlagen Engelke**

Engelke-2025.ipt anklicken / **Erstellen**

5.6.3.2 Basisskizze auf Ebene „Oben" anlegen

- **2D-Skizze starten** (Multifunktionsleiste)
- Wählen Sie die Ursprungsskizze **XY-Ebene**.
  Die Inventor-Oberfläche startet die Skizzenumgebung.
- Klicken Sie auf das **Haus** am **ViewCube** um auf die **ISO-Ebene** umzuschalten.

5.6.3.3 Ein „Rechteck" als Basis für den „Zylinder"

Rechteck durch zwei Punkte (Multifunktionsleiste **Skizze**)

Erster Punkt auf den Mittelpunkt setzen (1).
Zweiter Punkt (diagonal klicken),
(Maße ca. Länge **60** mm, Breite **30** mm) (2)
OK / Skizze beenden (aus dem Überlaufmenü (3)

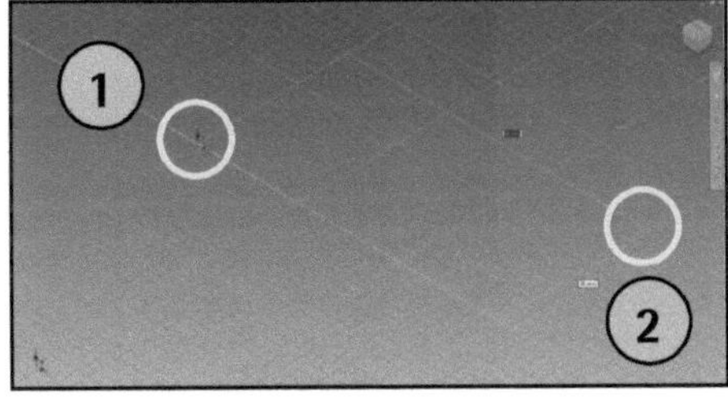

5.6.3.4 Ein Rotationskörper über „Drehung"

Drehung (Multifunktionsleiste **3D-Modellierung**)
Profil wählen (4) (Flächenauswahl automatisch).
Wählen Sie eine **Achse** aus der aktiven Skizzierebene (5).

Rotationswinkel **Voll** / **Vereinigung** / **Volumenkörper** / **OK** (6, 7).

5.6.3.5   Bauteil speichern

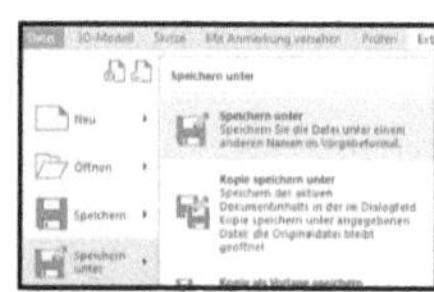

*   Aufruf über den **Menü-Browser**, Register **Datei**.

Speichern unter

Das Dialogfeld **Speichern unter** wird eingeblendet.
Geben Sie einen Dateinamen Ihrer Wahl ein.

5.6.4 Geometrischer Grundkörper „Zylinder", Funktion „Grundkörper"

5.6.4.1 Vorlagendatei öffnen

Neu (Multifunktionsleiste) / Ordner: **Vorlagen Engelke**

Engelke-2025.ipt anklicken / **Erstellen**

- Klicken Sie auf das **Haus** am **ViewCube** um auf die **ISO-Ebene** umzuschalten.

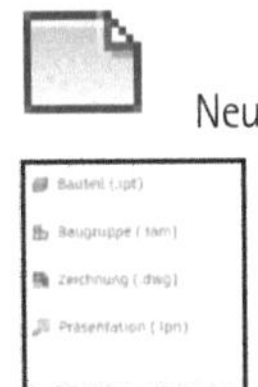

5.6.4.2 Ein „Zylinder" auf neuer Arbeitsebene, der Eingabeverlauf

Zylinder (Multifunktionsleiste **3D-Modellierung / Grundkörper**)
Wählen Sie die Arbeitsebene.
Klicken Sie, um die Mitte des Kreises zu definieren (1).
Bewegen Sie die Maus auf einen frei gewählten Durchmesser,
und klicken Sie erneut, um den Kreis zu definieren (2).

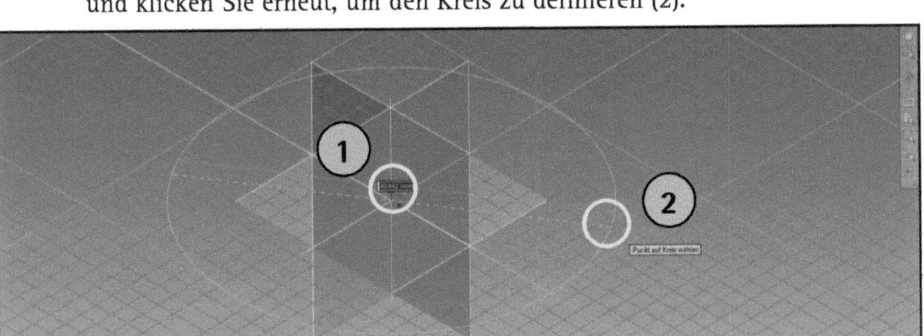

Klicken Sie auf das Symbol **Richtung symmetrisch** (3),
Abstand / 60 mm / **Volumenkörper / OK** (4)

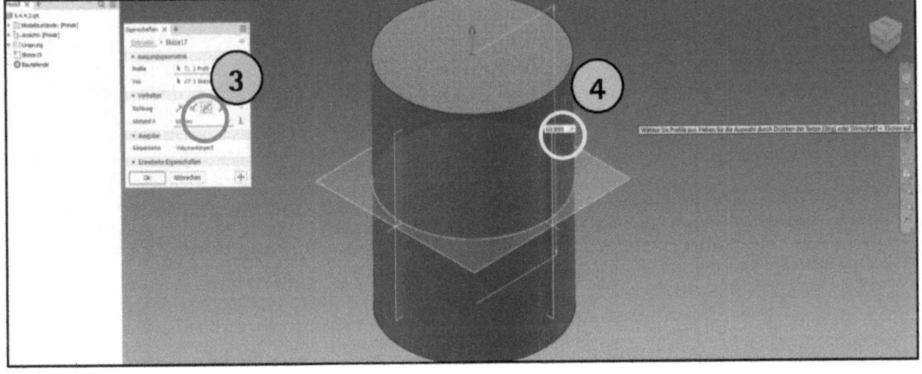

5.6.4.3 Bauteil speichern

- Aufruf über den **Menü-Browser**, Register **Datei**.

Speichern unter
Das Dialogfeld **Speichern unter** wird eingeblendet.
Geben Sie einen Dateinamen Ihrer Wahl ein.

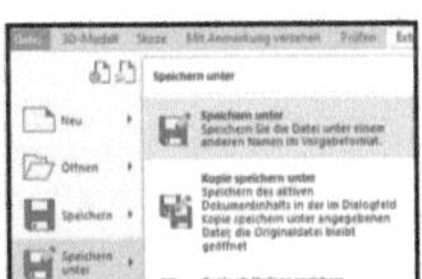

5.7   Geometrischer Grundkörper „Kugel"

5.7.1   Geometrischer Grundkörper „Kugel", geometrische Beschreibung

Die Kugelfläche ist die, bei der Drehung einer Kreislinie um einen Kreisdurchmesser, entstehende Fläche auch Rotationsfläche zu nennen. Die Kugel hat die kleinste Oberfläche von allen Körpern mit einem vorgegebenen Volumen. Von allen Körpern mit vorgegebener Oberfläche umschließt sie das größte Volumen.

Die Kugel besitzt unendlich viele Symmetrieebenen, nämlich die Ebenen durch den Kugelmittelpunkt. Ferner ist die Kugel drehsymmetrisch bezüglich jeder Achse durch den Mittelpunkt und jedes Drehwinkels und punktsymmetrisch bezüglich ihres Mittelpunktes.

Sowohl Kugelfläche als auch Kugelkörper werden oft kurz als Kugel bezeichnet, die Vereinigungsmenge einer Kugelfläche und ihres Inneren heißt Kugelkörper oder Vollkugel.

5.7.2 Geometrischer Grundkörper „Kugel", Funktion „Grundkörper"

5.7.2.1 Vorlagendatei öffnen

Neu (Multifunktionsleiste) / Ordner: **Vorlagen Engelke**

Engelke-2025.ipt anklicken / **Erstellen**

- Klicken Sie auf das **Haus** am **ViewCube** um auf die **ISO-Ebene** umzuschalten.

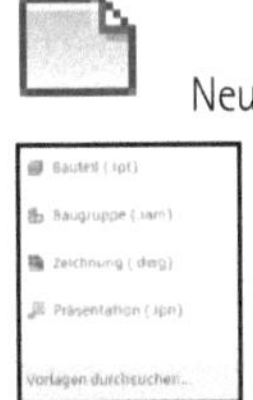

Neu

5.7.2.2 Ein Grundkörper „Kugel", der Eingabeverlauf

Kugel (Multifunktionsleiste **3D-Modellierung** / **Grundkörper**)
Wählen Sie die Arbeitsebene.
Klicken Sie, um die Mitte des Kreises zu definieren (1).
Klicken Sie auf einen frei gewählten Durchmesser (2).

Kugel

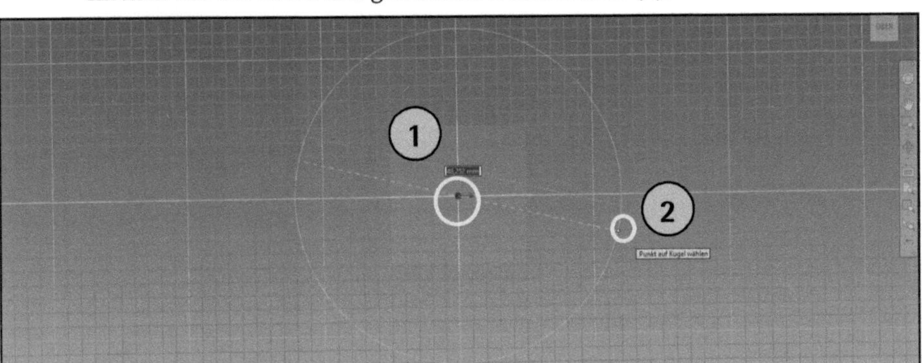

- Klicken Sie **OK** um den **Volumenkörper** (3, 4) zu beenden.

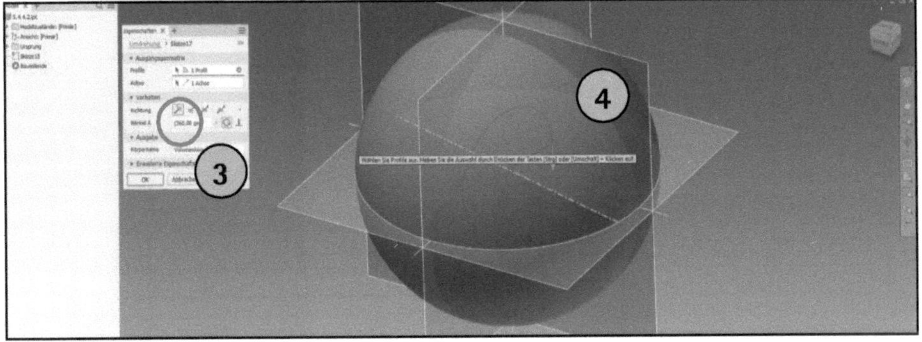

5.7.2.3 Bauteil speichern

- Aufruf über den **Menü-Browser**, Register **Datei**.

Speichern unter
Das Dialogfeld **Speichern unter** wird eingeblendet.
Geben Sie einen Dateinamen Ihrer Wahl ein.

5.8 Geometrischer Grundkörper „Torus"

5.8.1 Geometrischer Grundkörper „Torus", geometrische Beschreibung

Der Torus ist eine spezielle Dreh- und Rohrfläche, oder auch schlauchringförmiger mathematischer Körper, der durch Drehung eines Kreises um eine in seiner Ebene liegende, ihn nicht schneidende Achse entsteht. Je nach der Lage zur Drehachse tritt der Torus in den Formen Ringtorus, Dorntorus oder Spindeltorus auf. Der Torus heißt in der Mathematik auch Ringkörper oder Kreiswulst.

5.8.2 Geometrischer Grundkörper „Torus", Funktion „Grundkörper"

5.8.2.1 Vorlagendatei öffnen

Neu (Multifunktionsleiste) / Ordner: **Vorlagen Engelke**

Engelke-2025.ipt anklicken / **Erstellen**

* Klicken Sie auf das **Haus** am **ViewCube** um auf die **ISO-Ebene** umzuschalten.

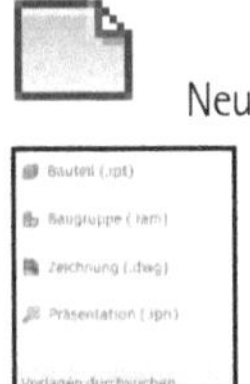
Neu

5.8.2.2 Ein Grundkörper „Torus", der Eingabeverlauf

Torus (Multifunktionsleiste **3D-Modellierung** / **Grundkörper**)
Wählen Sie die Arbeitsebene.
Klicken Sie, um die Mitte des **Torus** zu definieren (1).
Klicken Sie den frei gewählten Durchmesser (2),
Definieren Sie den Ringdurchmesser (3).

Torus

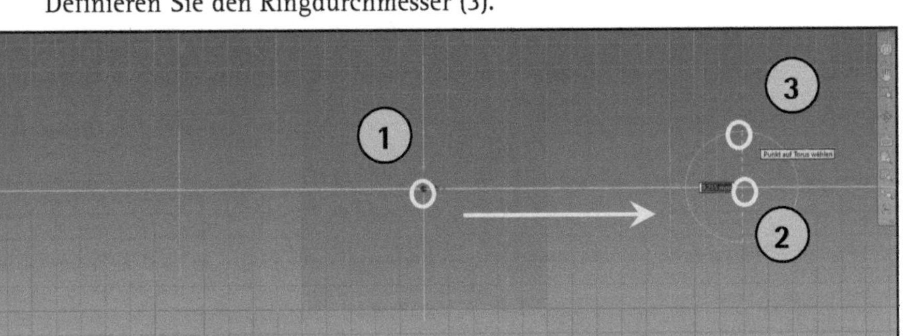

* Klicken Sie **OK** um den **Volumenkörper** (4, 5) zu beenden.

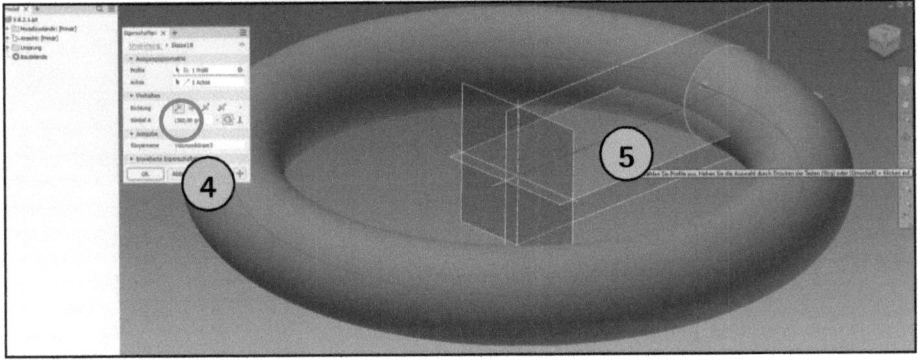

5.8.2.3 Bauteil speichern

* Aufruf über den **Menü-Browser**, Register **Datei**.

Speichern unter
Das Dialogfeld **Speichern unter** wird eingeblendet.
Geben Sie einen Dateinamen Ihrer Wahl ein.

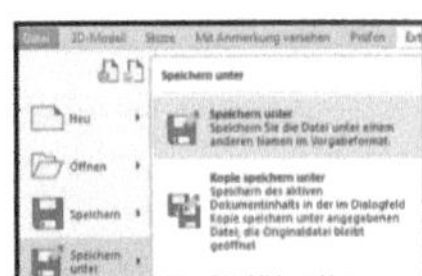

5.9 Geometrischer Grundkörper „Kegel" und „Kegelstumpf"

5.9.1 Geometrischer Grundkörper „Kegel" und Kegelstumpf, geometrische Beschreibung

5.9.1.1 Geometrischer Grundkörper „Kegel", geometrische Beschreibung

Ein Kegel ist ein geometrischer Körper, der entsteht, wenn man alle Punkte eines in einer Ebene liegenden, begrenzten runden Flächenstücks geradlinig mit einer Spitze außerhalb der Ebene verbindet. Das Flächenstück nennt man Grundfläche, deren Begrenzungslinie die Leitkurve und den Punkt die Spitze oder den Scheitel des Kegels.

Der Abstand zwischen Spitze und Grundfläche ist die Höhe des Kegels, die Verbindungsstrecken der Spitze mit der Leitkurve heißen Mantellinien, ihre Vereinigung bildet den Kegelmantel oder die Mantelfläche.

Wenn in der Geometrie von einem Kegel gesprochen wird, ist häufig der Spezialfall des geraden Kreiskegels gemeint. Vor allem in der Technik wird für den Drehkegel auch das Wort Konus (von lat. conus) verwendet.

5.9.1.2 Geometrischer Grundkörper „Kegelstumpf", geometrische Beschreibung

Der Kegelstumpf ist in der Geometrie die Bezeichnung für einen speziellen Rotationskörper. Ein Kegelstumpf entsteht dadurch, dass man von einem geraden Kreiskegel parallel zur Grundfläche einen kleineren Kegel abschneidet. Dieser kleinere Kegel wird als Ergänzungskegel des Kegelstumpfs bezeichnet

Unter der Höhe des Kegelstumpfs versteht man den Abstand von Grund- und Deckfläche.

5.9.2 Geometrische Grundkörper „Kegel"
über „Drehung" einer Grundfläche mit drei Ecken

5.9.2.1 Vorlagendatei öffnen

Neu (Multifunktionsleiste) / Ordner: **Vorlagen Engelke**

Engelke-2025.ipt anklicken / **Erstellen**

5.9.2.2 Basisskizze auf Ebene „Oben" anlegen

- **2D-Skizze starten** (Multifunktionsleiste)
- Wählen Sie die Ursprungsskizze **XZ-Ebene**.
  Die Inventor-Oberfläche startet die Skizzenumgebung.
- Klicken Sie auf das **Haus** am **ViewCube** um auf die **ISO-Ebene** umzuschalten.

5.9.2.3 Die Basisflächen-Erstellung über „Linie"

Linie (Multifunktionsleiste **Skizze**)
Startpunkt ist der Achsenschnittpunkt (1)
Führen Sie den Linienverlauf entsprechen der Skizzendarstellung aus,
Maße wahlweise (2, 3).
OK (aus dem Überlaufmenü)

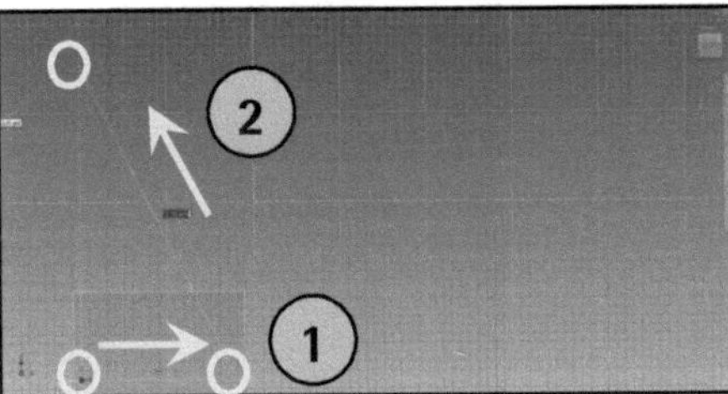
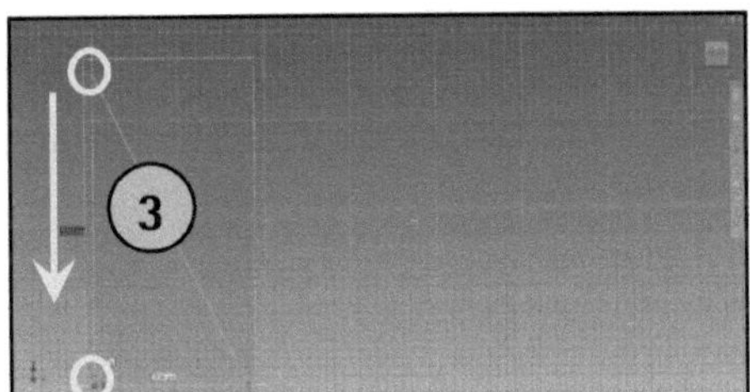

5.9.2.4 Ein Rotationskörper über „Drehung"

Drehung (Multifunktionsleiste **3D-Modellierung**)
Profil wählen (4) (Flächenauswahl automatisch).
Wählen Sie eine **Achse** aus der aktiven Skizzierebene (5).

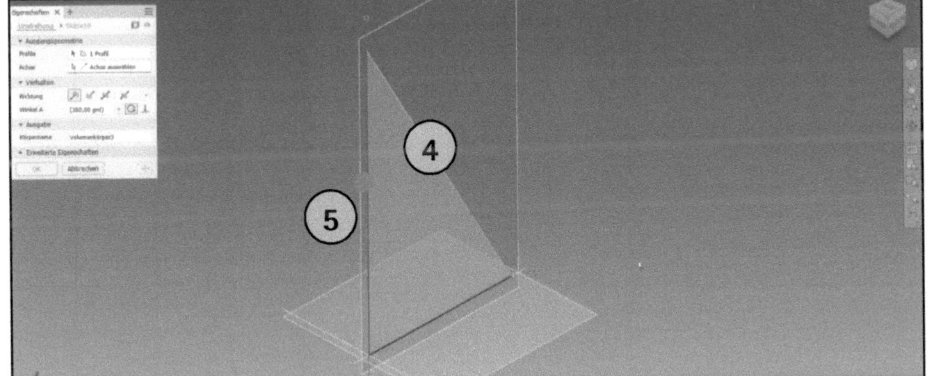

- Rotationswinkel **Voll** / **Vereinigung** / **Volumenkörper** / **OK** (6, 7)

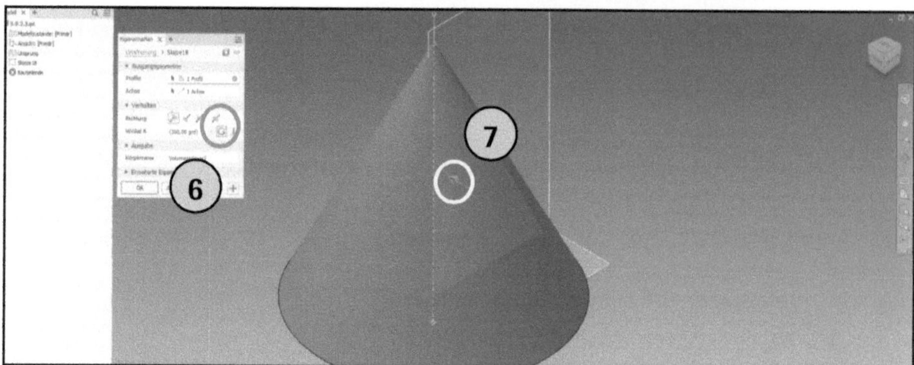

5.9.2.5 Bauteil speichern

- Aufruf über den **Menü-Browser**, Register **Datei**.

Speichern unter
Das Dialogfeld **Speichern unter** wird eingeblendet.
Geben Sie einen Dateinamen Ihrer Wahl ein.

5.9.3 Geometrische Grundkörper „Kegelstumpf"
über „Rotation" einer Trapez-Grundfläche

5.9.3.1 Vorlagendatei öffnen

Neu (Multifunktionsleiste) / Ordner: **Vorlagen Engelke**

Engelke-2025.ipt anklicken / **Erstellen**

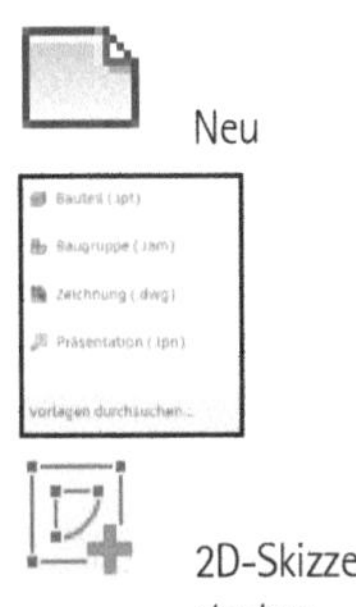

5.9.3.2 Basisskizze auf Ebene „Oben" anlegen

- **2D-Skizze starten** (Multifunktionsleiste)
- Wählen Sie die Ursprungsskizze **XZ-Ebene**.
  Die Inventor-Oberfläche startet die Skizzenumgebung.
- Klicken Sie auf das **Haus** am **ViewCube** um auf die **ISO-Ebene** umzuschalten.

5.9.3.3 Die Basisflächen-Erstellung über „Linie"

Linie (Multifunktionsleiste **Skizze**)
Startpunkt ist der Achsenschnittpunkt (1)
Führen Sie den Linienverlauf entsprechen der Skizzendarstellung aus,
Maße wahlweise (2, 3, 4).
OK (aus dem Überlaufmenü) (5)

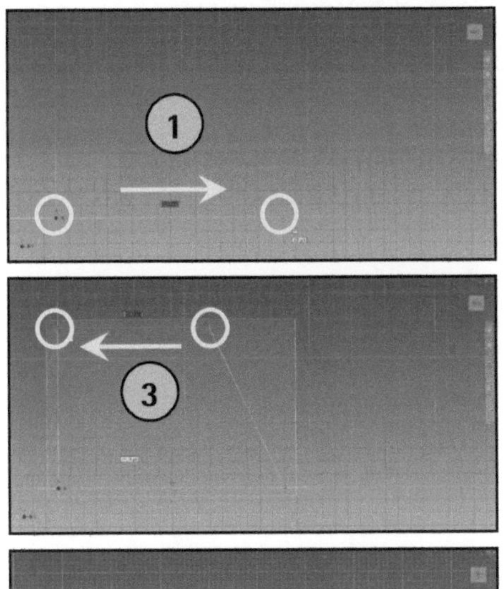

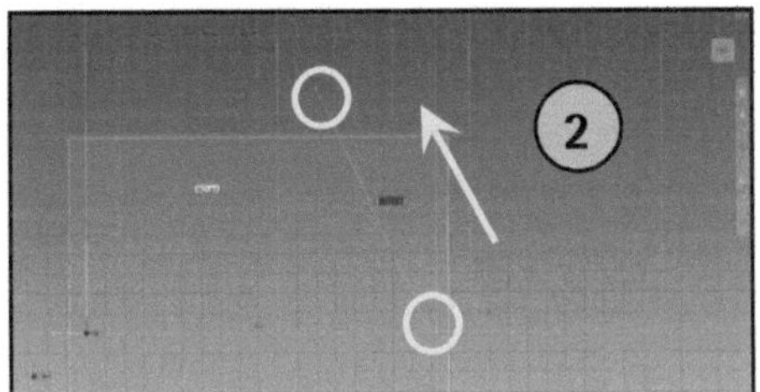

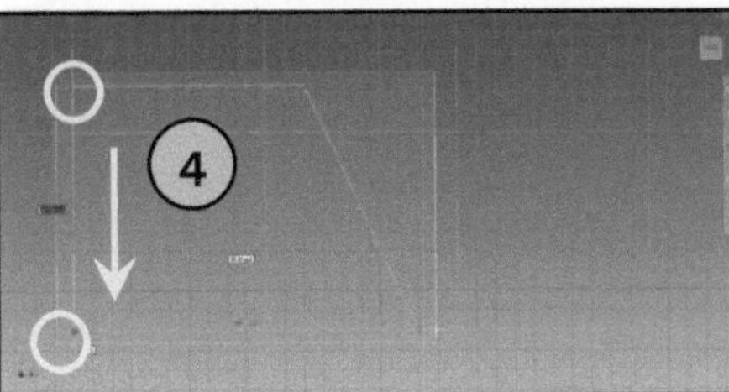

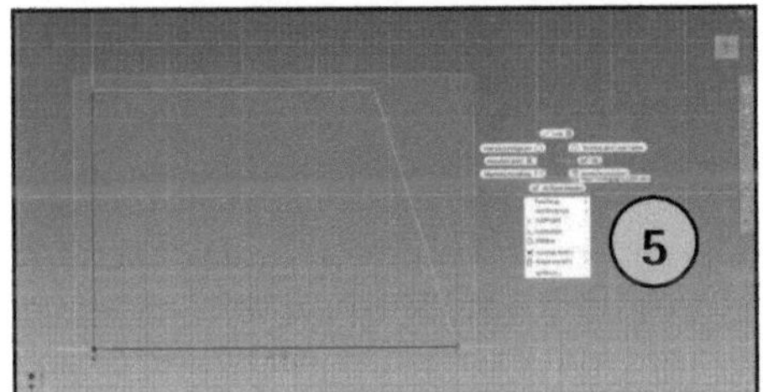

 Drehung

5.9.3.4 Ein Rotationskörper über „Drehung"

Drehung (Multifunktionsleiste **3D-Modellierung**)
Profil wählen (6) (Flächenauswahl automatisch).
Wählen Sie eine **Achse** aus der aktiven Skizzierebene (7).

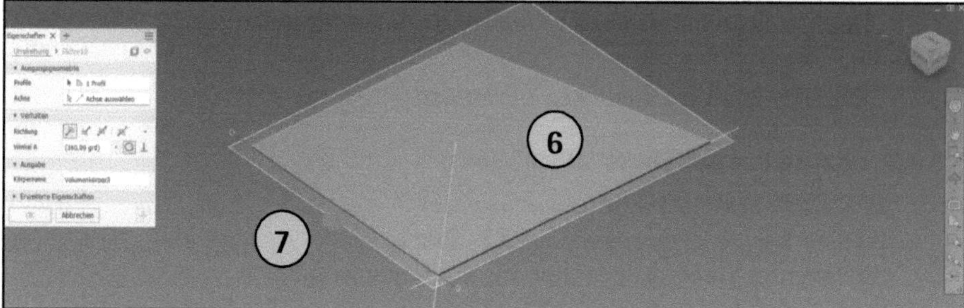

- Rotationswinkel **Voll** / **Vereinigung** / **Volumenkörper** / **OK** (8, 9)

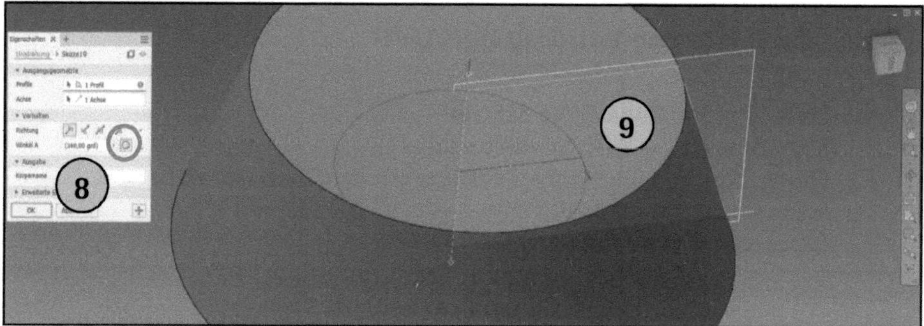

5.9.3.5 Bauteil speichern

- Aufruf über den **Menü-Browser**, Register **Datei**.

Speichern unter
Das Dialogfeld **Speichern unter** wird eingeblendet.
Geben Sie einen Dateinamen Ihrer Wahl ein.

6

AutoDesk
Inventor 2025

Bauteile
Erstellen und Anpassen

Geometrische Grundlagen

6 Geometrische Grundlagen

6.1 Bemaßungen, eine Übersicht

Mit Bemaßungen können Sie Wertbeschriftungen zu 3D PMI-Modellen oder 2D-Konstruktionsgeometrie hinzufügen, indem Sie Merkmale wie Größe, Position und Ausrichtung von Elementen messen. Sie können z.B. die Länge einer Linie, den Abstand zwischen Punkten oder den Winkel messen, den eine Linie mit der horizontalen oder vertikalen Ebene bildet. Bemaßungen sind mit ihren 3D-Modell- oder 2D-Bezugselementen verknüpft, damit Entwürfe leicht geändert werden können. Solid Edge enthält ein vollständiges Sortiment an Bemaßungsfunktionen zum Dokumentieren von Teilen, Baugruppen und Zeichnungen.

6.1.1 Parametrische Bemaßungen

Bei parametrischen Bemaßungen wird die Größe der Geometrie angepasst, wenn Sie den Bemaßungswert ändern. Sie haben beim Skizzieren freie Hand, ohne sich über die korrekte Größe der Geometrie Gedanken zu machen. Wenn Sie eine Skizzenbemaßung bearbeiten, passt sich deren Position beim Aktualisieren der Skizziergeometrie an. Wenn Sie die Ansicht Ihrer Skizze drehen, richten sich die Bemaßungen neu aus, sodass sie problemlos gelesen werden können. Parametrische Bemaßungen können so definiert werden, dass Parameterwerte, Parameternamen oder Ausdrücke angezeigt werden.

Beim Skizzieren wird die Größe der Geometrie automatisch berechnet. Wenn die Größe Ihren Anforderungen entspricht, können Sie diese übernehmen. Normalerweise fügen Sie jedoch zum Festlegen der korrekten Größe Bemaßungen hinzu. Sie können die Geometrie grob skizzieren und daraus ein Element erstellen. Später können Sie zum Bearbeiten der Skizze zu dieser zurückkehren und Bemaßungen hinzufügen, um die Größe des Elements präzise zu bestimmen.

Ein wesentlicher Vorteil parametrischer Bemaßungen liegt darin, dass Sie diese steuern können. Sie können Bemaßungen mit Parametern in einer Tabellenkalkulation festlegen, Bemaßungen über Gleichungen steuern, um Proportionen zwischen geometrischen Elementen beizubehalten, oder Bemaßungen als konstante Werte definieren.

Bemaßungen bestimmen die Skizzengröße. Sie sollten Geometrie, deren Größe sich ändert oder die Bestandteil eines „**iFeature**" mit veränderlicher Größe in unterschiedlichen Bauteilen ist, ggf. nicht bemaßen.

Falls eine Bemaßung die Skizze überbestimmt, können Sie die Bemaßung akzeptieren oder löschen. Wenn Sie die Bemaßung akzeptieren, wird sie als Referenzparameter gespeichert. Der Wert steht in der Skizze in Klammern und wird bei Änderung der getriebenen Bemaßungen entsprechend aktualisiert.

Es können nur herkömmliche Bemaßungen bearbeitet werden. Bei überbestimmten Skizzen müssen Sie unter Umständen zunächst andere Bemaßungen in getriebene Referenzparameter konvertieren oder einige Bemaßungen bzw. Abhängigkeiten entfernen, bevor Sie getriebene Bemaßungen in normale Bemaßungen umwandeln können.

6.1.2 Skizzenbemaßungen

Der Befehl Bemaßung fügt einer Skizze Bemaßungen hinzu. Bemaßungen steuern die Größe eines Bauteils. Sie können als numerische Konstanten, als Variablen in einer Gleichung oder in Parameterdateien ausgedrückt werden.

Bemaßungen, die mit einer Gleichung berechnet wurden (z. B. d5=d2), werden mit dem Präfix **fx** gekennzeichnet.

Bemaßungen, die eine Skizze überbestimmen (animierte Bemaßungen), stehen in Klammern. Sie ändern die Größe der Geometrie nicht, sondern werden bei Änderungen an normalen Bemaßungen aktualisiert.

6.1.3 Grundlegende Bemaßungsarten

Eine lineare Bemaßung gibt die Länge einer Linie oder den Abstand zwischen zwei Punkten oder Elementen an. Sie können lineare Bemaßungen mit folgenden Befehlen platzieren:

> Lineare Bemaßung von einem Element.

> Lineare Bemaßung zwischen zwei Elementen.

> Ausgerichtete Bemaßung zwischen zwei Elementen.

Eine Winkelbemaßung gibt den Winkel einer Linie, den Bogenwinkel eines Bogens oder den Winkel zwischen zwei oder mehr Linien oder Punkten an. Sie können Winkelbemaßungen mit folgenden Befehlen platzieren:

> Winkelbemaßung zwischen drei Punkten.

> Winkelbemaßung eines Innenwinkels.

> Winkelbemaßung eines Außenwinkels.

> Winkelbemaßung von einer Bezugslinie.

Eine Radiusbemaßung gibt den Radius von Elementen wie Bögen, Kreisen, Ellipsen oder Kurven an.

Eine Durchmesserbemaßung misst den Durchmesser eines Kreises und trägt diesen Wert an dem gewählten Durchmesser an.

Projekt III

Skizzenbemaßungen
Seite 123 bis 127

- SmartDimension „Durchmesser"

- SmartDimension „Winkel"

- SmartDimension „Abstand zwischen"

- SmartDimension „Bemaßungen zwischen Punkten"

- SmartDimension „Symmetrischer Durchmesser"

6.2 Skizzenbemaßungen

6.2.1 Lineare Bemaßungen

6.2.1.1 Waagerechte, lineare Bemaßung

Bemaßung (Multifunktionsleiste **Skizze**)
Linie (Kante) direkt anklicken (1) / Maß auf Position ziehen (2).

Vorgeschlagenes Maß **OK**-Häkchen akzeptieren.

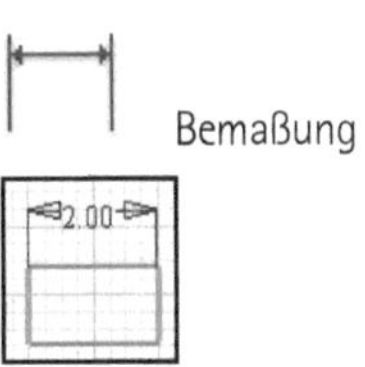

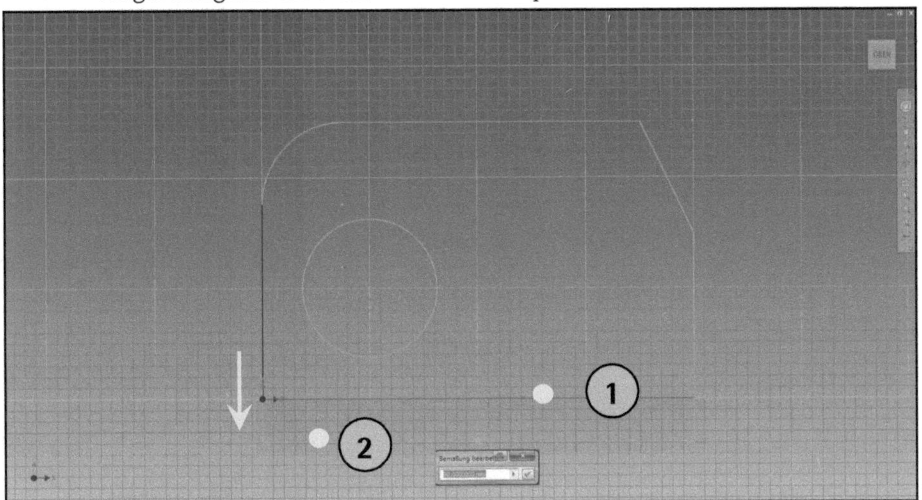

6.2.1.2 Lineare Bemaßung, Abstand

Bemaßung (Multifunktionsleiste **Skizze**)
Kante (3) und Mittelpunkt (4) direkt anklicken /
Maß auf Position ziehen (5).

Vorgeschlagenes Maß **OK**-Häkchen akzeptieren.

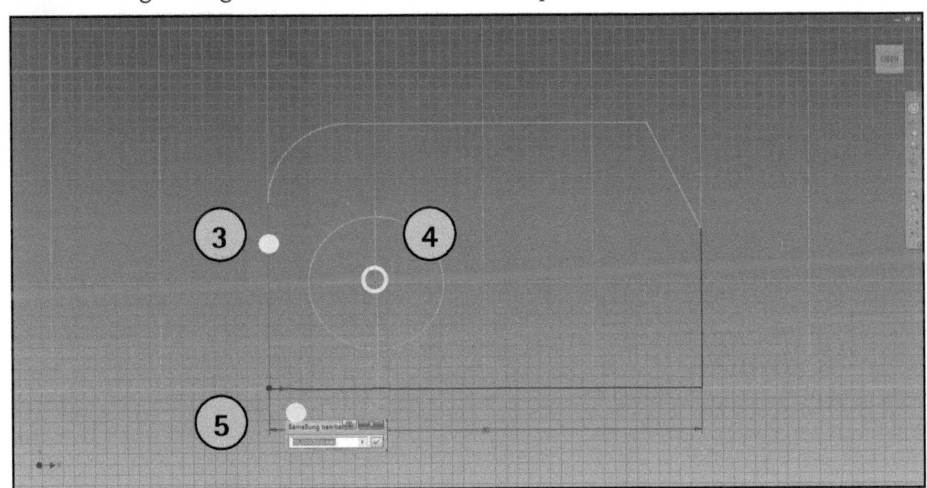

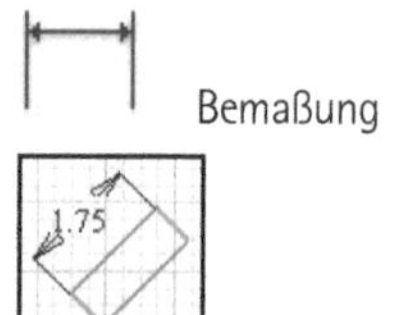

Bemaßung

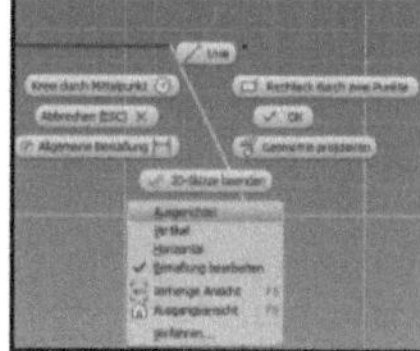

6.2.1.3 Ausgerichtete Bemaßung von einem Element

Bemaßung (Multifunktionsleiste **Skizze**)

Linie direkt anklicken (6)

Aufruf des Überlaufmenüs mit der rechten Maustaste.

Auswahl **Ausgerichtet** (7).

Maß auf Position ziehen (8).

Vorgeschlagenes Maß **OK**-Häkchen akzeptieren.

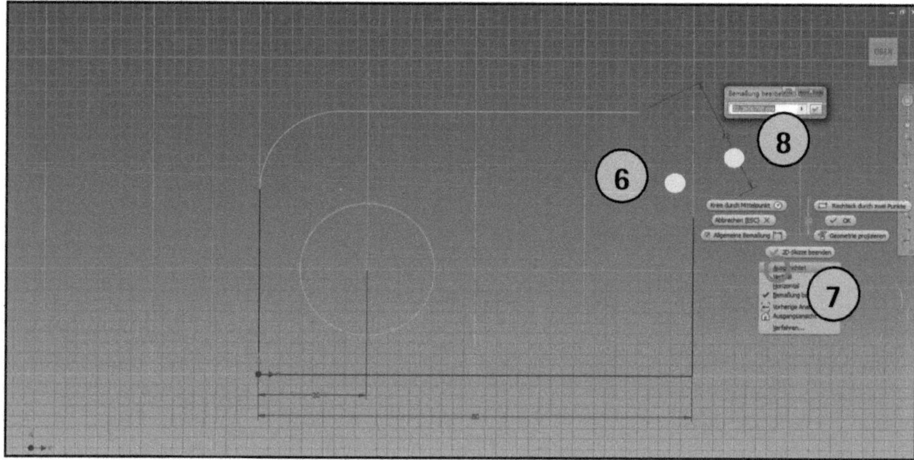

6.2.2 Winkelbemaßungen

6.2.2.1 Winkelbemaßung, Innen-Winkelmaß

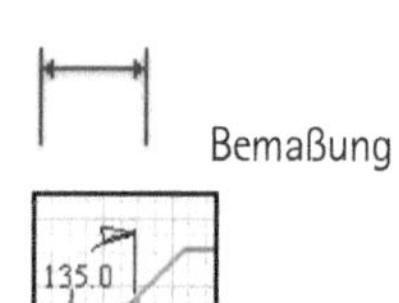

Bemaßung

Bemaßung (Multifunktionsleiste **Skizze**)

Linien direkt anklicken (8, 9) / Maß auf Position ziehen (10).

Vorgeschlagenes Maß **OK**-Häkchen akzeptieren.

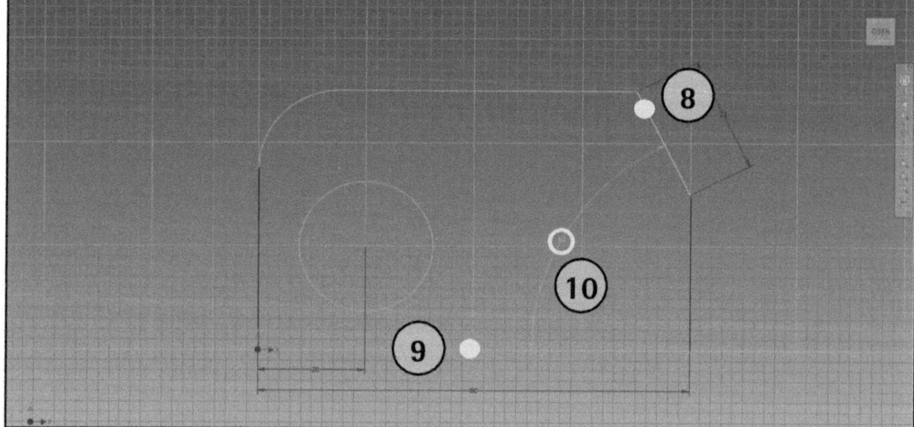

6.2.2.2 Winkelbemaßung, Außen-Winkelmaß

Bemaßung (Multifunktionsleiste **Skizze**)
Linien direkt anklicken (11, 12) / Maß auf Position ziehen (13).

Vorgeschlagenes Maß **OK**-Häkchen akzeptieren.

6.2.2.3 Lineare Bemaßung Abstand von der Mittellinie

Bemaßung (Multifunktionsleiste **Skizze**)
Klicken Sie die dargestellte **Linie** (14), Format **Mittellinie**
Klicken Sie die untere Kante (15) / Maß auf Position ziehen (16).

Vorgeschlagenes Maß **OK**-Häkchen akzeptieren.

6.2.3 Kreis- und Radienbemaßung

6.2.3.1 Radienbemaßung

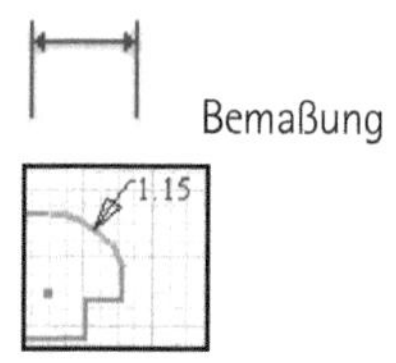

Bemaßung

Bemaßung (Multifunktionsleiste **Skizze**)
Kreisbogen direkt anklicken (17) / Maß auf Position ziehen (18).

Vorgeschlagenes Maß **OK**-Häkchen akzeptieren.

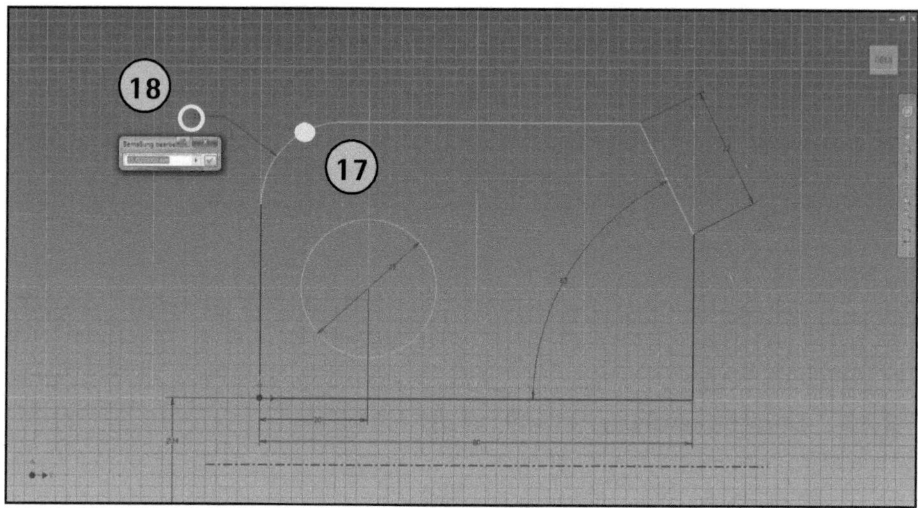

6.2.3.2 Kreisbemaßung

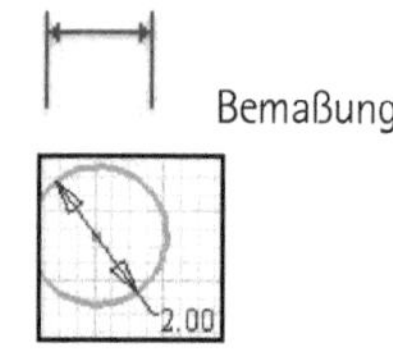

Bemaßung

Bemaßung (Multifunktionsleiste **Skizze**)
Kreis direkt anklicken (19) / Maß auf Position ziehen (20).

Vorgeschlagenes Maß **OK**-Häkchen akzeptieren.

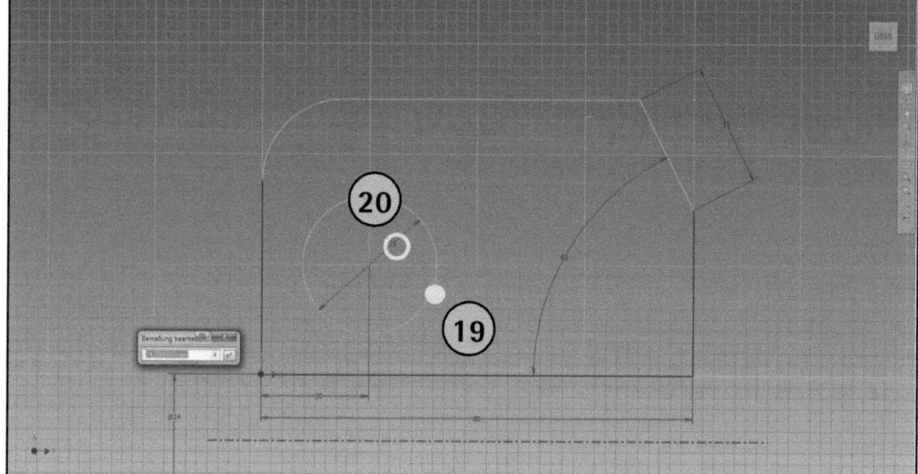

6.2.4 Automatische Bemaßungen

Verwenden Sie den Befehl **Bemaßung**, um nur die benötigten Bemaßungen hinzuzufügen, und dann den Befehl **Automatische Bemaßungen** und Abhängigkeiten,
um alle anderen Skizzenbemaßungen und Skizzenabhängigkeiten zu berechnen.

Automatische
Bemaßungen

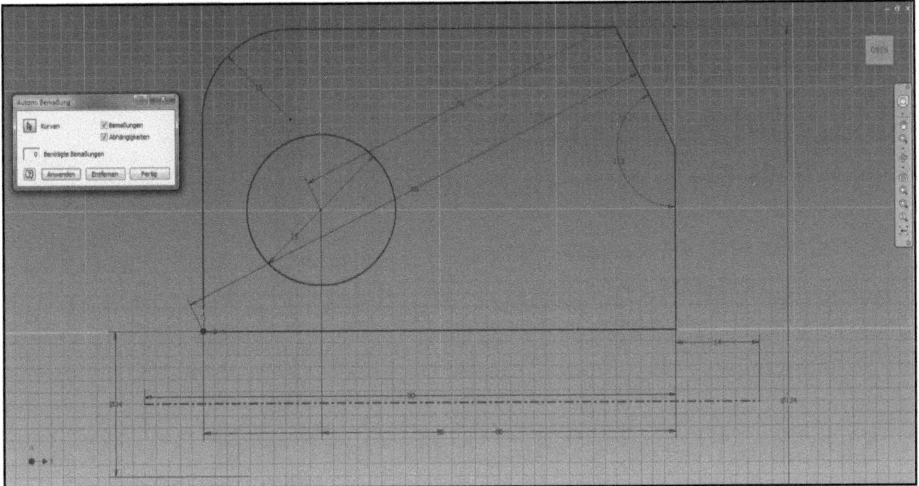

6.2.4.1 Bemaßungen speichern

* Aufruf über den **Menü-Browser**, Register **Datei**.

Speichern unter
Das Dialogfeld **Speichern unter** wird eingeblendet.
Geben Sie einen Dateinamen Ihrer Wahl ein.

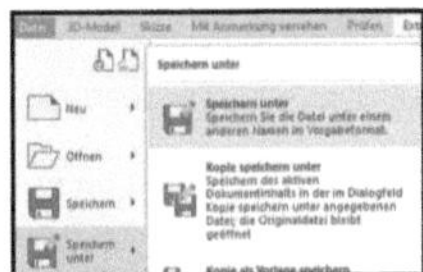

Projekt IV

Geometrische Beziehungen
Skizzenabhängigkeiten
Seite 129 bis 134

- Skizzenabhängigkeit „Horizontal" und „Vertikal"

- Skizzenabhängigkeit „Koinzident"

- Skizzenabhängigkeit „Parallel"

- Skizzenabhängigkeit Kollinear"

- Skizzenabhängigkeit „Gleich"
  Linien auf die gleiche Länge
  Kreise auf den gleichen Durchmesser

- Skizzenabhängigkeit „Konzentrisch"

- Skizzenabhängigkeit „Symmetrisch"
  Schräge Linien auf symmetrische Lage zur Symmetrieachse
  Senkrechte Linien auf symmetrische Lage zur Symmetrieachse

6.3 Skizzenabhängigkeiten, Geometriebeziehungen

Abhängigkeiten werden während des Skizziervorgangs automatisch angewendet. Je nachdem, wie genau Sie skizzieren, müssen Sie unter Umständen eine oder mehrere Abhängigkeiten hinzufügen, um die Form oder Position der Skizze zu stabilisieren.

Verwenden Sie die Zeichen für Freiheitsgrade, um zu zeigen, welche Geometrien keine, teilweise oder vollständige Abhängigkeiten aufweisen. Bei der Anwendung von Abhängigkeiten auf die Geometrie und der Eliminierung von Freiheitsgraden verschwinden die Zeichen. Wenn Abhängigkeiten gelöscht und Freiheitsgrade hinzugefügt werden, erscheinen die Zeichen. Wenn Sie den gewünschten Geometriezustand erreichen möchten, lassen Sie die Zeichen für Freiheitsgrade und Abhängigkeiten während der Anwendung von Abhängigkeiten anzeigen.

Bei bestimmten Kombinationen von Abhängigkeiten können Skizzenteile mit unzureichenden Abhängigkeiten verzerrt werden. Löschen Sie im Falle einer Verzerrung die zuletzt platzierte Abhängigkeit, und verwenden Sie eine Bemaßung oder eine andere Kombination von Abhängigkeiten.

Neben der in einer Skizze erstellten Geometrien können Sie sichtbare Modellkanten und Scheitelpunktelemente in eine Abhängigkeit einschließen. Die ausgewählten Kurven und Scheitelpunktelemente werden automatisch auf die Skizzierebene projiziert.

Sie können auch Geometrie auswählen und den Befehl **Geometrie projizieren** verwenden, um diese vor dem Anwenden von Abhängigkeiten auf die Skizzierebene zu projizieren.

Verwenden Sie abgeleitete Abhängigkeiten, um die Geometrie beim Skizzieren zu positionieren. Bewegen Sie bei Aktivierung eines Skizzierbefehls den Mauszeiger, um Abhängigkeitssymbole anzuzeigen, die auf die Beziehung zu vorhandener Geometrie hinweisen. Es wird beispielsweise ein Symbol für eine parallele Abhängigkeit angezeigt, wenn die neue Linie parallel zu einer vorhandenen Linie verläuft.

6.3.1 Skizzenabhängigkeitsoptionen, eine Auswahl

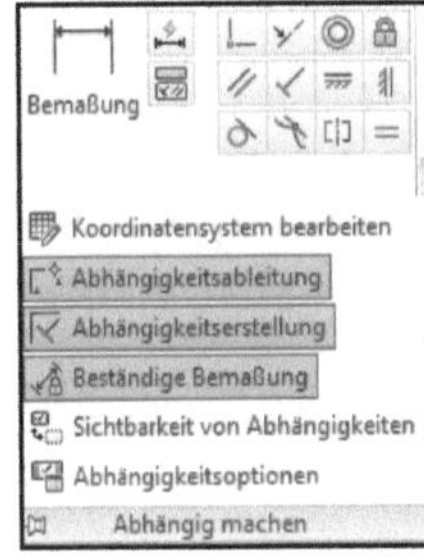

Koinzident:
Die Abhängigkeit Koinzident bewirkt, dass zwei Punkte oder ein Punkt und eine Kurve voneinander abhängig sind.

Konzentrisch:
Die konzentrische Abhängigkeit weist zwei Bogen, Kreisen oder Ellipsen den gleichen Mittelpunkt zu.

Gleich:
Durch die Abhängigkeit für gleichen Radius oder gleiche Länge wird die Größe ausgewählter Bogen und Kreise auf den gleichen Radius bzw. die Größe ausgewählter Linien auf die gleiche Länge geändert.

Horizontal:
Die horizontale Abhängigkeit bewirkt, dass Linien, Ellipsenachsen oder Punktpaare parallel zur X-Achse des Koordinatensystems der Skizze liegen.

Parallel:
Durch die parallele Abhängigkeit werden zwei oder mehr Linien bzw. Ellipsenachsen parallel zueinander angeordnet.

Lotrecht:
Die Abhängigkeit **Lotrecht** bewirkt, dass ausgewählte Kurven oder Ellipsenachsen in einem rechten Winkel zueinander liegen.

Vertikal:
Die Abhängigkeit **Vertikal** bewirkt, dass Linien, Ellipsenachsen oder Punktpaare parallel zur Y-Achse des Koordinatensystems der Skizze verlaufen.

Symmetrisch:
Durch die symmetrische Abhängigkeit werden Linien und Bogen symmetrisch um eine ausgewählte Linie angeordnet. Symmetrieabhängigkeiten werden der ausgewählten Geometrie hinzugefügt.

Kollinear:
Positioniert zwei Linien oder Ellipsenachsen entlang der gleichen Linie.

Tangential:
Durch die tangentiale Abhängigkeit werden zwei Kurven tangential zueinander angeordnet, auch wenn diese keinen physischen Punkt gemeinsam haben. Tangenten werden in der Regel verwendet, um einen Bogen auf einer Linie zu positionieren.

Fest:
Die Abhängigkeit **Fest** erstellt eine Abhängigkeit zwischen Punkten oder Kurven und einer festen Position relativ zum Koordinatensystem der Skizze.

6.3.2 Anwenden der Skizzenabhängigkeiten

6.3.2.1 Abhängigkeiten „Horizontal" und „Vertikal"

Abhängigkeit **Vertikal**
(Multifunktionsleiste **Skizze / Abhängig machen**)
Klicken Sie auf den ersten Punkt (Mittelpunkt) (1).
Klicken Sie auf den Ursprungspunkt (2).
Die gewählte Geometrie wird auf den entsprechenden Punkt verschoben (3).

Vertikal

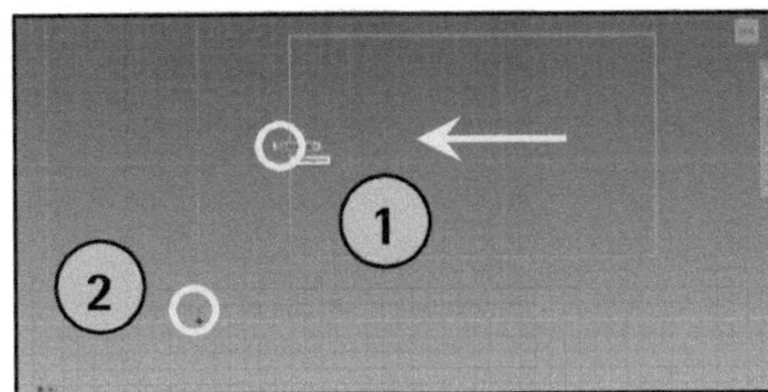
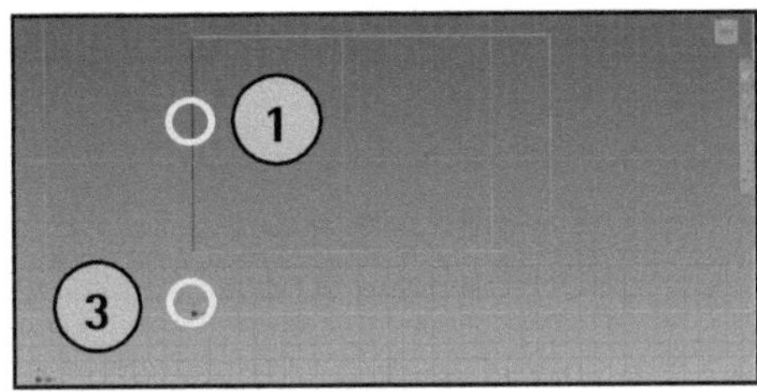

Abhängigkeit **Horizontal**
(Multifunktionsleiste **Skizze / Abhängig machen**)
Klicken Sie auf den ersten Punkt (Mittelpunkt) (4).
Klicken Sie auf den Ursprungspunkt (5).
Die gewählte Geometrie wird auf den entsprechenden Punkt verschoben (6).

Horizontal

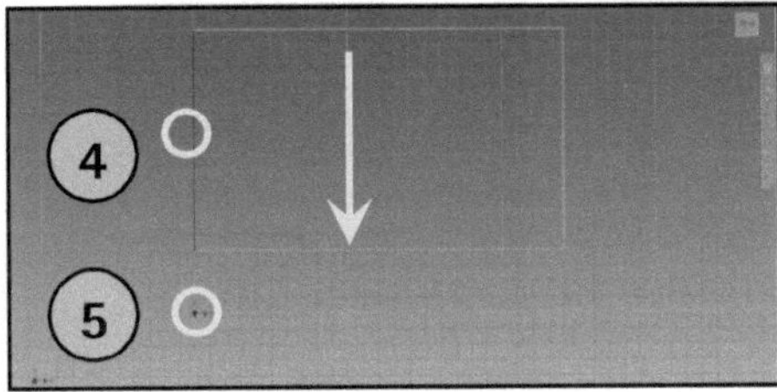
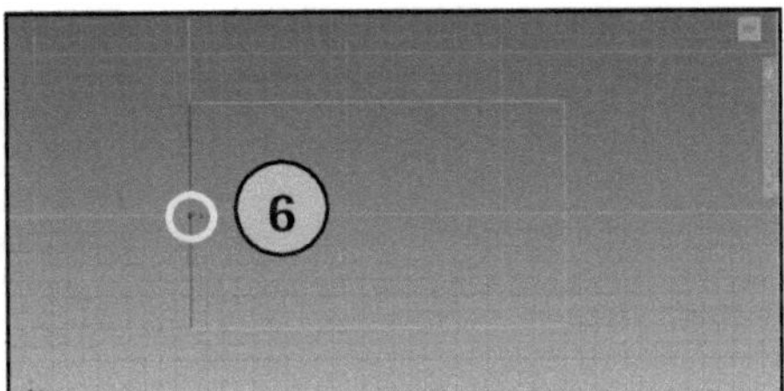

6.3.2.2 Abhängigkeit „Koinzident"

 Abhängigkeit **Koinzident**
(Multifunktionsleiste **Skizze / Abhängig machen**)

Klicken Sie auf den ersten Punkt (1).

Klicken Sie auf den zweiten Punkt (2).

Die gewählten Endpunkte der Linien werden auf den entsprechenden Punkt zusammengeführt (3).

Koinzident

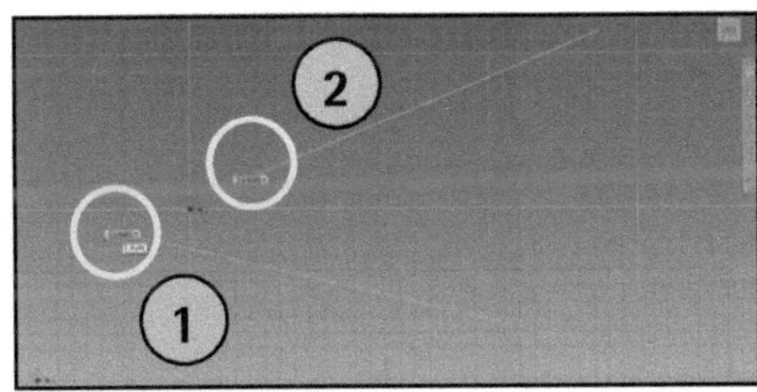

6.3.2.3 Abhängigkeit „Parallel"

Parallel

Abhängigkeit **Parallel**
(Multifunktionsleiste **Skizze / Abhängig machen**)
Wählen Sie die erste Linie (1).
Wählen Sie die zweite Linie (2).
Die gewählten Linien werden auf parallele Lage gezogen (3).

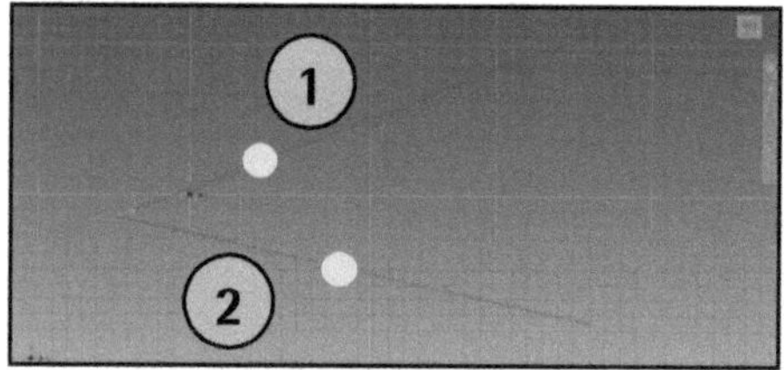
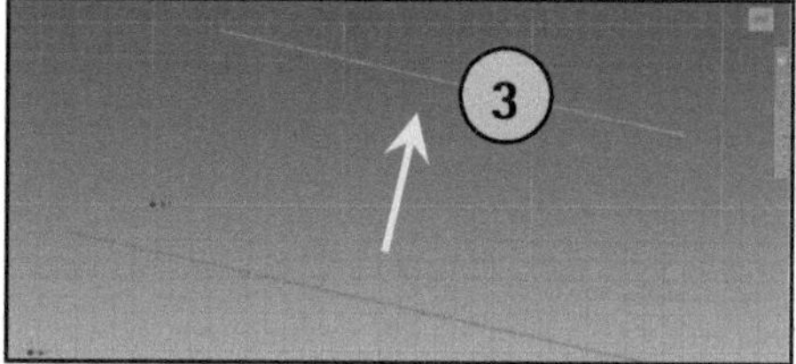

6.3.2.4 Abhängigkeit „Kollinear"

Kollinear

Abhängigkeit **Kollinear**
(Multifunktionsleiste **Skizze / Abhängig machen**)
Wählen Sie die erste Linie (1).
Wählen Sie die zweite Linie (2).
Die gewählten Linien werden auf die gleiche Abstandshöhe gezogen (3).

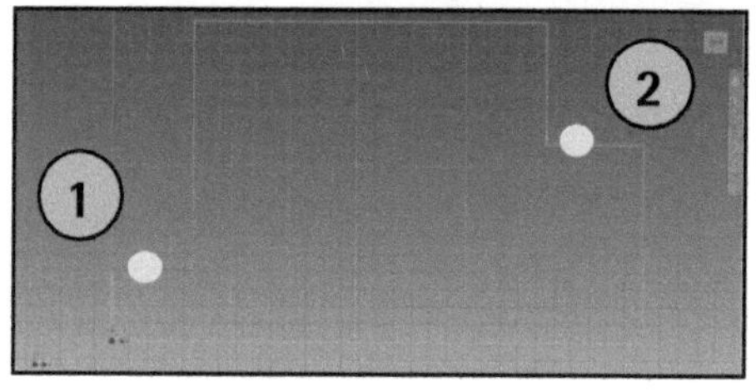
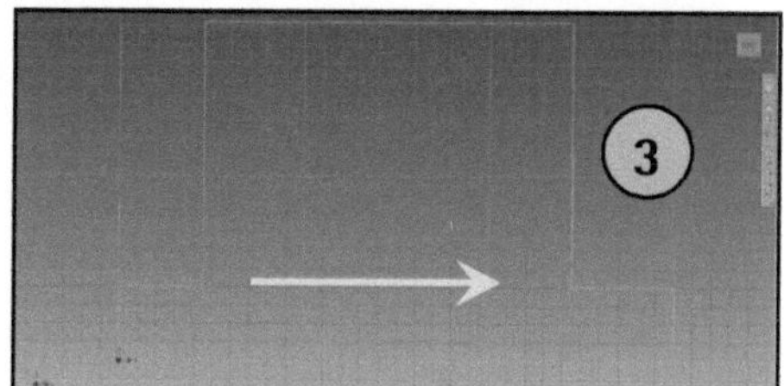

6.3.2.5 Abhängigkeiten „Gleich"

Gleich

Abhängigkeit **Gleich**
(Multifunktionsleiste **Skizze / Abhängig machen**)
Wählen Sie die erste Linie (1).
Wählen Sie die zweite Linie (2).
Die gewählten Linien werden auf die gleiche Länge gezogen, die Kreise werden auf gleiche Größe gezogen (3).

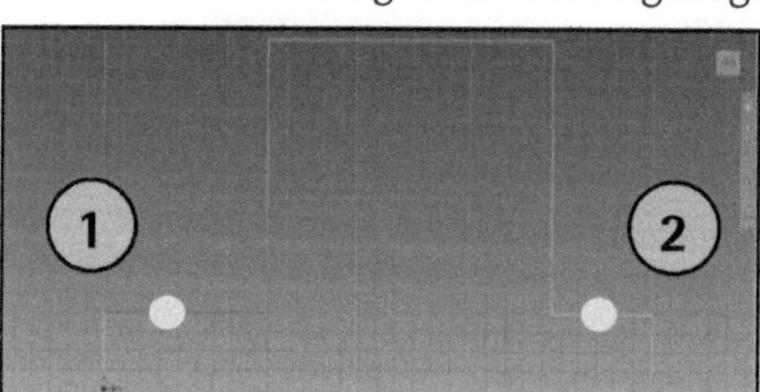
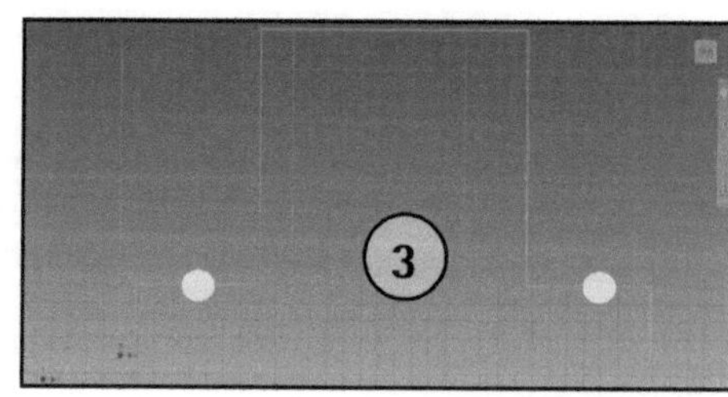

Abhängigkeit **Gleich**
(Multifunktionsleiste **Skizze / Abhängig machen**)

Wählen Sie den ersten Kreis (1).

Wählen Sie den zweiten Kreis (2).

Die gewählten Kreise werden auf den gleichen Durchmesser gezogen (3).

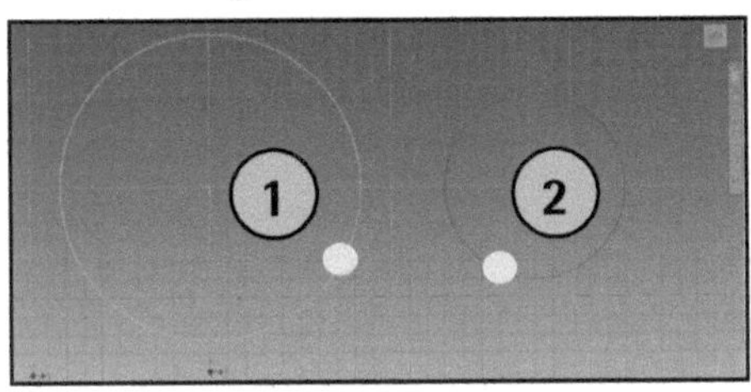
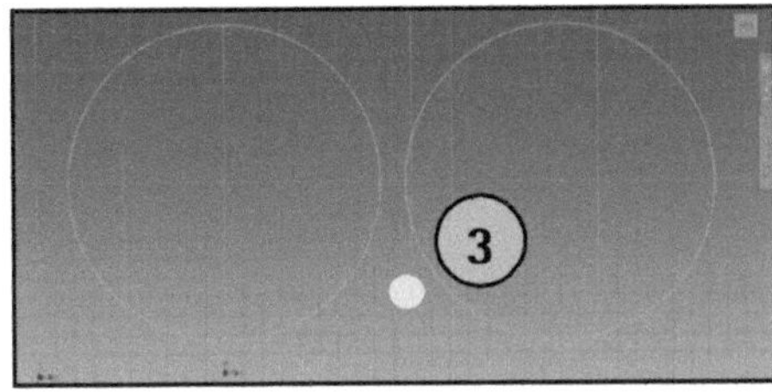

Gleich

6.3.2.6 Abhängigkeit „Konzentrisch"

Abhängigkeit **Konzentrisch**
(Multifunktionsleiste **Skizze / Abhängig machen**)

Wählen Sie den ersten Kreis (1).

Wählen Sie den zweiten Kreis (2).

Die gewählten Kreise werden auf den zentralen Mittelpunkt gezogen (3).

Konzentrisch

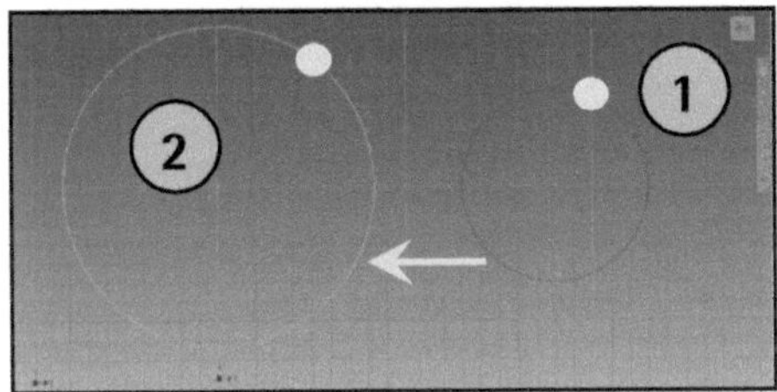
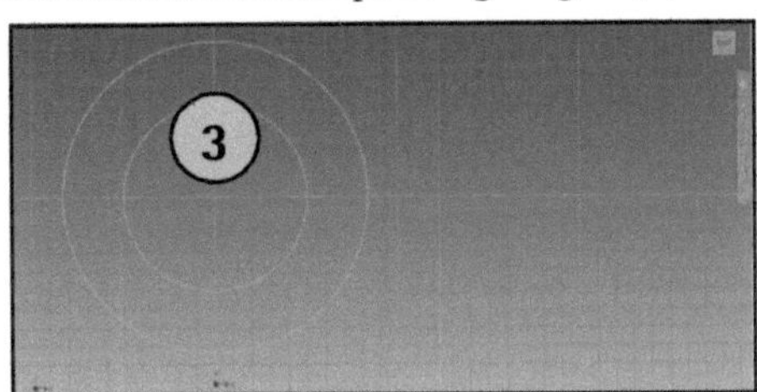

6.3.2.7 Abhängigkeit „Symmetrisch"

Abhängigkeit **Symmetrisch**
(Multifunktionsleiste **Skizze / Abhängig machen**)
Wählen Sie die erste Linie (1).
Wählen Sie die zweite Linie (2).
Wählen Sie die Symmetrieachse (3)
Die gewählten Linien werden auf eine symmetrische Lage zur Symmetrieachse gezogen, die Reihenfolge der Anwahl ist unbedingt zu beachten (4).

Symmetrisch

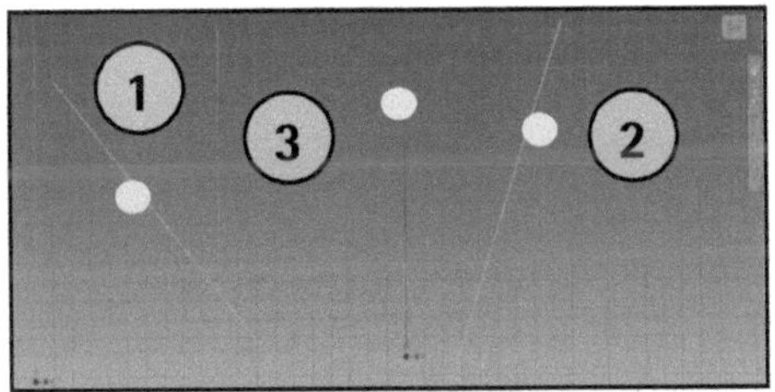

 Symmetrisch

Abhängigkeit **Symmetrisch**
(Multifunktionsleiste **Skizze / Abhängig machen**)
Wählen Sie die erste Linie (1).
Wählen Sie die zweite Linie (2).
Wählen Sie die Symmetrieachse (3)
Die gewählten Linien werden auf eine symmetrische Lage zur Symmetrie-achse gezogen, die Reihenfolge der Anwahl ist unbedingt zu beachten.

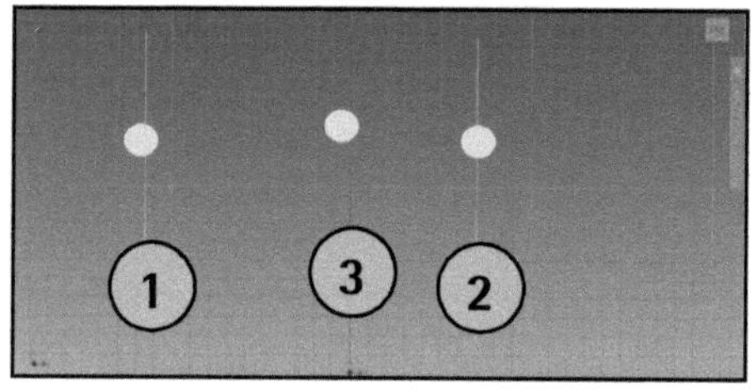

6.3.2.8 Abhängigkeiten speichern

*   Aufruf über den **Menü-Browser**, Register **Datei**.

Speichern unter
Das Dialogfeld **Speichern unter** wird eingeblendet.
Geben Sie einen Dateinamen Ihrer Wahl ein.

Projekt V

Geometrische Abhängigkeiten
Punktefang
Seite 136 bis 140

- Punktfang „Schnittpunkt"
  Kreis auf Projektionsschnittpunkt

- Punktfang „Mittelpunkt"
  Kreis auf Linienmittelpunkt

- Punktfang „Mittelpunkt"
  Kreis auf Linienmittelpunkt „Tangential"

- Punktfang „Endpunkt"
  Bogen tangential auf Linienendpunkt

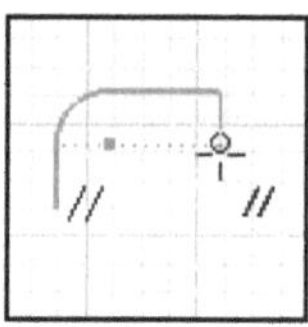

6.4 Skizzenabhängigkeiten, geometrische Abhängigkeiten

Abhängigkeiten werden während des Skizziervorgangs automatisch angewendet. Nachdem Sie die Geometrie erstellt haben, können Sie zur Stabilisierung von Form oder Position der Skizze eine oder mehrere Abhängigkeiten hinzufügen.

Rechts unten in der Statusleiste wird die Anzahl der Bemaßungen angezeigt, die zur vollständigen Bestimmung der Skizze erforderlich ist. Zur vollständigen Bestimmung der Geometrie wenden Sie so lange Abhängigkeiten oder Bemaßungen an, bis dieser Wert Null anzeigt.

Verwenden Sie die Zeichen für Freiheitsgrade, um zu zeigen, welche Geometrien keine, teilweise oder vollständige Abhängigkeiten aufweisen. Bei der Anwendung von Abhängigkeiten auf die Geometrie und der Eliminierung von Freiheitsgraden verschwinden die Zeichen. Wenn Abhängigkeiten gelöscht und Freiheitsgrade hinzugefügt werden, erscheinen die Zeichen.

Abhängigkeiten werden beim Skizzieren oder Ändern vorhandener Geometrien abgeleitet. Dieses Ableitungsverfahren entscheidet darüber, welche Abhängigkeiten der Geometrie zur Verfügung stehen, wenn die Form und die Ausrichtung variiert werden. Wird eine Abhängigkeit abgeleitet, erscheinen das Abhängigkeitssymbol sowie (bei Bedarf) gepunktete Ausrichtungslinien.

Durch die Einstellung der Option **Abhängigkeitserstellung** wird bestimmt, ob abgeleitete Abhängigkeiten nach der Erstellung der Geometrie erhalten bleiben. Ist diese Option deaktiviert, werden Abhängigkeiten nicht automatisch erstellt. Das Variieren der Einstellungen für Ableitung und Beständigkeit kann sich auf die Ergebnisse der Skizzenoperation auswirken.

6.4.1 Tipps für die Anwendung von Abhängigkeiten

6.4.1.1 Form vor Größe stabilisieren

Wenden Sie geometrische Abhängigkeiten vor Bemaßungen an, um die Skizzenform nicht zu verzerren.

Wenn Sie die Funktion **Automatische. Bemaßung** verwenden, werden die Abhängigkeiten nach der Positionierung von Geometrie automatisch angewendet.

6.4.1.2 Zuerst große, dann kleinere Elemente bemaßen

Um Verzerrungen zu minimieren, definieren Sie zunächst große Elemente, die die Skizzengröße bestimmen. Wenn Sie zunächst kleine Elemente dimensionieren, könnte die Gesamtgröße eingeschränkt werden. Löschen Sie eine Bemaßung, oder machen Sie sie rückgängig, falls die Form der Skizze durch die Bemaßung verzerrt wird.

6.4.1.3 Sowohl geometrische Abhängigkeiten als auch Bemaßungen verwenden

Bei bestimmten Kombinationen von Abhängigkeiten können Skizzenteile mit unzureichenden Abhängigkeiten verzerrt werden. Löschen Sie im Falle einer Verzerrung die zuletzt platzierte Abhängigkeit, und verwenden Sie eine Bemaßung oder eine andere Kombination von Abhängigkeiten.

6.4.2 Anwenden der geometrischen Abhängigkeiten

6.4.2.1 Kreis auf Projektionsschnittpunkt über „Punktfänge"

Kreis Mittelpunkt (Multifunktionsleiste **Skizze**)
Angenommener Schnittpunkt aus dem **Kontextmenü** (1).

Klicken Sie nacheinander die **Winkellinien** an (2, 3).

Setzen Sie am **Linienschnittpunkt** einen **Kreis,
Durchmesser** nach Wahl (4).

Fertig / Skizze beenden (aus dem Überlaufmenü)

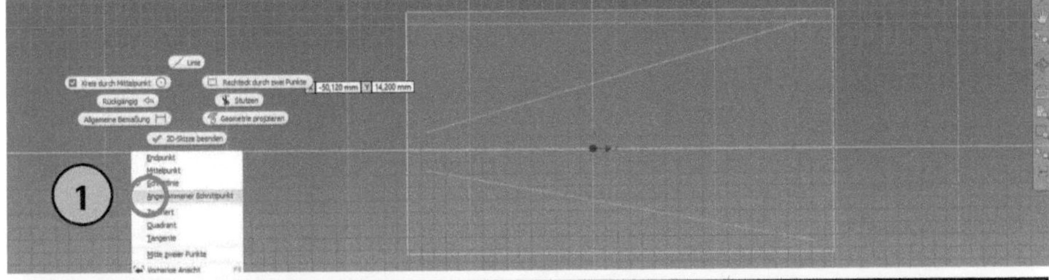

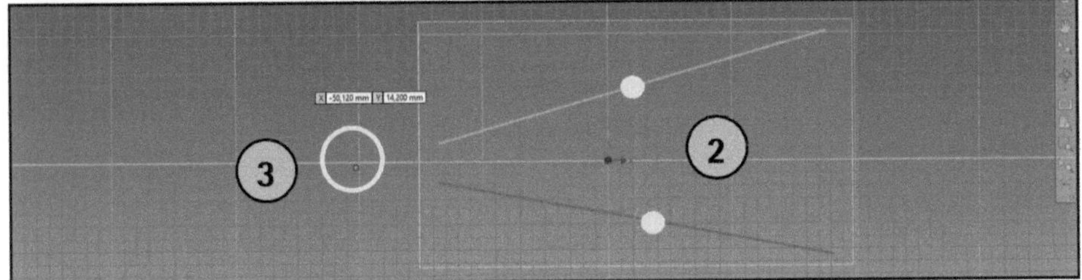

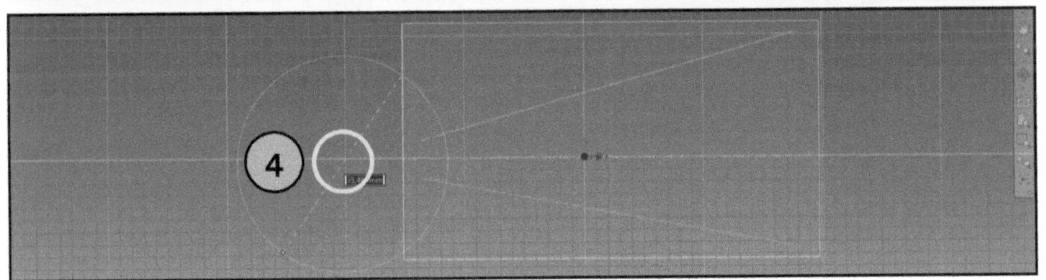

6.4.2.2 Kreis auf Linienmittelpunkt über „Punktfänge"

Kreis Mittelpunkt (Multifunktionsleiste **Skizze**)
Punktfänge Mittelpunkt aus dem **Kontextmenü** (5).

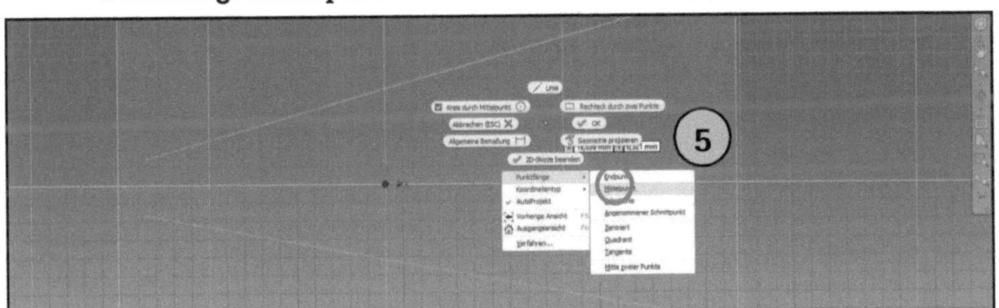

Klicken Sie die gezeigte **Winkellinie** an (6).
Setzen Sie am **Linienmittelpunkt** einen **Kreis**,
Durchmesser nach Wahl (7).
Fertig / Skizze beenden (aus dem Überlaufmenü)

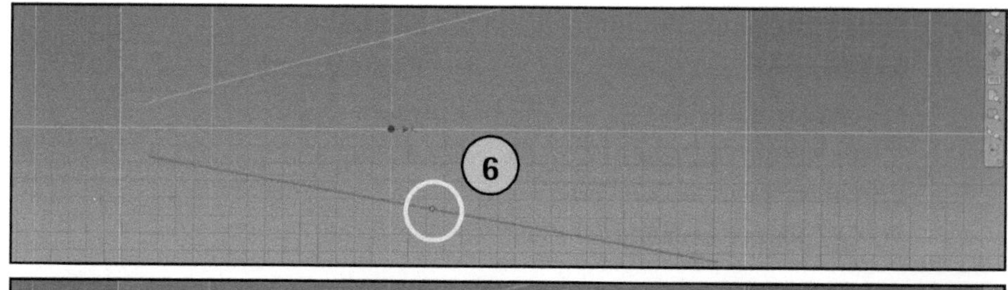

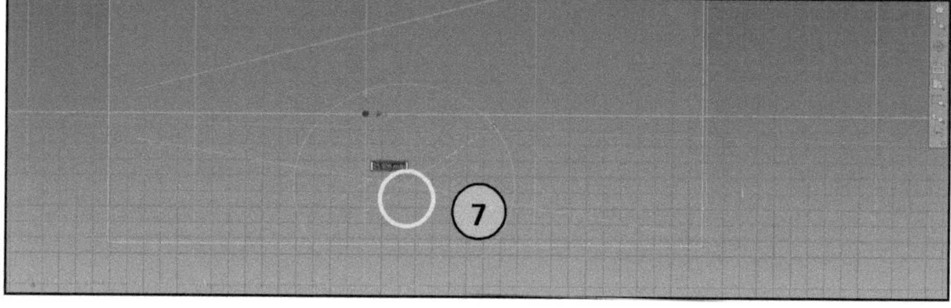

6.4.2.3   Kreis auf Linienmittelpunkt über Abhängigkeit „Tangential"

Kreis
Mittelpunkt

Kreis Mittelpunkt (Multifunktionsleiste **Skizze**)
Setzen Sie einen **Kreis**, Durchmesser nach Wahl (8).
Fertig / Skizze beenden (aus dem Überlaufmenü)

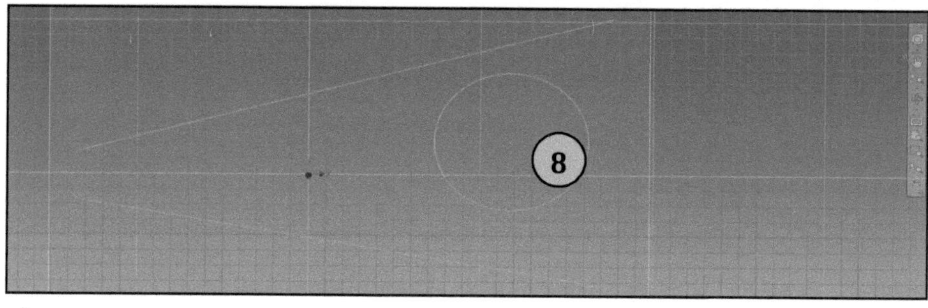

Tangential

Abhängigkeit **Tangential**
(Multifunktionsleiste **Skizze / Abhängig machen**)
Wählen Sie die erste Linie (9).
Wählen Sie den dargestellten Kreis (10).

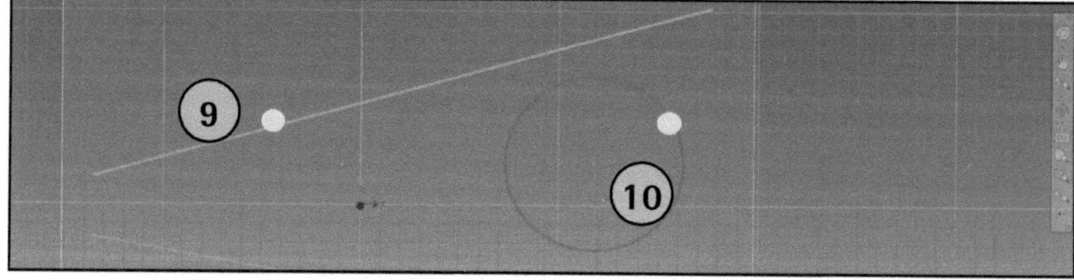

Abhängigkeit **Tangential**
(Multifunktionsleiste **Skizze / Abhängig machen**)
Wählen Sie die zweite Linie (11, 12).

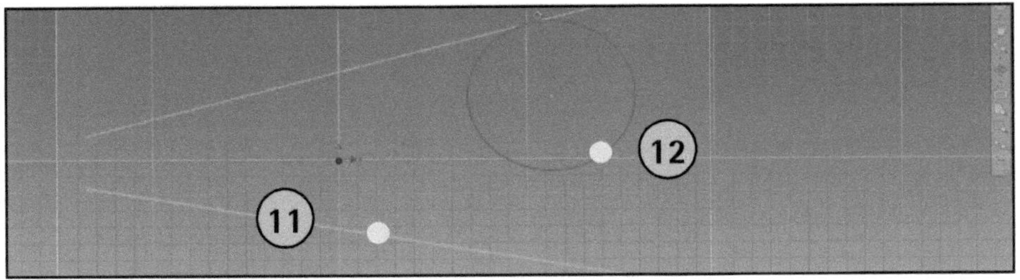

Darstellung der tangentialen Kreis-Linien-Verbindung (13).

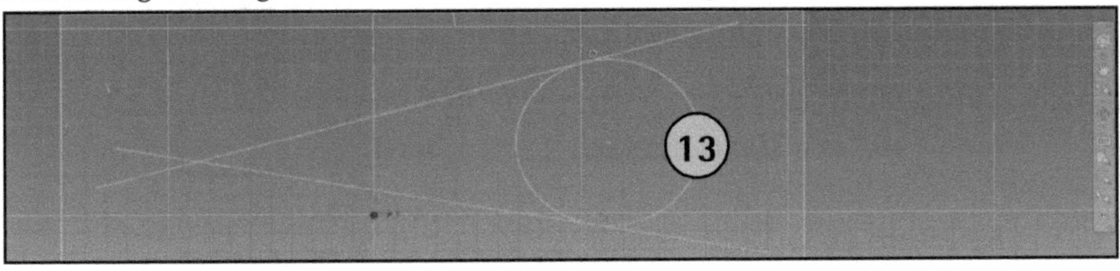

6.4.2.4 Bogen tangential auf Linienendpunkt

Bogen Tangente (Multifunktionsleiste **Skizze**)
Setzen Sie einen **Bogen** an das Linienendstück (14), Radius nach Wahl (15).
Fertig / Skizze beenden (aus dem Überlaufmenü)

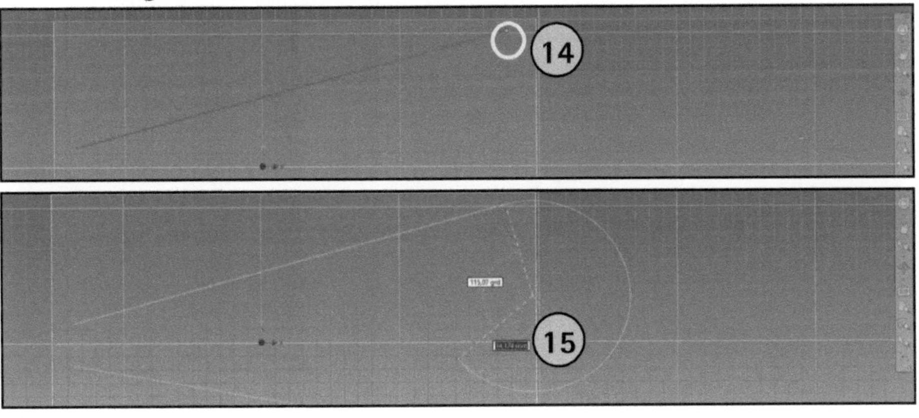

Abhängigkeit **Tangential**
(Multifunktionsleiste **Skizze / Abhängig machen**)
Wählen Sie die gezeigte Linie (16).
Wählen Sie den dargestellten Bogen (17).

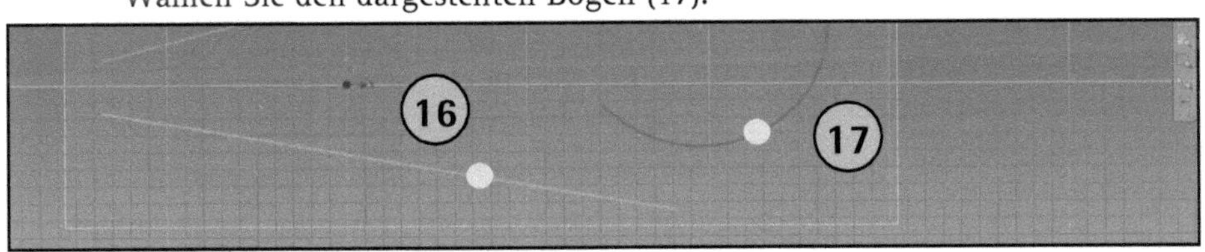

Darstellung der tangentialen Bogen-Linien-Verbindung (18).

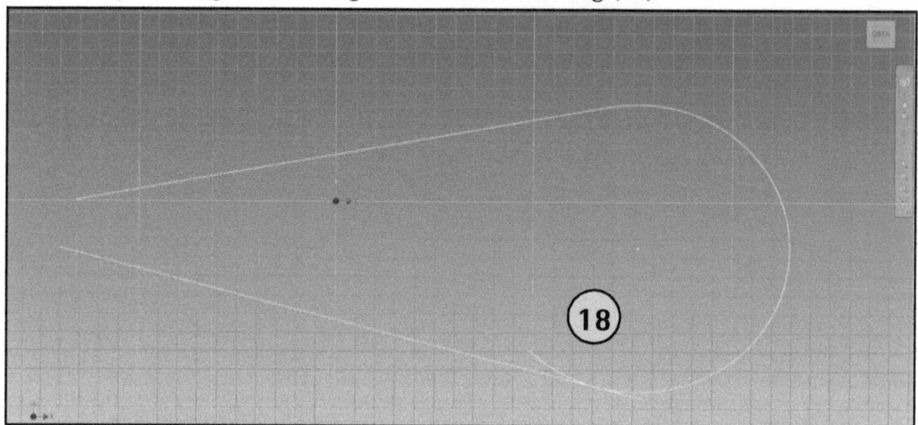

6.4.2.5 Fangpunkte speichern

- Aufruf über den **Menü-Browser**, Register **Datei**.

Speichern unter

Das Dialogfeld **Speichern unter** wird eingeblendet.
Geben Sie einen Dateinamen Ihrer Wahl ein.

Projekt VI

Arbeitsebenen
Seite 142 bis 145

- Arbeitsebene „Versatz von der Ebene"
- Arbeitsebene „Parallele Ebene durch Punkt"
- Arbeitsebene
  „Mittelebene zwischen zwei parallelen Ebenen"
- Arbeitsebene „Winkel zu Ebene um Kante"
- Arbeitsebene „Drei Punkte"
- Arbeitsebene „Zwei koplanare Kanten"
- Arbeitsebene
  „Tangential zu Fläche und parallel zu Ebene"
- Arbeitsebene
  „Mittelfläche vom Grundkörper „Torus"

6.5   Ursprungsebenen und Arbeitsebenen

6.5.1   Ursprungsebenen

Die Ausgangsebene gibt eine Aufwärtsrichtung im Modellbereich an und bietet visuelle Anhaltspunkte für den Maßstab. Wenn Sie die die Reflexionen Ihres Modells auf der Ausgangsebene aktivieren, erhalten Sie einen Effekt wie in einem Vorführungsraum.

Die Ausrichtung der Ausgangsebene wird in Bezug auf die Unterseite des ViewCube festgelegt und bleibt immer parallel dazu. Positive oder negative Positionswerte sind immer relativ zum ViewCube zu verstehen. Zur Neuausrichtung der Ausgangsebene müssen Sie die Ausrichtung des ViewCube ändern.

Beim Drehen des Modells mit den Ansichtssteuerelementen bleibt das Verhältnis der Ausgangsebene zum Modell erhalten. Wenn das Modell von unterhalb der Ausgangsebene betrachtet wird, bleibt die Ebene ausgeblendet, bis die Kameraposition wieder über der Ausgangsebene liegt.

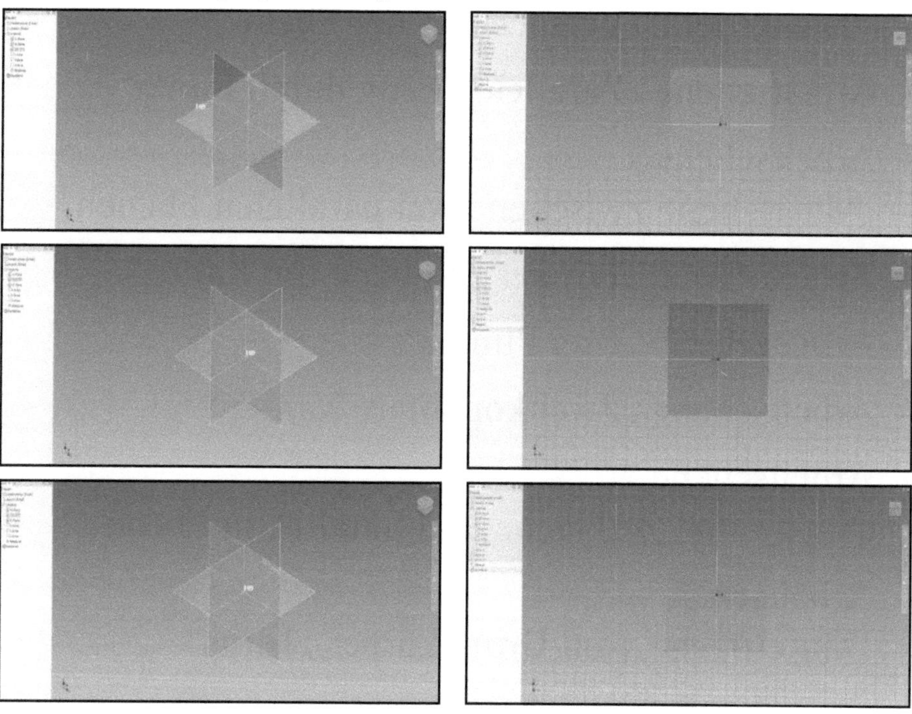

6.5.2   Arbeitsebenen, Vorbemerkungen

Arbeitsebenen können in beliebiger Orientierung im Raum platziert, von bereits existierenden Flächen versetzt oder um eine Achse bzw. Kante gedreht werden. Eine Arbeitsebene kann als Skizzierebene verwendet und mit Bemaßungen oder Abhängigkeiten in Relation zu anderen Elementen oder Komponenten bestimmt werden. In einer Baugruppe können Sie eine Arbeitsebene zwischen planaren Flächen auf separaten Komponenten erstellen.

Jede Arbeitsebene hat ein eigenes internes Koordinatensystem. Die Reihenfolge, in der die Geometrie ausgewählt wird, bestimmt den Ursprung sowie die positive Richtung der Koordinatensystemachsen.

In einem Bauteil kann eine Arbeitsebene direkt beim Ausführen eines anderen Befehls für Arbeitselemente erstellt werden. Der Befehl **Arbeitsebene** wird beendet, sobald die Arbeitsebene erstellt wurde. Optional können Sie die Größe einer Arbeitsebene ändern. Klicken Sie mit der rechten Maustaste auf eine Arbeitsebene, und deaktivieren Sie gegebenenfalls die Option **Größe automatisch Ändern**. Klicken Sie auf einen Ziehgriff an einer der Arbeitsachsenenden und ziehen Sie daran zum andern der Größe. Zum besseren Verständnis geometrischer Abhängigkeiten klicken Sie im Browser mit der rechten Maustaste auf ein Arbeitselement, und wählen Sie dann Eingaben einbeziehen.

6.5.3 Arbeitsebenen, Anwendungen

6.5.3.1 Arbeitsebene „Versatz von der Ebene"

Versatz von der Ebene:
Auswahl:
Planare Bauteilfläche.
Klicken Sie auf die Fläche, und ziehen Sie diese in die Versatzrichtung. Geben Sie im Bearbeitungsfeld einen Wert für den Versatzabstand ein.
Ergebnis:
Erstellt eine Arbeitsebene parallel zur gewählten Fläche mit dem angegebenen Versatzabstand.

Versatz von
der Ebene

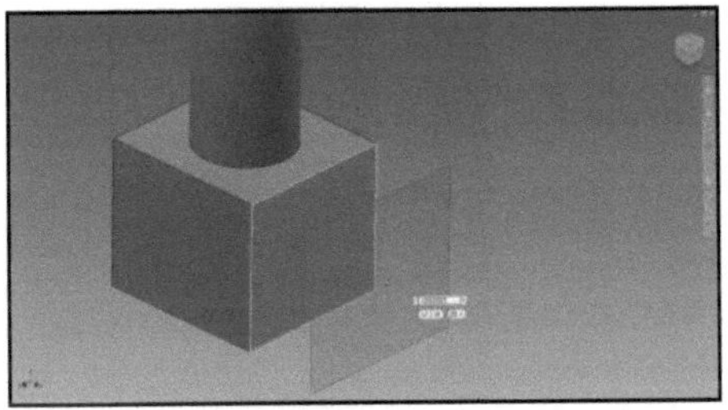 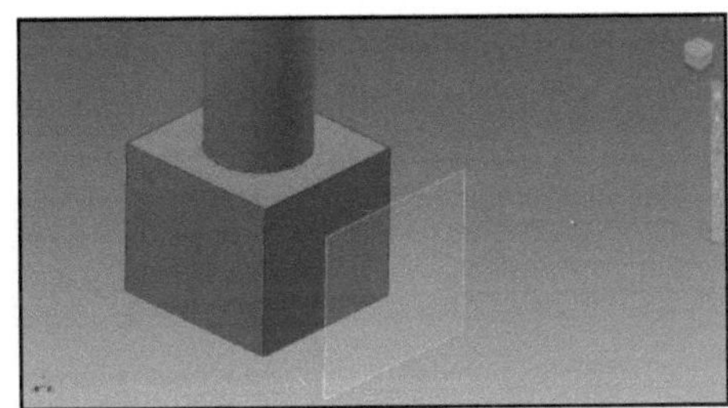

6.5.3.2 Arbeitsebene „Parallele Ebene durch Punkt"

Parallele Ebene durch Punkt:
Auswahl:
Planare Bauteilfläche oder **Arbeitsebene** und beliebiger **Punkt**, in beliebiger Reihenfolge.
Ergebnis:
Das Koordinatensystem der Arbeitsebene wird von der ausgewählten Ebene abgeleitet.

Parallele Ebene
durch Punkt

 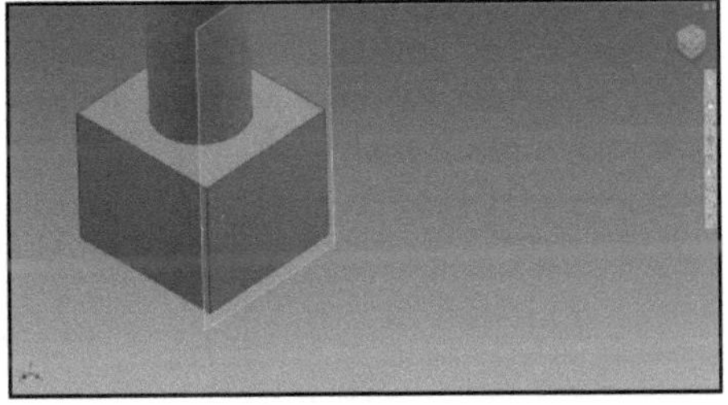

6.5.3.3 Arbeitsebene „Mittelebene zwischen zwei parallelen Ebenen"

Mittelebene zwischen zwei parallelen Ebenen

Mittelebene zwischen zwei parallelen Ebenen:
Auswahl:
Zwei **parallele planare Ebenen** oder **Bauteilebenen**.
Ergebnis:
Die neue Arbeitsebene ist auf das Koordinatensystem ausgerichtet und hat die gleiche äußere Normale wie die zuerst ausgewählte Ebene.

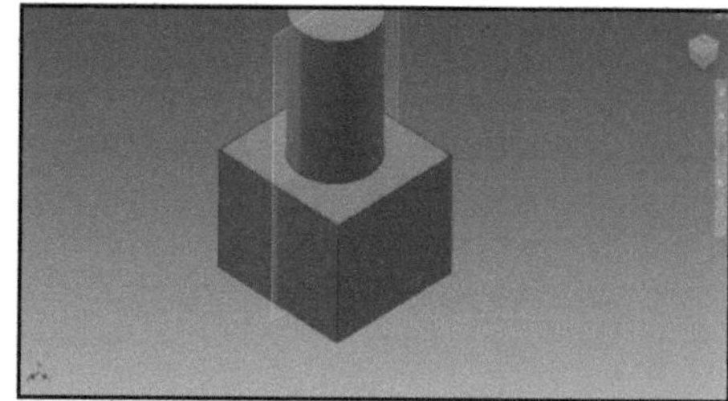

6.5.3.4 Arbeitsebene „Winkel zu Ebene um Kante"

Winkel zu Ebene um Kante

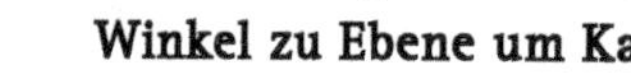
Winkel zu Ebene um Kante:
Auswahl:
Bauteilfläche bzw. Ebene und eine beliebige **Kante** bzw. Linie parallel zur Fläche.
Ergebnis:
Erstellt eine Arbeitsebene unter einem gewünschten Winkel zur Bauteilfläche oder Ebene.

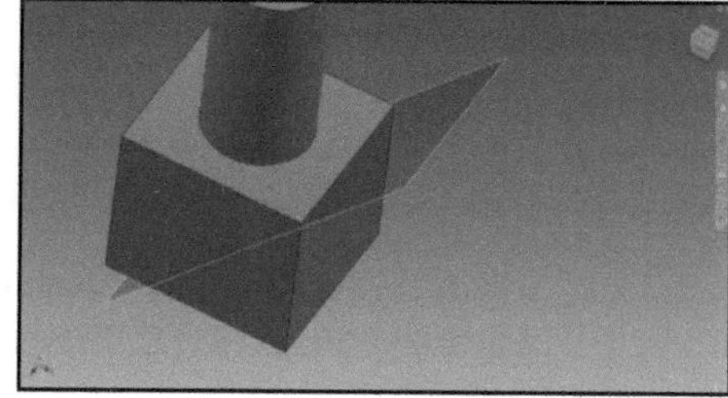

6.5.3.5 Arbeitsebene „Drei Punkte"

Drei Punkte

Drei Punkte:
Auswahl:
Drei beliebige **Punkte** wie Endpunkte, Schnittpunkte, und Mittelpunkte.
Ergebnis:
Die positive X-Achse verläuft vom ersten zum zweiten Punkt. Die positive Y-Achse verläuft senkrecht zur positiven X-Achse durch den dritten Punkt.

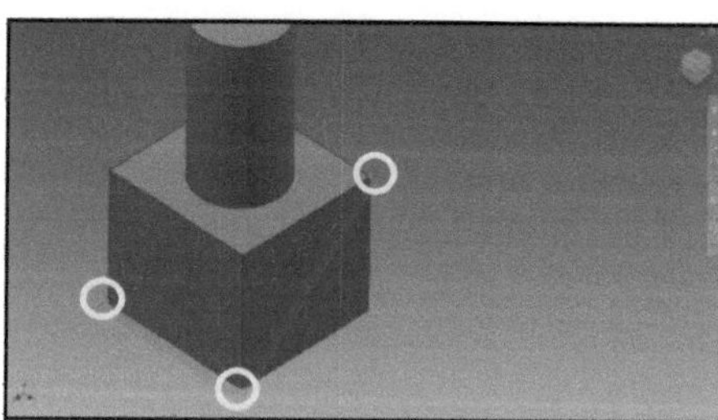

6.5.3.6 Arbeitsebene „Zwei koplanare Kanten"

Zwei koplanare Kanten

Auswahl:
Wählen Sie zwei koplanare Arbeitsachsen, **Kanten** oder **Linien** aus.
Ergebnis:
Erstellt eine Arbeitsebene, die durch zwei koplanare Arbeitsachsen, Kanten oder Linien verläuft. Die positive Richtung der X-Achse ist entlang der ersten ausgewählten Kante ausgerichtet.

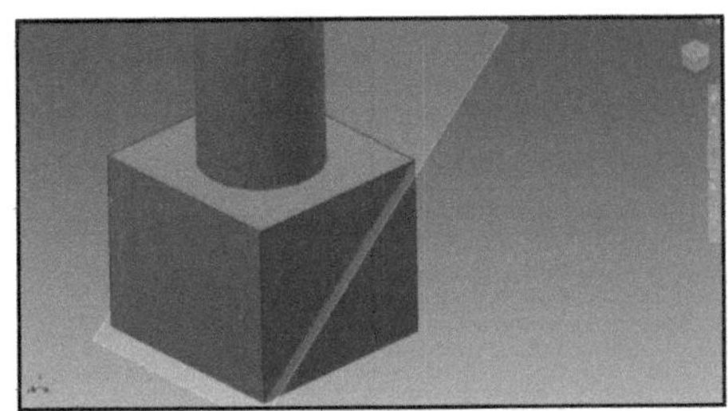

6.5.3.7 Arbeitsebene „Tangential zu Fläche und parallel zu Ebene"

Tangential zu Fläche und parallel zu Ebene:

Auswahl:
Gekrümmte Fläche und planare Bauteilfläche, beliebiger Reihenfolge.
Ergebnis:
Mit dieser Methode kann eine Arbeitsebene **tangential** zu einer Fläche oder Ebene erstellt werden, die lotrecht zu einer Ebene liegt.

6.5.3.8 Arbeitsebene „Mittelfläche vom Grundkörper „Torus" spezielle Arbeitsebenen-Erstellung

Mittelfläche vom Grundkörper „Torus":

Auswahl:
Wählen Sie einen Torus an.
Ergebnis:
Die Arbeitsebene wird durch die Mitte oder Mittelebene des Torus erstellt.

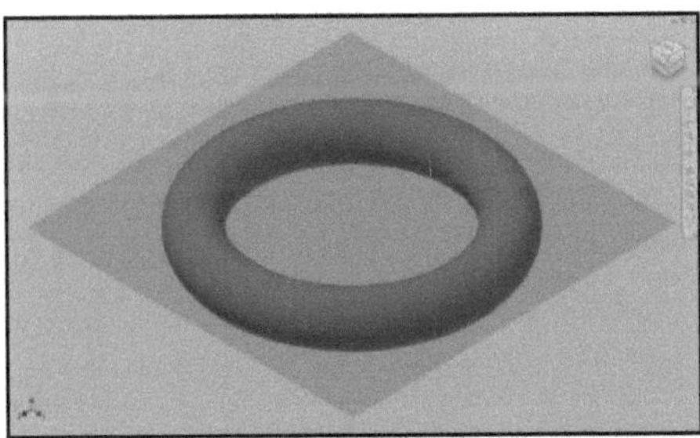
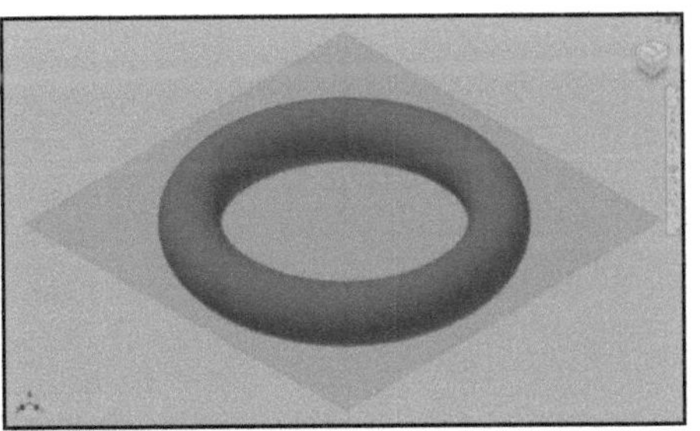

7

AutoDesk
Inventor 2025

Bauteile
Erstellen und Anpassen

Mächtige Befehle
Optimierte Konstruktionen

7 Mächtige Befehle, optimierte Konstruktionen

7.1 Vorbemerkungen

Die nun folgenden Formelement-Funktionen sind für spezielle Aufgaben in der Konstruktionstechnik zu verwenden. Der Eingabeverlauf ist in Autodesk Inventor 2025 vorgeschrieben und muss eingehalten werden.

Vor der Anwendung innerhalb einer Konstruktion eines Bauteiles sollten diese kleinen Übungen zumindest einmal ausgeführt worden sein, auch macht es Sinn, vor Anwendung dieser Funktionen das bis dahin erstellte Bauteil zu speichern.

Sie werden feststellen, dass es Sinn macht, die Lerneinheiten und Lernzielkontrollen abzuarbeiten, denn die nun folgenden Bearbeitungen stellen doch eine höhere Anforderung an den Anwender.

Einfache Formelemente wie Extrusionen oder Rotationen bilden meist die Basis eines Bauteils, aus dem dann Schritt für Schritt das fertige Modell entsteht. Für Gussteile stehen unter anderem spezielle Funktionen von Dünnwand und Rippe bis zu hoch spezialisierten Funktionen wie Versteifungsnetz oder Lüftungsgitter zur Verfügung. Dies ist nur ein kleiner Auszug der Möglichkeiten, die Solid Edge Synchronous Technologie bietet.

Leistungsfähige Kurven- und Flächenfunktionen bieten Lösungen für alle räumlichen Situationen, in denen sonst nur komplizierte Berechnungen zum Ergebnis führen. Über Steuerkurven und Querschnitte wird die Geometrie kontrolliert und angepasst. Alle Elemente sind vollständig parametrisch, stabil zu kontrollieren und somit für die Automation geeignet. Dies gilt für Freiformflächen genauso wie für Konstruktionselemente, die Hilfsgeometrie bilden.

Bei der Bauteilkonstruktion fertigen Sie Skizzen an, erstellen mithilfe von Elementwerkzeugen dreidimensionale Elemente und kombinieren diese Elemente anschließend zu Bauteilen.

Die Form der Skizze wird durch Abhängigkeiten gesteuert (standardmäßig werden diese beim Skizzieren automatisch angewendet), und die Größe der Skizze wird durch Bemaßungen gesteuert. Sie können einige Teile der Skizziergeometrie unbemaßt lassen, wenn Sie die Größe später ändern möchten.

Die meisten Elemente werden aus skizzierten Formen (Profilen) erstellt, bei einigen Elementen handelt sich jedoch um genau definierte mechanische Vorgänge, für die keine Skizzen erforderlich sind, wie z. B. Fasen, Rundungen, Wandstärken und Flächenverjüngungen. Skizzierte Elemente können mit einem anderen Element über die Operationen Vereinigung, Differenz oder Schnittmenge verbunden werden.

Zum Erstellen komplexer Bauteile werden Elemente kombiniert. Elemente werden durch Verwendung von geometrischen Abhängigkeiten und Bemaßungen positioniert. Wenn Sie einige Kurven an Elementen unbemaßt lassen, können Sie das Element adaptiv machen, damit es seine Größe ändern kann, wenn Sie das Element in einer Baugruppe als von fester Geometrie abhängig bestimmen.

Ein Merkmal eines Teils, das im Allgemeinen durch Hinzufügen oder Entfernen von Material von bzw. zu der Basisform des Teils erstellt wird. Hierzu gehören Bohrungen, Ausschnitte und Ausprägungen.

In diesem Kapitel lernen Sie die Grundlagen der Modellierung und Änderung von Bauteilen mit Solid Edge Synchronous Technologie kennen. Die Funktionen und Vorgehensweisen werden an mehreren Bauteil-Funktions-Beispielen erläutert.

7.2 Grundlagen für Basiskonstruktionen, Bohrungen

7.2.1 Bohrungen, technische Grundlagen

Bohrung, auch Durchgangsbohrung, ist der technische Begriff für eine Vertiefung oder einen Durchbruch, der mittels eines rotierenden Werkzeugs hergestellt worden ist, man unterscheidet nach Verwendung im technischen Gebrauch unterschiedliche Arten:

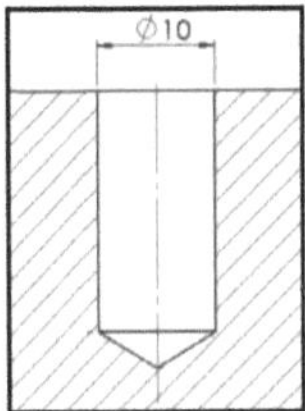

7.2.1.1 Durchgangsbohrung

Durchgangsbohrungen werden entsprechend DIN EN **20273** als Durchgangslöcher und Grundlöcher bezeichnet, diese Norm regelt auch die Maße und Genauigkeit für die Bohrdurchmesser.

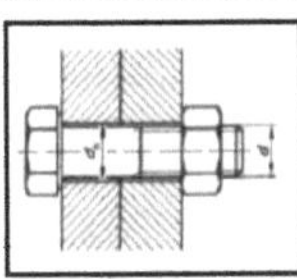

7.2.1.2 Gewindebohrung

Gewindebohrungen werden als Durchgangsbohrungen und Gewindegrundlöcher, mit Gewinde nach DIN **13**, ausgeführt. Der Bohrdurchmesser für die Kernlöcher wird entsprechend DIN **336** auszuwählen.

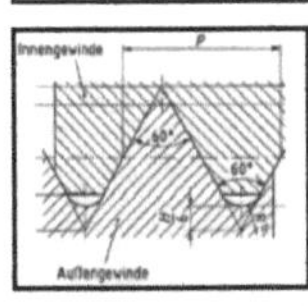

7.2.1.3 Schraubensenkung DIN 974-1, für Zylinderschrauben

Die Norm für Schraubensenkungen nach DIN **974-1** regelt die Maße und Genauigkeit für die abgesetzten, runden Bohrdurchmesser zur Montage einer Zylinderschraube nach DIN EN ISO **1207**, **1580**, **4762** und DIN **6912**.

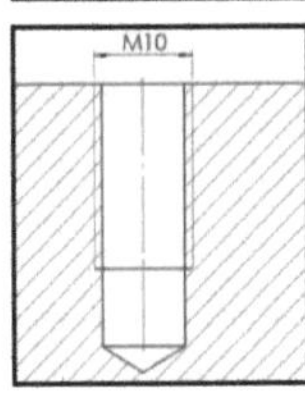

7.2.1.4 Schraubensenkung DIN 974-2, für Sechskantschrauben

Die Norm für Schraubensenkungen nach DIN **974-2** regelt die Maße und Genauigkeit für die abgesetzten, runden Bohrdurchmesser zur Montage einer Sechskantschraube nach DIN EN ISO **4014** und **4017**.

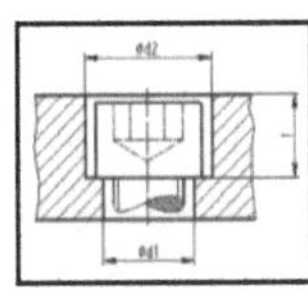

7.2.1.5 Schraubensenkung DIN 74 und DIN EN ISO 15065, für Senkschrauben

Die Norm für Schraubensenkungen nach DIN **74** und DIN EN ISO **15065** regelt die Maße und Genauigkeit für die kegelförmige 90°-Senkung und den Übergang in den runden Bohrdurchmesser zur Montage einer Senkschraube nach DIN EN ISO **2009**, **2010**, **7046**, **7047** und **10642**.

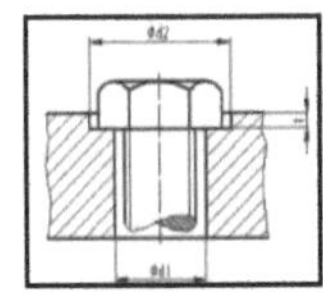

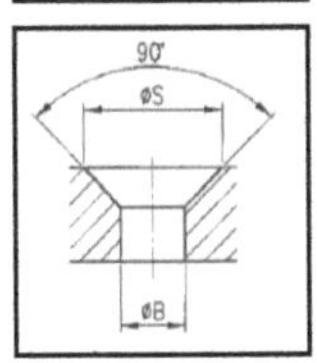

7.2.2 Bohrungen als AutoDesk Inventor-Funktion

Ein Bohrungselement platziert eine angegebene Bohrung in ein Bauteil, optional mit Gewinde. Sie können zylindrische Senkungen, konische Senkungen, Anflachungen und normale Bohrungen mit angepassten Gewinde- und Bohrpunkttypen erstellen. Sie können eine einfache Bohrung, eine Gewindebohrung, eine Bohrung für verjüngendes Gewinde oder eine Durchgangsbohrung festlegen und Gewindetypen aus der Gewindedatentabelle einbeziehen. Sie können Bohrungen einzeln oder in einer Anordnung erstellen. Erstellen Sie in der Bauteilumgebung mehrere Bohrungen als ein einziges Element, wobei entweder skizzierte Mittelpunkte der Bohrungen oder ausgewählte End- bzw. Mittelpunkte von Geometrie verwendet werden. Sie können die Bemaßungen, den Bohrungstyp, den Ausführungstyp und andere Merkmale aller Bohrungen in einem Vorgang ändern.

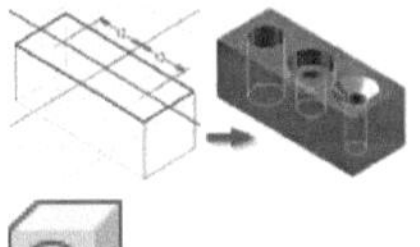

Bohrungen

Wenn Sie eine einzelne Bohrung erstellen und in einer Anordnung duplizieren, definieren Sie die Anzahl und den Abstand der Bohrungen in der Anordnung. Zum Bearbeiten von Bohrungen in einer Anordnung und den Merkmalen der Bohrung bearbeiten Sie sowohl das Bohrungselement als auch das Anordnungselement.

Verwenden Sie in der Bauteilumgebung eine wiederverwendete Skizze, um eine Anordnung mit mehreren Bohrungselementen und mehr als einer Bohrungsgröße oder einem Bohrungstyp zu erstellen. Beim Erstellen der Bohrung als Baugruppenelement sind wiederverwendete Skizzen nicht verfügbar.

7.2.2.1 Bohrungstypen

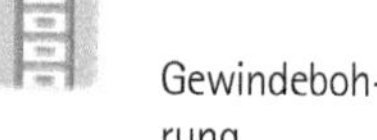

Einfache Bohrung

Bei einer **einfachen** Bohrung wird eine Bohrung ohne Gewinde erstellt. Es sind keine weiteren Einstellungen erforderlich.

Durchgangsbohrung

Bei **Durchgangsbohrungen** werden Standardbohrungen ohne Gewinde, normalerweise Durchgangsbohrungen, erstellt, die bestimmten Schrauben entsprechen. Verwenden Sie diese zum Erstellen von Durchgangsbohrungen für normierte Verbindungselemente auf Grundlage einer Bibliothek mit Daten zu normierten Verbindungselementen.

Gewindebohrung

Bei **Gewindebohrungen** wird eine Bohrung mit dem von Ihnen definierten Gewinde erstellt. Definieren Sie Gewindebohrungen in britischen oder metrischen Normgrößen. Für Bohrungselemente von Bauteilen können Sie aus einer Liste eine gängige Gewindegröße wählen. Der entsprechende Durchmesser wird dann automatisch berechnet.

Bohrung für verjüngendes Gewinde

Bei **Bohrungen für verjüngendes Gewinde** wird eine Bohrung mit dem von Ihnen definierten verjüngenden Gewinde erstellt. Geben Sie den Gewindetyp, die Größe und die Richtung (rechts oder links) an. Autodesk Inventor berechnet automatisch den Durchmesser, den Verjüngungswinkel und die Gewindetiefe.

7.2.2.2 Aufsatztypen

Kein wird verwendet, um eine einfache Bohrung zu definieren. Sie verfügt über einen festgelegten Durchmesser und ist fluchtend zur ebenen Fläche.

Zylindrische Senkung

Zylindrische Senkungen weisen die folgenden angegebenen Werte auf: Durchmesser, Durchmesser und Tiefe bei der zylindrische Senkung. Beim Bohrungstyp **Zylindrische Senkung** ist die Option **Gewindebohrung mit Verjüngung** nicht verfügbar.

Anflachungsbohrungen weisen die folgenden angegebenen Werte auf: Durchmesser, Durchmesser der Anflachung und Tiefe der Anflachung. Die Messung der Bohrung und der Gewindetiefe beginnt an der unteren Fläche der Anflachung. In einer Bauteildatei können Sie null (0) als Wert für die Bohrungstiefe auf Anflachungsbohrungen angeben. So können Sie eine Anflachungsbohrung auf der Ausführungsfläche eines Körpers platzieren.

Konische Senkung

Konische Senkungen besitzen einen spezifischen Bohrungsdurchmesser, Senkungsdurchmesser, eine Tiefe und einen Senkungswinkel.

7.2.2.3 Ausführungstypen

Abstand: Definiert die Ausführungsmethode für die Bohrung. Verwendet einen positiven Wert für die Bohrungstiefe. Misst die Tiefe als lotrechten Abstand von der planaren Fläche oder Arbeitsebene aus.

Durch alle: Erweitert eine Bohrung durch alle Flächen.

Zu: Führt die Bohrung bis zu einer angegebenen planaren Fläche aus. Wählen Sie die Fläche aus, an der der Ausführungstyp der Bohrung enden soll.

7.2.2.4 Richtung

Die Richtung ist verfügbar, wenn Sie die Ausführungsoptionen Abstand und Durch alle verwenden.

Richtung 1 (Vorgabe): Gibt die Bohrungsrichtung an, sodass sie in die ausgewählte Fläche verläuft.

Richtung2: Kehrt die Bohrungsrichtung um.

Symmetrisch: Ist nur verfügbar für den Bohrungstyp **Bohrung - Einfache Bohrung - Durch alle**. Dabei wird ein symmetrischer Bohrungstyp erstellt, der in zwei Richtungen extrudiert wird.

7.2.2.5 Bohrungsspitze

Flach: Erstellt einen flachen Bohrungspunkt.

Winkel: Erstellt Bohrungsspitzen. Geben Sie in der Dropdown-Liste eine Winkelbemaßung an, oder wählen Sie im Modell Geometrie aus, um einen benutzerdefinierten Winkel zu messen, oder zeigen Sie Bemaßungen an. Die positive Richtung des Winkels wird von der Bohrachse aus gegen den Uhrzeigersinn lotrecht zu der planaren Bauteilfläche gemessen.

Flach W: Erstellt einen flachen Bohrungspunkt. In 2D- und 3D-Anmerkungen wird das Bohrwerkzeug gemäß der ISO-Norm verwendet.

Winkel V: Erstellt Bohrungsspitzen. Geben Sie in der Dropdown-Liste eine Winkelbemaßung an, oder wählen Sie im Modell Geometrie aus, um einen benutzerdefinierten Winkel zu messen, oder zeigen Sie Bemaßungen an.

Winkel Y erstellt einen Bohrungspunkt, der Teil des Parameters für die Bohrungstiefe ist.

7.2.2.6 Gewinde

Gewinde: Wird aktiviert, wenn der Bohrungstyp **Gewindebohrung** oder **Gewindebohrung mit Verjüngung** ausgewählt ist. Legen Sie die Bohrungsparameter fest:

Typ:	Gibt den Gewindetyp an. Treffen Sie in der Liste der Standardgewinde eine Auswahl. ANSI-UST-Gewinde ist ein Beispiel für einen in Zoll gemessenen Gewindetyp. ANSI metrisches M-Profil ist ein Beispiel für einen in Millimetern gemessenen Gewindetyp. NPT ist ein Beispiel für einen in Zoll gemessenen Gewindetyp. ISO-Verjüngung, intern ist ein Beispiel für einen in Millimetern gemessenen Gewindetyp.
Größe:	Gibt die Gewindegröße an. Treffen Sie in einer Liste mit Nenngrößen für den ausgewählten Gewindetyp eine Auswahl. Jede Nenngröße verfügt über mindestens eine Steigung. Jede Kombination aus Nenngröße und Steigung verfügt über mindestens eine Klasse.
Bezeichnung:	Gibt die Gewindesteigung an. Die Steigung ist der Abstand von einem Punkt auf einem Schraubengewinde zu einem entsprechenden Punkt auf dem nächsten parallel zur Achse gemessenen Gewinde. Wenn Sie britische Einheiten verwenden, entspricht die Steigung 1 geteilt durch die Anzahl von Gewinden pro Zoll.
Durchmesser:	Zeigt den Wert für den Durchmesser des Bohrungselementtyps an. Dieser Wert bezieht sich darauf, wie die Gewinde in den Zeichnungsansichten dargestellt werden. Ändern Sie den Wert für den Durchmesser der Gewindebohrung. Der Bohrungsdurchmesser wird automatisch anhand der Gewindespezifikation in der Datei Thread.xls festgelegt.
Klasse:	Gibt die für das Innengewinde passende Klasse an.
Volle Tiefe:	Gibt Gewinde für die volle Bohrtiefe an und kann nur für Gewindebohrungen festgelegt werden.
Richtung:	Gibt die Gewinderichtung an.
Linksgewinde:	Das Gewinde verläuft gegen den Uhrzeigersinn und in fliehender Richtung, wenn die Ansicht lotrecht zur Bohrungsachse ausgerichtet ist. Eine Schraube mit Linksgewinde wird gegen den Uhrzeigersinn in die Mutter geschraubt.
Rechtsgewinde:	Das Gewinde verläuft im Uhrzeigersinn in fliehender Richtung, wenn die Ansicht lotrecht zur Bohrungsachse ausgerichtet ist. Eine Schraube mit Rechtsgewinde wird also im Uhrzeigersinn in die Mutter geschraubt.

7.2.2.7 Schrauben

Schrauben:	Wird aktiviert, wenn der Typ **Durchgangsbohrung** angegeben ist.
Norm:	Gibt die Schraubennorm an. Treffen Sie in der Liste eine Auswahl.
Schraubentyp:	Gibt den Schraubentyp an. Treffen Sie in der Liste eine Auswahl.
Größe:	Wählen Sie die Schraubengröße aus einer Liste aus.
Anpassen:	Gibt die Einpassung der Durchgangsbohrung (Fein, Mittel oder Grob) relativ zur ausgewählten Schraube an.

7.2.2.8 „Physisches Gewinde" zuweisen

- Das **Inventor ThreadModeler**-Tool wird über das Register **coolOrange** direkt aufgerufen.
- Verwenden Sie das **ThreadModeler**-Tool zur Erstellung eines echten Gewindes.

7.2.3 Schraubensenkungen, Durchgangsbohrungen und Passfedern Normungen und Konstruktionsmaße

7.2.3.1 Normungen und Konstruktionsmaße

Schraubensenkungen, Durchgangsbohrungen Normungen und Konstruktionsmaße
Die Konstruktionsmaße der Senkdurchmesser, der Senktiefe und der Senkform sind von der Schraubenart und dem vorgesehenen Unterlegteil abhängig.

- Senkungen nach DIN **974-1**:
  Für Zylinderschrauben nach DIN EN ISO **1207**, DIN EN ISO **1580**,
  DIN EN ISO **4762** und DIN **6912**.
- Senkungen nach DIN **74**:
  Für Senkschrauben nach DIN EN ISO **10642**.
- Senkungen nach DIN EN ISO **15065**:
  für Senkschrauben nach DIN EN ISO **2009** / **2010** und DIN EN ISO **7046** und
  DIN EN ISO **7047**.
- Senkungen nach DIN **974-2**:
  für Sechskantschrauben nach DIN EN ISO **4017** und DIN EN ISO **4014**.

7.2.3.2 Darstellung einiger Schraubensenkungen, Auszug

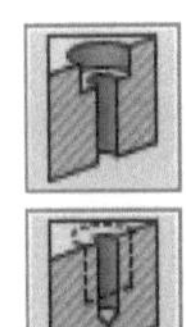 Stirnsenkung    Formsenkung    Bohrung

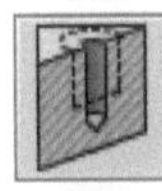 Gerade Gewindebohrung    Konische Gewindebohrung   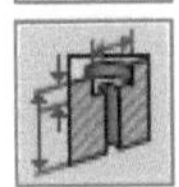 Übertragungsbohrung

 Stirnsenkungs-Langloch    Formsenkungs-Langloch    Langloch

7.2.3.3 Passfedernut nach DIN 6885-1

Eine Passfeder ist ein Maschinenelement aus dem Maschinenbau und wird zur Realisierung einer Welle-Nabe-Verbindung benutzt. Die Verbindung ist formschlüssig und dient zur Übertragung von Drehmomenten. Die Passfeder ist ein massives, längliches Metallteil mit rechteckigem Querschnitt, wird in eine entsprechend gefräste Passfedernut in der Welle eingelegt und ragt aus dieser heraus. Die zugehörige Nabe ist mit einer durchgehenden und geräumten Nut versehen und wird zur Montage axial über die Passfeder geschoben. Die Passfeder trägt durch Formschluss an ihren Flanken. Sie wirkt dadurch als Mitnehmer und überträgt das Drehmoment der Welle auf das anzutreibende Bauteil oder das Drehmoment des antreibenden Bauteils auf die anzutreibende Welle. Passfedern sind nach Form und Abmessungen in der DIN 6885 genormt. Es gibt rund- und geradstirnige Passfedern, rundstirnige Passfedern mit Halte- und Abdrückschrauben und Scheibenpassfedern.

Projekt VII

Mächtige Befehle
Formelemente
Seite 155 bis 180

- Basiskonstruktion Wellenelement
  Elementbearbeitungsbefehl „Rotation" mit „Linien"
  mit Maßzuweisung über „SmartDimension"
  Elementbearbeitungsbefehl „Bohrung"
  Elementbearbeitungsbefehl „Außengewinde"
  Elementbearbeitungsbefehl „Innengewinde"
  Elementbearbeitungsbefehl „Fase"
  Elementbearbeitungsbefehl „Rundung"
  Elementbearbeitungsbefehl „Passfedernut"
  Materialzuweisung über „Materialtabelle"

- Basiskonstruktion Bohrplatte
  Quader aus Skizzenkonstruktion
  Skizzenkonstruktion für Bohrungen
  Bohrungsanordnung über „Bohrung"
  Bohrungsanordnung auf der Gegenseite über „Bohrung"
  Materialzuweisung über „Materialtabelle"

- Getriebe-Antriebswelle
  Bauteilerstellung mit dem „Wellengenerator"
  Materialzuweisung für die Antriebswelle
  Baugruppe und Bauteil speichern

7.3 Wellenelement

7.3.1 Abgesetzter Zylinder über Skizze, mit Maßangabe, Vorgaben

- Öffnen Sie das Vorlagenblatt für 3D-Konstruktion **Engelke2025.ipt.**
- Erstellen Sie den abgesetzten Zylinder als Basiskörper.
- Tragen Sie die in der Zeichnung vorgegebenen Maße an die Skizze an.
- Der abgesetzte Zylinder erhält eine Durchgangsbohrung **Ø8** mm.
- Der abgesetzte Zylinder erhält ein Außengewinde
- Der abgesetzte Zylinder erhält ein Innengewinde mit Fase.
- Der hintere Zylinder wird mit Fasen und einer Ausrundung versehen.
- Weisen Sie dem Bauteil ein Material zu.
- Das Bauteil wird gespeichert.

- Hauptzylinder mit **Ø40** mm und Länge **40** mm, mit Fase **2 x 45°**.
- Aufgesetzter Zylinder Ø20 mm, Länge **20** mm mit Ausrundung R = **2** mm.
- Durchgangsbohrung Ø8 mm.
- Außengewinde **M20, 15** lang, Fase **2 x 30°**.
- Innengewinde **M12** x **24** mm tief, mit Formsenkung Ø**15** mm x **90°**, auf der Zylinderfläche Ø**40** mm.

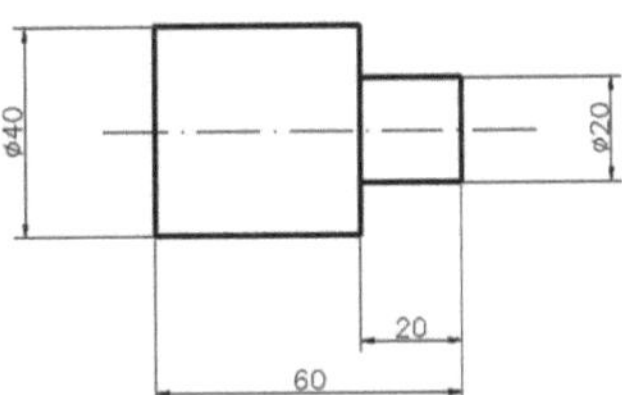

7.3.2 Einrichten einer Projektumgebung, aus der Inventor-Ebene

- Register **Erste Schritte** (Multifunktionsleiste)

Projekte
Neu / Einzelbenutzer-Projekt anwählen / Weiter
Geben Sie einen Projektnamen nach Wahl ein /**Weiter**
Geben Sie den Kapiteleintrag als Speicherort an.
OK / Weiter / Fertig stellen
Doppelklicken Sie das neue Projekt /**Anwenden / Fertig**
Das aktuelle eingerichtete Projekt ist mit einem Häkchen versehen (1).

Projekte

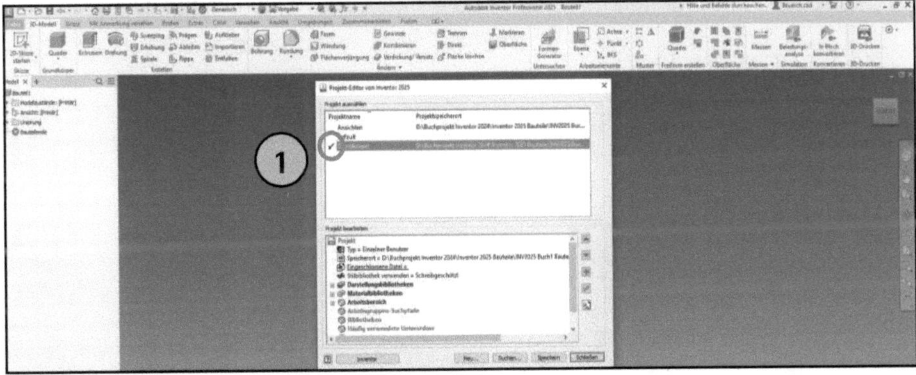

7.3.3 Ein Rotationskörper über Linien

7.3.3.1 Vorlagendatei öffnen

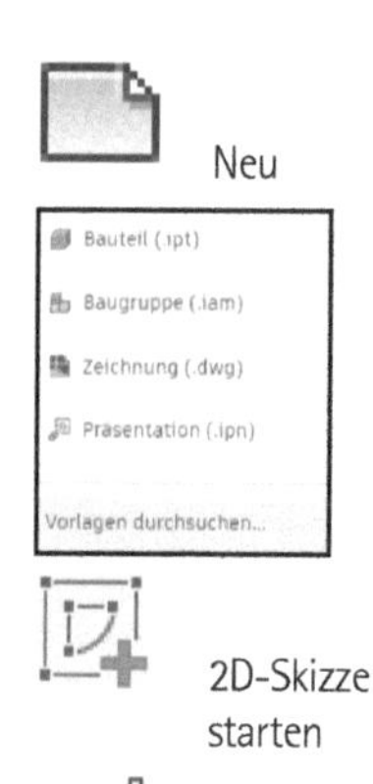

Neu (Multifunktionsleiste) / Ordner: **Vorlagen Engelke**

Engelke-2025.ipt anklicken / **Erstellen**)

7.3.3.2 Eine geschlossene Rotationsfläche über Linien

- **2D-Skizze starten** (Multifunktionsleiste **3D-Modell**)

Linie (Multifunktionsleiste **Skizze**)
Erstellen Sie die Linien-Darstellung entsprechend Pfeilfolgen-Darstellung
1 bis 7. Als Startpunkt ist der Achsenschnittpunkt zu wählen. Achten Sie
auf die markierte Liniensymbolik (Kreismarkierung in den Bildfolgen) und
auf das **Schließen** der Liniensegmente.

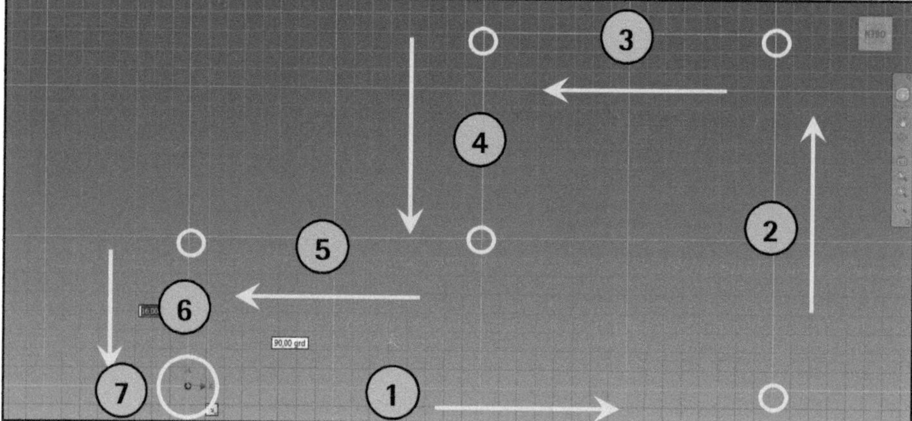

7.3.3.3 Maßeintragungen

Bemaßung (Multifunktionsleiste **Skizze**)
Linien oder Kanten direkt anklicken / Maß auf Position ziehen.

Vorgeschlagene Maße mit **OK**-Häkchen akzeptieren (8).

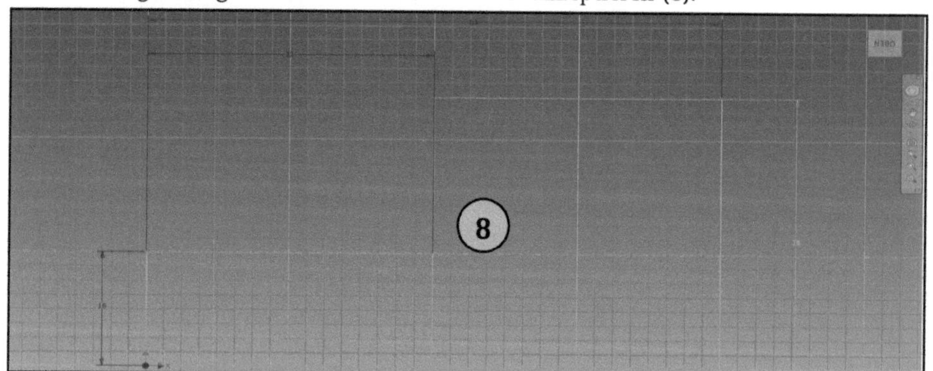

7.3.3.4 Maßeintragungen mit Änderungen

Maßänderungen erzeugen automatisch eine Längenänderung der gewählten Kante.

OK-Häkchen

* Doppelklick auf die gezeigten Maße.
* Vorgegebene Maße entsprechend Darstellung ändern / **OK**-Häkchen (9).

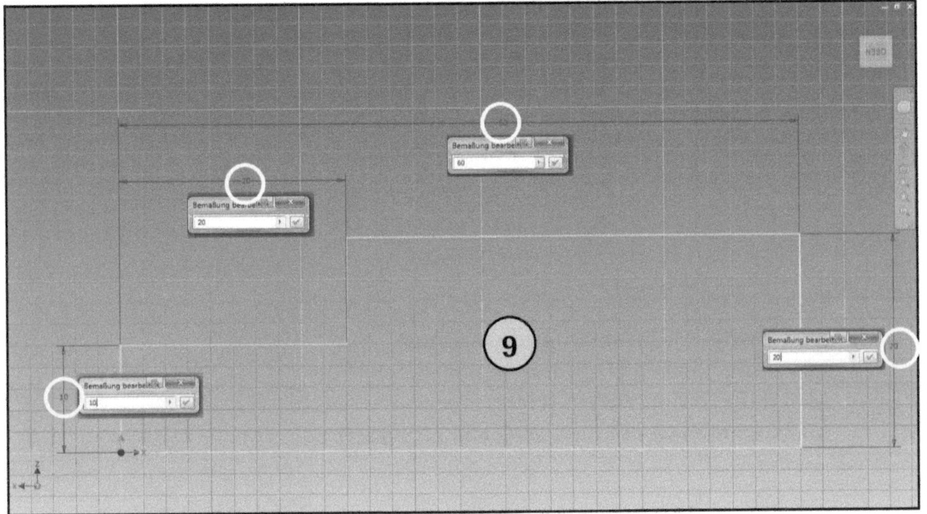

7.3.3.5 Maßeintragungen über einer Mittelachse

* Klicken Sie die Abschlusslinie der Rotationsfläche an (10) und wählen Sie:

Mittellinie (Multifunktionsleiste **Skizze**)

Die Linie wird in eine Mittellinie umgewandelt (11).

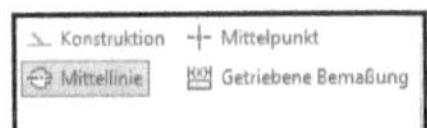

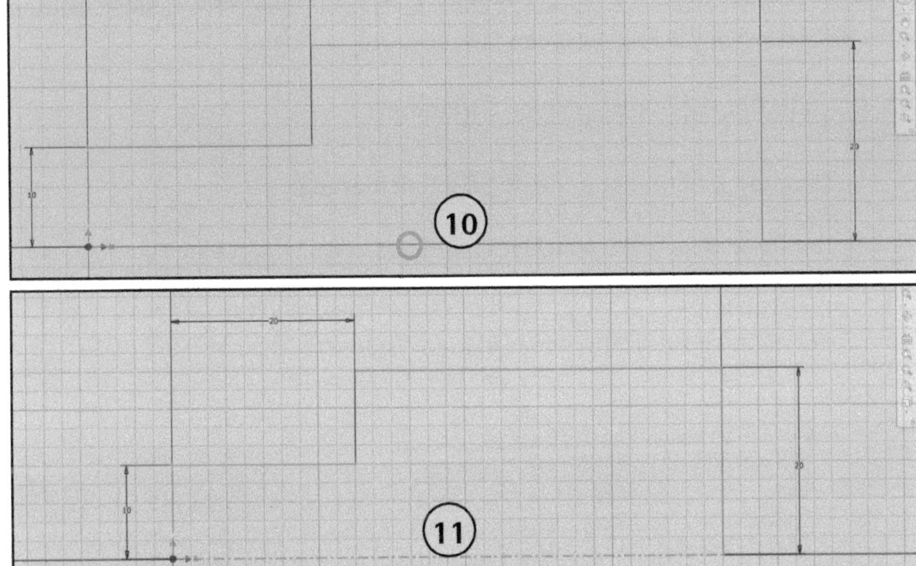

7.3.3.6 Durchmesser über Mitte bemaßen

- **Löschen** Sie die beiden größenbestimmenden Maße für die Umdrehung, Maß **10** mm und Maß **20** mm (12, 13).

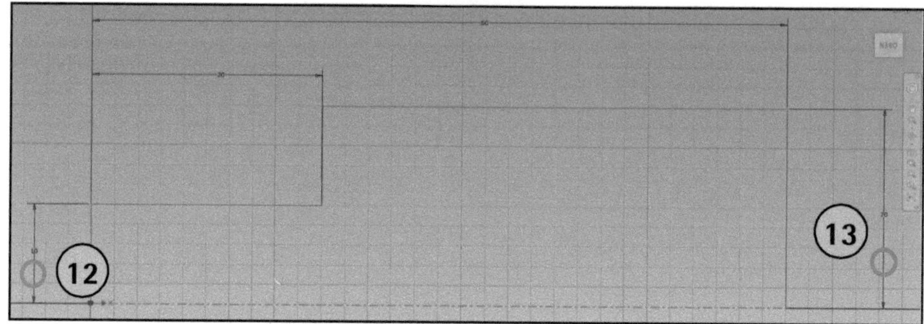

Bemaßung

Bemaßung (Multifunktionsleiste **Skizze**)
Mittellinie klicken (14) / Kante anklicken (15)
Maß auf Position ziehen (16).
Maßangabe **Ø40** mm und **Ø20** mm akzeptieren.

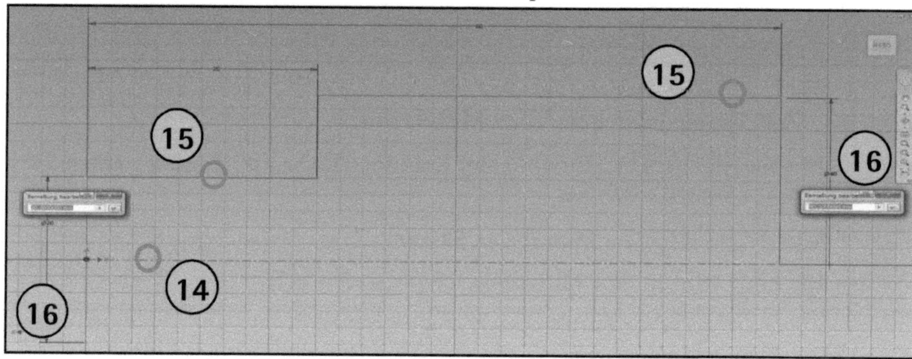

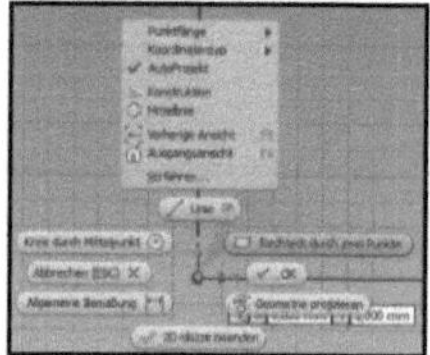

OK- Häkchen

- **OK**-Häkchen / **Skizze beenden** (aus dem Überlaufmenü)

7.3.4 Ein Rotationskörper über „Drehung"

Drehung

Drehung (Multifunktionsleiste **3D-Modellierung**)
Profil wählen (17)
(Da nur eine geschlossene Fläche vorhanden ist, erfolgt eine automatische Auswahl).
Die Mittellinie wird als **Achse** automatisch gewählt (18).
Rotationswinkel **Voll** / **Vereinigung** / **Volumenkörper** (19, 20) / **OK**

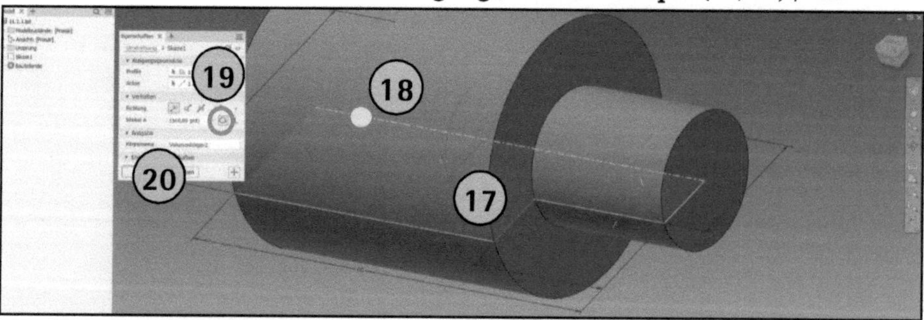

7.3.5 Das Bauteilelement „Bohrung" als Durchgangsbohrung

Zoom auf Objekt (vordere Zylinderfläche anklicken)

Bohrung (Multifunktionsleiste **3D-Modellierung**)
8 mm Durchmesser / **Durch alle** (21)
Erstellung von Mittelpunkt ist **Aktiviert** (22)
Ebene durch Klicken wählen (23) / Konzentrische Referenz wählen (24)
(Der Mittelpunkt wird automatisch gefunden)
Bohrung auf Position schieben (25).
Schließen Sie die Bearbeitung mit **OK** ab (26)

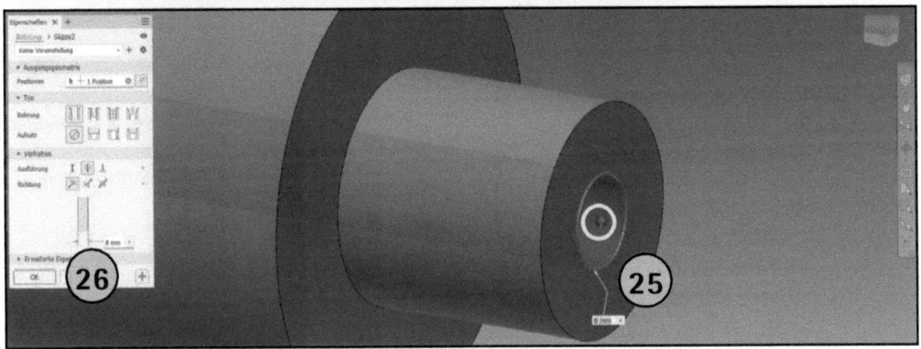

7.3.6 Bauteilelement „Bohrung" als Gewinde-Senkbohrung erstellen

Bohrung (Multifunktionsleiste **3D-Modellierung**)
Erstellung von Mittelpunkt ist **Aktiviert**
Ebene durch Klicken wählen / Konzentrische Referenz wählen (27)
(Der Mittelpunkt wird automatisch gefunden)

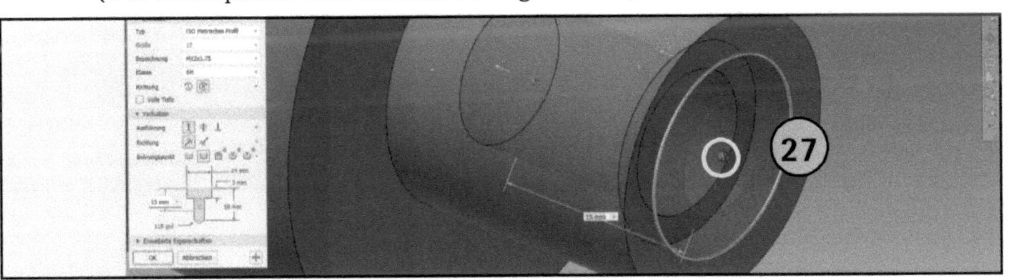

- Bohrungsparameter:
  Oben: **Ø14** mm, Tiefe **3** mm (27) / **Abstand** (27)
  Gewindebohrung, Typ: **ISO-Metrisches Profil** (27)
  Größe **12**, Bezeichnung: **M12 x 1,75**, Gewindetiefe: **15** mm (27)
  Ausführungstyp: **Abstand** / Grundbohrung: **18** mm (27) /
  Schließen Sie die Bearbeitung mit **OK** ab (28)

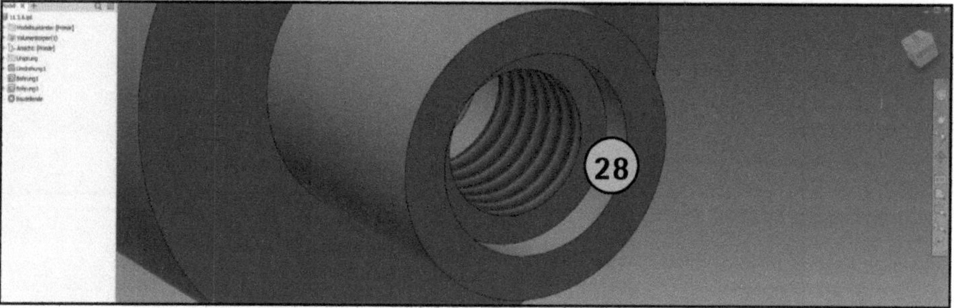

7.3.7 Das Bauteilelement „Außengewinde" erstellen

Gewinde

Gewinde (Multifunktionsleiste **3D-Modellierung**)
Zylinder wählen (29)
Register **Position**:
Versatz **0** mm / Länge **15** mm (30)
Register **Spezifikation**:
ISO-Metrisches Profil / **M20** x **2,5** (30) /
Schließen Sie die Bearbeitung mit **OK** ab. (31)

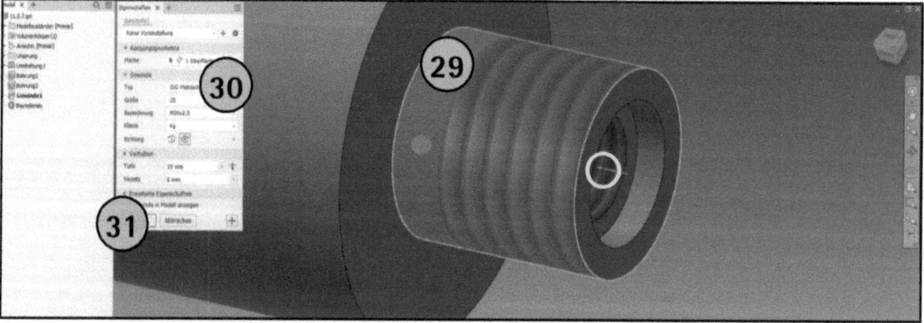

7.3.8 Das Bauteilelement „Fase" erstellen

7.3.8.1 Fasen des Außengewindes

Fase (Multifunktionsleiste **3D-Modellierung**)
Klicken Sie auf den Befehl **Abstand und Winkel**.
Klicken Sie auf die Fläche (32), von der aus der Winkel der Fase angegeben
wird.
Klicken Sie die Fasenkante auf der Fläche (33).

Fasenparameter:

Fasenabstand **2** mm (34) (kann auch gezogen werden) (35)
Fasenwinkel **30** grd (36) /

Schließen Sie die Bearbeitung mit **OK** ab. (37)

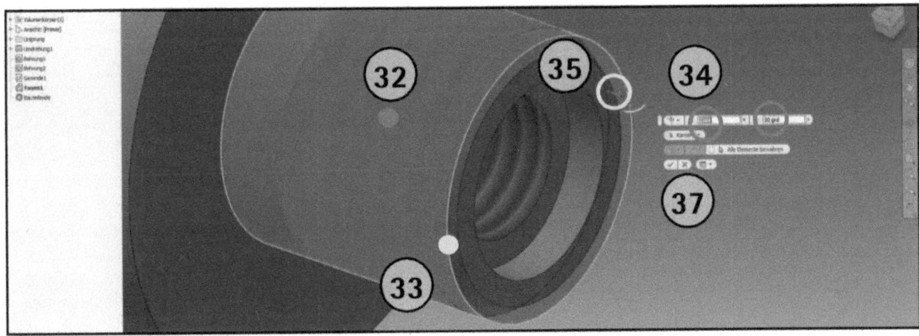

7.3.8.2 Fasen des Innengewindes

Fase (Multifunktionsleiste **3D-Modellierung**)
Klicken Sie auf den Befehl **Abstand und Winkel**.
Klicken Sie auf die Fläche (38), von der aus der Winkel der Fase angegeben
wird. Klicken Sie die Fasenkanten auf der Fläche (39).

Fasenparameter:

Fasenabstand **1,5** mm (40) (kann auch gezogen werden)

Fasenwinkel **30** grd (41) /

Schließen Sie die Bearbeitung mit **OK** ab. (42)

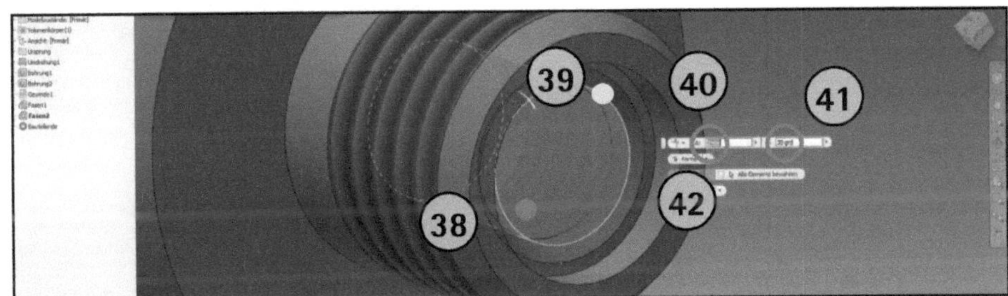

7.3.9 Das Bauteilelement „Rundung" erstellen

7.3.9.1 Abrundung des großen Zylinders mit 2 mm Radius

- Aktivieren Sie, mit einem Maus-Rechtsklick in die Arbeitsfläche, das Überlauf-Menü (43).

  Wählen Sie hieraus:

Rundung

Rundungen

Optionen:

Kantenabrundung / Konstanter Radius (44)

Radius **2** mm (44) / Kanten wählen (45) /

Schließen Sie die Bearbeitung mit **OK** ab.

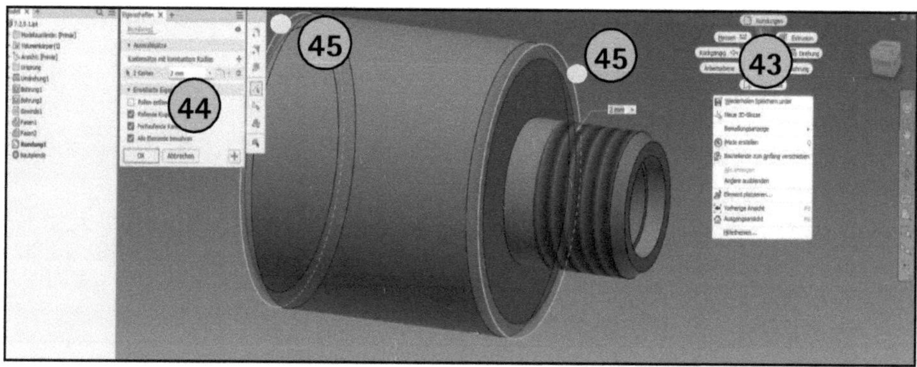

7.3.9.2 Ausrundung des Ansatz-Zylinders mit 1 mm Radius

Rundung

Rundung (Multifunktionsleiste **3D-Modellierung**) (46)

Optionen:

Kantenabrundung / Konstanter Radius (47)

Radius **1** mm (47) / Kante wählen (48) /

Schließen Sie die Bearbeitung mit **OK** ab.

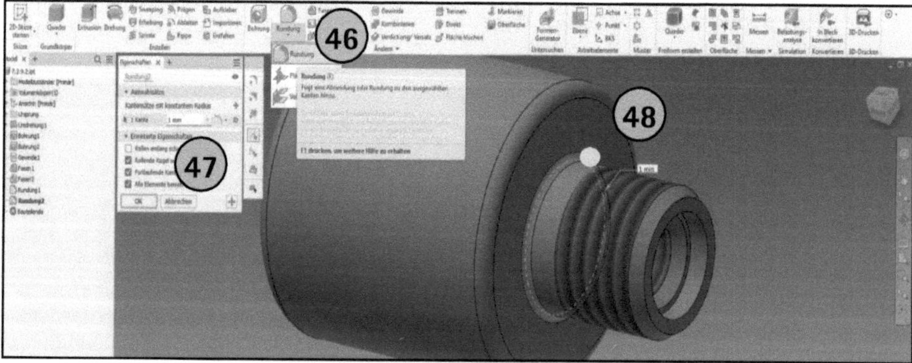

7.3.10 Einbringen einer Passfedernut, nach DIN 6885-1

7.3.10.1 Tangentiale Arbeitsebene für Basisskizze

- Schalten Sie die **XZ-Ebene** auf **Sichtbar** (49).

Ebene (Multifunktionsleiste **3D-Modellierung**)
Tangential zu Fläche und parallel zu Ebene

Klicken Sie den Zylinder für die Passfederanordnung an (50).

Klicken Sie die Ursprungsebene **XZ** an (51).

Eine neue **Arbeitsebene** für die Skizzenkonstruktion wird **tangential** zum Basiszylinder ausgerichtet (52).

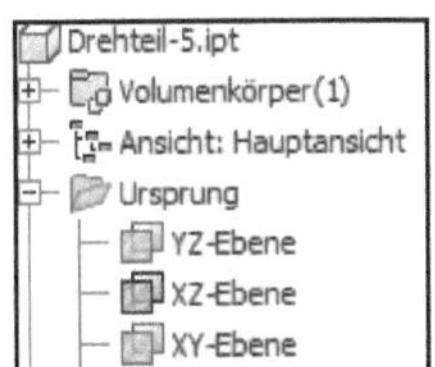

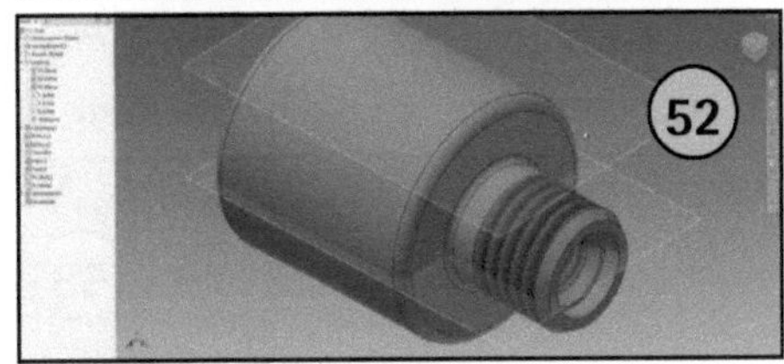

7.3.10.2 Basisskizze für die Passfedernut, Vorbereitungen

2D-Skizze (Anwählen der neuen Arbeitsebene) (53)

Geometrie projizieren (Multifunktionsleiste **Skizze**)

Wählen Sie die **XZ**-Ebene an (54).

Wählen Sie die Bauteil-Endkante an (55).

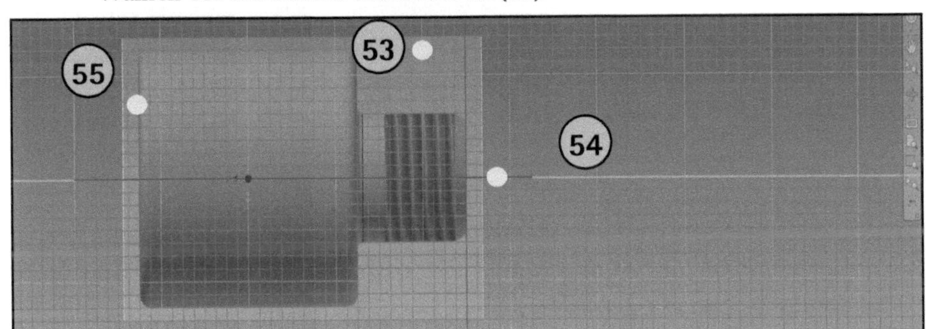

Versatz

7.3.10.3 Langlocherstellung

Versatz (Multifunktionsleiste **Skizze**)

Wählen Sie die projizierte Endkante und versetzen Sie diese in Längsrichtung um **21** mm (56, 57).

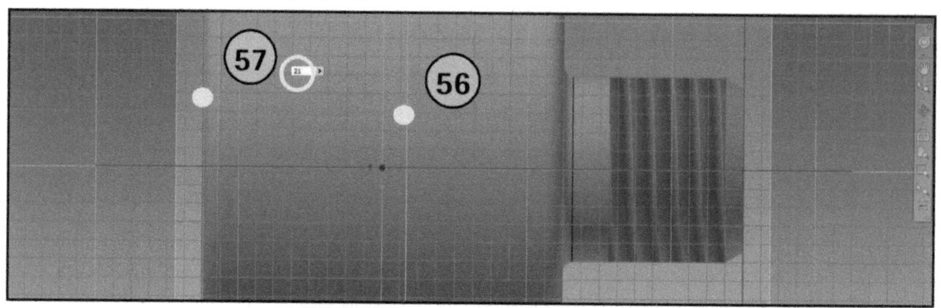

Langloch,
Mittelpunkt

Langloch, Mittelpunkt (Multifunktionsleiste **Skizze**)

Klicken Sie den Linienmittelpunkt der versetzten Linie (58).

Ziehen Sie den Endpunkt des Langlochs auf **12** mm beidseitig (59).

Ziehen Sie die Breite auf **8** mm (60).

Schließen Sie die Bearbeitung mit **OK** ab. (61).

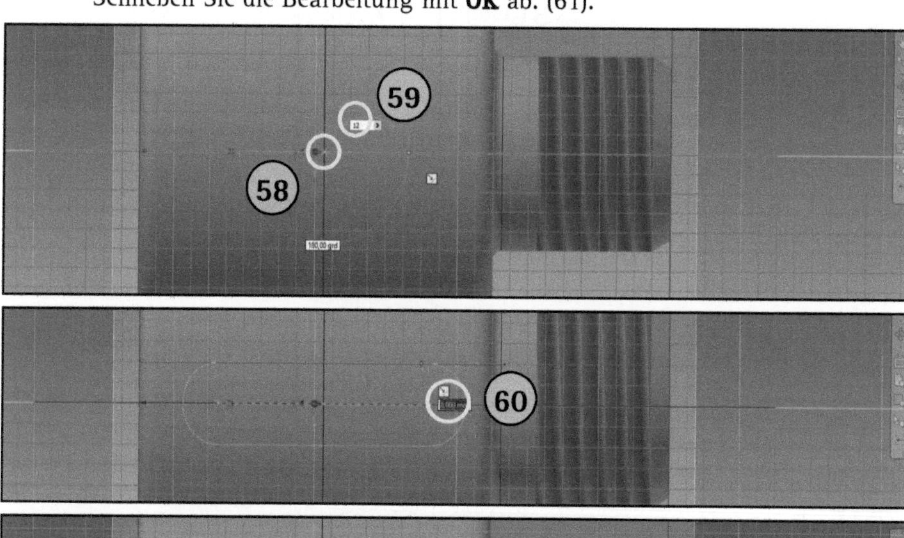

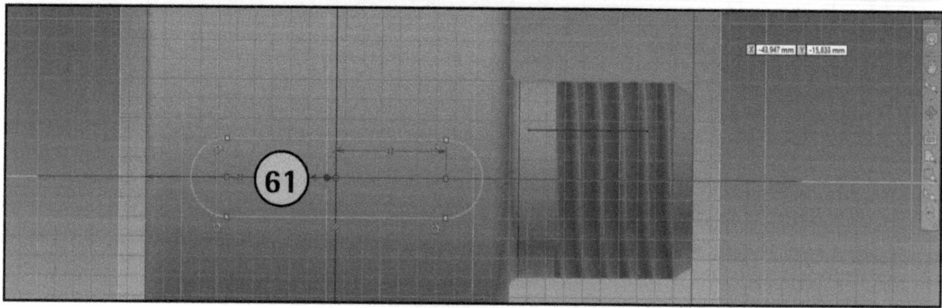

7.3.10.4 Die Passfedernut über Extrusionsdifferenz

Extrusion (Multifunktionsleiste **3D-Modellierung**)
Option **Differenz** (62)
Wählen Sie die erstellte Langlochfläche als Extrusionsfläche (63).
Richtung2 / **5** mm (64) /
Schließen Sie die Bearbeitung mit **OK** ab. (65)

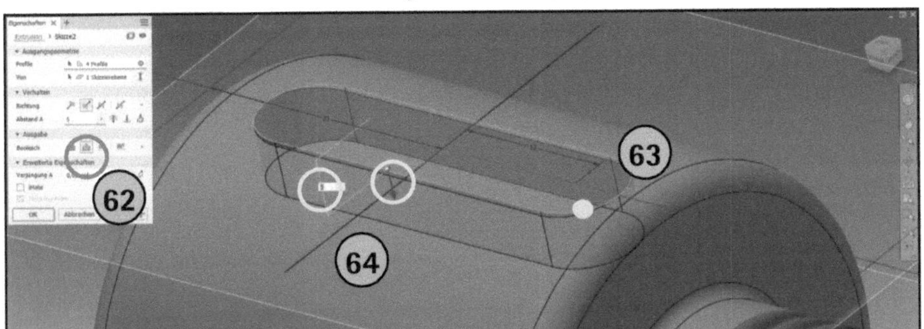

7.3.11 Materialzuweisung „Vorgabe", Autodesk-Materialbibliothek

* Wählen Sie aus der Schnellzugriff-Werkzeugleiste **Vorgabe**, Materialbox **Autodesk-Materialbibliothek** (66) das Material **Rostfrei poliert** (67).

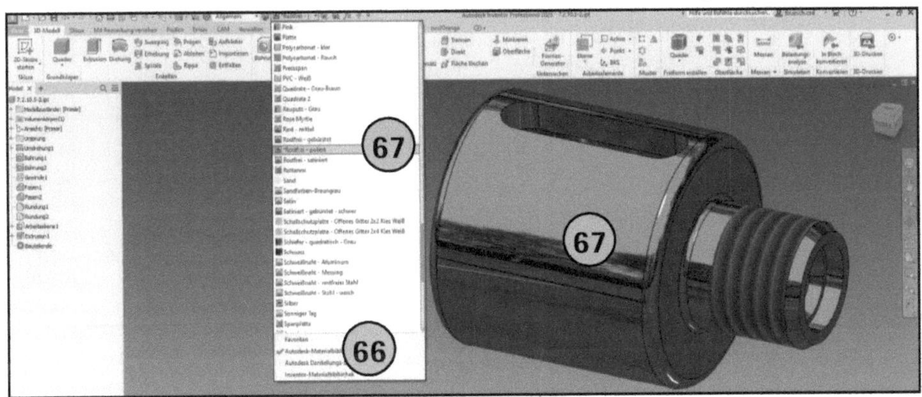

7.3.12 Bauteil speichern

* Aufruf über den **Menü-Browser**, Register **Datei**.

Speichern unter
Das Dialogfeld **Speichern unter** wird eingeblendet.
Geben Sie einen Dateinamen Ihrer Wahl ein.

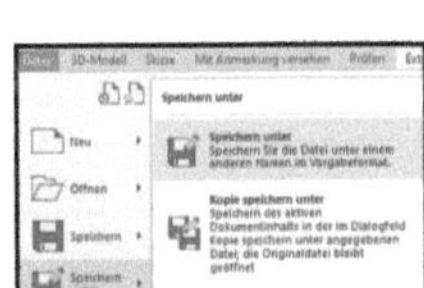

7.4 Erstellen einer Bohrplatte

7.4.1 Konstruktionsvorgaben:

- Grundblech
  25 mm x **195** mm x **118** mm (A).

- Außenkanten abgerundet mit R=**10** mm
  (Skizzenmaß entsprechend korrigiert) (B).

- Mittenbohrung
  DIN EN **20273**, Ø**30** mm H13 (C).

- **Achsen-Kombination 1**, Abstand **80** mm zu **100** mm
  für Durchgangs-Gewindebohrung **M10** x 1,5 (D).

- **Achsen-Kombination 2**, Abstand **45** mm zu **130** mm,
  Senkbohrung DIN **74** für Senkschraube **M10**, DIN EN ISO **10642** (E).

- **Achsen-Kombination 3**, Abstand **175** mm zu **98** mm,
  Senkbohrung DIN **974-1** für Zylinderschraube DIN ISO **4762** (F).

- Allseitige abgetragener **Kantenzustand** DIN ISO **13715**, **0,2** x **45°**.

- Materialzuweisung **Rostfrei, poliert**.

- Das erstellte Bauteil wird **gespeichert**.

7.4.2 Die Basisgeometrie, Zeichnungsdarstellung

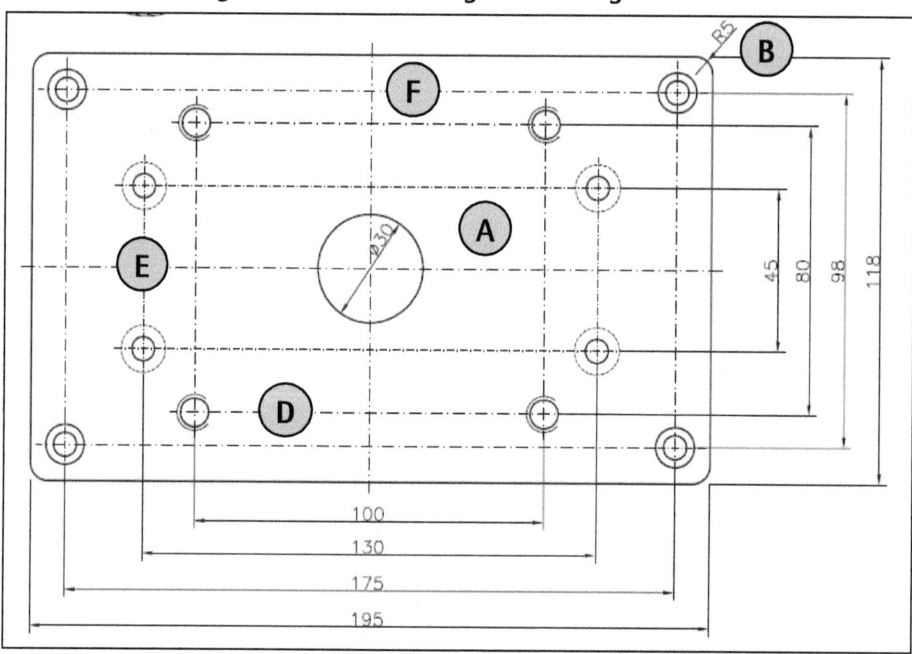

7.4.3 Eingabeablauf für die Grundskizze

7.4.3.1 Vorlagendatei öffnen

Neu (Multifunktionsleiste) / Ordner: **Vorlagen Engelke**

Engelke-2025.ipt anklicken / **Erstellen** (1, 2)

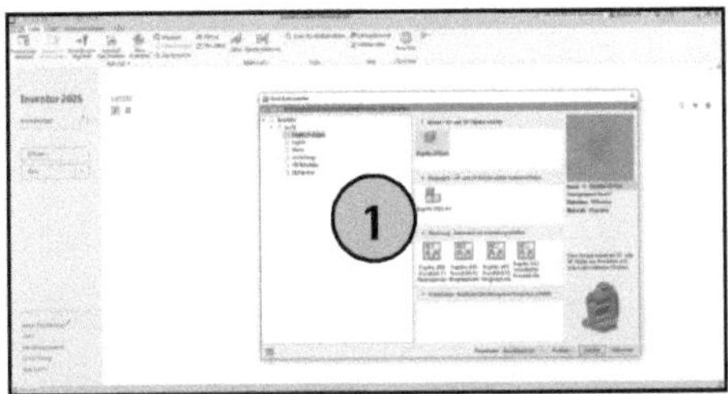
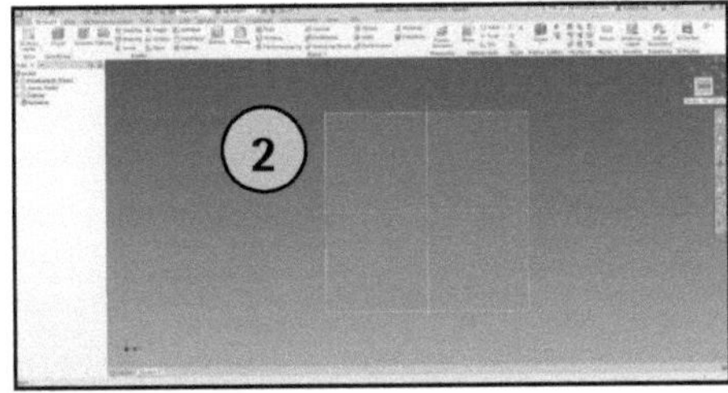

7.4.3.2 Basisskizze auf Ebene „Oben" anlegen

- **2D-Skizze starten** (Multifunktionsleiste **3D-Modell**)
- Wählen Sie die Ursprungsskizze **XY-Ebene**.
  Die Inventor-Oberfläche startet die Skizzenumgebung.
- Klicken Sie auf das **Haus** am **ViewCube** um auf die ISO-Ebene umzuschalten.

7.4.3.3 Rechteckskizze erstellen

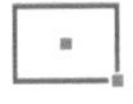

Rechteck zwei Punkte über Mitte
Mittelpunkt wählen (3) / **Zweiter Punkt** wählen / **Fertig** (4)

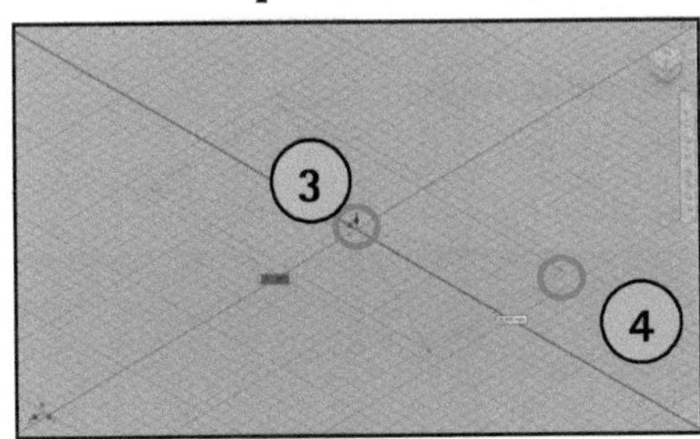

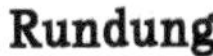

7.4.3.4 Abrundung der vier Rechteckkanten

Rundung
Radius **10** mm (5) / Kante klicken (6) / 2. Kante klicken (7) / **Fertig** (8)

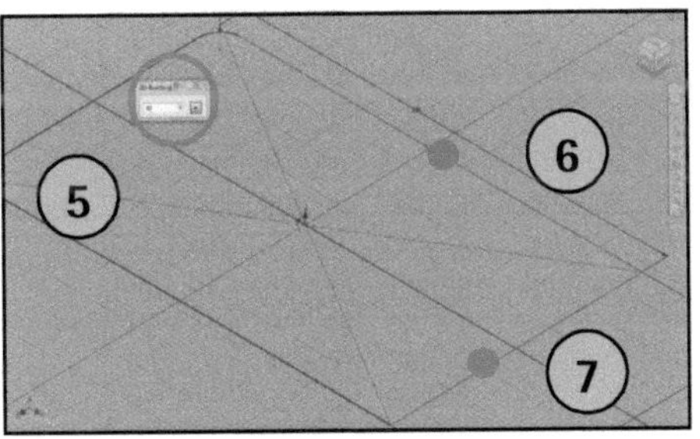
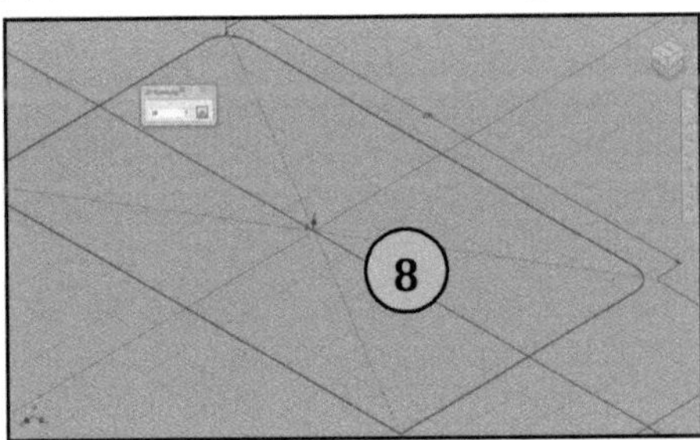

7.4.3.5 Maßliche Bestimmung

Bemaßung (Multifunktionsleiste **Skizze**)

Kanten anklicken / Maß auf Position ziehen / Maß **195** mm (9)

Kanten anklicken / Maß auf Position ziehen / Maß **118** mm (10)

2D-Skizze beenden

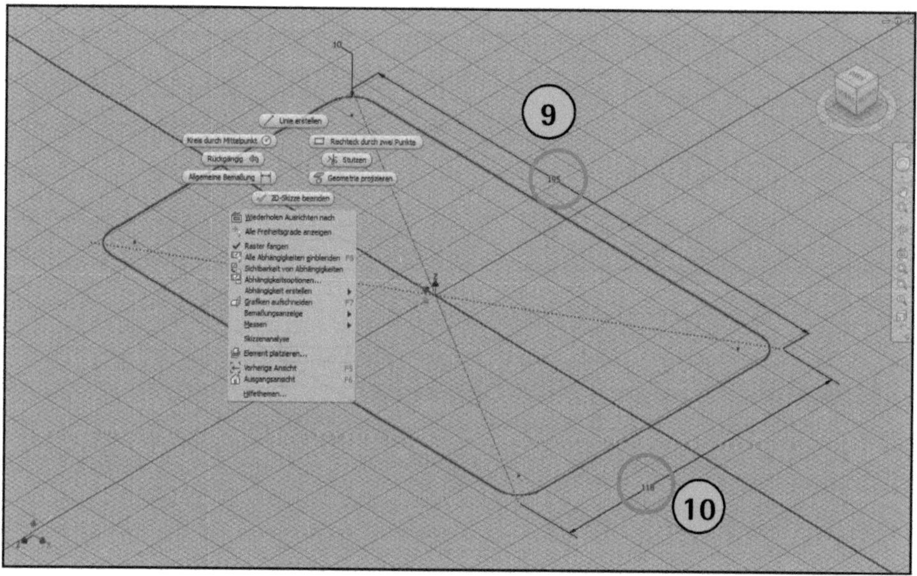

7.4.3.6 Ein Basiskörper über „Extrusion"

Extrusion (Multifunktionsleiste **3D-Modellierung**)

Objektauswahl (11) / **Richtung2** (12) / **25** mm (13) /

Schließen Sie die Bearbeitung mit **OK** ab.

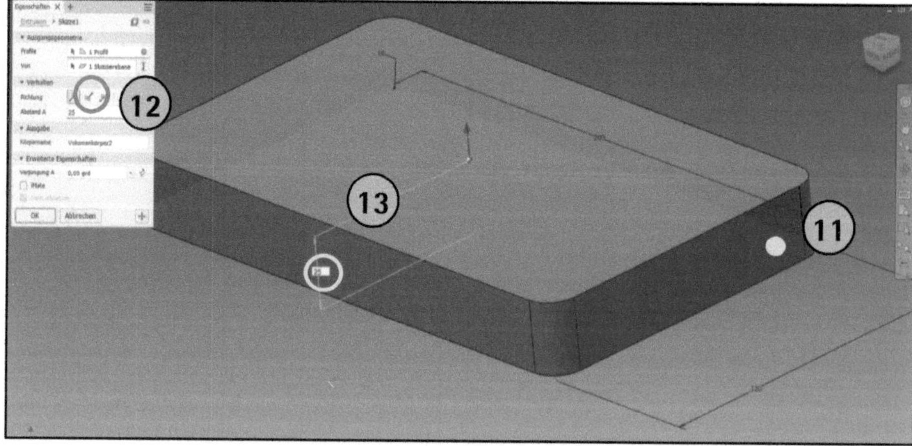

7.4.4 Die Mittelachsenkonstruktion, Basislinien

7.4.4.1 Bezugskanten erzeugen, Geometrie projizieren

2D-Skizze starten (Anwählen der oberen Fläche)

- Schalten Sie die Ursprungsebenen **YZ** und **XY** sichtbar.

Geometrie projizieren (Multifunktionsleiste **Skizze**)
Klicken Sie auf die **YZ-Ebene** (14) / Klicken Sie auf die **XZ-Ebene** (15).
Fertig (15)

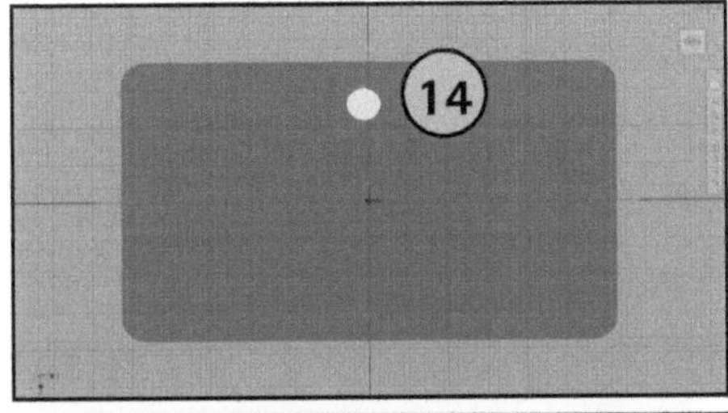

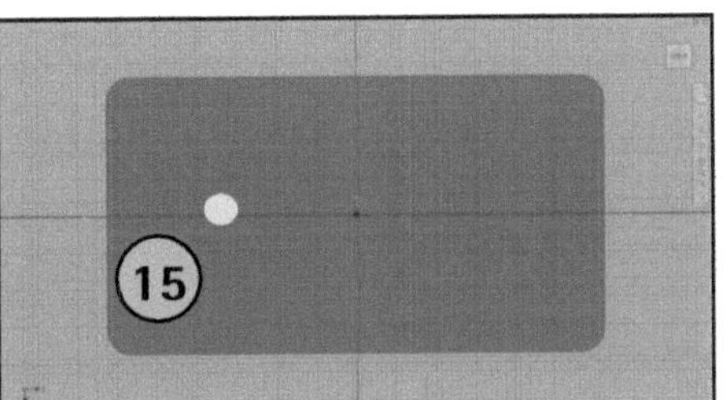

7.4.5 Die Mittelachsenkonstruktion, Bohrungsachsen über Mitte

7.4.5.1 Achsenkombination 3

Erzeugen Sie eine Mittellinienkonstruktion für alle Bohrungsmittelpunkte, der Konstruktionsablauf ist hier für alle Achsen gleich.

Versatz (Multifunktionsleiste **Skizze**)
YZ-Achse klicken (17) / linke Seite klicken (18)
YZ-Achse klicken (17) / rechte Seite klicken (18)
Fertig

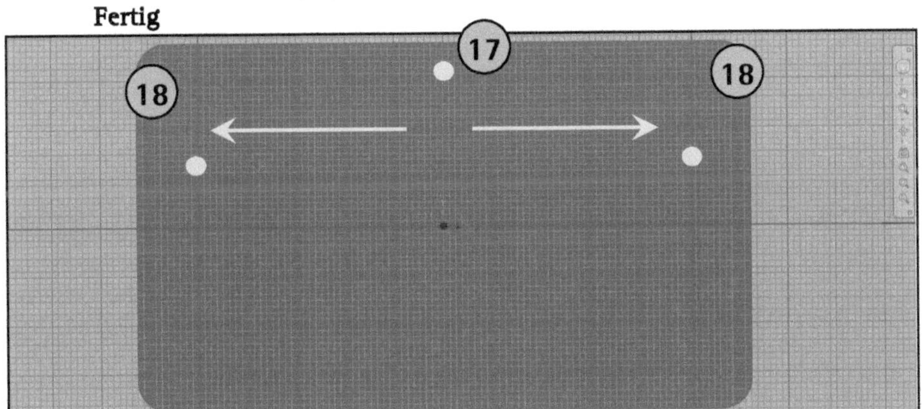

Versatz

Allgemeine
Bemaßung

Versatz (Multifunktionsleiste **Skizze**)
XZ-Achse klicken (19) / linke Seite klicken (20)
XZ-Achse klicken (19) / rechte Seite klicken (20) /**Fertig**

Konstruktion (Multifunktionsleiste **Skizze**)
Klicken Sie die erstellten Linien mit gedrückter **Strg**-Taste an und weisen
diesen dann eine Umwandlung in Konstruktionslinien zu.

Bemaßung (Multifunktionsleiste **Skizze**)
Tragen Sie das Längenmaß **175** mm und das Breitenmaß **98** mm an (21).

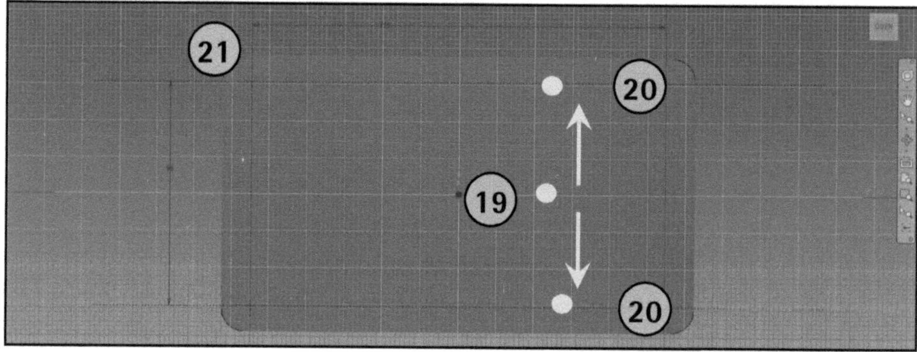

7.4.5.2 Achsenkombination 2

Versatz

Versatz (Multifunktionsleiste **Skizze**)
YZ-Achse klicken (22) / linke Seite klicken (23)
YZ-Achse klicken (22) / rechte Seite klicken (23)
XZ-Achse klicken (24) / linke Seite klicken (25)
XZ-Achse klicken (24) / rechte Seite klicken (25) / **Fertig**

Konstruktion (Multifunktionsleiste **Skizze**)
Klicken Sie die erstellten Linien mit gedrückter **Strg**-Taste an und weisen
diesen dann eine Umwandlung in Konstruktionslinien zu.

Allgemeine
Bemaßung

Bemaßung (Multifunktionsleiste **Skizze**)
Tragen Sie das Längenmaß **45** mm und das Breitenmaß **130** mm an (26).

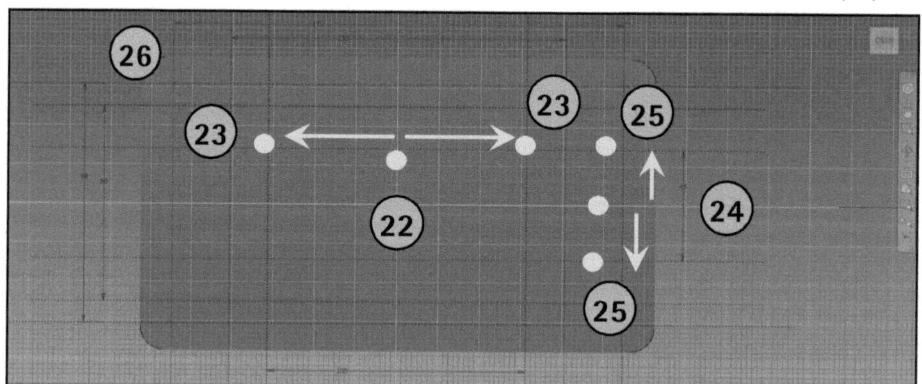

7.4.5.3 Achsenkombination 1

Versatz (Multifunktionsleiste **Skizze**)
YZ-Achse klicken (27) / linke Seite klicken (28)
YZ-Achse klicken (27) / rechte Seite klicken (28)
XZ-Achse klicken (29) / linke Seite klicken (30)
XZ-Achse klicken (29) / rechte Seite klicken (30) / **Fertig**

Konstruktion (Multifunktionsleiste **Skizze**)
Klicken Sie die erstellten Linien mit gedrückter **Strg**-Taste an und weisen diesen dann eine Umwandlung in Konstruktionslinien zu.

Bemaßung (Multifunktionsleiste **Skizze**)
Tragen Sie das Längenmaß **80** mm und das Breitenmaß **100** mm an (31).

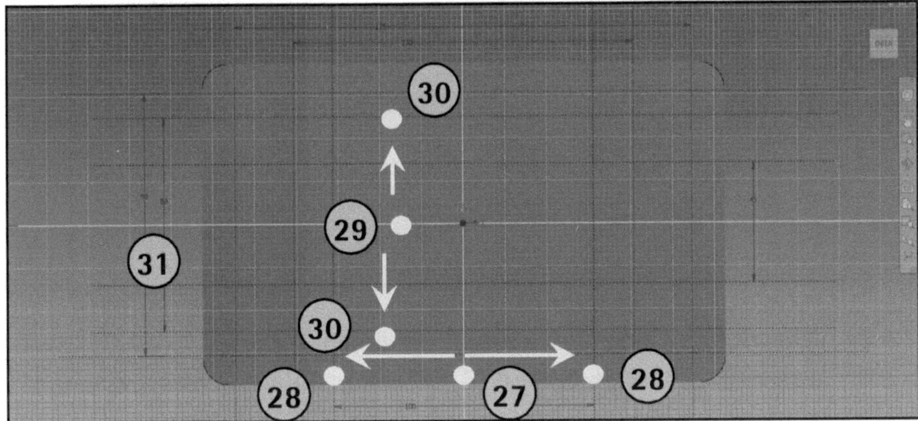

7.4.6 Die vier Senkbohrungen für Zylinderschrauben

Auf die **Achsen-Kombination 3**, Abstand **175** mm zu **98** mm werden vier **Senkbohrungen nach DIN 974-1** für Zylinderschrauben mit Innensechskant nach DIN EN ISO 4762 gesetzt.

7.4.6.1 Konstruktions-Mittelpunkte für die Bohrungen

Punkt (Farbänderung beim Treffen des Mittelpunktes)
Auf die vier Schnittpunkte der **Achsen-Kombination 3** setzen
Fertig / Skizze beenden (aus dem Überlaufmenü)

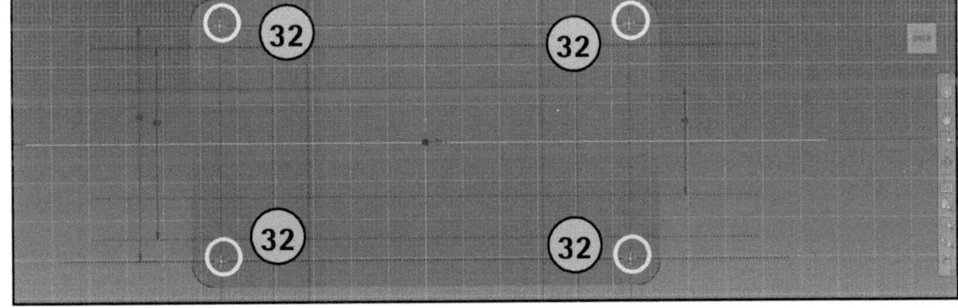

Bohrung

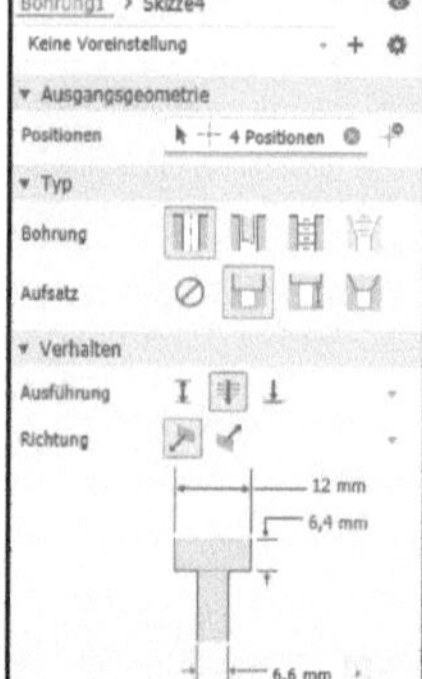

7.4.6.2 Senkbohrungen erstellen

Bohrung (Multifunktionsleiste **3D-Modellierung**)

Eintragungen in der Dialogbox:

Zylindrische Senkbohrung / Platzierung **nach Skizze**

Mittelpunkte (werden automatisch erkannt) / **Durch alle**

12 mm Durchmesser oben / **6,6** mm Durchmesser **Durchgangsbohrung**

6,4 mm tief /

Schließen Sie die Bearbeitung mit **OK** ab. (33)

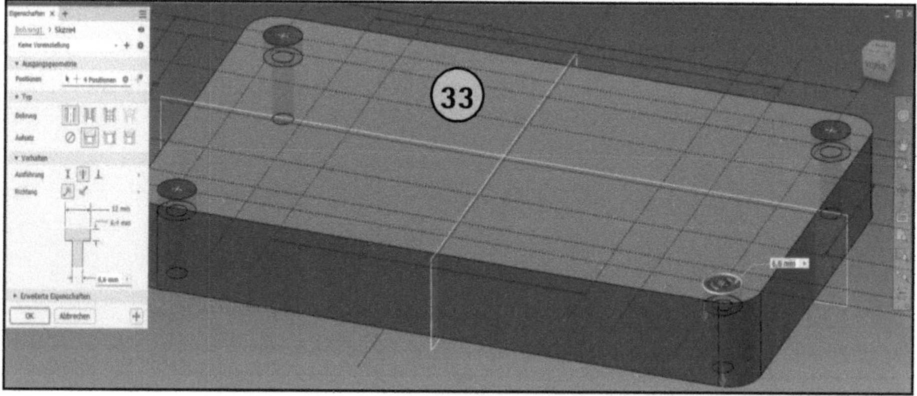

7.4.7 Die vier Gewinde-Durchgangsbohrungen

Auf die **Achsen-Kombination 2**, Abstand **100** mm zu **80** mm werden vier Gewinde-Durchgangsbohrungen mit metrischen ISO-Regelgewinde **M10**,
Steigung **1,5** mm, nach DIN **13-1** eingebracht.

7.4.7.1 Konstruktions-Mittelpunkte für die Gewinde-Bohrungen

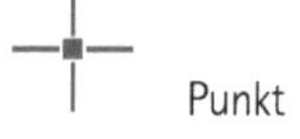

Punkt

- Klicken Sie im Bauteil-Browser die **Skizze** an und wählen im Kontextmenü **Skizze bearbeiten**.

Punkt (Farbänderung beim Treffen des Mittelpunktes)

Auf die vier Schnittpunkte der **Achsen-Kombination 2** setzen

Fertig / Skizze beenden (aus dem Überlaufmenü) (34)

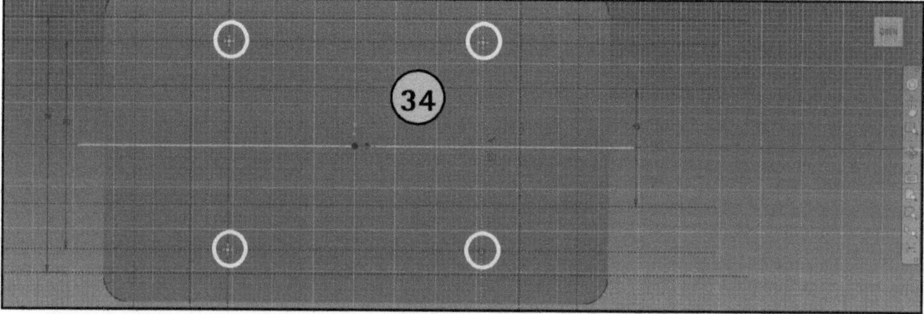

7.4.7.2 Vier Gewindebohrungen erstellen

Bohrung (Multifunktionsleiste **3D-Modellierung**)
Eintragungen in der Dialogbox:
Gewindebohrung / Platzierung **nach Skizze**
Mittelpunkte (werden automatisch erkannt)
Durch alle / ISO Metrisches Profil / Volle Tiefe
Größe **10** / Bezeichnung **M10 x 1,5** / Schließen Sie mit **OK** ab. (35)

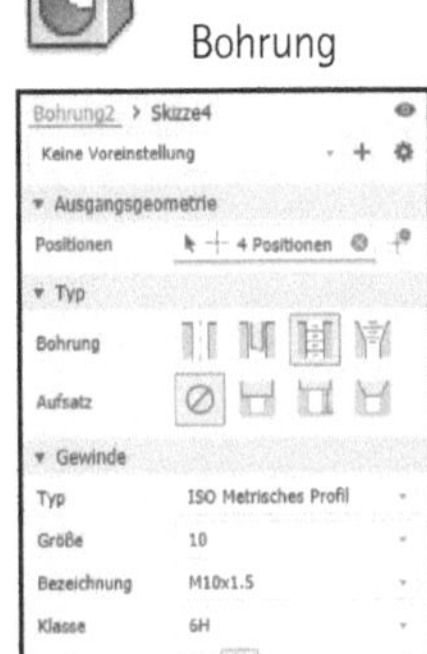
Bohrung

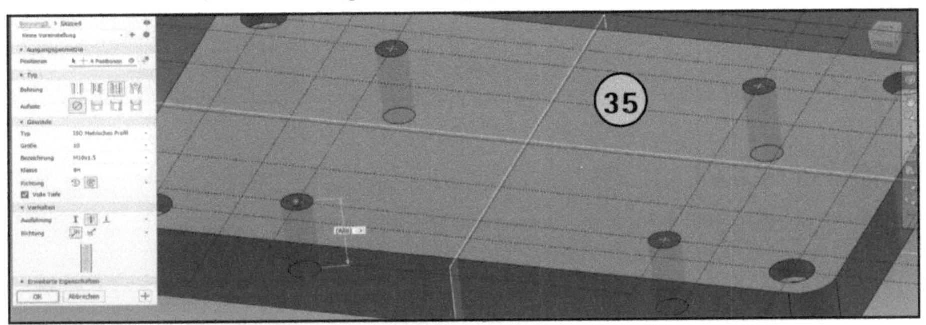

7.4.8 Die vier Senkdurchgangsbohrungen

Auf die **Achsen-Kombination 1**, Abstand **130** mm zu **45** mm werden vier **Senkbohrungen nach DIN 74** für Senkschrauben DIN EN **ISO 10642** von unten in die Bohrplatte eingebracht.

7.4.8.1 Konstruktions-Mittelpunkte für die Senkbohrungen erstellen

- **ViewCube**-Einstellung **Unten-Rechts**

2D-Skizze (Anwählen der unteren Fläche) (36, 37)

2D-Skizze
starten

Geometrie projizieren
Klicken Sie auf die oben liegende Achsen Abstand **45** mm (38).
Klicken Sie auf die oben liegende Achsen Abstand **130** mm (39).
Fertig

Geometrie
projizieren

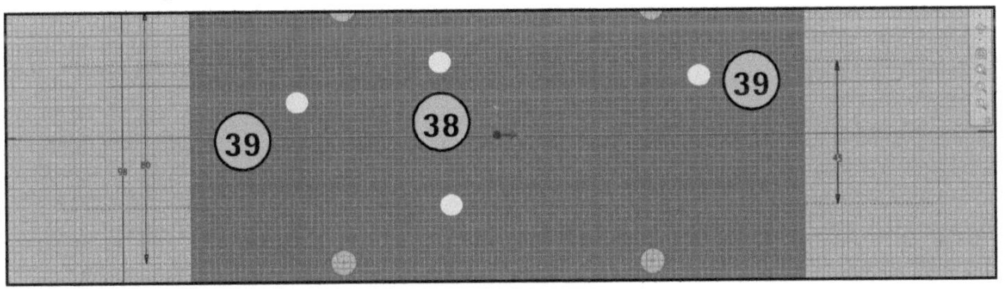

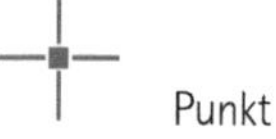

Punkt

Punkt (Farbänderung beim Treffen des Mittelpunkts)
Auf die **Achsen-Kombination** 1 setzen.
Skizze beenden (aus dem Überlaufmenü) (40)

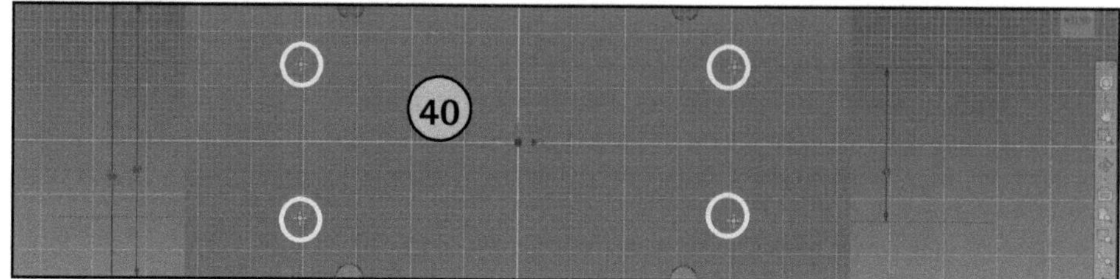

7.4.8.2 Senkbohrungen erstellen

Bohrung

Bohrung (Multifunktionsleiste **3D-Modellierung**)
Wählen Sie die Mittelpunkte einzeln an.
Eintragungen in der Dialogbox:
Senkbohrung / Platzierung **nach Skizze** / **Mittelpunkt**
Richtung **nach oben** / **Durch alle**
13,7 mm Durchmesser / **6,6** mm Durchmesser / **90°** /
Schließen Sie die Bearbeitung mit **OK** ab. (41)

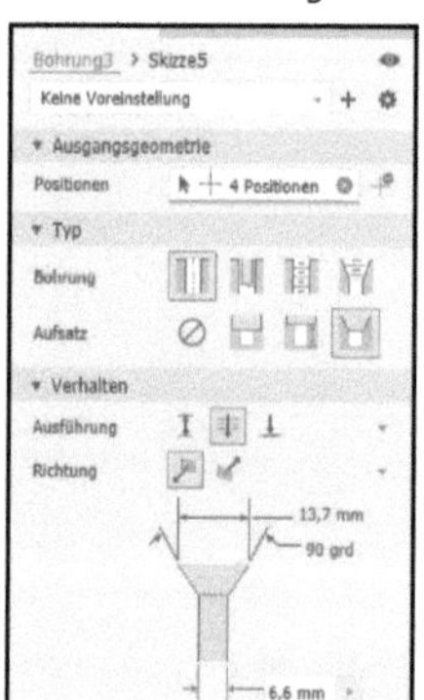

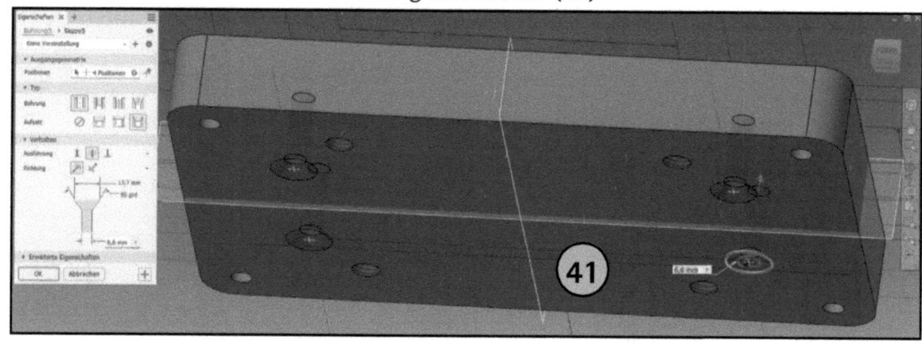

7.4.9 Durchgangsbohrung auf Mitte Bohrplatte setzen

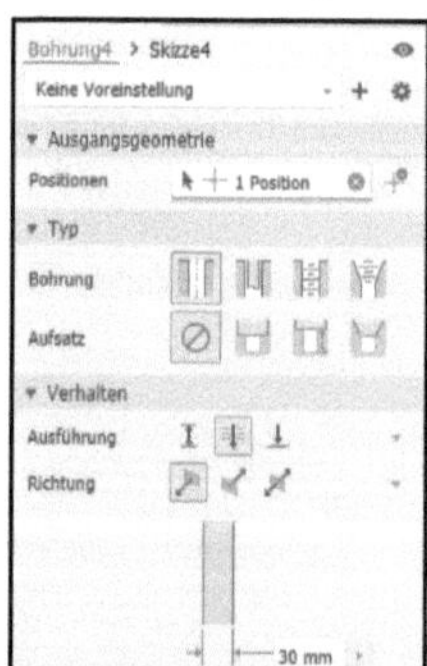

Bohrung

Bohrung (Multifunktionsleiste **3D-Modellierung**)
Arbeitsebenen-Schnittpunkt klicken.
Eintragungen in der Dialogbox:
zylindrische Bohrung / Platzierung **Nach Skizze**
Durch alle / **30** mm Durchmesser / Schließen Sie mit **OK** ab. (42)

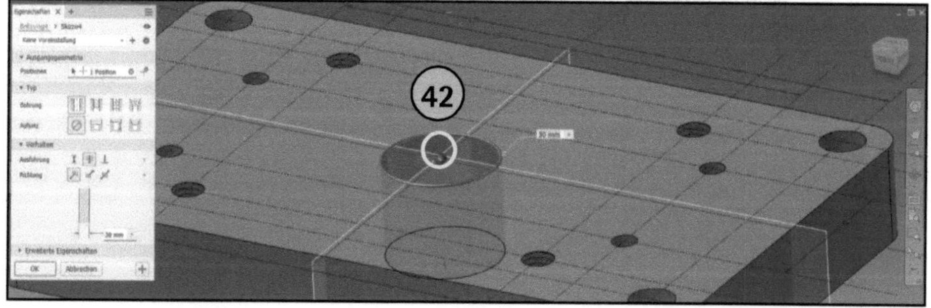

7.4.10 Kanten über „Fase" brechen

- Allseitige abgetragener Kantenzustand DIN ISO **13715**, **0,2** x **45°**.

Fase (Multifunktionsleiste **3D-Modellierung**)
Wählen Sie die gezeigten Fasenkanten auf beiden Bauteilseiten (43, 44)
Fasenparameter:
Abstand / Fasenabstand **0,2** mm (45) / Schließen Sie mit **OK** ab.

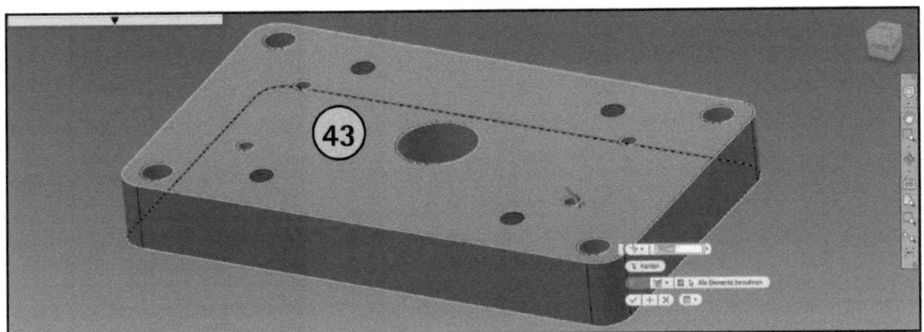

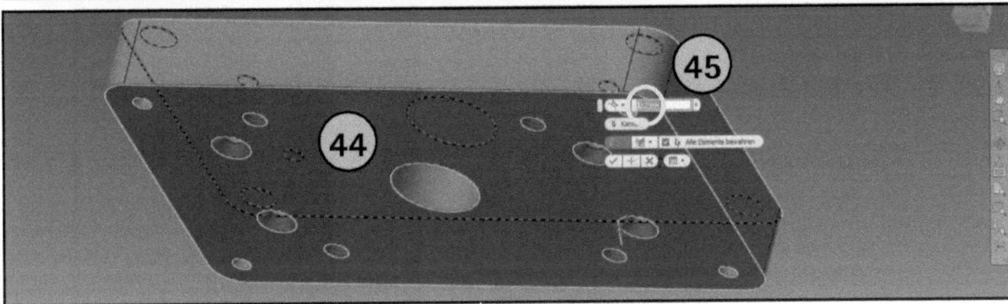

7.4.11 Materialzuweisung

- Wählen Sie aus der Schnellzugriff-Werkzeugleiste **Vorgabe**, Materialbox **Autodesk-Materialbibliothek** (46) das Material **Rostfrei poliert** (47).

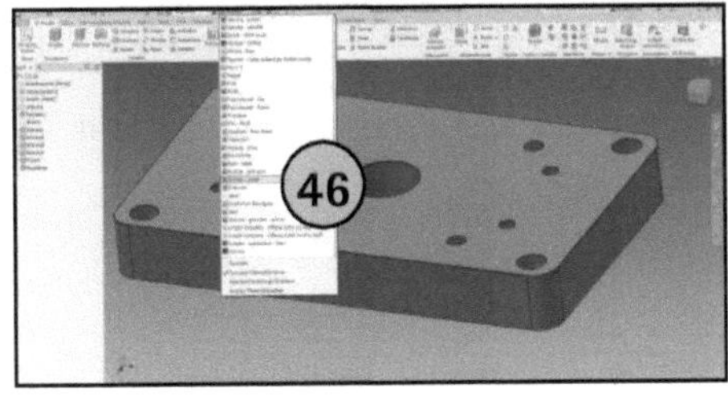

7.4.12 Bauteil speichern

- Aufruf über den **Menü-Browser**, Register **Datei**.

Speichern unter
Das Dialogfeld **Speichern unter** wird eingeblendet.
Geben Sie einen Dateinamen Ihrer Wahl ein.

7.5 Getriebe-Antriebswelle
Bauteilerstellung mit dem Wellengenerator

7.5.1 Die Getriebe-Antriebswelle, Vorgaben

7.5.1.1 Die Konstruktionsskizze für die Bauteilerstellung

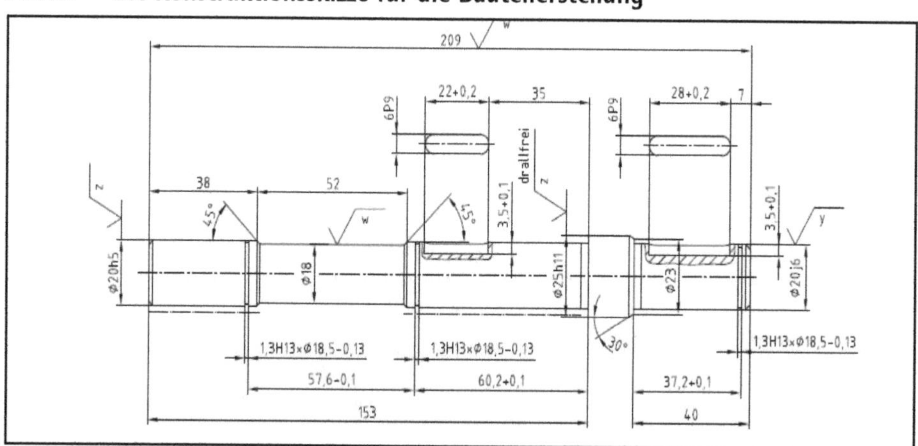

7.5.1.2 Die Getriebe-Antriebswelle, Vorgaben für den „Wellengenerator"

Profil 1:

    Zylinder Ø**20** mm x **39** mm lang.
    Einstich für einen Sicherungsring, **DIN 471**,
    Breite **1,8** mm, Innen-Ø**28,5** mm,
    am Anfang und Ende eine Fase **1 x 45**.

Profil 2:

    Zylinder Ø**20** mm x **50** mm lang.

Profil 3:

    Zylinder Ø**20** mm x **64** mm lang.
    Freistich Typ E DIN **509**.
    Einstich für einen Sicherungsring, DIN **471**,
    Breite **1,3** mm, Innen-Ø**18,5** mm.
    Passfedernut nach DIN **6885**, Breite **6** mm, Tiefe **3,5** mm, Länge **22** mm

Profil 4:

    Zylinder Ø**25** mm x **14,3** mm lang.

Profil 5:

    Kegel Ø**23** mm / Ø**23** mm x **1,7** mm lang.

Profil 6:

    Zylinder Ø**20** mm x **40** mm lang.
    Freistich Typ **E DIN 509.**
    Passfedernut nach **DIN 6885**, Breite **6** mm, Tiefe **3,5** mm, Länge **28** mm,
    Fase **1** x **45** am Ende der Welle

7.5.1.3 Baugruppen–Vorlagendatei öffnen

Neu (Multifunktionsleiste) / Ordner: **Vorlagen Engelke**

Engelke-2025.iam anklicken / **Erstellen** (1, 2)
Öffnen Sie eine neue Baugruppen-Vorlagendatei.

- **Speichern** Sie diese leere Baugruppenzeichnung.

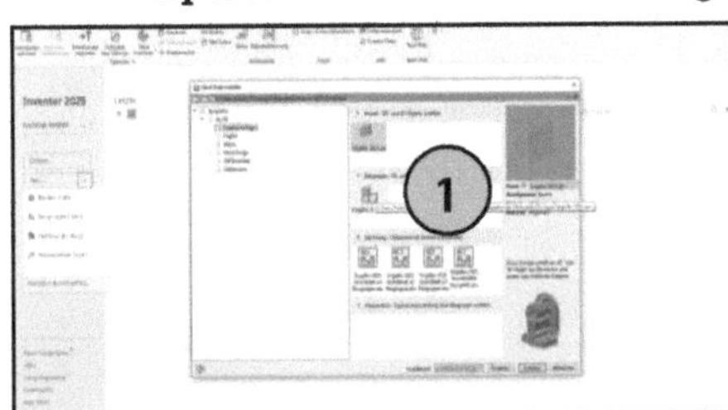

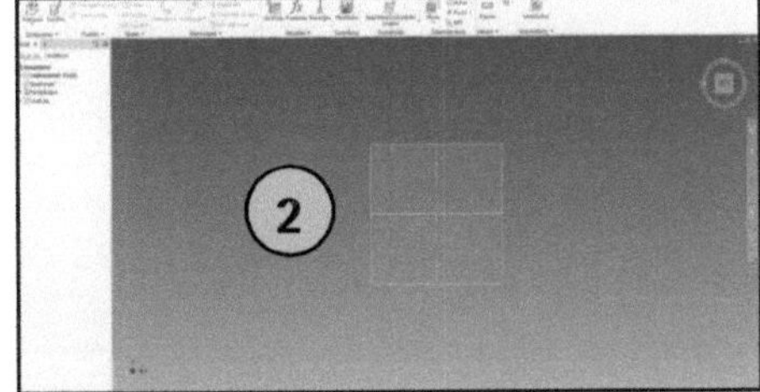

7.5.1.4 Bauteilerstellung mit dem Wellengenerator, Aufruf

Wellengenerator (Register **Konstruktion**)
Löschen Sie alle Einträge, bis auf den Grundeintrag (3).

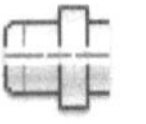

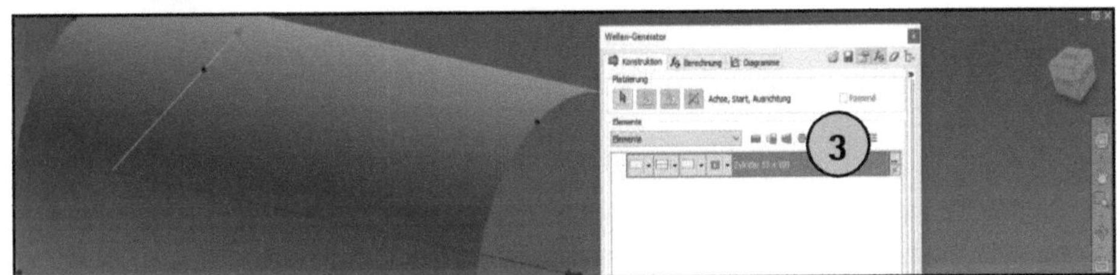

7.5.1.5 Bauteilerstellung mit dem Wellengenerator, Profil 1

- Zylinder Ø**20** mm x **39** mm lang (4).

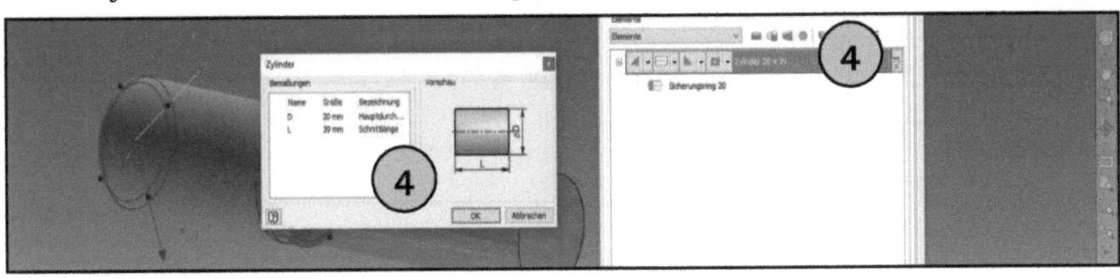

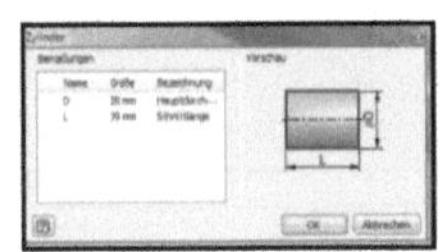

- Einstich für einen Sicherungsring, **DIN 471**,
  Breite **1,8** mm, Innen-Ø**28,5** mm (5).

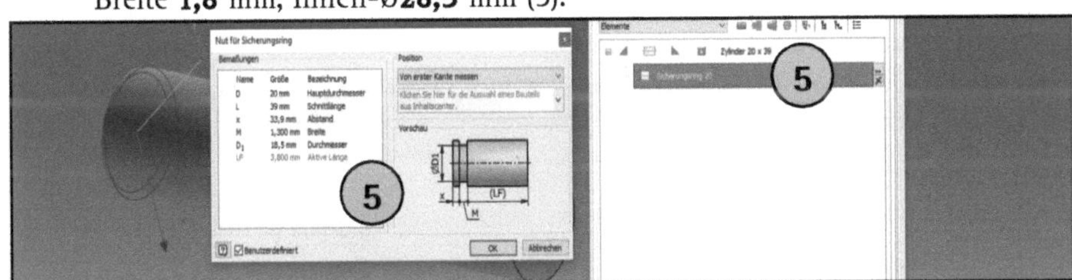

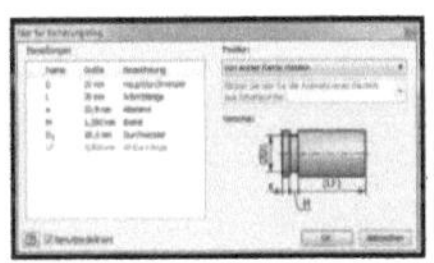

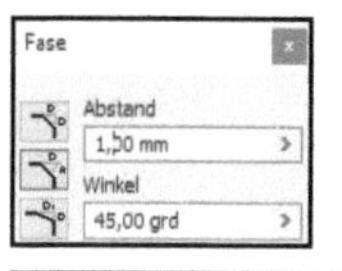

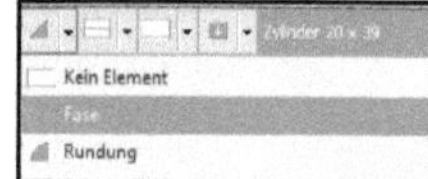

- Am Anfang und Ende eine Fase **1 x 45** setzen (6, 7).

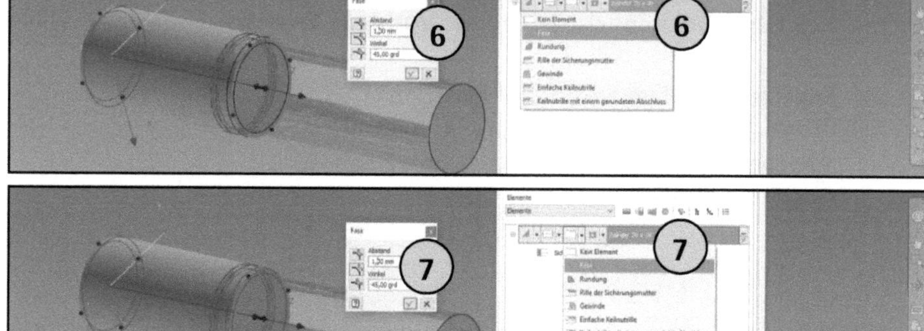

7.5.1.6 Bauteilerstellung mit dem Wellengenerator, Profil 2

- Zylinder Ø**20** mm x **50** mm lang (8).

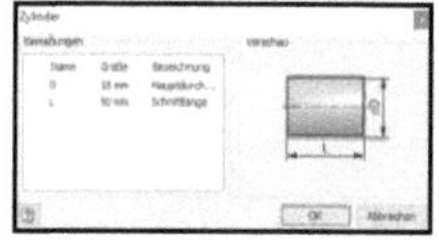

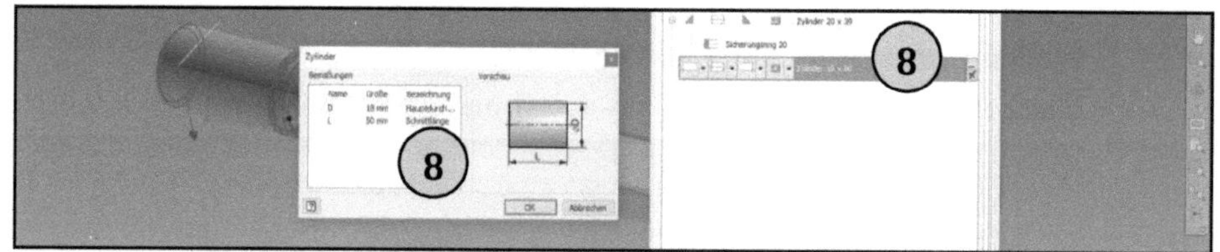

7.5.1.7 Bauteilerstellung mit dem Wellengenerator, Profil 3

- Zylinder Ø**20** mm x **64** mm lang (9).

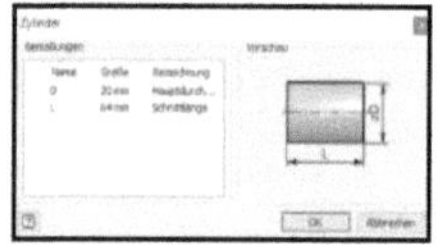

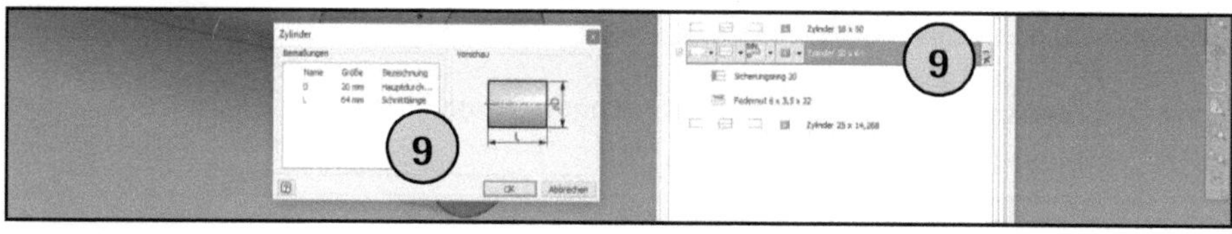

- Einstich für einen Sicherungsring, DIN **471**,
  Breite **1,3** mm, Innen-Ø**18,5** mm (10).

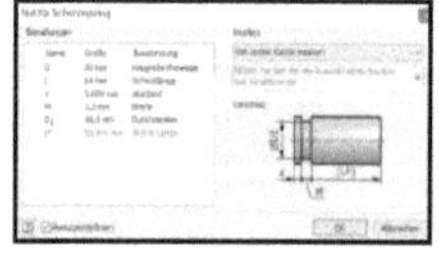

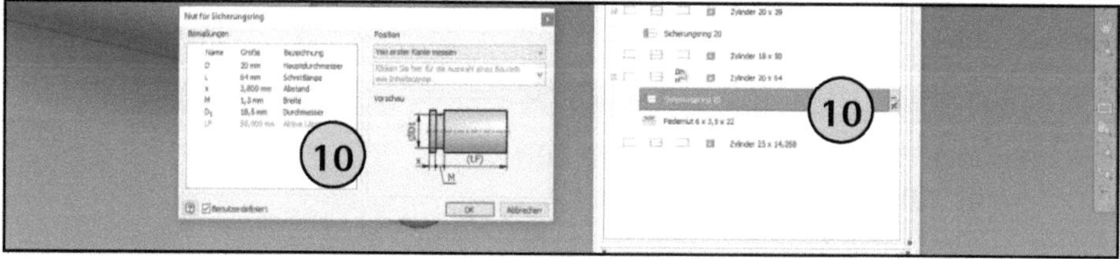

- Passfedernut nach DIN **6885**, Breite **6** mm, Tiefe **3,5** mm, Länge **22** mm (11).

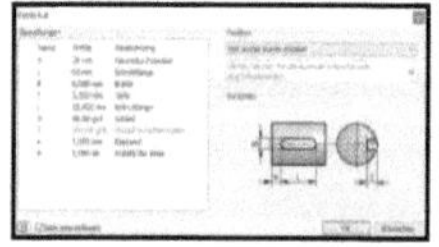

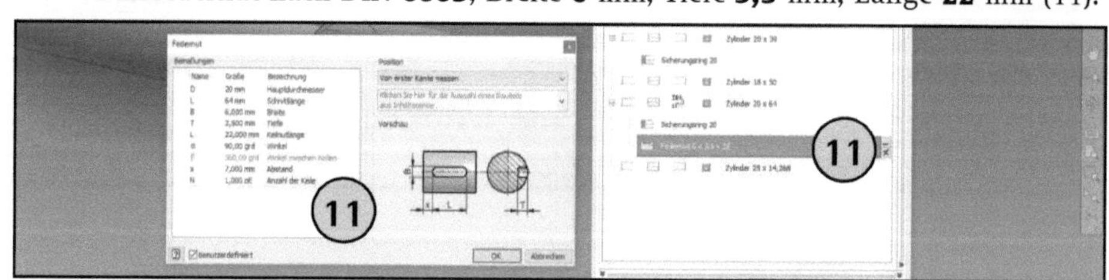

7.5.1.8 Bauteilerstellung mit dem Wellengenerator, Profil 4

- Zylinder Ø**25** mm x **14,3** mm lang (12).

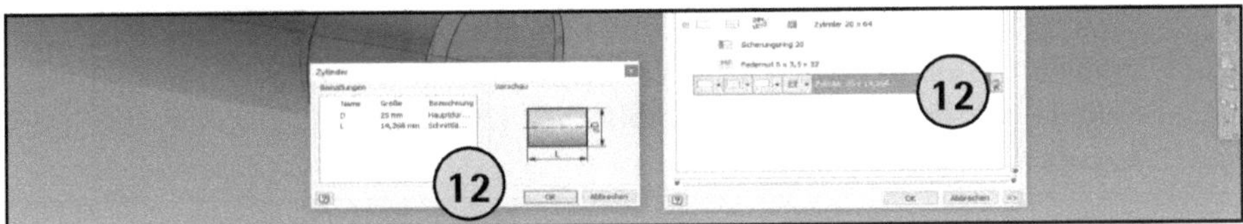 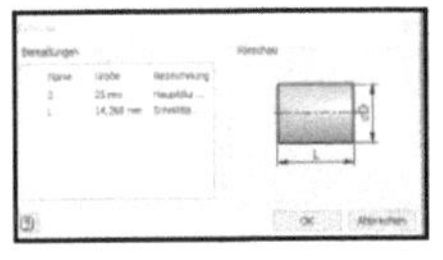

- Jetzt Freistich Typ **E DIN 509** an **Profil 3** setzen (13).

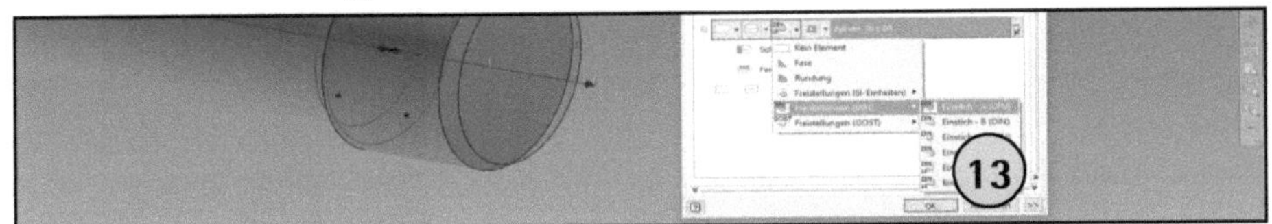 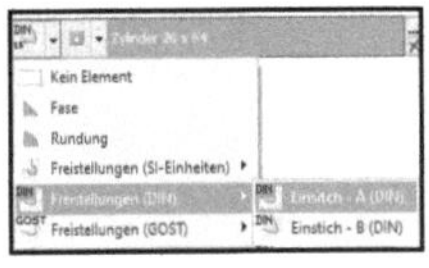

7.5.1.9 Bauteilerstellung mit dem Wellengenerator, Profil 5

- Kegel Ø**23** mm / Ø**23** mm x **1,7** mm lang (14).

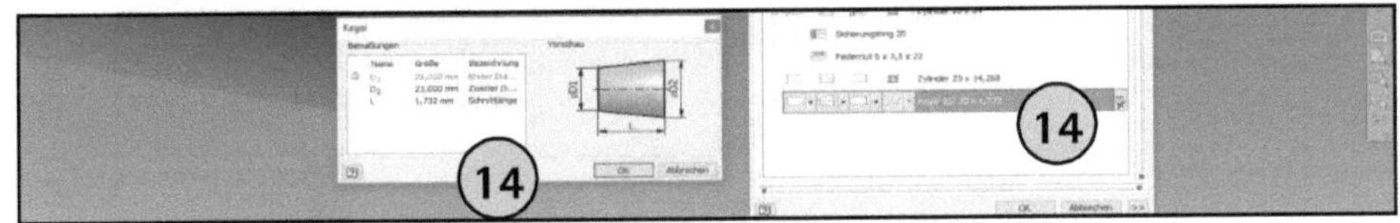 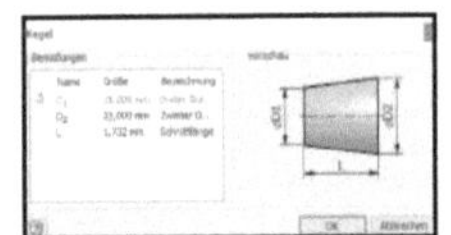

7.5.1.10 Bauteilerstellung mit dem Wellengenerator, Profil 6

- Zylinder Ø**20** mm x **40** mm lang.

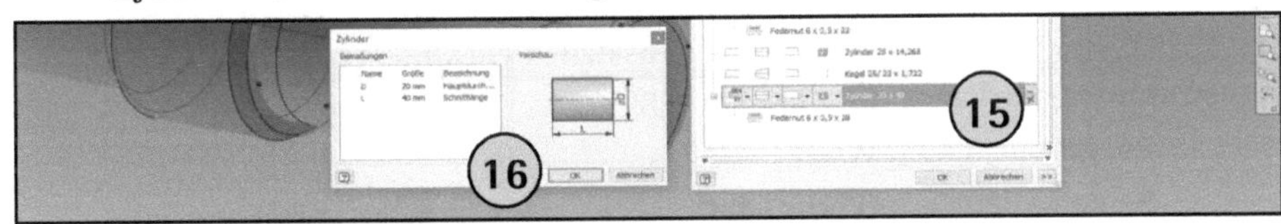 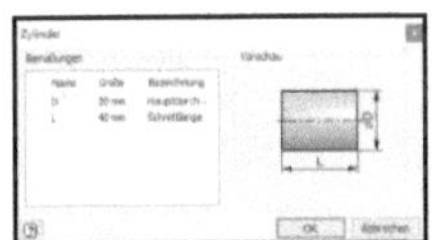

- Freistich Typ **E DIN 509** (17).

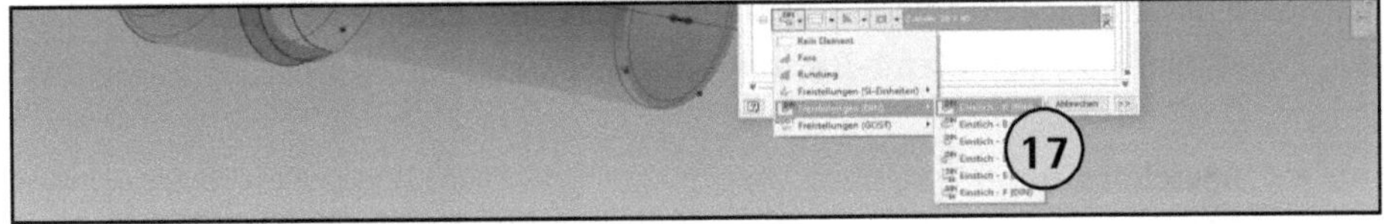 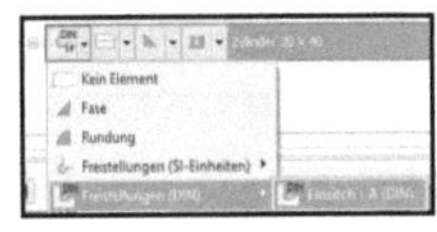

- Passfedernut nach **DIN 6885**, Breite **6** mm, Tiefe **3,5** mm, Länge **28** mm (18).

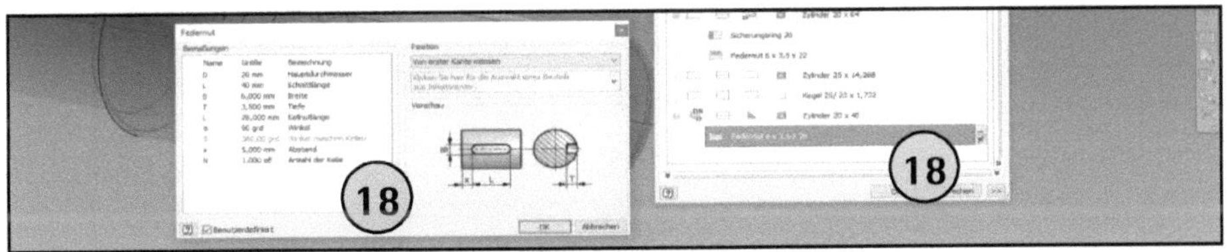 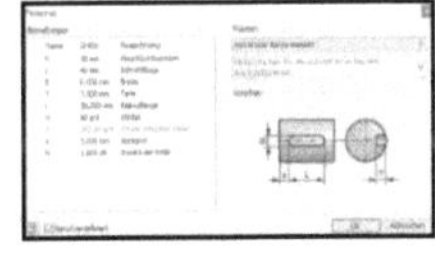

- Fase **1** x **45** am Ende der Welle setzen (19).

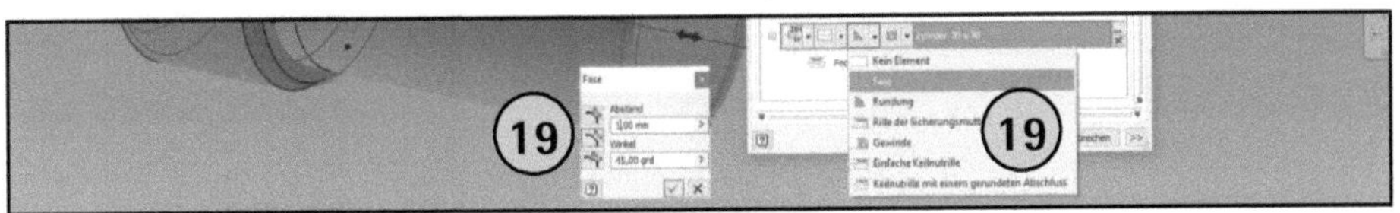 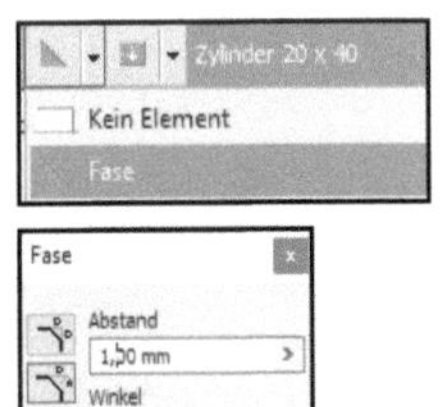

- Schließen Sie die Bearbeitung mit **OK** ab.

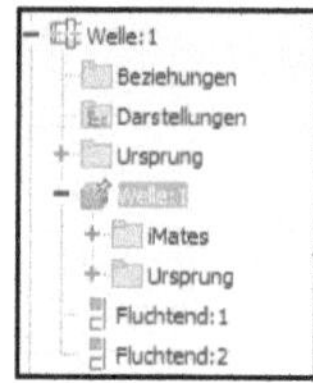

7.5.2 Materialzuweisung für die Getriebe-Antriebswelle

- Erweitern Sie den **Bauteilbrowser**-Eintrag **Welle** des Wellengenerators.
- Klicken Sie den Bauteilbrowser-Eintrag **Welle**.
- Wählen Sie aus der Schnellzugriff-Werkzeugleiste **Vorgabe**,
  Materialbox **Inventor-Materialbibliothek** (20)
  das Material **Stahl poliert** (21).

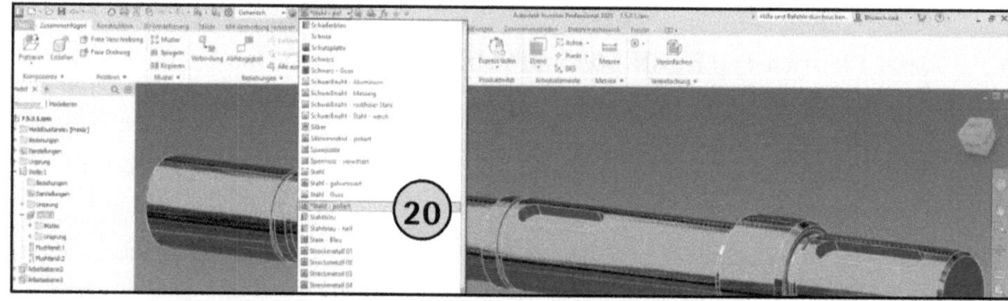

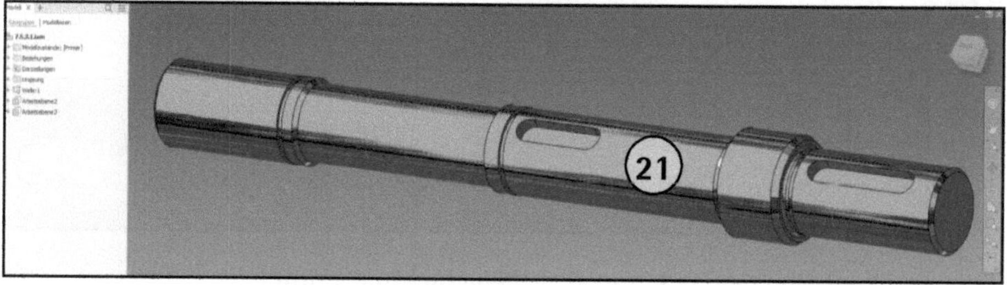

7.5.3 Baugruppe und Bauteil speichern

Die Speicherung der Baugruppe erzeugt zusätzlich ein Unterverzeichnis
Konstruktions-Assistent mit zwei Einträgen:

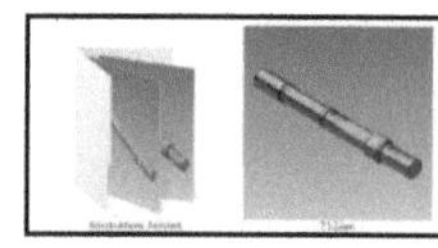

      Baugruppendatei: **Welle1.iam**

      Bauteildatei   : **Welle1.ipt**

Diese erzeugten Einträge gehören unbedingt zur konstruierten Antriebswelle und
müssen immer mitgeliefert werden, um eine Änderung möglich zu machen.

- Aufruf über den **Menü-Browser**, Register **Datei**.

Speichern unter
Das Dialogfeld **Speichern unter** wird eingeblendet.
Geben Sie einen Dateinamen Ihrer Wahl ein.

Projekt VIII

Mächtige Befehle
Optimierte Konstruktionen
Seite 182 bis 207

- Bohrplatte
  Bohrungen mit Funktion „Rechteckige Anordnung"
- Flanschring mit Bohrungen
  Bohrungen mit Funktion „Runde Anordnung"
- Hohlkörper-Pyramide
  „Verjüngung", „Wandung", „Rundung"
- Fundament
  Aufsatz mit „Rippe"
  Verteilung der Rippen über Funktion „Runde Anordnung"
  Verteilung der Rippen über Funktion „Spiegeln"
- Druckfeder
  Federerstellung über Funktion „Spirale"
- Welle mit Trapezgewinde
  Gewinde über Funktion „Spirale" als Volumendifferenz
  Abschlussfase auf der einen Wellenseite über „Drehung"
  Abschlussfase über „Fase"
- Wellenelement
  Erstellen eines echten Außengewindes mit „ThreadModeler"-Tool
  Volumenkörper über „Kombinieren"
  Fase am Gewindeende über „Drehung"
  Erstellen eines echten Innengewindes mit „ThreadModeler"-Tool
  Anpassen der Spirallänge für das Gewinde

7.6 Bohrplatte,
Bohrungen mit Funktion „Rechteckige Anordnung"

7.6.1 Die Basisgeometrie, Vorgaben

- Quader **100** mm x **100** mm, **40** mm dick auf XZ-Ebene erstellen.

- Basisvolumen für weitere Bearbeitung speichern.

- Stufenbohrung **Ø8** mm, **5** mm tief, Rest-**Ø5** mm, mit jeweils **10** mm Seitenabstand.

- Die Musterdaten sind:
  9 Bohrungen in X-Richtung Abstand x = **80** mm.
  9 Bohrungen in Y-Richtung Abstand y = **80** mm.

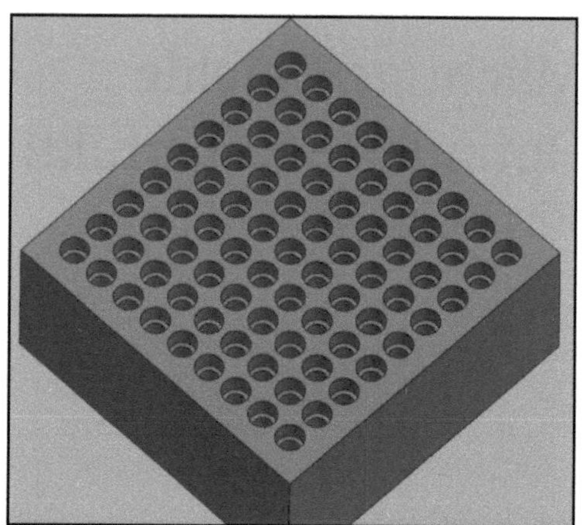

7.6.2 Eingabeablauf für den Grundkörper

7.6.2.1 Vorlagendatei öffnen

Neu (Multifunktionsleiste)

Engelke-2025.ipt anklicken / **Erstellen**

7.6.2.2 Erstellen des Grundkörpers „Quader"

Quader (Multifunktionsleiste **3D-Modellierung** / **Grundkörper**)
Wählen Sie die Arbeitsebene, klicken Sie die Mitte des Rechtecks.
Geben Sie in die entsprechenden Felder jeweils **100** mm ein (1).
Abstand / **40** mm / **Volumenkörper** (2).
Schließen Sie die Bearbeitung mit **OK** ab.

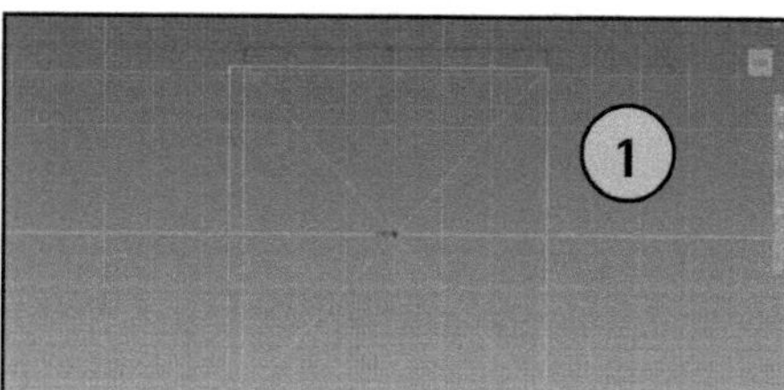

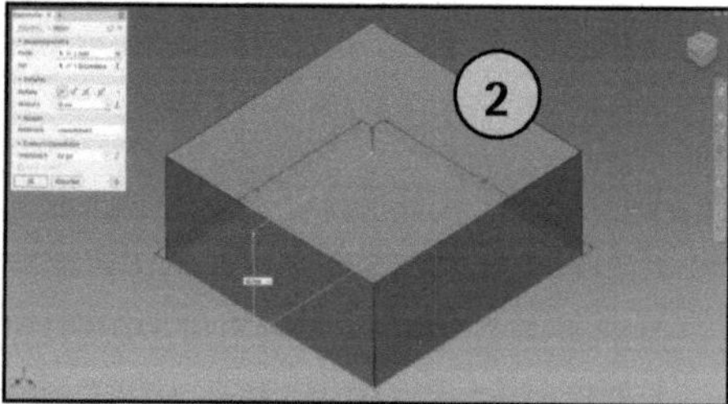

7.6.3 Eingabeablauf für die Basisbohrung

Bohrung (Multifunktionsleiste **3D-Modellierung**)

Eintragungen in der Dialogbox:
zylindrische Senkbohrung / Platzierung **Linear**
Referenz 1 klicken (3) / **Referenz 2** klicken (4) / Seitenabstand **10** mm
8 mm Durchmesser oben / **5,5** mm Durchmesser **Durchgangsbohrung**
5 mm tief / **Durch alle** (5) / Schließen Sie die Bearbeitung mit **OK** ab.

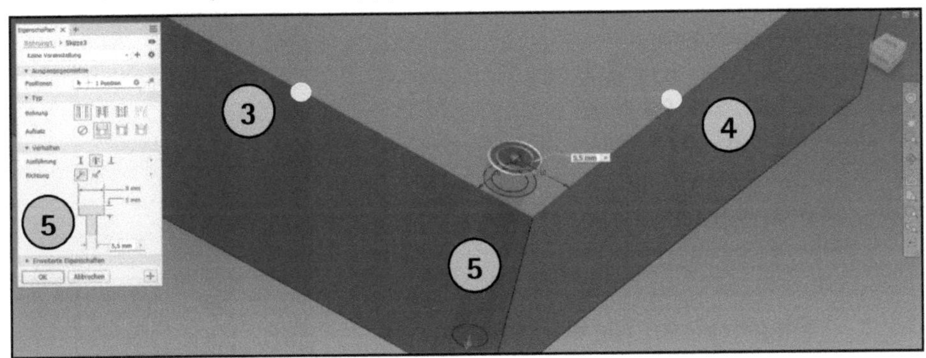

7.6.4 Eingabeablauf für die Reihenbohrungen

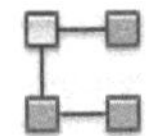

Rechteckige Anordnung
Element wählen (Klicken Sie die eingebrachte Bohrung an)
Richtung 1 Kante wählen (6) / Anzahl **9** / Abstand **10** mm (7).
Richtung 2 Kante wählen (8) / Anzahl **9** / Abstand **10** mm (9) / **OK**

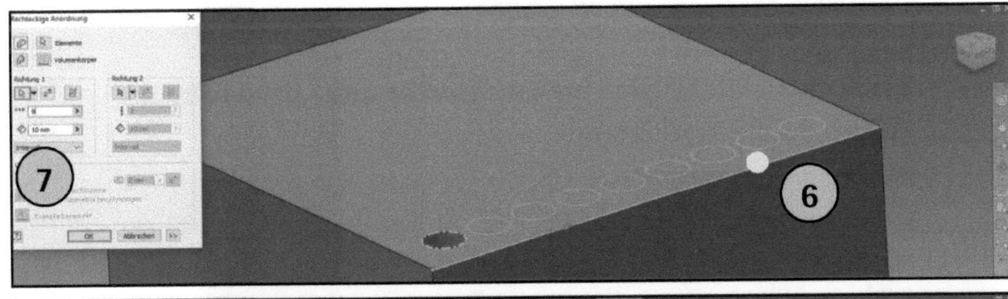

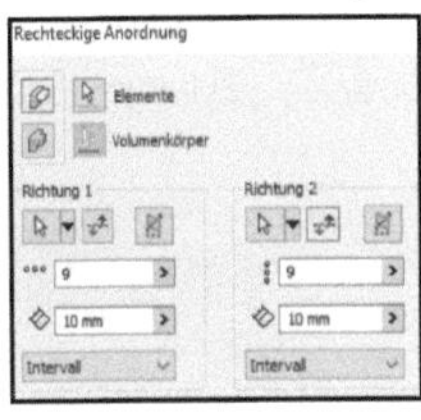

Rechteckige
Anordnung

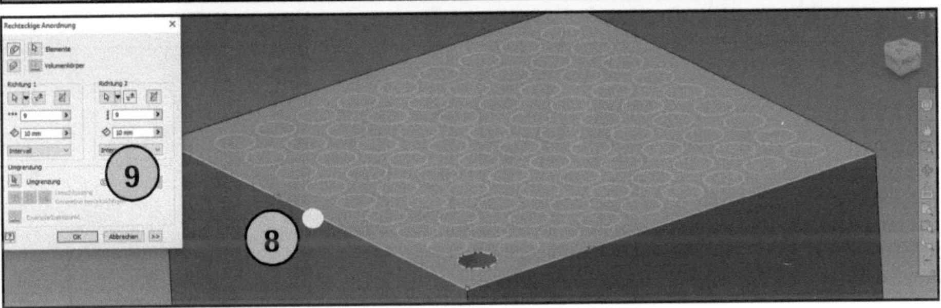

7.6.5 Bauteil speichern

* Aufruf über den **Menü-Browser**, Register **Datei**.

Speichern unter

Speichern
unter

7.7 Flanschring,
Bohrungen mit Funktion „Runde Anordnung"

7.7.1 Die Basisgeometrie, Vorgaben

- Ring-Außen-Ø**100** mm,
  Innen-Ø**50** mm, **30** mm dick, auf
  XZ-Ebene erstellen.

- Basisvolumen für weitere Bearbeitung speichern.

- Stufenbohrung Ø**11** mm,
  5 mm tief, Rest-Ø**8** mm,
  auf Lochkreis Ø**75** mm.

- Die Musterdaten sind:
  12 Bohrungen auf Lochkreis ver-
  teilt.

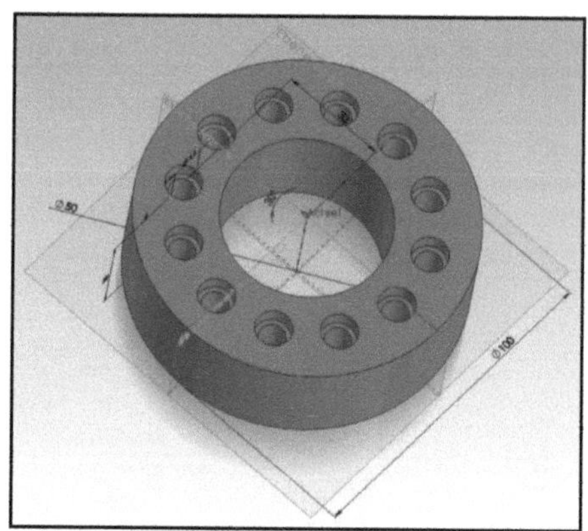

7.7.2 Eingabeablauf für den Grundkörper

7.7.2.1 Vorlagendatei öffnen

 Neu

 **Neu** (Multifunktionsleiste)

 Engelke-2025
.ipt

 **Engelke-2025.ipt** anklicken / **Erstellen**

7.7.2.1 Erstellen des Grundkörpers „Zylinder"

 Zylinder

 **Zylinder** (Multifunktionsleiste **3D-Modellierung / Grundkörper**)

Wählen Sie die Arbeitsebene.

Klicken Sie die Kreismitte.

Geben Sie in das entsprechende Feld für den Durchmesser **100** mm ein (1).

Abstand / 30 mm / **Volumenkörper** (2).

Schließen Sie die Bearbeitung mit **OK** ab.

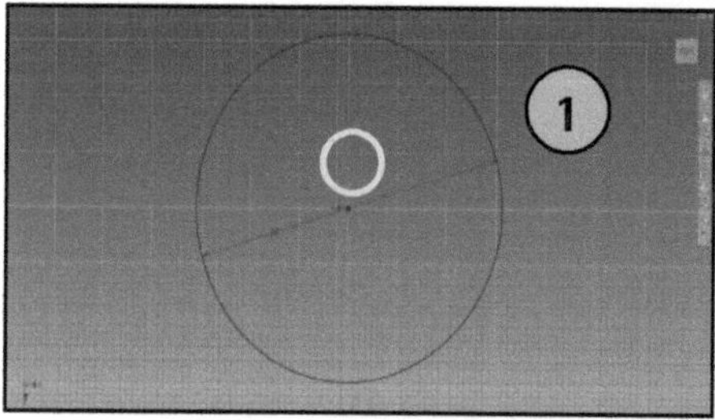
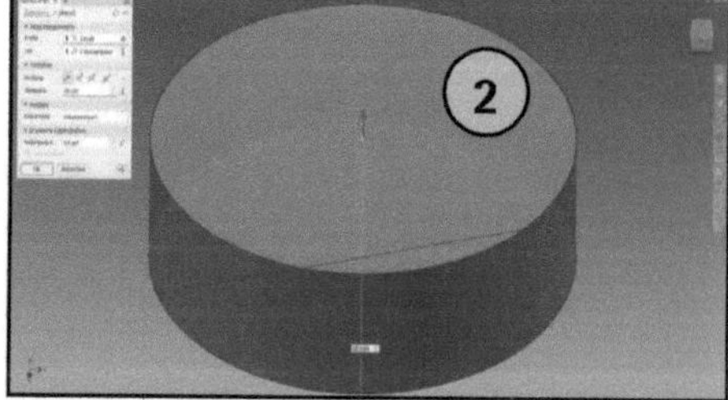

7.7.3 Eingabeablauf für die zentrale Durchgangsbohrung

Bohrung (Multifunktionsleiste **3D-Modellierung**)
Platzierung **Konzentrisch**
Ebene durch Klicken wählen (3) / konzentrische Referenz wählen (4).
(Der Mittelpunkt wird automatisch gefunden)
50 mm Durchmesser / **Durch alle** / **Durchgangsbohrung** (5).
Schließen Sie die Bearbeitung mit **OK** ab.

Bohrung

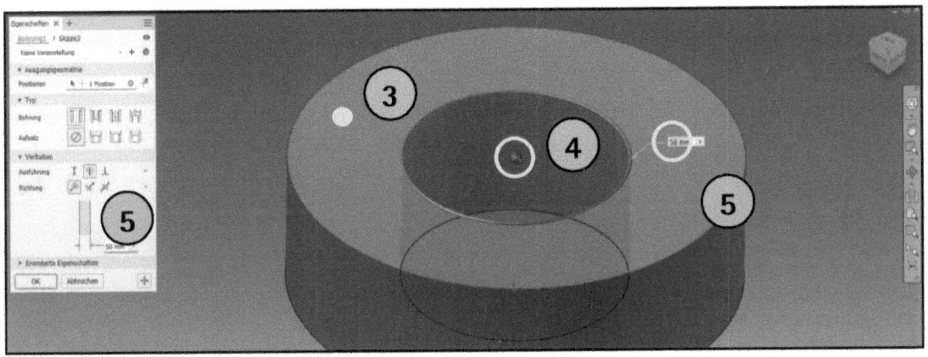

7.7.4 Die Flanschringbohrungen

7.7.4.1 Die Basisskizze für den Lochkreis

2D-Skizze (Multifunktionsleiste **3D-Modellierung**)
Wählen Sie die obere Fläche an.

2D-Skizze

Kreis Mittelpunkt (Multifunktionsleiste **Skizze**)
Mittelpunkt wählen / Durchmesserwert **75** mm eingeben (6).

Kreis

7.7.4.2 Die Basisskizze für den Bohrungs-Mittelpunkt

Punkt
(Farbänderung beim Treffen des Schnittpunktes von Mittelachse zu Loch-kreis) (7)

Punkt

Fertig / Skizze beenden

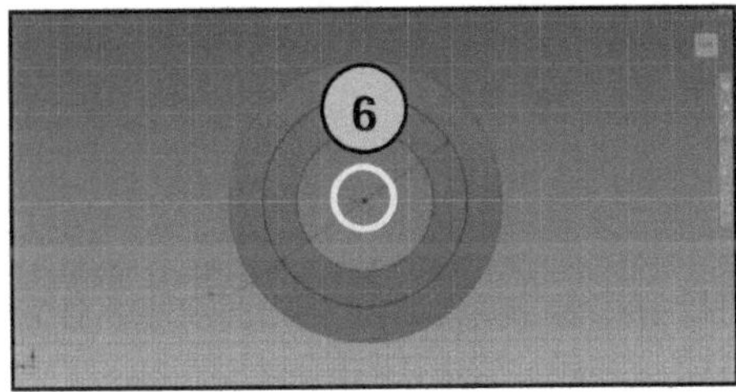
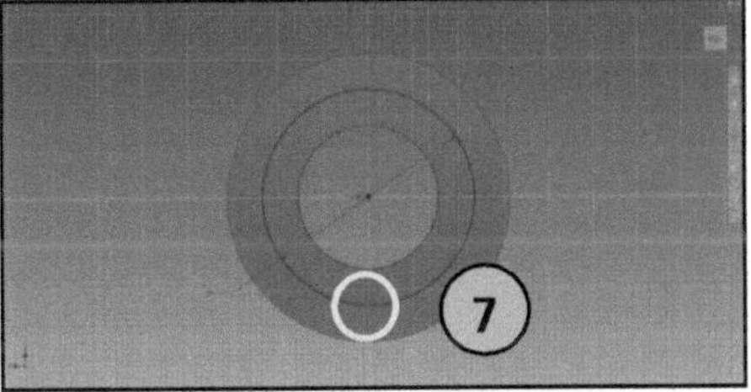

Bohrung

7.7.4.3   Die zylindrische Senkbohrung

Bohrung (Multifunktionsleiste **3D-Modellierung**)

Eintragungen in der Dialogbox:
Zylindrische Senkbohrung / Platzierung **nach Skizze**
Mittelpunkt anwählen / **Durch alle**
11 mm Durchmesser oben / **8,5** mm Durchmesser **Durchgangsbohrung**
5 mm tief (8) / Schließen Sie die Bearbeitung mit **OK** ab.

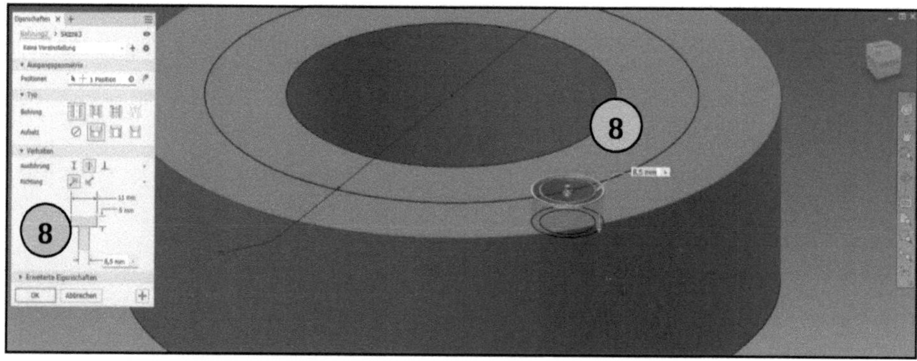

7.7.4.4   Die runde Anordnung der Bohrungen

Runde Anordnung (Multifunktionsleiste **3D-Modellierung**)
Einzelne Elemente / Platzierung **12 Stück** / **360** grd (9)
Elemente Bohrung anwählen (10) / **Drehachse** wählen (11).
Schließen Sie die Bearbeitung mit **OK** ab (12).

Runde
Anordnung

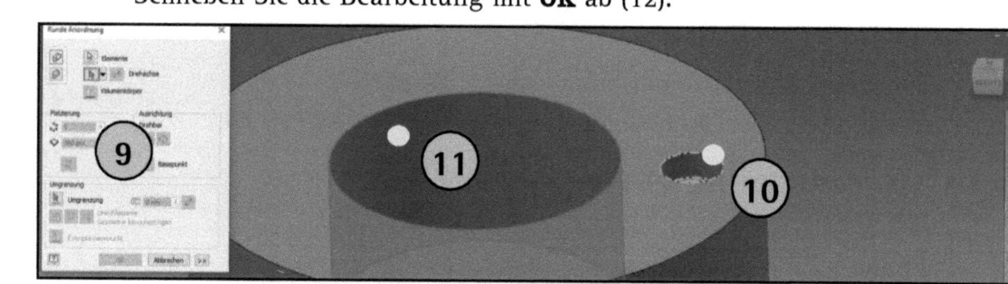

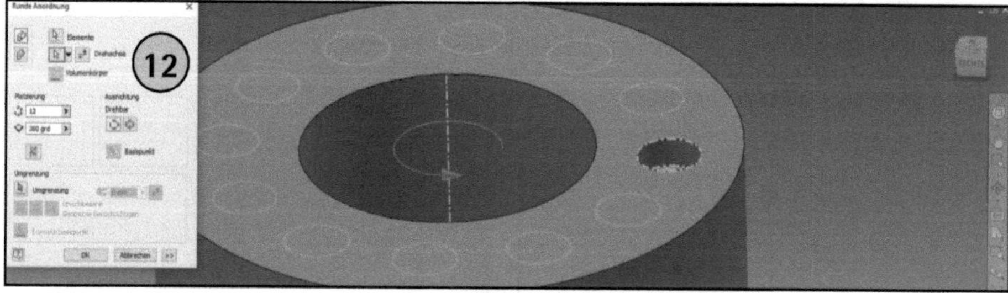

Speichern
unter

7.7.5   Bauteil speichern

*   Aufruf über den **Menü-Browser**, Register **Datei**.

Speichern unter

7.8 Verjüngungen, Wandstärke, Rundungen

Eine Verjüngung, die auf Bauteilflächen angewendet wird. Mit Verjüngungen können eine oder mehrere Flächen abgeschrägt werden, und ein Bauteil kann aus einer Form erzeugt werden. Beim Konstruieren von Elementen für geformte oder im Guss gefertigte Bauteile können Sie bei einer Extrusion oder einem Sweeping durch Angeben eines positiven oder negativen Verjüngungswinkels eine Verjüngung anwenden. Verwenden Sie den Befehl Flächenverjüngung, um einem bereits vorhandenen Element oder einzelnen Flächen Verjüngungen hinzuzufügen. Wenn eine Verjüngung auf eine Fläche angewendet wird, bestimmt das Verhältnis von Zugrichtung und fester Kante, Fläche oder Ebene, das Ergebnis der Operation. Um die Zugrichtung anzugeben, können Sie Kanten oder Achsen auswählen.

7.8.1 Vorgaben:

- **Öffnen** Sie die Basisgeometrie von der Buch-DVD.

- Extrusions-Verjüngung um **10°**.

- Verjüngung vom Zylinder um **10°**.

- Wandstärke des ganzen Hohlkörpers **1** mm.

- Allseitige Rundung Radius **1** mm.

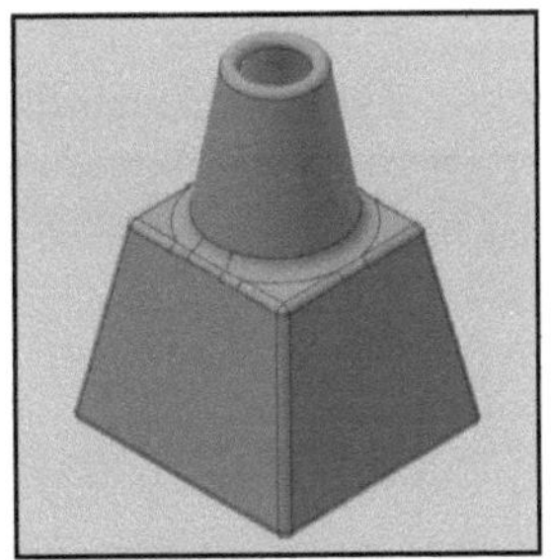

7.8.2 Quader-Verjüngung über „Extrusion" Option „Verjüngung"

7.8.2.1 Arbeitsdatei öffnen

Öffnen / Bauteildatei von der Buch-DVD / **OK**

7.8.2.2 Vorhandene Extrusion auf „Verjüngung" anpassen

- Aktivieren Sie den **Extrusions**-Eintrag im **Bauteilbrowser**.
- Wählen Sie **Element bearbeiten**.
- Setzen Sie den Wert **10°** für Eintrag **Verjüngung A** (1).
- Kehren Sie die Verjüngungsrichtung um.
- Schließen Sie die Bearbeitung mit **OK** ab (2).

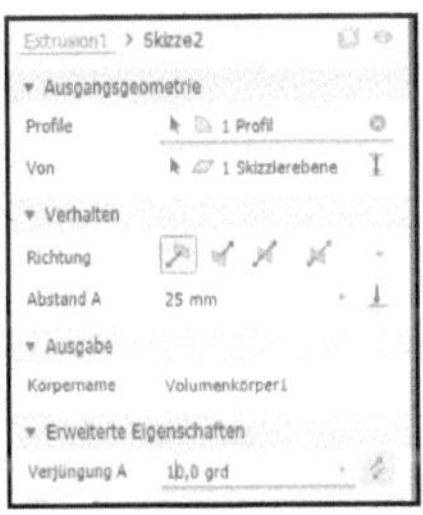

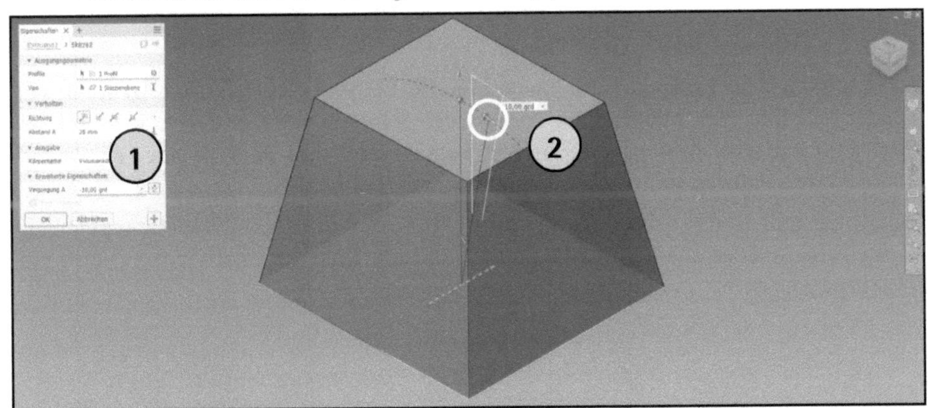

Flächen-
verjüngung

7.8.2.3 Zylinder über Funktion „Verjüngung" anpassen

Flächenverjüngung (Multifunktionsleiste **3D-Modellierung**)
Option **Feste Ebene** (3) / Verjüngungswinkel **10** Grad (4)

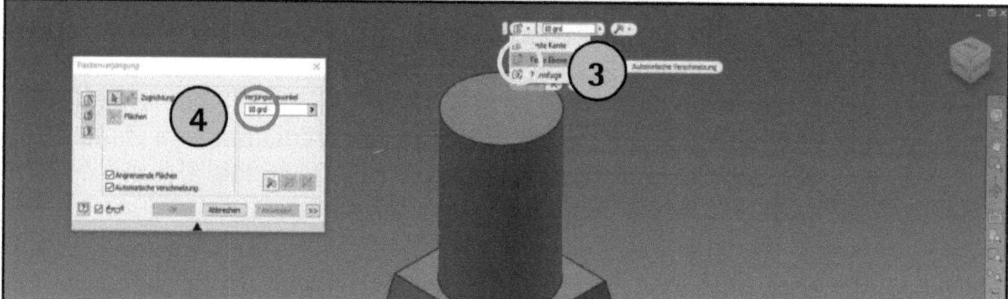

- Feste Ebene wählen (5).
- Zylinder-Außenfläche wählen (6).

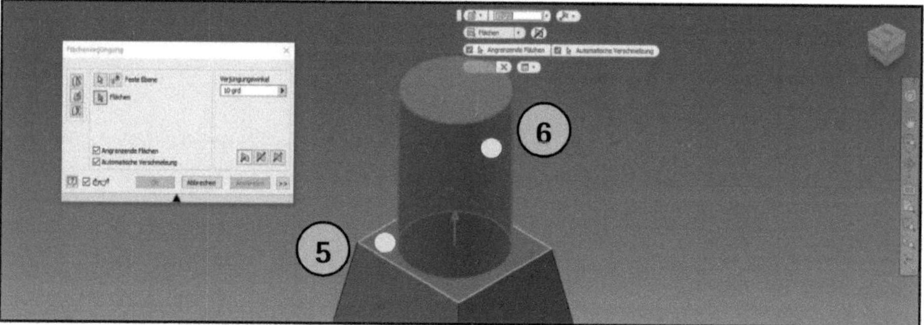

- Schließen Sie die Bearbeitung mit **OK** ab (7).

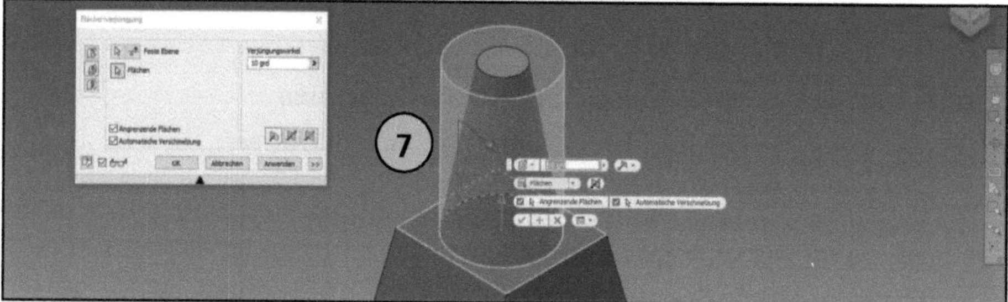

7.8.3 „Wandstärke", Grundlagen

Wandstärken sind parametrische Elemente, die für im Guss gefertigte Bauteile verwendet werden. Das Material im Innern des Bauteils wird entfernt, wodurch ein Hohlraum entsteht. Änderungen an den Bemaßungen des Bauteils oder der Wandstärke führen automatisch zu Größenänderungen bei beiden Elementen.

Vorgabegemäß liefert Autodesk Inventor 2025 ein präzises Wandstärkenelement. Wenn keine präzise Lösung vorhanden ist und die Näherung aktiviert ist, wird eine Näherung versucht.

7.8.3.1 Einarbeiten einer Wandstärke

Wandung (Multifunktionsleiste **3D-Modellierung**)
Wandungsstärke 1 mm, **Versatz innerhalb** (8)
Flächen entfernen, die obere Deckfläche wählen (9)
Flächen entfernen, die untere Grundfläche wählen (10).
Schließen Sie die Bearbeitung mit **OK** ab.

Wandung

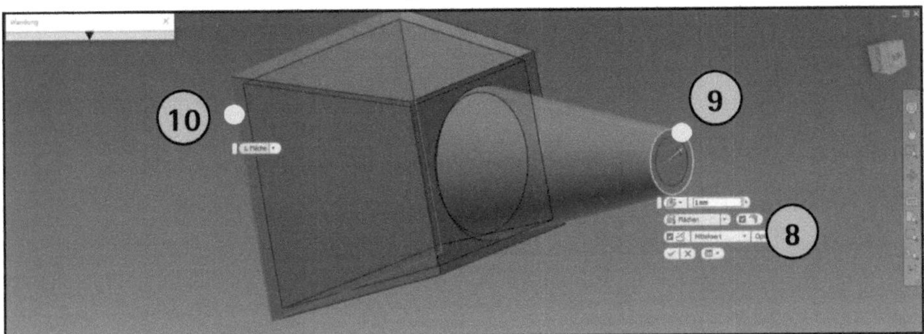

7.8.4 Abrundung des Bauteils

Rundung (Multifunktionsleiste **3D-Modellierung**)

An der Vorgabedialogbox sind einige Erweiterungspunkte für den Befehls-
ablauf (11).

Kantenabrundung / Register **Konstant** / Radius **1** mm (12)

Rollen entlang scharfer Kanten, Rollende Kugel wenn möglich,

Fortlaufende Kanten (13)

Rundung

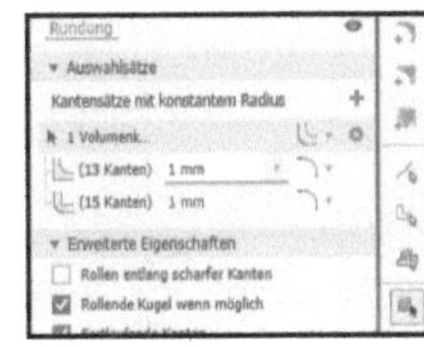

Volumenkörper (14)
Schließen Sie die Bearbeitung mit **OK** ab.

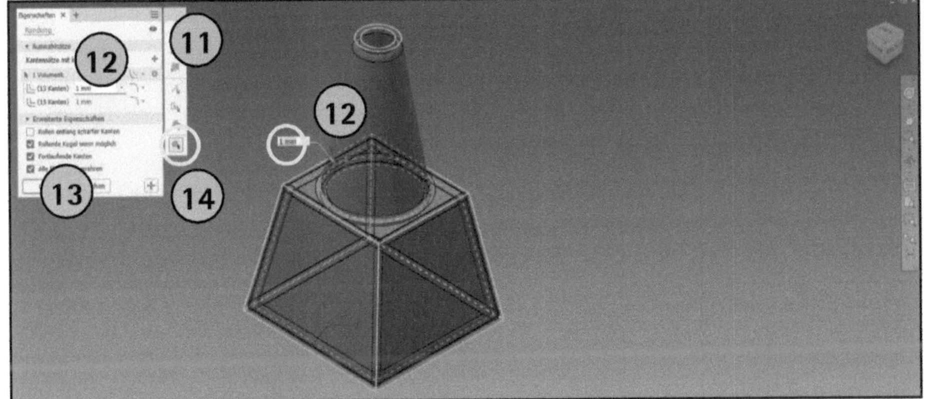

7.8.5 Bauteil speichern

- Aufruf über den **Menü-Browser**, Register **Datei**.

Speichern unter

Speichern
unter

7.9 Fundament mit Aufsatz und verteilten Rippen

7.9.1 Rippen und Stege, Grundlagen

Rippen und Stege werden häufig in Formen und für im Guss gefertigte Bauteile verwendet. Bei Kunststoffteilen werden sie normalerweise verwendet, um die Steifheit zu erhöhen und Verformungen zu vermeiden.

Dieser Befehl erstellt Rippen unter Verwendung eines offenen oder geschlossenen Profils. Rippen können eine Stärke lotrecht zur Skizzierebene aufweisen und Material planar zur Skizze erweitern.

Rippen können auch eine Stärke planar zur Skizze aufweisen und Material lotrecht zur Skizzierebene erweitern.

7.9.2 Vorgaben

- **Öffnen** Sie das Basisbauteil von der Buch-DVD.

- Eine **Rippe** in der **Breite** von **5** mm, einer **Fußlänge** von **10** mm und einem **Höhenabstand** von **5** mm sollen auf die schmale Seite als Verstärkung aufgesetzt werden.

- Eine Standard-Bohrung **Ø20** mm soll in den Zylinder eingebracht werden.

- **Speichern** Sie das Bauteil zur Weiterbearbeitung.

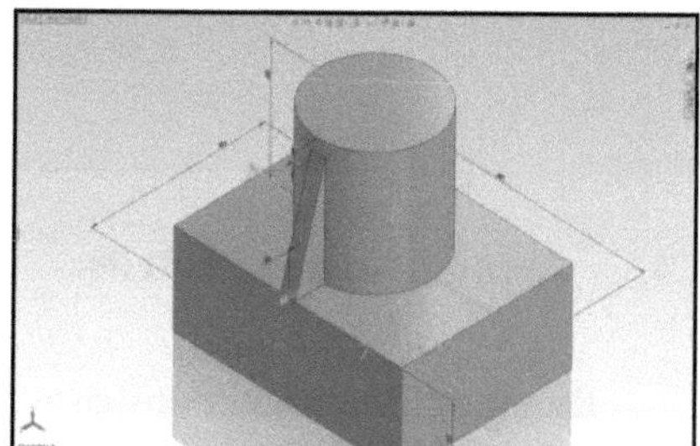

- Über die Funktion **Kreismuster** sollen **6** Rippen erstellt werden.

- Über die Funktion **Spiegeln** soll eine gegenüberliegende Rippe erstellt werden.

7.9.3 Die Rippenkonstruktion

7.9.3.1 Arbeitsdatei öffnen

Öffnen

 **Öffnen** / Bauteildatei von der Buch-DVD / **OK**

7.9.3.2 Arbeitsebenen sichtbar aktivieren

- Klicken Sie im **Bauteilbrowser** die gezeigten Ebenen auf **Sichtbar** (1, 2).

7.9.3.3 Die Skizzenkonstruktion

 **2D-Skizze starten** (Multifunktionsleiste **3D-Modell**)
Anwählen der senkrechten Fläche (3).

Geometrie projizieren (Multifunktionsleiste **Skizze**)
Klicken Sie auf die gezeigten Ebenen.
Fertig (2).

Linie (Multifunktionsleiste **Skizze**)
Zeichnen Sie die gezeigte **Linie** ein (4).
Sollte diese Linie nicht direkt auf den projizierten Konturen enden, sind
diese Überstände zu stutzen.

Bemaßung (Multifunktionsleiste **Skizze**)
Kanten anklicken / Maß auf Position ziehen.
Abstandsmaße **2** mm und **5** mm (5).
Skizze beenden (aus dem Überlaufmenü)

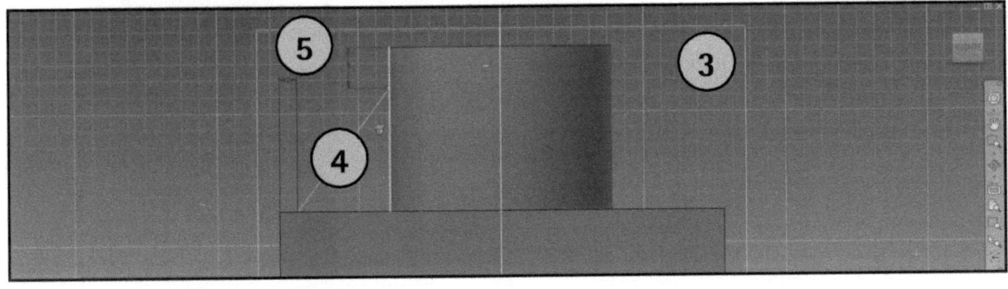

7.9.3.4 Erstellen der Basisrippe

 **Rippe** (Multifunktionsleiste **3D-Modellierung**)
Profil wählen (6)
Stärke 5 mm / **Über die Mitte** / **Parallel zur Skizzierebene**,
Vollmaterial, Verjüngung **0°** / **Profil dehnen** (7) /
Schließen Sie die Bearbeitung mit **OK** ab.

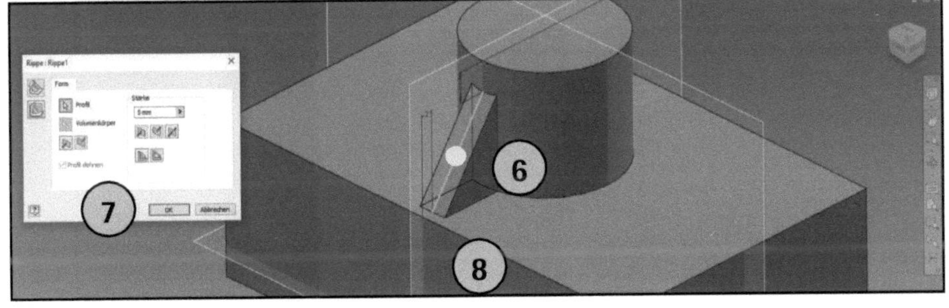

7.9.3.5 Bauteil speichern

- Aufruf über den **Menü-Browser**, Register **Datei**.

 **Speichern unter**

7.9.4 Die Verteilung der Rippen über Funktion „Runde Anordnung"

Öffnen

7.9.4.1 Arbeitsdatei öffnen

- **Öffnen** Sie die fertig gestellte Basis-Rippenkonstruktion.

7.9.4.2 Die runde Anordnung der Rippen

Runde
Anordnung

Runde Anordnung (Multifunktionsleiste **3D-Modellierung**)

Elemente Rippe anwählen (1).

Drehachse wählen (2).

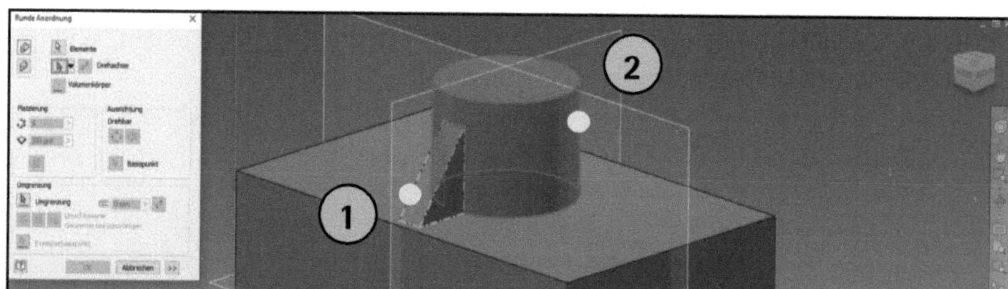

- Platzierung **6 Stück / 360** grd (3)
- Schließen Sie die Bearbeitung mit **OK** ab (4).

7.9.4.3 Bauteil speichern

- Aufruf über den **Menü-Browser**, Register **Datei**.

Speichern
unter

Speichern unter

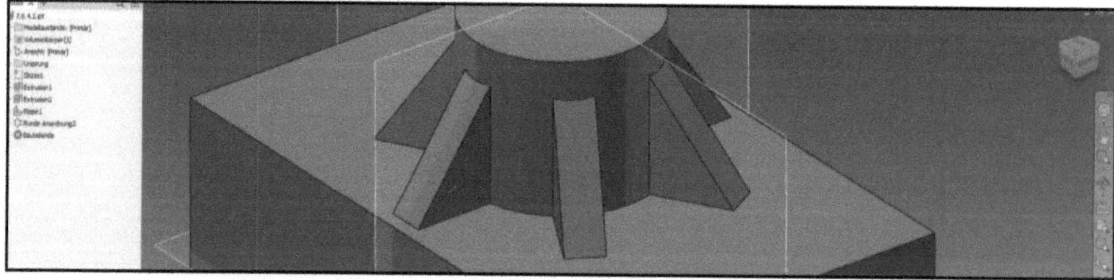

7.9.5 Die Verteilung der Rippen über Funktion „Spiegeln"

7.9.5.1 Arbeitsdatei öffnen

* **Öffnen** Sie die fertig gestellte Basis-Rippenkonstruktion.

7.9.5.2 Die gespiegelte Anordnung der Rippen, mit Arbeitsebene

Spiegeln (Multifunktionsleiste **3D-Modellierung**)
Elemente (Rippe anwählen) (1).
Spiegelebene wählen (2).

Spiegeln

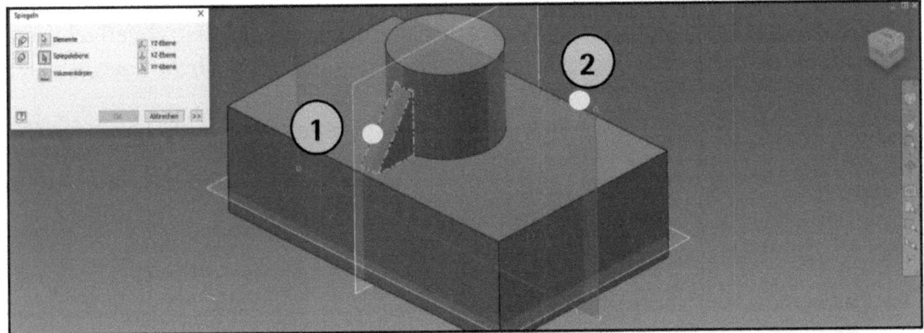

* Schließen Sie die Bearbeitung mit **OK** ab (3)

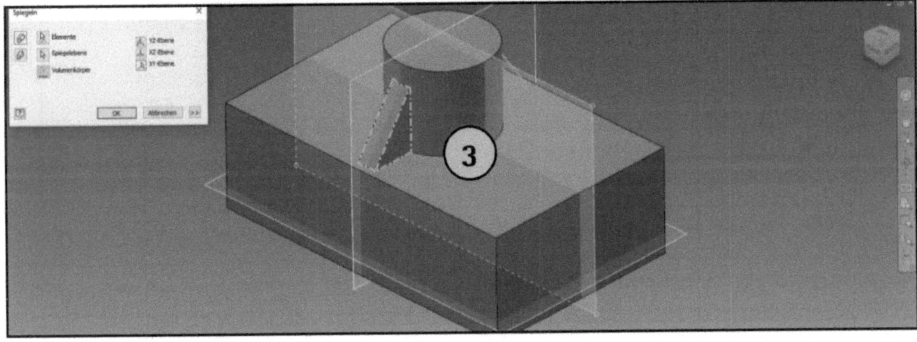

7.9.5.3 Bauteil speichern

* Aufruf über den **Menü-Browser**, Register **Datei**.

Speichern unter

Speichern
unter

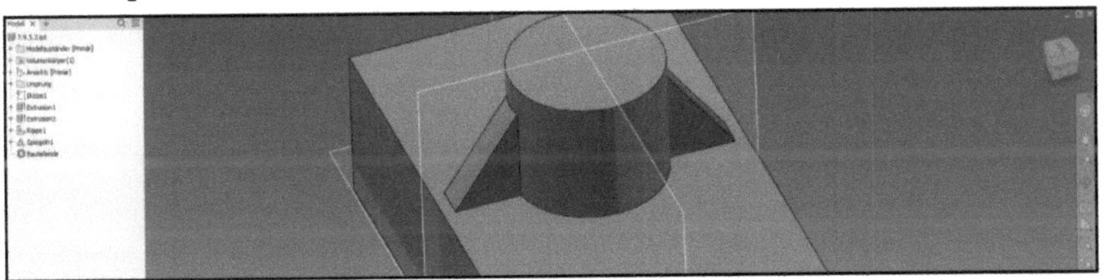

7.10   Druckfeder über Bauteilelement „Spirale"

7.10.1   Druckfeder über Bauteilelement „Spirale", Grundlagen

Die Spiralform, auch Schraube, Schraubenlinie, zylindrische Spirale oder Wendel ist eine Kurve, die sich mit konstanter Steigung um den Mantel eines Zylinders windet. In der Technik ist eine Spirale ein oft freitragendes schraubenförmiges Draht-Bauteil, eine typische Spirale ist die Schraubenfeder, die die Federkräfte einer langen Feder auf geringen Raum unterbringt.

Mit Spiralen werden Objekte wie Federn oder Gewinde auf zylindrischen Flächen erstellt.

Spiralen werden häufig zum Erstellen von Federn verwendet. Der Schnitt einer Druckfeder endet nicht mit einer konstanten Steigung, sondern ist abgeflacht, sodass sie auf einer ebenen Fläche aufrecht steht. Sie können angeben, über welchen Abstand hinweg die Spirale abflacht.

Sie erstellen ein Gewinde durch Festlegen eines Spiralprofils, das die Form des Gewindes darstellt, und durch Verwenden des Zylindermittelpunkts zum Erstellen der Drehachse.

7.10.2   Die Basisgeometrie, Vorgaben

- Öffnen Sie das Vorlagenblatt **Engelke-2025.ipt.**
- Erstellen Sie einen Zylinder entsprechend der Basisgeometrie
- Aktivieren Sie die XZ- und YZ-Ebene und projizieren Sie die entsprechenden Kanten.
- Ein Kreis mit **Ø2** mm wird auf die XZ-Ebene gelegt und mit Abhängigkeit Koinzident belegt.
- Über den Bauelementbefehl **Spirale** wird ein umlaufender Volumenkörper erzeugt.

Die geometrischen Daten der Druckfeder sind:

- Basiszylinder **Ø10** mm, Höhe **50** mm.
- Länge **50** mm, Draht-**Ø2** mm, Wickel-**Ø50** mm, **15** Windungen.

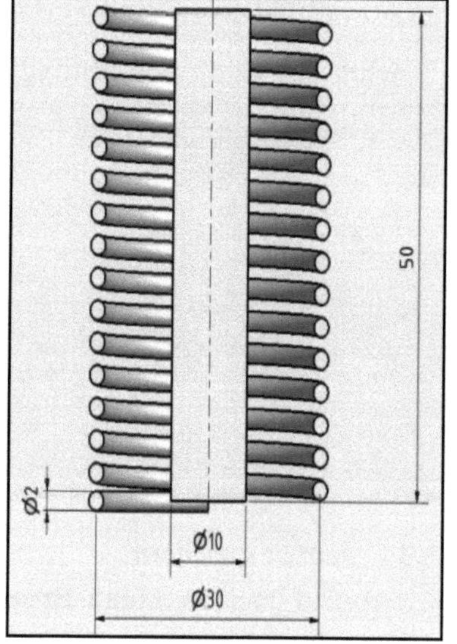

7.10.3   Der zentrale Führungszylinder

7.10.3.1   Vorlagendatei öffnen

Neu

Engelke-2025 .ipt

Neu (Multifunktionsleiste)

Engelke-2025.ipt anklicken / **Erstellen**

7.10.3.2 Die Basiszylinder-Konstruktion

Zylinder (Multifunktionsleiste **3D-Modellierung** / **Grundkörper**)
Arbeitsebene wählen / Kreismitte wählen / Durchmesser **10** mm (1).
Abstand / **50** mm / **Volumenkörper** (2).
Schließen Sie die Bearbeitung mit **OK** ab.

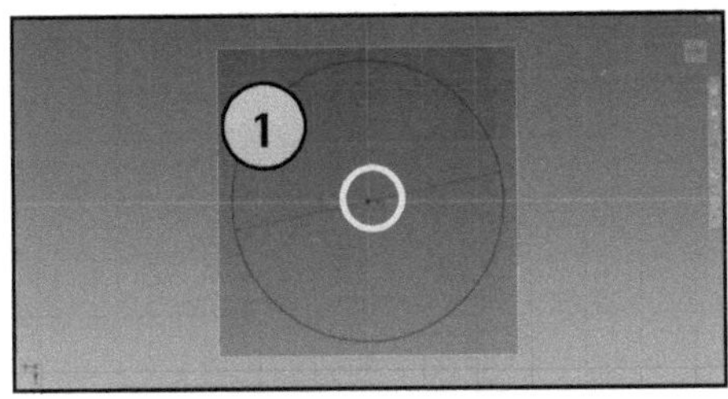
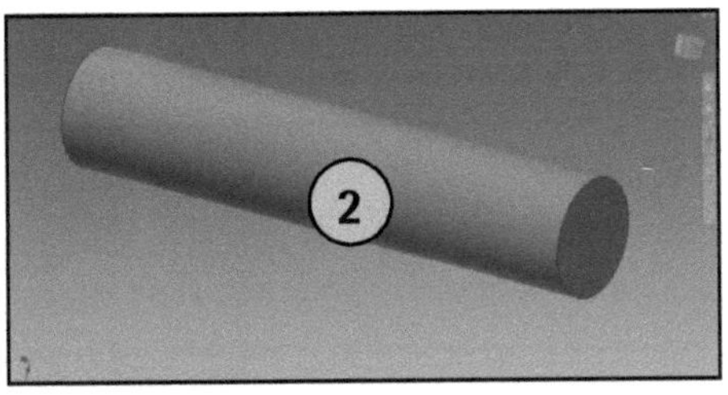

7.10.4 Die Skizzenkonstruktion für die Feder

7.10.4.1 Grundkreis für die Feder setzen

- **XZ**-Ebene und **YZ**-Ebene anklicken, Kontextmenü **Sichtbarkeit** klicken.

2D-Skizze (Anwählen gezeigten Fläche)
Ausrichten nach (Anwählen der Arbeitsebene).

Geometrie projizieren (Multifunktionsleiste **Skizze**)
Klicken Sie die gezeigten Ebenen (3, 4) / **Fertig**

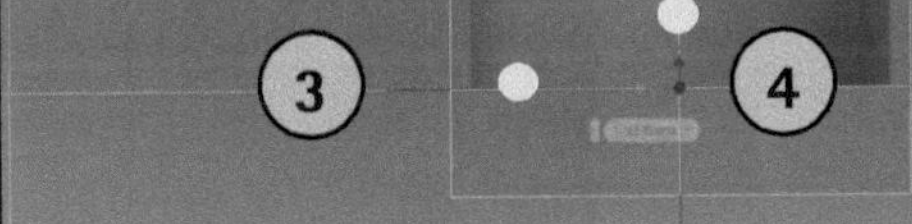

Linie (Multifunktionsleiste **Skizze**)
Zeichnen Sie die gezeigte **Linie** ein, Länge **15** mm (5).

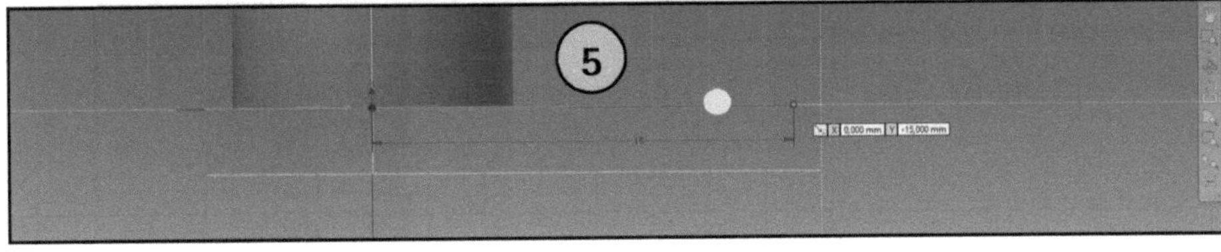

Kreis Mittelpunkt (Multifunktionsleiste **Skizze**)
Lage am **Linienendpunkt**, Größe **2** mm (6).

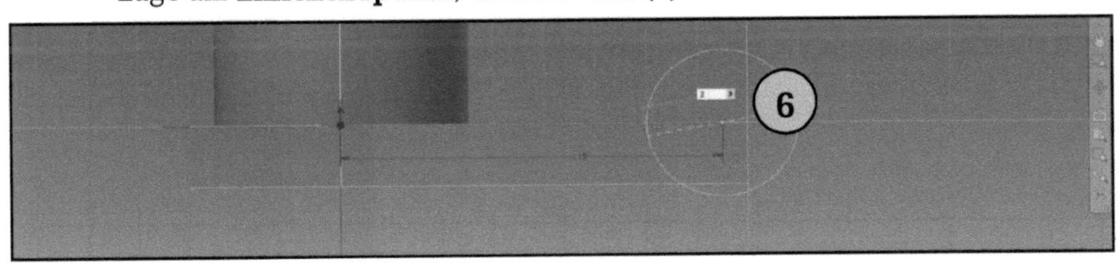

7.10.4.2 Die Federerstellung über Funktion „Spirale"

Spirale

Spirale (Multifunktionsleiste **3D-Modellierung**)
Optionsregister: **Spiralform**, **Spiralgröße** und **Spiralenden**.
Die Einstellungen dieser dargestellten Feder sind Beispielwerte (7).
Wählen Sie die **Achse** (8) und das **Profil** (9)
Geben Sie die gezeigten Werte in die entsprechenden Registerfelder ein.
Schließen Sie die Bearbeitung mit **OK** ab (9).

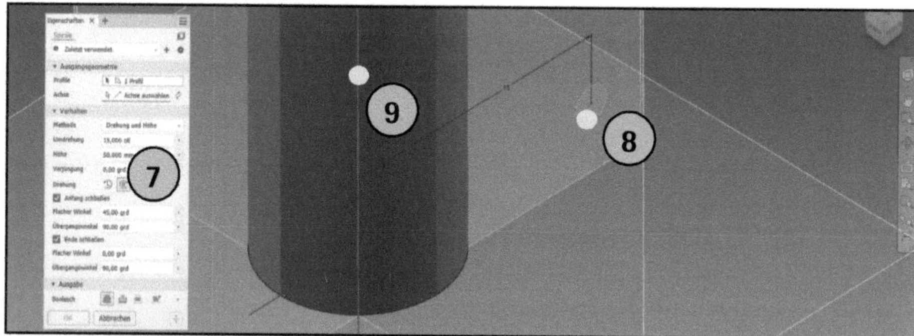

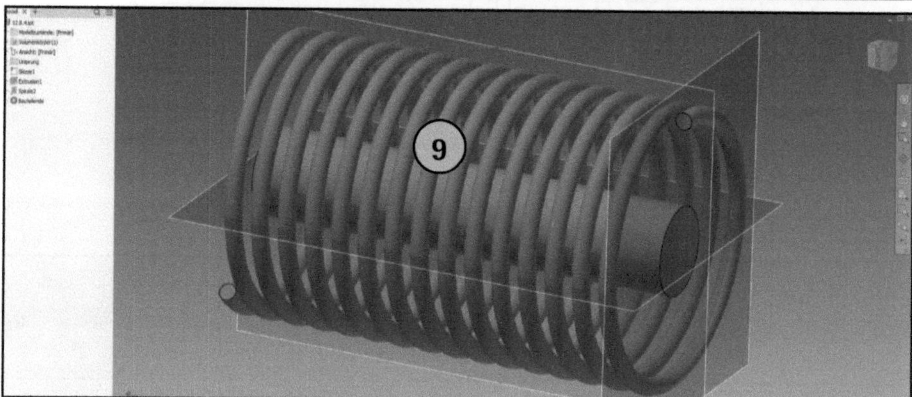

7.10.5 Bauteil speichern

- Aufruf über den **Menü-Browser**, Register **Datei**.

Speichern
unter

Speichern unter

7.11 Welle mit Trapezgewinde
Trapez–Gewinde über Funktion „Spirale"
als Volumendifferenz

7.11.1 Trapezgewinde, Grundlagen

Beim Trapezgewinde hat das Profil der Gewindegänge die Form eines gleichschenkligen Trapezes. Die Gewindegänge sind dicker als die mit dreieckigem Profil.

Trapezgewinde werden zur Übertragung von Bewegungen und Kräften verwendet. Die größere Steigung ist dabei von Vorteil. Die breiteren Gewindegänge sind geeignet, größere axiale Kräfte zu übertragen.

Trapezgewindetriebe sind in der Regel selbsthemmend. Durch die Geometrie der Gewindeflanken können sie höhere Kräfte als zum Beispiel metrische Gewindetriebe aufnehmen.

Trapezgewinde besitzen einen Flankenwinkel von **30** Grad und werden als Bewegungsgewinde verwendet. Sie setzen eine drehende Bewegung in einer geradlinigen Bewegung um.

Die Gewindebezeichnung besteht aus dem Kurzzeichen **Tr,** dem Nenndurchmesser und der Steigung.

7.11.2 Die Basisgeometrie, Vorgaben

- Öffnen Sie die Vorlagendatei.
- Erstellen Sie einen Kreis mit **Ø52** mm auf XZ-Ebene.
- Erzeugen Sie einen Zylinder Länge **200** mm über Mitte.
- Erstellen Sie ein Trapez-Skizzenprofil nach DIN **103**:

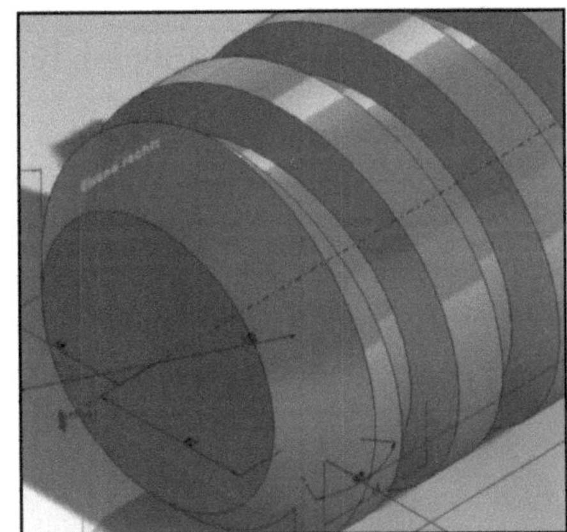

Nenn-Ø	: **52** mm
Kern-Ø	: **43** mm
Flanken-Ø	: **48** mm
Steigung	: **16** mm
Flankenwinkel	: **30°**
Windungen	: **20** Stck

Wellenabschluss Fase mit **45°**, **Ø36** mm.

7.11.1 Der zentrale Führungszylinder

7.11.1.1 Vorlagendatei öffnen

Neu (Multifunktionsleiste)

Engelke-2025.ipt anklicken / **Erstellen**

Neu

Engelke-2025
.ipt

Zylinder

7.11.1.2 Die Basiszylinder-Konstruktion

 **Zylinder** (Multifunktionsleiste **3D-Modellierung / Grundkörper**)

Arbeitsebene wählen (1) / Kreismitte wählen (2) / Durchmesser **52** mm.

Abstand / 200 mm / **Volumenkörper** (3).

Schließen Sie die Bearbeitung mit **OK** ab.

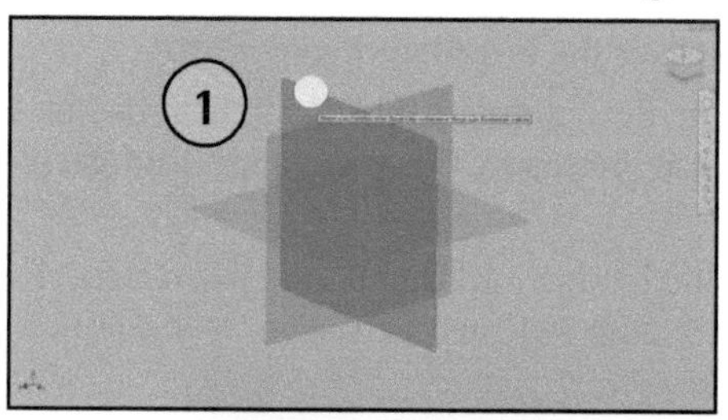

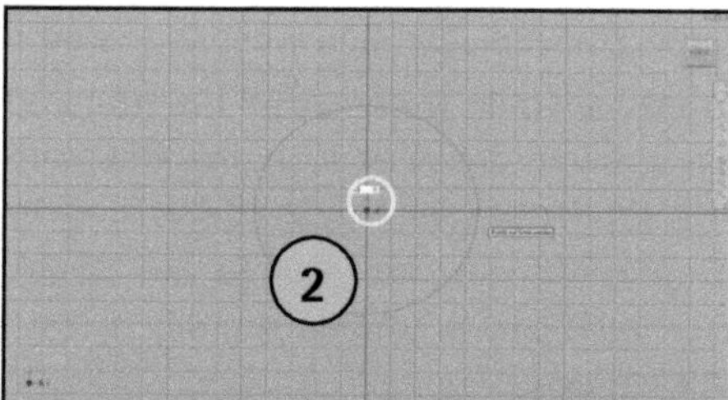

7.11.2 Die Skizzenkonstruktion für die Gewindefläche

7.11.2.1 Trapez-Grundfläche erstellen

- **XZ**-Ebene, **YZ**-Ebene und **Z**-Achse anklicken,
  Kontextmenü **Sichtbarkeit** klicken.

2D Skizze

Geometrie
projizieren

 **2D-Skizze starten** (Multifunktionsleiste **3D-Modell**)

Ausrichten nach (Anwählen der Arbeitsebene).

Geometrie projizieren (Multifunktionsleiste **Skizze**)

Klicken Sie die gezeigten Ebenen (4, 5) / **Fertig**

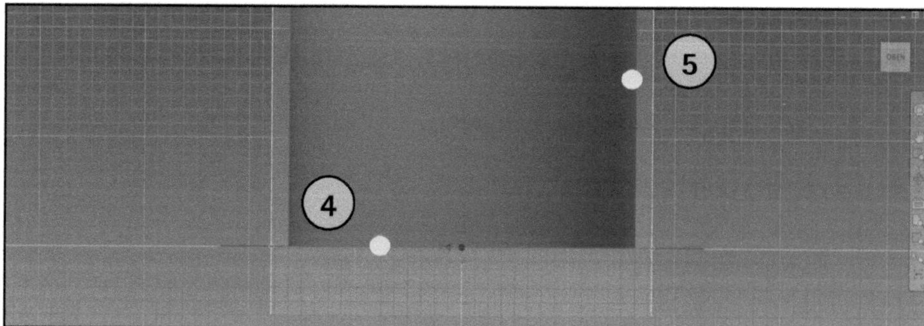

7.11.2.2 Erstellen der Trapezfläche

Für die Konstruktion der Trapezskizze ist es sinnvoll, die Extrusion im Bauteilbrowser über das Kontextmenü über die Funktion **Element unterdrücken** unsichtbar zu machen.

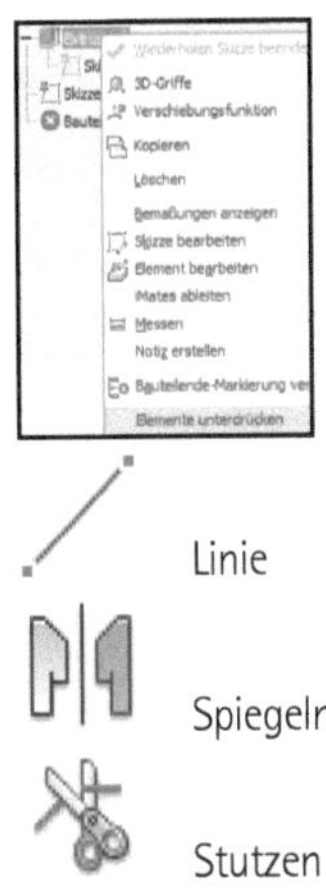

* Erstellen Sie mit den Grundbefehlen **Linie** und **Spiegeln** die folgende Basisskizze.

* Bereinigen Sie mit **Stutzen** die unnötigen Kantenüberstände.

* Tragen Sie die gezeigten Maße zur Geometriedefinition an (6).

Linie

Spiegeln

Stutzen

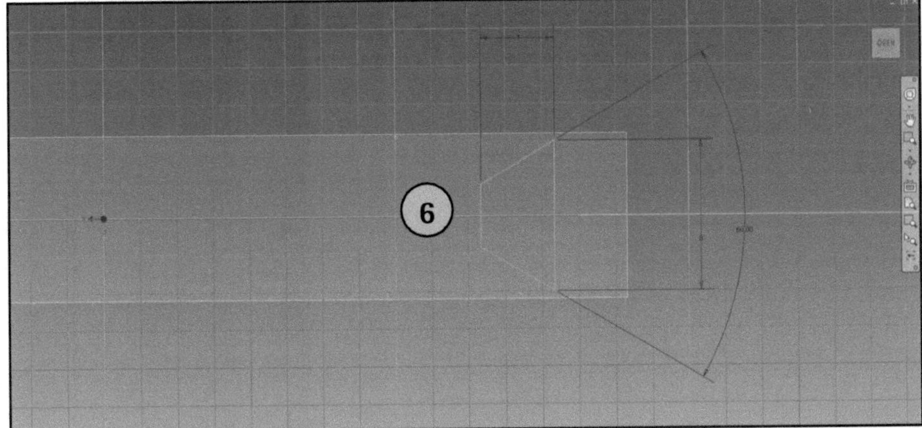

7.11.3 Die Trapezgewinde-Erstellung

Spirale (Multifunktionsleiste **3D-Modellierung**)

Wählen Sie die **Achse** (7) und das **Profil** (8)

Geben Sie die gezeigten Werte in die entsprechenden Registerfelder ein.

Volumendifferenz, **15** mm Steigung, **13 Umdrehungen** (9).

Schließen Sie die Bearbeitung mit **OK** ab

Spirale

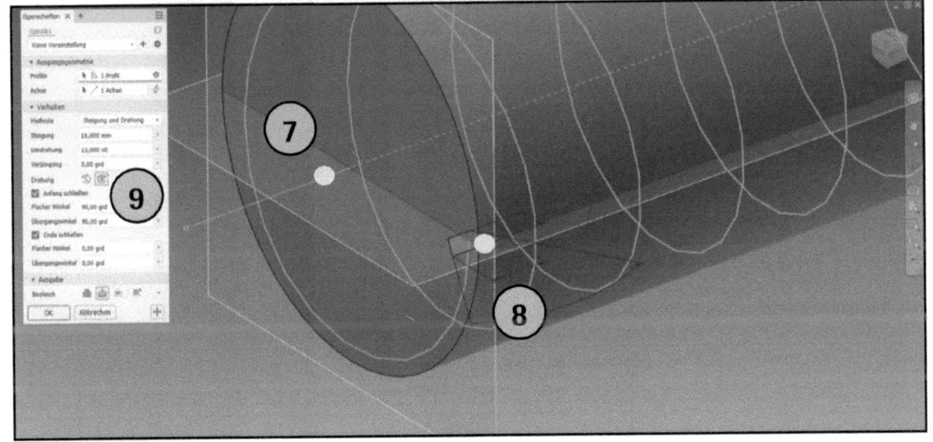

7.11.4 Die Abschlussfase auf der einen Wellenseite über „Drehung"

7.11.4.1 Die Rotationsskizze

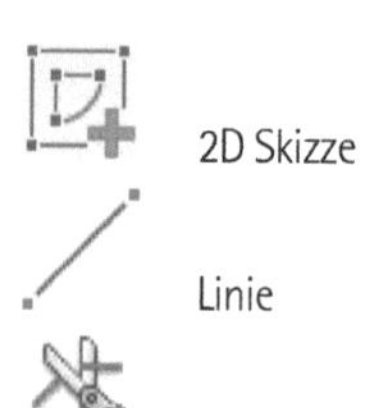

2D-Skizze (Anwählen der **XZ**-Ebene)
Ausrichten nach (Anwählen der Arbeitsebene).

Geometrie projizieren (Multifunktionsleiste **Skizze**)
Klicken Sie die gezeigte Ebene / **Fertig**

- Erstellen Sie eine neue Skizze auf der **XZ**-Ebene entsprechend der Darstellung mit **Linie** und gegebenenfalls **Stutzen**.
- Tragen Sie das entsprechende Winkelmaß **30°** und die Höhe **5** mm ein.
- Schließen Sie dann die Skizzenkonstruktion (10).

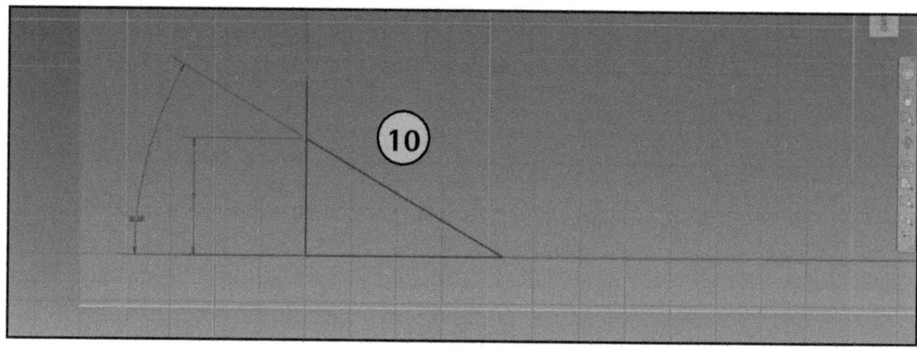

7.11.4.2 Ein Rotationskörper über „Drehung"

- Klicken Sie die **Extrusion** und die **Spirale** im Bauteilbrowser, wählen Sie **Element unterdrücken**.

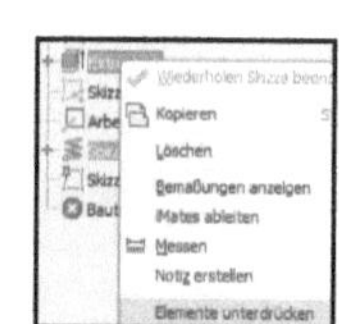

Drehung (Multifunktionsleiste **3D-Modellierung**)
Profil wählen (11).
Wählen Sie die **Achse** aus der aktiven Skizzierebene (12).
Rotationswinkel **Voll / Differenz / Volumenkörper** (13).
Schließen Sie die Bearbeitung mit **OK** ab.

7.11.5 Die Abschlussfase auf der anderen Wellenseite über „Fase"

Fase (Multifunktionsleiste **3D-Modellierung**)
Wählen Sie die gezeigte Fasenkante der Welle (14).
Fasenparameter: **Abstand** / Fasenabstand **5** mm, Winkel **60°** (15).
Schließen Sie die Bearbeitung mit **OK** ab (16).

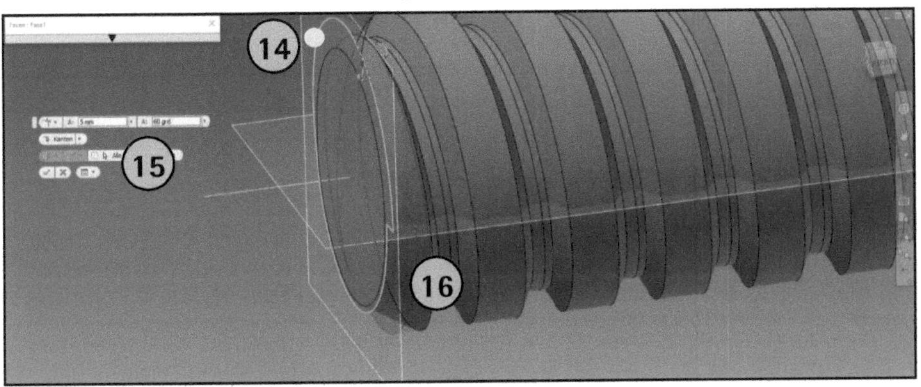

7.11.6 Bauteil speichern

*   Aufruf über den **Menü-Browser**, Register **Datei**.

Speichern unter

7.12 Wellenelement
Erstellen eines echten Gewindes

7.12.1 ThreadModeler-Tool, Beschreibung

ThreadModeler

Das **ThreadModeler**-Werkzeug wurde entwickelt, um Inventor Anwendern das Generieren eines realistischen modellierten Gewindes, basierend auf einem vorhandenen Inventor-Gewinde-Feature, zu ermöglichen.

Benutzer können ein vorhandenes Gewinde-Feature im Modell auswählen, das der **ThreadModeler** dann basierend auf den zugrunde liegenden Feature-Eigenschaften in einen realistischen 3D-modellierten Gewinde konvertiert, modellierte Gewinde werden präzise generiert.

7.12.1.1 Verarbeitungs-Einschränkungen, Probleme

Bei der Umwandlung der bildhaften Gewindeschattierung in ein realistisches, modelliertes Gewinde sind einige Einschränkungen in der Bauteil-Generierung gegeben.

- **ThreadModeler** kann keine bildhafte Gewindeschattierung verarbeiten, die mit dem Bohrungs-Befehl eingefügt worden sind, hier muss erst die Gewindebohrung in eine einfache Bohrung umgewandelt werden, dann erfolgt die Zuweisung eines Gewindes und danach die Umwandlung in ein echtes Gewinde.

- Der **Gewindeeintrag** muss im **Inventor-Browser** ausgewählt werden. Die Auswahl der Bauteil-Geometrie funktioniert nicht.

- **ThreadModeler** kann **Fasen** am Ende des Gewindes nicht behandeln, diese müssen bei Bedarf vor der Anwendung gelöscht und nachträglich angetragen werden.

- **Freiformen** werden nicht unterstützt.

7.12.2 „ThreadModeler"-Tool,
Konstruktion eines echten Außengewindes

Öffnen

7.12.2.1 Arbeitsdatei öffnen

Öffnen / Bauteildatei von der Buch-DVD / **OK**

7.12.2.2 Bauteilanpassung, Löschen der Gewindeendfase

- **Löschen** Sie die gezeigte Gewindeendfase (1, 2).

7.12.2.3 „ThreadModeler"-Tool, Erstellen des echten Außengewindes

- Klicken Sie auf die Registerkarte **CoolOrange**, Befehl **ThreadModeller** (3).

ThreadModeler

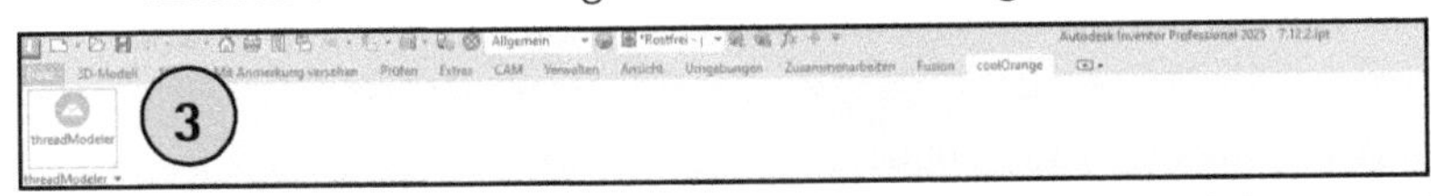

- Wählen Sie den Außen-Gewinde-Eintrag im **Bauteil-Browser** (4), die Auswahl wird in die Dialogbox übernommen (5).

Gewinde

- Mit **OK** werden die **Gewinde** gesetzt (6), diese Gewinde werden automatisch
  aus der Funktion **Spirale** und **Umdrehung** gebildet (7).

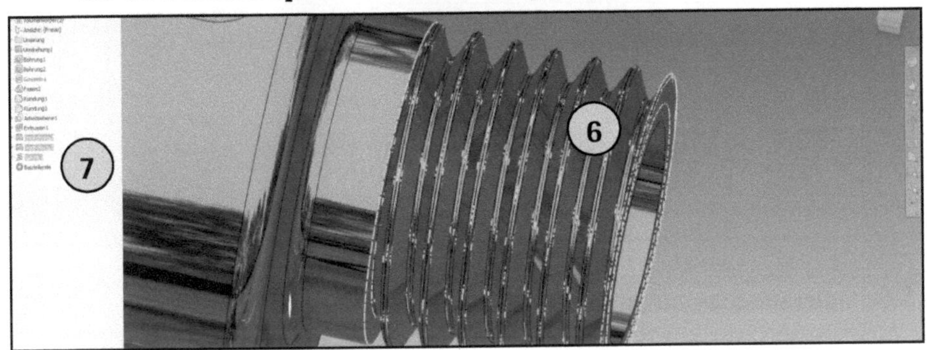

7.12.2.4 Erstellen eines Volumenkörpers über „Kombinieren"

- Bilden Sie eine Volumen-Addition des Basisbauteils mit dem gebildeten
  Gewinde über **Kombinieren**, Option **Verbinden**.

Kombinieren (Multifunktionsleiste **3D-Modellierung**)

Kombinieren

Wählen Sie den Grundkörper (8).

Wählen Sie den Werkzeugkörper (9).

Schließen Sie die Bearbeitung mit **OK** ab.

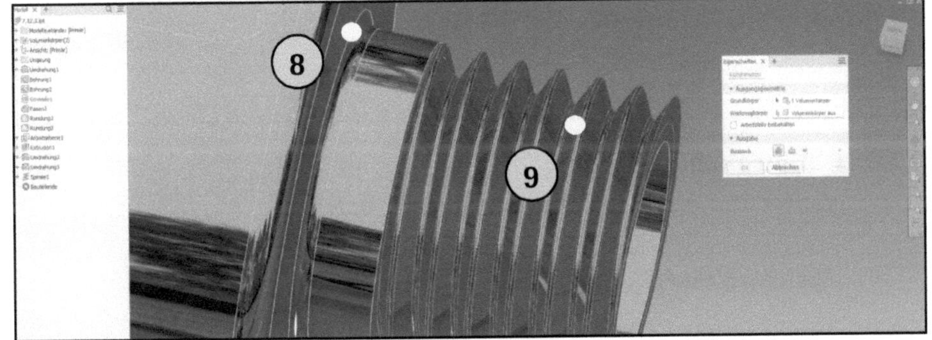

7.12.3 Erstellen einer Fase am Gewindeende über „Drehung"

7.12.3.1 Skizze für die Gewinde-Abschlussfase

 2D Skizze

 Linie

 Stutzen

 **2D-Skizze** (Anwählen der Ebene)

Ausrichten nach (Anwählen der Arbeitsebene).

Geometrie projizieren (Multifunktionsleiste **Skizze**)

Klicken Sie die gezeigte Ebene / **Fertig**

- Erstellen Sie eine neue Skizze auf der Ebene entsprechend der Darstellung mit **Linie** und gegebenenfalls **Stutzen**.

- Tragen Sie die entsprechenden Maße ein.

- Schließen Sie dann die Skizzenkonstruktion (10).

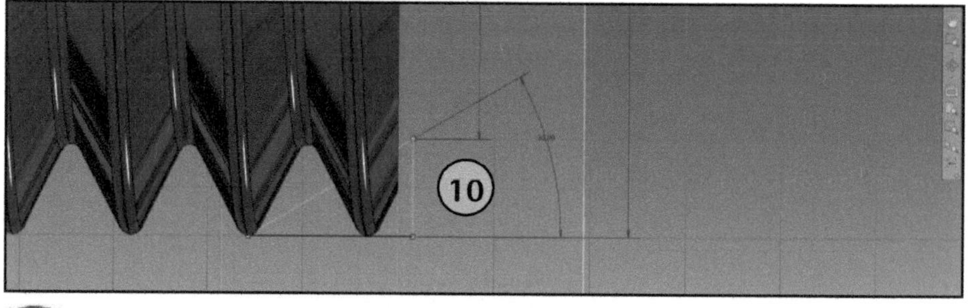

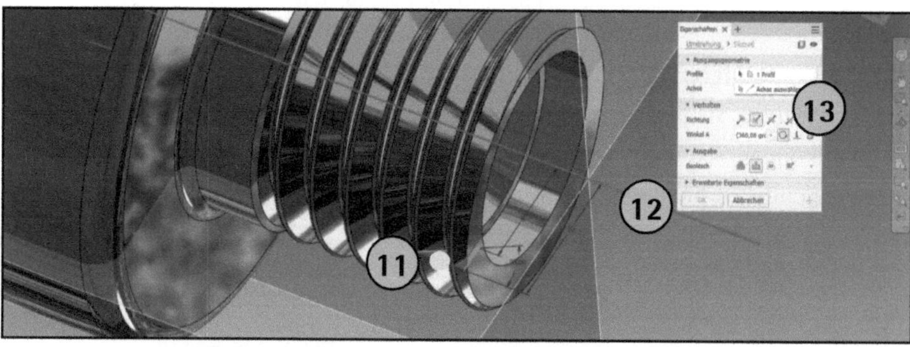 Drehung

Drehung (Multifunktionsleiste **3D-Modellierung**)

Profil wählen (11).

Wählen Sie die **Achse** aus der aktiven Skizzierebene (12).

Rotationswinkel **Voll** / **Differenz** / **Volumenkörper** (13).

Schließen Sie die Bearbeitung mit **OK** ab.

7.12.3.2 Bauteil speichern

- Aufruf über den **Menü-Browser**, Register **Datei**.

 Speichern unter

Speichern unter

7.12.4 „ThreadModeler"-Tool, Erstellen eines echten Innengewindes

7.12.4.1 Gewindebohrung umwandeln

- **Löschen** Sie die **Fase** am Gewindeanfang.
- Aktivieren Sie den Eintrag **Gewindebohrung** im **Bauteilbrowser**.
- Ändern Sie auf folgende Optionen:
  Einfache Bohrung, Flacher Bohrungspunkt, Ø12 mm (12).
- Schließen Sie die Bearbeitung mit **OK** ab (13).

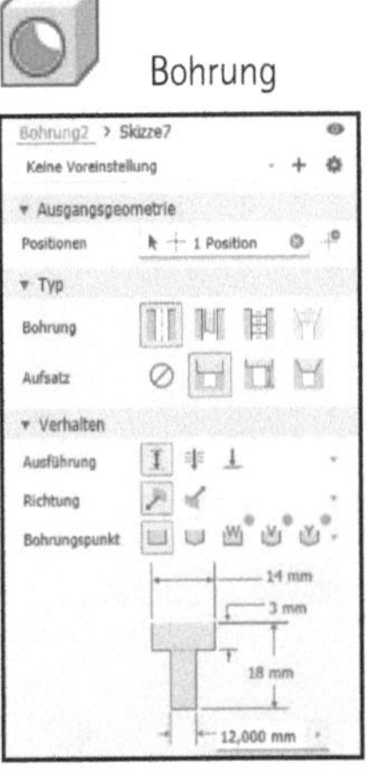

Bohrung

7.12.4.2 Gewinde für Innenbohrung zuweisen

- Weisen Sie der Innenfläche der Bohrung ein **Gewinde** Größe **M12, ISO-Metrisches Profil** zu (14, 15).

Gewinde

7.12.4.3 ThreadModeler-Tool, Gewindeerstellung für Innengewindes

- Klicken Sie auf die Registerkarte **CoolOrange**, Befehl **ThreadModeller** (16).

ThreadModeler

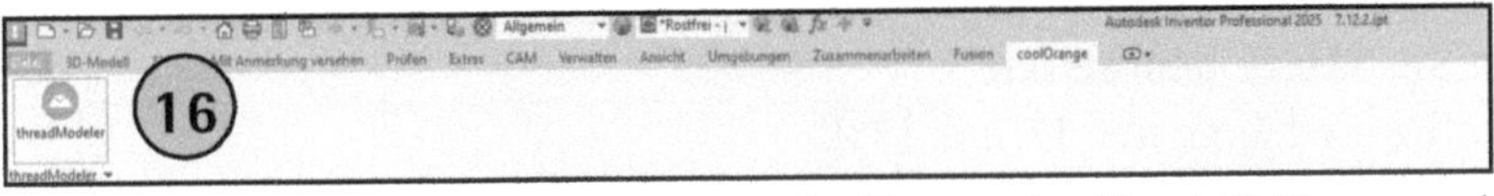

- Wählen Sie den Außen-Gewinde-Eintrag im **Bauteil-Browser** (17), die Auswahl wird in die Dialogbox übernommen (18).

- Mit **OK** werden die **Gewinde** gesetzt (19), diese Gewinde werden automatisch aus der Funktion **Spirale** und **Umdrehung** gebildet (20).

7.12.4.4 Anpassen der Spirallänge für das Gewinde

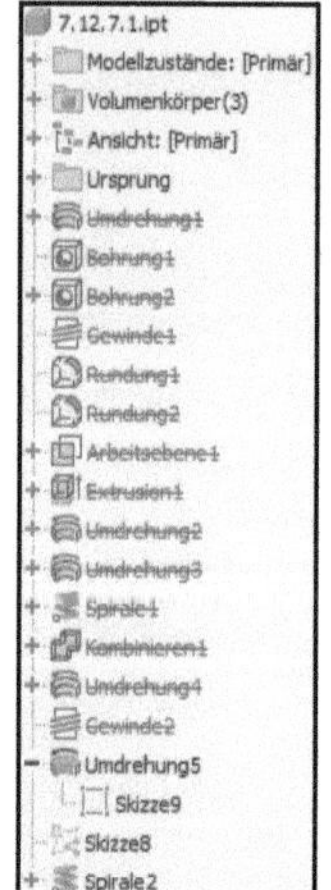

Spirale

- Aktivieren Sie den Eintrag **Spirale** im **Bauteilbrowser**.
- Ändern Sie auf folgende Option:
  Höhe **17** mm.
- Schließen Sie die Bearbeitung mit **OK** ab (21, 22).

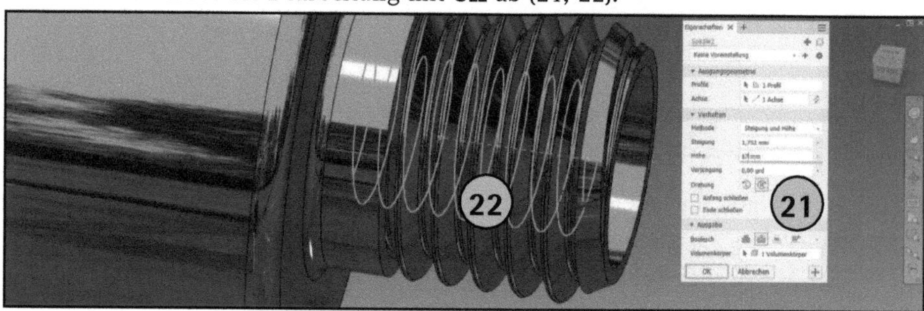

7.12.4.5 Anpassen der Zylinderlänge für das Gewinde

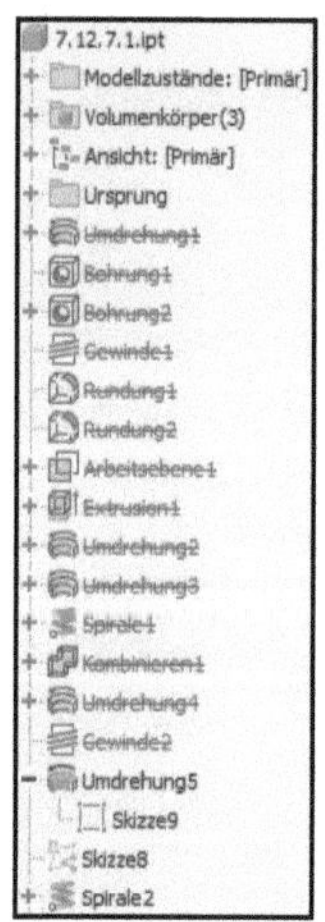

- Wählen Sie für alle störenden Einträge **Unterdrücken** im **Bauteilbrowser**. (22).

- Aktivieren Sie den Eintrag **Skizze** unter dem Eintrag **Umdrehung**.
- Klicken Sie **Skizze bearbeiten**.
- Ändern Sie die Länge auf **17** mm (23).
- Schließen Sie die Bearbeitung mit **OK** ab (24).

Die Generierung der angepassten **Umdrehung** erfolgt automatisch.

7.12.4.6 „Unterdrückungen" aufheben

* Wählen Sie für alle Einträge **Unterdrücken aufheben** im **Bauteilbrowser**.

7.12.5 Bauteil speichern

* Aufruf über den **Menü-Browser**, Register **Datei**.

Speichern unter

Speichern
unter

AutoDesk
Inventor 2025

Bauteile
Erstellen und Anpassen

Boolesche Formelemente

8 Boolesche Formelemente

8.1 Eine Einführung

Konstruktive Festkörpergeometrie ist eine Technik zum Modellieren von Körpern, die u. a. in der 3D-Computergrafik und bei CAD-Programmen genutzt wird. Constructive Solid Geometry (CSG) ermöglicht einem Designer komplexe Oberflächen und Körper zu erzeugen, indem er boolesche Operatoren benutzt, um Objekte zu kombinieren. Aus der CSG hervorgegangene Körper wirken oft sehr komplex, sind aber in Wirklichkeit nichts anderes als geschickt verknüpfte Objekte. CSG ist besonders im CAD-Bereich gebräuchlich, ca. 60% aller mechanischen Bauteile lassen sich mit einem CSG-System, das nur Quader und gerade Kreiszylinder verwendet, modellieren. Wenn mehr Grundkörper zugelassen werden, so lassen sich 90% aller Bauteile im klassischen Maschinenbau, vorrangig Bohren, Fräsen, Drehen der Bauteile, oder ihrer Gussformen, auf natürliche Weise per CSG beschreiben.

8.2 Befehle für Boolesche Operationen

Bei der 3D-Modellierung werden gewöhnlich Volumenkörper verwendet. Hierbei können Sie folgende Vorgänge durchführen:

> Mehrere Elemente zu einem Körper zusammenfassen.
> Abschnitte aus einem Körper entfernen.
> Mit der Schnittmenge von Körpern arbeiten.
> Neue Volumenkörper erstellen.

Sie können die Befehle für Boolesche Operationen verwenden, um aus existierenden Körpern den erforderlichen Körper zu erstellen.

Die Befehle für Booleschen Operationen werden in der Bauteil-Umgebung einmal über die Multifunktionsleiste **3D-Modellierung** aufgerufen, einer der Grundbefehle heißt **Extrusion**.

Der von einer Booleschen Operation ausgegebene Körpertyp, stimmt mit dem des Zielkörpers überein.

8.2.1 Boolesche Operationen

8.2.1.1 Boolesche Vereinigung

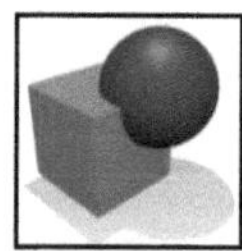

Vereinigung

Die **Boolesche Vereinigung** addiert die ausgewählten Körper in einem einzelnen Körper zusammen. Alle ausgewählten Werkzeugkörper werden vom Zielkörper absorbiert.

8.2.1.2 Boolesche Differenz

Differenz

Die **Boolesche Differenz** subtrahiert die ausgewählten Werkzeugkörper von den ausgewählten Zielkörpern.

Wird lediglich ein Teil seines Volumens aus dem Zielkörper entfernt, bleibt der Zielkörper als einzelner Körper bestehen.

8.2.1.3 Boolesche Schnittmenge

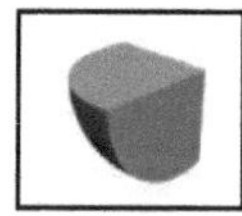

Schnittmenge

Die **Boolesche Schnittmenge** entfernt jegliches Volumen, das den ausgewählten Körpern nicht gemeinsam ist.

8.3 Durchdringungen und Verschneidungen

8.3.1 Dreidimensionale Körper, eine Einführung

Platonische Körper und insbesondere Ikosaeder oder Pentagondodekaeder faszinieren oft schon alleine durch ihre Proportionen. Durchdringungskörper bieten durch ihre Verschneidungen und die unterbrochenen Flächen noch mehr Reize. Diese Reize können vielschichtiger Natur sein.

Paolo Ucello hat 1420 in der Basilica di San Marco in Venedig wohl als erster das kleine gesternte Dodecaeder in ein Mosaik gezeichnet. Weit über hundert Jahre später zeichnete der Nürnberger Goldschmied Wentzel Jamnitzer (1508-1585) 1568 in seinem Buch Perspectiva Corporum Regularium das große gesternte Dodecaeder und näherungsweise das große Dodecaeder.

Auch eine Durchdringung von Würfel und Oktaeder sowie von Dodekaeder und Ikosaeder (Abbildung 3 rechts oben) wurde von ihm veröffentlicht. Nebenbei bemerkt ist dieses Buch ein Meisterstück geometrischen Designs.

Ein wohl erster mathematischer Zugang zu den Durchdringungskörpern wurde 1619 von Johannes Kepler (1571-1630) in seinem Buch Harmonice Mundi beschrieben. Hier behandelt er den kleinen gesternten Dodekaeder und den großen gesternten Dodekaeder. Louis Poinsot (1777-1859) beschrieb 1809 den großen Dodekaeder (den Jamnitzer 1568 schon ähnlich gezeichnet hatte) und das große Ikosaeder.

Diese vier Durchdringungskörper, die so genannten Kepler-Poinsot-Körper, heißen von links nach rechts: Kleiner gesternter Dodekaeder, großer gesternter Dodekaeder, großer Dodekaeder und großer Ikosaeder.

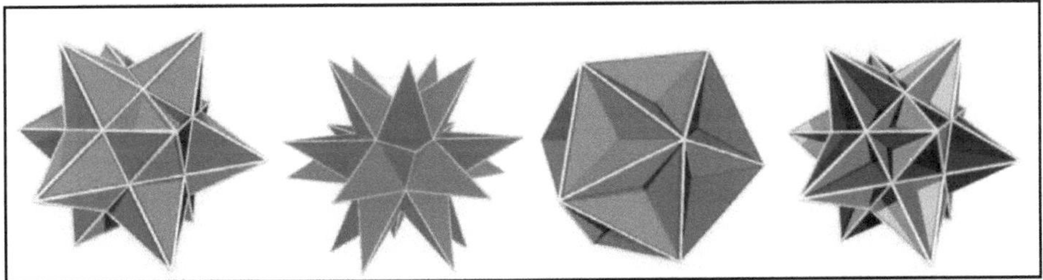

In der Geometrie versteht man unter einem Körper eine dreidimensionale beschränkte geometrische Form, welche durch Grenzflächen beschrieben werden kann.

Eine geometrische Form heißt dabei dreidimensional, wenn sie in keiner Ebene vollständig enthalten ist, und beschränkt, wenn es eine Kugel gibt, welche diese Form vollständig enthält, genauer heißt eine geometrische Form der soeben beschriebenen Art ein dreidimensionaler Körper, da diese Begriffsbildung auch auf höhere Dimensionen verallgemeinert werden kann.

Die bekanntesten Körper besitzen flache oder kreis- bzw. kugelförmige Grenzflächen. Als Beispiele dienen Zylinder, Kegel, Kugel, Prisma, Pyramide, Tetraeder, Würfel, sowie die fünf regulären Polyeder. Wenn ein Körper ausschließlich von ebenen Flächen begrenzt wird, spricht man von einem Polytop oder von einem beschränkten Polyeder (Vielflächner).

Kleiner gesternter Dodecaeder

Mosaik von P.Ucello Basilika S. Marco

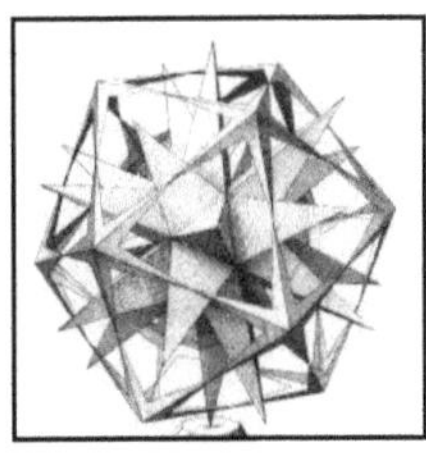

Großer gesternter Dodecaeder in einem Ikosaeder

4. Kupferstich zu den Polyeder von W. Jamnitzer (1568)

Großer Dodekaeder (l. u.)

2. Kupferstich aus einer Serie zum Ikosaeder von W. Jamnitzer (1568)

8.3.2 Durchdringungen als geometrische Modelle

Unter Durchdringung versteht man zusammengesetzte Körper, bei denen die ursprüngliche Form von mindestens einem Körper durch einen zweiten verändert wurde. Dadurch entstehen Durchdringungskanten oder -kurven. Man spricht von Verschmelzung, wenn die Durchdringungskörper aus einem Guss sind. Die Steckung entsteht, wenn ein Körper im anderen steckt und herausnehmbar ist. Seine verdeckten Kanten müssen gezeichnet werden. Die Konstruktion der Durchdringungslinien erfolgt durch Festlegen von markanten Punkten, Mantellinien und geeignete Schnittverfahren. Neben der Durchdringung werden dabei Zusammenbau und Bewegung eine bedeutende Rolle spielen, da durch CAD auch das räumliche Vorstellungsvermögen im dynamischen Bereich geschult werden kann und somit eine zeitgemäße Ergänzung zur Raumvorstellung im statischen Bereich möglich wird. Bei einem geometrischen Modell handelt es sich, wie bei anderen Modellen, um eine vereinfachte Beschreibung eines realen, geplanten oder gedachten Systems. Dabei beinhaltet das Modell nur Teile des Originals. Unwichtige Informationen werden weggelassen, um entscheidende Merkmale herauszuarbeiten (Reduktion). Eine besondere Bedeutung kommt in diesem Zusammenhang den virtuellen Funktionsmodellen zu.

8.3.2.1 Durchdringungsarten

Die Formen der Durchdringung können je nach den Oberflächen der beteiligten Körper variieren. Bei ebenflächigen Teilen ergeben sich in den Abwicklungen gerade Linien, während bei gekrümmten Flächen auch gekrümmte Durchdringungs- und Abwicklungsformen auftreten können. Wenn hingegen gekrümmte Flächen einander durchdringen, entsteht eine Raumkurve als Durchdringungskurve

- **Eindringung**:

Wenn ein Teil eines Körpers vollständig in den anderen eindringt, ohne auf der anderen Seite wieder herauszutreten.

- **Durchdringung**:

Hier tritt der eindringende Körper auf der anderen Seite des durchdrungenen Körpers wieder heraus.

- **Anschneidung**:

Wenn ein Körper durch einen anderen hindurchgeht, ohne dass der zweite Körper den ersten vollständig umschließt.

8.3.2.2 Durchdringungsbeispiele

- **Zylinder-Zylinder**

Wenn ein Zylinder einen anderen Zylinder durchdringt, entsteht eine charakteristische Durchdringungslinie. Diese Linie entsteht, wenn man in einen Zylinder ein Loch quer zu seiner Längsachse bohrt. Wenn beide Zylinder gleich groß sind, entsteht eine gerade 45°-Durchdringungslinie.

Die Viviani Kurve beschreibt die Durchdringung eines Zylinder mit dem Radius **a** und einer Kugel mit dem Radius **2a**. Der Zylinder ist dabei um den Faktor **a** verschoben. Sie wurde nach Vincenzo Viviani (1622-1703) benannt.

Vincenzo Viviani

- **Zylinder-Kugel**

Durchdringungslinien zwischen einem Zylinder und einer Kugel zu konstruieren. Dabei bildet jede Kugel beim Durchstoßen der beiden Zylinder verschieden große Kreisflächen.

Projekt IX

Boolesche Formelemente
Seite 214 bis 231

- Einfache Extrusion
  Rechteckfläche mit einer zentrierten Kreisfläche
  Volumenkörper aus dieser Differenzfläche

- Volumenkörper, Extrusions-Optionen
  Volumenkörper über „Vereinigung", „Differenz"
  und „Schnittmenge"

- Volumenkörper über Drehung
  Volumenkörper über „Differenz" und „Schnittmenge"

- Volumenkörper
  Volumenkörper über „Trennen"

- Volumenkörper
  Volumenkörper über „Kombinieren"

- Volumenkörper
  Schnittmengen-Wölbung

8.4 Boolescher Grundkörper über Differenz-Extrusion" Volumenkörper über Differenzfläche

8.4.1 Erstellen der Basisfläche für die Extrusion

8.4.1.1 Vorlagendatei öffnen

Neu (Multifunktionsleiste)

Engelke-2025.ipt anklicken / **Erstellen**

- **2D-Skizze starten** (Multifunktionsleiste **3D-Modell**)

8.4.1.2 „Rechteck, Mitte mit zwei Punkten", als Basis für den Quader

Rechteck Mitte mit zwei Punkten (Multifunktionsleiste **Skizze**)

Klicken Sie in das Grafikfenster, um den Mittelpunkt des Rechtecks festzulegen. (1)

Verschieben Sie den Cursor, und klicken Sie, um die Länge der Seiten des Rechtecks festzulegen, Maße ca. **100** mm Länge und **60** mm Breite. (2)

Fertig / Skizze beenden (aus dem Überlaufmenü)

8.4.1.3 Kreis auf Rechteck-Ebene

Kreis Mittelpunkt (Multifunktionsleiste **Skizze**)

Mittelpunkt wählen, auf Achsenschnittpunkt klicken, grüner Punkt (1).

Durchmesser auf **25** mm ziehen (3).

Fertig / Skizze beenden (aus dem Überlaufmenü) (4)

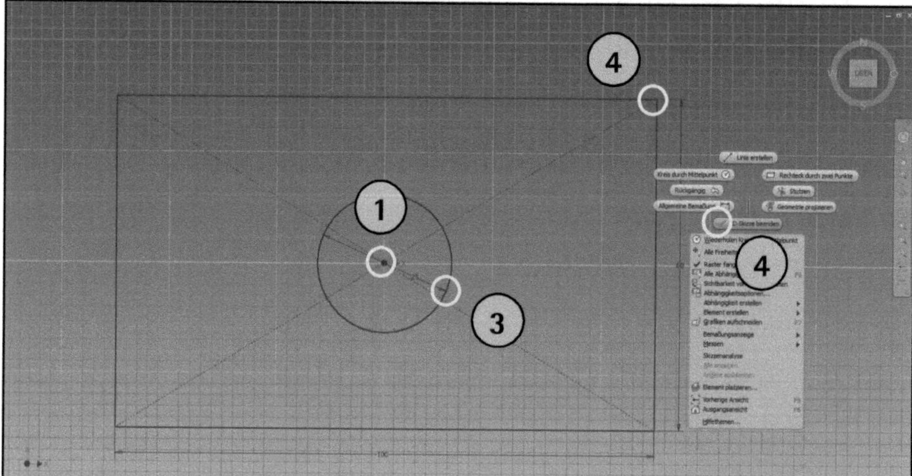

Neu

Engelke-2025 .ipt

2D-Skizze starten

Rechteck Mitte mit zwei Punkten

Kreis Mittelpunkt

8.4.2 Ein Differenzkörper über „Extrusion"

Extrusion (Multifunktionsleiste **3D-Modellierung**)

Objektauswahl (5)

Es erfolgt eine automatische Auswahl der Extrusionsfläche)

Einstellungen:

Abstand / **10** mm / **Volumenkörper** (6).

Schließen Sie die Bearbeitung mit **OK** ab (7).

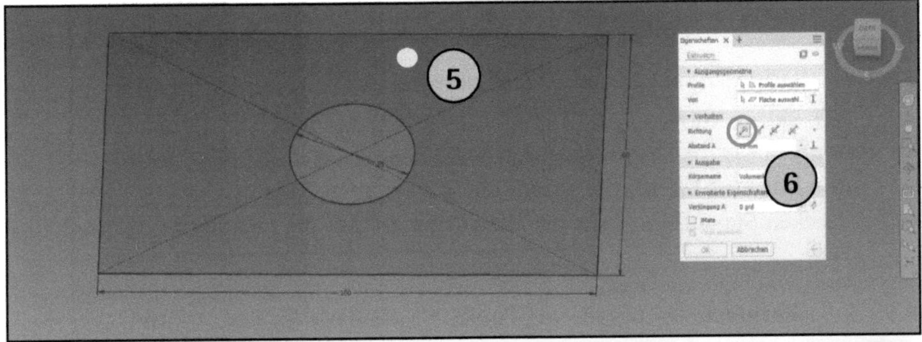

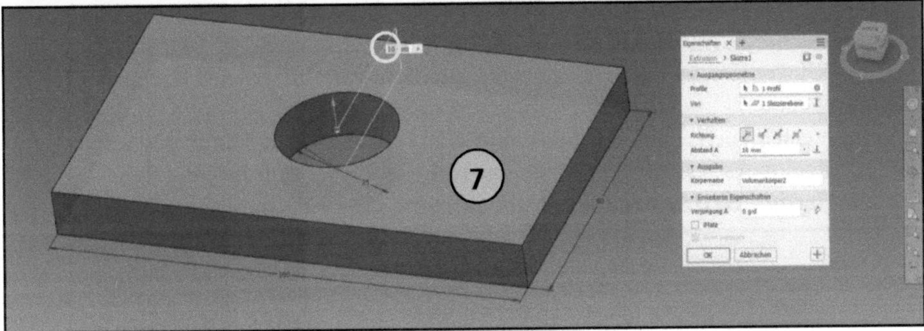

8.4.3 Bauteil speichern

- Aufruf über den **Menü-Browser,** Register **Datei.**

Speichern unter

8.5 Boolesche Volumenkörper, Extrusions-Optionen

8.5.1 Erstellen der Basiskonstruktion

8.5.1.1 Vorlagendatei öffnen

 Neu

 Engelke-2025 .ipt

 **Neu** (Multifunktionsleiste) / Ordner: **Vorlagen Engelke**

 **Engelke-2025.ipt** anklicken / **Erstellen**

8.5.1.2 Basisskizze auf Ebene „Oben" anlegen

 2D-Skizze starten

- **2D-Skizze starten** (Multifunktionsleiste **3D-Modell**)
- Wählen Sie die Ursprungsskizze **XY-Ebene**.
  Die Inventor-Oberfläche startet die Skizzenumgebung.
- Klicken Sie auf das **Haus** am **ViewCube** um auf die **ISO-Ebene** umzuschalten.

8.5.1.3 „Rechteck, Mitte mit zwei Punkten", als Basis für den „Würfel"

 Rechteck Mitte mit zwei Punkten

 **Rechteck Mitte mit zwei Punkten** (Multifunktionsleiste **Skizze**)
Klicken Sie in das Grafikfenster, um den Mittelpunkt des Rechtecks festzulegen (1).
Verschieben Sie den Cursor, und klicken Sie, um die Länge der Seiten des Rechtecks festzulegen, Maße ca. **100** mm Länge und Breite. (2)
Fertig / Skizze beenden (Überlaufmenü oder Multifunktionsleiste)

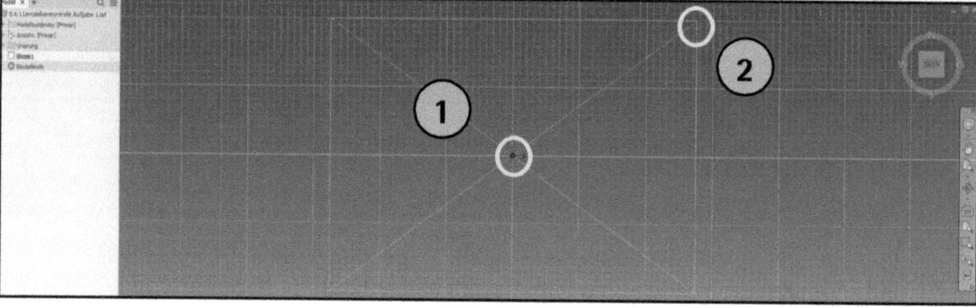

8.5.1.4 Allgemeine Bemaßungen, Kantenlänge

 Bemaßung

Bemaßung (Multifunktionsleiste **Skizze**)
Eckpunkte der Kante anklicken (3) / Maß auf Position ziehen.
Vorgeschlagenes Maß auf **100** mm ändern (4).

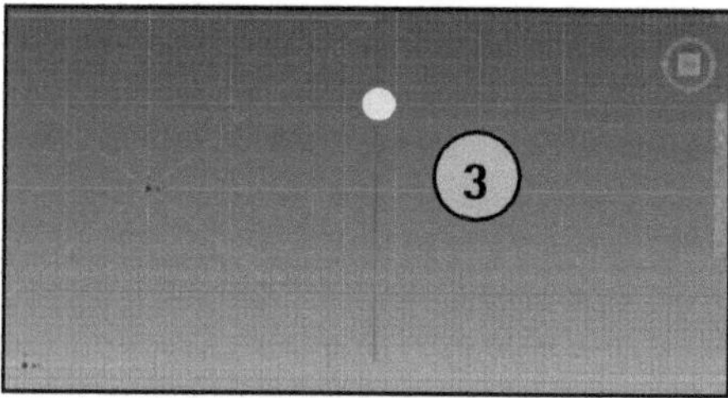
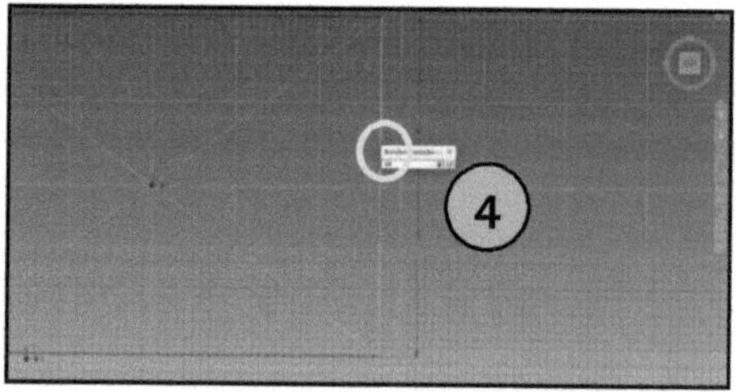

Bemaßung (Multifunktionsleiste **Skizze**)
Verfahren Sie mit der Kantenlänge entsprechend (5, 6).

Bemaßung

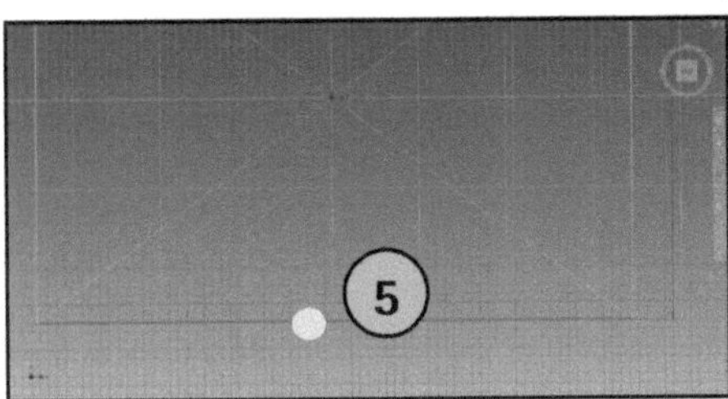

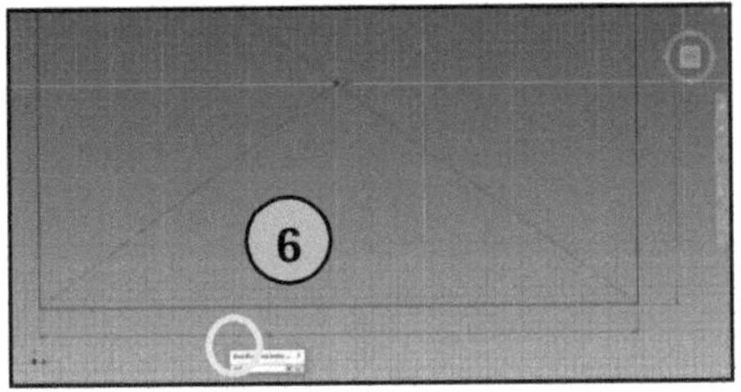

8.5.1.5 Ein „Würfel" aus „Extrusion"

Extrusion

Extrusion (Multifunktionsleiste **3D-Modellierung**)
Objektauswahl (da nur eine Fläche erfolgt eine automatische Auswahl)
Abstand / 100 mm / **Volumenkörper / OK** (7, 8)

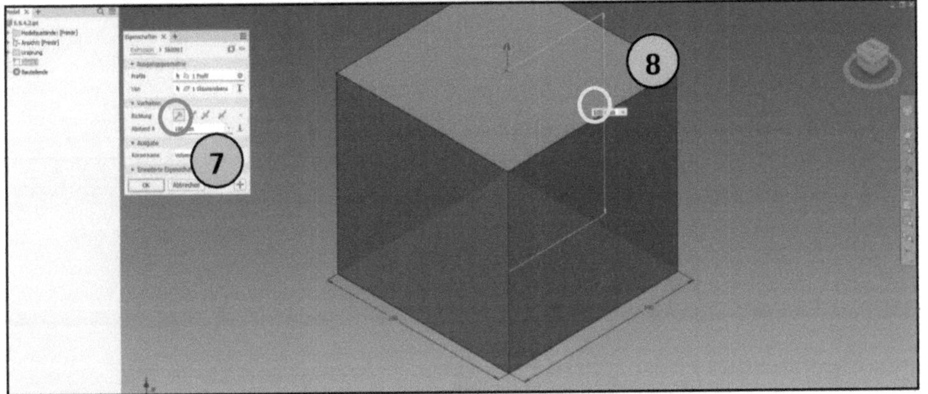

8.5.1.6 Mittelachsen auf die obere Quaderfläche legen

- Wählen Sie aus dem Symbolmenü **Skizze erstellen**.
- Klicken Sie in die oben liegende Quaderfläche.
  Eine neue Arbeitsebene wird auf die obere Fläche gelegt.

2D-Skizze
starten

Linie (Multifunktionsleiste **Skizze**)
Start- und Endpunkte von Kantenmitte zu Kantenmitte klicken
(grüner Symbolpunkt) (9, 10).
Fertig (aus dem Überlaufmenü) (11)

Linie

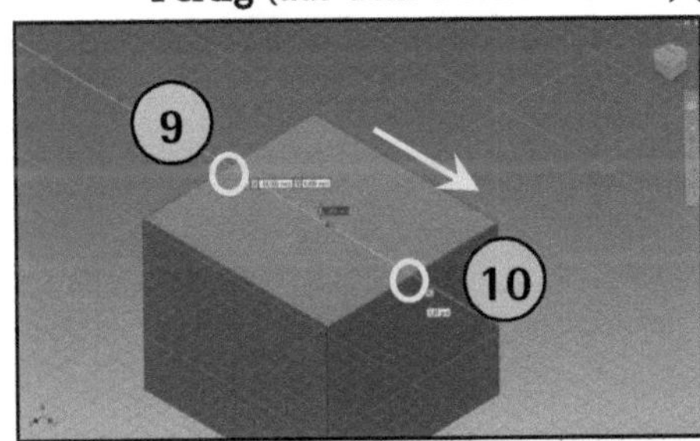

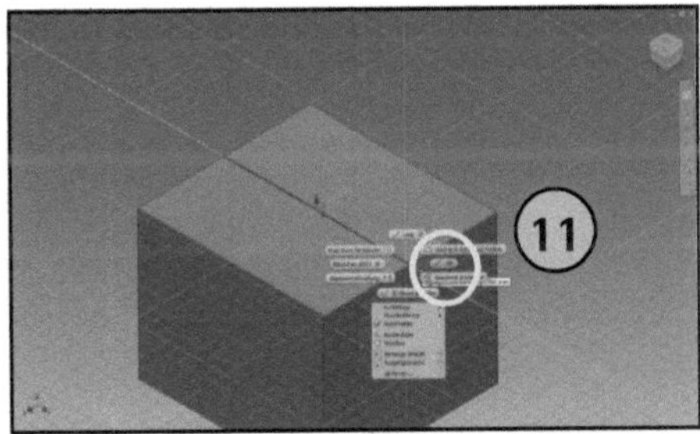

Linie

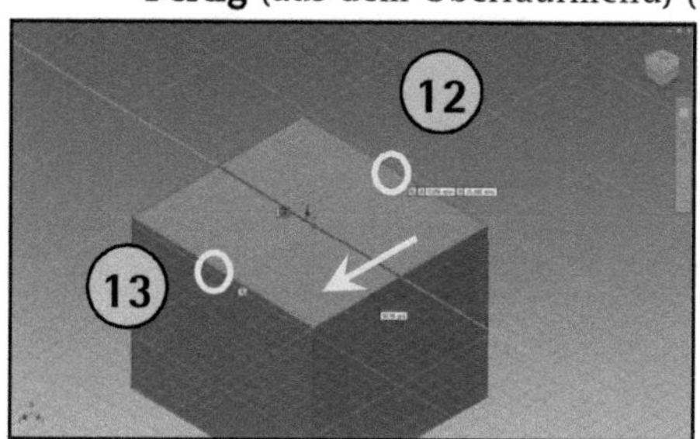

Linie (Multifunktionsleiste **Skizze**)
Start- und Endpunkte von Kantenmitte zu Kantenmitte klicken
(grüner Symbolpunkt) (12, 13).
Fertig (aus dem Überlaufmenü) (14)

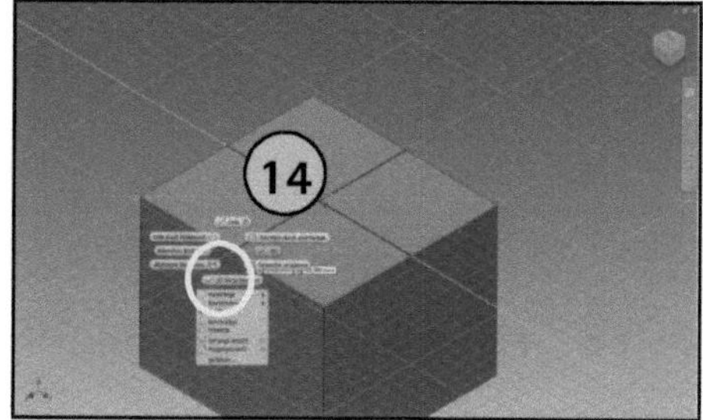

8.5.1.7 Symmetrieachsen in Konstruktionslinien umwandeln

Die Achsen werden nicht für die Volumenerstellung benötigt, deshalb ist eine Umwandlung in sogenannte Konstruktionslinien sinnvoll.

Konstruktion

Konstruktion (Multifunktionsleiste **Skizze**)
Klicken Sie die jeweilige **Linie** an (15, 16)

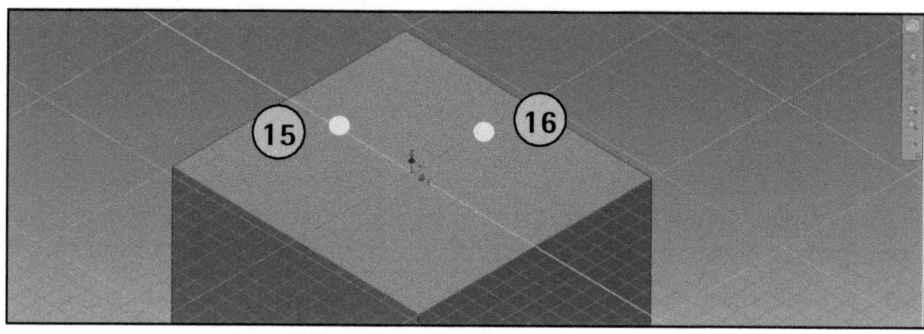

Kreis durch
Mittelpunkt

8.5.1.8 Kreis auf die Symmetrieachsen legen

Kreis durch Mittelpunkt (Multifunktionsleiste **Skizze**)
(im Schnittpunkt (17) der Linien) / Radius ziehen (18).
Fertig / Skizze beenden (aus dem Überlaufmenü) (19)

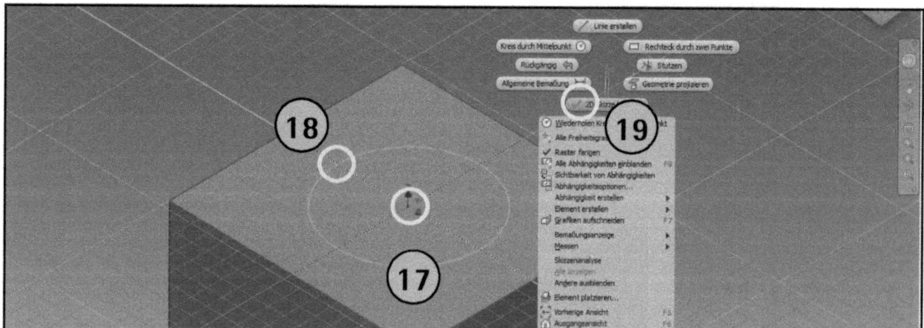

8.5.2 Boolescher Volumenkörper über „Extrusion"
Optionen „Vereinigung", „Differenz" und „Schnittmenge"

8.5.2.1 Boolesche Volumenkörper, „Extrusion", Option „Vereinigung"

Vereinigung fügt das durch das extrudierte Element erstellte Volumen einem anderen Element oder Körper hinzu.

 **Extrusion** (Multifunktionsleiste **3D-Modellierung**)

Objektauswahl, es erfolgt eine automatische Auswahl (1).

Abstand / Von Grundfläche / 10 mm **Vereinigung** (2).

Schließen Sie die Bearbeitung mit **OK** ab (3).

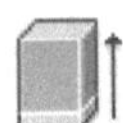 Extrusion

 Vereinigung

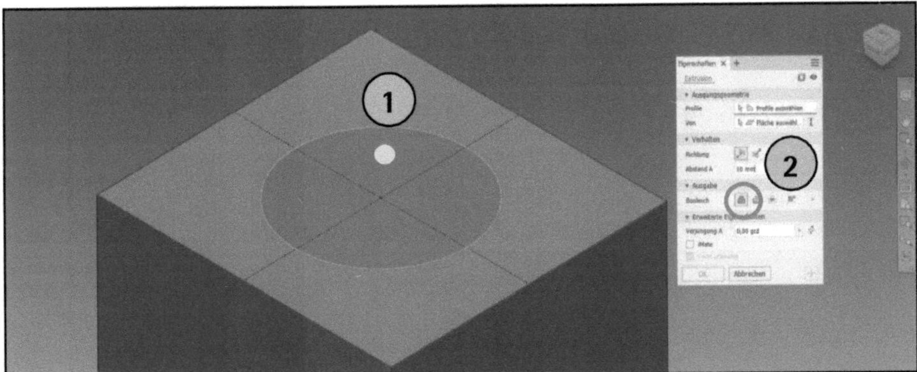

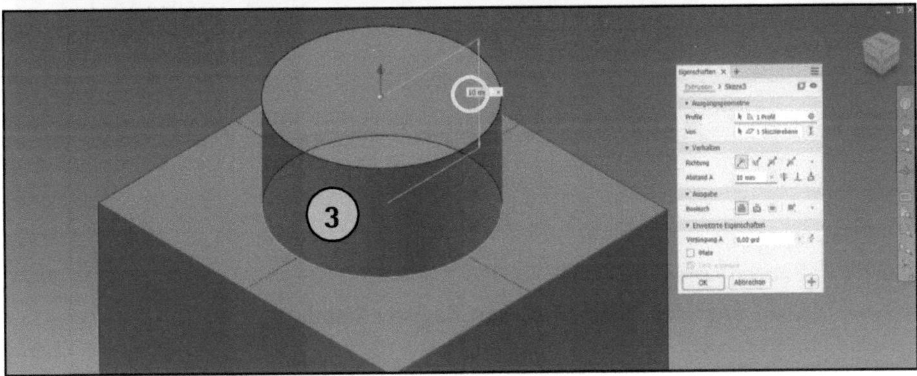

8.5.2.2 Bauteil speichern

* Aufruf über den **Menü-Browser**, Register **Datei.**

 **Speichern unter**

 Speichern unter

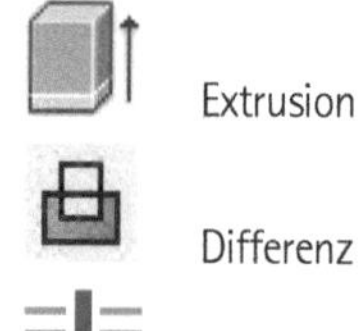
Extrusion

Differenz

Durch alle

8.5.2.3 Boolesche Volumenkörper, Differenz mit Extrusion bearbeiten

Differenz entfernt das extrudierte Element aus dem erstellten Volumen.

Extrusion (Multifunktionsleiste **3D-Modellierung**)

Objektauswahl, es erfolgt eine automatische Auswahl (1).

Abstand / Von Grundfläche / Durch alle / Differenz (2).

Schließen Sie die Bearbeitung mit **OK** ab (3).

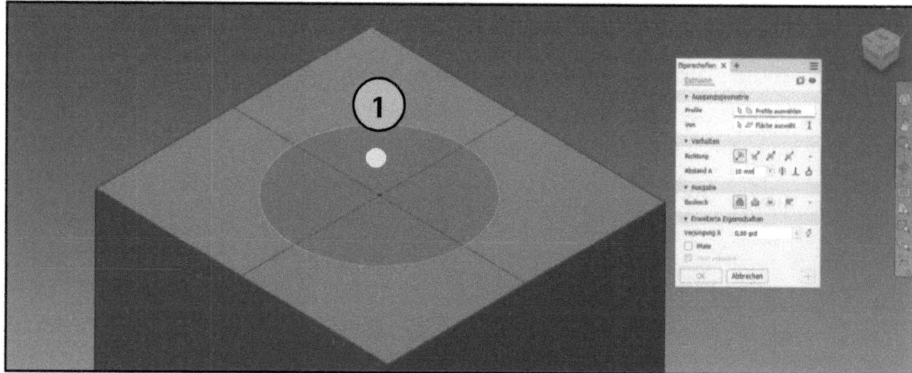

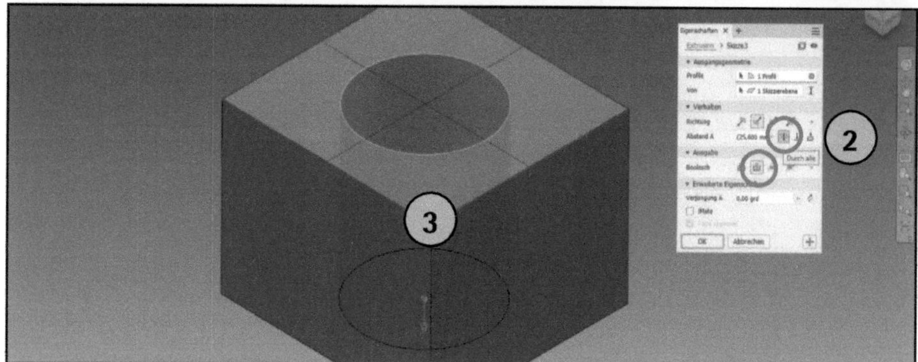

8.5.2.4 Bauteil speichern

- Aufruf über den **Menü-Browser**, Register **Datei**.

Speichern
unter

Speichern unter

8.5.2.5 Boolesche Volumenkörper, Schnittmenge mit Extrusion bearbeiten

Die **Schnittmenge** erzeugt das extrudierte Element aus dem erstellten Volumen.

Extrusion (Multifunktionsleiste **3D-Modellierung**)

Objektauswahl, es erfolgt eine automatische Auswahl (1).

Abstand / Von Grundfläche / Durch alle Schnittmenge (2).

Schließen Sie die Bearbeitung mit **OK** ab (3).

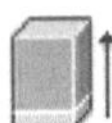
Extrusion

Schnittmenge

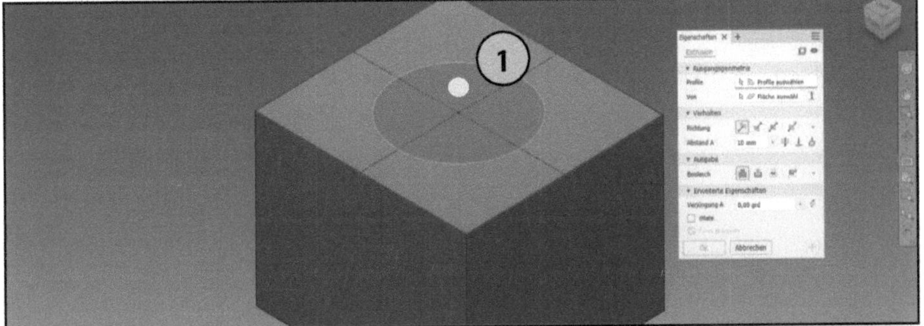

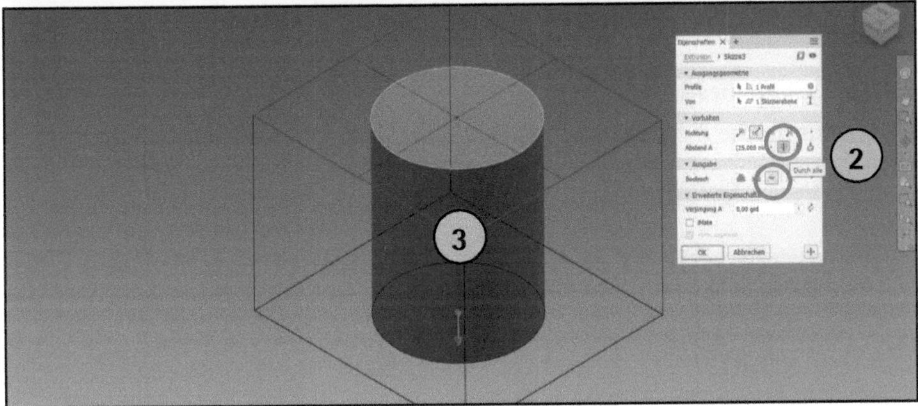

8.5.2.6 Bauteil speichern

- Aufruf über den **Menü-Browser**, Register **Datei**.

Speichern unter

Speichern
unter

8.6 Boolescher Volumenkörper über „Drehung", Rotations-Differenz

Öffnen

8.6.1 Öffnen der Bauteildatei

- **Öffnen** Sie die Skizzendatei von der Buch-DVD.

8.6.2 Flächenbearbeitung

8.6.2.1 Skizze zur Bearbeitung öffnen

- Öffnen Sie die dargestellte Skizze über **Skizze bearbeiten** (1).

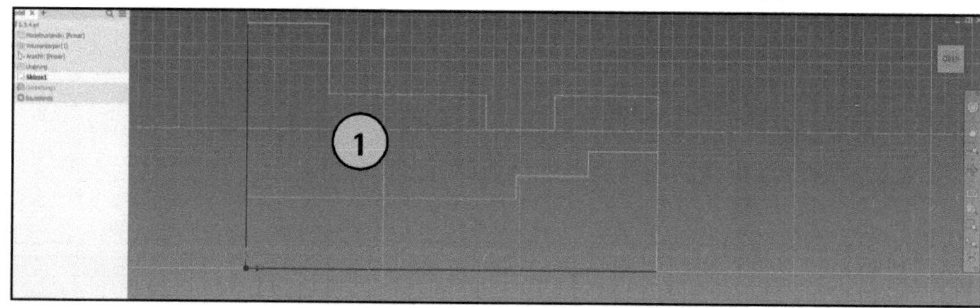

8.6.2.2 Skizze bearbeiten

Stutzen

- **Stutzen** Sie die gezeigten Linien (2, 3).

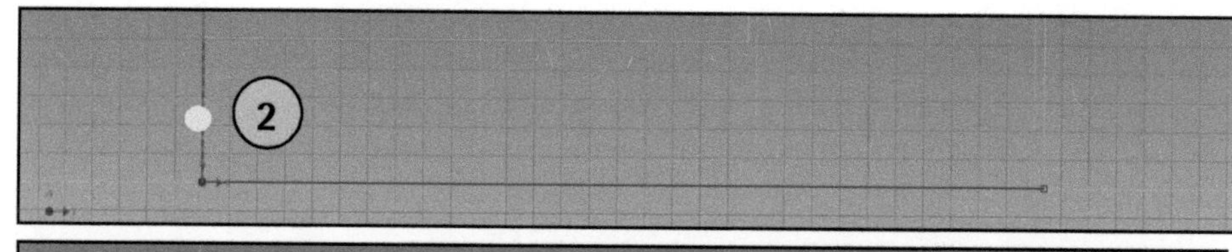

Linie

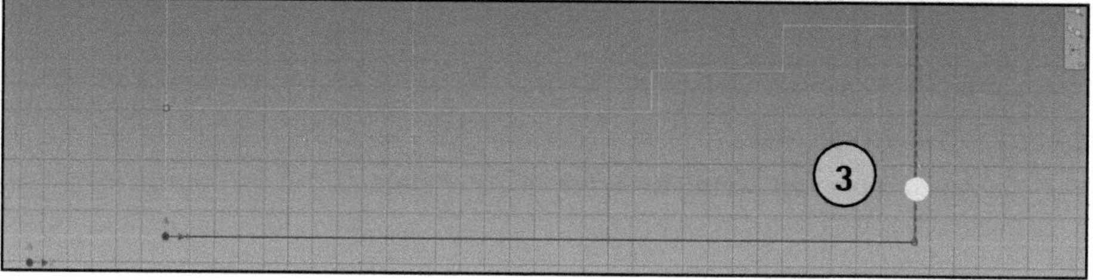

- Erstellen Sie zwei zusätzliche **Linien** zum Flächenabschluss (4, 5).

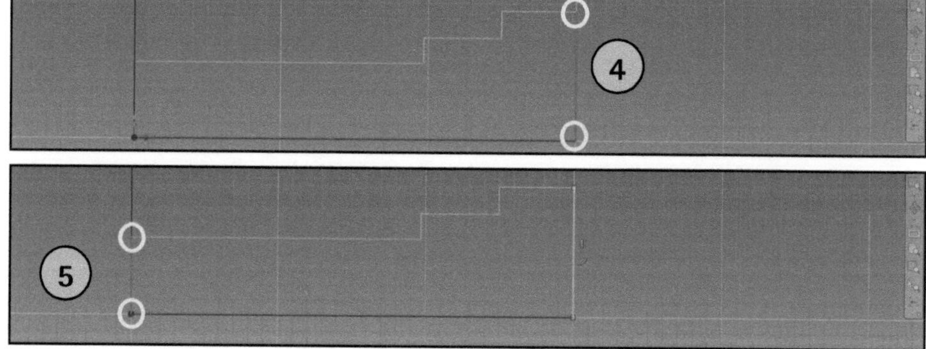

8.6.3 Ein Rotations-Differenzkörper über „Drehung"

8.6.3.1 Außenkörper über „Drehung"

Drehung (Multifunktionsleiste **3D-Modellierung**)

Profil wählen

Wählen Sie mit gedrückter **STRG**-Taste beide Flächen an (6, 7).

Wählen Sie die **Achse** aus der aktiven Skizzierebene (8).

Rotationswinkel **Voll** / **Vereinigung** / **Volumenkörper.**

Schließen Sie die Bearbeitung mit **OK** ab (9).

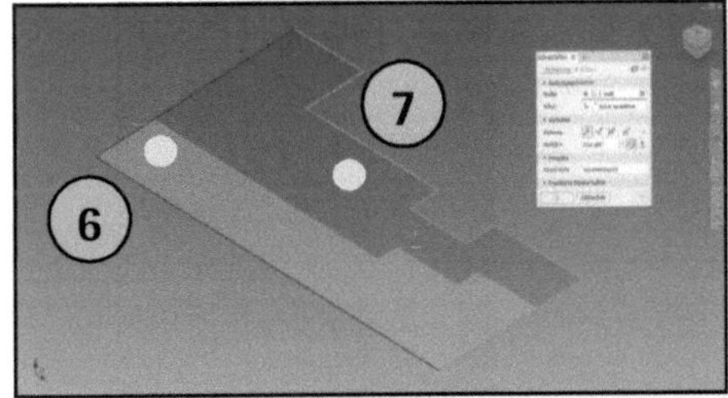
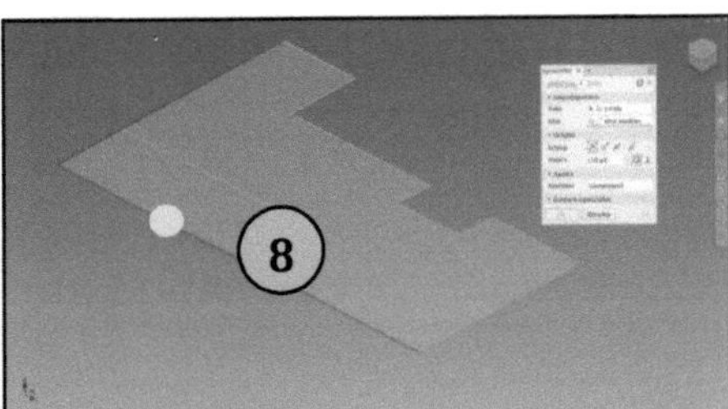
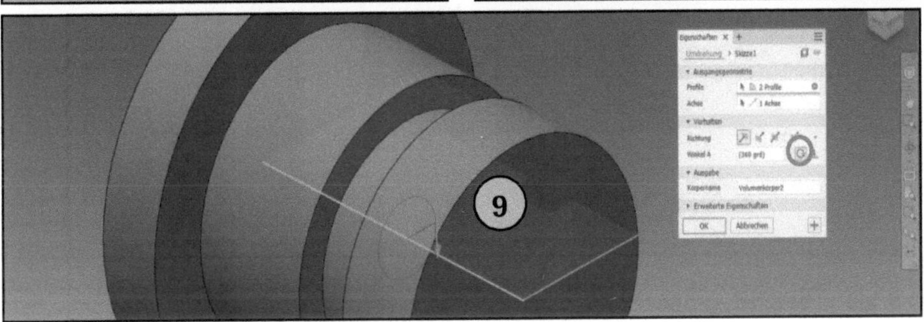

8.6.3.2 Eine Rotationsdifferenz über „Drehung"

- Aktivieren Sie die **Skizze** für die **Drehung** über Einstellung **Sichtbar** (10).

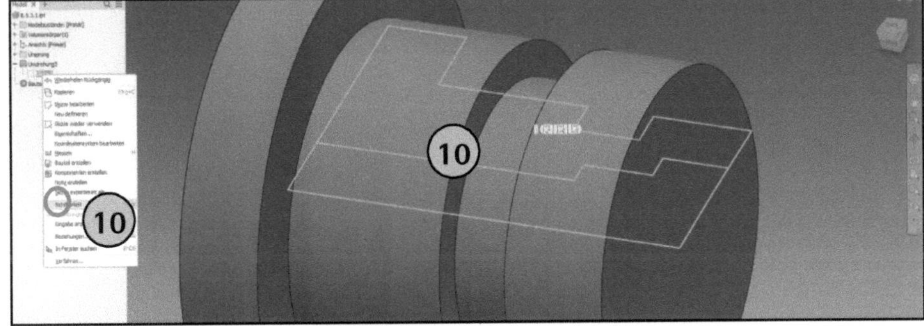

Drehung

Drehung (Multifunktionsleiste **3D-Modellierung**)

Profil wählen.

Wählen Sie das innere Skizzenprofil an (11).

Wählen Sie die **Achse** aus der aktiven Skizzierebene (12).

Rotationswinkel **Voll / Differenz / Volumenkörper** (13).

Schließen Sie die Bearbeitung mit **OK** ab (14).

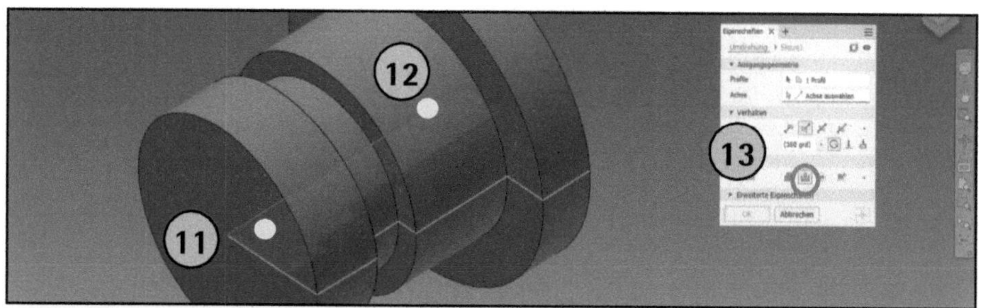

8.6.3.3 Bauteil speichern

* Aufruf über den **Menü-Browser**, Register **Datei**.

Speichern
unter

Speichern unter

8.7 Boolescher Volumenkörper über „Trennen"

8.7.1 Boolescher Volumenkörper über „Trennen", beide Teile erhalten

8.7.1.1 Öffnen der Bauteildatei

- **Öffnen** Sie die Bauteildatei von der Buch-DVD.

8.7.1.2 Ursprungsebene in der Bauteildatei aktivieren

- Schalten Sie die **XY**-Ursprungsebene auf **Sichtbar**. (1, 2)

8.7.1.3 Bauteil in zwei Teile über „Trennen"

Trennen (Multifunktionsleiste **3D-Modellierung / Ändern**)

Volumenkörperauswahl aktivieren (3).
Wählen Sie die **XY**-Ursprungsebene als **Werkzeug** (4).

Setzen Sie die Option **Beide Seiten behalten** (5).
Schließen Sie die Bearbeitung mit **OK** ab (6, 7).

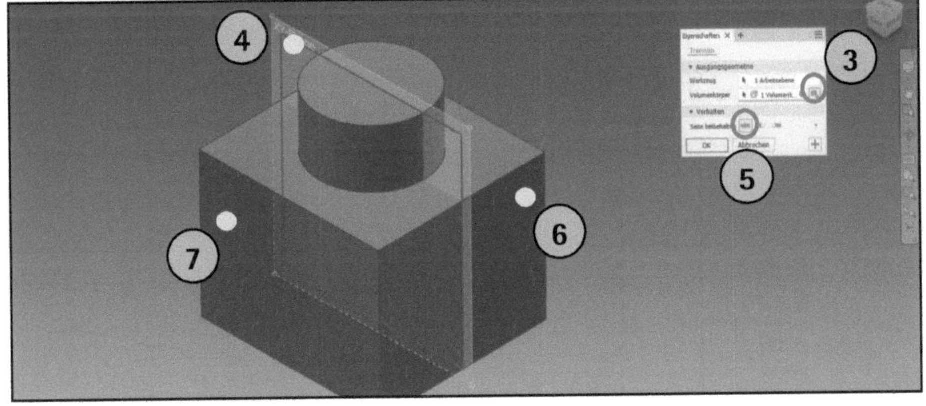

8.7.1.4 Bauteil speichern

- Aufruf über den **Menü-Browser**, Register **Datei**.

Speichern unter

8.7.2 Boolescher Volumenkörper über „Trennen", nur ein Teil erhalten

8.7.2.1 Bauteildatei anpassen

 Öffnen

- **Öffnen** Sie die Bauteildatei von der Buch-DVD.
- Schalten Sie die **XY**-Ursprungsebene auf **Sichtbar** (1, 2).

8.7.2.2 Nur eine Seite des Bauteils über „Trennen" erhalten

 Trennen

 **Trennen** (Multifunktionsleiste **3D-Modellierung / Ändern**)

 Volumenkörper Auswahl

 **Volumenkörperauswahl** aktivieren (3).
Wählen Sie die **XY**-Ursprungsebene als **Werkzeug** (4).

 Vorgabeseite behalten

 Setzen Sie die Option **Vorgabeseite beibehalten** (5).
Schließen Sie die Bearbeitung mit **OK** ab (6).

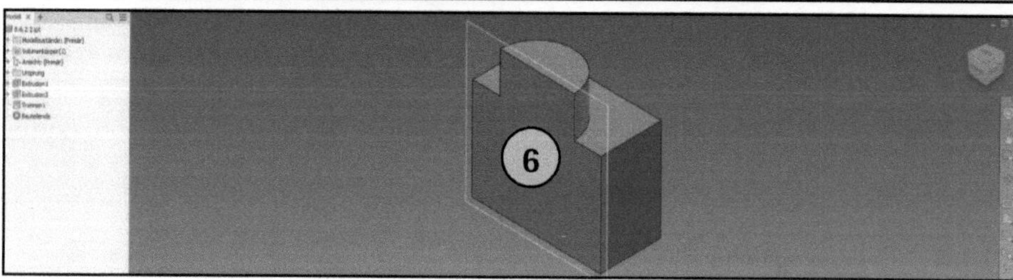

8.7.2.3 Bauteil speichern

- Aufruf über den **Menü-Browser**, Register **Datei**.

 Speichern unter

 **Speichern unter**

8.8 Boolescher Volumenkörper über „Kombinieren"

8.8.1 Anpassen der Bauteildatei

8.8.1.1 Bauteildatei öffnen

Öffnen

- **Öffnen** Sie die Bauteildatei mit zwei Volumenkörpern von der Buch-DVD (1, 2.

8.8.1.2 Kombinieren beider Bauteile zu einem Volumenkörper

Kombinieren (Multifunktionsleiste **3D-Modellierung**)

Kombinieren

Wählen Sie den Grundkörper (3).
Wählen Sie den Werkzeugkörper (4).

Schließen Sie die Bearbeitung mit **OK** ab (5).

8.8.1.3 Bauteil speichern

- Aufruf über den **Menü-Browser**, Register **Datei**.

Speichern unter

Speichern
unter

8.9 Schnittmengen–Wölbung

8.9.1 Die Basisgeometrie, Vorgaben

- Erzeugen Sie über den Befehl **Grundkörper** einen **Würfel** mit einer Kantenlänge von **50** mm.

- Erzeugen Sie eine Drehung mit Schnittmenge über einen Radius von **40** mm.

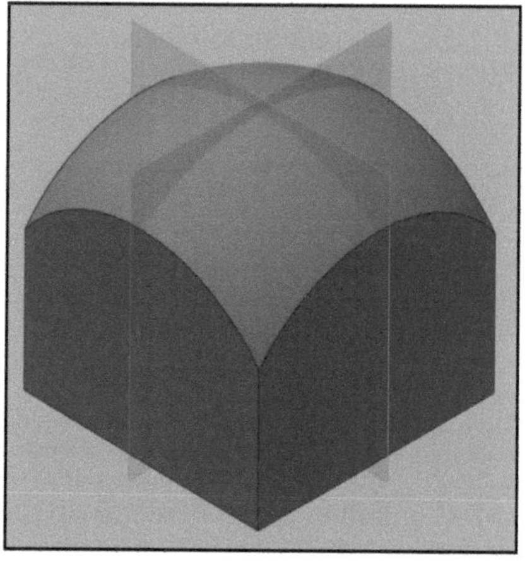

8.9.2 Die Erstellung des Grundwürfels

Neu

8.9.2.1 Vorlagendatei öffnen

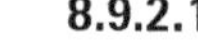

Neu (Multifunktionsleiste)

Engelke-2025
.ipt

Engelke-2025.ipt anklicken / **Erstellen**

8.9.2.2 Würfel über Grundkörper „Quader"

Quader

Quader (Multifunktionsleiste **3D-Modellierung / Grundkörper**)

Wählen Sie die Arbeitsebene.

Klicken Sie, um die Mitte des Rechtecks zu definieren.

Geben Sie je **50** mm für die Größendefinition ein (1).

Klicken Sie auf das Symbol **Richtung1**,

Abstand / 50 mm / **Volumenkörper**

Schließen Sie die Bearbeitung mit **OK** ab (2).

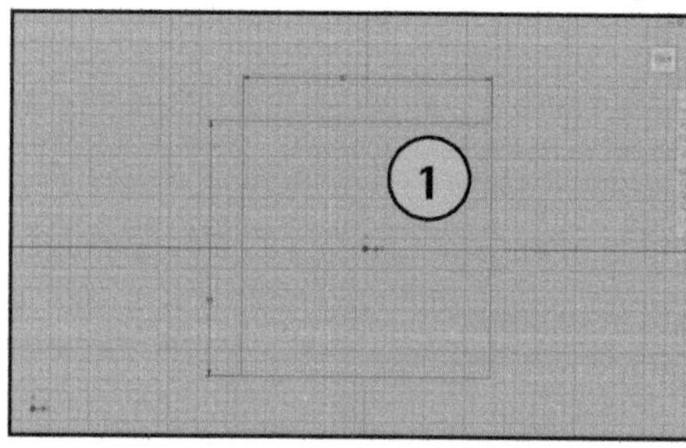

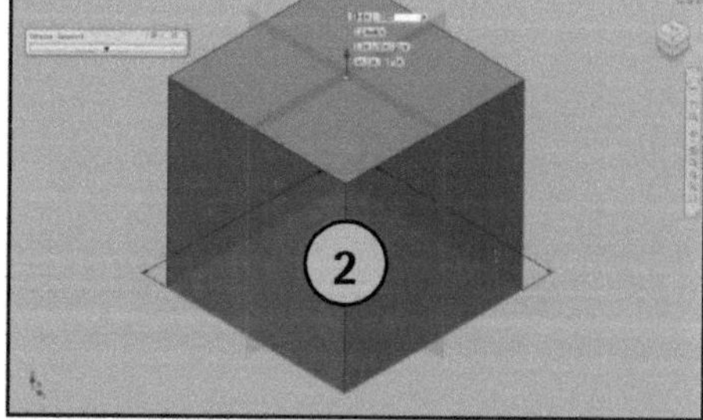

8.9.3 Die Schnittmengen-Wölbung

8.9.3.1 Grafiken aufschneiden

Die Ebene, auf der Sie skizzieren möchten, wird teilweise von der Geometrie verdeckt oder ist in einem Bauteilmodell verborgen. Wenn das Werkzeug **Skizze** aktiviert ist, können Sie mit der Option **Schnittdarstellung** aus dem Kontextmenü vorübergehend den Teil des Modells kappen, der die Ebene verdeckt, auf der Sie skizzieren möchten.

Sie können eine vorhandene Ebene verwenden oder in einer Baugruppe eine Arbeitsebene als Schnittebene erstellen.

Drehen Sie das Modell so, dass Ihnen die Ebene, auf der Sie skizzieren möchten, zugewandt ist. Nach dem Auswählen der Ebene, auf der Sie skizzieren möchten, können Sie das Modell kappen. Der Ihnen zugewandte Teil des Modells wird gekappt, und Sie können nach Bedarf die Skizziergeometrie erstellen.

8.9.3.2 Die Skizzenerstellung

2D-Skizze starten (Multifunktionsleiste **3D-Modell**)

Wählen Sie die **YZ**-Ebene (3).
Wählen Sie in der Statusleiste **Grafiken aufschneiden** aus, oder drücken Sie die Taste **F7**. Das Modell wird auf der Skizzierebene aufgeschnitten. Die Begrenzungen werden als Drahtkörper angezeigt (4, 5).

- Erstellen Sie wählbare Konturen über **Geometrie projizieren** aus der **XY** und **XZ**-Ebene (6).
- Erzeugen Sie eine Basisskizze mit **Kreis** mit R = **40** mm, Abstand **10** mm von unten.
- Bemaßen Sie die dargestellte Basisskizze und beenden diese dann.

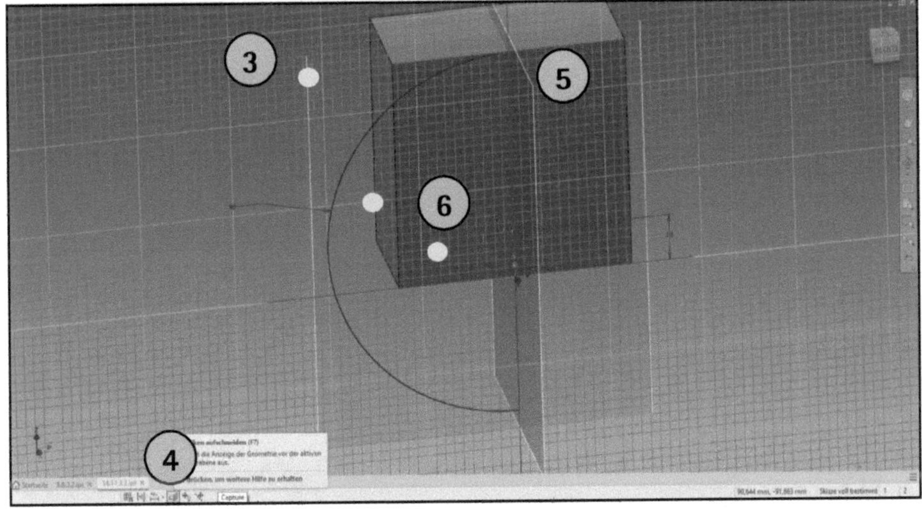

2D-Skizze
starten

Grafik
aufschneiden

Geometrie
projizieren

Kreis

Bemaßung

Drehung

Schnittmenge

8.9.3.3 Die Schnittmengenerstellung

- Schalten Sie die **Z-Achse** auf **Sichtbar**.

Drehung (Multifunktionsleiste **3D-Modellierung**)
2 Profile wählen (7)
Wählen Sie die **Z**-Achse aus der aktiven Skizzierebene (8).
Rotationswinkel **Voll** / **Schnittmenge** / **Volumenkörper** (9)
Schließen Sie die Bearbeitung mit **OK** ab (10).

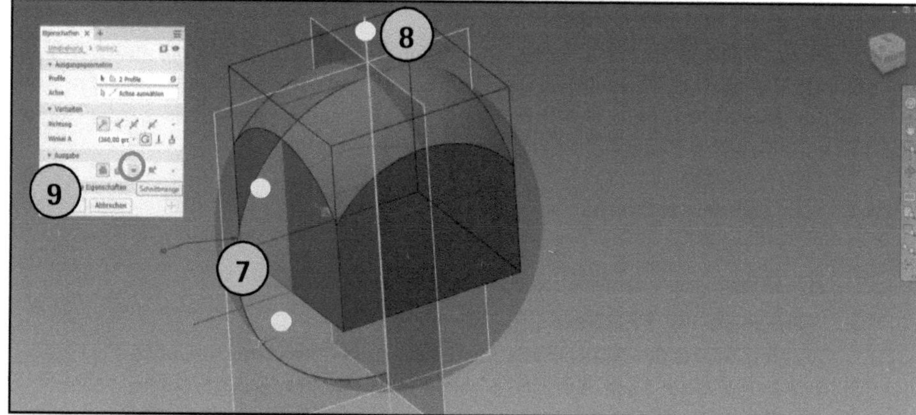

8.9.3.4 Die Differenz-Erstellung

- Schalten Sie die **Z-Achse** auf **Sichtbar**.

Drehung

Differenz

Drehung (Multifunktionsleiste **3D-Modellierung**)
2 Profile wählen (11)
Wählen Sie die **Z**-Achse aus der aktiven Skizzierebene (12).
Rotationswinkel **Voll** / **Differenz** / **Volumenkörper** (13)

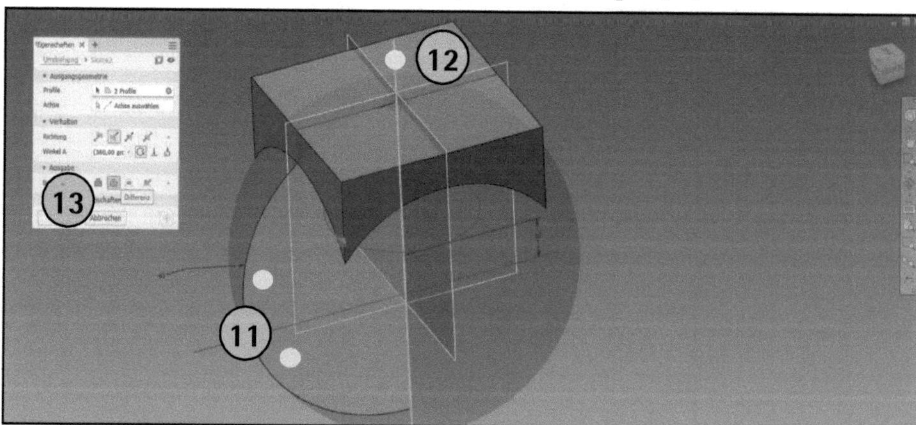

- Schließen Sie die Bearbeitung mit **OK** ab (14).

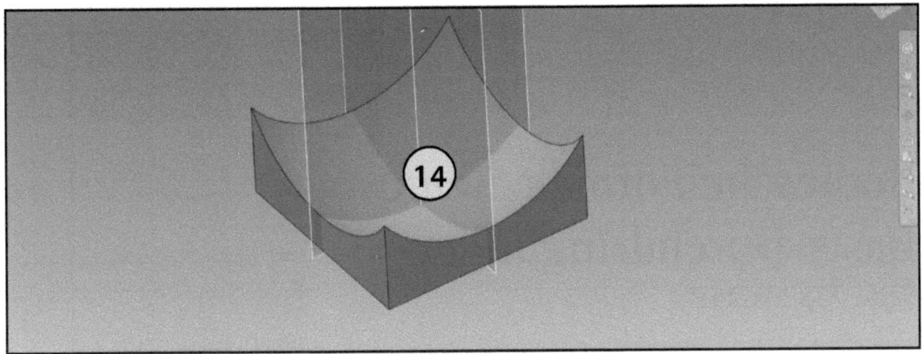

8.9.3.5   Bauteil speichern

- Aufruf über den **Menü-Browser**, Register **Datei**.

Speichern unter

Speichern
unter

Projekt X

Boolesche Formelemente
Basis-Durchdringungen
Seite 233 bis 243

- Dreifache Zylinder-Durchdringung
  Volumenkörper über „Vereinigung"
- Bohrungs-Durchdringung
  Verschneidungslinie 45°
- Kugel-Zylinder-Durchdringung
  „Vivianischer Körper"
- Kugel-Zylinder-Durchdringung
  "Vivianische Kurve"

8.10 Dreifache Zylinder–Durchdringung
Volumenkörper über „Vereinigung"

8.10.1 Erstellung der Basiszylinder

8.10.1.1 Vorlagendatei öffnen

Neu (Multifunktionsleiste)

Engelke-2025.ipt anklicken / **Erstellen**

8.10.1.2 Basiskörper über Grundkörper „Zylinder"

Zylinder (Multifunktionsleiste **3D-Modellierung** / **Grundkörper**)

Wählen Sie die Arbeitsebene (1) / klicken Sie die Kreismitte (2).
Geben Sie in das entsprechende Feld für den Durchmesser **50** mm ein (3).
Symmetrisch / **100** mm / **Volumenkörper** (4).
Schließen Sie die Bearbeitung mit **OK** ab (5).

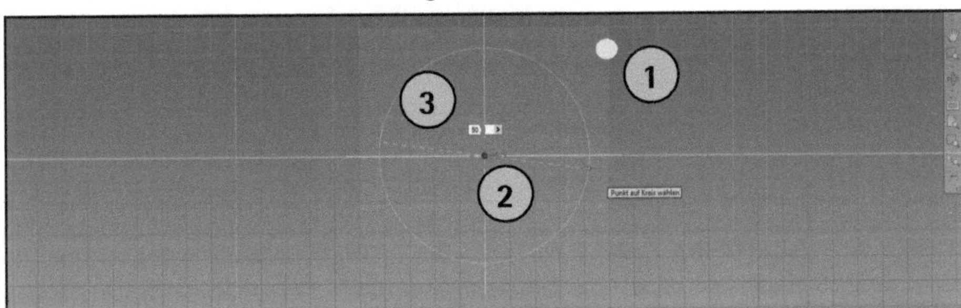

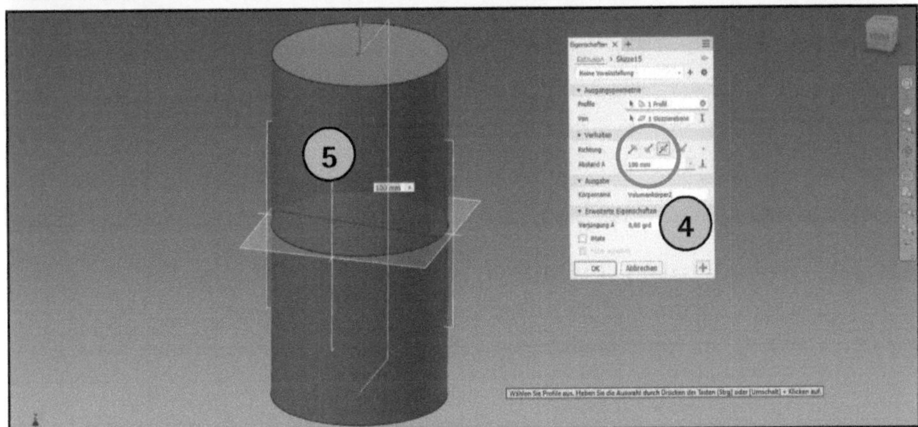

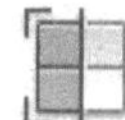

Schnittansicht

8.10.1.3 Erster Querkörper über Grundkörper „Zylinder"

- Schalten Sie die Ursprungsebenen auf **Sichtbar** (6).
- Erstellen Sie eine **Ansicht** über **Halbschnitt** zur Flächenauswahl auf die **YZ**-Ebene (7).

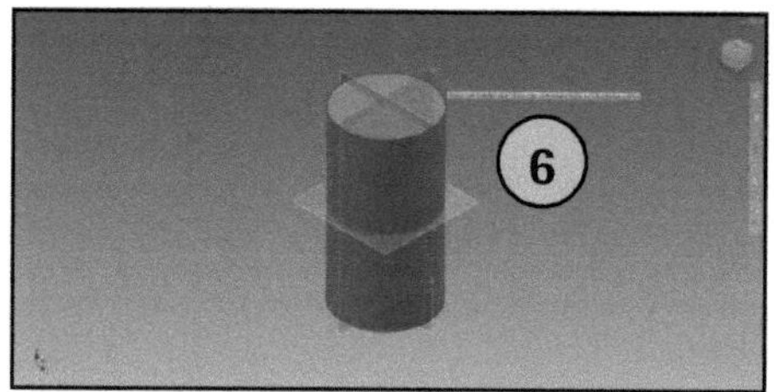
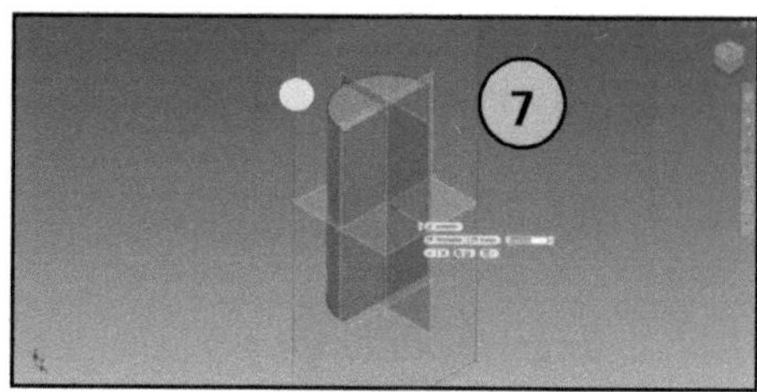

Zylinder

Zylinder (Multifunktionsleiste **3D-Modellierung** / **Grundkörper**)

Wählen Sie die **YZ**-Arbeitsebene / klicken Sie die Kreismitte.
Geben Sie in das entsprechende Feld für den Durchmesser **50** mm ein (8).
Symmetrisch / **100** mm / **Volumenkörper** (9).
Schließen Sie die Bearbeitung mit **OK** ab (10).

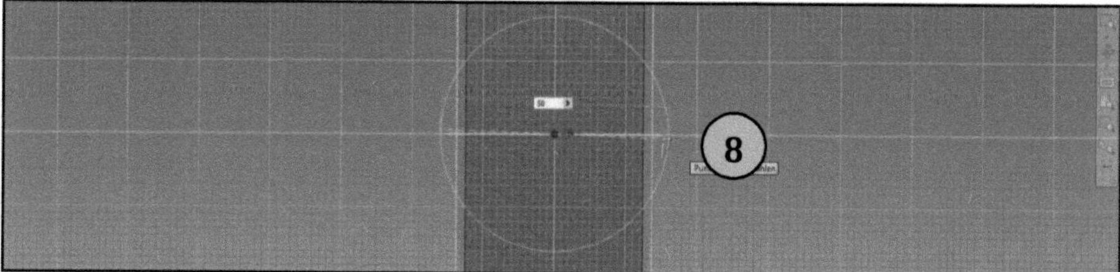
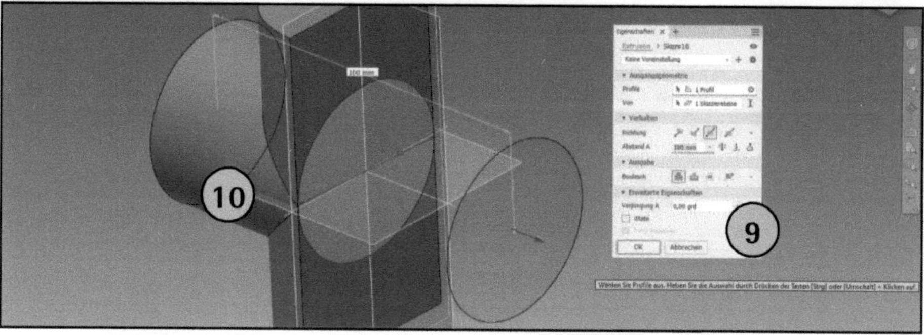
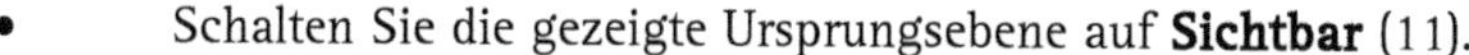

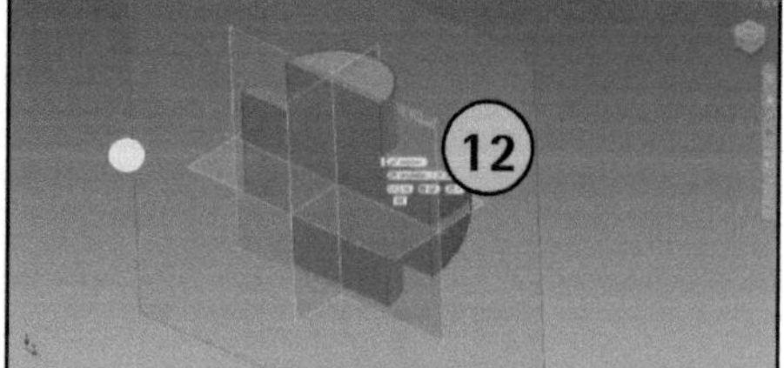

8.10.1.4 Zweiter Querkörper über Grundkörper „Zylinder"

- Schalten Sie die gezeigte Ursprungsebene auf **Sichtbar** (11).
- Erstellen Sie eine **Ansicht** über **Halbschnitt** zur Flächenauswahl auf die **YZ**-Ebene (12).

Schnittansicht

Zylinder (Multifunktionsleiste **3D-Modellierung** / **Grundkörper**)

Zylinder

Wählen Sie die Arbeitsebene / klicken Sie die Kreismitte.

Geben Sie in das entsprechende Feld für den Durchmesser **50** mm ein (13).

Symmetrisch / **100** mm / **Volumenkörper** (14).

Schließen Sie die Bearbeitung mit **OK** ab (15).

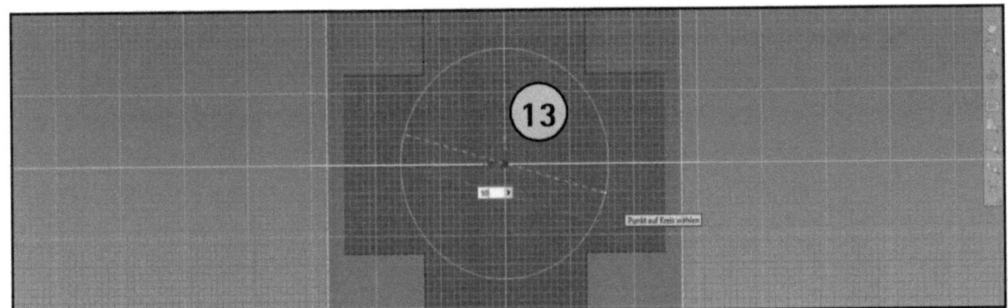

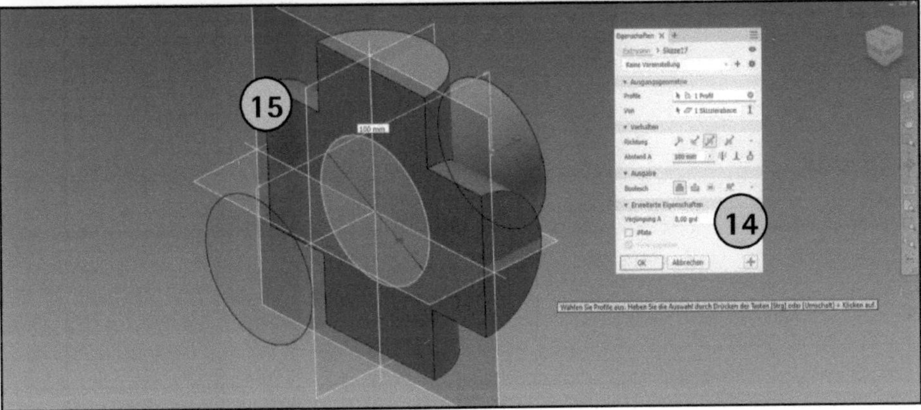

8.10.2 Ansichtsanpassung

- Deaktivieren Sie die Einstellung **Sichtbar** für alle störenden Ebenen und Achsen (16).

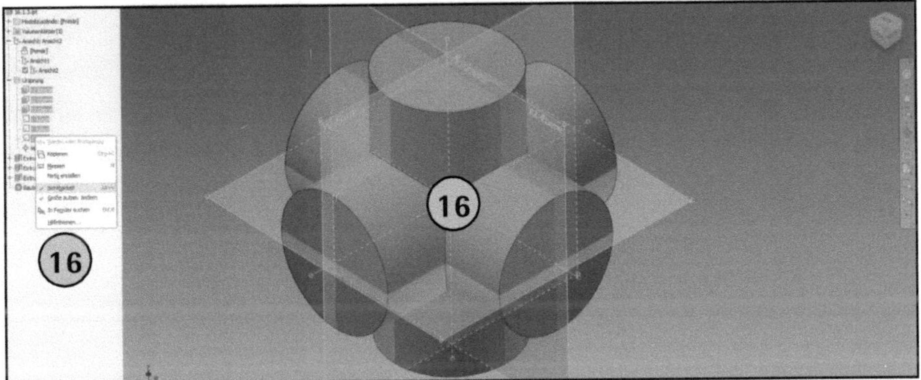

8.10.3   Schnittmenge bilden

8.10.3.1   Boolesche Volumenkörper, Schnittmenge erster Querzylinder mit Extrusion bearbeiten

Extrusion

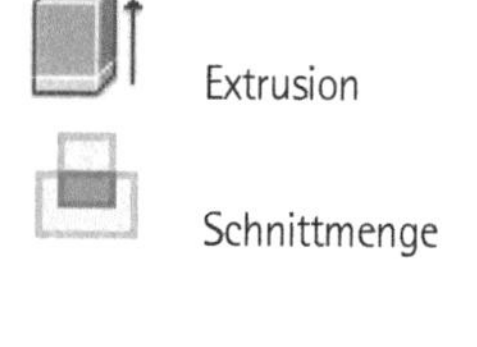

Schnittmenge

Extrusion (Multifunktionsleiste **3D-Modellierung**)

Objektauswahl, erste Extrusion im Bauteil-Browser wählen (17).

Symmetrisch / Schnittmenge (18).

Schließen Sie die Bearbeitung mit **OK** ab (19).

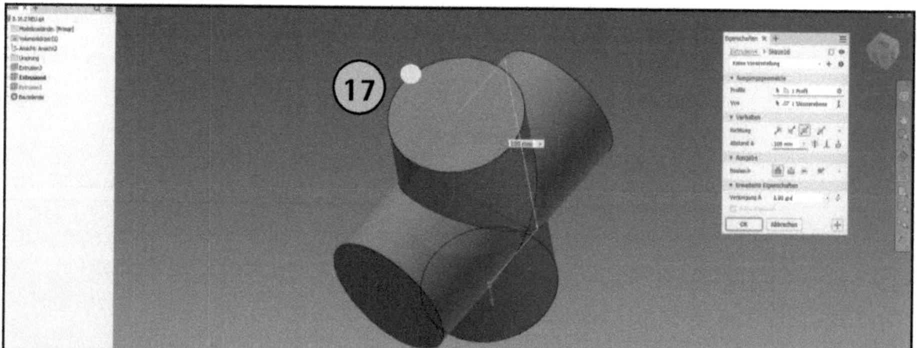

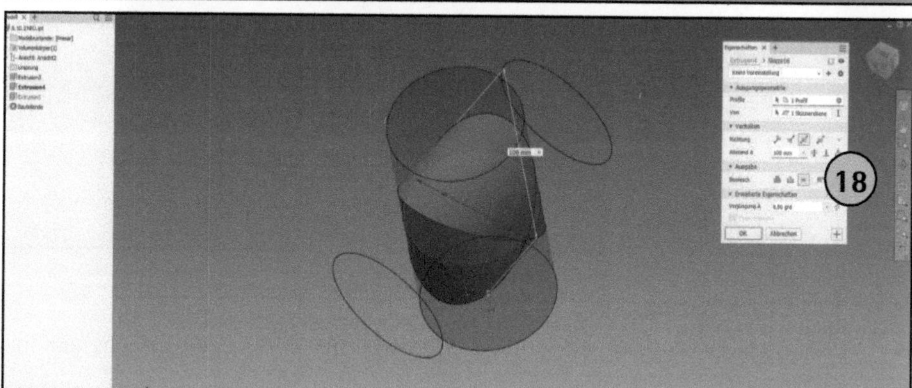

8.10.3.2 Boolesche Volumenkörper, Schnittmenge zweiter Querzylinder mit Extrusion bearbeiten

Extrusion (Multifunktionsleiste **3D-Modellierung**)

Objektauswahl, erste Extrusion im Bauteil-Browser wählen (20).

Symmetrisch / Schnittmenge (21).

Schließen Sie die Bearbeitung mit **OK** ab (22).

Extrusion

Schnittmenge

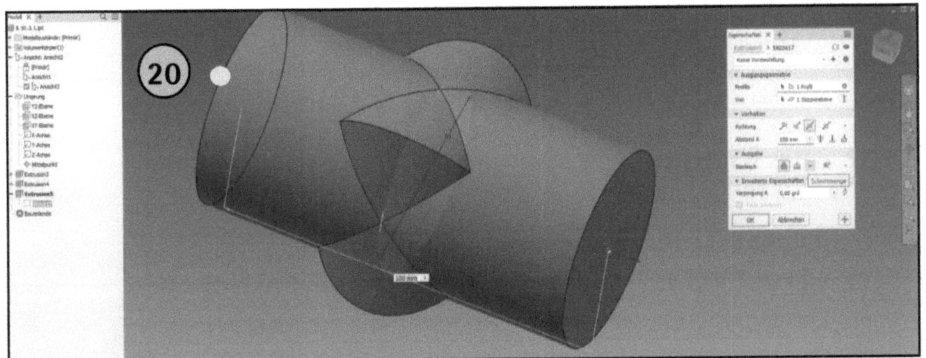

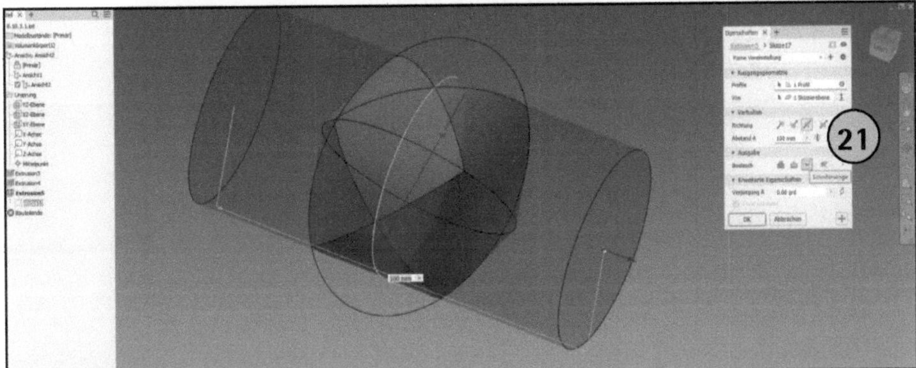

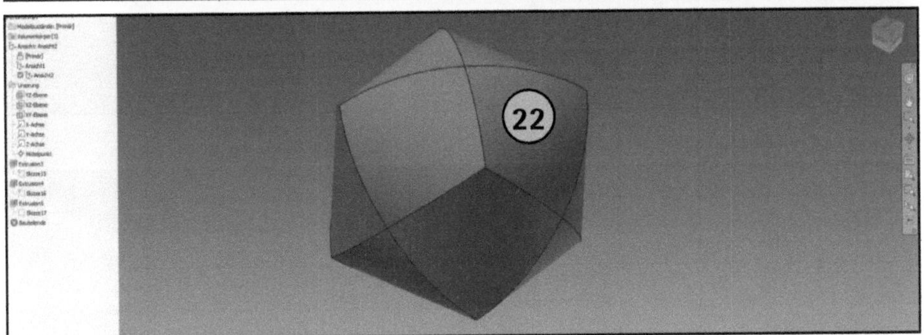

8.10.4 Bauteil speichern

* Aufruf über den **Menü-Browser**, Register **Datei**.

Speichern unter

Speichern unter

8.11 Bohrungs–Durchdringung, Verschneidungslinie 45°

8.11.1 Öffnen der Bauteildatei

Öffnen

- **Öffnen** Sie die Bauteildatei von der Buch-DVD (1).

8.11.2 Das Bauteilelement „Bohrung" als Durchgangsbohrung

Bohrung

Bohrung (Multifunktionsleiste **3D-Modellierung**)

40 mm Durchmesser / **Durch alle**, Mittelpunkt ist **Aktiviert** (2)

Ebene durch Klicken wählen / Konzentrische Referenz wählen

(Der Mittelpunkt wird automatisch gefunden)

Bohrung auf Position schieben (3).

Schließen Sie die Bearbeitung mit **OK** ab.

Bohrung

- Verfahren Sie mit der zweiten Bohrung entsprechend (3, 4).

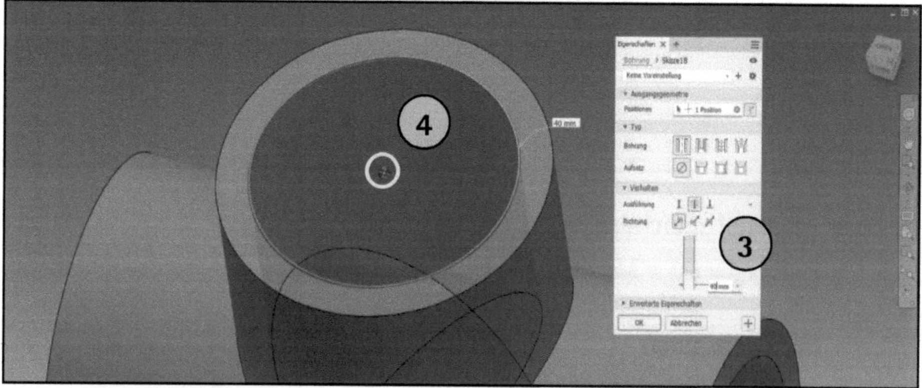

8.11.3 Ansichtsanpassung für 45°-Schnittlinien

8.11.3.1 Basisanpassungen für Ansicht

* Schalten Sie die gezeigte Ursprungsebene auf **Sichtbar** (5).
* Erstellen Sie eine **Ansicht** über **Halbschnitt** zur Flächenauswahl auf die **XZ**-Ebene (6).

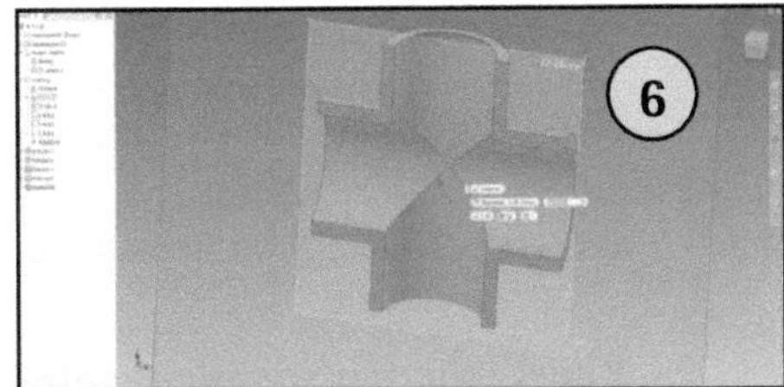

8.11.3.2 ViewCube-Einstellung „Vorn" für 45°-Schnittlinien

* Wählen Sie die **ViewCube**-Darstellung **Vorn** für die **45°-Schnittlinien** (7).

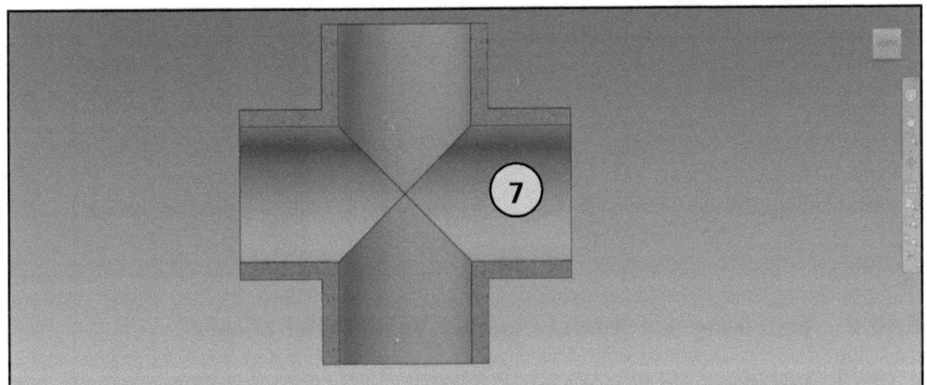

8.11.4 Bauteil speichern

* Aufruf über den **Menü-Browser**, Register **Datei**.

 **Speichern unter**

8.12 Kugel-Zylinder-Durchdringung, „Vivianischer Körper"

8.12.1 Basiskörper über Grundkörper „Kugel"

8.12.1.1 Vorlagendatei öffnen

Neu (Multifunktionsleiste) / Ordner: **Vorlagen Engelke**

Engelke-2025.ipt anklicken / **Erstellen**

Kugel (Multifunktionsleiste **3D-Modellierung** / **Grundkörper**)
Wählen Sie die Arbeitsebene.
Klicken Sie, um die Mitte des Kreises zu definieren (1).
Setzen Sie den Durchmesser auf **100** mm (2).
Klicken Sie **OK** um den **Volumenkörper** (3) zu beenden.

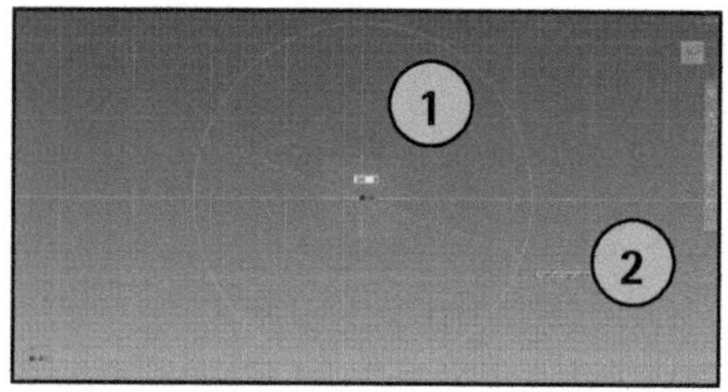

8.12.2 Erstellung der Durchdringung, „Vivianischer Körper"

8.12.2.1 Erstellung der Basisskizze

2D-Skizze starten (Multifunktionsleiste **3D-Modell**)
Wählen Sie die **YZ**-Ebene (4).
Wählen Sie in der Statusleiste **Grafiken aufschneiden**.
- Erzeugen Sie eine Basisskizze mit **Kreis** mit R = **50** mm auf Mitte (5).
- Erzeugen Sie einen weiteren **Kreis** mit R = **50** mm am Kreisquadrant (6).
- Bemaßen Sie die dargestellte Basisskizze und beenden diese dann.

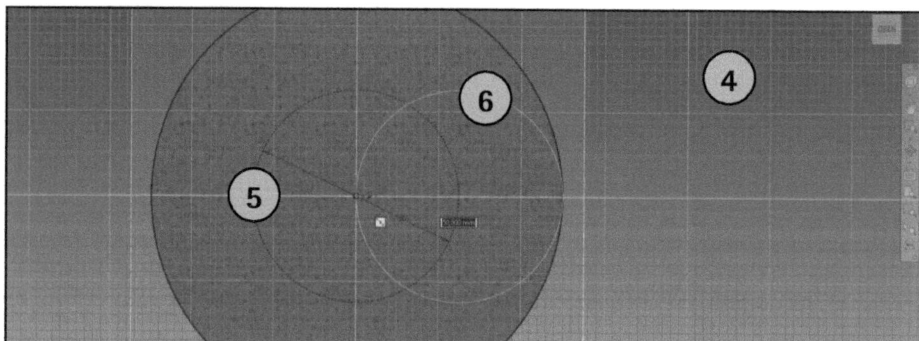

Im Randbereich:

 Neu

 Engelke-2025 .ipt

 Kugel

 2D-Skizze starten

 Grafik aufschneiden

 Kreis

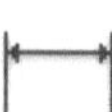 Bemaßung

8.12.2.2 Ansichtsanpassungen

- Schalten Sie die gezeigte Ursprungsebene auf **Sichtbar** (7).
- Erstellen Sie eine **Ansicht** über **Halbschnitt** zur Flächenauswahl auf die **XZ**-Ebene (8).

Schnittansicht

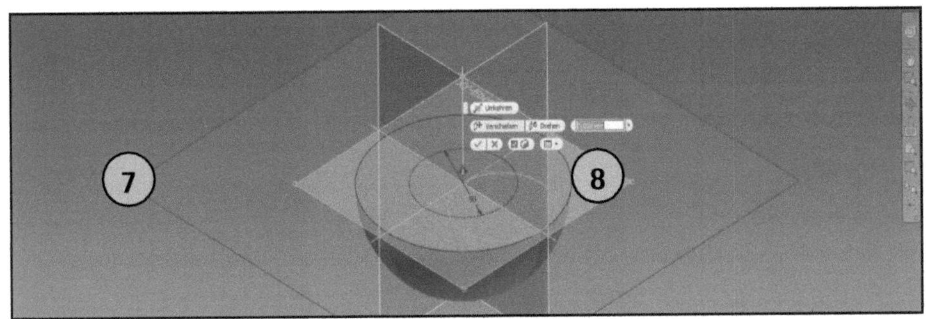

8.12.2.3 „Vivianischer Körper" mit Extrusion bearbeiten

Extrusion (Multifunktionsleiste **3D-Modellierung**)

Objektauswahl, erstellte Kreisfläche wählen (9).

Symmetrisch / Vereinigung (10).

Schließen Sie die Bearbeitung mit **OK** ab (11).

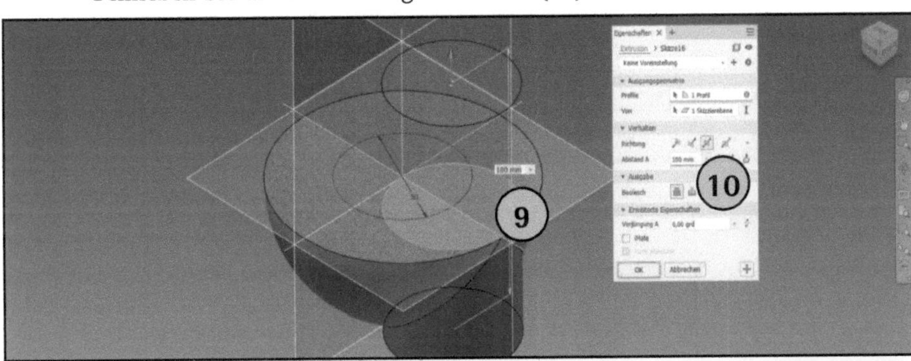

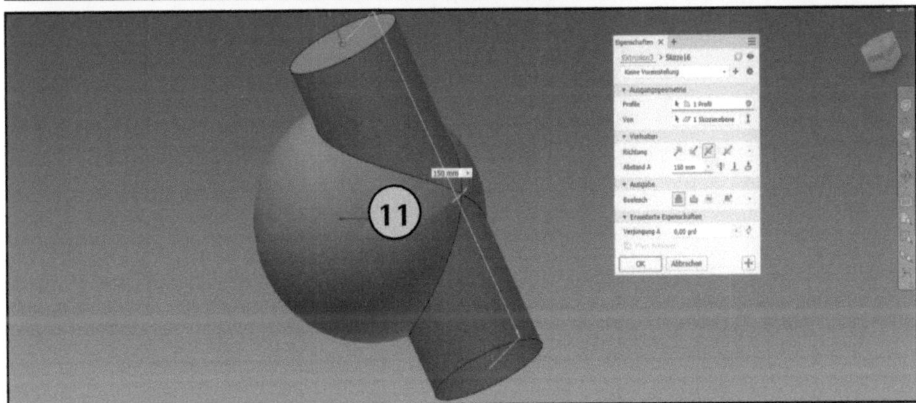

8.12.2.4 ViewCube-Einstellung „Vorn" für die Darstellung „Vivianischer Körper"

- Wählen Sie die entsprechende **ViewCube**-Darstellung (12).

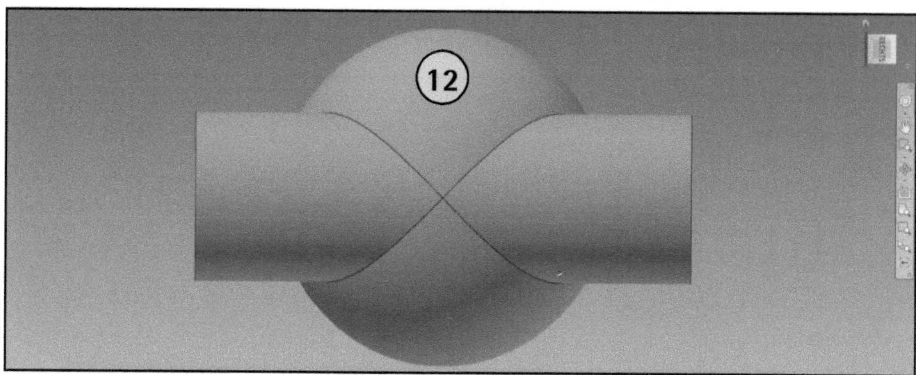

8.12.3 Bauteil speichern

- Aufruf über den **Menü-Browser**, Register **Datei**.

 Speichern unter

 **Speichern unter**

8.13 Kugel-Zylinder-Durchdringung, "Vivianische Kurve"

8.13.1 Öffnen der Bauteildatei

- **Öffnen** Sie die Bauteildatei von der Buch-DVD (1).

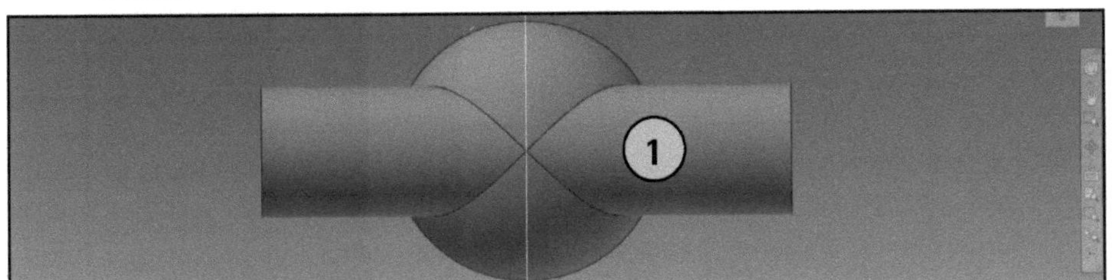

8.13.2 Generierung der "Vivianische Kurve"

- Aktivieren Sie die **Extrusion** im Bauteil-Browser (2).

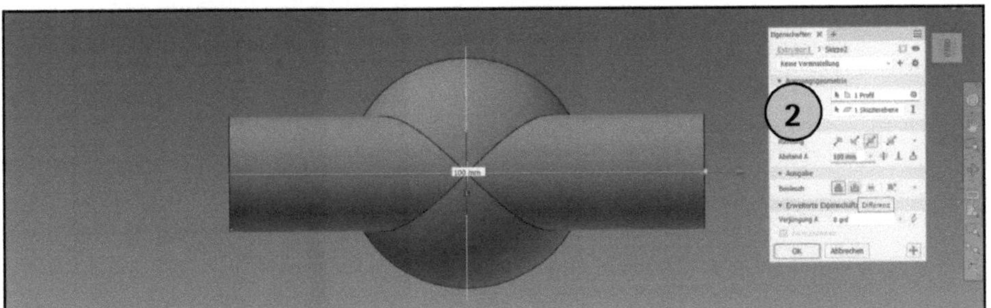

- Ändern Sie die **boolsche** Einstellung von **Vereinigung** auf **Differenz** (3).

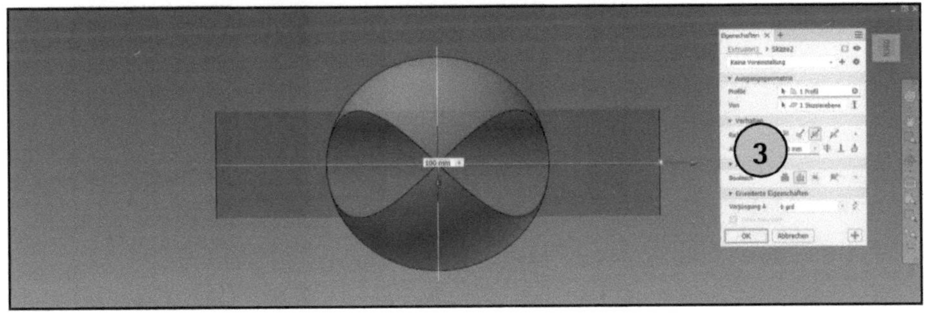

8.13.3 Bauteil speichern

- Aufruf über den **Menü-Browser**, Register **Datei**.

Speichern unter

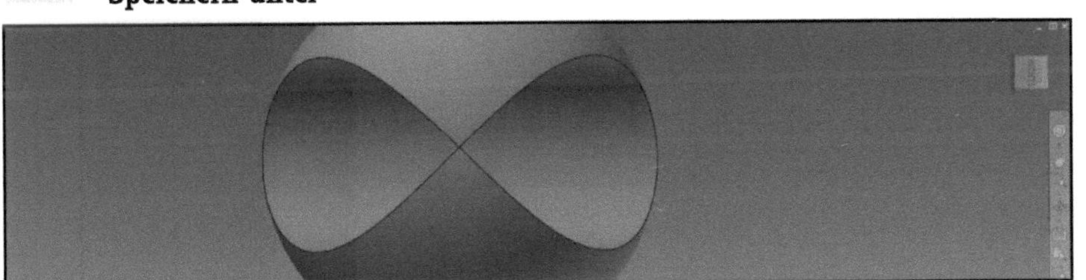

9

AutoDesk
Inventor 2025

Bauteile
Erstellen und Anpassen

Übergangskörper

9 Übergangskörper

9.1 Vorbemerkungen

Die nun folgenden Formelement-Funktionen sind für spezielle Aufgaben in der Konstruktionstechnik zu verwenden. Der Eingabeverlauf ist in Autodesk Inventor 2025 vorgeschrieben und muss eingehalten werden.

9.1.1 Auflistung der Formelement-Funktionen

9.1.1.1 Verjüngung

Eine Verjüngung, die auf Bauteilflächen angewendet wird. Mit Verjüngungen können eine oder mehrere Flächen abgeschrägt werden, und ein Bauteil kann aus einer Form erzeugt werden. Beim Konstruieren von Elementen für geformte oder im Guss gefertigte Bauteile können Sie bei einer Extrusion oder einem Sweeping durch Angeben eines positiven oder negativen Verjüngungswinkels eine Verjüngung anwenden. Verwenden Sie den Befehl Flächenverjüngung, um einem bereits vorhandenen Element oder einzelnen Flächen Verjüngungen hinzuzufügen. Wenn eine Verjüngung auf eine Fläche angewendet wird, bestimmt das Verhältnis von Zugrichtung und fester Kante, Fläche oder Ebene, das Ergebnis der Operation. Um die Zugrichtung anzugeben, können Sie Kanten oder Achsen auswählen.

9.1.1.2 Erhebung

Erstellen Sie mit Autodesk Inventor 2025 erhabene Elemente oder Körper, indem Sie mehrere Profile, sogenannte Abschnitte, verschmelzen und in glatte Formen zwischen den Profilen oder Bauteilflächen übertragen.

Der Befehl **Erhebung** nutzt zwei oder mehrere 2D-Skizzen zur Erstellung einer Extrusion, die sich von einem Skizzenprofil zum nächsten moduliert. Eine Erhebung kann auch weitere 2D- oder 3D-Skizzen nutzen, um die Extrusionsform besser steuern zu können.

Zusätzlich zu den Skizzierprofilen können Sie auch Objektflächen und -punkte auswählen, die sie als erhabene Abschnitte einschließen können.

9.1.1.3 Sweeping

Sweeping-Elemente oder -Körper werden durch Verschieben oder **Sweeping** von einem oder mehreren Skizzenprofilen entlang eines Pfads erstellt. Die verschiedenen Profile, die Sie verwenden, müssen in derselben Skizze vorhanden sein. Bei dem Pfad kann es sich um eine geöffnete oder geschlossene Kontur handeln, er muss jedoch die Profilebene durchdringen. Sie können ein Sweeping auch mit einem Skizzenprofil, einem Pfad und einem Führungsobjekt erstellen.

Klassische Pfad-**Sweepings** werden für Objekte verwendet, bei denen gleichförmige Profile entlang einer Bahn verlaufen. Beispiele sind Dichtungsverläufe sowie Kabel- oder Rohrverläufe durch eine Baugruppe hindurch.

Führungsschienen-**Sweepings** werden für Objekte verwendet, bei denen uneinheitliche Profile mit Skalierungen oder Drehungen entlang einer Bahn verlaufen. Beispiele sind komplexe Griffe für Bauteile von Gebrauchsgütern.

Führungsflächen-**Sweepings** werden für Objekte verwendet, bei denen gleichförmige Profile entlang einer nichtplanaren Bahn verlaufen. Die Drehung des Profils muss eine bestimmte Ausrichtung zu einer ausgewählten Fläche bewahren, wie z. B. die Bearbeitung an einem zylindrischen Bauteil.

9.1.1.4 Importieren von Punkten in Skizzen, Grundlagen

Sie können Punkte aus einer **Microsoft Excel**©-Arbeitsmappe in eine 2D-Skizze, 3D-Skizze oder Zeichnungsskizze importieren. Punkte können Objekte wie Prüfpunkte, Positionen für Punktnähte und Punkte auf einem Spline darstellen.

Sie können unter **Optionen** in der **Öffnen**-Dialogbox auswählen, dass Splines oder Linien bei der Erstellung automatisch in die importierten Punkte eingepasst werden.

Importierte Punkte sind mit der Quelldatei nicht assoziativ. Änderungen, die nach dem Importvorgang an der Quelldatei durchgeführt werden, wirken sich nicht auf die Inventor-Geometrie aus.

Wenn die Tabellenkalkulation **Z**-Achsen-Werte enthält, werden nur **X**- und **Y**-Achsen-Werte in eine **2D-Skizze** importiert.

Die Tabelle beginnt immer mit Zelle **A1**.

Wenn die erste Zelle **A1** eine Maßeinheit enthält, wird diese auf alle Punkte im Arbeitsblatt angewendet. Sind keine Einheiten angegeben, werden die Standardeinheiten der Datei verwendet.

Spalten müssen in der folgenden Reihenfolge definiert werden: Spalte **A** ist die **X**-Koordinate, Spalte **B** die **Y**-Koordinate und Spalte **C** die **Z**-Koordinate.

Punkte entsprechen den Zeilen in der Tabellenkalkulation. Der erste importierte Punkt entspricht der ersten Reihe von Koordinaten usw. Wenn ein Spline oder eine Linie automatisch erstellt wird, beginnt sie am ersten Punkt und verläuft durch die anderen Punkte entsprechend der Reihenfolge beim Import.

9.1.1.5 Gleichungskurven als Skizze

Gleichungskurven werden verwendet, um komplexe Geometrien, wie z. B. Zahnradprofile oder Sweeping-Pfade für hydraulische Pumpen zu modellieren. Um eine Gleichungskurve zu erstellen, bestimmen Sie die Gleichungen, um die Kurve und einen Bereich zur Bewertung der Gleichungen zu definieren.

Die Gleichungen können parametrisch sein, wobei X und Y als Funktion einer Variablen t variieren, oder explizit, wobei Y als Funktion von X variiert.

2D-Gleichungskurven unterstützen kartesische und polare Koordinatensysteme. Das Koordinatensystem wird im Mini-Werkzeugkasten der Gleichungskurven angegeben.

Einheiten müssen in Gleichungen ausgeglichen werden. Dies erfordert häufig die Multiplikation und Division durch 1 oder mehrere Längeneinheiten. Wenn die Einheiten keine einzelnen Längeneinheiten sind, ist der Gleichungstext rot und ein Fehlersymbol wird neben dem Mini-Werkzeugkasten angezeigt.

Parameter und Funktionen werden in Gleichungskurven unterstützt. Eine Ausnahme für Parameter ist, dass Sie keinen Parameter mit dem Namen t haben können, da es für die Variablen in Gleichungen verwendet wird.

Für die Gleichungskurve wird eine halbe Periode einer Sinusschwingung verwendet. Diese Schwingung ist mit der Parabel eine der Grundfiguren der Mathematik.

Die Grundfunktion lautet: **f(x) = sin (x)**.

Für die Eintragung in die Minidialogbox wählen Sie die Optionen **Kartesisch** und Eintrag **Explizit** (1).

Die dazugehörende Grundfunktion lautet: **y(x) = sin (rad x)**.

Hierzu gehört die Definition: **1° = 2Pi/360 = ca. 0,01745 rad**

9.1.1.6 Das Bauteil biegen

Verwenden Sie die Funktion **Biegungsteil**, um ein Bauteil teilweise zu biegen. Nachdem Sie mit einer 2D-Skizzierlinie die Berührungsposition der Biegung bestimmt haben, können Sie die zu biegende Seite des Bauteils, die Richtung der Biegung sowie den Winkel, den Radius oder die Bogenlänge festlegen.

Stellen Sie sicher, dass die Vorschau aktiviert ist, damit Sie die Biegung begutachten können, bevor Sie auf OK klicken und die Biegung tatsächlich erstellt wird.

Erstellen Sie zunächst ein Bauteil, und positionieren Sie eine Arbeitsebene, oder skizzieren Sie eine Trennlinie auf der Bauteilfläche bzw. Arbeitsebene, die als Biegungsebene verwendet werden soll. Zum Biegen eines Bauteils müssen eine einbezogene Skizze, zum Beispiel eine extrudierte Fläche, sowie eine sichtbare und nicht adaptive Skizze, wie eine über die extrudierte Fläche gezeichnete Linie, vorhanden sein. Klicken Sie zum Erstellen einer nicht adaptiven Skizze im Grafikfenster mit der rechten Maustaste auf das Bauteil, und wählen Sie **Neue Skizze** aus.

Die häufigste Biegung ist eine Biegelinie, die das Bauteil in zwei Teile teilt, von denen dann ein oder auch beide Teile gebogen werden können. Darüber hinaus können Sie bestimmte Teile des Bauteils mit der Option **Minimale Biegung** eines komplexeren Bauteils biegen. Dazu müssen Sie die gewünschten Teile mit Hilfe der Biegelinie isolieren.

9.1.1.7 3D-Schnittkurve

Mit dem Werkzeug **Schnittkurve** können Sie aus sich schneidender Geometrie 3D-Skizzierkurven erstellen. Verwenden Sie das Werkzeug zum Erstellen von Formen, wie sie in Verbrauchsgütern, Rohrleitungen und zur Steuerung der Form komplexer Erhebungen verwendet werden.

3D-Kurven werden in der 3D-Skizze am Schnittpunkt erzeugt. Die Kurven werden aktualisiert, wenn die Schnittpunktkörper aktualisiert werden.

Projekt XI

Übergangskörper
Seite 250 bis 278

- Trichterelement
  mit „Verjüngung"

- Übergangskörper „Rund auf Eckig"
  über „Erhebung"

- Erstellen eines Bogenelements
  Übergang von Ø50 auf Ø40 mm mit „Erhebung"

- Flachliegende Rohrleitung (2D)
  Rohrkörper über „Sweeping"

- Erstellen einer Rohrleitung
  über „3D-Skizze"

- Volumenkörper-Erstellung
  über eine „Kurvenlinie" aus einer „Excel"-Texttabelle

- Kunststoff-Schaltelement
  „Gleichungskurven" als Skizze

9.2 Erstellen eines Trichterelements mit „Verjüngung"

9.2.1 Die Basisgeometrie, Vorgaben

- Öffnen Sie den Quader von der Buch-DVD.
- Fasen Sie die senkrechten Kanten um **20** mm mit **45°** an.
- Ziehen Sie eine Verjüngung um **20°** nach oben.
- Erzeugen Sie einen Hohlkörper mit einer Wandstärke von **5** mm.

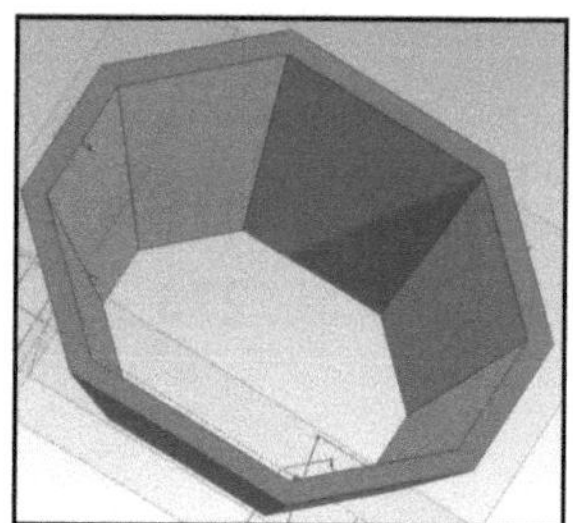

9.2.2 Erstellen des Grundkörpers

9.2.2.1 Arbeitsdatei öffnen

- **Öffnen** Sie die Arbeitsdatei **Quader** von der Buch-DVD.

9.2.2.2 „Extrusion" mit „Verjüngung" anpassen

Öffnen

Extrusion

- Aktivieren Sie die **Extrusion** im Bauteilbrowser.
- Setzen Sie den Wert **20°** für die **Verjüngung A** (1).
- Schließen Sie die Bearbeitung mit **OK** ab (2).

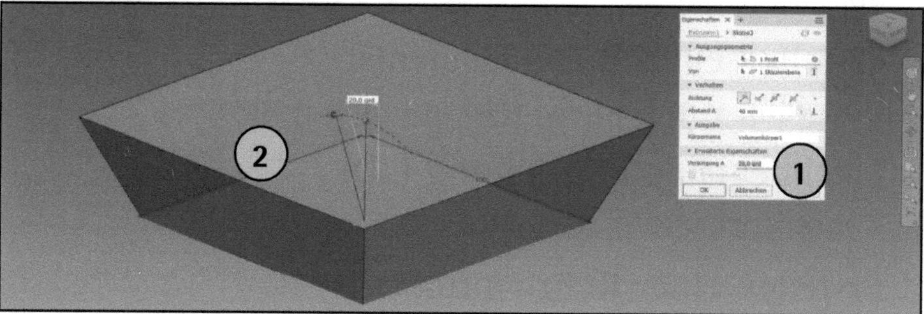

9.2.2.3 Kantenbearbeitung des Quaders über „Fase" mit Abstand

Fase

Fase (Multifunktionsleiste **3D-Modellierung**)
Wählen Sie alle gezeigten Fasenkanten des Basisquaders (3).
Fasenparameter:
Abstand / Fasenabstand **25** mm (4).
Schließen Sie die Bearbeitung mit **OK** ab.

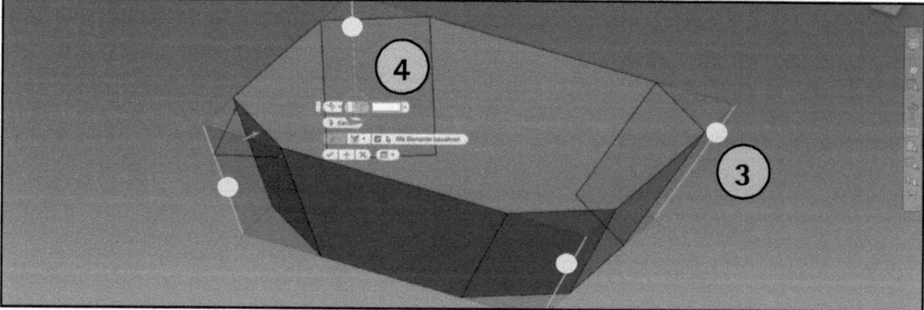

9.2.2.4 Einarbeiten einer Wandstärke

Wandung (Multifunktionsleiste **3D-Modellierung**)
5 mm / **Versatz innerhalb** (5).
Flächen entfernen, die obere und untere Deckfläche wählen (6, 7).
Schließen Sie die Bearbeitung mit **OK** ab (8).

Wandung

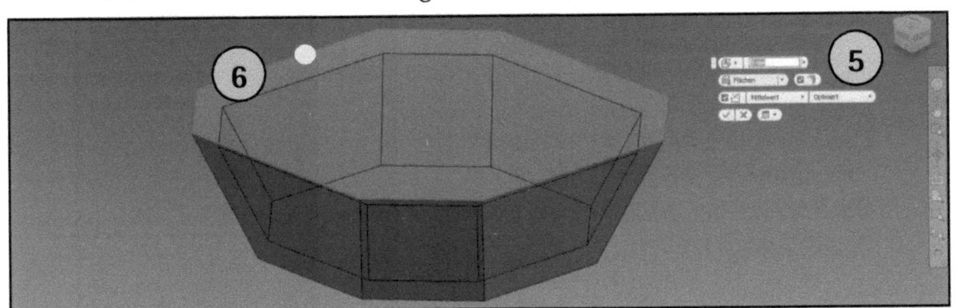

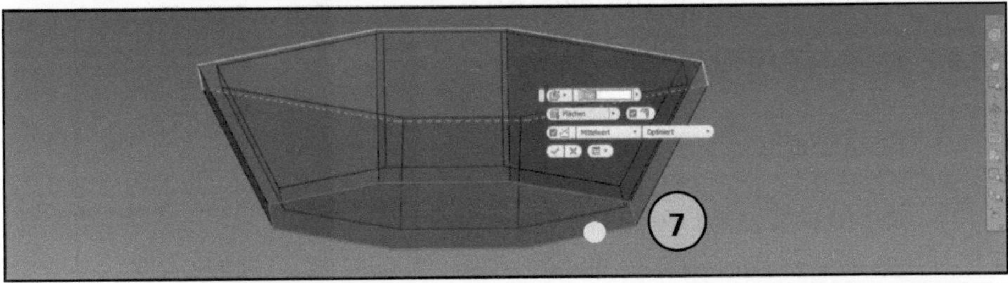

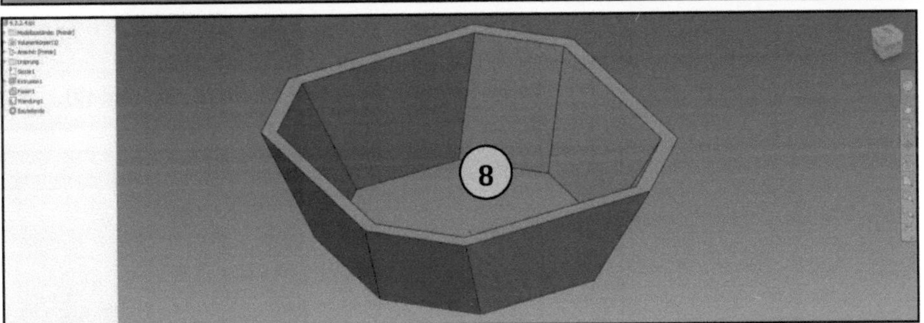

9.2.3   Bauteil speichern

*   Aufruf über den **Menü-Browser**, Register **Datei**.

Speichern unter

Speichern
unter

9.3 Übergangskörper „Rund auf Eckig" über „Erhebung"

9.3.1 Die Basisgeometrie, Vorgaben

- **Rechteck** auf Ebene **Oben** erstellen,
  Maße wahlweise.
- **Kreis** auf einer weiteren oberen parallelen
  Ebene erstellen, Maße wahlweise,
  aber größer als das **Rechteck**.
- **Kreis** auf einer weiteren unteren parallelen
  Ebene erstellen, Maße wahlweise,
  aber größer als das **Rechteck**.
- Höhlkörper über **Wandung** erstellen,
  Wandstärke **5** mm.

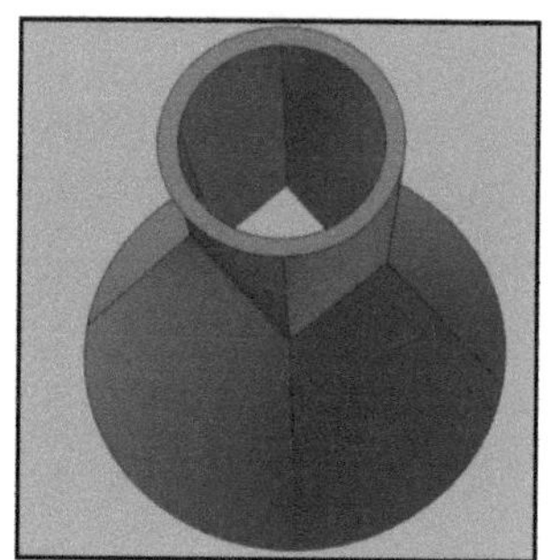

9.3.2 Eingabeablauf der Grundskizzen

9.3.2.1 Basisskizze, Rechteck über Mitte

 Neu

Neu (Multifunktionsleiste)

 Engelke-2025
.ipt

Engelke-2025.ipt anklicken / **Erstellen**

 2D-Skizze
starten

2D-Skizze starten (Multifunktionsleiste)

Rechteck

Rechteck zwei Punkte über Mitte (Multifunktionsleiste **Skizze**)
Mittelpunkt wählen (1) / **Zweiter Punkt** wählen, Maße ca. **30** mm (2).
Skizze beenden über **Fertig**.

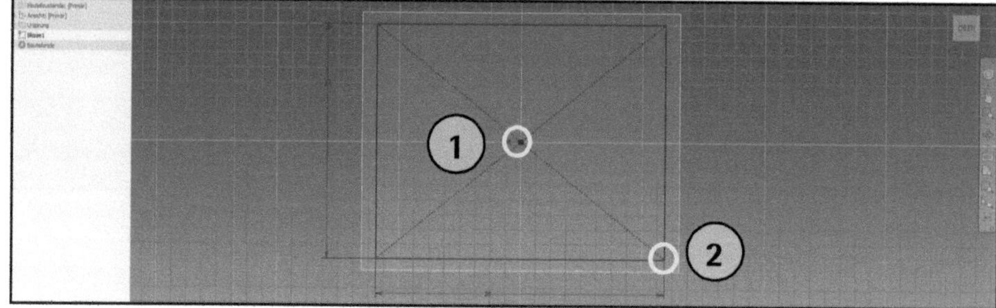

9.3.2.2 Zusätzliche Arbeitsebenen

 Versatz von
der Ebene

- Erzeugen Sie eine zusätzliche Arbeitsebene oberhalb der Basisebene,
  Abstand **60** mm (3).

 Versatz von
der Ebene

- Erzeugen Sie eine zusätzliche Arbeitsebene unterhalb der Basisebene,
  Abstand **60** mm (4).

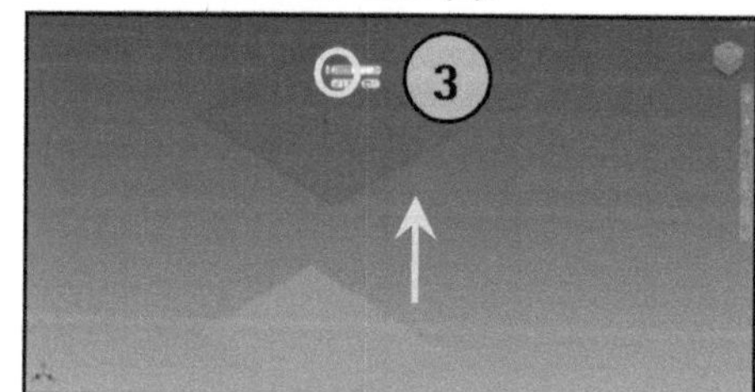

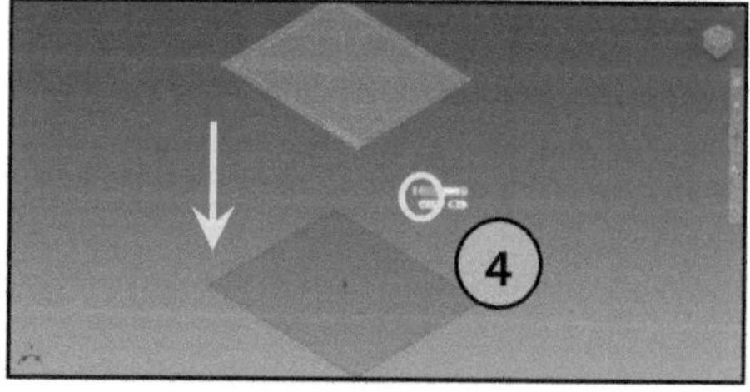

9.3.2.3 Ausformungsskizze Kreis auf der oberen Arbeitsebene

2D-Skizze starten (Multifunktionsleiste)
Konstruieren Sie auf der oberen Arbeitsebene einen **Kreis über Mittelpunkt**
auf dem zentralen Mittelpunkt, Maß ca. **60** mm (5, 6).

9.3.2.4 Ausformungsskizze Kreis auf der unteren Arbeitsebene

2D-Skizze starten (Multifunktionsleiste)
Konstruieren Sie auf der unteren Arbeitsebene einen
Kreis über Mittelpunkt auf dem zentralen Mittelpunkt,
Maß ca. **100** mm (7, 8).

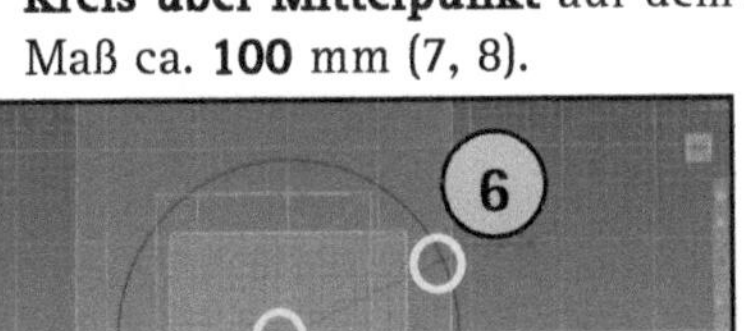

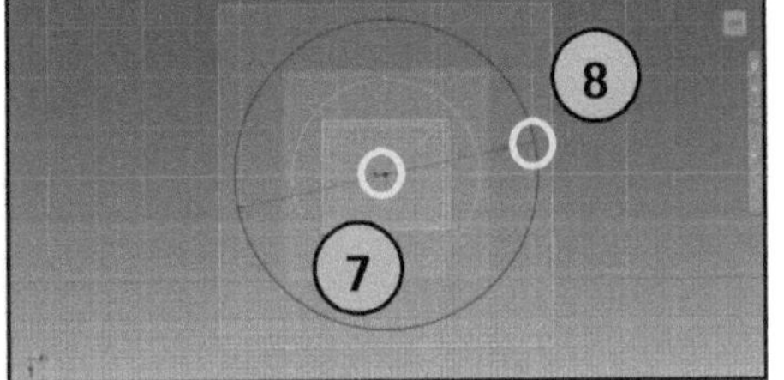

9.3.3 Erstellen des Übergangskörpers

9.3.3.1 Eingabeablauf des ersten Übergangskörpers

Erhebung (Multifunktionsleiste **3D-Modellierung**)
Anwahl der Übergangsflächen auswählen (9, 10).
Register **Kurven**:
Option **Verlaufsführung**/Option **Volumenkörper**/
Option **Vereinigung** (11)
Schließen Sie die Bearbeitung mit **OK** ab (12).

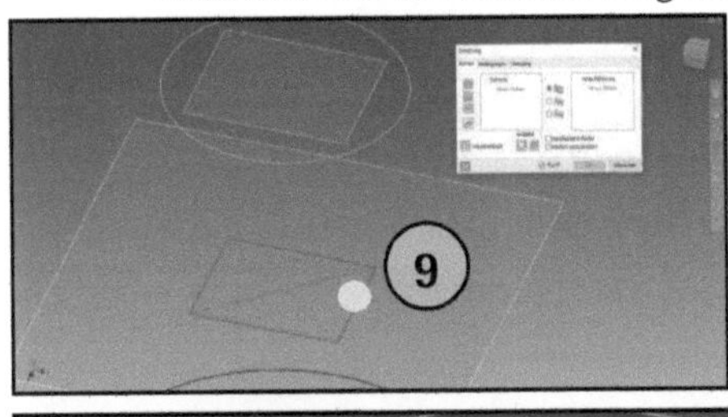

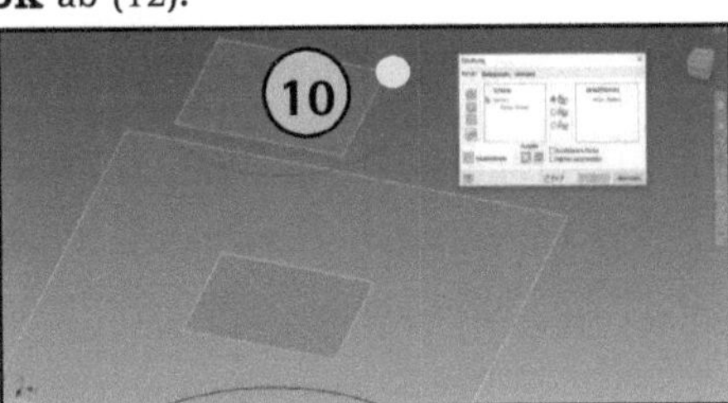

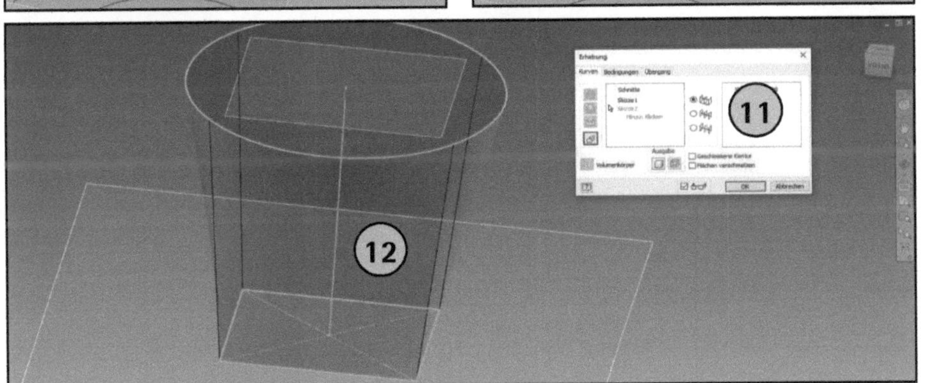

9.3.3.2 Eingabeablauf des zweiten Übergangskörpers

- Schalten Sie die Basisskizze auf **Sichtbar**.

Erhebung

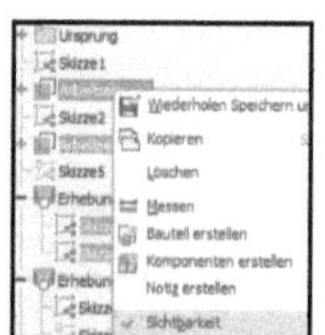

Erhebung (Multifunktionsleiste **3D-Modellierung**)
Anwahl der Übergangsflächen auswählen (13, 14).
Register **Kurven**:
Option **Verlaufsführung**/Option **Volumenkörper**/
Option **Vereinigung** (15).
Schließen Sie die Bearbeitung mit **OK** ab (16).

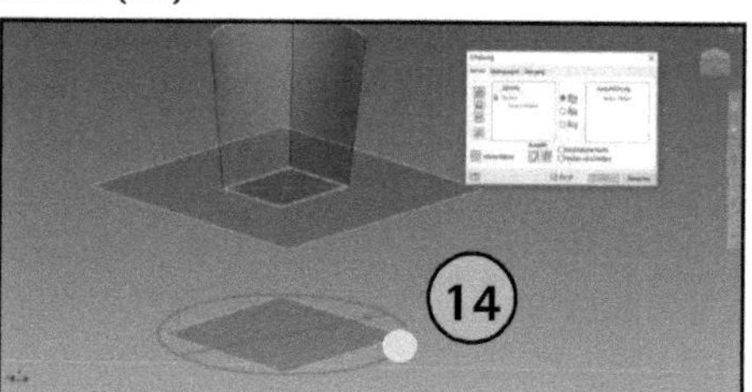

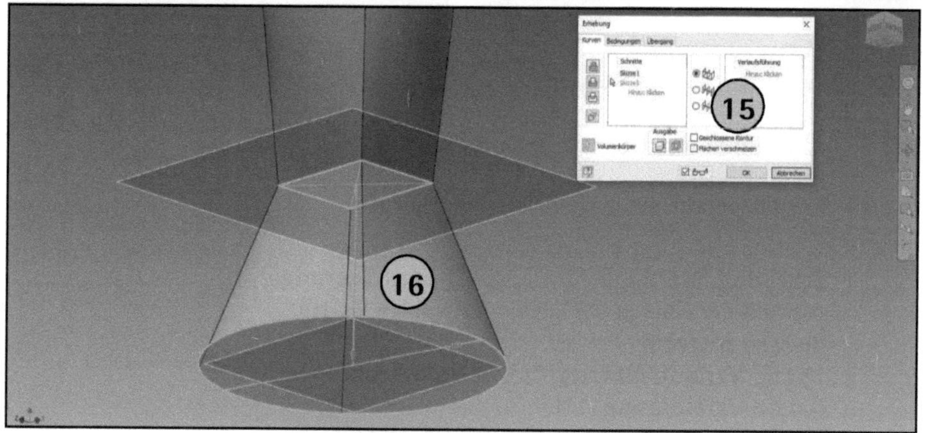

9.3.4   Einarbeiten einer Wandstärke

9.3.4.1 Ausblenden aller störenden Konstruktionen

- Schalten Sie alle **Skizzen** und **Ebenen** die Einstellung **Sichtbar** auf aus (17).

Wandung (Multifunktionsleiste **3D-Modellierung**)
5 mm / **Versatz innerhalb** (18).
Flächen entfernen, wählen Sie die obere und untere Deckfläche (19, 20).
Schließen Sie die Bearbeitung mit **OK** ab (21).

Wandung

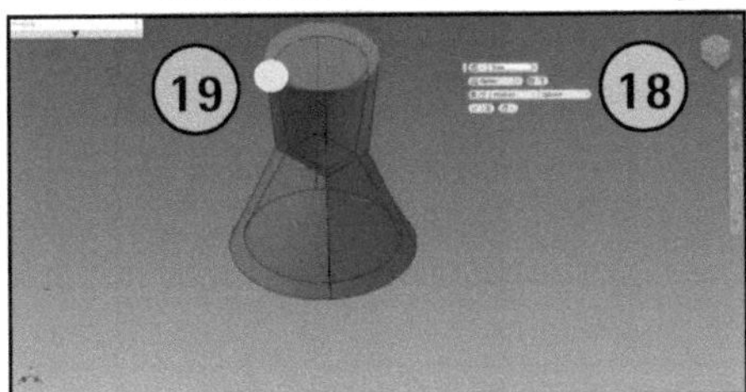
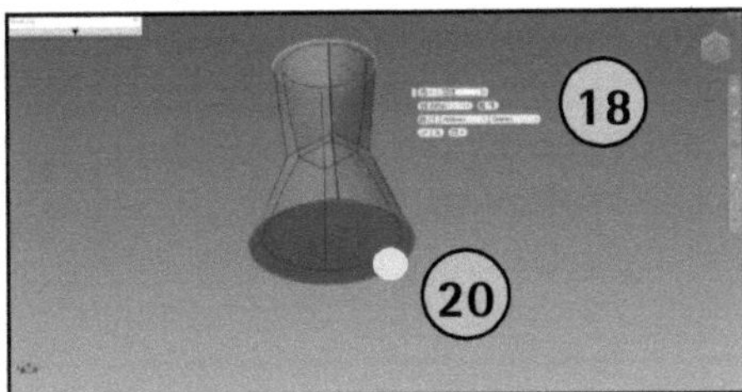

9.3.5 Bauteil speichern

- Aufruf über den **Menü-Browser**, Register **Datei**.

Speichern unter

Speichern
unter

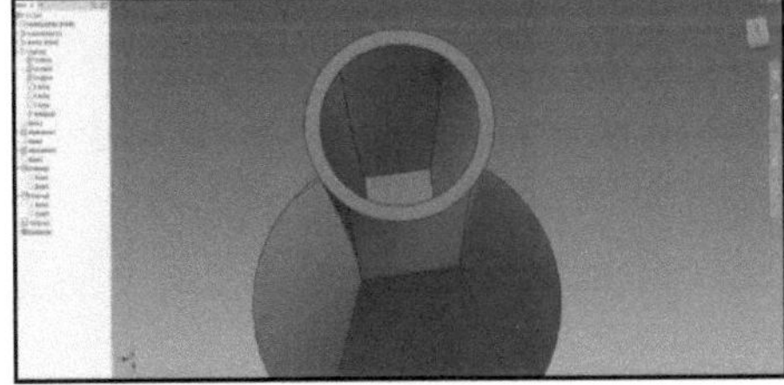

9.4   Erstellen eines Bogenelements, Übergang von Ø50 auf Ø40 mm

- **Linie** und **Abrundung** als Hilfskonstruktion für den inneren Profilpfad.
- **Linie** und **Abrundung** als Hilfskonstruktion für den äußeren **Profilpfad**.
- **Kreise** und **Profilpfade** werden zu einem Bogenelement aus **Erhebung mit Verlaufsführung**.
- Erzeugen Sie ein Rohrelement mit Wandstärke **5** mm.
- Weisen Sie dem Bogenelement das Material **Messing satiniert** zu.

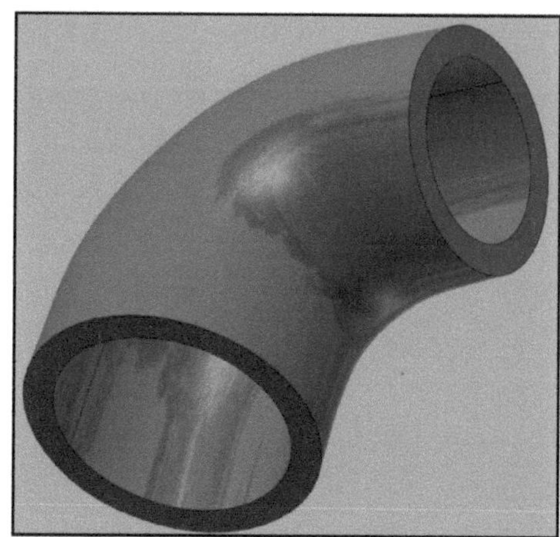

9.4.1   Eingabeablauf der Grundskizzen

9.4.1.1 Basisskizze für die innere Abrundung

Neu (Multifunktionsleiste)

Engelke-2025.ipt anklicken / **Erstellen**

- **2D-Skizze starten** (Multifunktionsleiste)
- Erstellen Sie ein Linien-System über **Geometrie projizieren, Versatz, Rundung** und **Stutzen** entsprechend der dargestellten Skizze auf der aktivierten **XY**-Ebene.
- Tragen Sie die Maße an.
- **2D-Skizze beenden** (1).

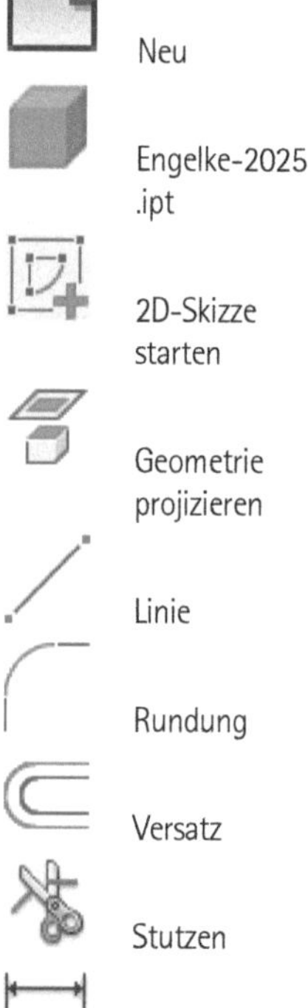

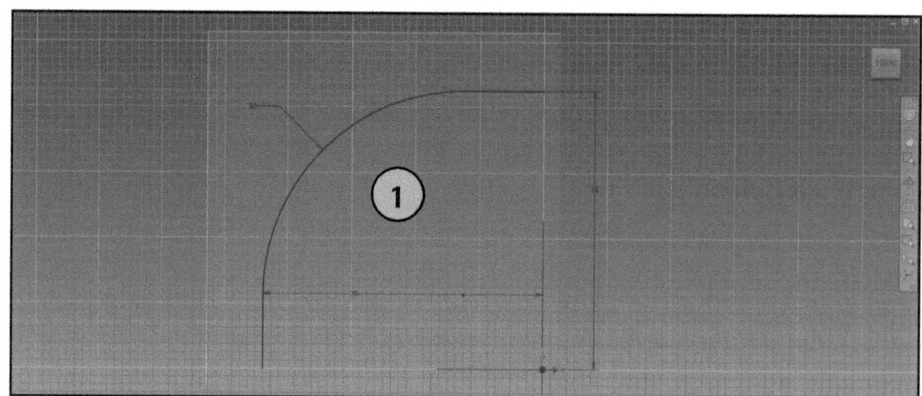

9.4.1.2 Die Basisskizze für die äußere Abrundung

- Erstellen Sie ein weiteres **Linien**-System wiederum über **Geometrie projizieren**, **Versatz**, **Rundung** und **Stutzen** entsprechend der dargestellten Skizze auf der aktivierten **XY**-Ebene.
- Tragen Sie die Maße an.
- **2D-Skizze beenden** (2).

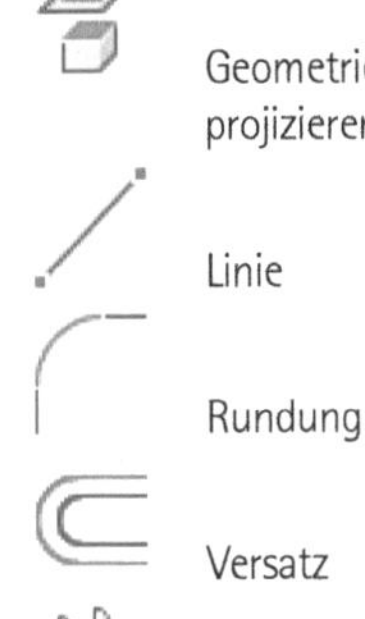

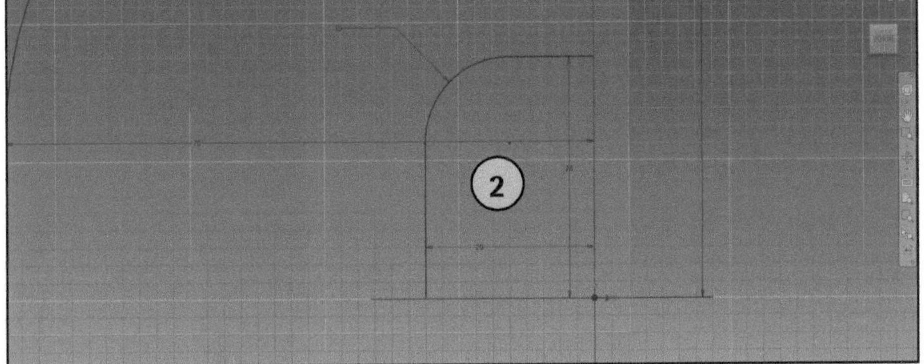

9.4.2   Eingabeablauf der Öffnungs- und Endskizze

9.4.2.1   Erstellen der Öffnungsskizze

- **2D-Skizze starten** (Multifunktionsleiste)
- Erzeugen Sie wählbare Punkte über **Geometrie projizieren** und wählen der gezeigten Linien (3, 4).
- Ziehen Sie eine **Linie** von Endpunkt zu Endpunkt mit Format **Konstruktionslinie** (5).

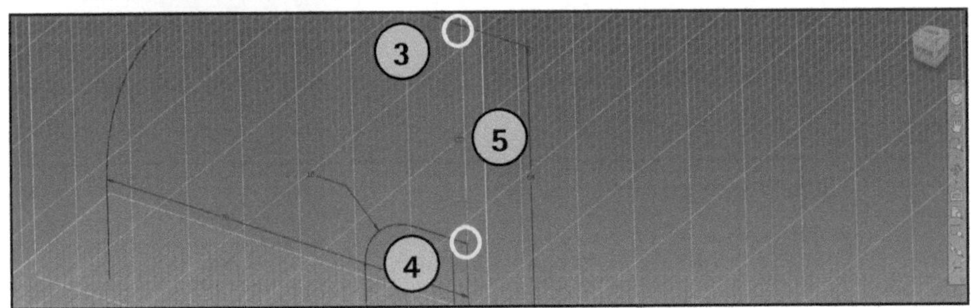

- Zeichnen Sie einen **Kreis** vom **Mittelpunkt** dieser Linie zu dem anwählbaren **Linienendpunkt** (6, 7).

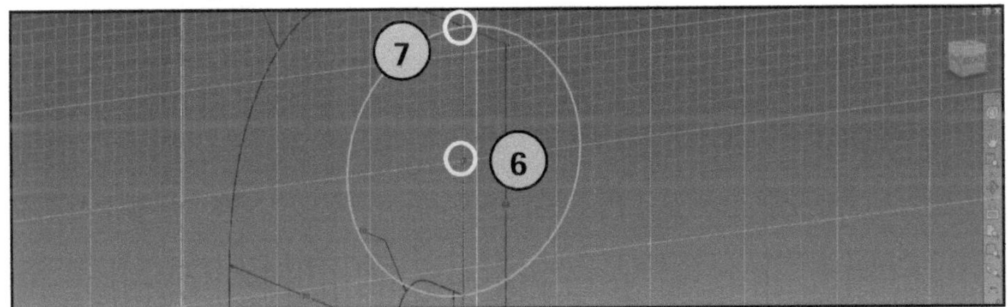

- **2D-Skizze beenden**.

2D-Skizze
starten

Geometrie
projizieren

Linie

9.4.2.2 Erstellen der Endskizze

- **2D-Skizze starten** (Multifunktionsleiste)
- Erzeugen Sie wählbare Punkte über **Geometrie projizieren** und wählen der gezeigten Linien (8, 9).
- Ziehen Sie eine **Linie** von Endpunkt zu Endpunkt mit Format **Konstruktionslinie** (10).

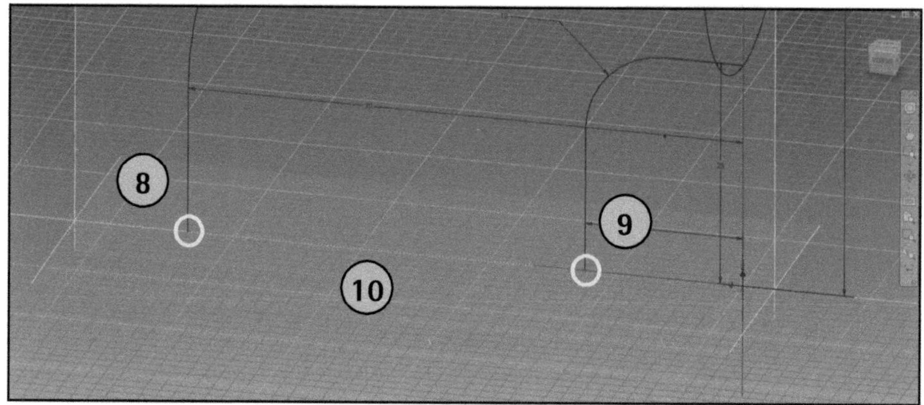

Kreis mit
Mittelpunkt

- Zeichnen Sie einen **Kreis** vom **Mittelpunkt** dieser Linie zu dem anwählbaren **Linienendpunkt** (11, 12).

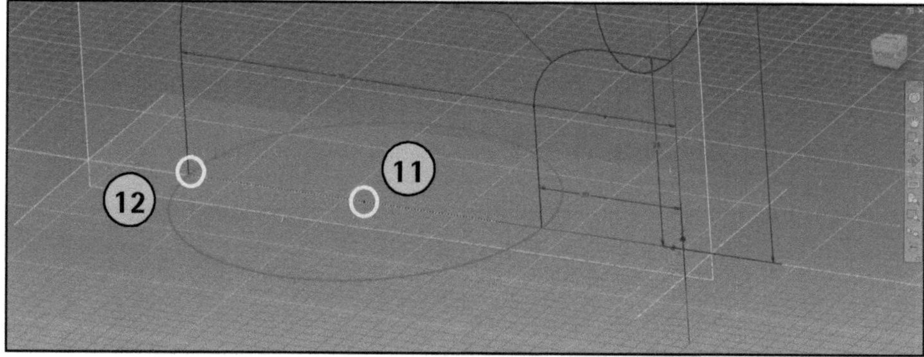

- **2D-Skizze beenden**.

9.4.3 Eingabeablauf des Übergangskörpers

Erhebung

Erhebung (Multifunktionsleiste **3D-Modellierung**)
Klicken Sie in das Feld **Schnitte hinzufügen** (13).
Wählen Sie die **Öffnungsfläche** (14).

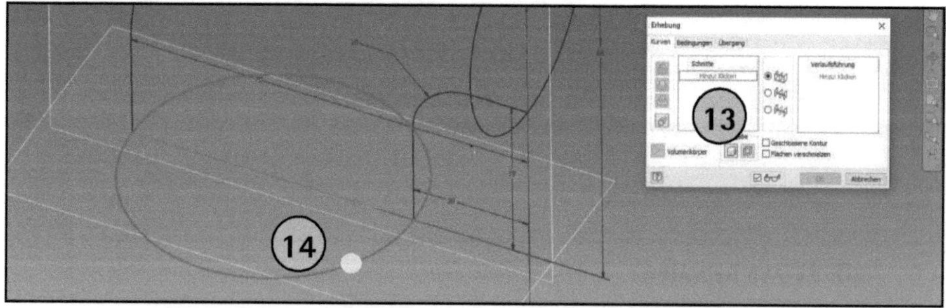

- Wählen Sie die **Endfläche** (15).
  Der **Übergang** wird automatisch generiert (16).

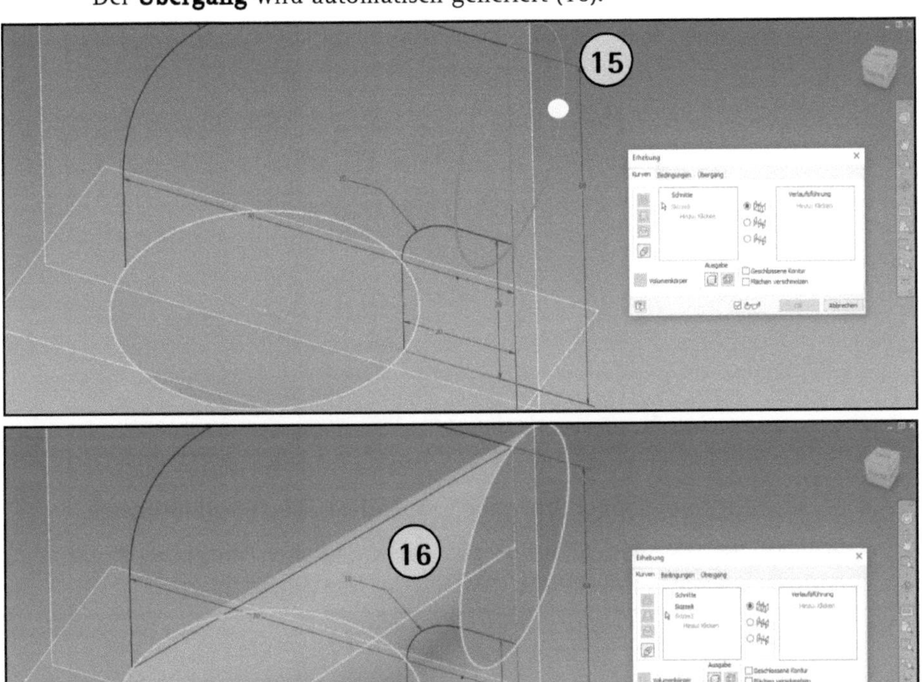

- Klicken Sie in das Feld **Verlaufsführung Hinzu Klicken** (17).
- Wählen Sie die äußere Abrundung (18).

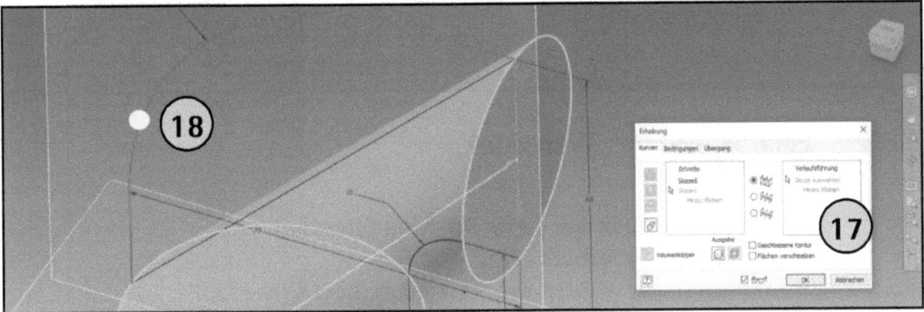

- Wählen Sie die innere Abrundung (19).

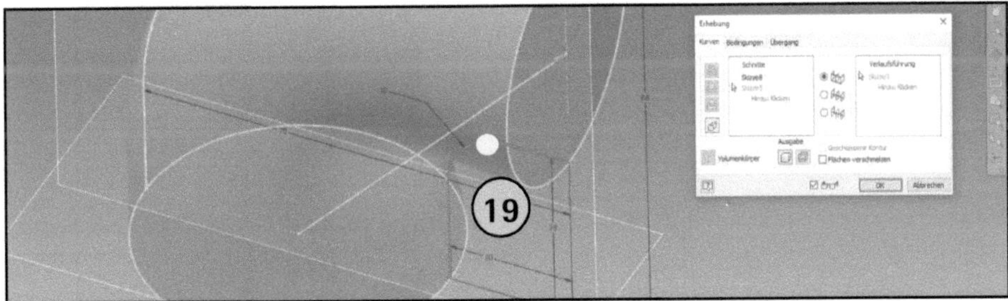

- Schließen Sie die Bearbeitung mit **OK** ab.
  Der **Übergang** wird automatisch generiert (20).

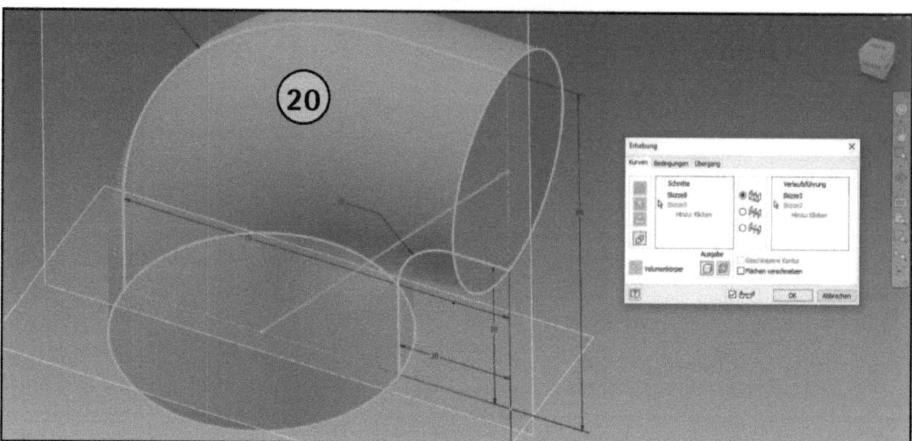

9.4.4   Materialzuweisung „Vorgabe", Autodesk-Materialbibliothek

- Wählen Sie aus der Schnellzugriff-Werkzeugleiste **Vorgabe**, Materialbox
  Autodesk-Materialbibliothek das Material **Messing satiniert** (21).

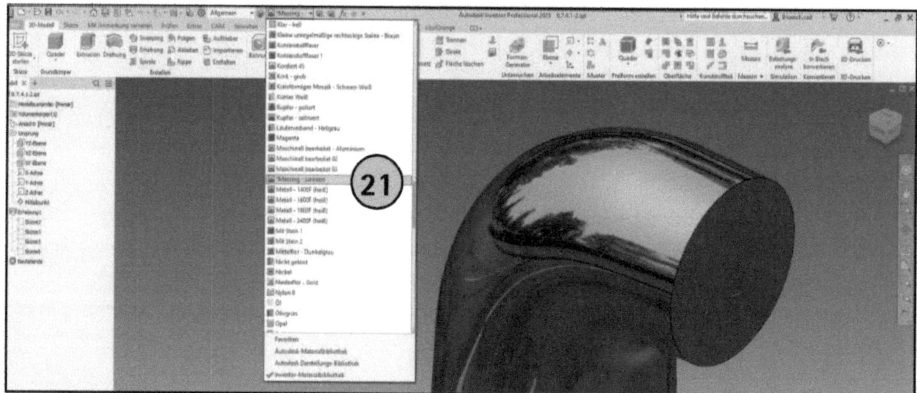

9.4.5   Einarbeiten einer Wandstärke

Wandung

Wandung (Multifunktionsleiste **3D-Modellierung**)
5 mm / Versatz innerhalb (22).
Flächen entfernen, wählen Sie die vordere Deckfläche (23).

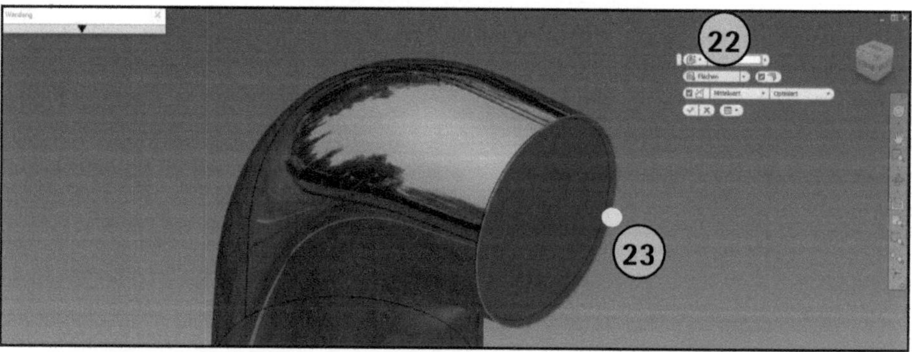

- **Flächen entfernen**, wählen Sie die untere Deckfläche (24).

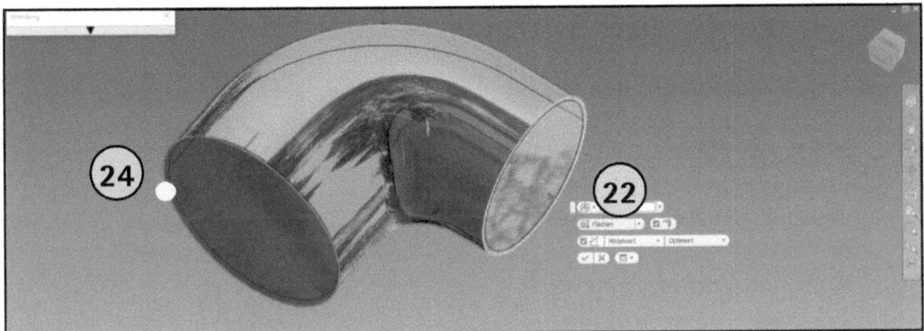

- Schließen Sie die Bearbeitung mit **OK** ab (25).

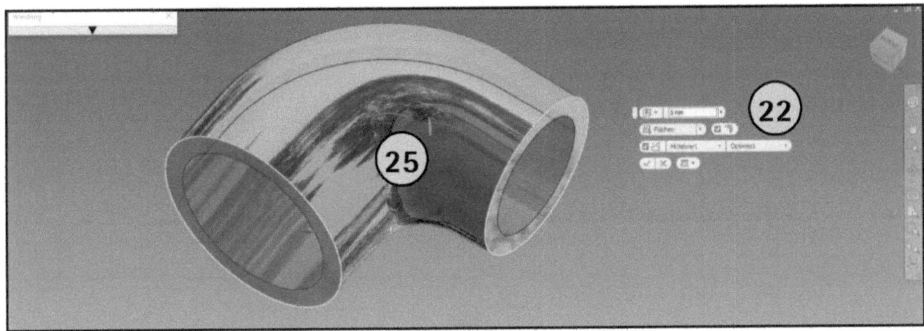

9.4.6   Bauteil speichern

- Aufruf über den **Menü-Browser**, Register **Datei**.

 **Speichern unter**

 Speichern
unter

9.5 Flachliegende Rohrleitung (2D), Rohrkörper über Sweeping

- **Linien** und **Rundungen** als Hilfskonstruktion für den **Rohrprofilpfad**.
- Rohrquerschnitt Ø15 mm an das Ende des **Rohrprofilpfades** gesetzt.
- **Kreis** und **Profilpfad** werden zu einem Rohrelement über **Sweeping** generiert.
- Erzeugen Sie ein Rohrelement mit der Wandstärke **1** mm.
- Weisen Sie ein Material zu.
- Weisen Sie eine Durchfluss-Färbung zu.

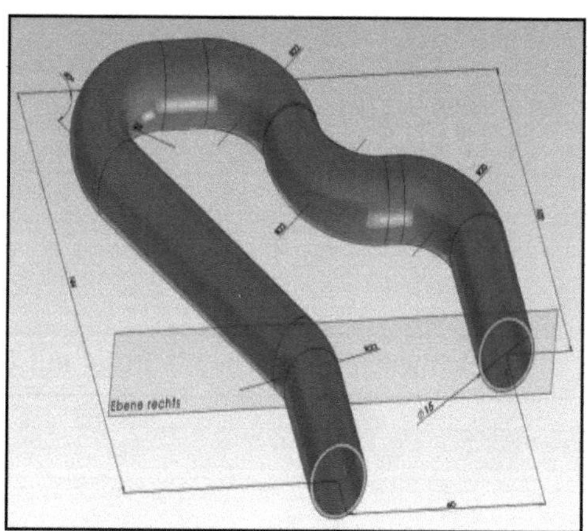

9.5.1 Eingabeablauf der Grundskizze

Neu (Multifunktionsleiste)

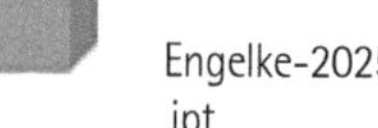

Engelke-2025.ipt anklicken / **Erstellen**
- **2D-Skizze starten** (Multifunktionsleiste)

9.5.1.1 Die Basisskizze

- Erstellen Sie ein **Linien**-System entsprechend der dargestellten Skizze (1).
- **Runden** Sie das Linien-System entsprechend der dargestellten Skizze mit einem Radius von **20** mm ab (2).
- Tragen Sie die **Maße** an.
- Schließen Sie die Skizzenerstellung.

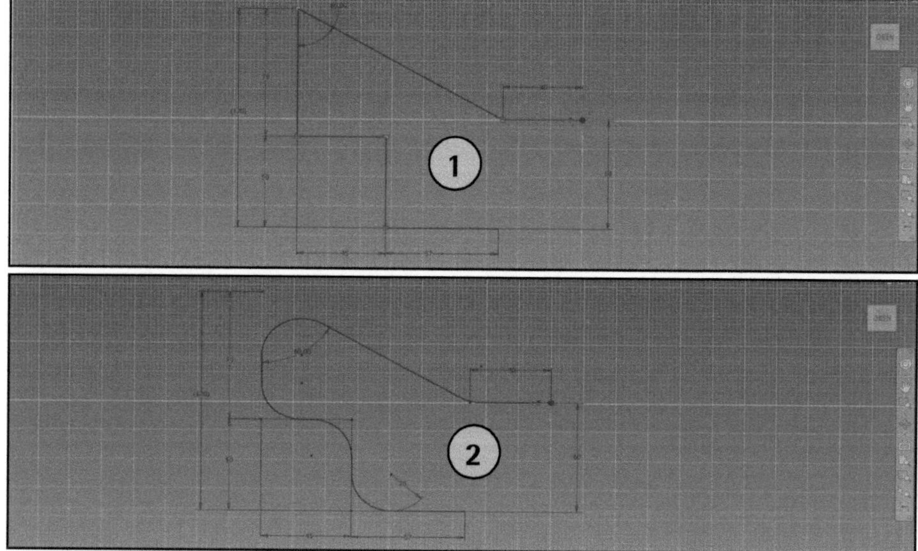

Neu

Engelke-2025 .ipt

2D-Skizze starten

Linie

Rundung

Maße

9.5.2 Die Rohrelement-Ausformung über „Sweeping"

9.5.2.1 Die Basisskizze für den Rohrkörper

* Schalten Sie die Arbeitsebene **YZ** auf **Sichtbar**.

2D-Skizze starten (Multifunktionsleiste **3D-Modellierung**)
Klicken Sie die Arbeitsebene **YZ** (3).
Erstellen Sie auf der Arbeitsebene am Konstruktionslinien-Endpunkt (4)
einen **Kreis** mit **Ø15** mm (5).
Beenden Sie die Skizze.

2D-Skizze
starten

Kreis mit
Mittelpunkt

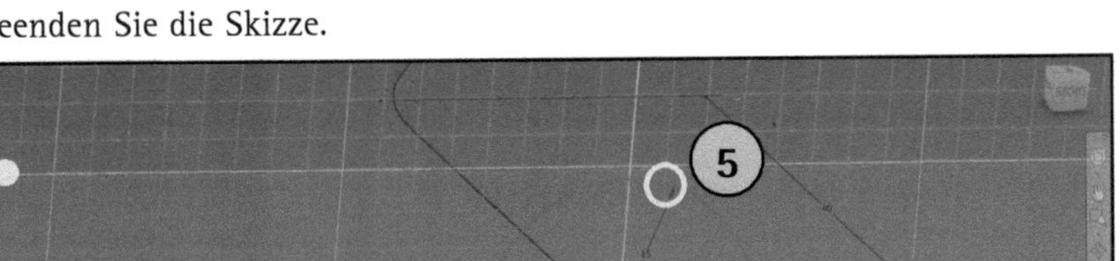

9.5.2.2 Die Rohrkörpererstellung

Sweeping (Multifunktionsleiste **3D-Modellierung**)
Profil:
Wählen Sie die Kreisfläche an (6), liegt in der Skizze nur ein Profil vor,
wird dieses automatisch hervorgehoben.

Sweeping

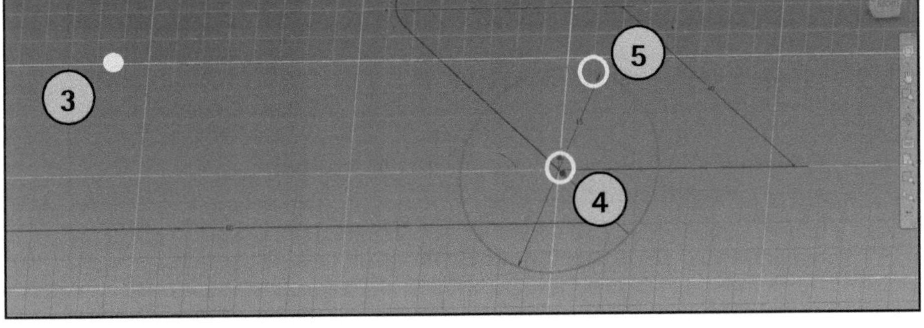

* **Pfad**:
Klicken Sie auf Pfad, und wählen Sie die 2D-Skizze (7).

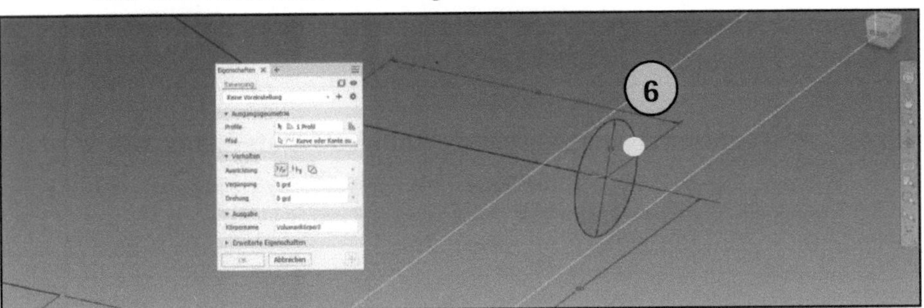

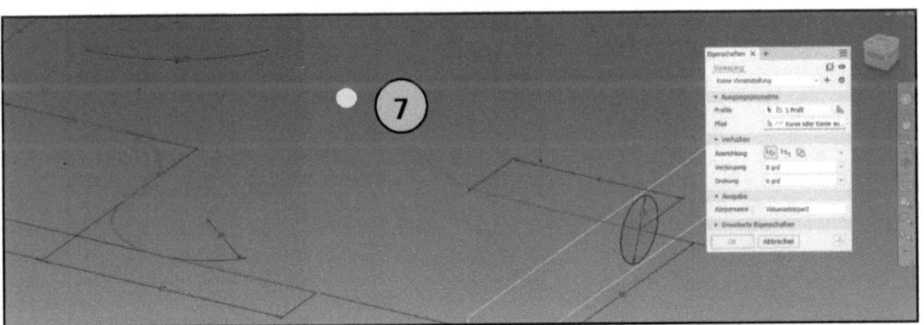

- Schließen Sie die Bearbeitung mit **OK** ab (8).

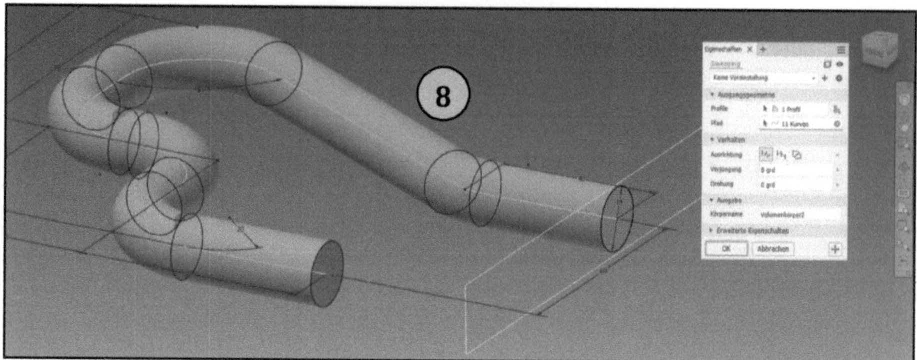

9.5.3   Einarbeiten einer Wandstärke

Wandung

Wandung (Multifunktionsleiste **3D-Modellierung**)
1 mm / **Versatz innerhalb** (9).
Flächen entfernen, wählen Sie die Endflächen (10, 11).
Schließen Sie die Bearbeitung mit **OK** ab.

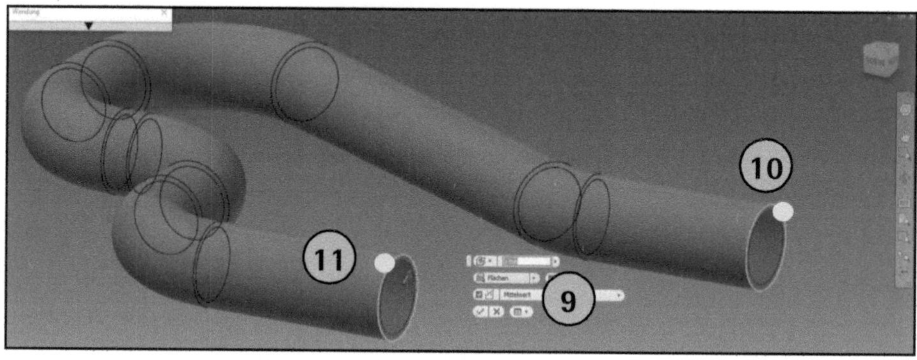

9.5.4   Materialzuweisung „Vorgabe", Autodesk-Materialbibliothek

- Wählen Sie aus der Schnellzugriff-Werkzeugleiste **Vorgabe**, Materialbox **Autodesk-Materialbibliothek** das Material **Kupfer** (12).

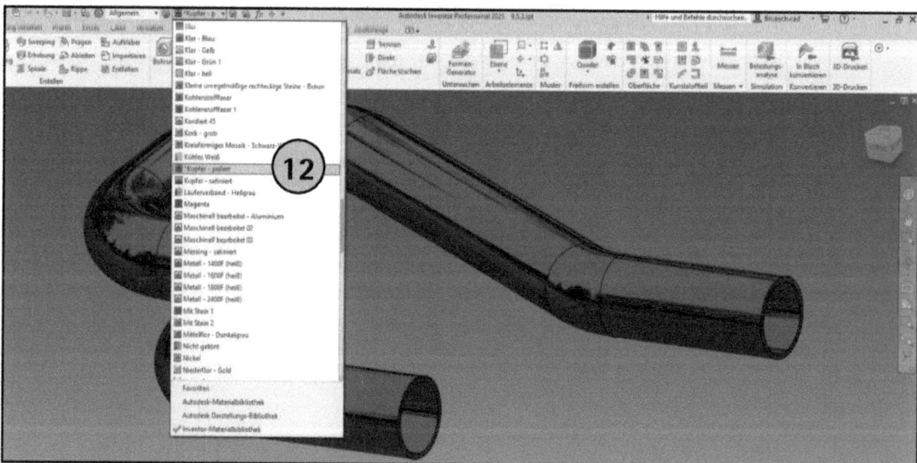

9.5.5 Durchflussmaterialzuweisung

9.5.5.1 Schnittansicht auf Ebene

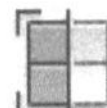

Halbe Schnittansicht (Multifunktionsleiste **Ansicht**)
Wählen Sie die planare Arbeitsebene **XZ** aus, um die Schnittebene zu definieren (13).
Beenden Sie mit **OK** (14).

Halbe
Schnittansicht

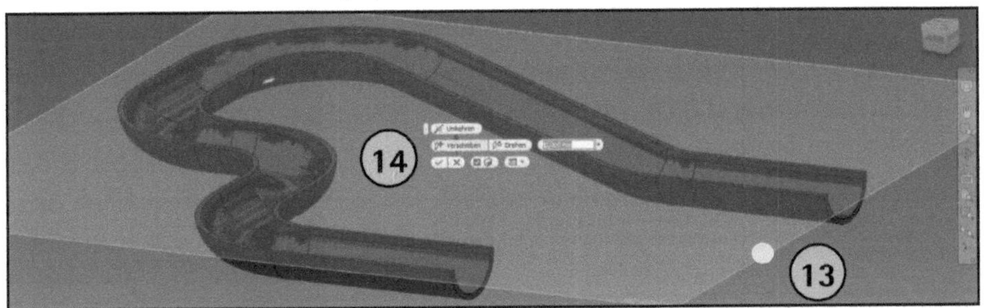

9.5.5.2 Farbzuweisung auf die inneren Zylinderflächen

- Wählen Sie im Grafikfenster alle Zylinderinnenflächen aus (15).
- Klicken Sie mit der rechten Maustaste, und wählen Sie **Eigenschaften**.

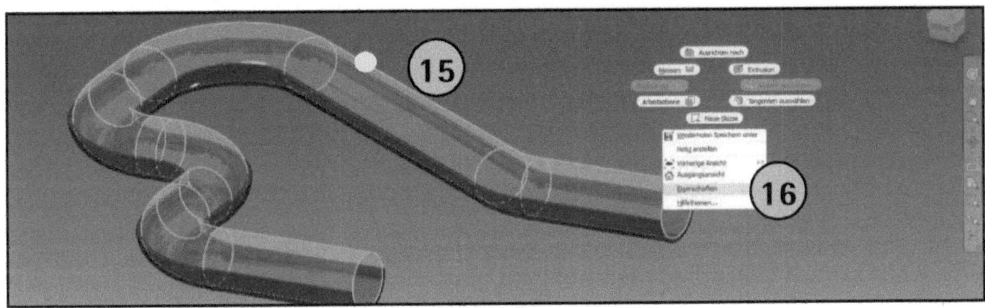

- Wählen Sie **Blau Wandfarbe glänzend** (17).
- Um die Zuweisung zu aktivieren klicken Sie auf **OK** (18).

9.5.6 Bauteil speichern

- Aufruf über den **Menü-Browser**, Register **Datei**.

Speichern unter

Speichern
unter

9.6 Erstellen einer Rohrleitung über „3D-Skizze"

9.6.1 Die Basisgeometrie, Vorgaben

- Rohrquerschnitt **Ø15** mm am Anfang des Rohrprofilpfades.
- Linien mit Eingabe der relativen Koordinaten in einer Tabelle als Hilfskonstruktion für den Rohrprofilpfad
- Biegungen als Hilfskonstruktion für den Rohrprofilpfad mit Radius R = **15** mm.
- Kreis und Profilpfad wird zu einem Rohrelement über **Sweeping**.

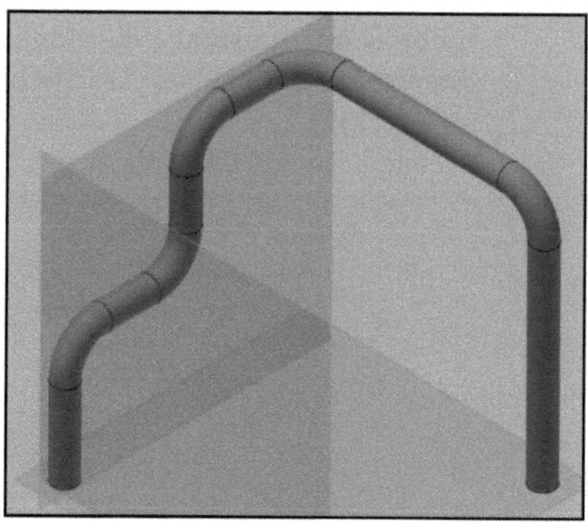

9.6.2 Eingabeablauf der Grundskizze für den Rohrquerschnitt

9.6.2.1 Vorlagendatei öffnen

Neu (Multifunktionsleiste)

Engelke-2025.ipt anklicken / **Erstellen**

9.6.2.2 Grundkreis erstellen

2D-Skizze starten (Multifunktionsleiste **3D-Modellierung**)
Klicken Sie die Arbeitsebene **YZ** (1).
Erstellen Sie auf der Arbeitsebene am Konstruktionslinien-Mittelpunkt (2) einen **Kreis** mit **Ø15** mm (3).
Beenden Sie die Skizze.

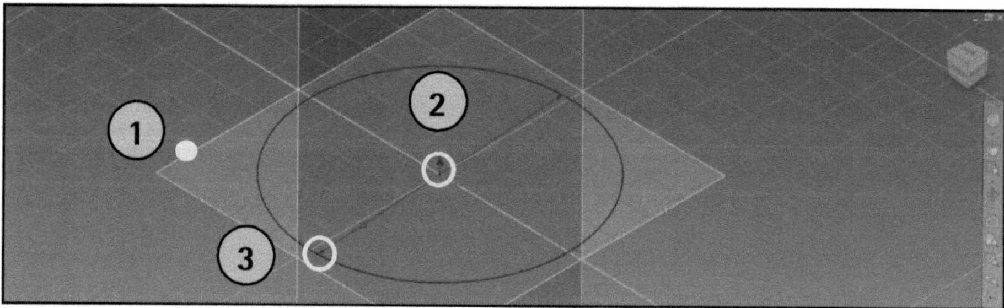

9.6.3 Erstellen einer 3D-Skizze

9.6.3.1 Erstellen einer 3D-Skizze, Grundlagen

In der 3D-Koordinatendreiergruppe werden während des Skizzierens die X-, Y- und Z-Ebene angezeigt. Der rote Pfeil steht für die X-Achse, der grüne für die Y-Achse und der blaue für die Z-Achse. Klicken Sie auf eine Ebene, um zu dieser zu wechseln und einen weiteren Skizzierpunkt zu platzieren.

Neu

Engelke-2025
.ipt

2D-Skizze
starten

Kreis mit
Mittelpunkt

Der Werkzeugkasten **Präzise Eingabe** in der 3D-Skizzierumgebung verwendet einen Mini-Werkzeugkasten. Mini-Werkzeugkästen ermöglichen eine anschauliche und konsistente Interaktion mit Befehlen in Inventor.

Der Mini-Werkzeugkasten **Präzise Eingabe** ist vorgabemäßig deaktiviert. Zum Anzeigen des Mini-Werkzeugkastens erweitern Sie in der Multifunktionsleiste **3D-Skizze** die Gruppe **Zeichnen** und klicken auf den Befehl **Präzise Eingabe**.

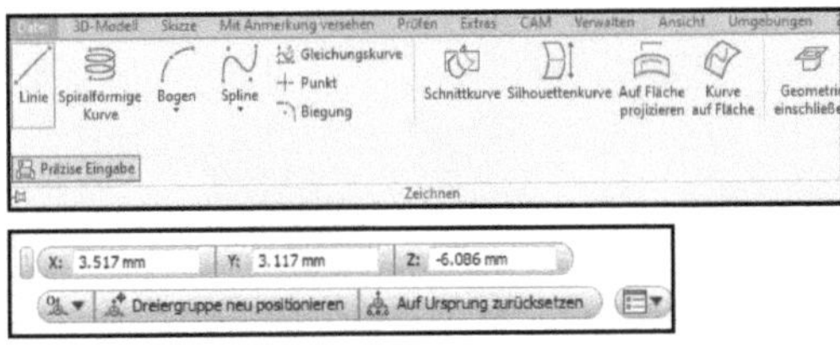

9.6.3.2 Eingabeablauf der Grundskizze für den Rohrverlauf, Linienverlauf

3D-Skizze (Multifunktionsleiste **3D-Modellierung**)

Linie (Multifunktionsleiste **3D-Skizze**)

Wählen Sie für den Startpunkt der Linie den Mittelpunkt des Rohrkreises (4).

Geben Sie nacheinander in den Werkzeugkasten **Präzise Eingabe** die folgende Reiheneingabe ein, schließen Sie die jeweilige Reihe mit der Eingabetaste (5, 6, 7, 8, 9, 10, 11).

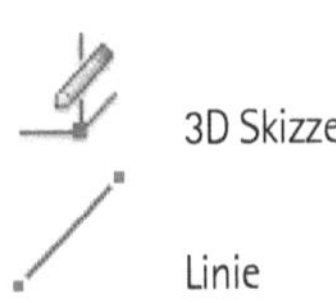

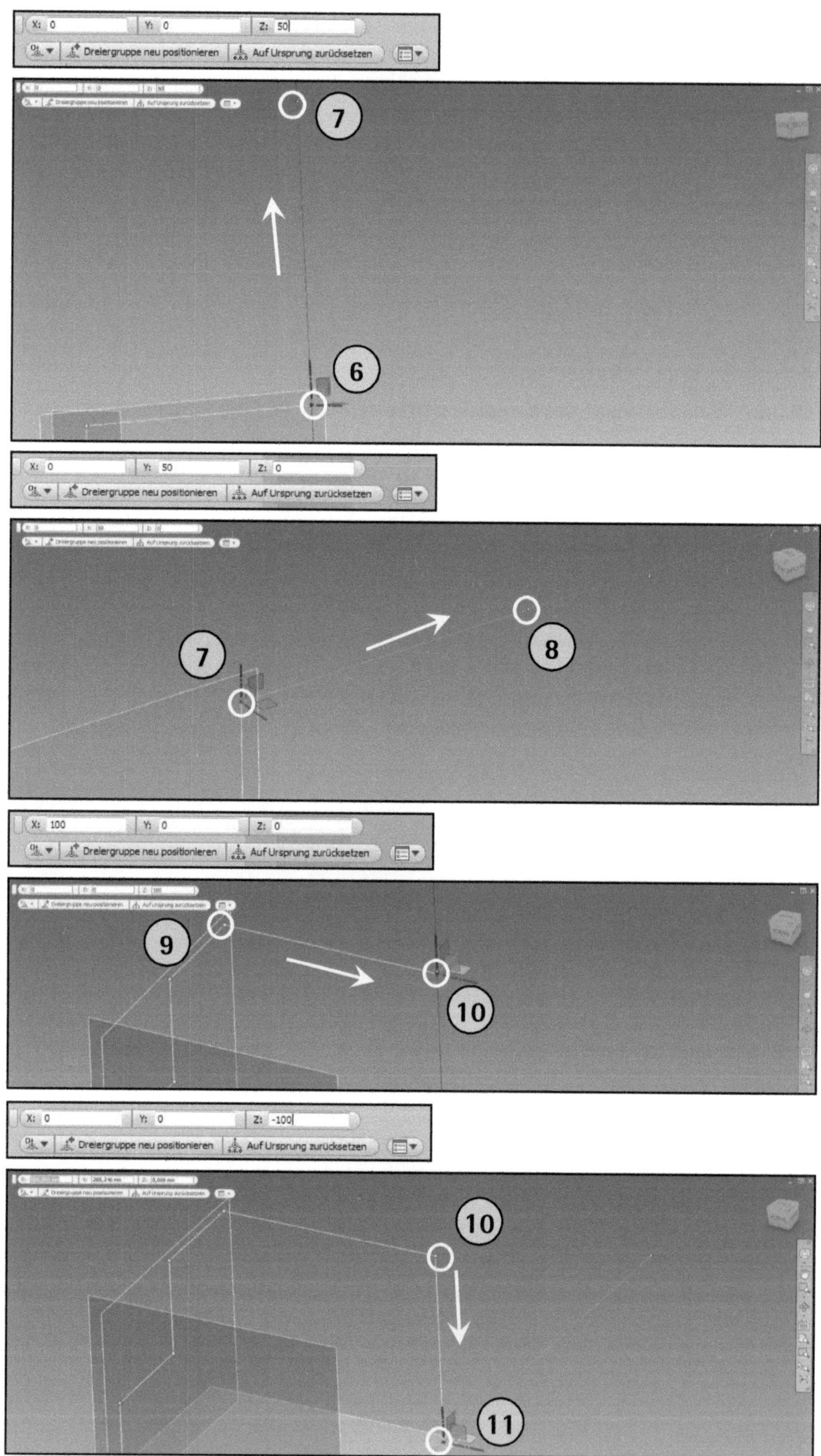

Biegung (Multifunktionsleiste **3D-Skizze**)
Wählen Sie die abzurundenden Linien an.
Geben Sie einen Radius von **15** mm ein (12).

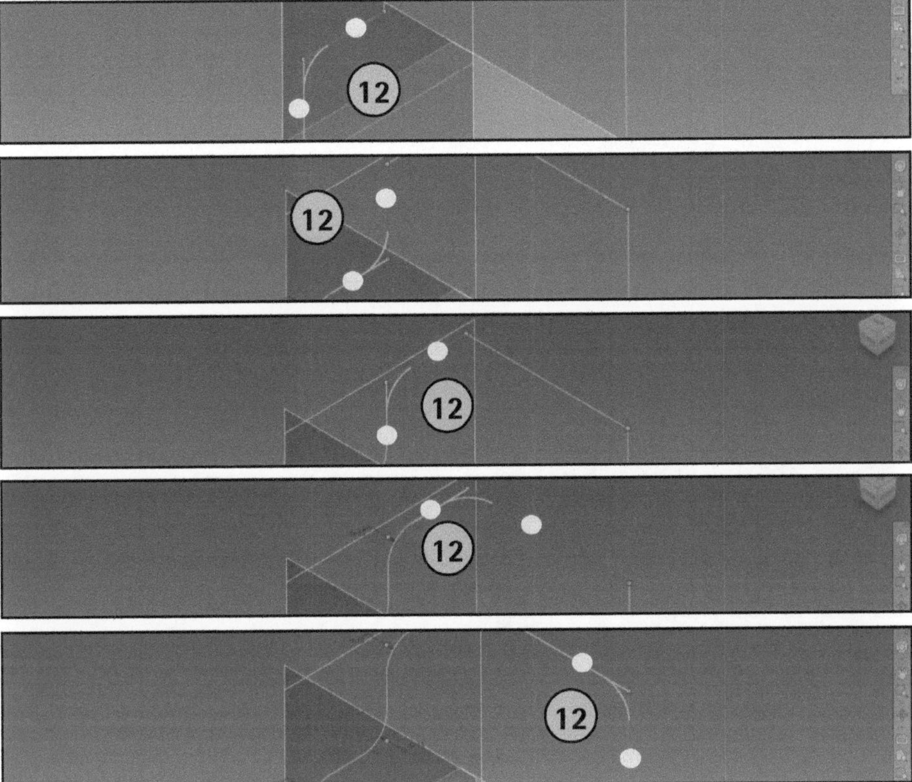

*   Beenden Sie die Skizze.

9.6.4   Die Rohrkörpererstellung

Sweeping (Multifunktionsleiste **3D-Modellierung**)
Wählen Sie die **Kreisfläche** an (13).

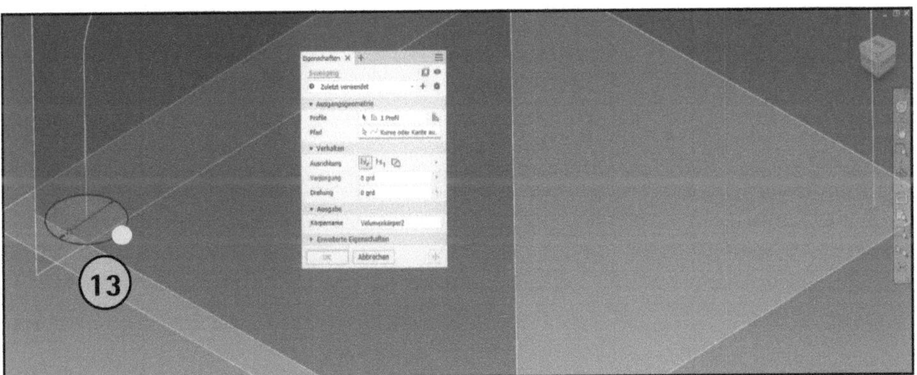

- Klicken Sie auf den gezeigten **Pfad** (14).

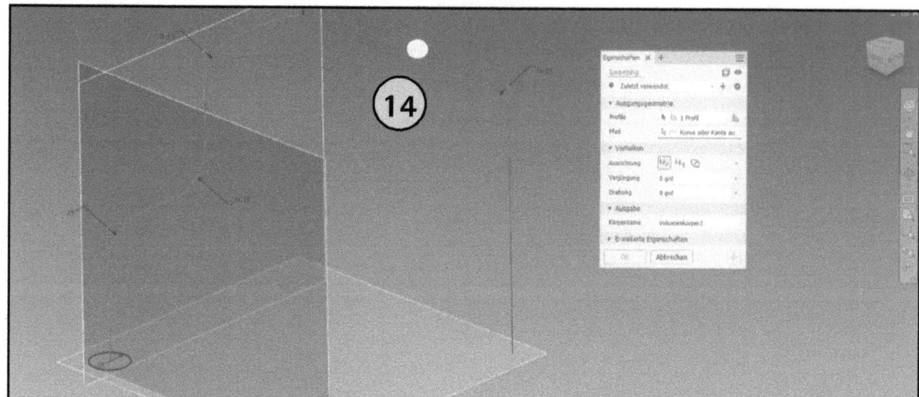

- Schließen Sie die Bearbeitung mit **OK** ab (15).

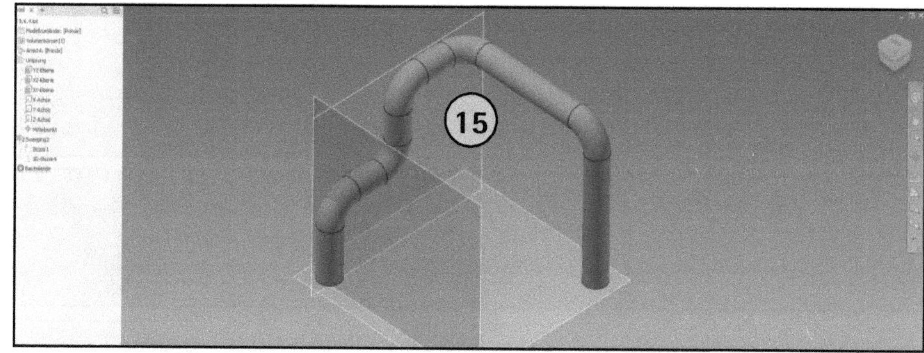

9.6.5   Bauteil speichern

- Aufruf über den **Menü-Browser**, Register **Datei**.

Speichern
unter

Speichern unter

9.7 Volumenkörper-Erstellung über eine Kurvenlinie aus einer „Excel"-Texttabelle

9.7.1 Die Basisgeometrie, Vorgaben

- Erstellen Sie eine **Excel**©-Tabelle mit nebenstehendem Inhalt.
- Öffnen Sie eine neue Vorlagendatei.
- Erzeugen Sie eine **XY-Kurve** aus dieser **Excel**©-Datei auf einer senkrechten Arbeitsebene.
- Erstellen Sie eine **Drehung** aus dieser Kurve über die senkrechte Rotationsachse.
- **Polygon** und **Profilpfad** wird zu einem Sweeping-Volumen-Objekt mit **Basis austragen**.

	A	B
1	mm	
2	X	Y
3	230	-15
4	215	-40
5	195	-30
6	175	-25
7	150	-20
8	135	-25
9	115	-38
10	95	-45
11	75	-55
12	55	-65
13	35	-75
14	30	-65
15	20	-55
16	15	-45
17	0	-30

9.7.2 Punkten in Skizzen, der Import

9.7.2.1 Vorlagendatei öffnen

Neu (Multifunktionsleiste)

Engelke-2025.ipt anklicken / **Erstellen**

9.7.2.2 Erstellen der Excel©-Tabelle

- Erstellen Sie eine **Excel©-Tabelle** mit folgenden Werten (1):

	A	B
1	mm	
2	X	Y
3	230	-15
4	215	-40
5	195	-30
6	175	-25
7	150	-20
8	135	-25

	A	B
9	115	-38
10	95	-45
11	75	-55
12	55	-65
13	35	-75
14	30	-65
15	20	-55
16	15	-45
17	0	-30

- **Speichern** Sie die Excel-Datei in Ihren Bauteilordner für dieses Kapitel.

9.7.3 Grundkörper über „Drehung"

9.7.3.1 Öffnen einer neuen Skizzierebene

2D-Skizze starten (Multifunktionsleiste **3D-Modellierung**)
Wählen Sie die **YZ**-Ebene (2).

Punkte

9.7.3.2 Erstellen der Spline-Linie aus der Punktevorgabe

Punkte (Multifunktionsleiste **Skizze / Einfügen**)
Um einen Spline durch die importierten Punkte zu erstellen, klicken Sie auf
Optionen, wählen die entsprechende Verbindung und klicken auf **OK** (3).
Suchen Sie im Dialogfeld **Öffnen** den Ordner, in dem sich die Datei mit den
Importpunkten befindet.
Öffnen Sie die Datei **2D-Kurve** (4).
Die Kurvenlinie wird auf der Arbeitsebene abgebildet (5).

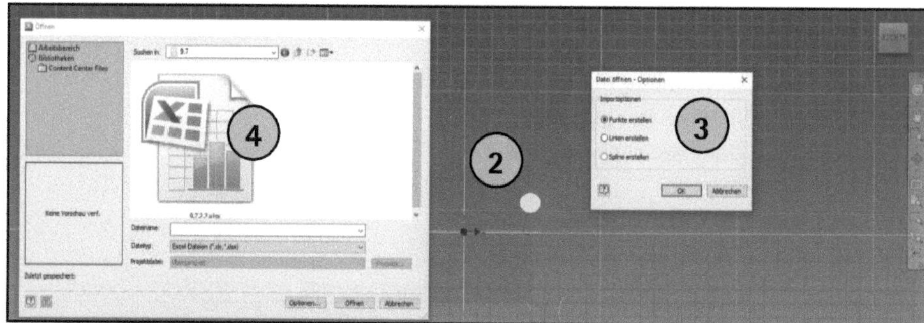

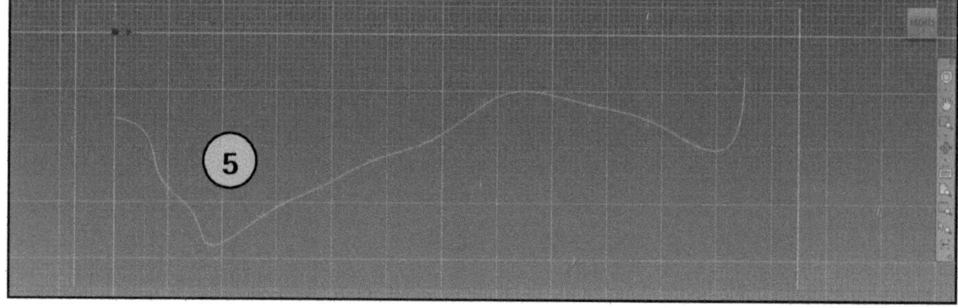

9.7.3.3 Vervollständigen der Kurvenskizze

Geometrie
projizieren

- Aktivieren Sie im Bauteil-Browser die **Y-Achse**.
- Die Achse wird über **Geometrie projizieren** wählbar gemacht (6).

Linie

Linie (Multifunktionsleiste **3D-Skizze**)

Stutzen

- Ziehen Sie vom **Endpunkt der Kurvenlinie** zur Achse eine **Linie**.
Stutzen Sie diese bei Bedarf auf der Achse (7, 8).

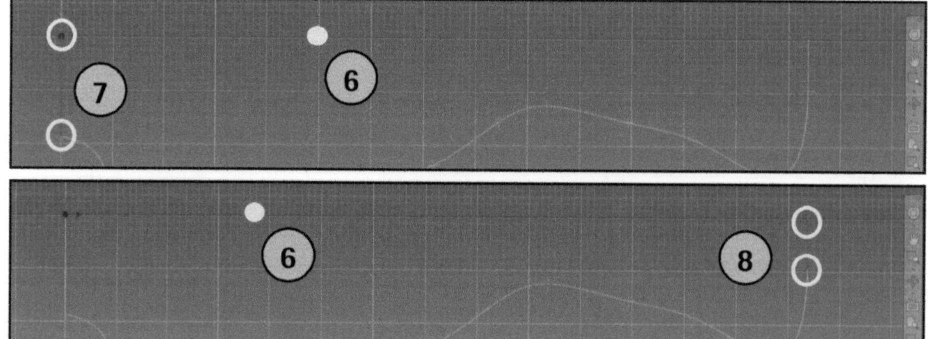

9.7.4 Eine Drehung aus der Kurvenskizze

Drehung (Multifunktionsleiste **3D-Modellierung**)
Profil wählen (9).
Wählen Sie die **Achse** aus der aktiven Skizzierebene (10).
Rotationswinkel **Voll** / **Vereinigung** / **Volumenkörper**
Schließen Sie die Bearbeitung mit **OK** ab (11, 12).

Drehung

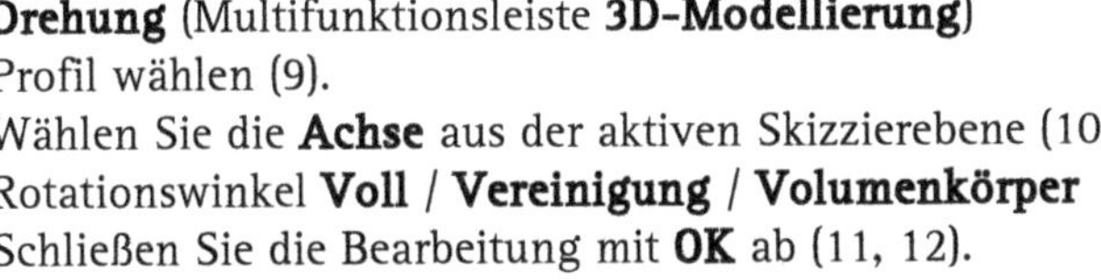

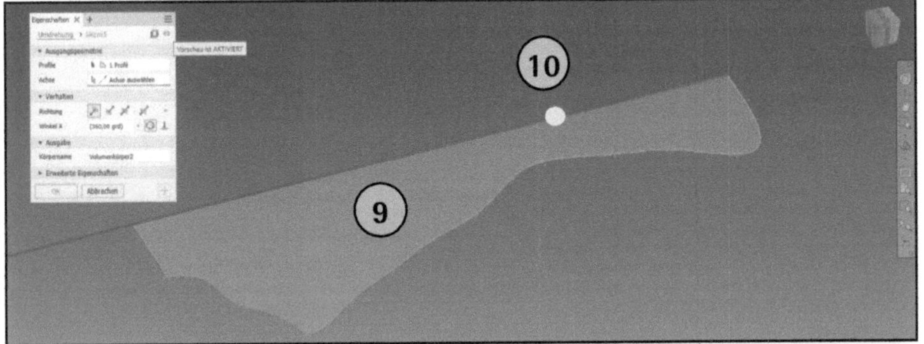

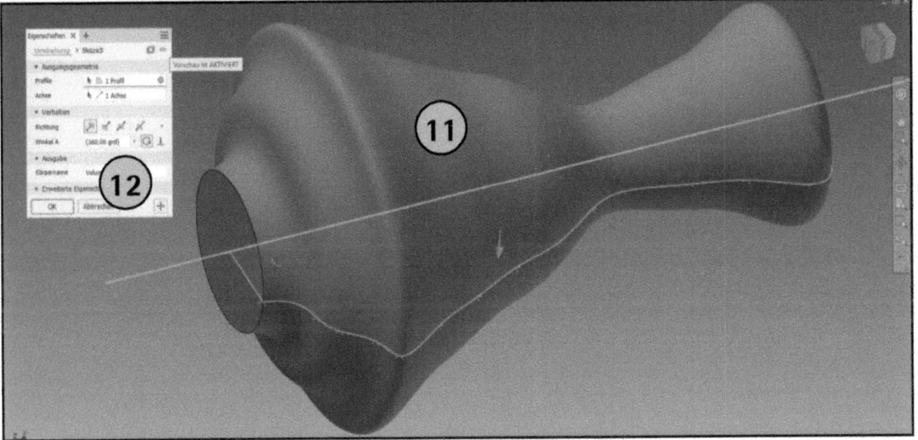

9.7.5 Bauteil speichern

* Aufruf über den **Menü-Browser**, Register **Datei**.

Speichern unter

Speichern
unter

9.8 Kunststoff-Schaltelement, Gleichungskurven als Skizze

9.8.1 Die Basisgeometrie, Vorgaben

- Öffnen Sie die Vorlagendatei.
- Erzeugen Sie eine **Gleichungs-kurve** die einer Sinuskurve entspricht.
- Bilden Sie aus dieser Kurve mit Endlinien eine Extrusion.
- Biegen Sie dieses Kurventeil über die Skizzenkonstruktion auf einer neuen Arbeitsebene.
- Erzeugen Sie ein Volumenkör-per aus sechs Teilen über **Runde Anordnung.**
- Bilden Sie einen Hohlkörper mit einer Wandstärke von **2 mm.**

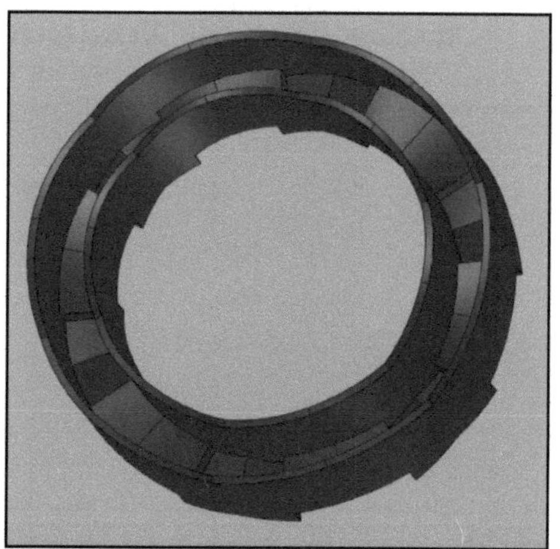

Neu

Engelke-2025 .ipt

2D-Skizze starten

9.8.2 Gleichungskurven als Skizze

Neu (Multifunktionsleiste)

Engelke-2025.ipt anklicken / **Erstellen**

2D-Skizze starten (Multifunktionsleiste **3D-Modellierung**)
Wählen Sie die **XY**-Ebene (2).

9.8.2.1 Erstellen der Gleichungskurve

Für die Gleichungskurve wird eine halbe Periode einer Sinusschwingung verwendet. Diese Schwingung ist mit der Parabel eine der Grundfiguren der Mathematik.

Die Grundfunktion lautet: **f(x) = sin (x).**

Die dazugehörende Grundfunktion lautet: **y(x) = sin (rad x).**

Hierzu gehört die Definition: **1° = 2Pi/360 = ca. 0,01745 rad**

- Tragen Sie in die Tabellenzeile y(x) ein:
  10*sin(360° /196 * x / 1 mm)
  Die Erläuterung der Werte im Einzelnen:
  Radius des Abrollkreises **10 mm**, Vollkreis **360°,**
  Gesamtlänge der Periode **6 * Pi = 196 mm**
- Tragen Sie in die Tabellenzeile **xmin** für den Null-Durchgang **0 mm** ein.
- Tragen Sie in die Tabellenzeile **xmax** die Halblänge der Periode **196 / 2 = 98** mm ein.
- Schließen Sie die **Kurvendefinition** um die **Gleichungskurve** darzustellen.

Gleichungskurve (Multifunktionsleiste **Skizze**)

Für die Eintragung in die Minidialogbox wählen Sie die Optionen
Kartesisch und Eintrag **Explizit** (1).

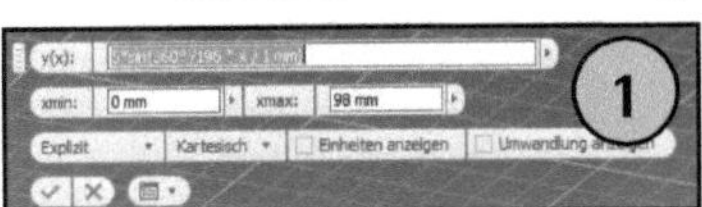

Tragen Sie in die Tabellenzeile **xmin** für den Null-Durchgang **0 mm** ein.

Tragen Sie in die Tabellenzeile **xmax** die Halblänge der Periode
196 / 2 = 98 mm ein (2).

Schließen Sie die Kurvendefinition um die **Gleichungskurve** darzustellen
(3).

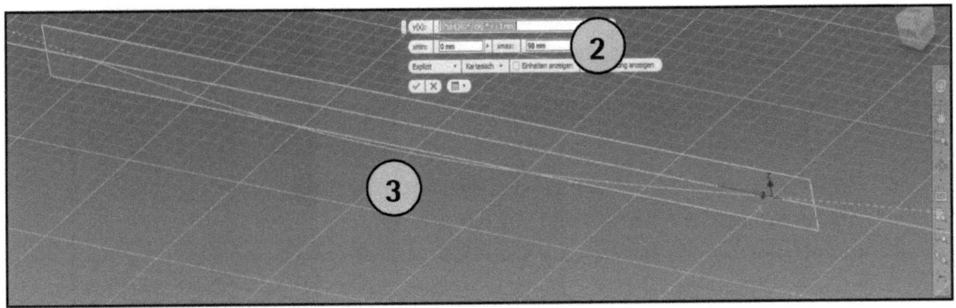

9.8.3 Kunststoff-Schaltelement, die Segmenterstellung

9.8.3.1 Die Grundskizze für das Segment

Kopieren (2D) (Multifunktionsleiste **Skizze**)

Wählen Sie die **Gleichungskurve** (4).

Kopieren Sie die **Gleichungskurve** um den Wert **35** mm nach unten,
über **Präzise Eingabe** (5, 6).

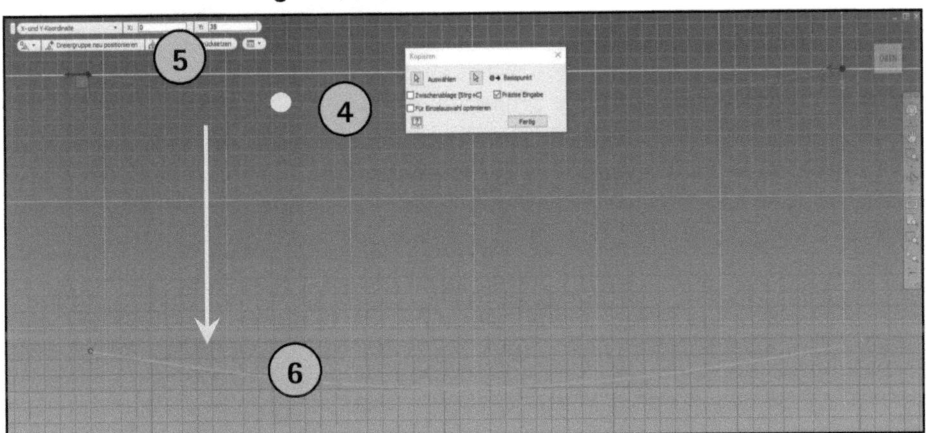

- Verbinden Sie die Endpunkte mit **Linie** um eine geschlossene Fläche zu erzeugen (7, 8).
- Schließen Sie die Skizzenerstellung mit **OK** ab.

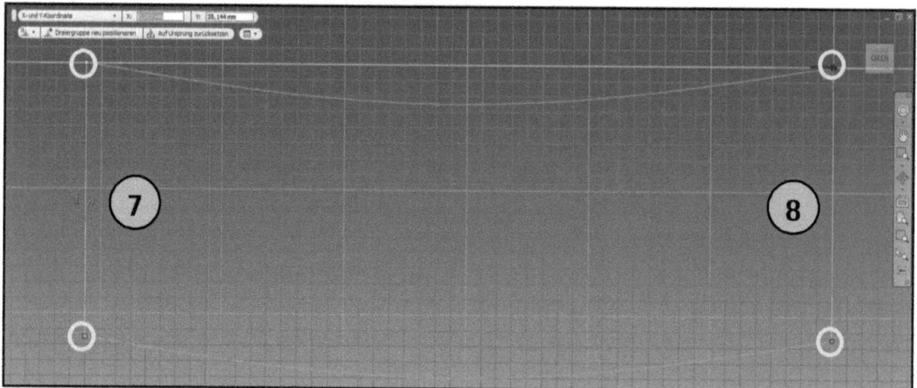

9.8.3.2 Die Extrusion der Grundskizze für das Segment

Extrusion

Extrusion (Multifunktionsleiste **3D-Modellierung**)
Objektauswahl / **Richtung1** / **17,5** mm (9).
Schließen Sie die Bearbeitung mit **OK** ab (10).

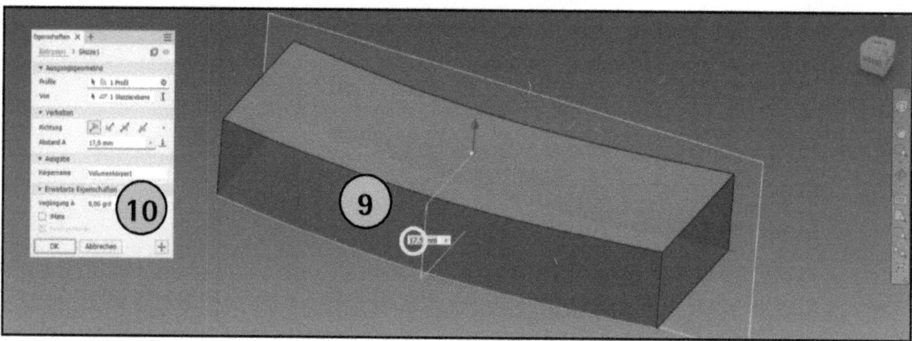

9.8.4 Die Segmentbiegung

9.8.4.1 Die Grundskizze für die Segmentbiegung

Versatz von
der Ebene

- Erstellen Sie eine **parallele** Arbeitsebene im Abstand von **17,5** mm von der Basisebene über **Versatz von der Ebene** (11, 12).

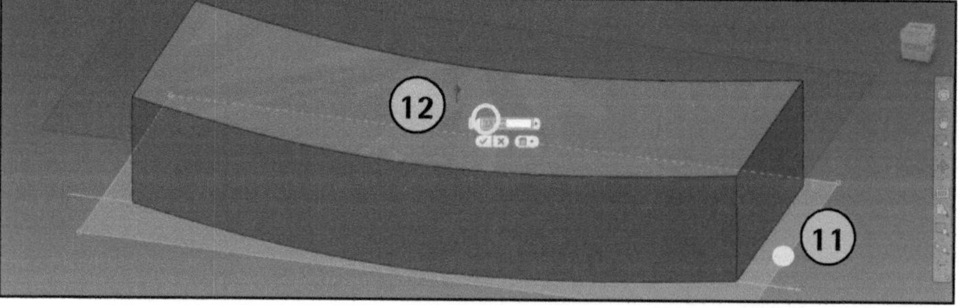

- Die Außenkonturen über **Geometrie projizieren** wählbar machen (13).
- Legen Sie über eine Hilfskonstruktion eine wählbare Mittellinie auf die neue Arbeitsebene (14).
- Schließen Sie die Skizzenerstellung mit **OK** ab.

Geometrie
projizieren

Linie

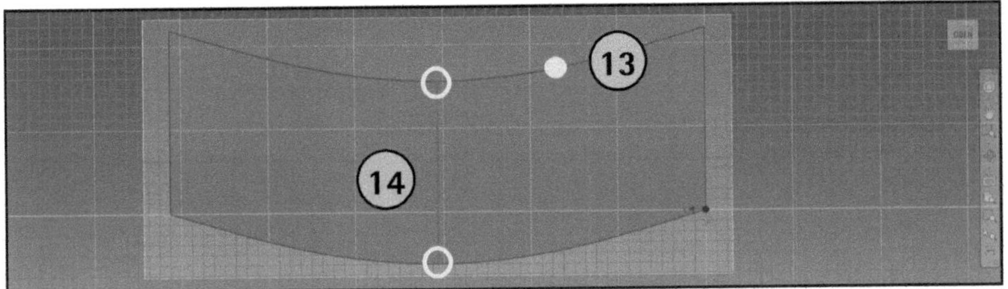

9.8.4.2 Die Segmentbiegung

Biegungsteil (Multifunktionsleiste **3D-Modellierung / Ändern**)
Wählen Sie die Berührungslinie aus der Skizzenkonstruktion (15).
Option **Beide Seiten biegen, Umgekehrte Richtung, Radius und Winkel**,
Radius **125/2** mm, Winkel **90°** (16)
Schließen Sie die Bearbeitung mit **OK** ab (17).

Biegungsteil

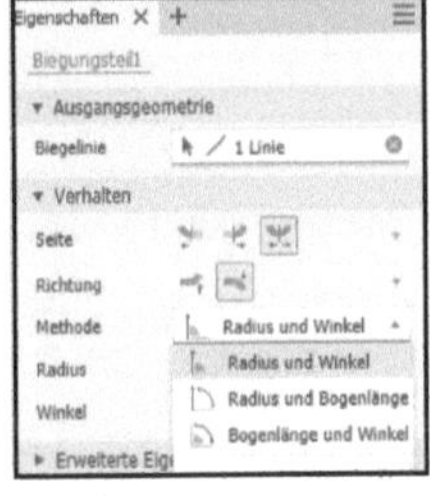

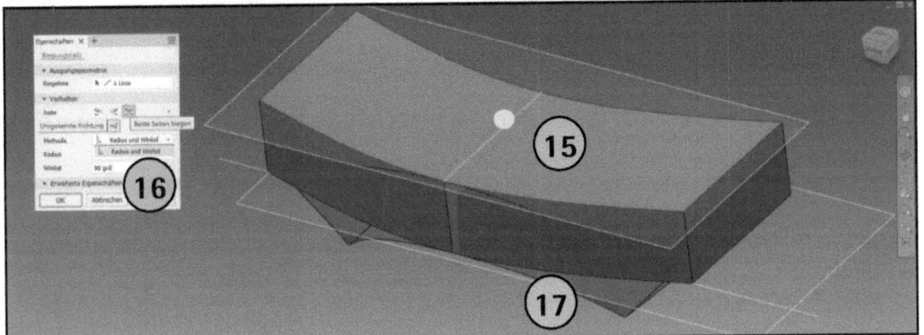

9.8.5 Die vollständige Anordnung der Bogenelemente

Runde Anordnung (Multifunktionsleiste **3D-Modellierung**)
Auswahl **Volumenkörper** (18), **Drehachse**, über Innenfläche, wählen (19).
Platzierung **6 Stück / 360** grd (18).
Schließen Sie die Bearbeitung mit **OK** ab (20).

Runde
Anordnung

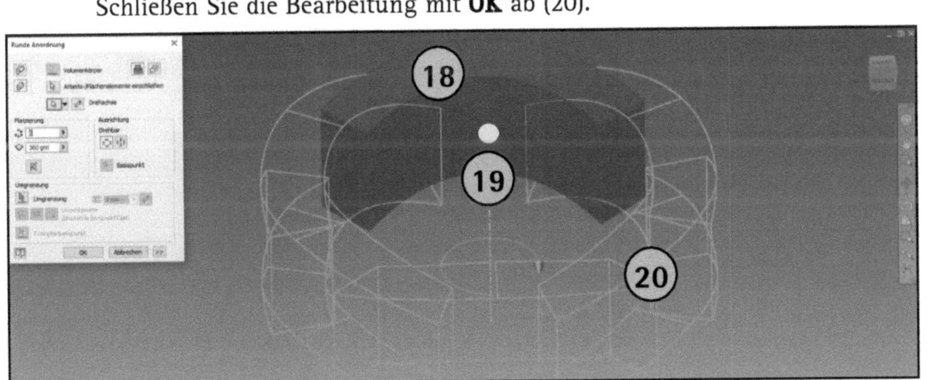

9.8.6 Die Material und Wandstärkenzuweisung

9.8.6.1 Die Hohlkörpererstellung

Wandung

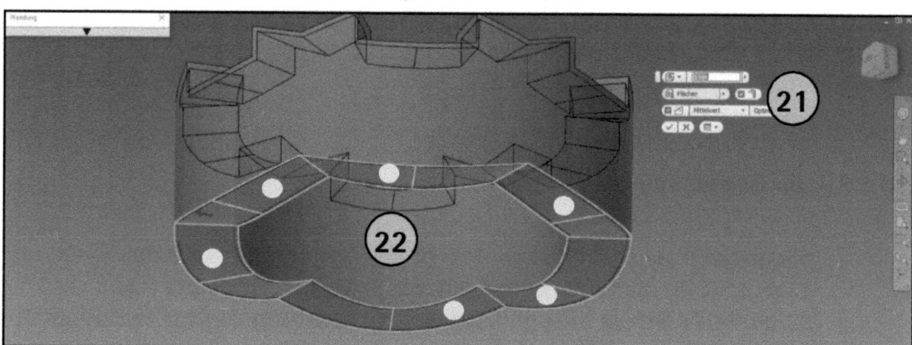

Wandung (Multifunktionsleiste **3D-Modellierung**)
1 mm / **Versatz innerhalb** (21).
Flächen entfernen, wählen Sie die unteren Bodenflächen (22).
Schließen Sie die Bearbeitung mit **OK** ab (23).

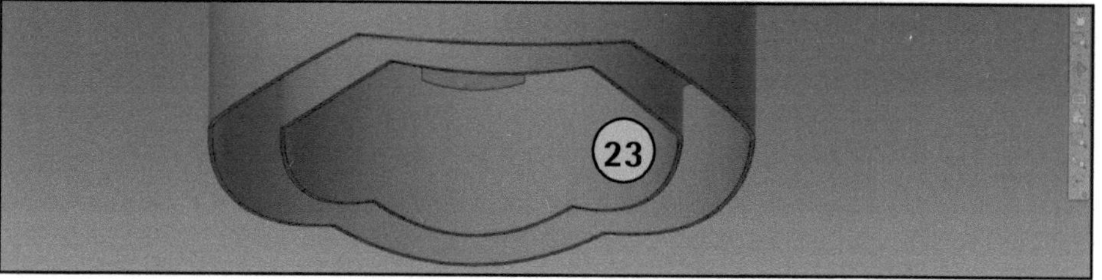

9.8.6.2 Die Materialzuweisung

- Wählen Sie aus der Schnellzugriff-Werkzeugleiste **Vorgabe**
  das Material **Rot** aus (24).

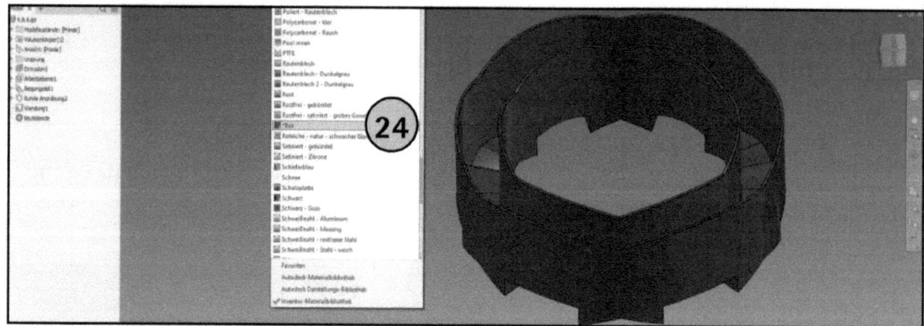

9.8.7 Bauteil speichern

- Aufruf über den **Menü-Browser**, Register **Datei**.

Speichern
unter

Speichern unter

10

AutoDesk
Inventor 2025

Bauteile
Erstellen und Anpassen

Bohrplatten und Gehäuse
Wellen und Drehteile

10 Bauteile

Projekt XII

Bauteile
Bohrplatten
Seite 282 bis 292

- Anschluss-Lasche
  mit Bogenschiene und Bohrungen

- Lagerungs-Bügel mit Querbohrungen

10.1 Anschluss-Lasche mit Bogenschiene und Bohrungen

10.1.1 Die Konstruktionsskizze für die Bauteilerstellung

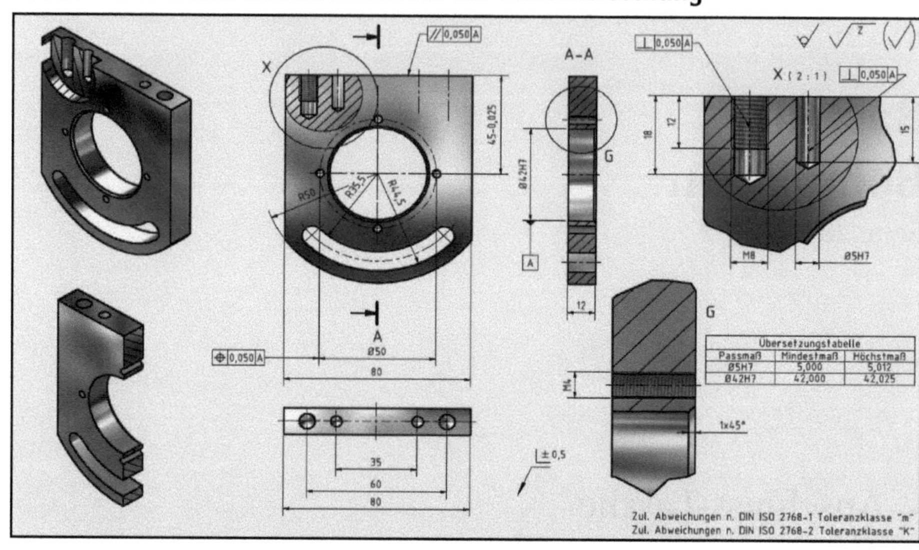

10.1.2 Erstellung des Basiskörpers

10.1.2.1 Vorlagendatei öffnen

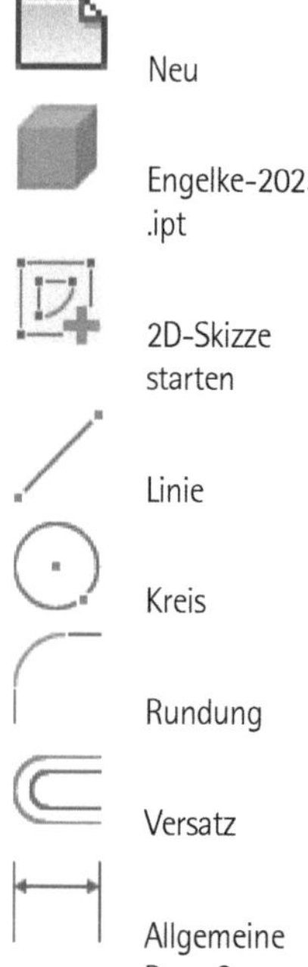

Neu (Multifunktionsleiste) / Ordner: **Vorlagen Engelke**

Engelke-2025.ipt anklicken / **Erstellen**

10.1.2.2 Eingabeablauf für die Grundskizze

* **2D-Skizze starten** (Multifunktionsleiste **3D-Modell**)
* Wählen Sie für die Skizzenerstellung die **XY-Ebene**.
  Die Inventor-Oberfläche startet die Skizzenumgebung.
* Erstellen Sie die gezeigte Basisskizze für die Extrusionsfläche (1).

Neu

Engelke-2025
.ipt

2D-Skizze
starten

Linie

Kreis

Rundung

Versatz

Allgemeine
Bemaßung

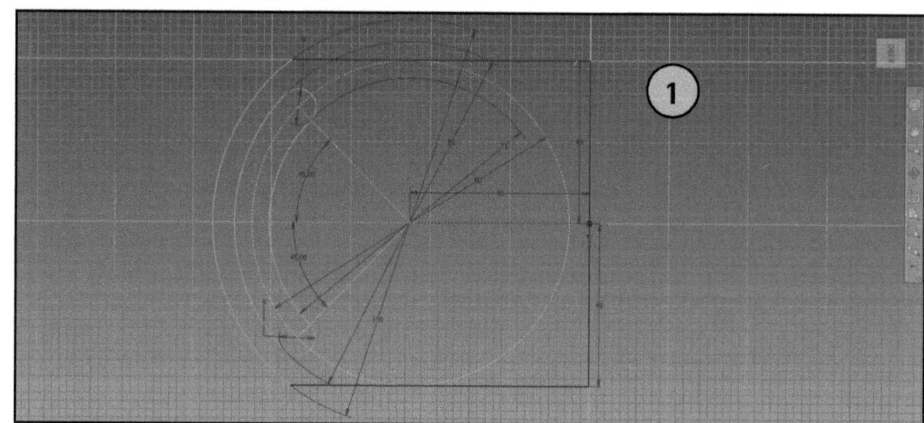

10.1.2.3 Erstellung des Basiskörpers

Extrusion (Multifunktionsleiste **3D-Modellierung**)
Objektauswahl (2) / **Richtung2** (3) / **12** mm (4).
Schließen Sie die Bearbeitung mit **OK** ab.

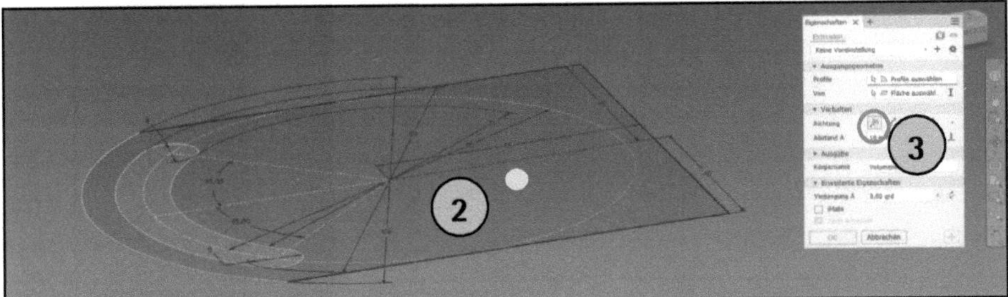

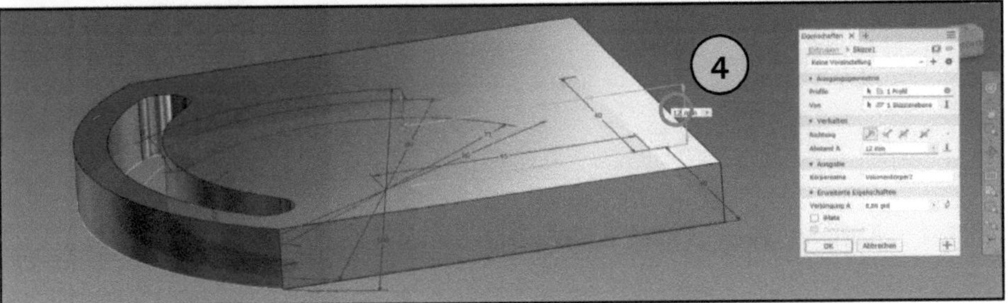

10.1.2.4 Materialzuweisung

- Weisen Sie dem Bauteil das Material **Stahl poliert** zu (5).

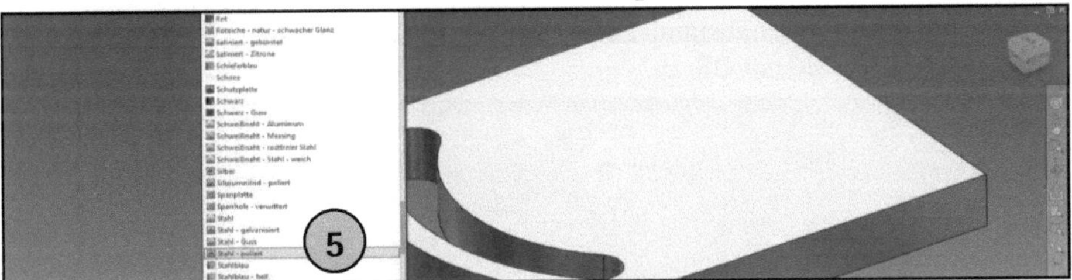

10.1.3 Zentrale Durchgangsbohrung setzen

10.1.3.1 Basisskizze für zentrale Bohrung

- Neue **2D-Skizze** über **Skizze neu verwenden** auf Bauteilebene,
  Hilfskonstruktion mit **Linie**, Abstand über Mitte, **Punkt** auf zentralen
  Schnittpunkt (6).

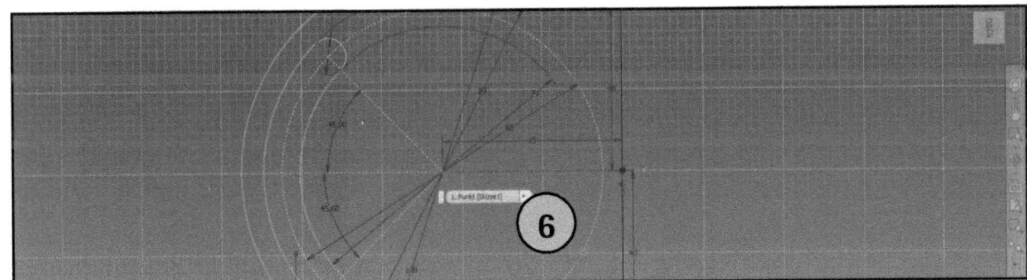

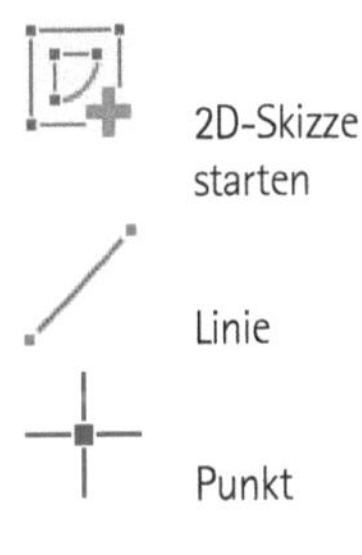

Bohrung

10.1.3.2 Zentrale Bohrung setzen

Bohrung (Multifunktionsleiste **3D-Modellierung**)
Arbeitsebenen-Schnittpunkt klicken (7).
Eintragungen in der Dialogbox:
zylindrische Bohrung / Platzierung **Nach Skizze**
Durch alle / **42** mm Durchmesser / Schließen Sie mit **OK** ab (8).

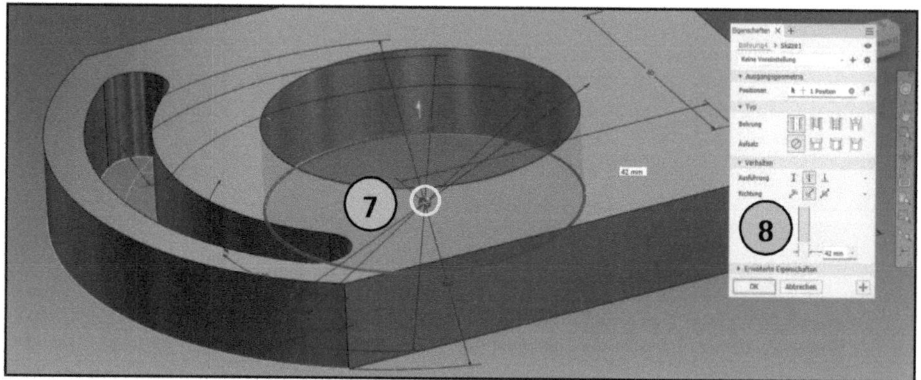

10.1.4 Kanten über „Fase" brechen

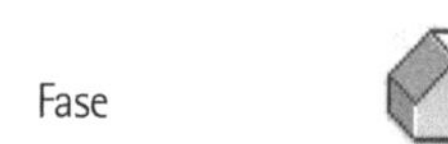

Fase

Fase (Multifunktionsleiste **3D-Modellierung**)
Wählen Sie die gezeigten Fasenkanten auf beiden Bauteilseiten (9)
Fasenparameter:
Abstand / Fasenabstand **1** mm, Winkel **45°** (10).
Schließen Sie mit **OK** ab.

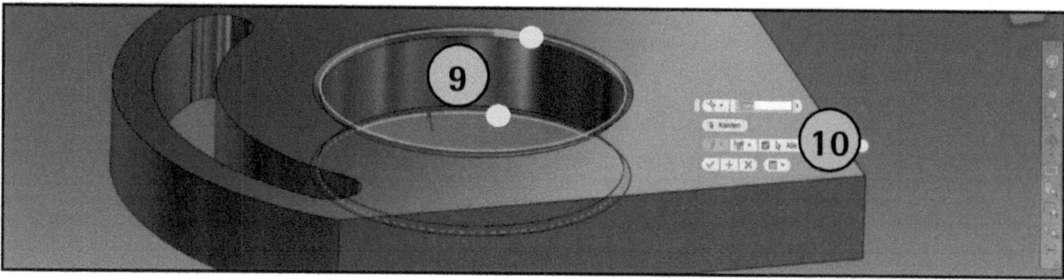

10.1.5 Anschlussbohrungen erstellen

10.1.5.1 Basisskizze für Anschlussbohrungen

2D-Skizze
starten

Geometrie
projizieren

Linie

Kreis

Punkt

- Neue **2D-Skizze** auf Flansch-Ebene, Hilfskreis mit **Kreis Ø50** mm,
  Punkt auf Schnittpunkt der senkrechten Achse setzen (11).

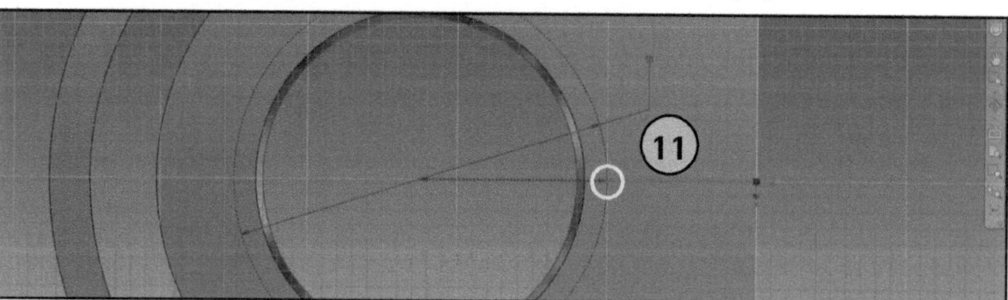

10.1.5.2 Einzelne Anschlussbohrung auf Achse setzen

* Setzen Sie eine **Bohrung**, Typ **Gewindebohrung M4**,
  auf den konstruierten **Punkt** (12).

Bohrung

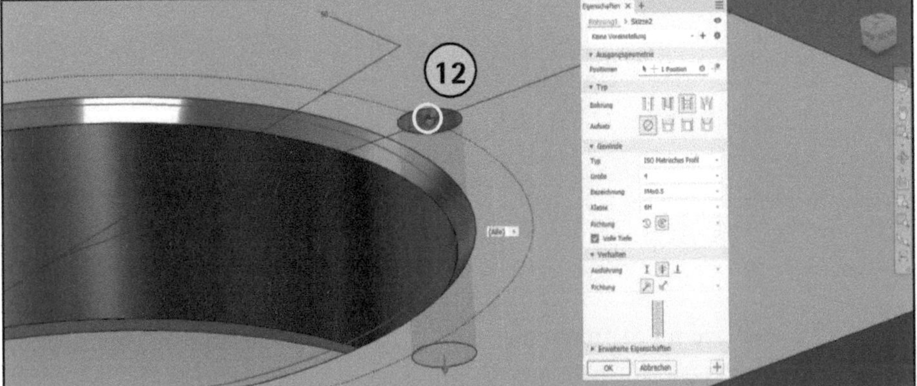

10.1.5.3 Anschlussbohrungen über „Runde Anordnung" verteilen

* Verteilung der vier zylindrische Gewindebohrungen über
  Runde Anordnung, **4** Elemente, **360°**-Verteilung (13, 14).

Runde
Anordnung

10.1.6 Befestigungsbohrungen erstellen

10.1.6.1 Basisskizze für Befestigungsbohrung M10

* Neue **2D-Skizze** auf Bauteilebene, Hilfskonstruktion mit **Linie**,
  Abstand über Mitte, **Punkt** auf Schnittpunkt (15).

2D-Skizze
starten

Linie

Punkt

Versatz

Allgemeine
Bemaßung

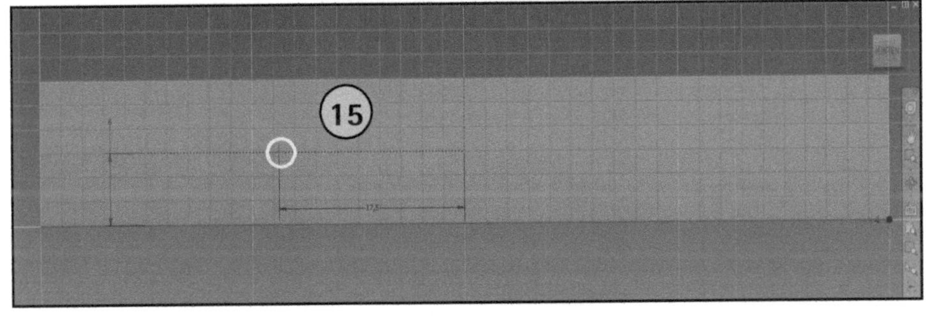

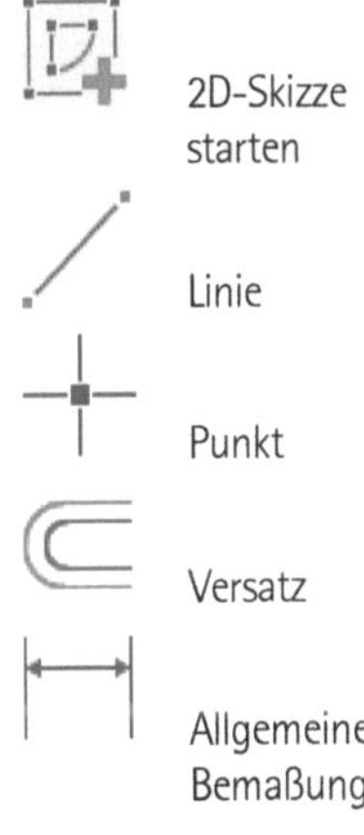

Bohrung

10.1.6.2 Stiftbohrung setzen

- Setzen Sie je eine **Bohrung** Typ **Durchgangsbohrung**
  Bohrung Ø5 mm, Tiefe **Abstand 15** mm, auf diesen **Punkt** (16).

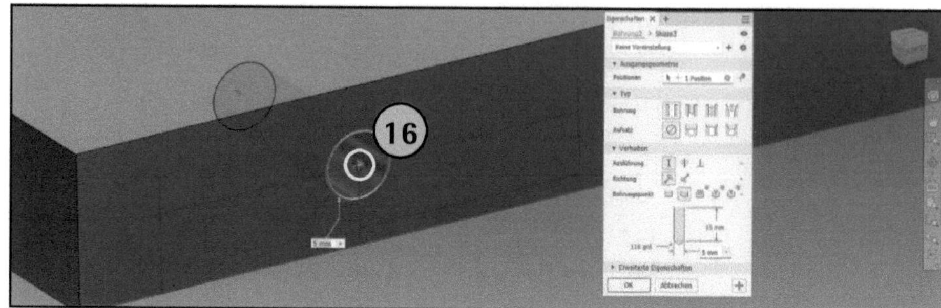

2D-Skizze
starten

Linie

Punkt

Versatz

Allgemeine
Bemaßung

10.1.6.3 Basisskizze für Stiftbohrung

- Neue **2D-Skizze** auf Blech-Ebene, Hilfskonstruktion mit **Linie**,
  Abstand über Mitte, **Punkt** auf Schnittpunkt (17).

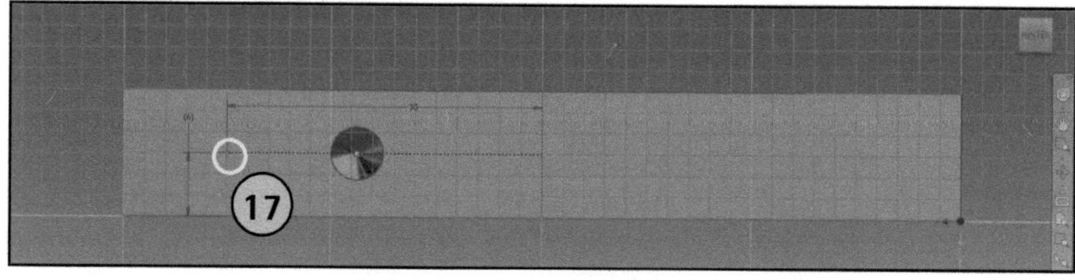

10.1.6.4 Befestigungsbohrung M10 setzen

- Setzen Sie eine **Bohrung** Typ **Gewinde-Grundloch**
  M10, Gewindetiefe **12** mm, Bohrlochtiefe **18** mm tief, auf diesen **Punkt** (18).

Bohrung

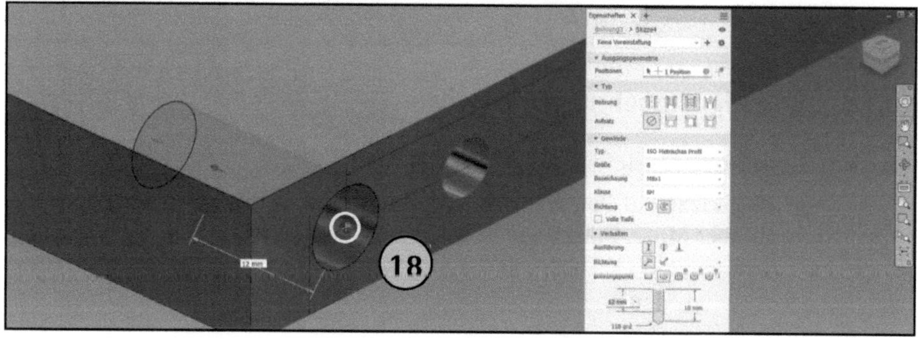

10.1.6.5 Bohrungsanordnung über „Spiegeln"

- Die Bohrungen werden über eine zusätzliche **Arbeitsebene auf Mitte** (19)
  mit **Spiegeln** auf die andere Seite gesetzt (20).

Spiegeln

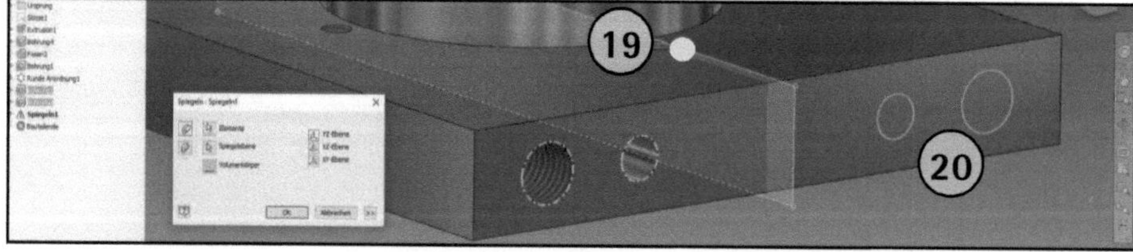

10.1.7 Bauteil speichern

- Aufruf über den **Menü-Browser**, Register **Datei**.

 **Speichern unter**

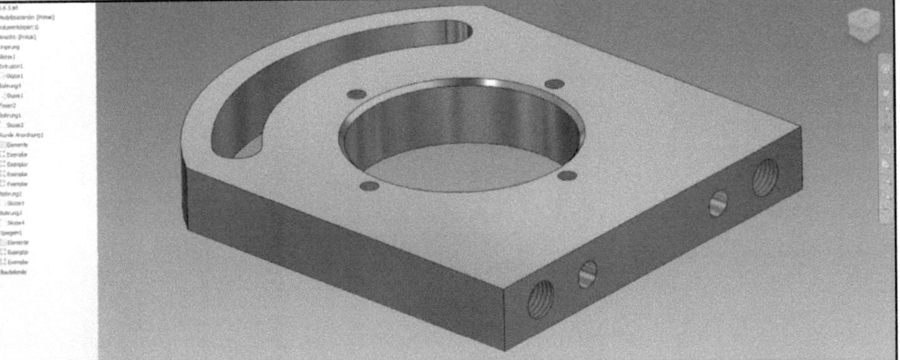

10.2 Lagerungs-Bügel mit Querbohrungen

10.2.1 Die Konstruktionsskizze für die Bauteilerstellung

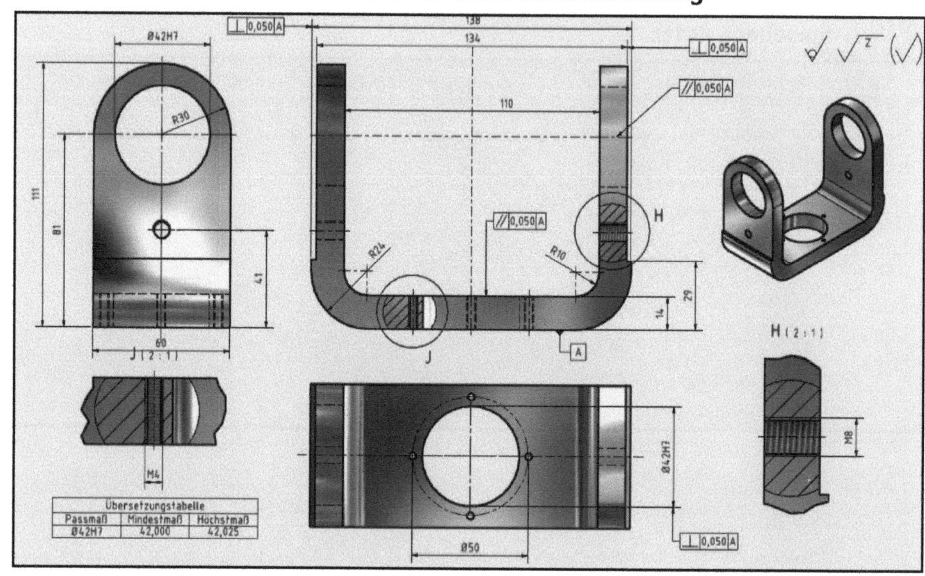

10.2.2 Basisbauteil-Erstellung

10.2.2.1 Vorlagendatei öffnen

Neu (Multifunktionsleiste) / Ordner: **Vorlagen Engelke**

Engelke-2025.ipt anklicken / **Erstellen**

10.2.2.2 Eingabeablauf für die Grundskizze

- **2D-Skizze starten** (Multifunktionsleiste **3D-Modell**)
- Wählen Sie für die Skizzenerstellung die **XZ-Ebene**.
  Die Inventor-Oberfläche startet die Skizzenumgebung.
- Erstellen Sie eine Basisskizze für ein Profil des Extrusionsvolumen,
  auf der **XZ**-Ursprungsebene (1).

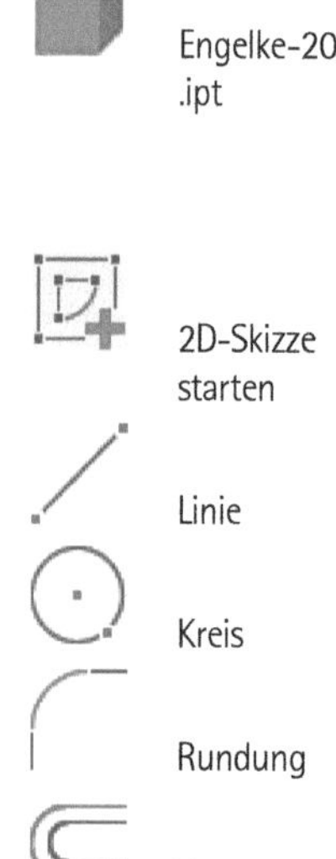

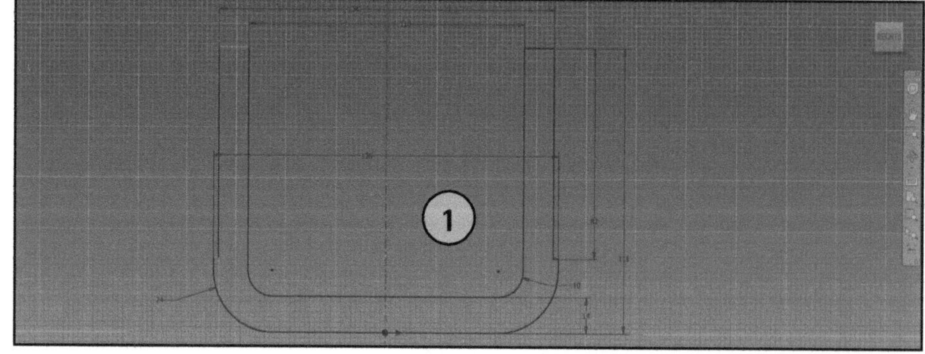

10.2.2.3 Erstellung des Basiskörpers

Extrusion (Multifunktionsleiste **3D-Modellierung**)
Objektauswahl (2) / **Richtung symmetrisch** / **60** mm (3).
Schließen Sie die Bearbeitung mit **OK** ab (4).

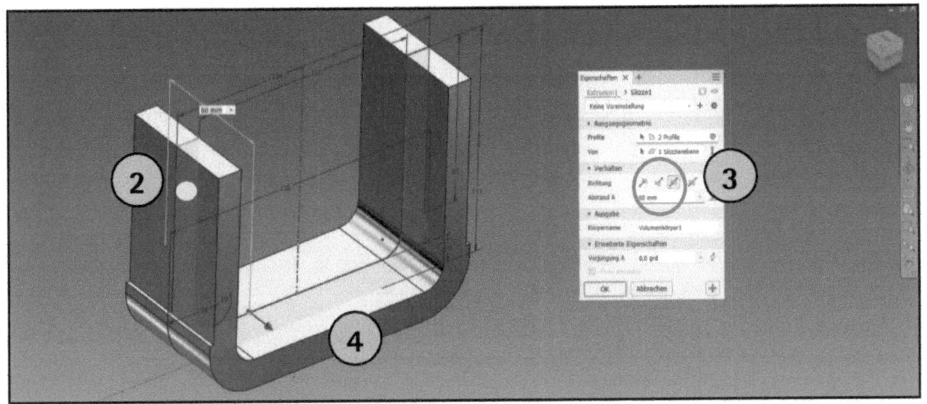

10.2.2.4 Konturabrundung des Basiskörpers

* Die Konturrundung wird über **Rundung** mit R= **30** mm angetragen (5).

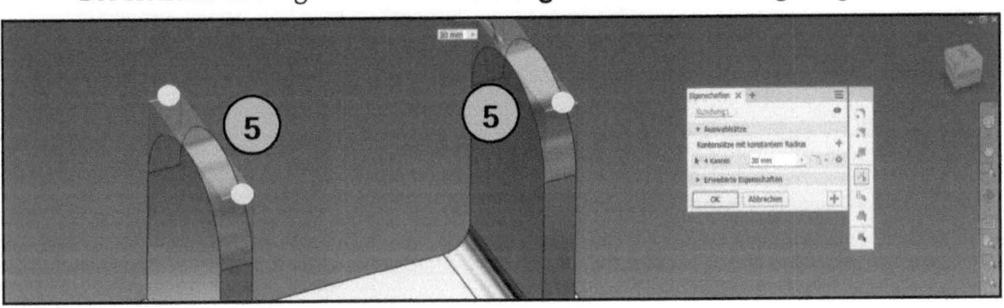

10.2.3 Zentrale Querbohrungen

10.2.3.1 Basisskizze für Querbohrungen

* Neue **2D-Skizze** auf Blech-Ebene, Hilfskonstruktion mit **Linie**,
  Abstand über Mitte, **Punkt** auf gezeigten **Schnittpunkt** (6).

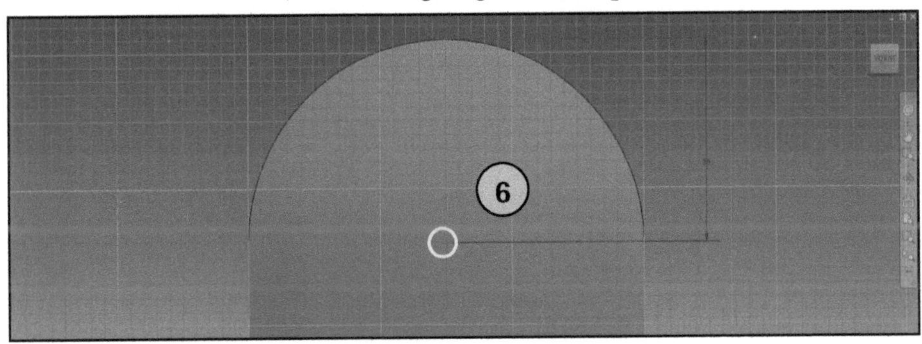

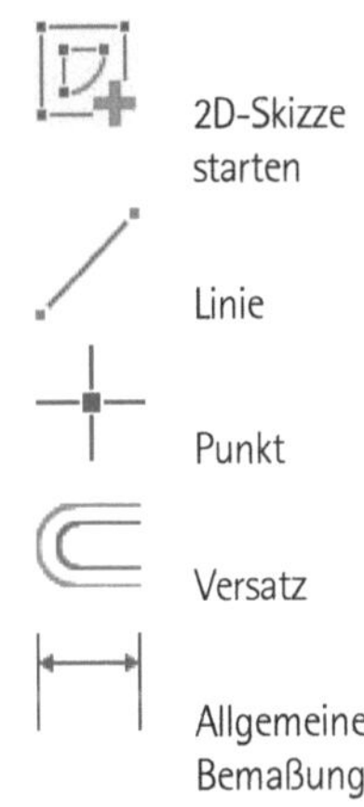

Bohrung

10.2.3.2 Zentrale Lagerungsbohrungen setzen

- Setzen Sie eine **Bohrung** Typ **Durchgangsbohrung**
  Bohrung Ø42 mm, auf diesen **Punkt** (7, 8).

10.2.4 Zentrale Bodenbohrung

10.2.4.1 Basisskizze für Bodenbohrung

2D-Skizze
starten

Linie

Punkt

Versatz

Allgemeine
Bemaßung

- Neue **2D-Skizze** auf Blech-Ebene, Hilfskonstruktion mit **Linie**,
  Abstand über Mitte, **Punkt** auf gezeigten **Schnittpunkt** (9).

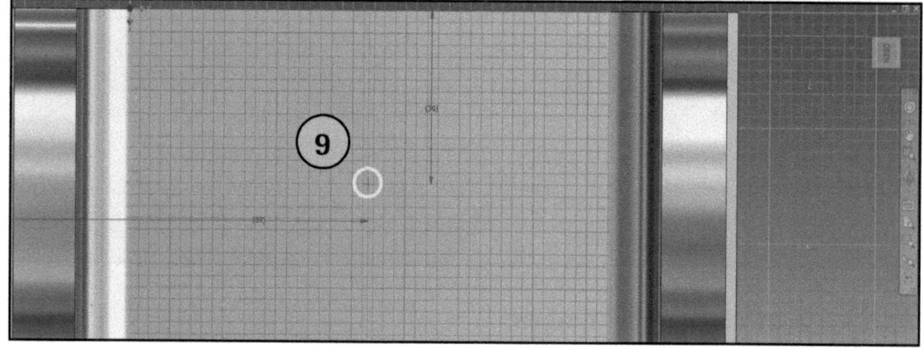

10.2.4.2 Zentrale Bodenbohrung setzen

Bohrung

- Setzen Sie eine **Bohrung** Typ **Durchgangsbohrung**
  Bohrung Ø42 mm, auf diesen **Punkt** (10, 11).

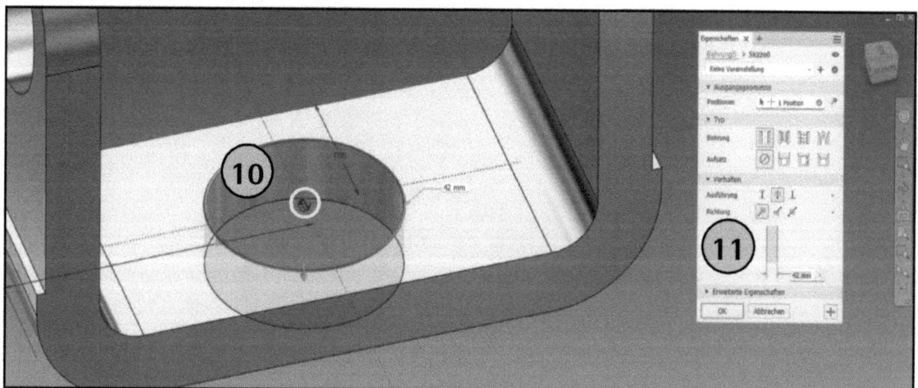

10.2.5 Montagebohrungen im Boden

10.2.5.1 Basisskizze für Montagebohrungen im Boden

- Neue **2D-Skizze** auf Flansch-Ebene, Hilfskreis mit **Kreis** Ø50 mm,
  Punkt auf Schnittpunkt der waagerechten Achse (12).

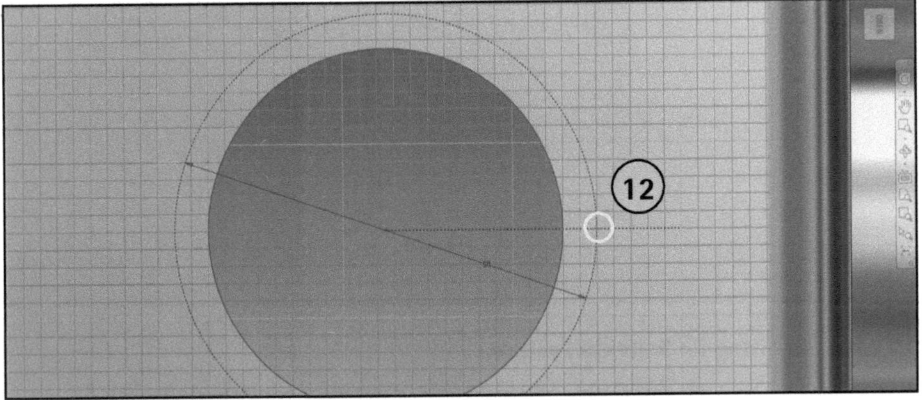

10.2.5.2 Montagebohrung im Boden setzen

- Setzen Sie eine **Bohrung**, Typ **Gewindebohrung M4**, auf diesen **Punkt**
  (13, 14)

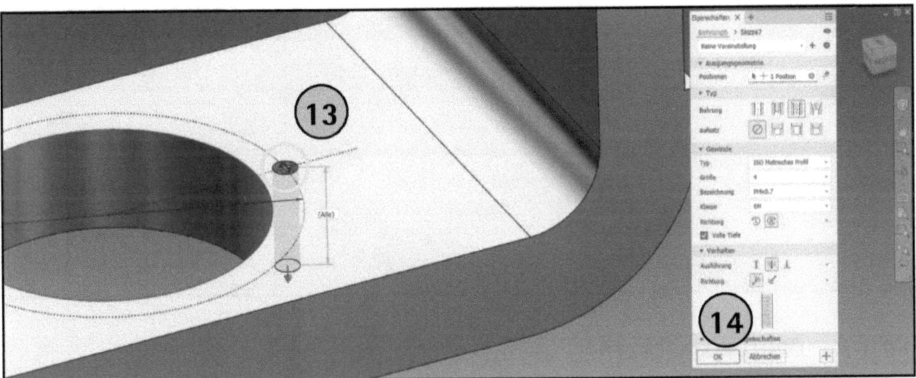

10.2.5.3 Verteilung der Montagebohrungen im Boden

- Verteilung der **vier** zylindrische Gewindebohrungen
  über **Runde Anordnung**, 4 Elemente, **360°**-Verteilung (15, 16).

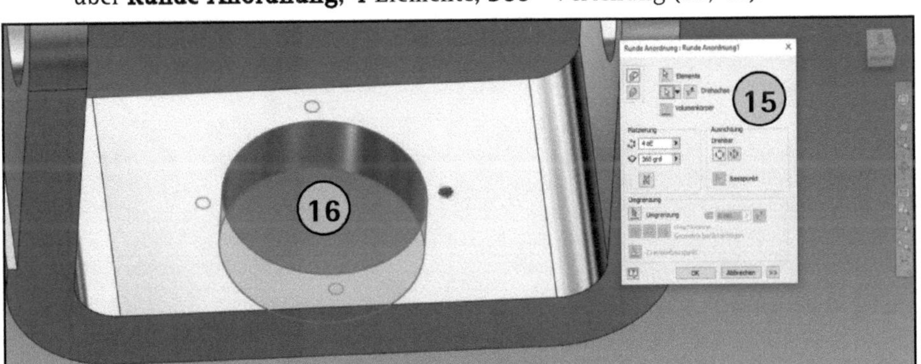

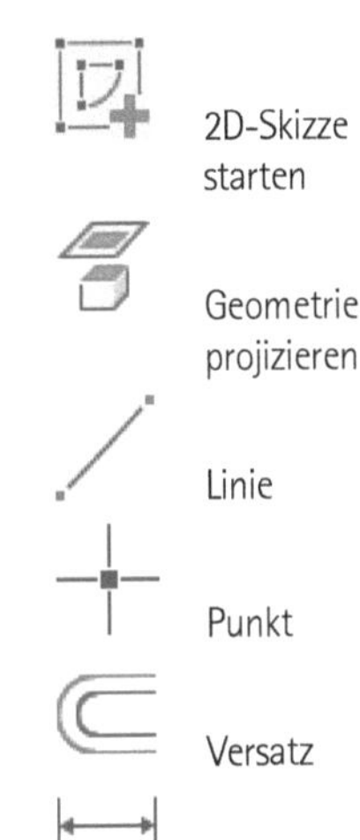

2D-Skizze
starten

Geometrie
projizieren

Linie

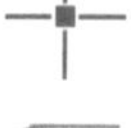

Punkt

Versatz

Allgemeine
Bemaßung

Bohrung

10.2.6 Bohrungen im Seitenteil

10.2.6.1 Basisskizze für die Bohrungen im Seitenteil

- Neue **2D-Skizze** auf Flansch-Ebene, Hilfskreis mit **Kreis Ø40** mm, **Punkt** auf **Schnittpunkt** senkrechte Achse (17).

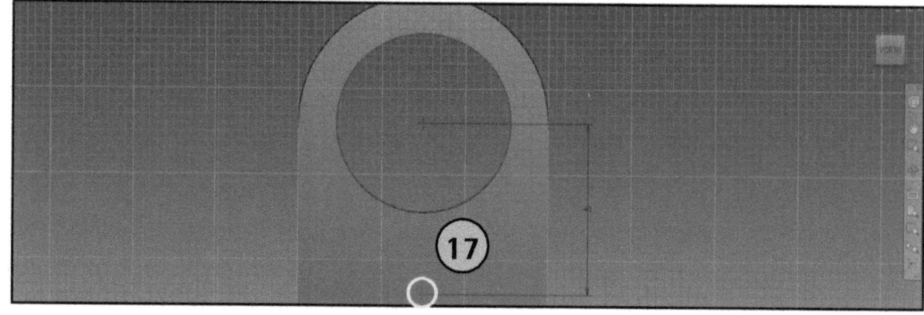

10.2.6.2 Bohrung im Seitenteil setzen

- Setzen Sie eine **Bohrung**, Typ **Gewindebohrung M8**, auf diesen **Punkt** (18, 19)

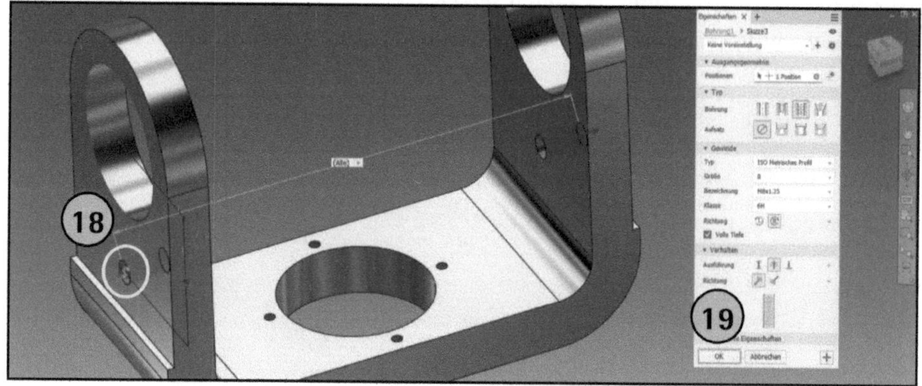

10.2.7 Bauteil speichern

- Aufruf über den **Menü-Browser**, Register **Datei**.

Speichern unter

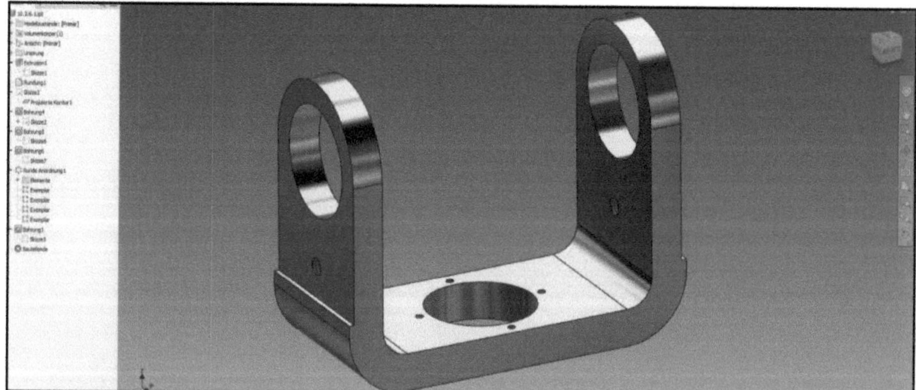

Speichern
unter

Projekt XIII

Bauteile
Getriebegehäuse
Seite 294 bis 303

- Mehrstufiges Getriebegehäuse mit Fußsockel
  Montagebohrungen für Gehäuseflansch
  Montagebohrungen für Lagerflansch
  Montagebohrungen in den Fußsockeln

10.3 Mehrstufiges Getriebegehäuse mit Fußsockel

10.3.1 Die Konstruktionsskizze für die Bauteilerstellung

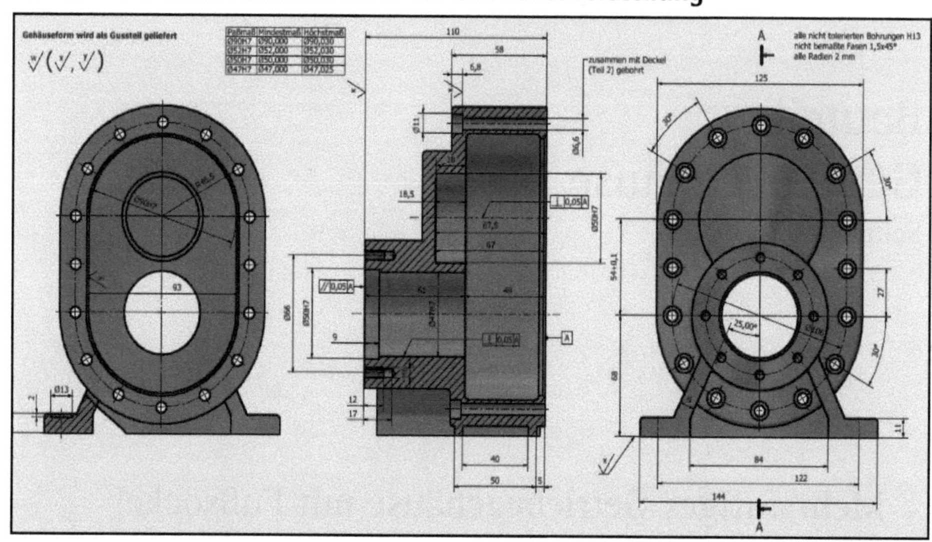

10.3.2 Grundkörper-Erstellung

10.3.2.1 Vorlagendatei öffnen

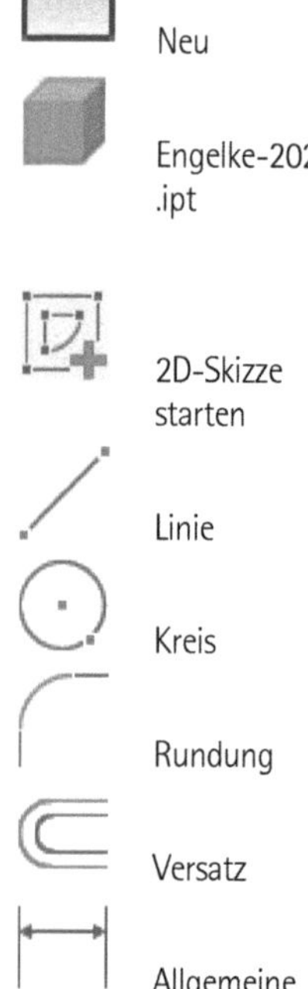

Neu

Engelke-2025
.ipt

2D-Skizze
starten

Linie

Kreis

Rundung

Versatz

Allgemeine
Bemaßung

Neu (Multifunktionsleiste) / Ordner: **Vorlagen Engelke**

Engelke-2025.ipt anklicken / **Erstellen**

10.3.2.2 Basisskizze für den Grundkörper

- Erstellen Sie eine Basisskizze für ein Profil des Extrusionsvolumen, auf der **YZ**-Ursprungsebene (1).

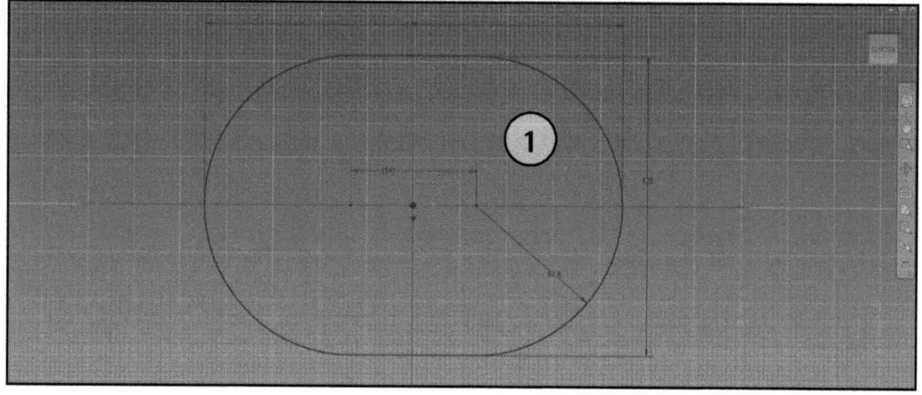

10.3.2.3 Erstellung des Grundkörpers

Extrusion (Multifunktionsleiste **3D-Modellierung**)
Objektauswahl (2) / **Richtung2** / **58** mm (3).
Schließen Sie die Bearbeitung mit **OK** ab.

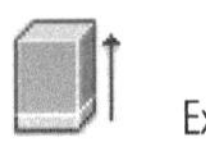

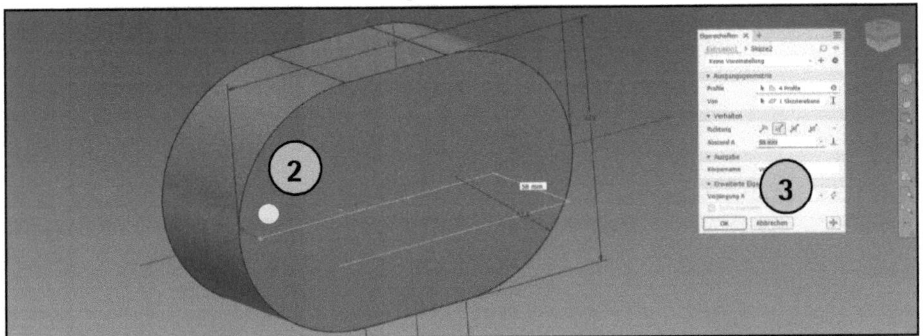

- Weisen Sie dem Grundkörper das Material **Aluminium Guss** zu (4).

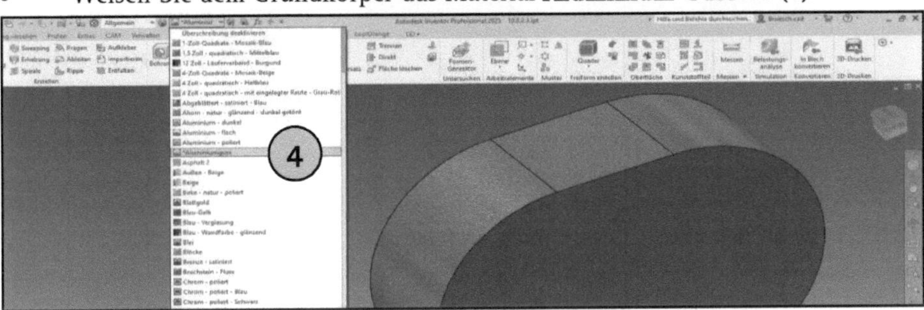

10.3.3 Zylindrische Aufsätze erstellen

10.3.3.1 Zylindrischer Aufsatz Durchmesser 75 mm

- Erstellen Sie aus der vorgegebenen Darstellung, ein **Grundkörper Zylinder** Länge von **17** mm Durchmesser von **75** mm (5, 6).

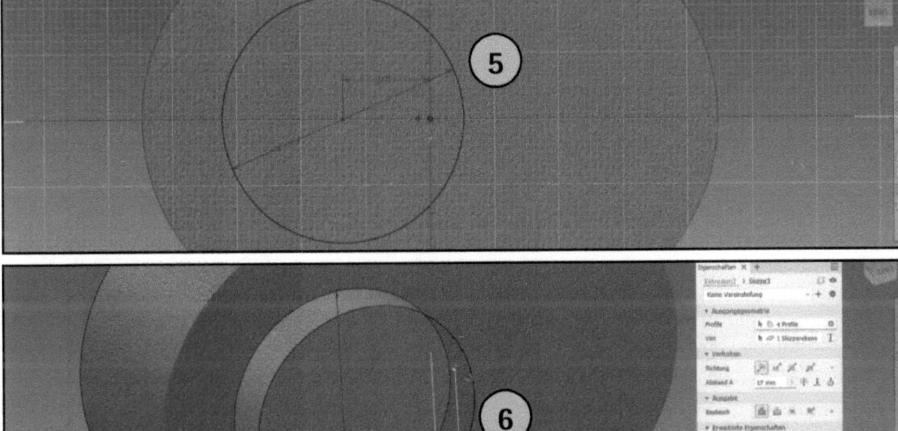

Zylinder

10.3.3.2 Zylindrischer Aufsatz Durchmesser 83 mm

- Erstellen Sie aus der vorgegebenen Darstellung, ein **Grundkörper Zylinder** Länge von **52** mm Durchmesser von **83** mm (7, 8).

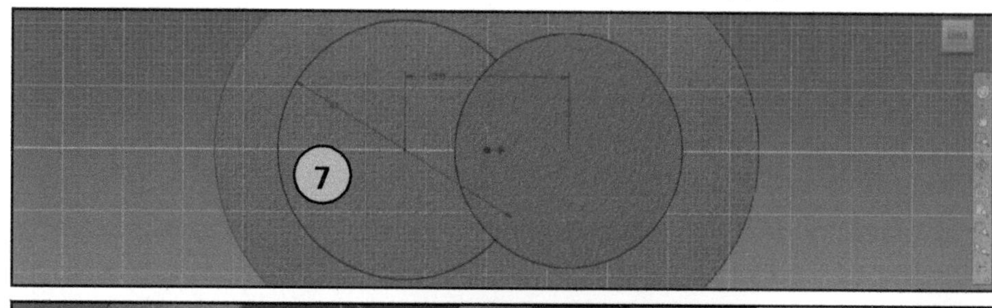

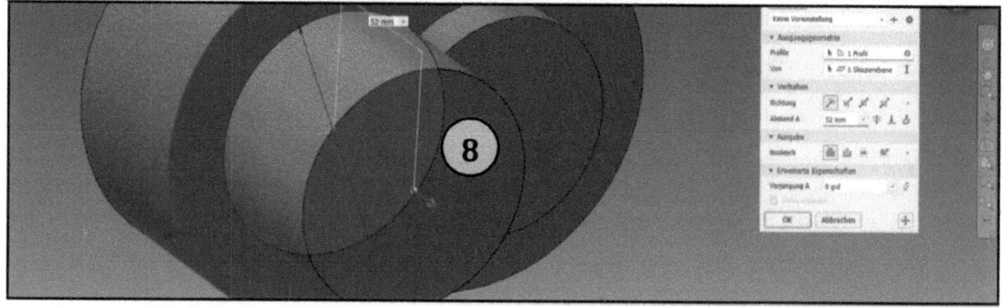

10.3.4 Gehäuse-Innenteil erstellen

10.3.4.1 Erste Innenteil-Ausnehmung erstellen

- Erstellen Sie eine Basisskizze über **Neue Skizze** für ein Profil des Extrusions-Differenzvolumen, Innenmaß **45** mm über Mitte, Tiefe **4** mm, auf der oberen Grundkörperebene (9, 10).

2D-Skizze
starten

Geometrie
projizieren

Versatz

Bemaßung

Extrusion

Differenz

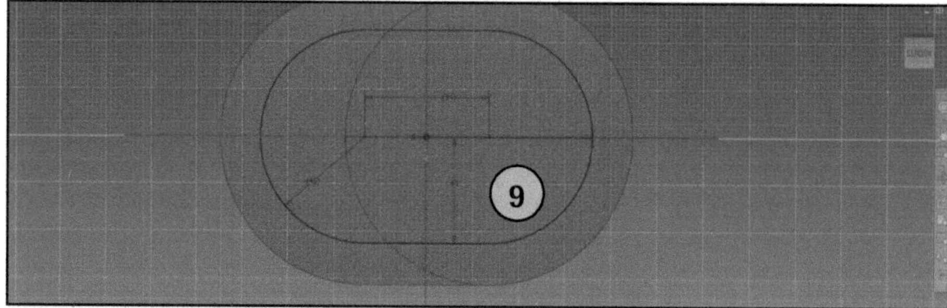

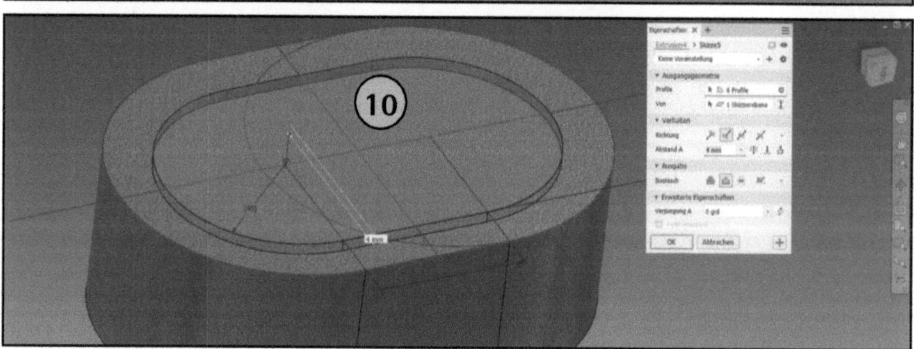

10.3.4.2 Haupt-Innenteil-Ausnehmung erstellen

* Erstellen Sie eine Basisskizze über **Neue Skizze** für ein Profil des **Extrusion-Differenzvolumens**, Innenbreite **95** mm, Tiefe **45** mm, **4** mm von der oberen, nach innen versetzten, Grundkörperebene (11, 12).

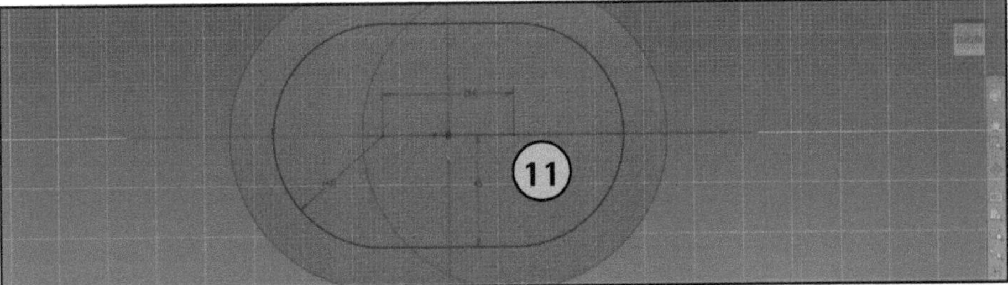

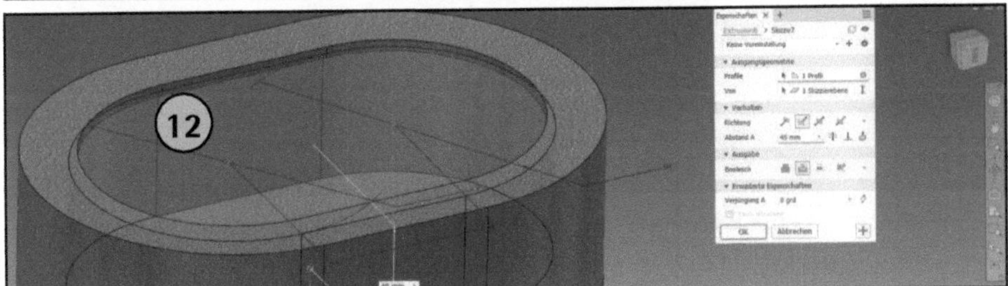

10.3.5 Gehäusebohrungen setzen

10.3.5.1 Innere Gehäusebohrung setzen

* Setzen Sie eine **Bohrung** Typ **Zylindrische Senkbohrung Bohrung** Ø**45** mm, **18,5** mm tief, Senkung Ø**50** mm **18** mm tief, **Konzentrisch** (13, 14).

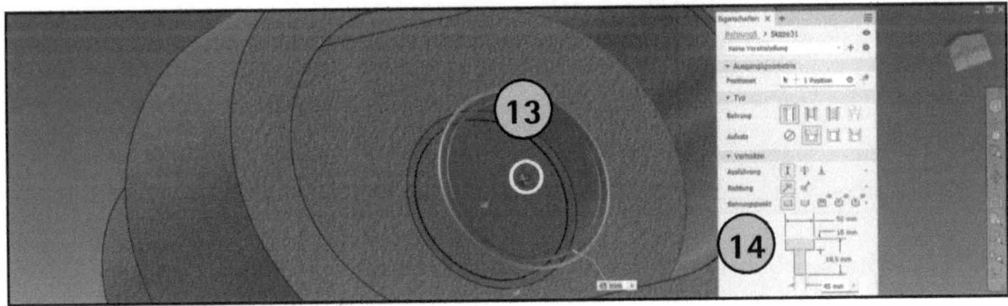

10.3.5.2 Äußere Gehäusebohrung setzen

* Setzen Sie eine **Bohrung** Typ **Zylindrische Senkbohrung Bohrung** Ø**47** mm, Senkung Ø**50** mm **11** mm tief, **Konzentrisch** (15, 16).

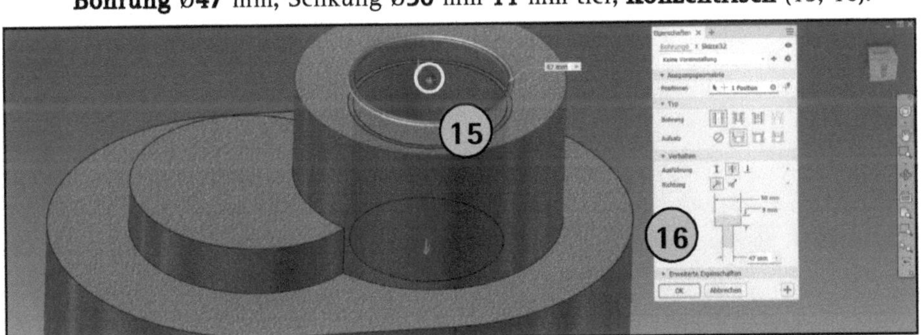

2D-Skizze
starten

Geometrie
projizieren

Linie

Kreis

Punkt

10.3.6 Montagebohrungen setzen

10.3.6.1 Montagebohrungen für Gehäuseflansch setzen

- Neue **2D-Skizze** auf Quaderebene, Hilfskonstruktion mit **Linie**, Abstand über Mitte, mit **Punkt** auf die Schnittpunkte (17).

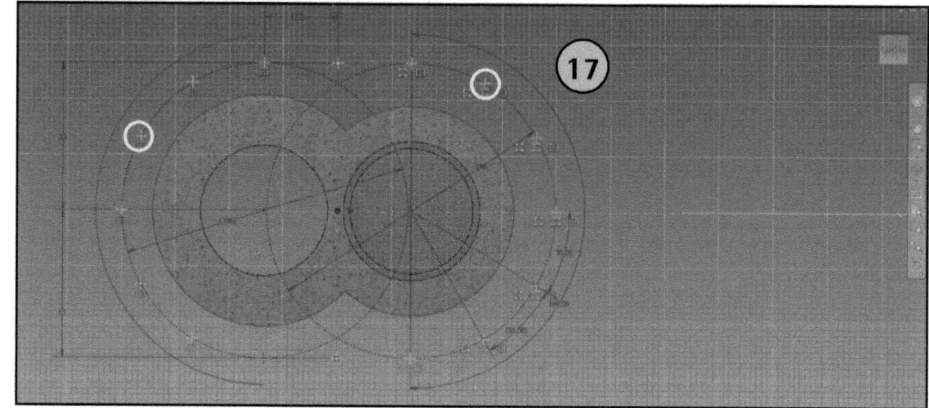

Bohrung

- Setzen Sie eine **Bohrung** Typ **Zylindrische Senkbohrung** **Bohrung Ø6,6** mm, Senkung **Ø11** mm **6,8** mm tief, auf den jeweiligen **Punkt** (18, 19).

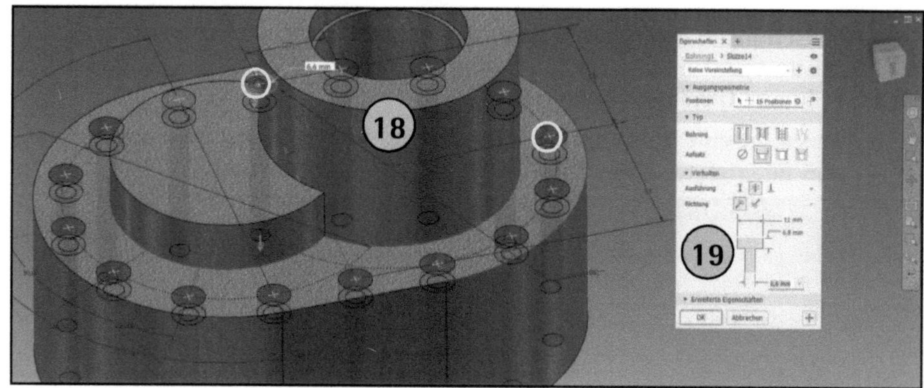

2D-Skizze
starten

Geometrie
projizieren

Linie

Kreis

Punkt

10.3.6.2 Montagebohrungen für Lagerflansch setzen

- Neue **2D-Skizze** auf Flansch-Ebene, Hilfskreis mit **Kreis Ø66** mm, **Punkt** auf Schnittpunkt senkrechte Achse (20).

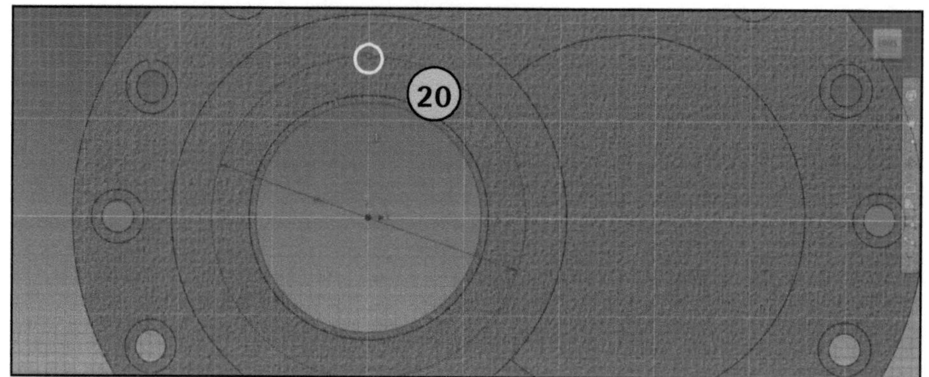

- Setzen Sie eine **Bohrung** Typ **Gewindebohrung**
  M6, Gewinde **12** mm tief, Grundloch **17** mm tief, auf diesen **Punkt** (21, 22).

Bohrung

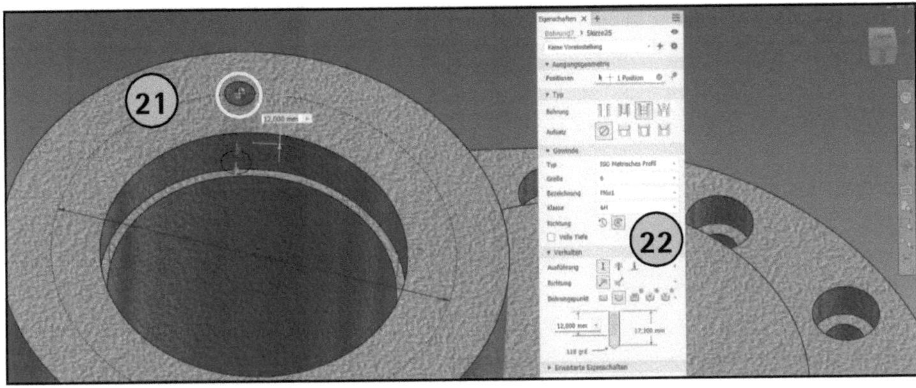

- Acht zylindrische Durchgangsbohrungen über **Runde Anordnung**,
  8 Elemente, **360°**-Verteilung (23, 24).

Runde
Anordnung

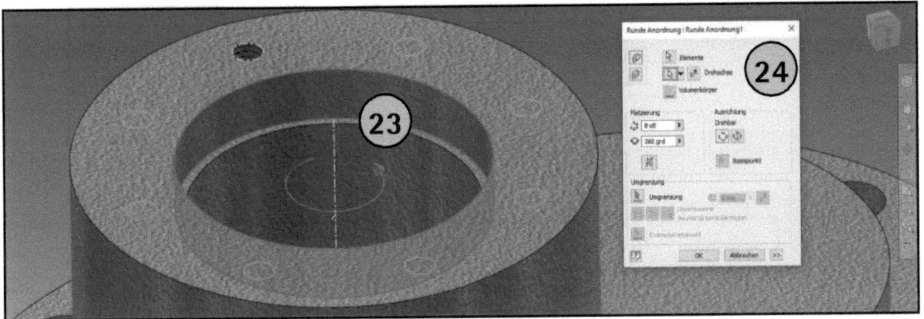

10.3.7 Bauteilerstellung der hinteren Fußsockel

10.3.7.1 Skizzenerstellung für den Fußsockel

- Erzeugen Sie Arbeitsebene mit **Versatz von Ebene** Abstand **8** mm von der
  vorderen Fläche des zylindrischen Aufsatzes.
- Erstellen Sie darauf eine Basisskizze für ein Profil des Extrusionsvolumen,
  auf der Arbeitsebene (25).

Versatz von
Ebene

2D-Skizze
starten

Geometrie
projizieren

Versatz

Linie

Kreis

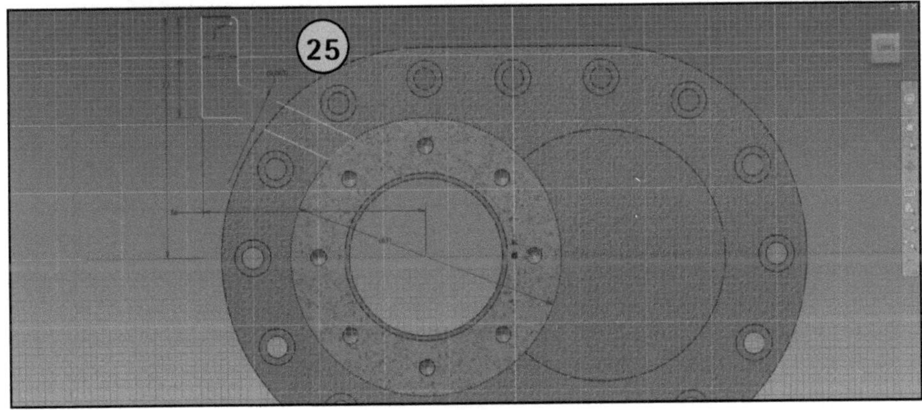

Extrusion

10.3.7.2 Volumenerstellung für den Fußsockel

- Generieren Sie aus der erstellten Arbeitsebene ein Extrusionsvolumen mit Abstand **44** mm (26, 27).

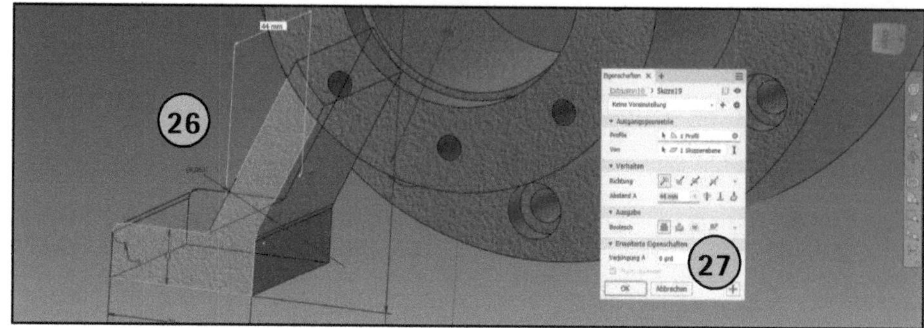

10.3.7.3 Zweiter Fußsockel über „Spiegeln"

Spiegeln

- Erstellen Sie, über eine Mittenebene auf **XZ**-Ursprungsebene, mit der Funktion **Spiegeln** den zweiten Gehäusefuß (28, 29).

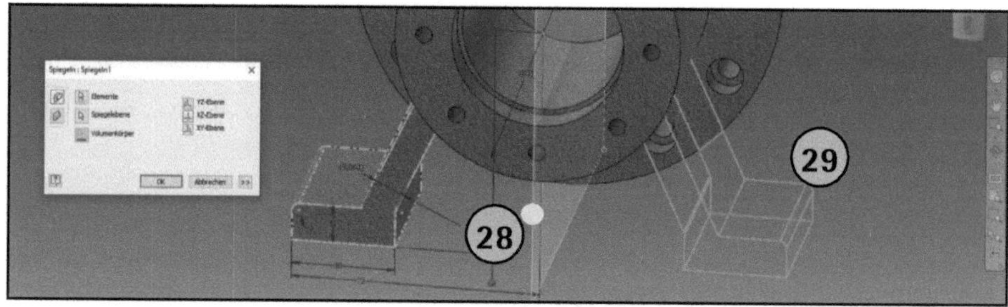

10.3.7.4 Längenänderung für die hinteren Fußsockel

2D-Skizze starten

Geometrie projizieren

- Erzeugen Sie über **Geometrie projizieren** anwählbare Flächen für die erweiterte Extrusion über eine neue Skizze (30).

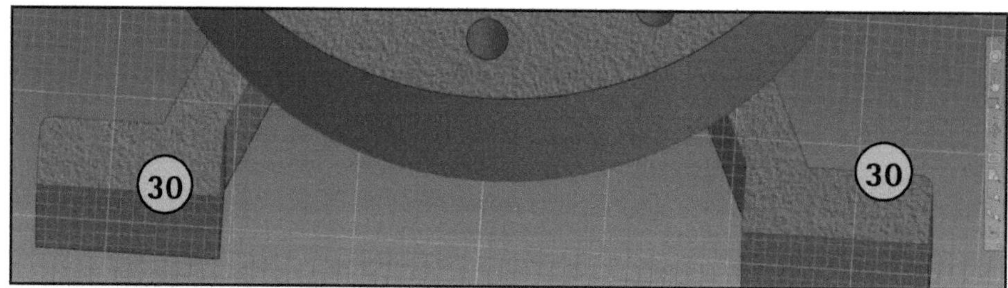

Extrusion

- Generieren Sie aus den erstellten Flächen ein Extrusionsvolumen mit Abstand **55** mm (31).

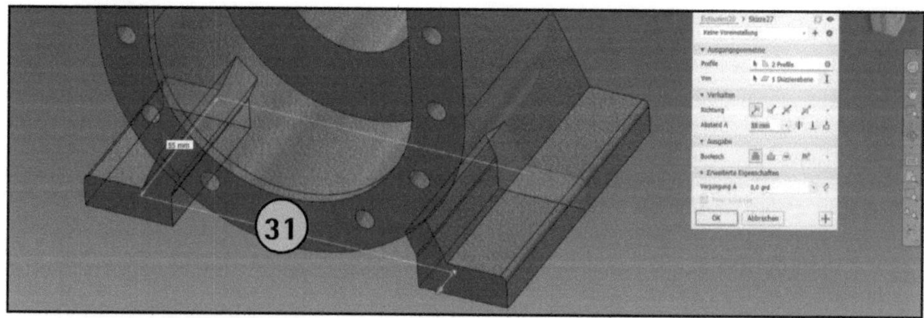

10.3.8 Bauteilerstellung des vorderen Fußsockels

10.3.8.1 Skizzenerstellung für den Fußsockel

* Erzeugen Sie eine Arbeitsebene auf der vorderen Fläche der erstellten Steg-
  konstruktion.
* Erstellen Sie darauf eine Basisskizze für ein Profil des Extrusionsvolumen,
  auf der Arbeitsebene mit der Funktion **Geometrie projizieren** (32).

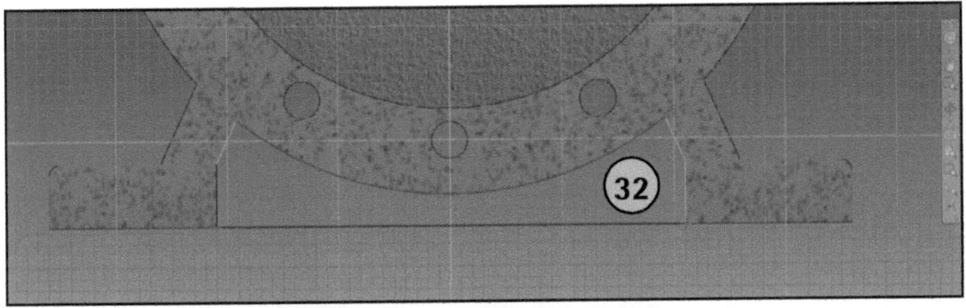

10.3.8.2 Volumenerstellung für den Fußsockel

* Generieren Sie aus der erstellten Skizze ein Extrusionsvolumen mit Abstand
  5 mm (33).

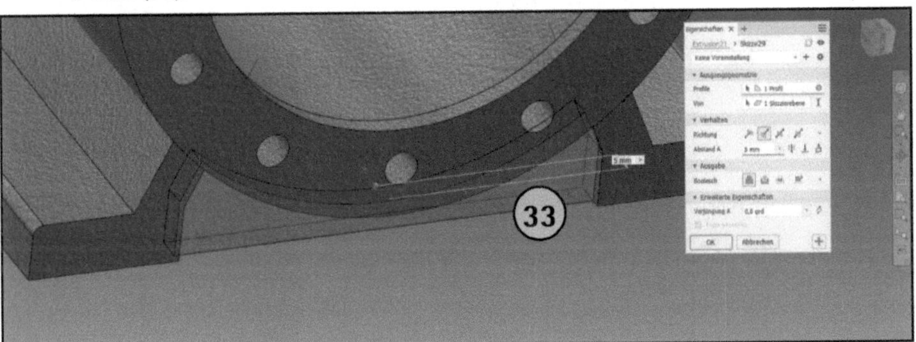

10.3.8.3 Verteilung des Fußsockels über „Rechteckige Anordnung"

* Zwei Stege über **Rechteckige Anordnung**,
  2 Elemente-Verteilung in **Richtung1**, Abstand **45** mm (34, 35).

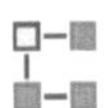

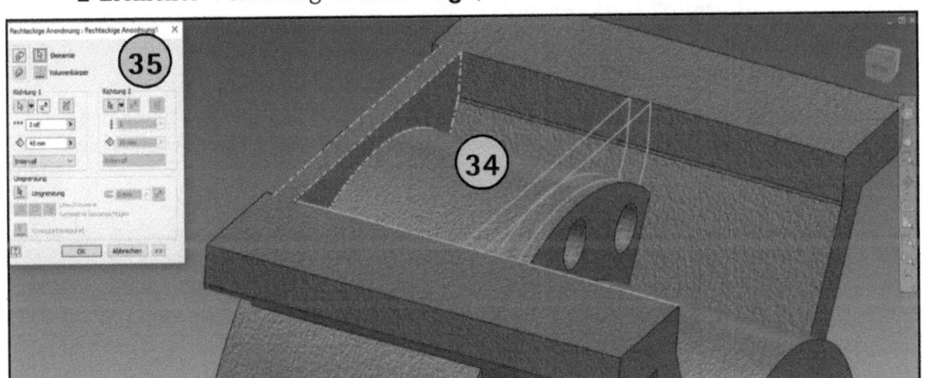

10.3.9 Montagebohrungen in den Fußsockeln

10.3.9.1 Basisskizze für Montagebohrungen im Boden

2D-Skizze starten

Geometrie projizieren

Linie

Kreis

Punkt

- Neue **2D-Skizze** auf Fußsockel-Ebene, Hilfskonstruktion mit **Linie**, Abstand über Mitte, **Punkt** auf die Schnittpunkte (36).

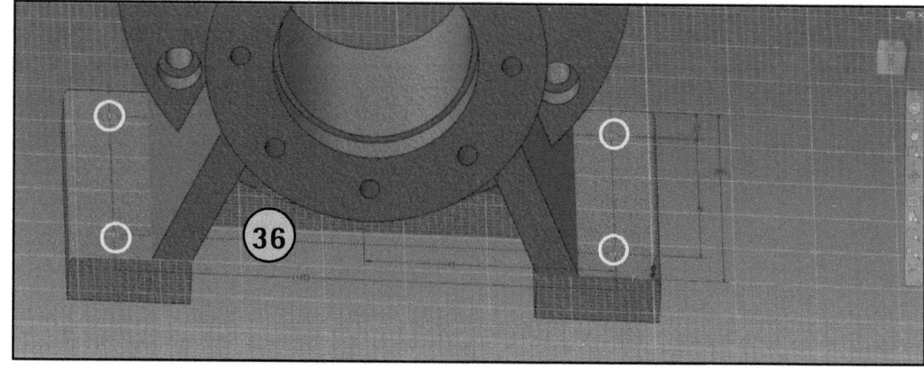

10.3.9.2 Montagebohrung im Boden setzen

Bohrung

- Setzen Sie eine **Bohrung** Typ **Zylindrische Senkbohrung Bohrung Ø9** mm, Senkung **Ø18** mm **2** mm tief, auf den jeweiligen **Punkt** (37, 38).

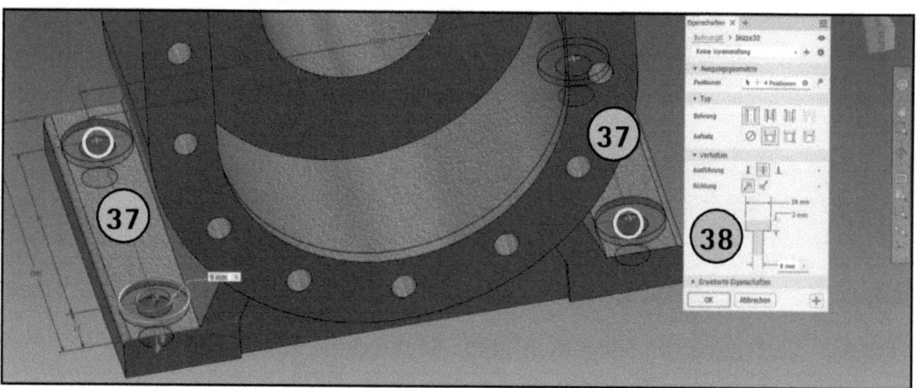

10.3.10 „Rundungen" und „Fasen"

10.3.10.1 Außenkanten mit „Rundung" bearbeiten

Rundung

- Die Konturrundungen werden über **Rundung** mit R = **2** mm antragen (39).

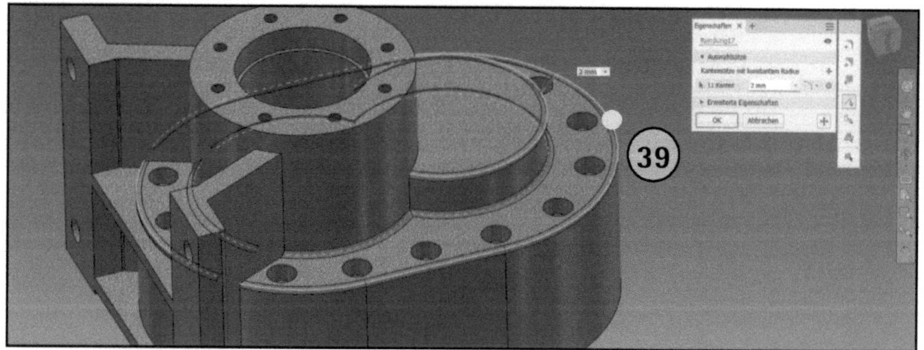

10.3.10.2 Innenkanten mit „Rundung" bearbeiten

- Die Konturrundungen werden über **Rundung** mit R = **2** mm antragen (40).

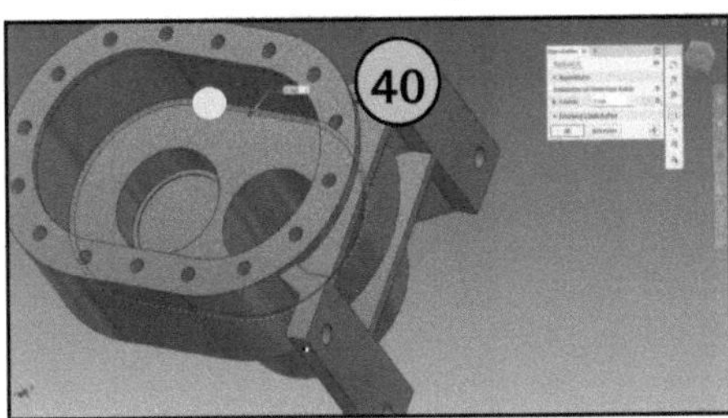 

Rundung

10.3.10.3 Gehäusekante mit „Fase" bearbeiten

- Angetragene Konturschrägen über **Fase 1,5** mm x **45°**
  Option **Gleicher Abstand** (41).

Fase

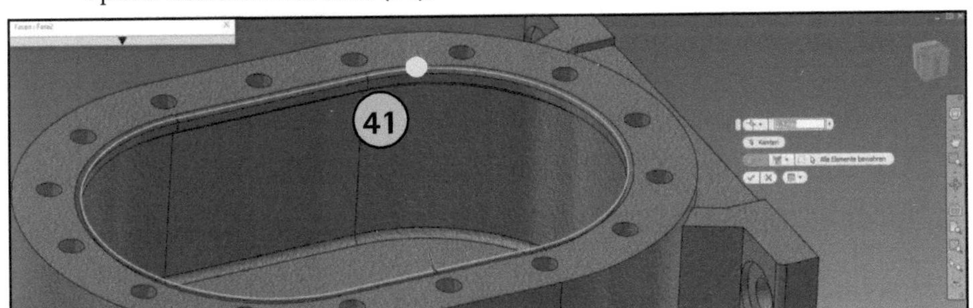

10.3.11 Bauteil speichern

- Aufruf über den **Menü-Browser**, Register **Datei**.

Speichern unter

Speichern
unter

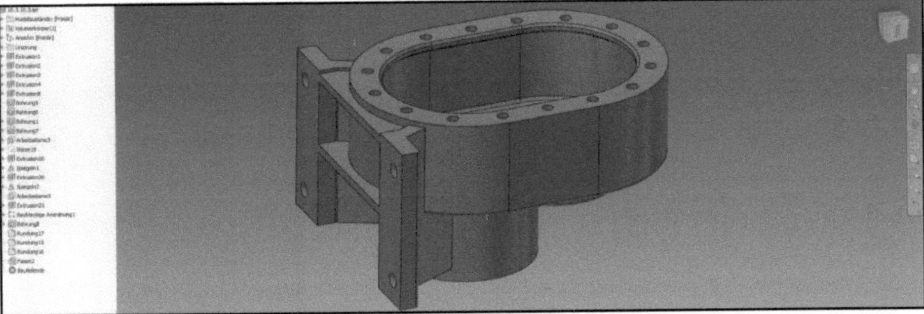

Projekt XIV

Bauteile
Antriebswellen
Seite 305 bis 318

- Antriebswelle mit Scheibenfedernut
  Bauteilerstellung mit dem „Wellengenerator"

- Antriebswelle mit Exzenter und Keilwellenprofil
  Basiszylinder über Funktion „Zylinder"
  Anschlagfläche an den Exzenterkörpern

10.4 Antriebswelle mit Scheibenfedernut
Bauteilerstellung mit dem „Wellengenerator"

10.4.1 Die Konstruktionsskizze für die Bauteilerstellung

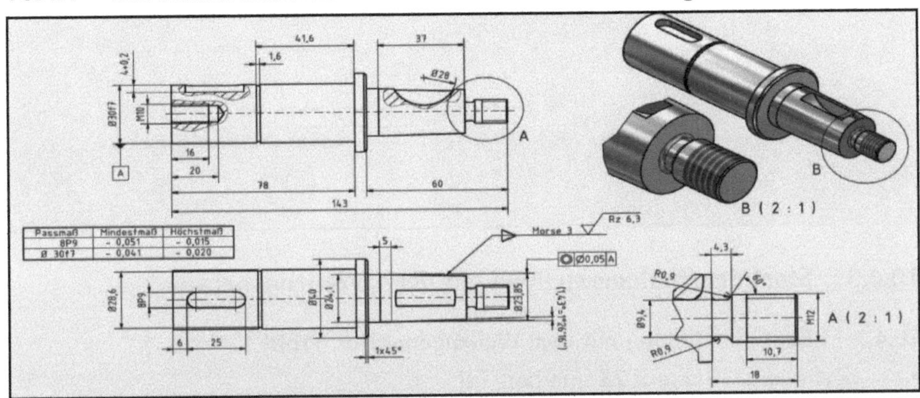

10.4.1.1 Die Antriebswelle, Vorgaben für den „Wellengenerator"

Profil 1:

    Zylinder Ø**30** mm x **78** mm lang,

    Passfedernut nach **DIN 6885**, Breite **8** mm, Tiefe **4** mm, Länge **25** mm.

    Einstich für Sicherungsring, **DIN 471**, Breite **1,6** mm, Innen-Ø**28,3** mm.

Profil 2:

    Zylinder Ø**40** mm x **5** mm lang, Fase **1** mm mit **45°**.

Profil 3:

    Zylinder Ø**24,1** mm x **5** mm lang.

Profil 4:

    Kegel D_1 Ø**24,1** mm, D_2 Ø**22,5** mm, Länge **37** mm.

Profil 5:

- Zylinder Ø**12** mm x **18** mm lang.

    Metrisches Gewinde **M12**, Länge **18** mm.

    Freistich Typ **E DIN 509**, Abschlussfase **1** mm mit **45°**

10.4.2 Arbeitsumgebung starten

10.4.2.1 Baugruppen-Vorlagendatei öffnen

Neu (Multifunktionsleiste) / Ordner: **Vorlagen Engelke**

Engelke-2025.iam anklicken / **Erstellen** (1, 2)

Öffnen Sie eine neue Baugruppen-Vorlagendatei.

Speichern Sie diese leere Baugruppenzeichnung.

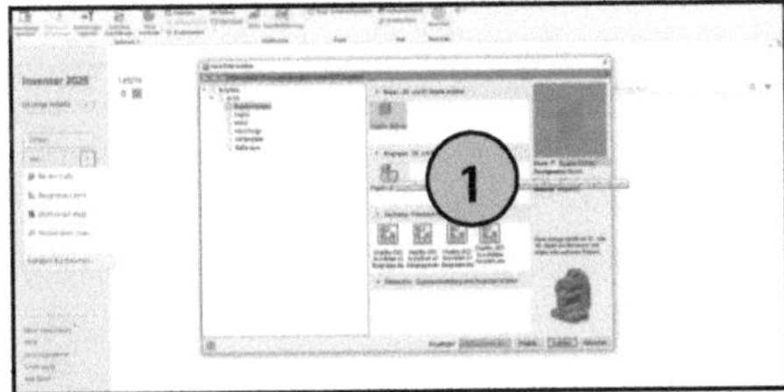

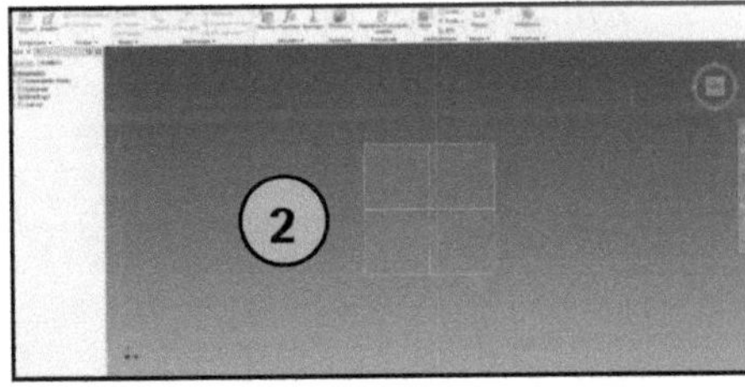

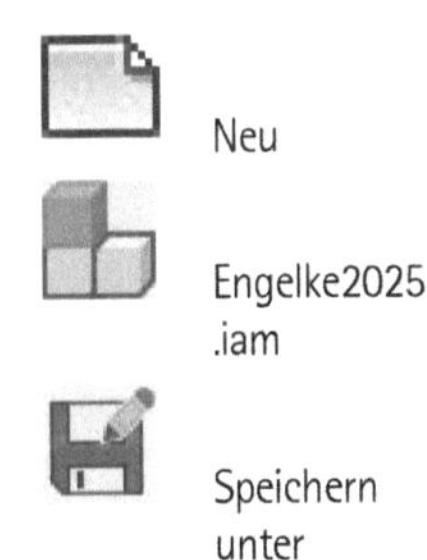

Neu

Engelke2025
.iam

Speichern
unter

Wellen-
Generator

10.4.2.2 Bauteilerstellung mit dem „Wellengenerator", Aufruf

Wellengenerator (Register **Konstruktion**)

Löschen Sie alle Einträge, bis auf den Grundeintrag (3).

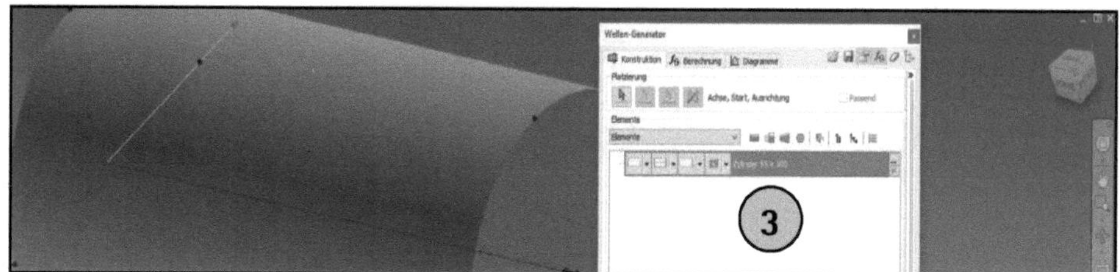

10.4.3 Start der Wellenerstellung mit dem „Wellengenerator"

10.4.3.1 Bauteilerstellung mit dem Wellengenerator, Profil 1

- Zylinder Ø**30** mm x **78** mm lang (4).

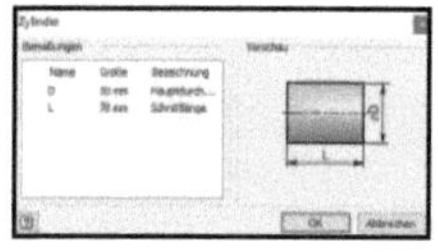
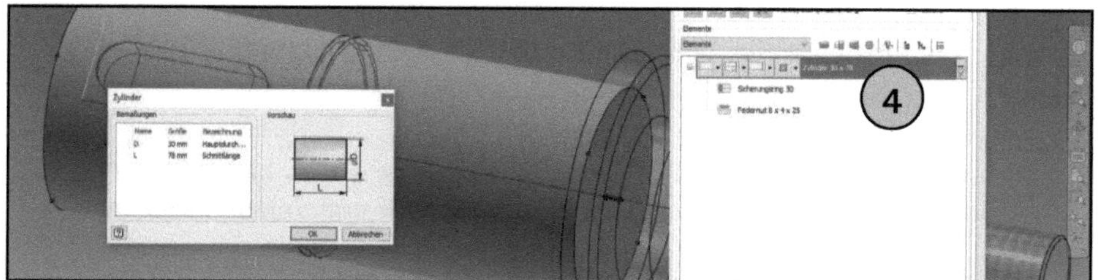

- Passfedernut nach **DIN 6885**, Breite **8** mm, Tiefe **4** mm, Länge **25** mm (5).

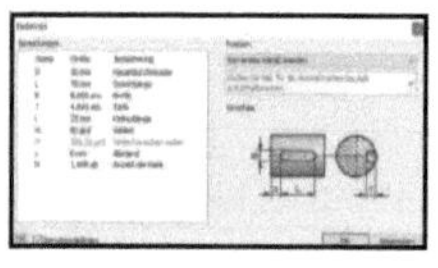
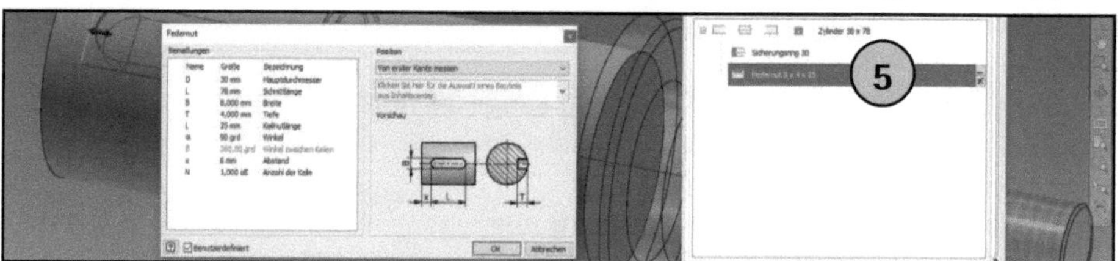

- Einstich für Sicherungsring, DIN **471**, Breite **1,6** mm, Innen-Ø**28,3** mm (6).

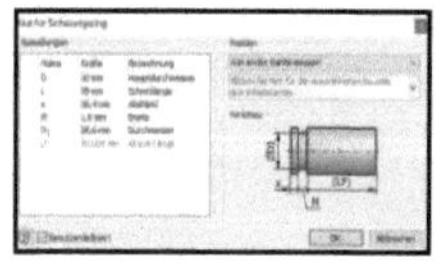
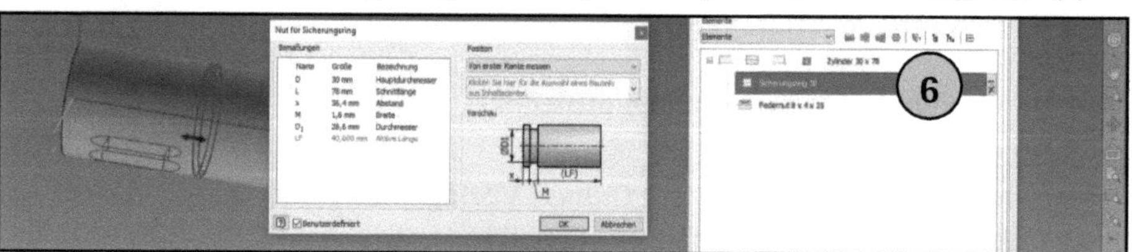

10.4.3.2 Bauteilerstellung mit dem Wellengenerator, Profil 2

Zylinder Ø**40** mm x **5** mm lang (7).

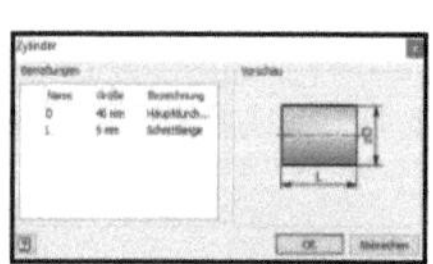
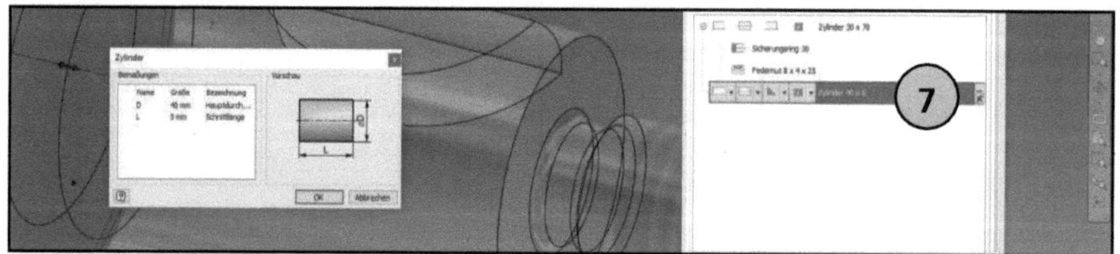

- Fase **1** mm mit **45°** (8).

10.4.3.3 Bauteilerstellung mit dem Wellengenerator, Profil 3

- Zylinder Ø**24,1** mm x **5** mm lang (9).

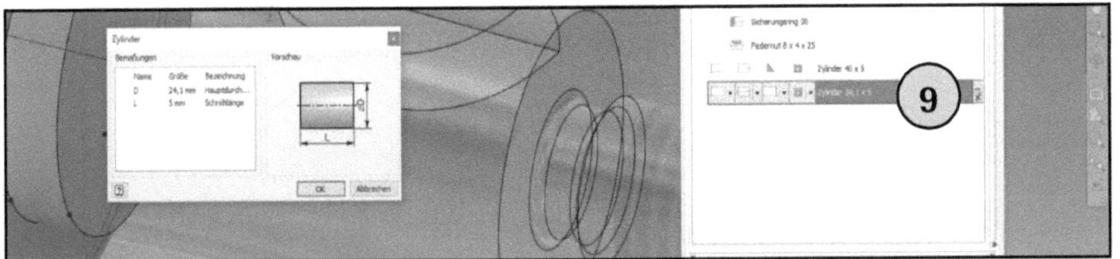

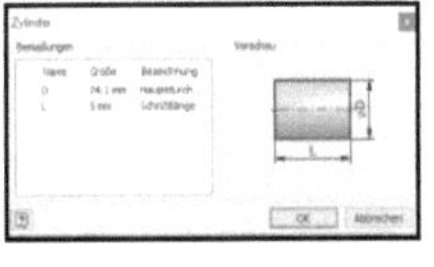

10.4.3.4 Bauteilerstellung mit dem Wellengenerator, Profil 4

- Kegel D_1 Ø**24,1** mm, D_2 Ø**22,5** mm, Länge **37** mm (10).

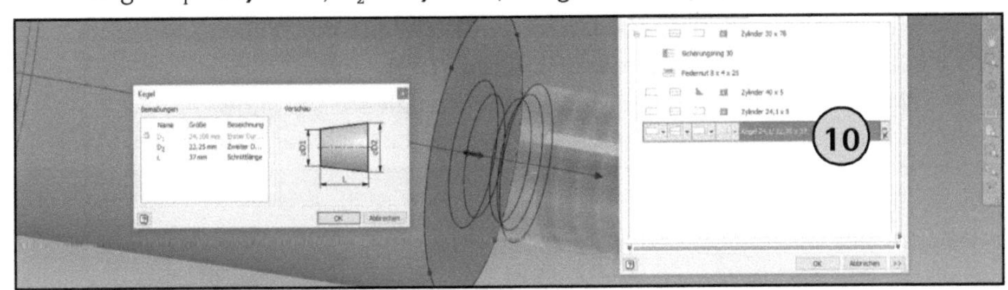

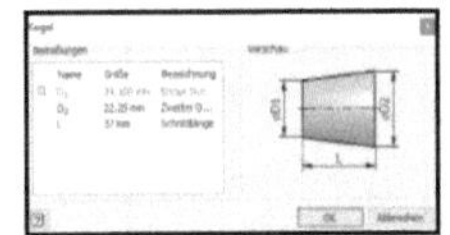

10.4.3.5 Bauteilerstellung mit dem Wellengenerator, Profil 5

- Zylinder Ø**12** mm x **18** mm lang (11).

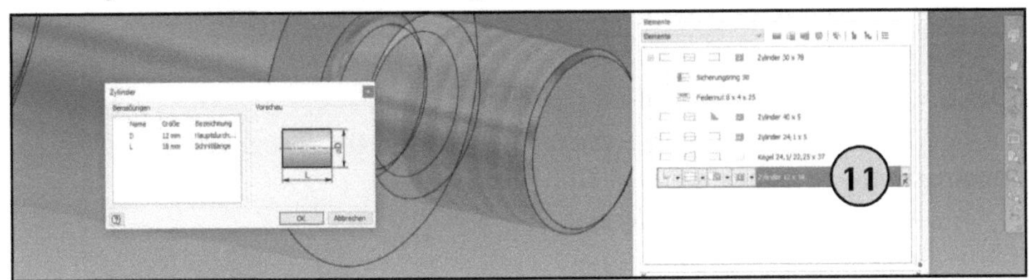

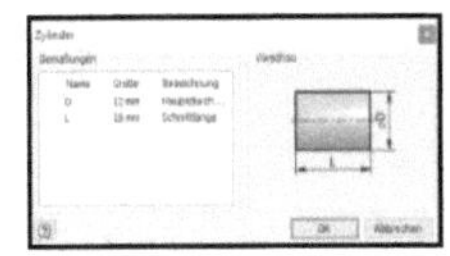

- Metrisches Gewinde **M12**, Länge **18** mm (12).

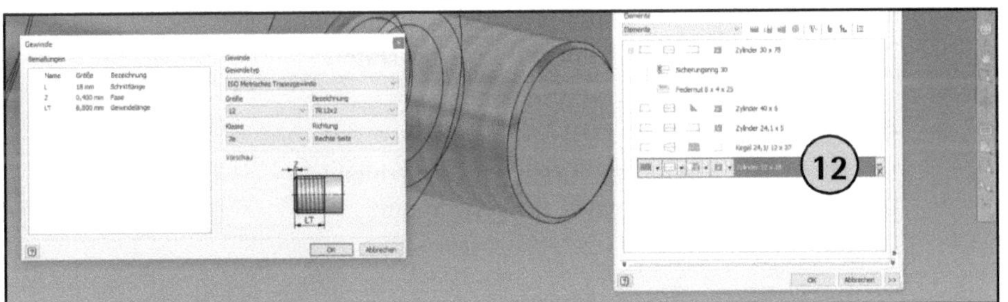

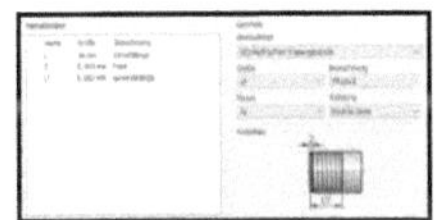

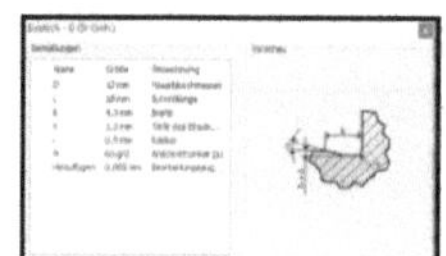

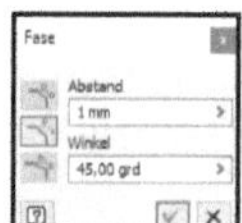

- Freistich Typ **E DIN 509** (13).

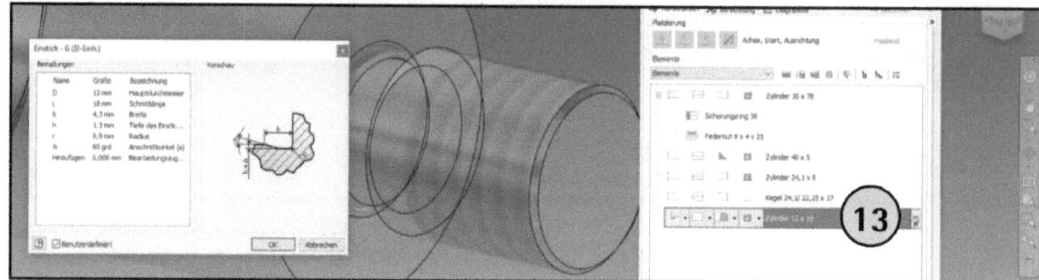

- Abschlussfase **1** mm mit **45°** (14).

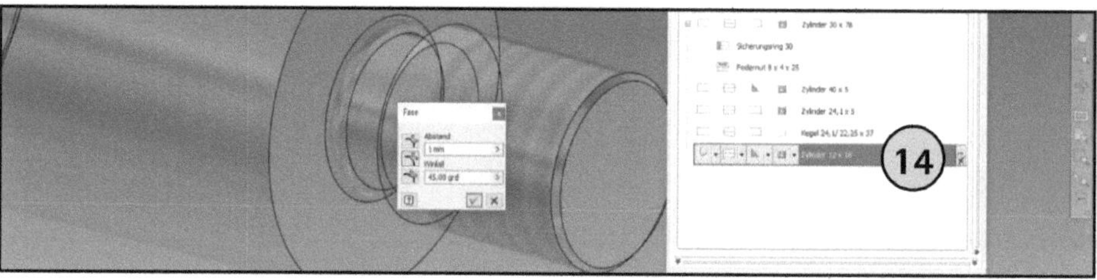

10.4.4 Materialzuweisung für die Antriebswelle

- Erweitern Sie den **Bauteilbrowser**-Eintrag **Welle** des **Wellengenerators**.
- Klicken Sie den Bauteilbrowser-Eintrag **Welle**.
- Wählen Sie aus der Schnellzugriff-Werkzeugleiste **Vorgabe**, Materialbox **Inventor-Materialbibliothek** das Material **Stahl poliert** (15).

10.4.5 Baugruppe und Bauteil speichern

Die Speicherung der Baugruppe erzeugt zusätzlich ein Unterverzeichnis **Konstruktions-Assistent** mit zwei Einträgen:

        Baugruppendatei: **Welle1.iam**

        Bauteildatei   : **Welle1.ipt**

Diese erzeugten Einträge gehören unbedingt zur konstruierten Antriebswelle und müssen immer mitgeliefert werden, um eine Änderung möglich zu machen.

- Aufruf über den **Menü-Browser**, Register **Datei**.

Speichern
unter

Speichern unter
Das Dialogfeld **Speichern unter** wird eingeblendet.
Geben Sie einen Dateinamen Ihrer Wahl ein.

10.4.6 Endbearbeitung der Antriebswelle

10.4.6.1 Bauteildatei „Welle.ipt" anpassen

- **Öffnen** Sie die gemeinsam mit der Baugruppe gespeicherte
  Bauteildatei **Welle.ipt**.
- **Speichern** Sie diese Bauteildatei unbedingt unter neuem Namen, damit die
  Ursprungsgenerierung des **Wellengenerators** weiter zu erhalten (16).

Öffnen

Speichern
unter

10.4.6.2 Scheibenfedernut einarbeiten

- Neue **2D-Skizze** auf **XZ**-Ursprungsebene.
- Verwenden Sie, für die Linienkonstruktion die Funktion **Kreis**, bereinigen Sie
  die Konstruktion über **Stutzen** auf der **XZ**-Ursprungsebene, benötigte Kon-
  turkanten werden über **Geometrie projizieren** generiert (17).

2D-Skizze

Geometrie
projizieren

Kreis

Stutzen

Bemaßung

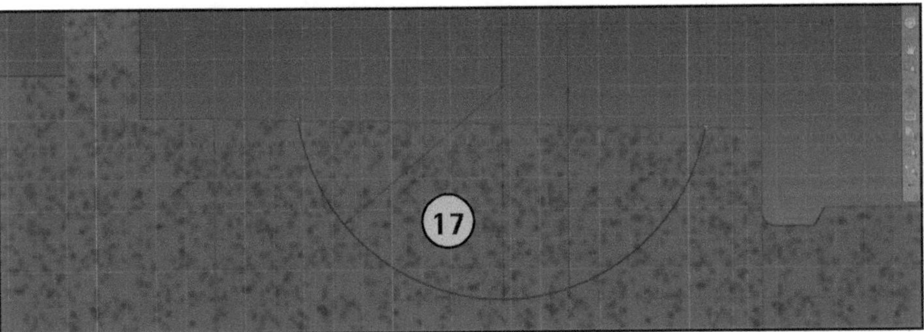

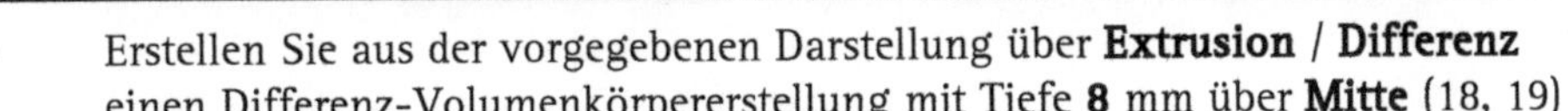

- Erstellen Sie aus der vorgegebenen Darstellung über **Extrusion / Differenz**
  einen Differenz-Volumenkörpererstellung mit Tiefe **8** mm über **Mitte** (18, 19)

Extrusion

Differenz

Bohrung

10.4.6.3 Zentrierbohrung einbringen

- Setzen Sie eine **Bohrung** Typ **Gewindebohrung**
  M10 mm, Gewinde **16** mm tief, Grundloch **20** mm tief
  Platzierung **Konzentrisch**, auf den Wellendurchmesser (20, 21).

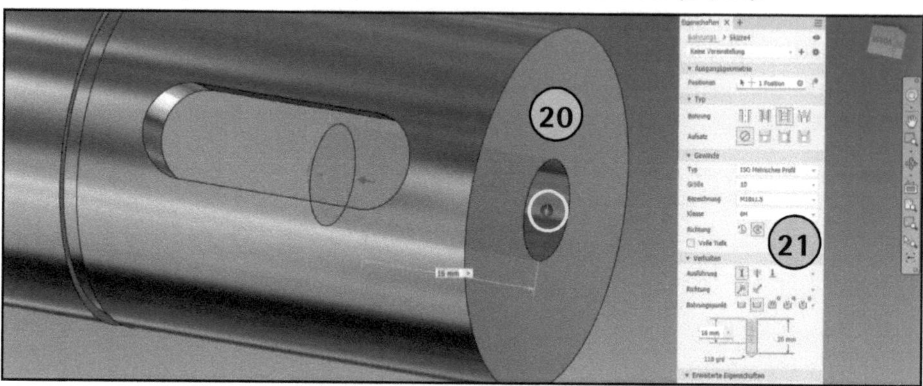

10.4.7 Bauteil speichern

- Aufruf über den **Menü-Browser**, Register **Datei**.

Speichern
unter

Speichern unter

10.5 Antriebswelle
mit Exzenter und Keilwellenprofil nach DIN ISO 14

10.5.1 Die Konstruktionsskizze für die Bauteilerstellung

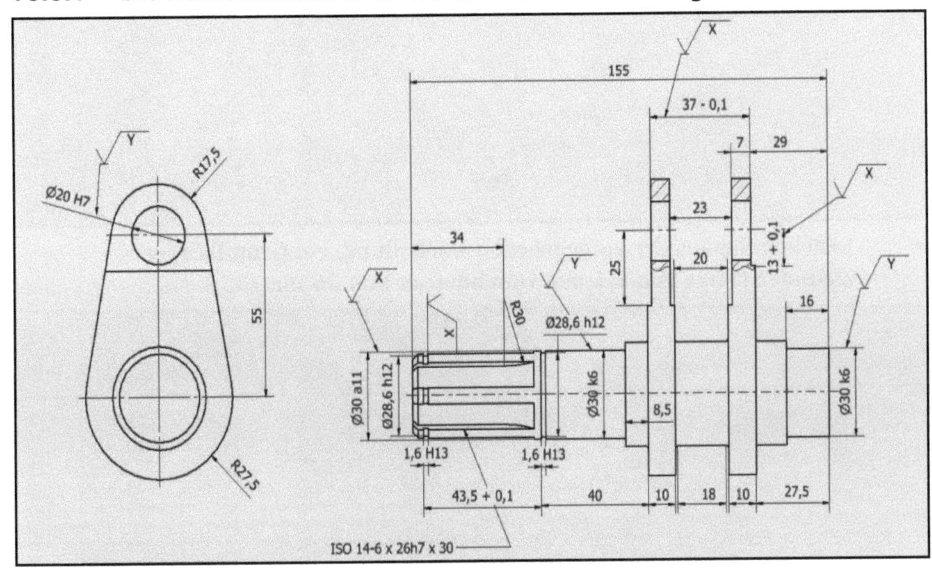

10.5.2 Die Antriebswelle mit Exzenter, die Bauteilerstellung

10.5.2.1 Vorlagendatei öffnen

Neu (Multifunktionsleiste) / Ordner: **Vorlagen Engelke**

Engelke-2025.ipt anklicken / **Erstellen)**

10.5.2.2 Drei Basiszylinder über Funktion „Zylinder"

- Erstellen Sie aus der vorgegebenen Darstellung, ein **Grundkörper Zylinder** Länge von **1,6** mm Durchmesser von **29** mm (1).

- Weisen Sie dem Zylinder das Material **Stahl poliert** zu.

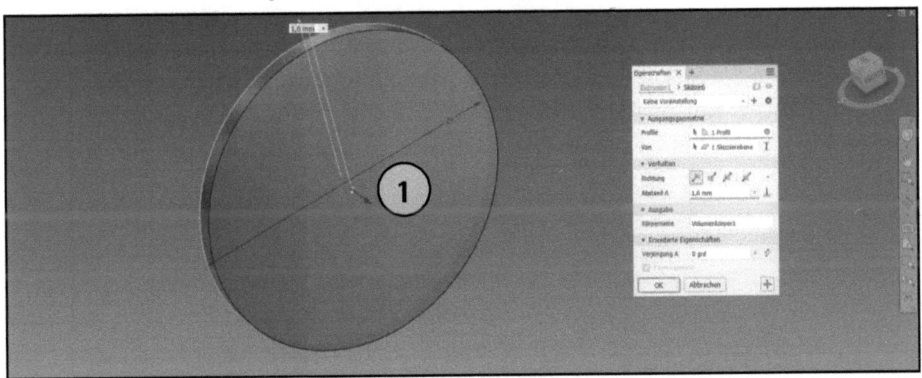

Neu

Engelke-2025
.ipt

Zylinder

Zylinder

- Erstellen Sie aus der vorgegebenen Darstellung, ein **Grundkörper Zylinder** Länge von **29,9** mm Durchmesser von **30** mm (2).

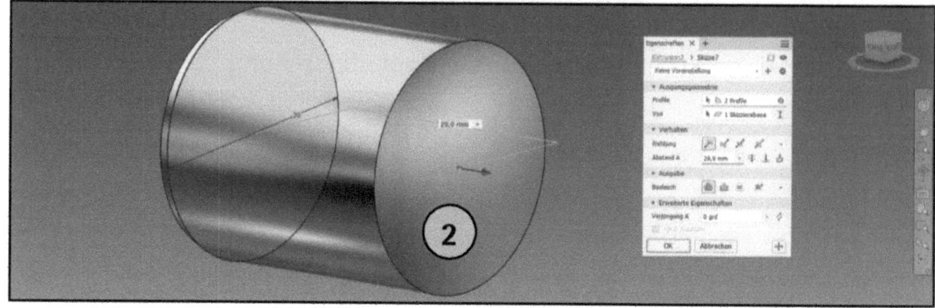

Zylinder

- Erstellen Sie aus der vorgegebenen Darstellung, ein **Grundkörper Zylinder** Länge von **8,5** mm Durchmesser von **35** mm (3).

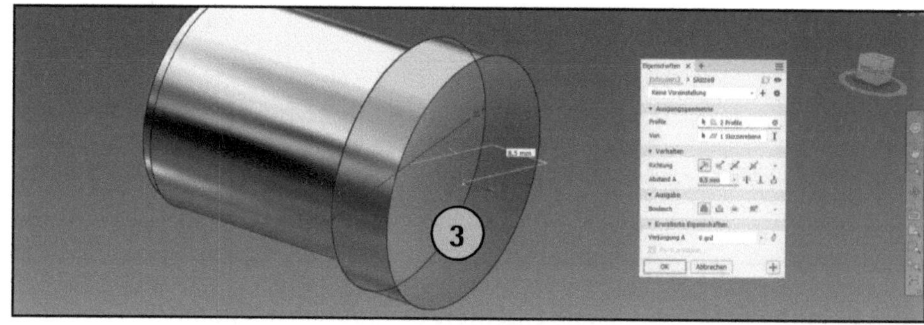

2D-Skizze

Geometrie projizieren

Linie

Kreis

Versatz

Stutzen

Bemaßung

Extrusion

10.5.2.3 Erster Exzenterkörper

- Erstellen Sie eine Basisskizze für ein Profil des Extrusionsvolumen, auf der Ebene des letzten Zylinders (4).

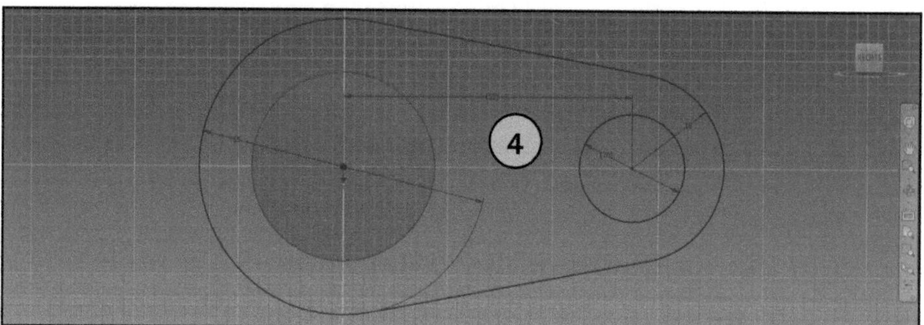

- Erstellen Sie aus der vorgegebenen Darstellung über **Extrusion** einen Volumenkörper mit Abstand **10** mm (5).

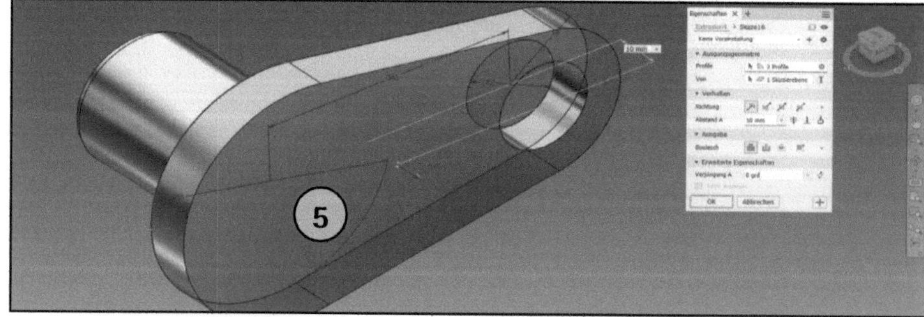

10.5.2.4 Distanzzylinder zwischen den Exzenterkörpern

- Erstellen Sie aus der vorgegebenen Darstellung, ein **Grundkörper Zylinder** Länge von **20** mm Durchmesser von **35** mm (6).

Zylinder

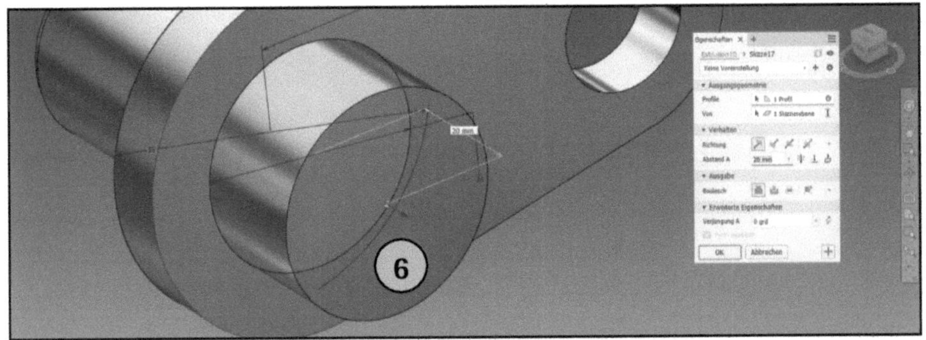

10.5.2.5 Zweiter Exzenterkörper über „Spiegeln"

- Erstellen Sie eine zusätzliche Arbeitsebene, Abstand **17,5** mm (7).

Versatz von Ebene

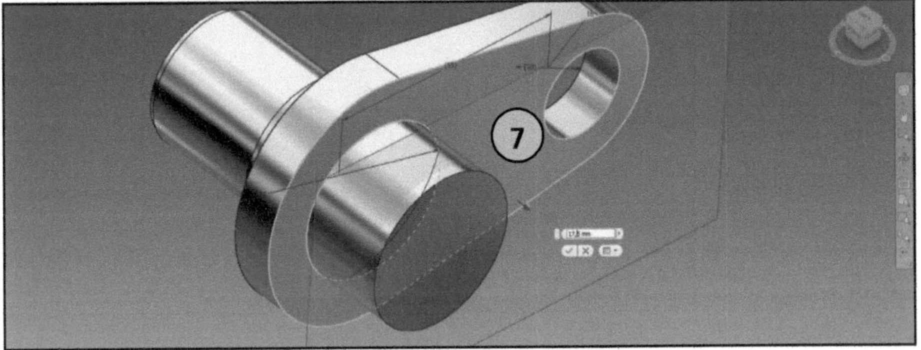

- Der erstellte Exzenterkörper ist über die Arbeitsebene auf die andere Seite zu **Spiegeln** (8, 9).

Spiegeln

Zylinder

10.5.2.6 Zwei Endzylinder über Funktion „Zylinder"

* Erstellen Sie aus der vorgegebenen Darstellung, ein **Grundkörper Zylinder** Länge von **11,5** mm Durchmesser von **35** mm (10).

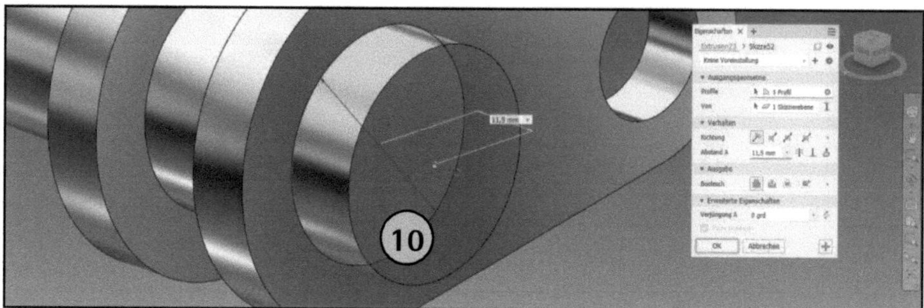

Zylinder

* Erstellen Sie aus der vorgegebenen Darstellung, ein **Grundkörper Zylinder** Länge von **16** mm Durchmesser von **30** mm (11).

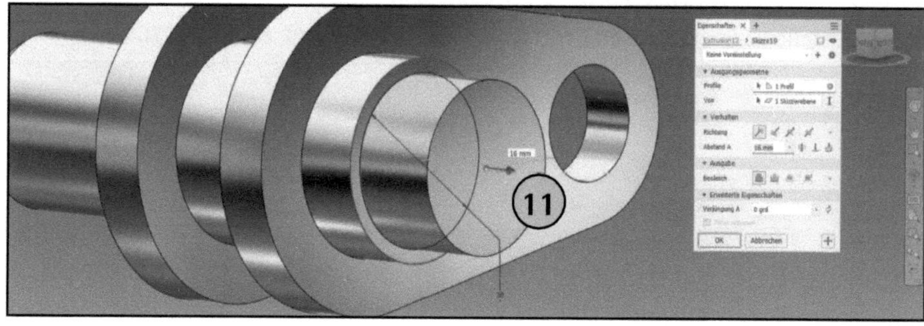

10.5.2.7 Kurze Anschlagfläche an den Exzenterkörpern erstellen

* Erstellen Sie eine Basisskizze für ein Profil des Extrusionsvolumen, Abstand **1,5** mm, auf der Ebene der gespiegelten Exzenterfläche (12, 13).

2D-Skizze

Geometrie projizieren

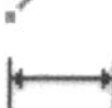

Linie

Bemaßung

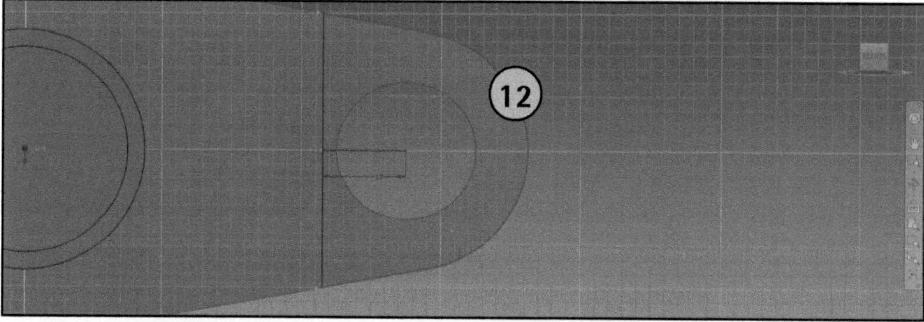

Extrusion

Differenz

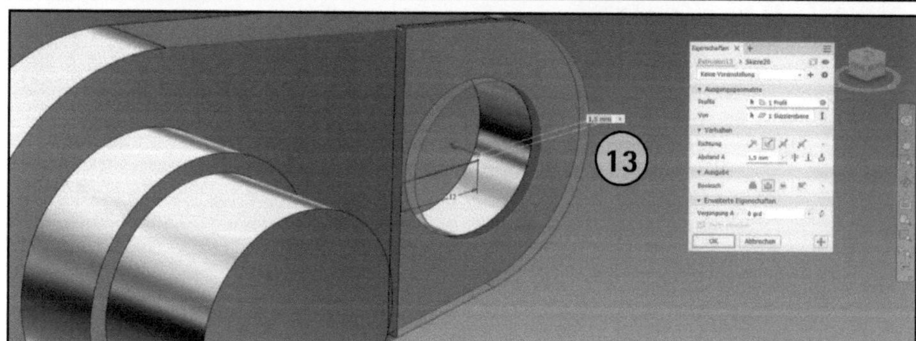

10.5.2.8 Innere Anschlagfläche am Exzenterkörpern erstellen

- Erstellen Sie eine Basisskizze auf der eingeschalteten Ursprungsebene für ein Profil des **Extrusions-Differenzvolumens**, Abstand **2** mm, Länge **42,5** mm (14, 15).

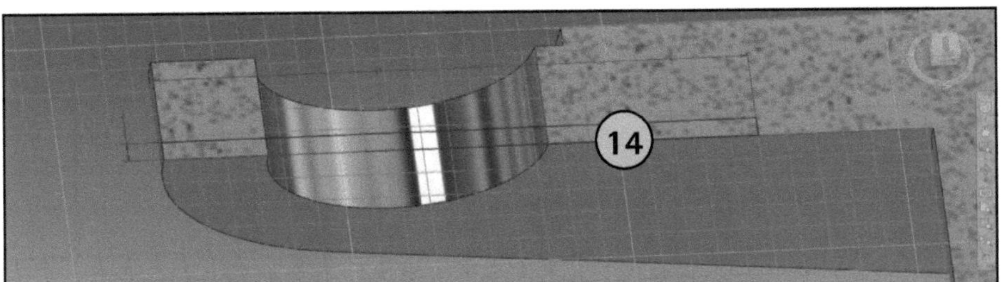

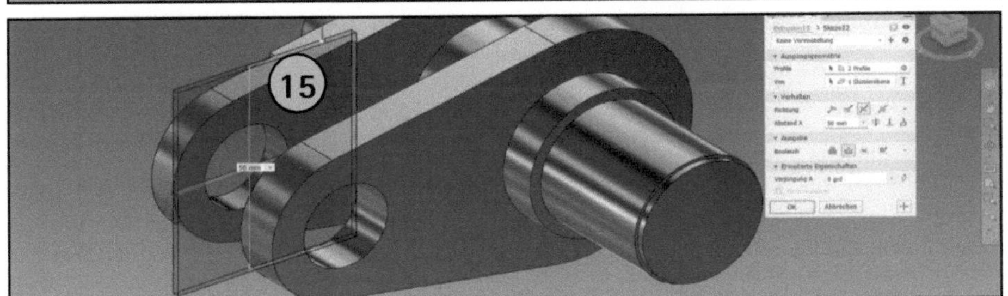

10.5.2.9 Weitere Anschlagfläche an Exzenterkörpern über „Spiegeln" erstellen

- Für die Ausfräsung ist eine **Arbeitsebene auf Mitte** zu erstellen.
- Die Ausfräsung wird über die Arbeitsebene, mit **Spiegeln** auf die andere Seite gesetzt (16, 17).

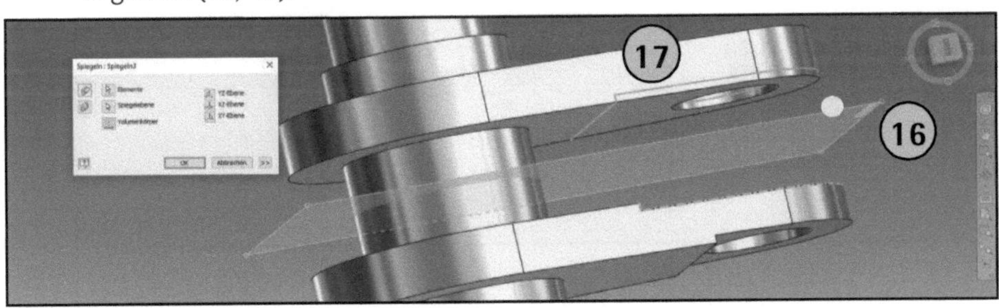

10.5.2.10 Letzte, äußere Anschlagfläche am Exzenterkörpern erstellen

- Basisskizze auf der eingeschalteten Ursprungsebene für ein Profil des **Extrusions-Differenzvolumens** erstellen, Abstand **2** mm, Länge **42,5** mm (18).

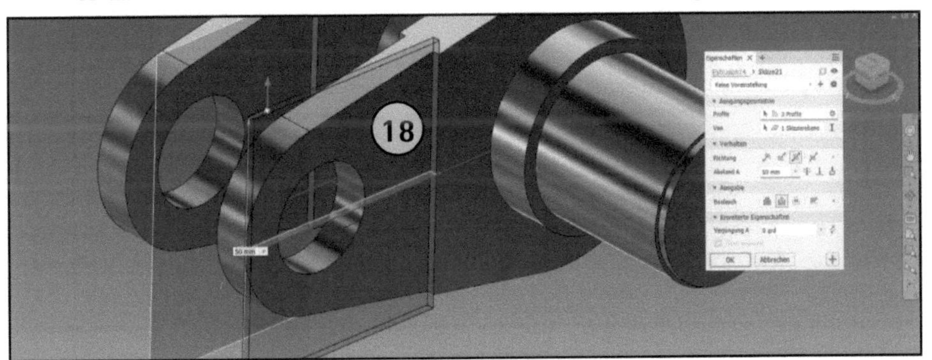

Zylinder

10.5.2.11 Endzylinder über Funktion „Zylinder" für die andere Wellenseite

* Erstellen Sie aus der vorgegebenen Darstellung, ein **Grundkörper Zylinder**" Länge von **41,9** mm Durchmesser von **30** mm (19).

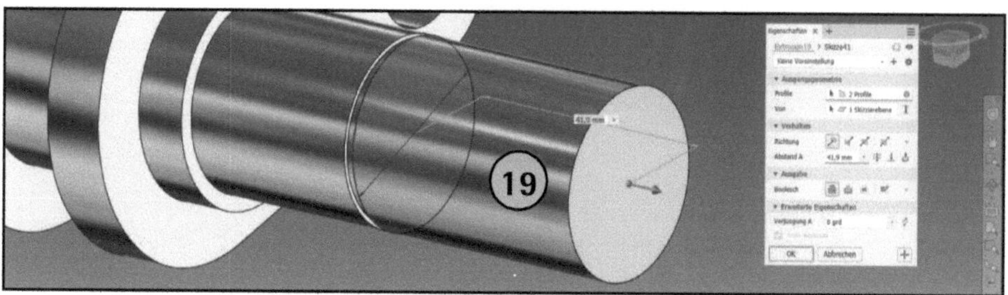

Zylinder

* Erstellen Sie aus der vorgegebenen Darstellung, ein **Grundkörper Zylinder** Länge von **1,6** mm Durchmesser von **29** mm (20).

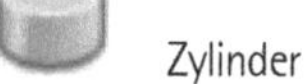

Zylinder

* Erstellen Sie aus der vorgegebenen Darstellung, ein **Grundkörper Zylinder** Länge von **4** mm Durchmesser von **30** mm (21).

10.5.3 Keilwellenprofil nach DIN ISO 14
über „Sweeping" und „Runde Anordnung" zuweisen

10.5.3.1 Basisskizzen erstellen

2D-Skizze

Geometrie projizieren

Linie

Kreis

Stutzen

Bemaßung

* Setzen Sie die **XY**-Ursprungsebenebene im Bauteil-Browser auf **Sichtbar**.

* Basisskizze auf der eingeschalteten Ursprungsebene für ein Profil des Sweeping-Differenzvolumens entsprechend der gezeigten Skizze erstellen (22).

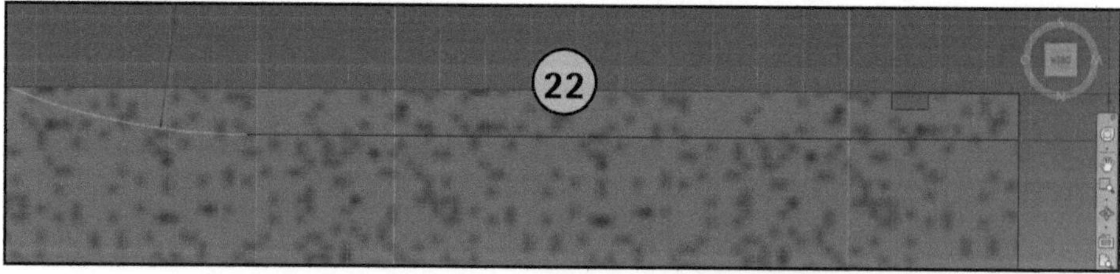

- Erstellen Sie eine Basisskizze auf der vorderen Zylinderebene für einen Pfad des **Sweeping**-Differenzvolumens entsprechend der gezeigten Skizze (23).

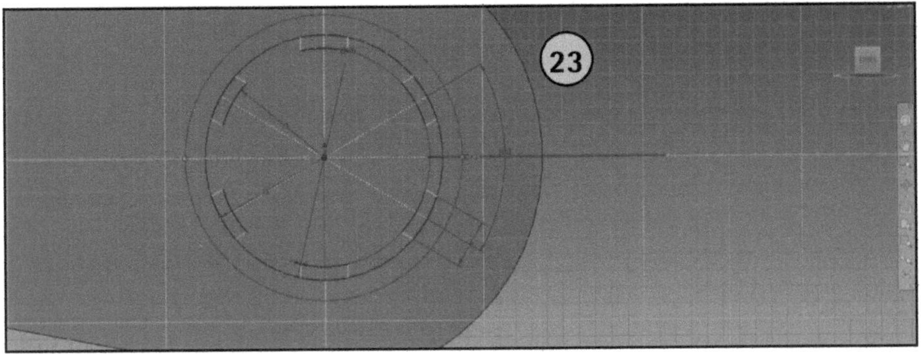

2D-Skizze

Geometrie projizieren

Linie

Kreis

Stutzen

Bemaßung

Sweeping

Differenz

10.5.3.2 Keilwellenprofil über „Sweeping" generieren

- Für den Erstellungsbefehl **Sweeping** wählen Sie die erstellte Fläche an Aktivieren Sie die Option **Differenz** (24, 27).
  Klicken Sie auf **Pfad**, und wählen Sie die erstellte **2D-Skizze**,
  Schließen Sie den Befehl über **OK** (25, 26).

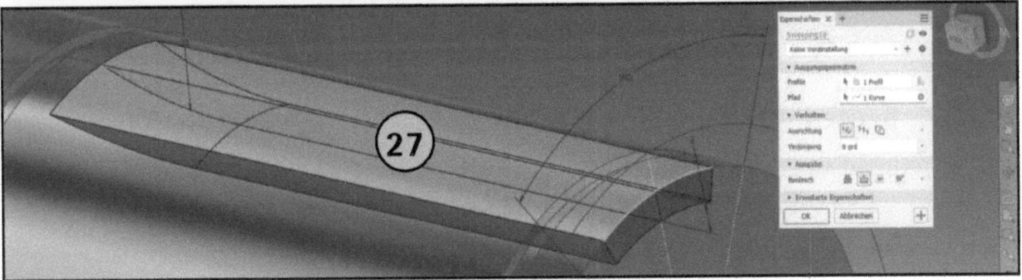

10.5.3.3 Keilwellenprofil über „Runde Anordnung" positionieren

- Sechs Nuten entstehen über **Runde Anordnung**, **6** Elemente, **360°**-Verteilung (28, 29).

Runde Anordnung

10.5.4 Fasen und Abrundungen

10.5.4.1 Kantenbrechung am Keilwellenprofil mit „Fase"

Fase

- Die Konturschrägen werden über **Fase 2** mm x **45°**
  Option **Abstand / Winkel** erstellt (30, 31).

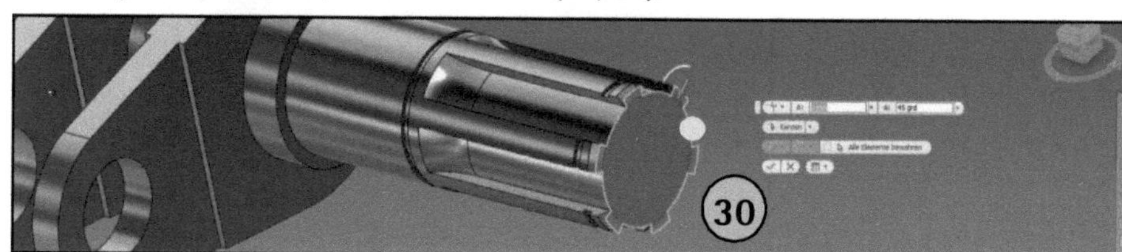

10.5.4.2 Wellenabrundungen mit „Rundung"

Rundung

- Die Konturrundungen werden über **Rundung** R = **2,5** mm angetragen (32).

10.5.5 Bauteil speichern

Speichern
unter

- Aufruf über den **Menü-Browser**, Register **Datei**.

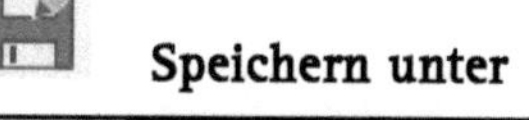

Speichern unter

Projekt XV

Bauteile
Drehteile
Seite 320 bis 332

- Lagerdeckel
  Grundkörper über „Drehung"
  Anschlussbohrungen über „Runde Anordnung"

- Distanzkonus
  Basiszylinder über Funktion „Zylinder"
  Endkörper über Funktion „Drehung"
  Zentrale Durchgangsbohrung
  Querbohrung in den Hauptzylinder
  Quernut am Endzylinder
  Konstruktion eines echten Außengewindes

10.6 Lagerdeckel

10.6.1 Die Konstruktionsskizze für die Bauteilerstellung

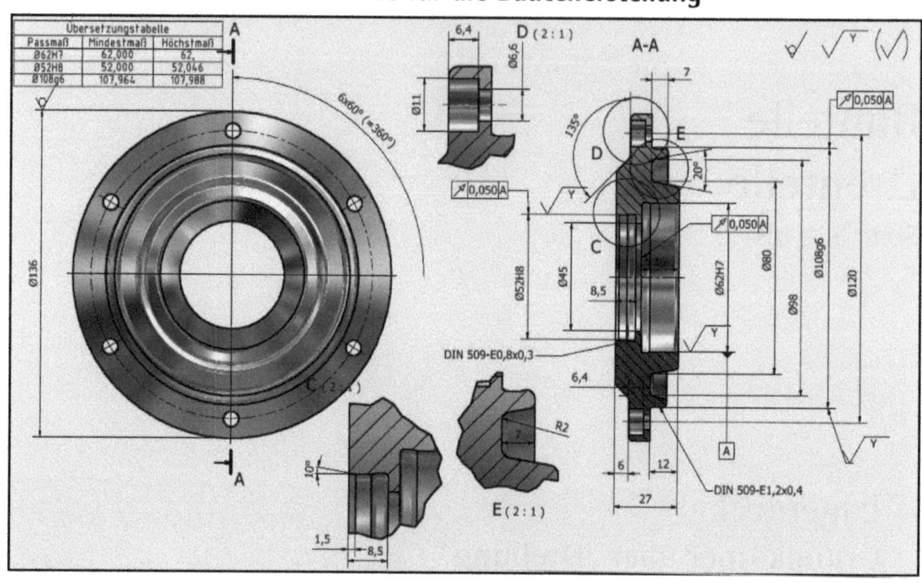

10.6.2 Der Lagerdeckel, die Bauteilerstellung

10.6.2.1 Vorlagendatei öffnen

Neu (Multifunktionsleiste) / Ordner: **Vorlagen Engelke**

Engelke-2025.ipt anklicken / **Erstellen**

10.6.2.2 Grundkörper über „Drehung"

- Neue **2D-Skizze** auf **YZ**-Ebene, Skizze erstellen mit **Linie** und Linientyp **Mittellinie** als Rotationsachse.

- Mit **Allgemeine Bemaßung** vervollständigen und Maße **Über Mittellinie** antragen (1).

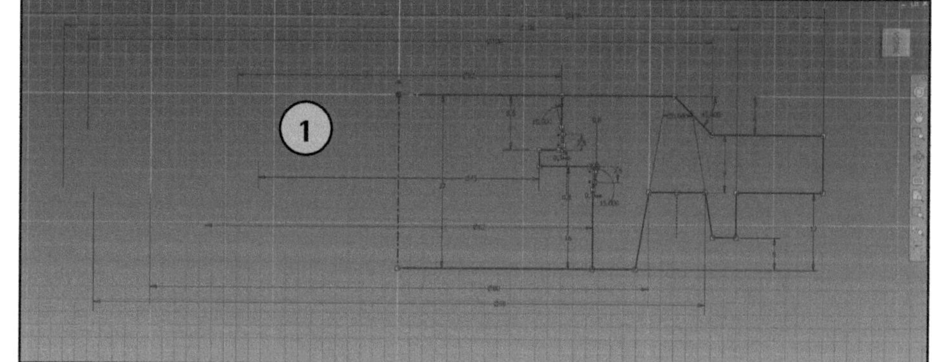

Neu

Engelke-2025
.ipt

2D-Skizze

Linie

Stutzen

Bemaßung

- Volumenkörpererstellung über **Drehung**, Anwahl der Mittelachse als Rotationsachse, **Vollkörper** bei **360°** (2, 3).

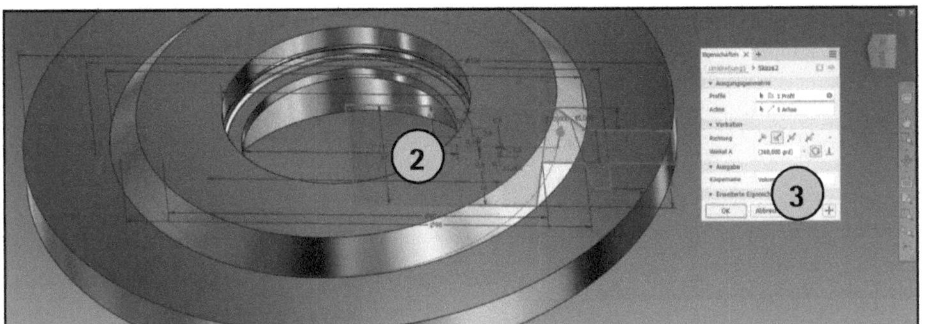

- Weisen Sie der Lagerdeckel das Material **Stahl poliert** zu.

10.6.2.3 Ausdrehung am Grundkörper über „Drehung"

- Neue **2D-Skizze** auf **YZ**-Ebene, Skizze erstellen mit **Linie** und Linientyp **Mittellinie** als Rotationsachse, mit **Allgemeine Bemaßung** vervollständigen und Maße **Über Mittellinie** antragen (4).

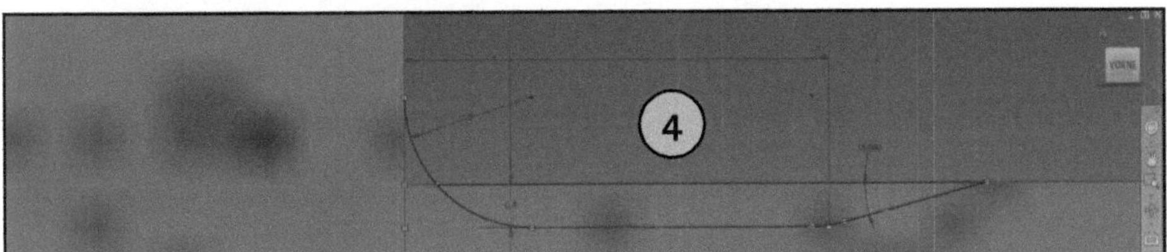

- Differenz-Volumenkörpererstellung über **Drehung**, Anwahl der Mittelachse als Rotationsachse, bei **360°** (5).

10.6.3 Fasen und Abrundungen

10.6.3.1 Bauteilabrundungen mit „Rundung"

- Die Konturrundungen werden über **Rundung** mit R = **3** mm angetragen (6).

Fase

10.6.3.2 Kantenbrechung mit „Fase"

- Die Konturschräge über **Fase 5** mm x **10°**,
  Option **Abstand/Winkel** erstellen (7).

2D-Skizze
starten

Geometrie
projizieren

Linie

Kreis

Punkt

10.6.4　Anschlussbohrungen setzen

10.6.4.1　Basisskizze für Anschlussbohrung

- Neue **2D-Skizze** auf Flansch-Ebene, Hilfskreis mit **Kreis Ø105** mm,
  Punkt auf Schnittpunkt senkrechte Achse (8).

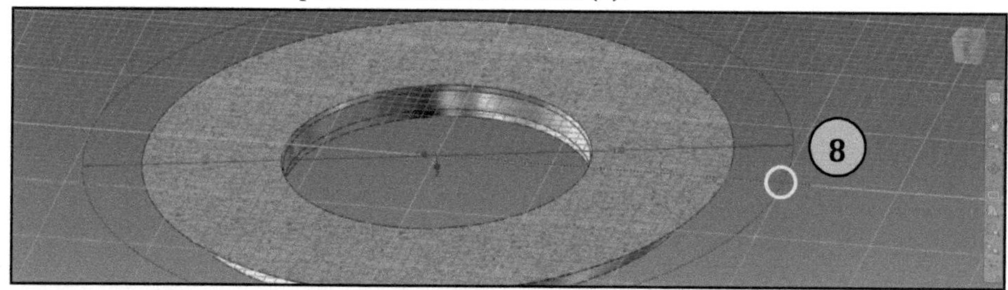

Bohrung

10.6.4.2　Anschlussbohrung setzen

- Setzen Sie eine **Bohrung** Typ **Zylindrische Senkbohrung**
  Bohrung Ø6,6 mm, Senkung **Ø11** mm **6,4** mm tief, auf diesen **Punkt** (9, 10).

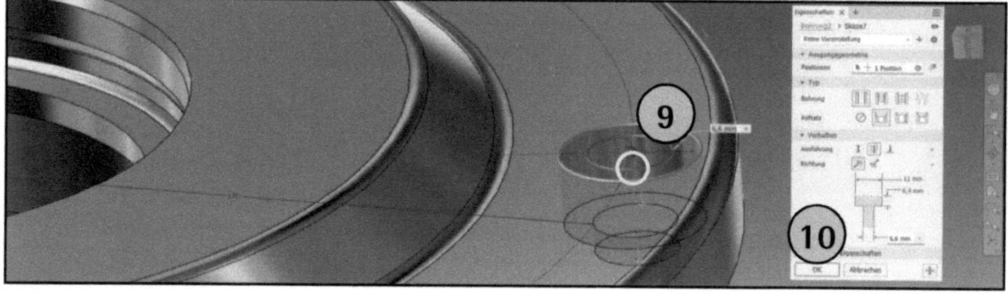

10.6.4.3　Anschlussbohrungen über „Runde Anordnung" verteilen

Runde
Anordnung

- Sechs zylindrische Senkbohrungen über **Runde Anordnung**, **6** Elemente,
  360°-Verteilung (11, 12).

10.6.5 Bauteil speichern

- Aufruf über den **Menü-Browser**, Register **Datei**.

 **Speichern unter**

10.7 Distanzkonus

10.7.1 Die Konstruktionsskizze für die Bauteilerstellung

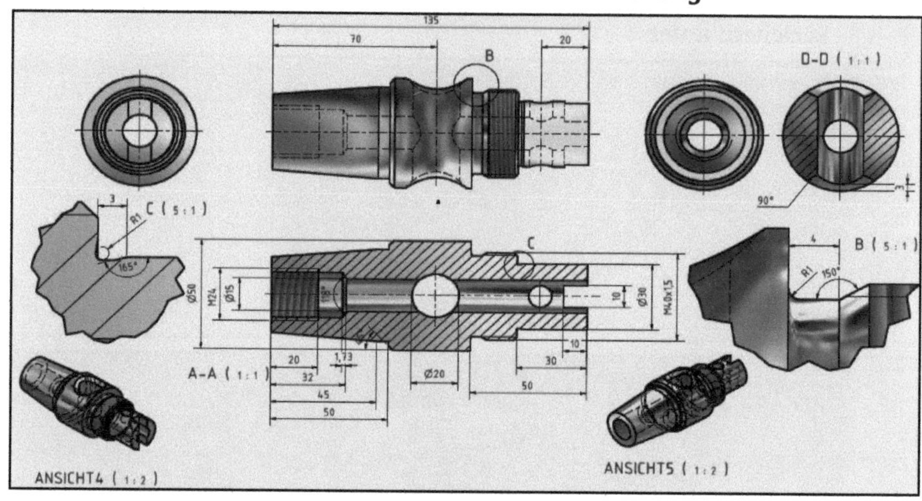

10.7.2 Der Distanzkonus, die Grundkörpererstellung

10.7.2.1 Vorlagendatei öffnen

Neu (Multifunktionsleiste) / Ordner: **Vorlagen Engelke**

Engelke-2025.ipt anklicken / **Erstellen**

10.7.2.2 Drei Basiszylinder über Funktion „Zylinder"

- Erstellen Sie aus der vorgegebenen Darstellung, ein **Grundkörper Zylinder** Länge von **30** mm Durchmesser von **30** mm (1).
- Weisen Sie dem Zylinder das Material **Stahl poliert** zu.

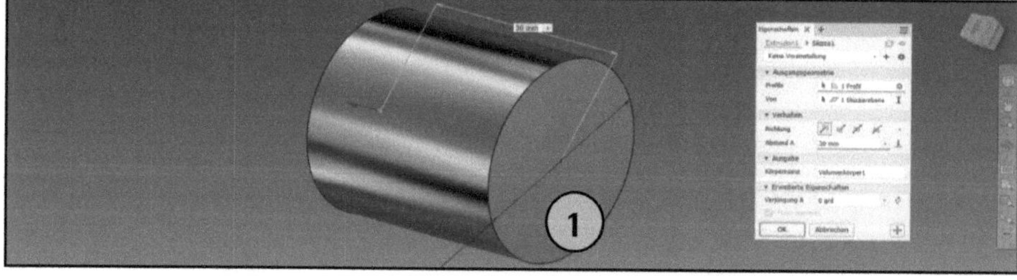

- Erstellen Sie aus der vorgegebenen Darstellung, ein **Grundkörper Zylinder** Länge von **20** mm Durchmesser von **40** mm (2).

Neu

Engelke-2025
.ipt

Zylinder

Zylinder

- Erstellen Sie aus der vorgegebenen Darstellung, ein **Grundkörper Zylinder** Länge von **35** mm Durchmesser von **50** mm (3).

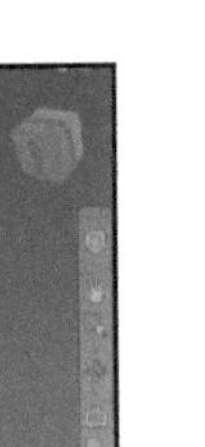

Zylinder

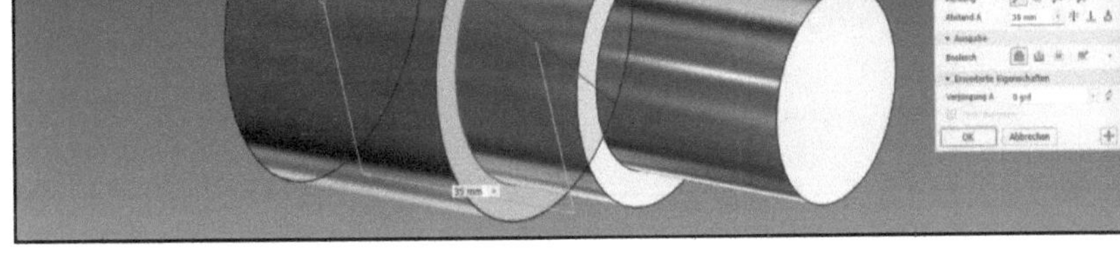

10.7.2.3 Endkörper über Funktion „Drehung"

- Neue **2D-Skizze** auf **YZ**-Ebene, Skizze erstellen mit **Linie** und Linientyp **Mittellinie** als Rotationsachse, mit **Allgemeine Bemaßung** vervollständigen und Maße **Über Mittellinie** antragen (4).

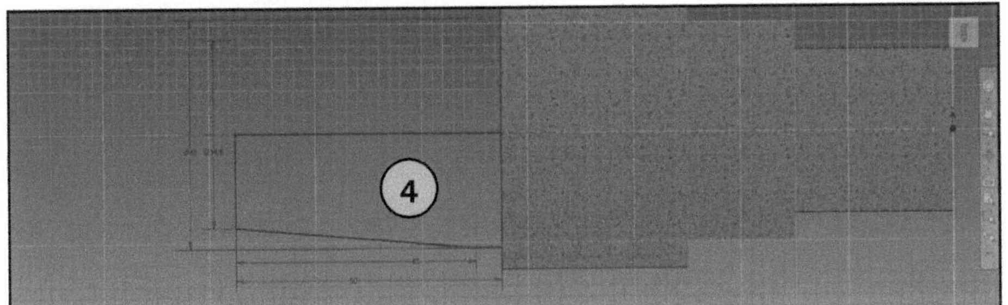

2D-Skizze

Geometrie projizieren

Kreis

Stutzen

Bemaßung

- Volumenkörpererstellung über **Drehung**, Anwahl der Mittelachse als Rotationsachse, bei **360°** (5, 6).

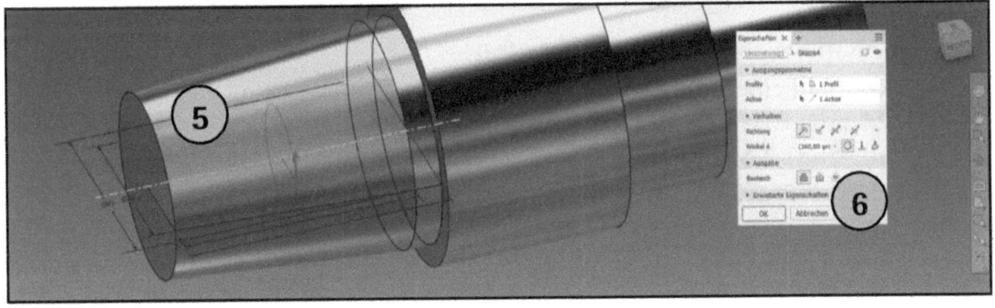

Drehung

10.7.2.4 Ausdrehung über Funktion „Drehung"

- Neue **2D-Skizze** auf **YZ**-Ebene, Skizze erstellen mit **Linie** und Linientyp **Mittellinie** als Rotationsachse, mit **Allgemeine Bemaßung** vervollständigen und Maße **Über Mittellinie** antragen (7).

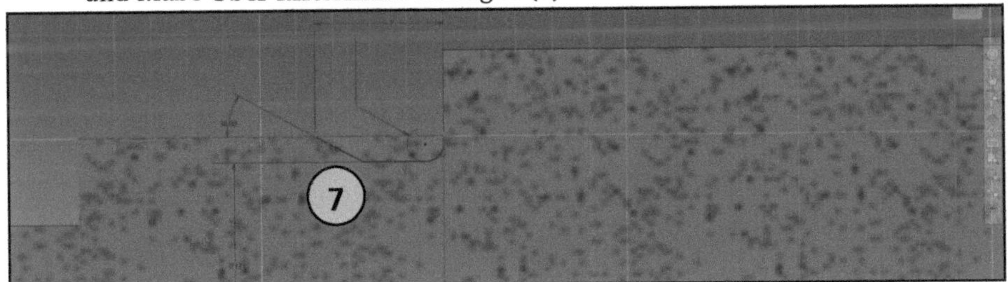

2D-Skizze

Geometrie projizieren

Linie

Kreis

Stutzen

Bemaßung

Drehung

Differenz

- Differenz-Volumenkörpererstellung über **Drehung**,
  Anwahl der Mittelachse als Rotationsachse, bei **360°** (8, 9).

10.7.3 Zentrale Bohrungen

10.7.3.1 Zentrale Durchgangsbohrung einbringen

Bohrung

- Setzen Sie eine **Bohrung** Typ **Durchgangsbohrung** Ø15 mm, **Durch alles**
  Platzierung **Konzentrisch**, auf den Wellendurchmesser (10, 11).

10.7.3.2 Gewindebohrung M24 einbringen

Bohrung

- Setzen Sie eine **Bohrung** Typ **Gewindebohrung**
  M24 mm, Gewinde **20** mm tief, Grundloch **30** mm tief
  Platzierung **Konzentrisch**, auf den Wellendurchmesser (12, 13).

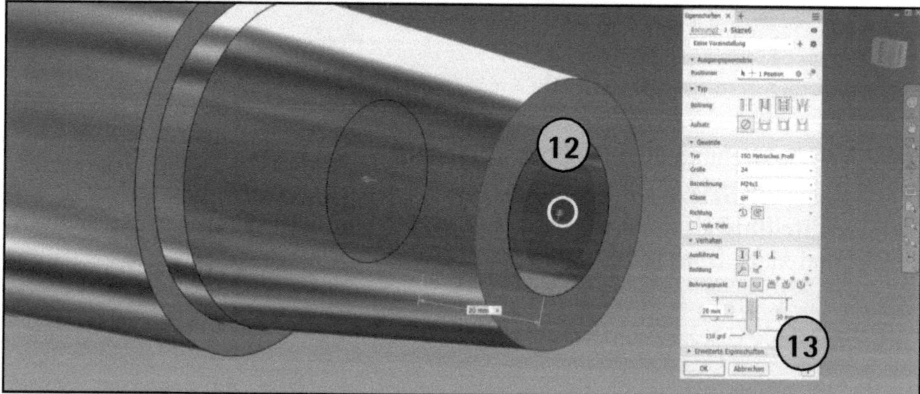

10.7.4 Querbohrungen einbringen

10.7.4.1 Querbohrung in den Hauptzylinder einbringen

- Neue **2D-Skizze** auf **tangentialer** Ebene, Hilfslinie Abstand **65** mm, **Punkt** auf Schnittpunkt mit **projizierter** Ebene (14).

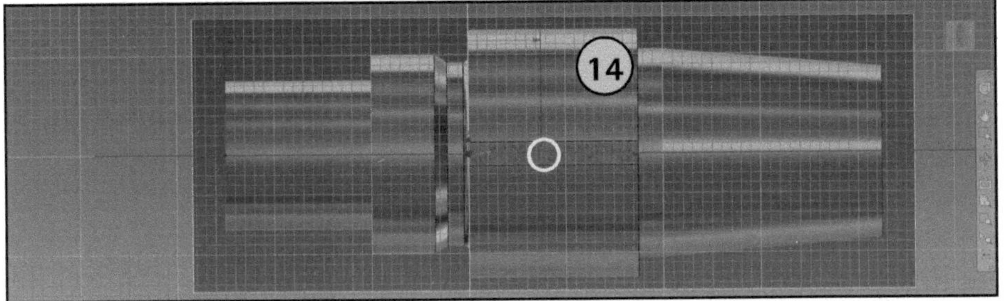

- Setzen Sie eine **Bohrung** Typ **Durchgangsbohrung** Ø20 mm, **Durch alles** Platzierung auf den Skizzenpunkt (15, 16).

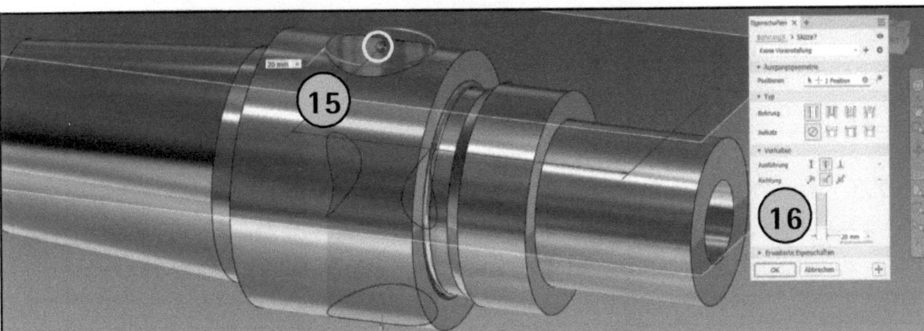

10.7.4.2 Querbohrung in den vorderen Zylinder einbringen

- Neue **2D-Skizze** auf **tangentialer** Ebene, Hilfslinie Abstand **20** mm, **Punkt** auf Schnittpunkt mit **projizierter** Ebene (17).

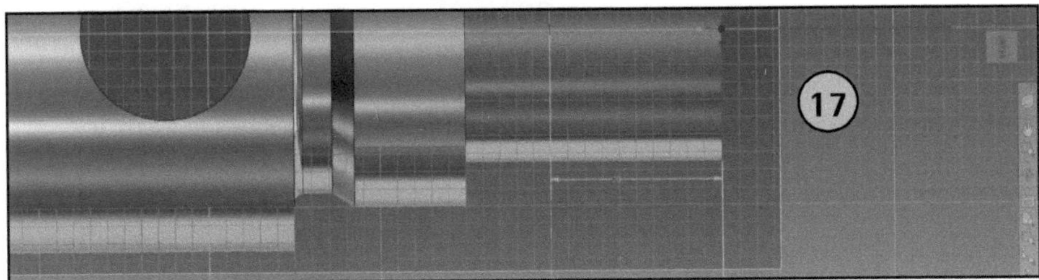

- Setzen Sie eine **Bohrung** Typ **Durchgangsbohrung** Ø10 mm, **Durch alles** Platzierung auf den Skizzenpunkt (18, 19).

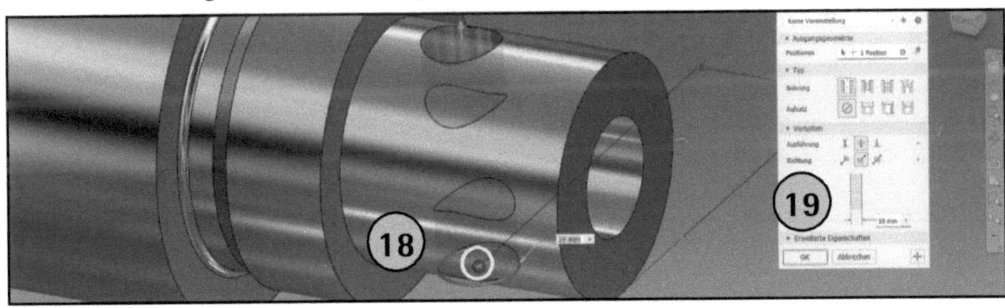

 2D-Skizze

 Geometrie projizieren

 Linie

 Kreis

 Stutzen

 Bemaßung

 Drehung

 Differenz

10.7.5 Ausdrehung am Endzylinder

- Neue **2D-Skizze** auf **YZ**-Ebene, Skizze erstellen mit **Linie** und **Kreis**, über **projizierter** Ebene, **Mittellinie** als Rotationsachse, mit **Allgemeine Bemaßung** vervollständigen (20).

- Differenz-Volumenkörpererstellung über **Drehung**, Anwahl der Mittelachse als Rotationsachse, bei **360°** (21, 22).

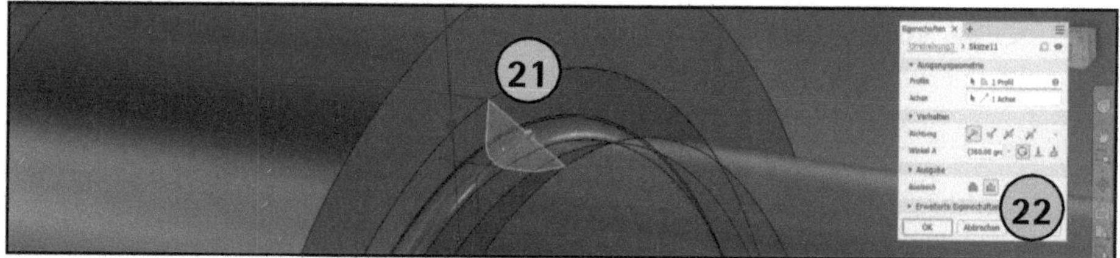

10.7.6 Quernut am Endzylinder

 2D-Skizze

 Geometrie projizieren

 Linie

 Stutzen

 Bemaßung

 Extrusion

Differenz

- Neue **2D-Skizze** auf **YZ**-Ebene, Skizze erstellen mit **Linie**, über **projizierter** Ebene, mit **Allgemeine Bemaßung** vervollständigen (23).

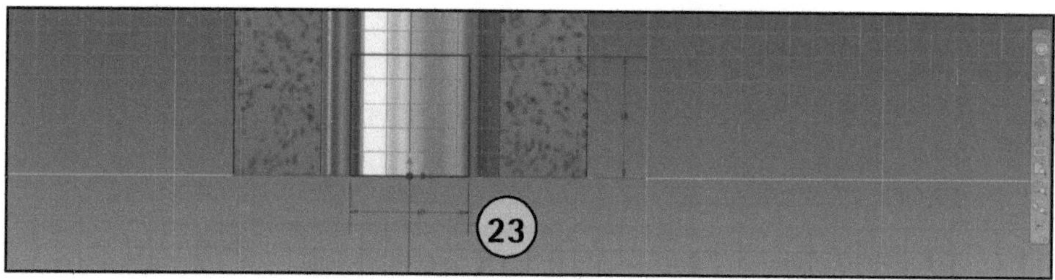

- Erstellen Sie aus der vorgegebenen Darstellung über **Extrusion / Differenz** einen Differenz-Volumenkörpererstellung mit Tiefe **10** mm über **Mitte** (24, 25)

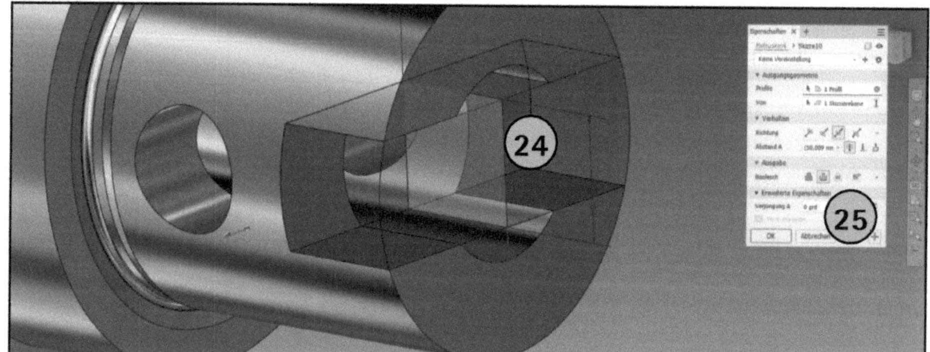

10.7.7 Kantenbrechungen über „Fase"

- Die Konturschräge werden über **Fase 2** mm x **45°**
  Option **Abstand / Winkel** erstellt (26).

Fase

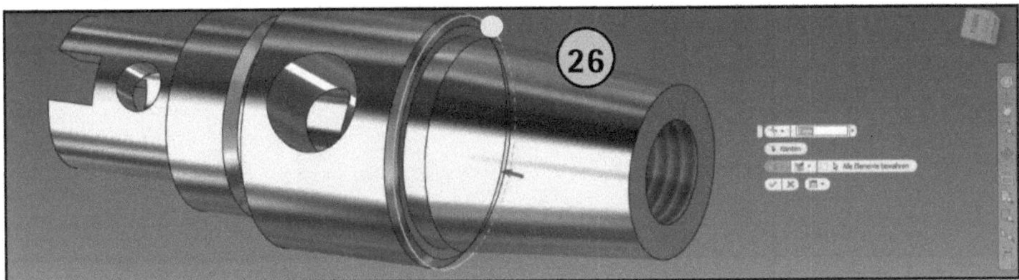

- Die Konturschräge werden über **Fase 1,5** mm x **45°**,
  Option **Abstand / Winkel** erstellt (27).

Fase

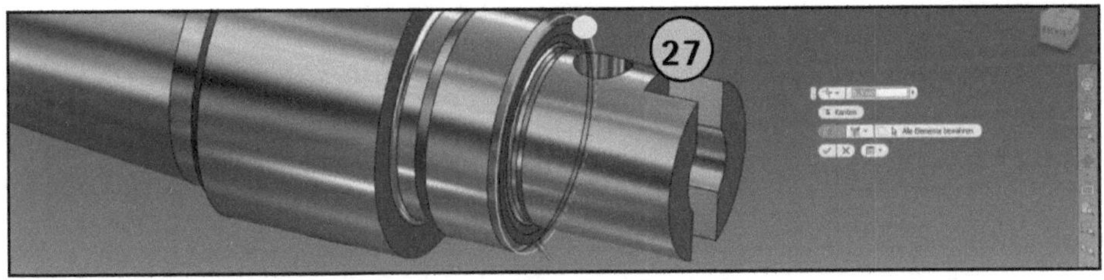

- Die Konturschräge werden über **Fase 3** mm x **45°**
  Option **Abstand / Winkel** erstellt (28).

Fase

10.7.8 Echte Gewinde zuweisen

10.7.8.1 Konstruktion eines echten Außengewindes

- **Löschen** Sie die Gewindeendfase.
- Weisen Sie dem Außenzylinder über, **Zylinder wählen**, Länge **13** mm,
  ISO-Metrisches Profil / M40 x **3** ein visuelles Gewinde zu (29, 30).

Fase

Gewinde

ThreadModeler

Gewinde

- Klicken Sie auf die Registerkarte **CoolOrange**, Befehl **ThreadModeller**.
- Wählen Sie den Außen-Gewinde-Eintrag im **Bauteil-Browser**, die Auswahl wird in die Dialogbox übernommen (31, 32).

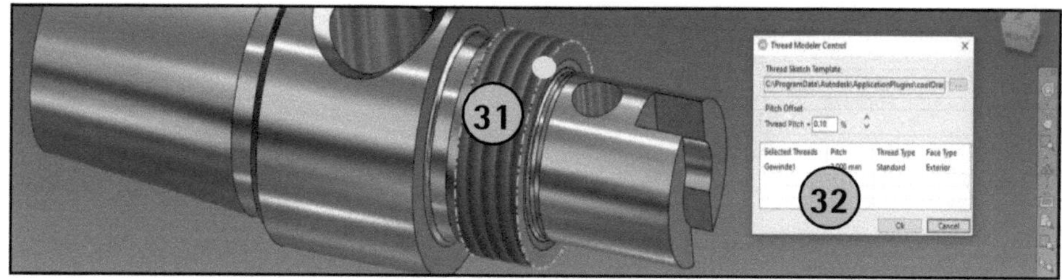

- Mit **OK** werden die **Gewinde** gesetzt, diese Gewinde werden automatisch aus der Funktion **Spirale** und **Umdrehung** gebildet (33).

Kombinieren

- Bilden Sie eine Volumen-Addition des Basisbauteils mit dem gebildeten Gewinde über **Kombinieren**, Option **Verbinden** (34, 35).

10.7.8.2 Konstruktion eines echten Innengewindes

Bohrung

- Aktivieren Sie den Eintrag **Gewindebohrung** im **Bauteilbrowser**,
- Ändern Sie auf folgende Optionen:
  Einfache Bohrung, Flacher Bohrungspunkt, Ø40 mm (36, 37).

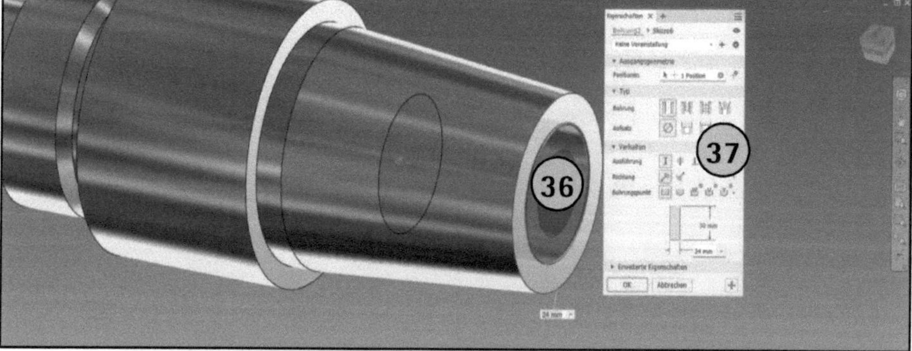

- Weisen Sie der Innenfläche der Bohrung ein **Gewinde** Größe **M24, ISO-Metrisches Profil** zu (38, 39).

Gewinde

- Klicken Sie auf die Registerkarte **CoolOrange**, Befehl **ThreadModeller**.
- Wählen Sie den Innen-Gewinde-Eintrag im **Bauteil-Browser** (40), die Auswahl wird in die Dialogbox übernommen (41).

ThreadModeler

Gewinde

- Mit **OK** werden die **Gewinde** gesetzt, diese Gewinde werden automatisch aus der Funktion **Spirale** und **Umdrehung** gebildet (42).

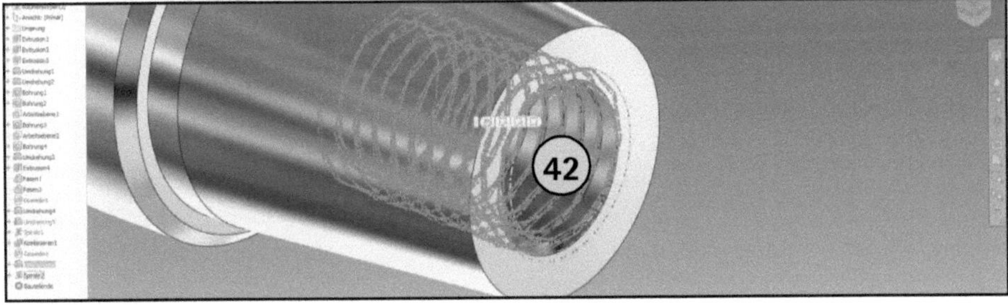

- Bilden Sie eine Volumen-Addition des Basisbauteils mit dem gebildeten Gewinde über **Kombinieren**, Option **Verbinden**. (43, 44)

Kombinieren

Speichern
unter

10.7.9 Bauteil speichern

- Aufruf über den **Menü-Browser**, Register **Datei**.

Speichern unter

Projekt XVI

Bauteile
Zahnräder
Seite 334 bis 344

- Stirnradpaarung
  Erstellung über „Stirnrad-Generator"
  Ausdrehung über „Drehung"
  Passfedernut
  Montagebohrungen

- Zahnradwelle
  Erstellung über „Stirnrad-Generator"
  Passfedernut am vorderen Wellenteil

10.8 Stirnradpaarung, Einzelbearbeitung
Stirnradpaarung über „Stirnrad-Generator"

10.8.1 Die Konstruktionsskizzen für die Bauteilerstellung

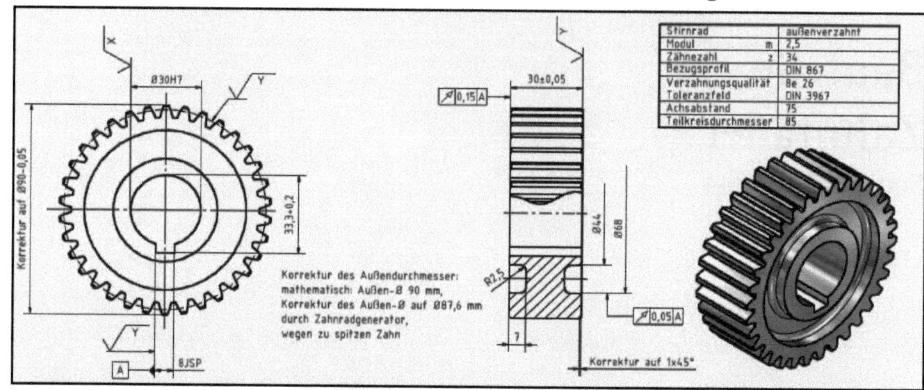

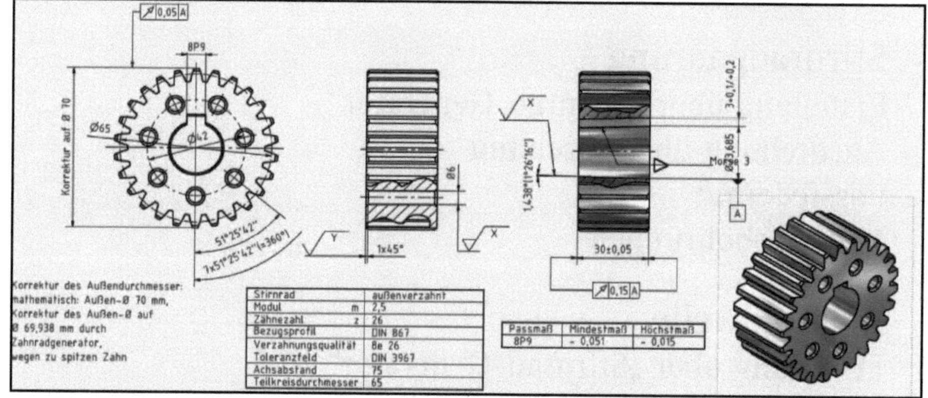

10.8.2 Die Stirnradpaarung, die Baugruppenerstellung

10.8.2.1 Baugruppen-Vorlagendatei öffnen

- Öffnen Sie eine neue Baugruppen-Vorlagendatei.

10.8.2.2 Stirnradpaarung über „Stirnrad-Generator" zuweisen

Neu

Engelke2025
.iam

Stirnräder

Stirnräder (Multifunktionsleiste **Konstruktion**)
Geben Sie die Werte für den Bereich **Allgemein** ein:
Konstruktionsführung: **Gesamt-Einheitenkorrektur**
Zahnrad1:   Modul: **2,5** Zähnezahl: **34**, Zahnbreite: **30** mm (1).
Zahnrad2:   Modul: **2,5**, Zähnezahl: **26**, Zahnbreite: **30** mm (2).

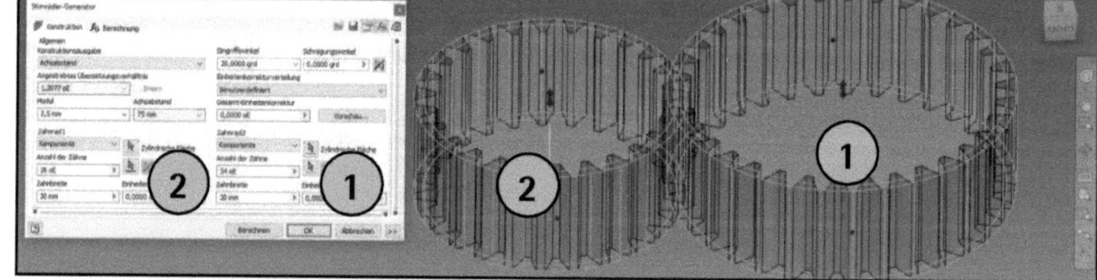

10.8.3 Die Bauteilbearbeitung in der Baugruppe

10.8.3.1 Innenbohrung für „Zahnrad2" einbringen

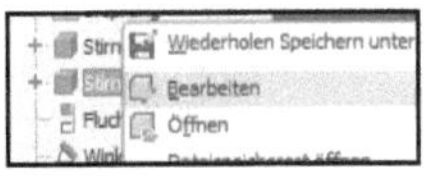

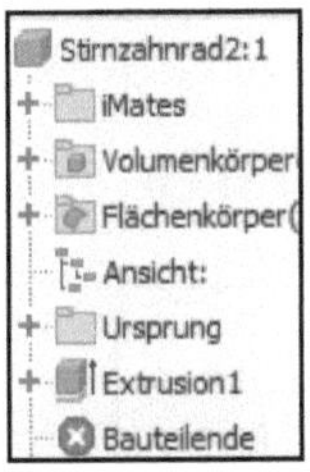

- Schalten Sie das **Zahnrad1** auf **Sichtbar Aus**.
- Erweitern Sie den **Bauteilbrowser**.
- Klicken Sie **Zahnrad2**.
- Wählen Sie, über das Kontextmenü des Baugruppen-Browsers, **Bearbeiten**.
- Schieben Sie das **Bauteilende** bis unter die **Extrusion** (3, 4).

- Erstellen Sie eine konzentrische Durchgangsbohrung Ø**30** mm (5, 6).

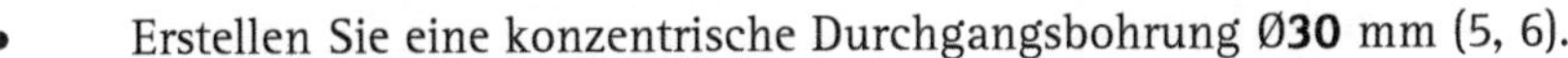

Bohrung

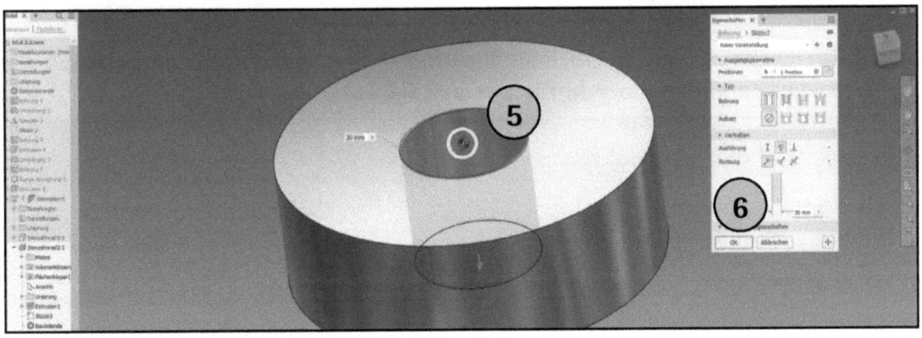

- Weisen Sie dem Stirnrad das Material **Stahl poliert** zu.
- Schieben Sie das **Bauteilende** wieder in die Endlage.
- Wählen Sie **Zurück** über die Multifunktionsleiste.

10.8.3.2 Innenbohrung für „Zahnrad1" einbringen

- Schalten Sie das **Zahnrad2** auf **Sichtbar Aus**.
- Erweitern Sie den **Bauteilbrowser**.
- Klicken Sie **Zahnrad2**.
- Wählen Sie, über das Kontextmenü des Baugruppen-Browsers, **Bearbeiten**.
- Schieben Sie das **Bauteilende** bis unter die **Extrusion**. (7, 8, 9)

  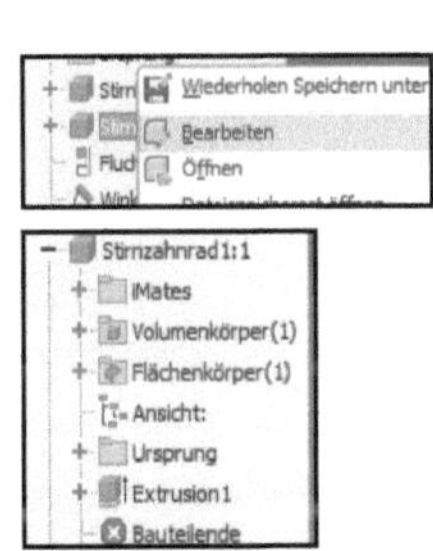

Bohrung

- Erstellen Sie eine konzentrische **Durchgangsbohrung Ø22** mm (10, 11).

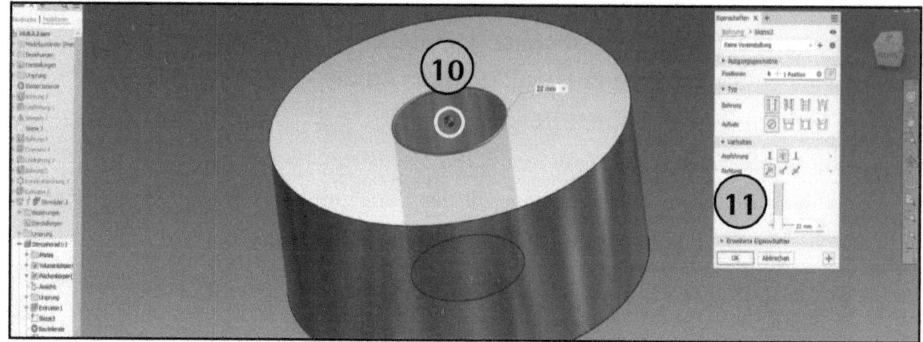

- Weisen Sie dem Stirnrad das Material **Stahl poliert** zu.
- Schieben Sie das **Bauteilende** wieder in die Endlage.
- Wählen Sie **Zurück** über die Multifunktionsleiste.

10.8.3.3 Speichern der Baugruppe

Speichern unter

- Schalten Sie beide Zahnräder wieder auf **Sichtbar**.
- **Speichern** Sie die bearbeitete Baugruppe und damit auch automatisch die beiden Zahnräder über **Ja für alle** und **OK** (12).

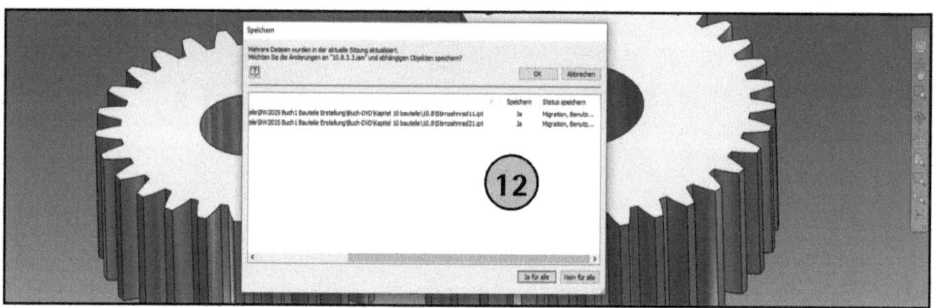

10.8.4 Die Bauteilbearbeitung der einzelnen Zahnräder, Zahnrad1

10.8.4.1 Bauteilbearbeitung, beidseitige Ausdrehung

Öffnen

Speichern unter

2D-Skizze starten

Geometrie projizieren

Linie

Versatz

Bemaßung

- **Speichern** Sie diese Zahnraddatei unter neuem Namen ab.
- **Öffnen** Sie die erstellte Zahnraddatei von der Buch-DVD.
- Neue **2D-Skizze** auf **YZ**-Ebene, **Skizze erstellen** mit Außen-Ø**86** mm, Innen-Ø**44** mm und einer Tiefe von **7** mm, über **projizierter Elemente, Linie Versatz** und **Stutzen**, mit **Allgemeine Bemaßung** (13).

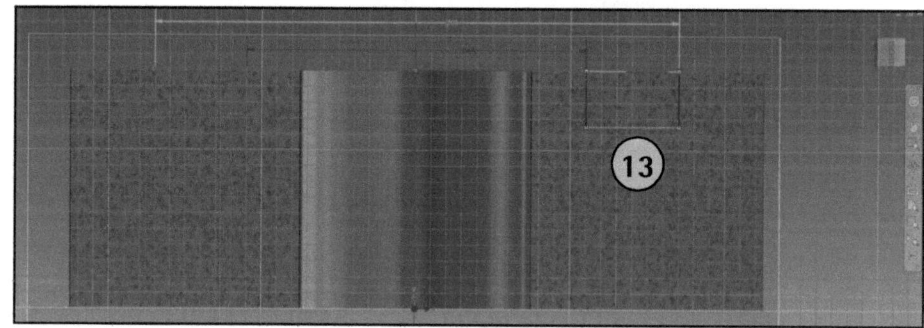

- Erstellen Sie eine Ausdrehung über eine **Drehungsdifferenz** auf der gezeigten Seite (14, 15).

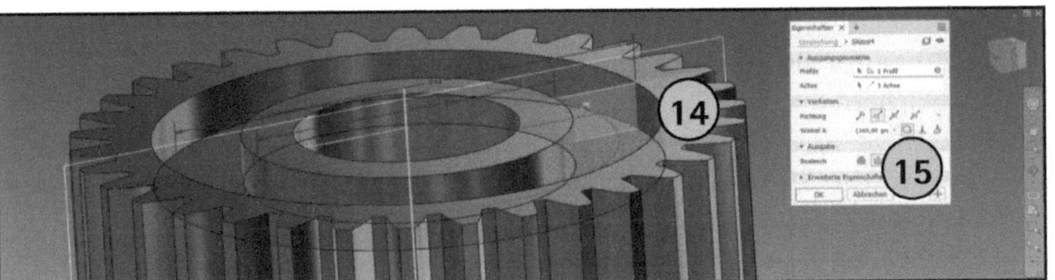

Drehung

Differenz

- Die Ausdrehung ist über eine zusätzliche Arbeitsebene auf Mitte, auf die andere Seite zu **Spiegeln** (16, 17).

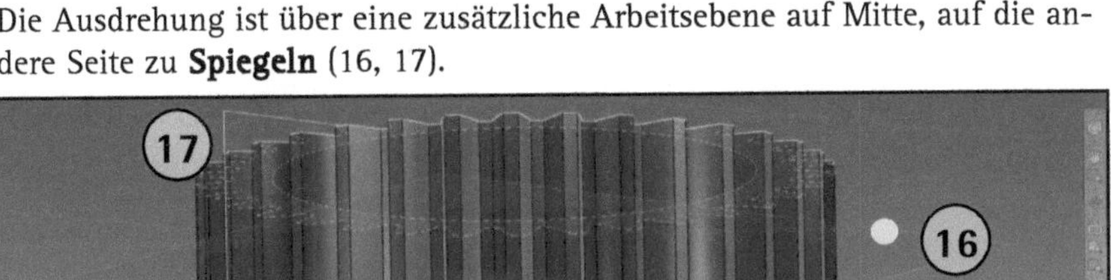

Spiegeln

10.8.4.2 Bauteilbearbeitung, Passfedernut

- Erstellen Sie über **Geometrie projizieren** anwählbare Arbeitsebenen.
- Verwenden Sie für die Konstruktion **Linie**, **Versatz**, Linien auf **Symmetrisch**, bereinigen Sie die Konstruktion über **Stutzen**.
- Tragen Sie die entsprechenden Maße über **Allgemeine Bemaßung** an (18).

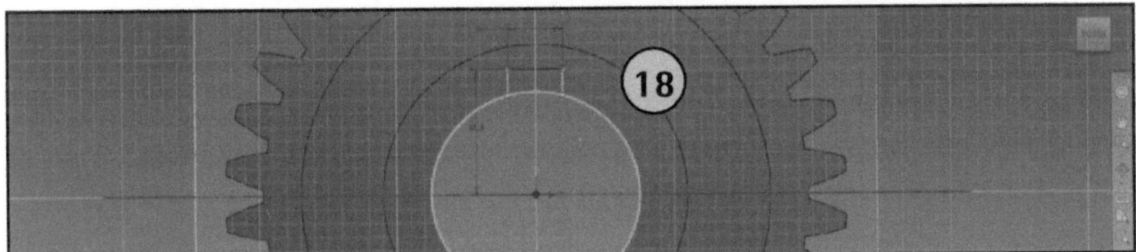

2D-Skizze starten

Geometrie projizieren

Linie

Versatz

Abhängigkeit Symmetrisch

Bemaßung

- Differenz-Volumenkörpererstellung über **Extrusion/Differenz**, Tiefe **Über alles** (19, 20).

Extrusion

Differenz

10.8.4.3 Bauteil speichern

- Aufruf über den **Menü-Browser**, Register **Datei**.

Speichern unter

Speichern unter

Öffnen

Speichern unter

2D-Skizze starten

Geometrie projizieren

Linie

Versatz

Abhängigkeit Symmetrisch

Bemaßung

Extrusion

Differenz

10.8.5 Die Bauteilbearbeitung der einzelnen Zahnräder, Zahnrad2

10.8.5.1 Bauteilbearbeitung, Passfedernut

- **Öffnen** Sie die erstellte Zahnraddatei von der Buch-DVD.
- **Speichern** Sie diese Zahnraddatei unter neuem Namen ab.
- Erstellen Sie über **Geometrie projizieren** anwählbare Arbeitsebenen.
- Verwenden Sie für die Konstruktion **Linie**, **Versatz**, Linien auf **Symmetrisch**, bereinigen Sie die Konstruktion über **Stutzen**.
- Tragen Sie die entsprechenden Maße über **Allgemeine Bemaßung** an (21).

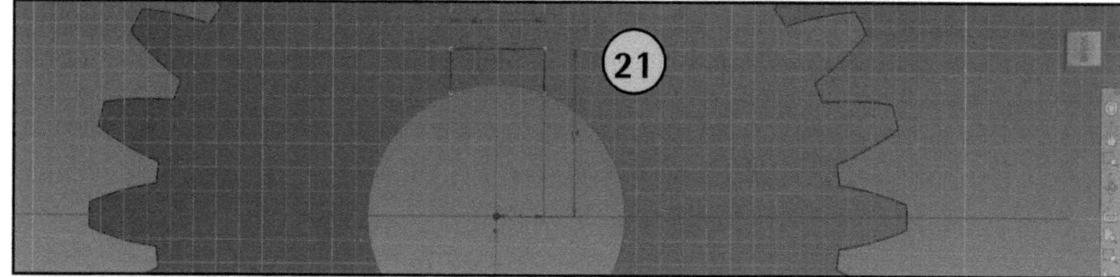

- Differenz-Volumenkörpererstellung über **Extrusion/Differenz**, Tiefe **Über alles** (22, 23).

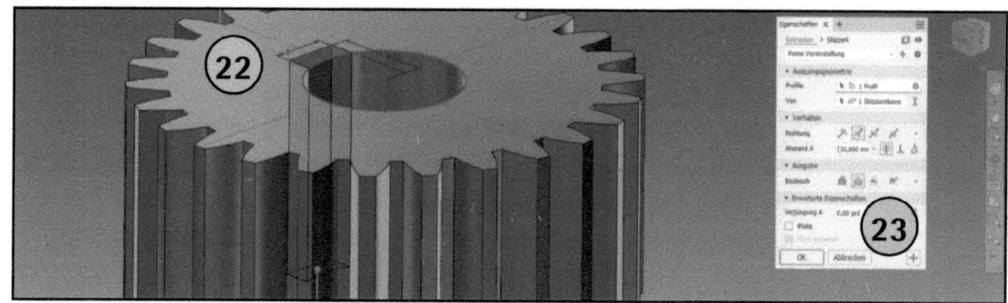

10.8.5.2 Bauteilbearbeitung, Montagebohrungen

- Neue **2D-Skizze** auf Zahnrad-Ebene, Hilfskreis mit **Kreis Ø42** mm, **Punkt** auf Schnittpunkt waagerechte Achse (24).

2D-Skizze starten

Geometrie projizieren

Linie

Kreis

Punkt

Bohrung

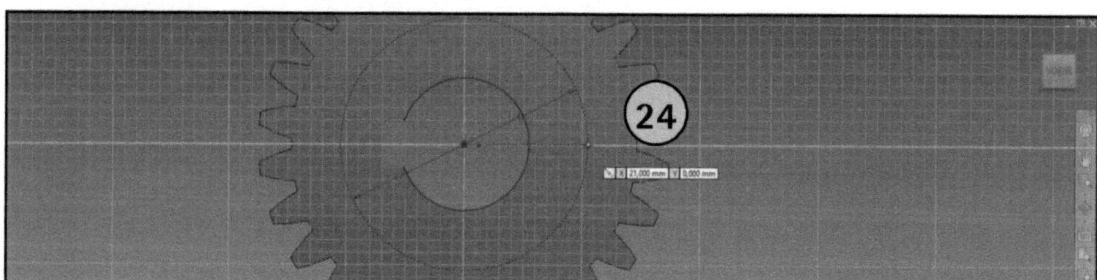

- Setzen Sie eine **Bohrung Ø6** mm, Tiefe **Über alles**, auf diesen **Punkt** (25, 26).

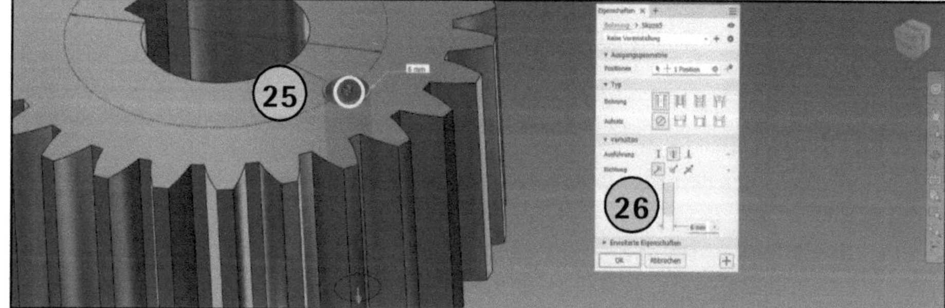

- Sieben zylindrische Durchgangsbohrungen über **Runde Anordnung,
  6** Elemente, **360°**-Verteilung (27, 28).

Runde
Anordnung

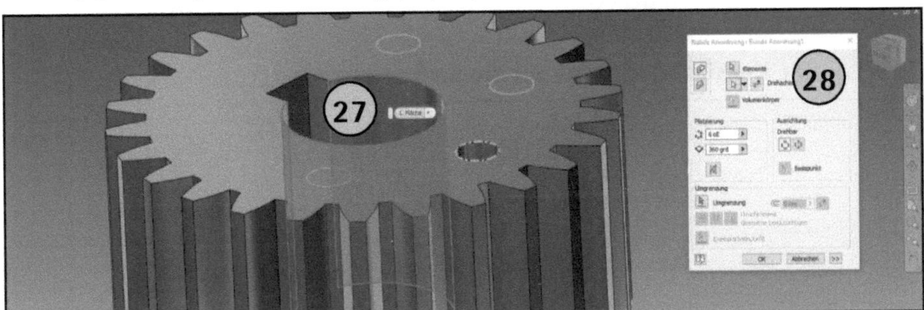

10.8.5.3 Bauteilbearbeitung, Anfasung der Bohrungen

- Die Konturschrägen für die Bohrungen werden über **Fase 1** mm x **45°**
  Option **Gleicher Abstand** erstellt (29).

Fase

10.8.5.4 Bauteil speichern

- Aufruf über den **Menü-Browser**, Register **Datei**.

Speichern unter

Speichern
unter

10.8.6 Darstellung der beiden, bearbeiteten Zahnrädern

10.9 Zahnradwelle über „Stirnrad-Generator"

10.9.1.1 Die Konstruktionsskizze für die Bauteilerstellung

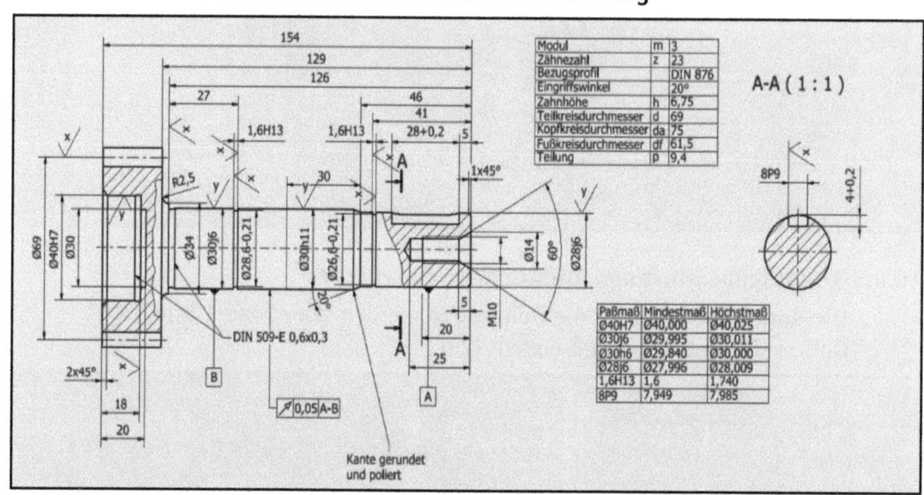

Neu

Engelke2025
.iam

Stirnräder

10.9.2 Die Stirnradpaarung, die Baugruppenerstellung

10.9.2.1 Baugruppen-Vorlagendatei öffnen

- Öffnen Sie eine neue Baugruppen-Vorlagendatei.

10.9.2.2 Stirnradpaarung über „Stirnrad-Generator" zuweisen

Stirnräder (Multifunktionsleiste **Konstruktion**)

Geben Sie die Werte für den Bereich **Allgemein** ein:

Konstruktionsführung: **Gesamt-Einheitenkorrektur**

Zahnrad1: Modul: **3** Zähnezahl: **23**, Zahnbreite: **25** mm (1).

Zahnrad2: **Kein Modell** (2).

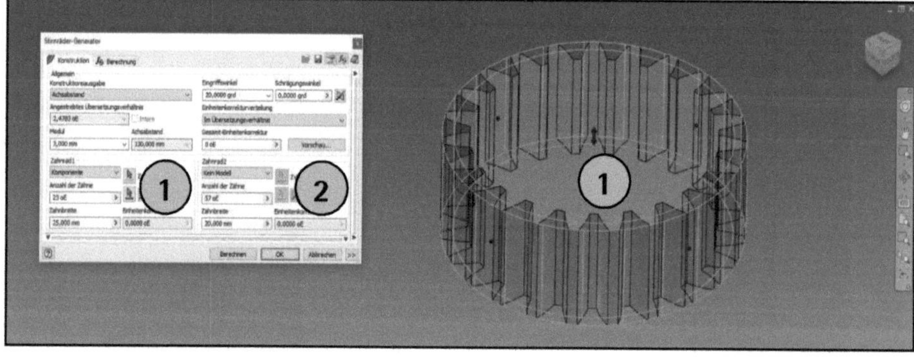

10.9.2.3 Speichern der Baugruppe

Speichern
unter

- **Speichern** Sie die bearbeitete Baugruppe und damit auch automatisch die beiden Zahnräder über **Ja für alle** und **OK**.

10.9.3 Die Bauteilbearbeitung des einzelnen Zahnrades

10.9.3.1 Bauteildatei für Bearbeitung speichern

- **Öffnen** Sie die erstellte Zahnraddatei von der Buch-DVD.
- **Speichern** Sie diese Zahnraddatei unter neuem Namen ab.

10.9.3.2 Zahnradbearbeitung, Innenbohrung einbringen

- Schieben Sie das **Bauteilende** bis unter die **Extrusion** (3, 4).

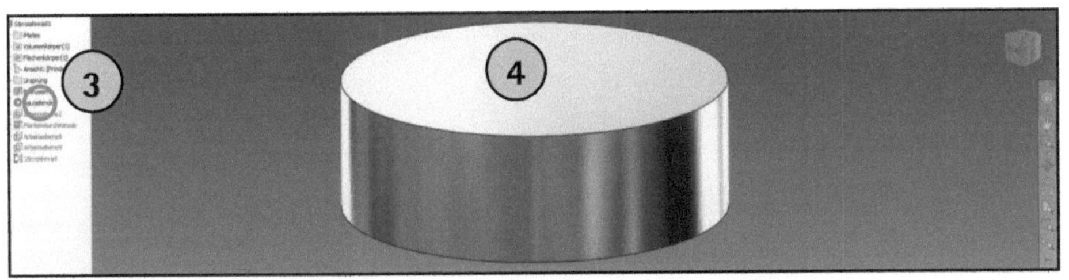

- Setzen Sie eine **Bohrung** Typ **Zylindrische Senkbohrung**
  Senkung Ø**40** mm **16** mm tief, **Bohrung** Ø**30** mm **18** mm tief,
  Platzierung **Konzentrisch** (5, 6).

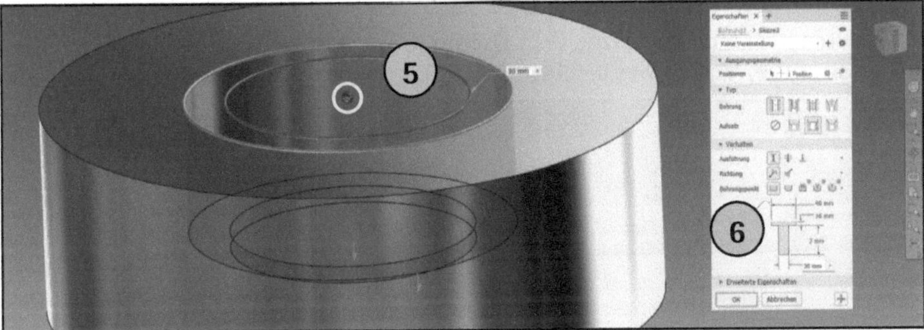

- Schieben Sie das **Bauteilende** wieder zum Ende (7, 8).

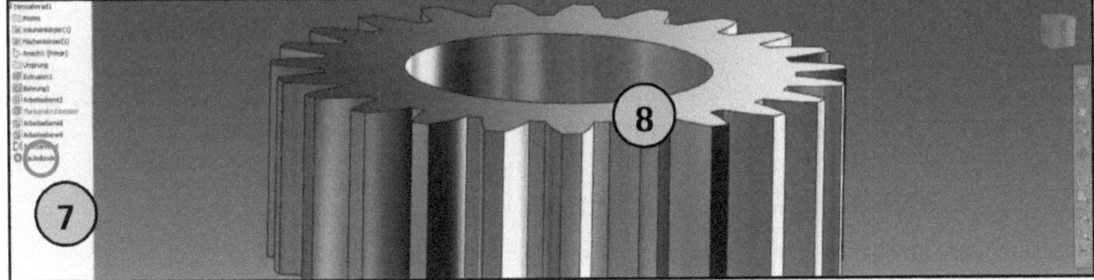

- Angetragene Konturschrägen über **Fase 2** mm x **45°**, **Gleicher Abstand** (9).

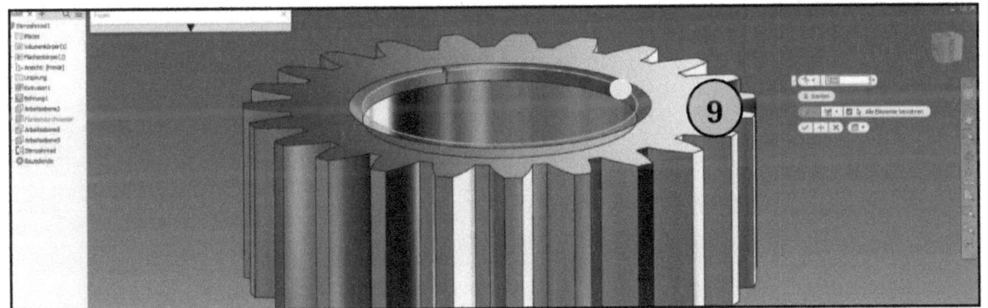

Öffnen

Speichern
unter

Bohrung

Fase

2D-Skizze
starten

Geometrie
projizieren

Linie

Versatz

Bemaßung

10.9.4 Endbearbeitung der Zahnradwelle

10.9.4.1 Wellenansatz für die Zahnradwelle erstellen

- Erstellen Sie über **Geometrie projizieren** anwählbare Arbeitselemente.
- Neue **2D-Skizze** auf **YZ**-Ebene, Skizze erstellen mit **Linie** und Linientyp **Mittellinie** als Rotationsachse, mit **Allgemeine Bemaßung** vervollständigen und Maße **Über Mittellinie** antragen (10).

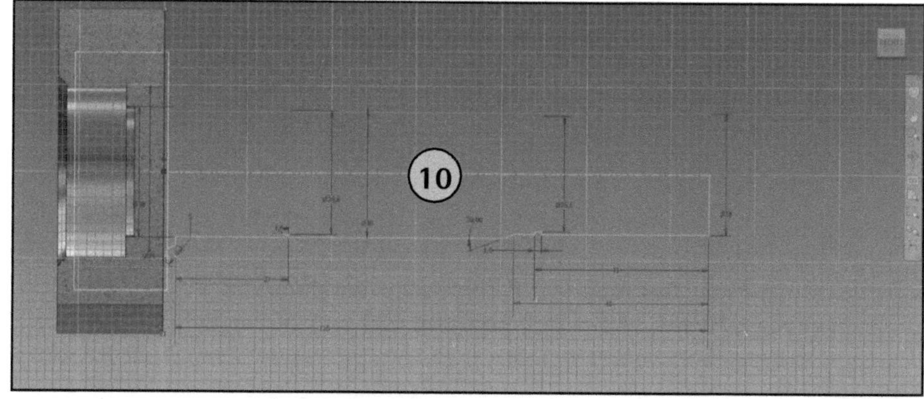

Drehung

- Volumenkörpererstellung über **Drehung**, Anwahl der Mittelachse als Rotationsachse, **Vollkörper** bei **360°** (11, 12).

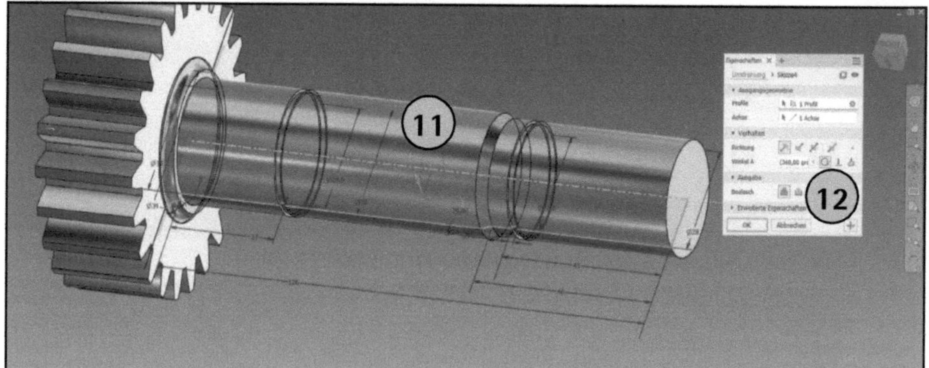

- Weisen Sie der Zahnradwelle das Material **Stahl poliert** zu.

Fase

10.9.4.2 Kantenbrechung an dem vorderen Wellenteil

- Konturschräge über **Fase 1** mm x **45° / Gleicher Abstand** (13).

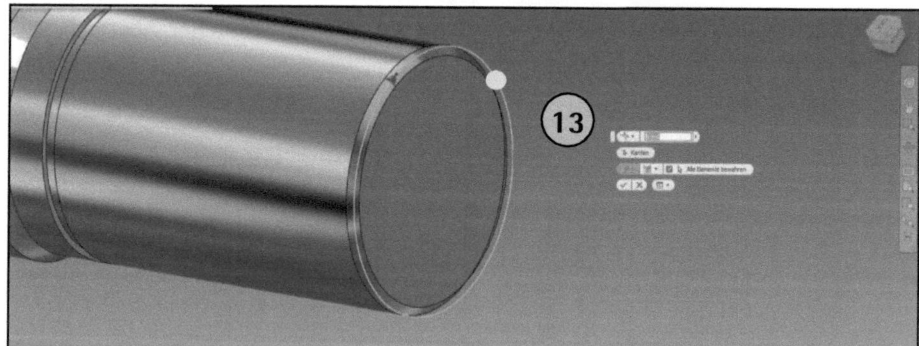

10.9.4.3 Senk-Gewindebohrung an dem vorderen Wellenteil

*   Setzen Sie eine **Bohrung** Typ **Senk-Gewindebohrung**
    Senkung Ø**14** mm **60°**, **M10**, Gewindetiefe **20** mm, Grundbohrung **25** mm
    Platzierung **Konzentrisch**, auf den Zylinder (14, 15).

Bohrung

10.9.4.4 Passfeder an dem vorderen Wellenteil

*   Erstellen Sie eine **tangentiale** Arbeitsebene über **YZ**-Ursprungsebene
    Sichtbar (16).

Tangential
Ebene/Fläche

*   Neue **2D-Skizze** auf dieser Ebene, erzeugen Sie über
    Geometrie projizieren und einer Hilfskonstruktion über **Linie** einen Schnitt-
    punkt für die Skizzengeometrie **Langloch Gesamt** (17).

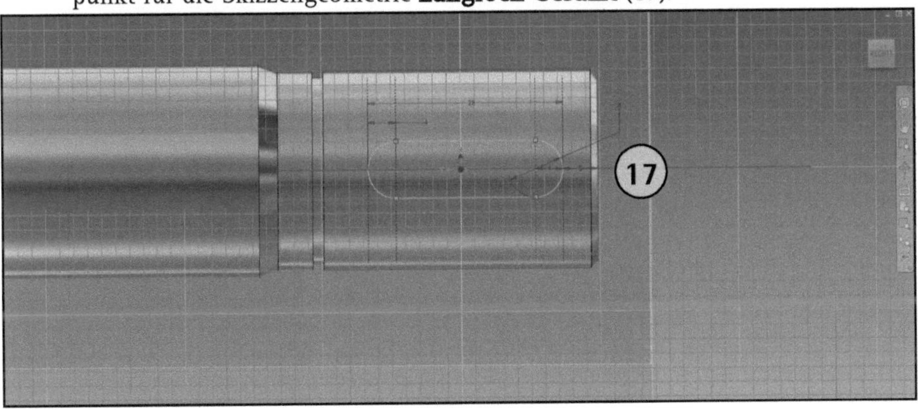

2D-Skizze
starten

Geometrie
projizieren

Linie

Versatz

Langloch
Gesamt

Bemaßung

Extrusion

Differenz

- Differenz-Volumenkörpererstellung über **Extrusion**, Anwahl der Langloch-Skizzenfläche, Tiefe **4** mm (18, 19).

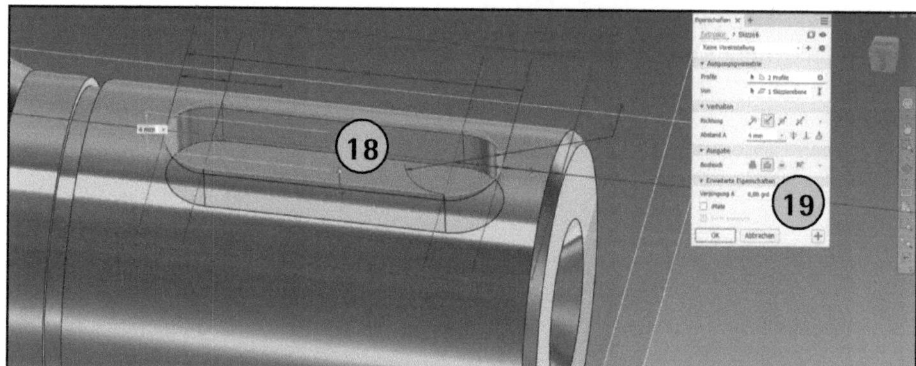

10.9.5 Bauteil speichern

- Aufruf über den **Menü-Browser**, Register **Datei**.

Speichern
unter

 **Speichern unter**

11

AutoDesk

Inventor 2025

Bauteile
Erstellen und Anpassen

Die DVD zum Buch
Bestellmöglichkeit

11 Die DVD zum Buch, Bestellmöglichkeit

11.1 DVD zum Buch, Vorbemerkungen

Dies Buch erscheint über BOD, da es für Fachbuchverlage nicht gewinnbringend ist, CAD Bücher in hoher Druckqualität für einen kleineren Anwenderbereich zu verlegen. Um dieses Buch auch kostenüberschaubar einem kleineren Anwenderkreis zur Verfügung zu stellen habe ich auf ein Druckformat in Farbe verzichtet.

11.2 Die Buch-DVD, Preis und Bestellmöglichkeit

Für interessierte Käufer dieses Buches biete ich die Möglichkeit an, eine DVD mit allen erstellten Bauteildaten für die Version **INVENTOR PRO 2025** und der **farbigen** PDF-Ausgabe dieses Buches zu bestellen.
Die Bestellung der Buch-DVD kann per Email, **engelke.cad@web.de**, erfolgen, eine Kaufbestätigung des Buches ist der Email als Anlage der Bestellung mitzugeben, die Lieferung dieser DVD-Version erfolgt kostenfrei.

11.3 Die Buch-DVD, Inhalte im Überblick

11.3.1 Die Buch-DVD, INVENTOR PRO 2025, Dateien zu den Lerneinheiten

Die Buch-DVD beinhaltet die, in den Kapiteln **3** bis **10** und Kapitel **12** bis **17** beschriebenen Arbeitsdateien, in den Kapitel-Verzeichnissen auf dieser Buch-DVD.

11.3.2 Die Buch-DVD, INVENTOR PRO 2025, PDF-Dateien

Die komplette Papierausgabe des Buches, sowie alle Support-Kapitel, sind auf der Buch-DVD in einer Farbausgabe, im PDF-Format, beigegeben, um die Nachteile der Graustufen-Ausgabe des Buches zu mildern.

11.3.3 Die Buch-DVD, Auflistung der Inhalte, Kurzüberblick

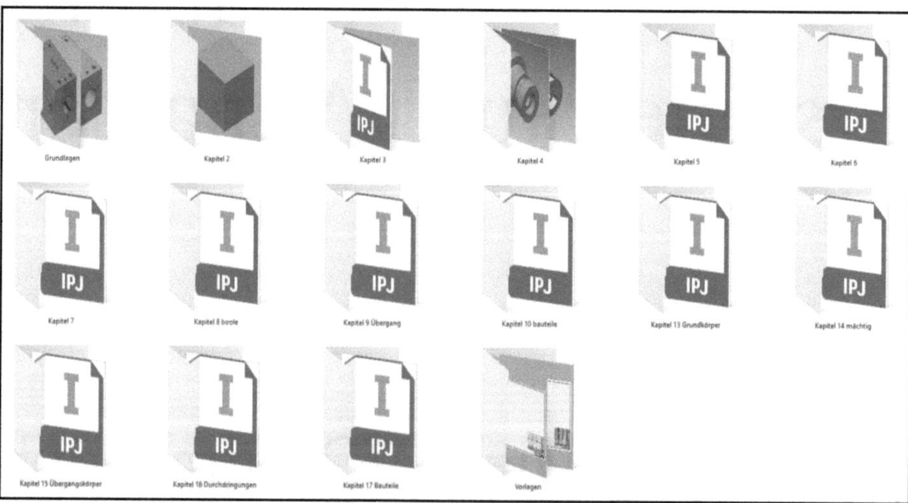

AutoDesk
Inventor 2025

Bauteile
Erstellen und Anpassen

Buch-Index